재무제표론

이 주 송

청목출판사

머 리 글

재무회계는 회계정보 이용자가 기업실체와 관련하여 합리적인 의사결정을 할 수 있도록 재무상의 자료를 일반적으로 인정된 회계원칙에 따라 처리하여 유용하고 적정한 정보를 제공하는 것을 목적으로 하고 있으며, 따라서 재무제표의 목적은 한 기업의 재무상태, 경영성과 및 자금 흐름에 대한 정보를 제공하는 것이다.

재무제표는 일정한 회계기간의 경영성과와 일정시점의 재무상태를 표시하는 것이지만 현대기업의 규모가 커지고 기업과 관계되는 투자자, 채권자, 종업원, 국가, 지방공공단체 등의 이해관계자가 증대해짐에 따라 재무제표는 더욱 더 중요한 역할을 하게 되었다.

현대기업에 대한 이해관계자의 범위가 확대되고 그 관계자의 수도 증대함에 따라서 이해관계자가 투자를 계속할 것인가 말 것인가의 여부에 대한 의사결정을 하는 데 유익한 회계정보가 되기 때문에 재무제표는 중요시되고 있다. 따라서 본서는 이러한 이해관계자들에게 재무제표를 쉽게 이해하고 작성할 수 있게 하고 분석하는 데 필요한 지식을 제공하고자 새로 제정된 기업회계 기준서를 반영하여 체계적으로 편성하였다.

본서를 통하여 기업에서 회계실무를 담당하거나 이와 이해관계가 있는 사람들은 유용한 의사결정을 하는 데 지침서로, 회계학을 공부하는 회계학도들에게는 재무회계의 원리를 이해하는 데 학습자료서로, 세무사, 회계사, 감정사 등 각종 자격시험을 준비하는 수험생들에게는 수험준비서로 널리 활용되어 재무제표의 이해와 작성에 많은 도움이 되었으면 하는 바람뿐이다. 시간의 촉박함과 그리고 저자의 집필미숙으로 미흡한 부분이 많은 것으로 보여지며 이러한 부분은 앞으로 계속 연구 노력하여 개선하겠으며 선배 동학제현들의 기탄없는 충고와 지도편달을 받아 수정 보완할 것을 약속드리는 바이다.

끝으로 본서를 출간하게 해주신 청목출판사의 유성렬 사장님께 감사드리고 이 책이 나오게끔 물심양면으로 도움을 주신 주위 여러분께도 감사의 말씀을 드린다.

2006. 7

저자 씀

차 례

제1장

재무제표의 총괄적 개념

제 1 절 재무제표의 의의와 목적

1. 재무제표의 의의

재무제표(financial statements)는 기업이 그 이해 관계자에 대하여 대차대조표(경영상태)와 손익계산서(경영성과)에 관한 회계정보를 제공하는 기본적 수단이다.

그래서 재무제표는 기업실체에 관한 회계정보를 표시한 재무보고서 또는 회계보고서라고도 한다.

기업의 재무상태와 경영성과는 기업의 경제적 실체를 파악하는 데 있어 핵심적 부분이므로 일반적으로 재무제표라 할 때에는 기본적으로 대차대조표와 손익계산서만을 의미하는 경우가 많다.

자본변동표는 한 회계기간동안 발생한 소유주지분의 변동을 표시하는 재무보고서이다. 자본을 구성하고 있는 자본금, 자본잉여금, 자본조정, 누적기타 포괄손익, 이익잉여금의 각 항목별로 기초잔액, 변동사항 기타잔액을 표시한다.

이익잉여금처분계산서(statement of appropriation of retained earnings) 또는 결손금처리계산서(statement of disposition of deficit)는 회계정보로서 기업의 실체를 표시하기보다는 상법 규정에 의한 배당안을 계산한 서류이다.

현금흐름표(cash flow statements)는 현금의 흐름을 계산한 표로 현금의 증감내용을 명료하게 표시한다.

현금흐름표는 대차대조표와 손익계산서에서는 얻을 수 없는 현금흐름에 관한 정보를 제공함으로써 근래에 와서 정규의 재무제표로 등장하게 되었다.

2. 재무제표의 목적

재무제표의 목적은 경제적 의사결정을 하는 많은 종류의 정보이용자들에게 유용한 정보, 즉 한 기업의 재무상태, 경영성과 및 현금흐름에 대한 정보를 제공하는 것이다. 재무제표는 여러 정보이용자의 공통의 욕구를 만족시키는 것을 목적으로 하고 있지만 그들이 경제적 의사결정을 함에 있어서 필요한 모든 정보를 제공하는 것은 아니다.

재무제표 이용자들이 경제적 의사결정을 하는데 필요한 정보란 한 기업이 현금 혹은 현금과 유사한 재화를 생산할 능력에 대한 정보와 그 생산시기 및 확실성에 대한 정보이다.

재무제표 이용자들에게 한 기업의 재무상태, 경영성과 및 현금흐름의 변화에 초점이 맞추어진 정보가 제공된다면 그 기업의 현금 혹은 현금과 유사한 재화의 생산능력을 보다 잘 평가할 수 있는 것이다.

제2절 재무제표의 기능 및 중요성

1. 재무제표의 기능

재무제표는 회계연도말에 작성된 대차대조표와 손익계산서를 기본재무제표로 하고 자본변동표 이익잉여금처분계산서, 현금흐름표 및 부속명세서 등을 포함하고 있다.

재무제표는 기업의 재무에 관한 계산서류를 총칭하는 것으로 재무제표의 중요한 기능은 다음과 같다.

(1) 측정기능

재무제표 중 손익계산서는 일정한 회계기간의 경영성과인 당기손익을 측정하고, 대차대조표는 재무상태를 측정한다. 원래 기업회계기준에 있어서는 원가주의가 평가의 기본원칙이 되며, 수익인식계상 기준으로서는 실현주의가 기본원칙이 되기 때문에 경영성과 및 재무상태는 이러한 원가주의와 실현주의에 의해서 제약을 받게 된다.

인플레이션이 진행되고 있을 때는 기업이 소유한 토지가격의 상승이 주가에 크게 영향을 주고 있다고 일반적으로 생각하고 있음에도 불구하고, 원칙적으로는 취득원가주의에 입각하고 있기 때문에, 통상의 대차대조표는 재무상태의 측정에 있어 기능상의 한계를 가지고 있다고 할 것이다. 이러한 제약조건이 있기에 손익계산서와 대차대조표는 각각에 대한 부속명세서가 작성되게 되며 또한 주기와 주석을 첨부하도록 되어 있는 것이다.

(2) 공시와 보고기능

공시・보고의 기능은 증권거래법, 상법 등, 제도회계규제의 법령에 의해서 이루어지고 있다. 증권거래법에 따른 유가증권보고서에 의한 간접적 공시방식에 의해서, 대차대조표 등의 재무제표는 투자자・증권분석가 등에 의해서 재무제표분석의 대상이 되고 있다.

상법 및 상법계산서류규칙에 정하여진 직접공시제도에 의해서 대차대조표 등의 재무제표는 주주·채권자의 입장에서 수익력・재무안정성이 분석되는데 주주 및 채권자보호의 이념에 입각한 공시기능을 수행하고 있다고 할 것이다.

(3) 과세소득계산상의 기능

현대경제사회에 있어서는 국가 및 지방공공단체에는 복지・치안・소방 등의 공공적 사업을 하기 위해 적정한 과세와 공평한 과세를 부과하기 위해서 재무제표는 과세소득계산상의 기준자료로서 역할을 하고 있다. 우리나라 현행 법인세법은, 세무행정의 견지에서 확정결산기준을 채택하고 있으며, 그 확정결산이란 주주총회 등의 승인을 얻어 확정된 재무제표를 기본으로 하고 있는 것을 의미한다.

2. 재무제표의 중요성

기업의 경영활동은 자본의 투자조달, 회수활동의 연속으로 기업은 투자자본을 초과한 수익인 이익을 목표로 자금운용을 지속적으로 하게 된다. 이러한 자본의 조달과 운용을 통하여 얻어진 경영성과를 기록, 계산, 정리하는 것이 회계라고 볼 때 기업회계는 일정기간의 회계 연도말에 작성되어진 재무제표를 통하여 이루어지게 된다.

재무제표는 일정한 회계기간의 경영성과와 기말의 재무상태를 표시하는 것으로서 기업의 규모가 확대되고 기업을 둘러싼 투자자, 채권자, 종업원, 국가, 지방공공단체 등의 이해관계자가 증대됨에 따라 재무제표의 역할이 매우 중요시하게 되었다. 기업에 대한 이해관계자의 범위가 확대되고 그 관계자의 수도 증가함에 따라 그들의 이해관계자로 경영자가 작성한 재무제표에 의해서 투자를 계속할 것인가의 여부에 대한 의사결정을 하지 않으면 안 된다.

현대기업에 있어서 기업과 이해관계자는 재무제표를 통하여 의사결정이 되기 때문에 더욱 중요하다고 볼 수 있다.

자금을 투자하면 그 성과분배로서 배당을 기대하고 또한 주가의 상승을 기대하는 투자자는 기업이 제공한 대차대조표 및 손익계산서를 분석하고 기업재무의 건전성·안전성·수익성을 판단하고 혹은 성장력을 예측하여 투자의 의사결정을 하는 것이다.

제3절 재무제표의 작성지침

1. 재무제표의 작성지침

(1) 중간 재무제표 및 반기재무제표

1) 중간 재무제표

중간기간은 1회계연도보다 짧은 회계기간을 말한다. 예를 들면, 중간기간은 3개월, 6개월 등이 될 수 있다. 3개월 단위의 중간기간을 "분기", 6개월 단위의 중간기간을 "반기"라 한다.

누적중간기간은 회계연도 개시일부터 당해 중간기간의 종료일까지의 기간을 말한다.

중간재무제표는 중간기간 또는 누적중간기간을 대상으로 작성하는 재무제표를 말한다.

연차재무제표는 1회계연도를 대상으로 작성하는 재무제표를 말한다.

(가) 중간재무제표의 종류

중간재무제표는 대차대조표, 손익계산서, 현금흐름표 및 주석을 포함하며 연차재무제표와 동일한 양식으로 작성함을 원칙으로 하되, 정보이용자를 오도하지 않는 범위내에서 계정과목을 요약 또는 일괄 표시할 수 있다.

(나) 중간재무제표의 비교표시

대차대조표는 중간기간말과 직전 회계연도말을 비교하는 형식으로 작성하며 손익계산서와 현금흐름표는 당 회계연도의 중간기간과 누적중간기간을 직전 회계연도의 동일기간과 비교하는 형식으로 작성한다.

12월말 결산법인의 3분기 중간재무제표는 다음과 같이 작성한다.

① 대차대조표는 당 회계연도 9월 30일 현재를 기준으로 작성하고 직전 회계연도 12월 31일 현재의 대차대조표와 비교 표시한다.

② 손익계산서와 현금흐름표는 당 회계연도 7월 1일부터 9월 30일까지의 중간기간과 1월 1일부터 9월 30일까지의 누적중간기간을 대상으로 작성하고 직전 회계연도의 동일기간을 대상으로 작성한 손익계산서 및 현금흐름표와 비교 표시한다.

2009년 3분기 재무제표

구 분		당 기	전 기
대차대조표		2009년 9월 30일 현재	2008년 12월 31일 현재
손익계산서	당해중간기간	2009년 7월 1일~9월 30일	2008년 7월 1일~9월 30일
	누적중간기간	2009년 1월 1일~9월 30일	2008년 1월 1일~9월 30일
현금흐름표	당해중간기간	2009년 7월 1일~9월 30일	2008년 7월 1일~9월 30일
	누적중간기간	2009년 1월 1일~9월 30일	2008년 1월 1일~9월 30일

한편 주당경상이익 및 주당순이익은 손익계산서상의 당기순이익에 주기하고, 산출근거와 직전 회계연도의 연간 주당경상이익 및 주당순이익과 당 회계연도 1분기와 2분기의 주당경상이익 및 주당순이익을 주석으로 기재한다.

(다) 최종 중간기간에 대한 공시

최종 중간기간의 재무제표는 별도로 적성하지 아니할 수 있으나 법령이나 계약 등에 의하여 중간재무제표를 정기적으로 작성하는 기업이 최종 중간기간의 매출액, 당기순이익 등 주요 경영성과와 중간기간의 회계추정변경 내용 및 영향을 주석으로 기재한다.

(라) 인식과 측정

① 중간재무제표의 작성을 위한 측정은 누적중간기간을 기준으로 한다. 따라서, 연차재무제표의 결과는 중간재무제표의 작성빈도에 따라 달라지지 않는다. 예를 들면, 손익항목의 각 중간기간별 금액의 합계는 연간금액과 일치해야 한다. 그러므로 당해 중간기간에 대한 재무제표는 당해 누적중간기간의 재무제표에서 직전 누적기간의 재무제표를 차감하여 산출한다.

당해중간기간 재무제표 = 당해 누적중간기간 재무제표 - 직전 누적중간기간 재무제표

2009년 3분기의 중간재무제표를 작성하는 경우 당해 누적중간기간(2009년 1월 1일~2009년 9월 30일)에 대한 재무제표를 먼저 작성한 후 당해 중간기간(2009년 7월 1일~2009년 9월 30일)에 대한 재무제표는 당해 누적중간기간(2009년 1월 1일~2009년 9월 30일)에 대한 재무제표상의 금액에서 직전누적기간(2009년 1월 1일~2009년 6월 30일)에 대한 재무제표상의 금액

을 차감하여 산출한다.

② 계절적, 주기적 또는 일시적으로 발생하는 수익이라 할지라도 다른 중간기간 중에 미리 인식하거나 이연하지 않는다. 예를 들면, 배당수익, 로열티수익 또는 소매업의 계절적 수익 등은 전액 발생한 중간기간의 수익으로 인식한다.

③ 중간기간 중에 회계추정의 변경이 있을 때는 누적중간기간을 기준으로 계산한 회계변경의 효과를 회계추정의 변경이 있었던 중간기간에 모두 반영하며 이전 중간재무제표는 소급하여 재작성하지 않는다.

(마) 회계정책의 변경과 재무제표 재작성

회계정책이 변경된 경우에는 적용시기와 방법을 다른 회계기준에서 따로 정한 경우를 제외하고는 변경된 회계정책을 적용하여 동일회계연도의 이전 중간기간 및 직전회계연도의 비교대상 중간재무제표를 재작성한다.

기업회계기준서 제2호 중간재무제표의 주요내용 요약

중간재무제표의 종류	대차대조표, 손익계산서
중간재무제표의 비교표시	· 대차대조표 : 당해 회계연도 분기말과 직전회계연도말을 비교 · 손익계산서, 현금흐름표 : 당해 회계연도 누적분기분 및 분기분과 직전 회계연도의 동일 누적분지분 및 분기분을 비교
인식과 측정의 기준	중간재무제표는 연차재무제표에 적용하는 것과 동일한 회계정책을 적용하여 작성하며, 중간재무제표의 작성을 위한 측정은 누적중간기간을 기준으로 함.
계정과목의 일괄표시	중간재무제표는 연차재무제표와 동일한 양식으로 작성함을 원칙으로 함. 다음의 계정과목 등은 요약 또는 일괄 표시가능 1. 재고자산 2. 투자자산 3. 유형자산과 감가상각누계액 4. 무형자산 5. 자본잉여금 6. 자본조정 7. 판매비와 관리비 8. 영업외수익 9. 영업외비용

2) 반기재무제표의 작성

사업년도가 1년인 상장법인은 증권거래법에 의하여 사업년도개시일로부터 6개월간의 사업보고서 또는 반기보고서를 작성하여야 한다. 이 경우 반기보고서에는 반기재무제표 작성지침에 의하여 작성되어 공인회계사의 반기검토를 받은 반기재무제표가 첨부되어야 한다. 이 때 반기재무제표의 범위는 반기대차대조표와 반기손익계산서로 국한된다.

(2) 비교재무제표의 작성

재무제표는 당해연도분과 직전년도분을 비교하는 형식으로 작성하여야 한다.

비교재무제표란 당해회계년도의 수치와 직전회계년도의 수치를 표시하여 양회계년도의 재무상태 또는 경영성과를 비교할 수 있도록 작성한 재무제표를 말한다. 따라서 재무제표는 비교대차대조표, 비교손익계산서, 비교자본변동표 비교이익잉여금처분계산서 또는 비교결손금처리계산서, 비교현금흐름표로 작성되어 당해회계년도의 정보와 직전회계년도의 정보도 공시되어 비교될 수 있도록 작성하여야 한다. 그리고 합병대차대조표의 경우에는 전기대차대조표를 작성할 필요가 없다.

(3) 재무제표의 양식

재무제표의 양식은 보고식과 계정식이 있는데, 손익계산서, 자본변동표 이익잉여금처분계산서 또는 결손금처리계산서, 현금흐름표의 경우에는 보고식에 의하여 작성하는 것을 원칙으로 하여 계정식보다 보고식에 의한 재무제표의 작성을 권장하고 대차대조표와 손익계산서는 표준식 또는 요약식으로 작성하는데, 표준식은 격식을 완전히 갖추어 소구분까지 표시하는 방법이고, 요약식은 소구분을 생략하고 충당금 등을 직접 차감하여 순액으로 표시하는 방법이다.

(4) 재무제표 작성의 특례

모든 기업은 기업회계기준에 의하여 재무제표를 작성할 것을 원칙으로 하고 판매업과 제조업 이외의 사업을 영위하는 회사에 있어서 재무제표의 용어와 표준방식은 다른 법령에 특별한 규정이 있는 경우에는 그 규정에 의하여 작성할 수 있도록 하였다. 판매업과 제조업 이외의 사업이란 건설업, 금융업, 보험업, 증권업, 리스산업 등을 말한다. 이들 특정사업은 관련법령에 특별한 규정이 있는 경우, 재무제표의 표시방법인 용어와 표준양식에 있어서는 기업회계기준을 따르지 않고 특별한 규정에 의하여 재무제표를 작성할 수 있으나, 재무제표의 범위와 회계처리 방법 및 그 절차에 대하여서는 기업회계기준을 따라야 한다.

(5) 과목의 통합 및 구분표시

기업회계기준 제7조에 의하면 ① 이 기준에서 정한 과목 중 그 성질이나 금액이 중요하지 아니한 것은 유사한 과목에 통합하여 기재할 수 있다.

② 이 기준에서 과목을 정하지 아니한 것으로서 그 성질이나 금액이 중요한 경우에는 그 내

용을 가장 잘 나타낼 수 있는 과목으로 구분하여 기재한다고 규정되어 있다.

기업회계기준에서 정한 계정과목을 특별한 사유가 없는 한 사용하는 것이 원칙이지만 중요성의 원칙에 따라 판단하여 어떤 항목이 이용자들의 의사결정에 중요한 경우에는 그 과목을 별도로 구분하여 표시하여야 하며, 중요하지 아니한 경우에는 다른 유사한 과목에 통합하여 기재할 수 있다.

(6) 재무제표 공시상의 금액처리

기업회계기준 제8조에 의하면 재무제표를 공시함에 있어서 재무제표 작성회사의 규모가 크고 재무제표 이용자에게 오해를 줄 염려가 없다고 인정되는 경우에는 그 금액 단위를 천원 또는 백만원 등으로 하여 기재할 수 있다고 규정되어 있다.

기업의 규모가 큰 경우에 있어서 재무제표상의 원단위로 공시한다면 이용자들에게 복잡성을 가중시켜서 정보의 유용성을 손상시킬 수도 있다. 이에 따라 재무제표 작성회사의 규모가 크고 이용자들에게 오해를 줄 염려가 없다고 인정되는 경우에는 그 금액단위를 천원 또는 백만원 단위로 하여 기재할 수도 있다.

(7) 부속명세서의 작성

부속명세서(scheduled of financial statements)는 대차대조표 또는 손익계산서의 중요한 사항에 대하여 주기와 주석을 하여야 한다. 주기(parenthetical disclosure)는 재무제표상의 특정 계정과목 바로 밑에 괄호를 하고 간단한 설명을 하는 것을 말하며, 주석(footnotes)은 재무제표상의 특정 계정과목 또는 금액에 기호표시를 하고 재무제표의 하단이나 별도의 서식에 동일한 기호표시를 하여 그 내용을 간결·명료하게 설명하는 것을 말한다.

제4절 연결재무제표 및 기업집단결합재무제표

기업회계기준 제6조에 의하면 ① 타회사를 지배하고 있는 지배회사는 그 종속회사와의 연결재무제표를 작성하여야 한다.

② 기업집단은 그 소속회사의 재무제표를 결합한 기업집단결합재무제표를 작성하여야 한다.

③ 연결재무제표 및 기업집단결합재무제표에 관한 준칙은 증권선물위원회가 따로 정한다라고 규정되어 있다.

1. 연결재무제표

연결재무제표(consolidated financial statements)란 법적으로는 독립된 회사들이 경제적으로는 지배·종속관계에 있을 때 이들 기업을 단일의 경제적 실체인 기업군으로 보아 이들에 대한 재무상태와 경영성과를 보고하기 위하여 일정한 기준에 따라 작성하는 재무제표를 말한다. 이 경우 기업군을 구성하는 개별 기업의 재무제표를 개별재무제표라고 하고, 연결재무제표는 기업군에 속하는 기업의 개별재무제표를 토대로 작성한다.

2. 기업집단결합재무제표

기업집단결합재무제표란 동일인(개인 또는 회사)의 출자에 의해서 형성되는 기업집단 소속회사를 단일의 경제적 실체로 간주하여 기업집단 소속회사간의 내부거래 등을 상계 제거하여 작성한 기업집단의 재무제표를 말한다.

연 습 문 제

1. 재무제표의 의의를 설명하라.

2. 재무제표의 목적에 대하여 논하라.

3. 재무제표의 기능에 대하여 설명하라.

4. 재무제표의 중요성에 대하여 말하라.

5. 연결재무제표에 대하여 말하라.

6. 기업집단 결합재무제표에 대하여 말하라.

제2장

재무회계의 개념체계

제 1 절 재무회계의 의의와 목적

1. 재무회계의 의의

재무회계는 기업 실체의 외부에 있는 정보이용자에 대하여 기업의 재무상태와 경영성과를 재무제표를 통하여 보고하는데 중점을 두고 있는 회계학의 한 분야이다.

재무회계란 회계보고서를 작성하여 외부에 공표하여야 하므로 외부보고회계라고 할 수 있다. 외부에 보고하기 위해서는 재무제표를 작성하여 보고하여야 하므로 재무제표 중심 회계라고 할 수 있다.

여기에서 재무제표란 일반적이고, 외부보고용이고, 재무제표 작성의 요건을 충족하기 위한 일정한 틀이다.

일정한 틀을 만들기 위해서는 제도가 필요하다. 그 제도에서 체계적이고, 통일적이고, 규제적인 부분을 규정화할 필요가 있다. 그래서 재무회계는 제도회계라고도 한다. 재무회계영역은 회계원리, 중급회계, 고급회계, 회계이론, 재무제표론, 회계감사, 재무 분석 등이다.

2. 회계의 목적

회계는 경제적 의사결정에 유용한 정보를 제공하는 것을 목적으로 하고 있다. 따라서 회계 행위는 경제주체의 활동을 계수 적으로 정보화시키기 위해 이루어진다고 할 수 있다. 그것은 회계가 그 기능을 수행하는 목표를 의미한다. 회계목적(accounting purpose, objectives of accounting)은 회계의 이론구조를 형성시키는데 있어서 가장 기본적인 개념으로서 작용하는 것이다.

이러한 회계목적은 시대에 따라 다양하게 변천되어 왔기 때문에, 그것을 일목요연하게 설명하기란 쉬운 일이 아니다.

회계의 목적에 대해서는 다음 네 보고서를 중요시하고 있는데, 공표순서에 따라 열거하면 다음과 같다.

(1) 미국회계학회 ASOBAT(1966년)의 회계목적

1966년 발표된 미국회계학회의 ASOBAT에서는 회계의 목적을 다음과 같이 열거하고 있다. 회계의 목적은 다음 목적을 위하여 회계정보를 제공하는 것이다.

① 한정된 자원의 효율적 배분에 관한 의사결정목적

② 기업의 인적·물적 자원에 관한 효율적 지휘와 통제목적

③ 자원의 보전과 수탁책임에 관한 보고목적

④ 사회적 기능과 통제를 촉진하기 위한 목적

(2) AICPA의 APB ststement NO.4에서의 목적

1970년에 발표된 회계원칙심의회(APB : Accounting Principles Board)의 보고서 제4호에서는 재무회계·재무제표의 목적(objectives of Financial accounting and Financial Statements)이란 명칭으로 회계목적을 다음과 같이 나누어 설명하고 있다.

1) 기본 목적(Basic Objectives)

기본 목적은 재무회계정보의 이용자가 경제적 의사결정(economic decision making)을 행하는데 유용한 재무정보를 제공하는데 있다.

2) 일반 목적(General Objectives)

일반목적은 재무회계정보의 내용을 이용자의 이해와 요구를 결부시키는 것이며, 이에 따라 재무회계정보의 내용이 그들의 이해와 요구에 얼마만큼 역할을 할 것인가를 확정지음으로써 정보내부의 평가가 가능하게 된다.

① 기업의 경제적 자원 및 재무에 관하여 신뢰할 수 있는 재무정보를 제공하는 것이다.

② 기업의 이익획득활동에서 생기는 기업의 순자원(자원에서 채무를 차감한 것)에 관한 신뢰할 수 있는 정보를 제공하는 것이다.

③ 기업의 잠재적 수익력(earning potential)을 추정하는데 필요한 재무정보를 제공하는 것이다.

④ 기업의 자원 및 재무변동에 관한 기타 필요한 정보를 제공하는 것이다.

⑤ 재무제표 이용자의 정보요구에 적합한 재무정보를 가능한 한 공시(disclose)하여야 한다.

3) 질적 목적(Qualitative Objectives)

재무정보를 유용하게 하는 특질로서 재무회계정보의 유용성을 평가하기 위한 기준을 제공한다. 이러한 질적 목적으로는 목적적합성(relevance), 이해가능성(under-standability), 검정가능성(verifiability), 중립성(neutrality), 적시성(timeliness), 비교가능성(comparability), 완전성(completeness) 등을 들고 있다.

(3) AICPA Study Group의 재무제표의 목적

1) 기본 목적(basic objective)

① 경제적 의사결정을 위한 정보제공

재무제표의 기본목적은 경제적 의사결정을 위한 유용한 정보를 제공하는데 있다.

2) 종속 목적(subsidiary objectives)

① 접근이 제한된 이용자에 대한 정보제공

재무제표의 목적은 기업에 관한 정보를 얻는데 권한·능력·자료원이 제한되어 있는 자에게 봉사하는데 있다.

② 현금흐름에 대한 정보제공

재무제표의 목적은 투자자와 채권자가 그들에게 돌아올 잠재적 현금흐름(cash flow)의 금액·시기 및 그에 관련한 불확실성(uncertainty)을 예측·비교·평가하기 위한 정보를 이용자에게 제공하는데 있다.

③ 기업의 수익력 평가에 대한 정보 제공

재무제표 목적의 하나는 기업의 수익력(earning power)을 예측·비교·평가하기 위한 정보를 이용자에게 제공하는데 있다.

④ 경영자의 능력평가에 대한 정보제공

재무제표의 목적의 하나는 기업의 기본목표를 달성하기 위하여 기업의 자원을 효과적으로 이용하는 경영자의 능력(manager's ability)을 판단하는데 유용한 정보를 제공하는데 있다.

⑤ 사실적 해석적 정보제공

재무제표의 목적은 기업의 수익력을 예측·비교·평가하는데 유용한 거래 및 사상에 대한 사실적 · 해석적 정보(factual and interpretive information)를 제공하는데 있다.

⑥ 대차대조표 작성에의 정보제공

재무제표의 목적은 기업의 수익력을 예측 · 비교 · 평가하는데 유용한 재무상태표(statement of financial position, 대차대조표를 뜻함)를 제공하는데 있다. 이 보고서는 미완료 된 이익가득 과정의 일부인 기업의 거래 및 기타 사상에 관한 정보를 제공하여야 한다. 이 보고서는 미완료 된 이익가득 과정의 일부인 기업의 거래 및 기타 사상에 관한 정보를 제공하여야 한다. 현재 가치가 역사적 원가와 현저하게 다를 경우에는 그 차이를 보고하여야 한다. 자산 및 부채는 예상되는 실현 또는 상환금액 및 시기에 관한 상대적 불확실성에 의하여 구분 또는 분류되어야 한다.

⑦ 손익계산서 작성에의 정보제공

재무제표의 목적은 기업의 수익력을 예측 · 비교 · 평가하는데 유용한 기간이익계산서(statement of periodic earnings, 손익계산서를 뜻함)를 작성하는데 있다. 이 보고서는 완성이익주기의 순결과와 미완성이익주기의 인식 가능한 완성도에서 나타나는 기업활동을 보고하여야 한다.

연속적인 재무상태표에 나타난 가치의 변화도 역시 보고되어야 한다. 그러나 가치변화는 그 사실의 확실성에 있어서 차이가 있기 때문에 구분하여야 한다.

⑧ 자금운용표 작성에의 정보제공

재무제표의 목적은 기업의 수익력을 측정 · 비교 · 평가하기 위하여 유용한 재무활동표(statement of financial activities, 자금 운용표)를 제공하는데 있다. 그 보고서는 중요한 현금효과를 가지거나 그러한 효과가 기대되는 기업거래의 사실적인 양상을 보고하여야 한다. 작성자의 해석이나 판단이 최소한으로 요구되는 자료를 보고하여야 한다.

⑨ 재무예측에의 정보제공

재무제표의 목적은 예측과정(predictive process)에 유용한 정보를 제공하는데 있다. 재무적 예측은 그것에 의하여 이용자의 예측에 대한 신뢰성을 높일 수 있는 경우에만 제공되어야 한다.

⑩ 정부와 비영리 기관에 관한 정보 제공

정부 · 비영리단체를 위한 재무제표의 목적은 그 조직목적의 달성을 위하여 경제적 자원을 효과적으로 관리하였는지를 평가하는데 유용한 정보를 제공하는데 있다.

⑪ 기업의 사회적 영향에 대한 정보제공

재무제표의 목적은 사회의 영향을 미치는 기업활동을 보고하는데 있다.(기업의 사회적 영향에 대한 정보제공)

(4) FASB의 SFAC N0.1(1978년)의 회계목적

미국 재무회계기준심의회(FASB : Financial Accounting Standards Board)에서는 1978년 11월에 그의 Conceptual Framework Project에 따라 재무회계개념보고서(SFAC : Statement of financial Accounting Concepts) NO.1 〈기업재무보고서의 목적〉 (Objectives of Financial Reporting by Reporting by Business Enterprises)을 발표하였다.

1) 투자 및 신용결정에 유용한 정보의 제공(Information Useful in Assessing Cash Flow Prospects)

현재 및 잠재적 투자자, 채권자, 기타의 이용자가 합리적 투자, 신용, 기타의 결정을 하는데 유용한 정보를 제공하는 것이다.

2) 현금흐름의 예측과 평가에 유용한 정보의 제공(Information Useful in Assessing Cash Flow Prospects)

현재 및 잠재적 투자자, 채권자, 기타의 이용자가 배당금, 이자, 매출로부터의 실수금, 유가증권 또는 대출금의 상환, 만기로 인한 미래의 현금수입의 금액, 기간귀속, 불확실성(amounts, timing, and uncertainty)을 평가하는데 도움이 되는 정보를 제공하는 것이다.

3) 경제적 자원과 그 자원에 대한 청구권 및 이들의 변동에 관한 정보의 제공(Information about Enterprise Resources, Claims to Those Resources, and Changes in them)

기업의 경제적 자원(자산), 청구권(부채 및 자본) 및 이들의 변동에 관한 정보를 제공하는 것이다. 이 목적은 다음과 같이 다섯 가지로 세분된다.

① 경제적 자원, 채무 및 소유주지분(economic resources, obligations and ower's equity)에 관한 정보의 제공

② 기업성과와 이익(enterprise performance and earnings)에 관한 정보의 제공

③ 유동성, 지급능력, 자금ㅎ름(liquidity, solvency, and tundsflows)에 관한 정보의 제공

④ 경영수탁과 성과(management stewardship and performance)에 관한 정보의 제공

⑤ 경영설명과 해석(management explanations and interpretations)에 관한 정보의 제공

SFAC NO.1의 회계목적은 정보이용자 중 투자자와 채권자를 중심으로 회계목적이 정립되어 있고, 기업의 현금흐름전망에 대한 평가를 중요시하고 있다. 그러나 이러한 목적들은 일정불변의 것이 아니라 이용자들이 처하고 있는 경제적·사회적 현상에 의해 영향을 받게 되고 새로운 연구결과로 인하여 변할 수 있는 것이다.

(5) 일반적인 회계의 목적

일반적으로 회계의 목적은 다음과 같이 세 가지로 구분하여 설명할 수 있을 것이다.

1) 보고 목적

오늘날 기업을 둘러싸고 있는 이해관계자집단은 다양화되어 있으며 점점 기업에 대하여 많은 관심을 갖고 있는 것이다. 따라서 회계는 이들 이해관계자들에게 회계정보라는 수단으로 기업의 경영성과와 재무상태를 주기적으로 보고(전달)하는 것을 첫째의 목적으로 하고 있다. 이것은 이해관계자들에게 회계정보의 보고를 행함으로써 그들의 이해 조정을 기하려는 것이다. 이러한 보고목적을 주축으로 하여 이루어지는 것이 재무회계(financial accounting)이며, 재무회계적 목적 또는 재무보고의 목적(objectives of Financial reports)이라고 일컫는다.

우리나라의 『기업회계기준』에서는 "재무회계는 회계정보의 이용자가 기업실체와 관련하여 합리적인 의사결정을 할 수 있도록 재무상의 자료를 일반적으로 인정된 회계원칙에 따라 처리하여 유용하고 적정한 정보를 제공하는 것을 목적으로 한다."라고 규정되어 있다.

2) 관리 목적

기업은 경영관리를 합리적으로 수행하기 위하여 회계정보를 필요로 한다. 기업을 경영하는 관리자에게 유용한 회계정보를 제공함으로써, 계획과 통제를 내용으로 하는 경영관리에 기여하게 하는 것이 두 번째의 회계목적이다. 경영자는 회계정보를 기초로 하여 경영활동을 계획하고 통제하게 되는데, 이것이 회계의 관리목적이다. 따라서 경영자의 관리적 의사결정을 위한 회계의 역할을 기업의 경영활동을 수행하는 과정에서 없어서는 안될 매우 중요한 것이다. 이러한 관리목적을 기축으로 하여 형성된 회계가 관리회계(managerial accounting)이다.

3) 기타의 목적

회계의 목적은 사회정의(social justice)를 실현한다는 측면에서의 목적도 갖고 있는 것이다. 그것은

① 기업의 사회적 책임(social justice)을 이행해야 하는 목적

② 사회적 복지의 실현을 위한 정보의 제공 목적

③ 한정된 자원을 적정하게 배분하기 위한 정보의 제공 목적

이것을 회계의 사회적 이해조정목적이라고 일컫는다.

3. 재무회계의 특성

재무회계는 기업외부의 이해관계자에게 재무적 거래가 회계실체로서 기업에 미치는 영향을 측정하여 정보로서 제공하는 정보시스템이다. 재무제표를 통하여 제공되는 재무회계정보의 특성은 다음과 같이 들 수 있다.

① 주로 화폐단위로 측정한 정보이다.

② 경제전반이나 산업에 관한 정보보다는 개별경제주체인 기업에서 발생한 경제현상을 측정한 정보이다.

③ 기업의 경제활동에 대한 정확한 측정치라기보다는 추정이나 배분 등으로 인한 개략적인 측정치이다.

④ 주로 이미 발생한 기업의 경제활동의 내역을 나타내는 역사적인 것이다.

⑤ 경제적 의사결정을 위한 다양한 정보원천 중의 하나이다.

⑥ 정보제공과 그 이용에 수반되는 비용보다는 그것으로부터 얻는 효익이 커야 제공된다.

4. 회계의 사회적 역할

회계는 기업의 이해관계자들이 합리적인 회사결정을 할 수 있도록 유용한 정보를 제공해 주는 기능을 하는데, 기업의 이해관계자들이 자기의 이익을 위한 합리적인 의사결정을 하게 되면 사회전체적으로 볼 때 가장 합리적인 결과를 가져올 수 있다. 회계가 사회에 어떠한 역할을 하고 있는지를 구체적으로 살펴보면 다음과 같다.

(1) 사회적 자원의 효율적 배분

사회적 자원(social resources)은 희소하며 한정되어 있다. 따라서 어떤 사회에 있어서나 한정된 사회적 자원이 적절하게 배분되고 이를 효과적으로 활용하는 것이 중요하다. 왜냐하면, 한정된 자원이 생산성이 높은 기업에 배분되면 생산성이 낮은 기업에 배분되는 경우에 비해서 그 자원을 이용하여 얻을 수 있는 생산성이 더 커질 것이므로 사회 전체적인 생활이 보다 윤택해질 수 있기 때문이다.

회계는 기업의 생산성을 평가하는 데 유용한 정보를 제공함으로써 한정된 자원이 효율적으로 배분되도록 해준다. 즉, 투자자나 채권자들은 그들의 투자의사결정(주식의 구입・보유・매각)과 신용의사결정(신용의 공여, 신용조건)에 있어서 투자이익과 위험을 평가하여 최선의 선택을 하고자 할 것이며, 이를 위하여 회계정보를 이용한다. 결과적으로 투자자들은 생산성이 높은 기업에 투자할 것이고, 채권자들도 생산성이 높은 기업에 대출하게 될 것이므로 회계는 사회적 자원을 효율적으로 배분하는 데 기여한다. 또한 기업에 배분된 자원은 경영자에 의하여 효율적으로 관리됨으로써 그 자원을 이용하여 보다 많은 생산을 할 수 있다. 따라서 경영자들은 기업이 소유하고 있는 경제적 자원을 효율적으로 배분하고자 경영을 계획하고 통제할 때 회계정보를 필요로 하게 된다. 이와 같이 회계는 투자자, 채권자, 경영자 등 각종의 이해관계인들이 합리적인 의사결정을 할 수 있도록 필요한 정보를 제공함으로써 희소한 사회적 자원이 효율적으로 배분되는 데 공헌한다.

(2) 수탁책임에 관한 보고

오늘날의 사회는 분업을 통하여 더욱 능률적으로 기능을 수행하고 있다. 자본을 가진 사람은 스스로 기업을 운영하지 않고 전문경영자에게 자기의 자본을 맡김으로써 사회 전체적으로 볼 때 능률적인 자본의 운영이 이루어질 수 있도록 한다.

수탁책임(stewardship responsibilities)이란 경영자가 주주나 채권자로부터 수탁 받은 자본을 효과적이고 효율적으로 관리·경영할 책임을 말한다. 경영자는 수탁책임에 의하여 기업의 자원을 효율적으로 배분하고, 그 결과를 이해관계자에게 보고할 의무가 있는데, 회계정보는 자본의 운용을 위탁받은 경영자가 자본을 투자한 주주나 채권자에게 보고하기 위한 수단이 된다. 이를 회계의 수탁책임보고의 기능이라고 한다.

(3) 그 밖의 사회적 통제의 합리화

회계정보는 위에서 설명한 것 이외에도 노사간의 임금협약이나 국가정책수립 등에도 많이 활용되고 있다. 노사간의 임금협약시 가장 기본이 되는 자료는 기업의 경영성과나 재무상태를 나타내는 회계정보가 될 것이며, 기업이 부담해야 할 세금이나 공공요금의 책정 등 기업과 관련된 국가정책이 합리적으로 이루어지기 위해서는 기업의 회계정보를 이용하지 않을 수 없다.

이와 같이 회계정보는 여러 가지 사회적 기능의 합리적이고 능률적인 수행을 위하여 이용되고 있기 때문에 자본주의 경제에서 회계의 중요성은 아무리 강조해도 지나치지 않다.

제 2 절 재무회계의 개념체계

1. 개념체계의 의의

개념체계(conceptual framework)란 모든 법률의 기본이 되는 헌법과 같은 것으로서, 재무회계와 재무제표의 본질, 기능 및 한계점을 규정하는 상호 연관된 목적과 기본원리에 관한 논리 정연한 시스템이라고 할 수 있다. 개념체계는 상호 연관된 목적과 기초개념들을 체계화시켜서 일관성 있는 회계기준을 마련하게 하고 재무회계와 재무제표의 본질·기능 및 한계점 등에 관하여 규범을 제공하는 역할을 하는 것이다. 이러한 개념체계의 역할은 기본개념 및 목적을 잘 정립하여 회계기준이 제정 또는 개정될 때 기존의 다른 기준과 일관성이 유지되도록 하는 것이다.

재무회계의 개념체계

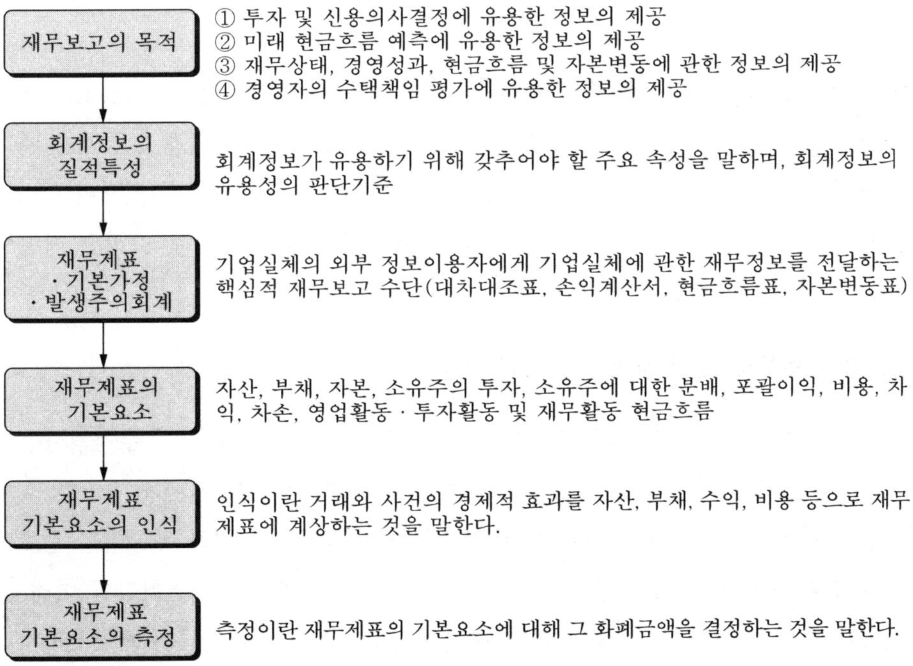

한편, 회계의 개념체계는 회계개념과 목적의 설립된 체계 안에서 만들어질 때 유용하다. 잘 정립된 개념체계는 앞으로의 회계기준이 일관성 있게 제정되는 데 도움을 주어 재무제표이용자의 이해와 신뢰를 증대시키고 기업간의 비교를 가능하게 한다. 그리고 회계실무를 수행하는 과정에서 새로이 나타나는 회계문제들을 기존의 개념체계에 기초하여 쉽게 해결할 수도 있다. 우리나라의 재무회계개념체계는 위와 같은 구조로 되어 있다.

2. 재무보고의 의의

재무보고(financial reporting)란 기업 외부의 다양한 이해관계자의 경제적 의사결정을 위해 경영자가 기업실체의 경제적 자원과 의무, 경영성과 등에 관한 재무정보를 제공하는 것을 말한다. 재무보고는 기업실체의 회계시스템에 근거한 재무제표(financial statements)에 의해 주로 이루어지나, 그 외의 수단에 의해서도 재무정보가 제공될 수 있다. 예를 들면, 경영자 분석 및 전망, 주주에 대한 서한, 사업보고서, 뉴스보도, 경영자 예측, 기업환경보고서 등이 이에 해당한다. 이러한 정보의 제공은 감독규정의 요구, 관습 또는 경영자의 자발적 판단에 의해 이루어진다.

3. 재무보고의 목적

일반적인 재무보고의 목적은 투자 및 신용의사결정에 유용한 정보(useful information)를 제공하는 것이다. 투자 및 신용의사결정에 유용한 정보는 투자로부터의 미래 현금흐름 예측을 위해 기업실체의 미래 현금흐름을 예측하는 데 유용한 정보로 구체화될 수 있으며, 기업실체의 미래 현금흐름 예측을 위해서는 기업의 경제적 자원과 그에 대한 청구권, 그리고 경영성과 측정치를 포함한 청구권의 변동에 관한 정보가 제공되어야 한다.

(1) 투자 및 신용의사결정에 유용한 정보의 제공

재무보고는 기업실체에 대한 현재 및 잠재 투자자와 채권자가 합리적인 투자의사결정과 신용의사결정을 하는 데 유용한 정보를 제공하여야 한다. 투자자와 채권자에게 유용한 정보는 사회 전체적인 자원배분의 효율성을 높이는 데 기여한다. 재무보고에 의해 제공되는 정보는 기업실체의 경제적 활동에 대해 어느 정도의 지식을 갖고 있는 투자자와 채권자라면 이해할 수 있는 정보이어야 한다. 그러나 일부 투자자 및 채권자에게 이해되기 어렵다거나 이용되지 않는다는 이유로 의사결정에 적합한 정보가 누락되어서는 아니된다.

(2) 미래 현금흐름 예측에 유용한 정보의 제공

재무보고는 현재 및 잠재 투자자와 채권자가 합리적 의사결정을 하기 위해서 투자 또는 자금대여 등에서 기대되는 미래 현금유입을 예측하는 데 유용한 정보를 제공하여야 한다. 이러한 미래 현금유입은 미래의 배당 또는 이자와 미래의 주식매각가액 또는 채권의 만기가액 등이다. 그러므로 재무보고는 투자 또는 자금대여 등으로부터 받게 될 미래 현금의 크기, 시기 및 불확실성을 평가하는 데 유용한 정보를 제공하여야 한다. 또한 그러한 미래 현금유입은 기업실체의 미래 현금창출능력에 의존하게 되므로, 재무보고는 당해 기업실체에 유입될 미래 순현금흐름의 크기, 시기 및 불확실성을 평가하는데 유용한 정보를 제공하여야 한다.

(3) 재무상태, 경영성과, 현금흐름 및 자본변동에 관한 정보의 제공

투자자와 채권자는 투자 또는 자금대여 등으로부터의 미래 현금유입을 예측하거나 기업실체의 미래 순현금흐름을 예측하기 위해서 다양한 재무정보를 필요로 한다. 그러므로 재무보고는 기업실체가 보유하고 있는 경제적 자원과 그 자원에 대한 청구권, 그리고 경영성과 측정치를 포함하여 그러한 청구권의 변동에 관한 정보와 현금흐름 정보를 제공하여야 한다. 즉, 재무보고는 기업실체의 재무상태, 경영성과, 현금흐름 및 자본변동에 관한 정보를 제공하여야 한다.

(4) 경영자의 수탁책임 평가에 유용한 정보의 제공

경영자는 소유주로부터 위탁받은 자원을 보전하고 이를 효율적으로 운용할 책임이 있으며, 재무제표는 경영자의 수탁책임의 이행 등을 평가할 수 있는 정보를 제공한다. 기업이 상장된 경우, 경영자는 현재의 주주뿐만 아니라 미래의 주주와 일반대중에 대하여도 수탁책임을 지게 된다. 또한, 기업과 경영자에게 사회적 문제에 대한 특정한 또는 광범위한 책임이 요구되기도 한다. 예를 들어, 심각한 환경문제에 따른 환경 개선에 대한 사회적 요구는 기업과 경영자에게 자연환경에 대한 새로운 책임을 부가할 수 있으며, 이 경우 경영자는 기업의 환경영향을 측정하고 환경개선을 위한 기업의 활동과 성과를 평가·보고하여야 할 것이다.

제 3 절 재무제표의 기본전제와 회계원칙

1. 재무제표의 기본가정

기본가정(basic assumptions)이란 회계이론을 논리적으로 전개하기 위한 기본적인 가정 또는 근본적인 명제를 말한다. 이러한 기본가정은 회계가 이루어지는 정치적·사회적·경제적·법적 환경으로부터 귀납적으로 도출된 것으로서 환경적 가정(environmental assumptions) 또는 환경적 공준(environmental postulates)이라고도 한다. 재무제표는 일정한 가정하에서 작성되며, 그러한 기본가정으로는 기업실체·계속기업·화폐단위 측정 및 기간별 보고를 들 수 있다.

(1) 기업실체의 가정

기업실체(business or economic entity)의 가정은 기업실체를 그 소유주나 다른 기업실체와는 독립적으로 존재하는 특정 회계단위로 간주하고 그 경제활동에 대한 재무정보를 측정·보고하는 것을 말한다. 이는 특정 실체가 작성하는 재무제표는 당해 실체에 관한 정보만을 포함하여야 함을 의미하는 것으로 특정 실체가 재무제표를 작성함에 있어 그 재무제표에 포함시켜야 할 정보의 범위를 결정하는 기준이 된다. 또한 기업실체의 공준에서 기업실체는 법률상 독립된 실체의 개념이 아닌 경제적 실체의 개념이다. 예를 들어, 지배회사와 종속회사는 단일 법적 실체는 아니지만 단일 경제적 실체를 형성하여 하나의 특정 회계단위로서 연결재무제표의 작성대상이 된다.

(2) 계속기업의 가정

계속기업(going concern)의 가정은 일반적으로 기업실체는 예측 가능한 미래기간에 걸쳐 영업활동을 계속하리라는 것을 의미한다. 즉, 기업실체는 그 영업활동을 청산하거나 중대하게 축소시킬 의도가 없을 뿐만 아니라 그러한 필요성도 없다고 가정한다. 이와 같이 기업을 계속기업으로 가정할 때에는 기업의 전체 존속기간을 인위적으로 기간 구분하여 기말에 회계기록을 마감하고, 기말의 재무상태와 일정기간의 경영성과를 파악하여 이것을 기업의 이해관계자에게 보고하게 된다. 이와 같은 정기적 회계보고의 필요성 때문에 회계기간의 관습이 발달하게 되었고 제도로서 확립하게 되었다. 즉 계속기업의 가정으로부터 회계기간의 개념이 확립된 것이다. 그리고 계속기업의 가정은 회계가 기업실체의 자원을 청산가치가 아닌 역사적 원가(취득원가)로 평가하는 근거를 제시할 뿐만 아니라 평가 및 배분과 관련된 개념을 설명하는 기초가 되고 있다. 또한 자산을 계정의 청산순위가 아닌 유동성 순위에 의해 배열하는 근거가 되며, 비교가능성·계속성 등의 회계정보기준을 유도한다.

그러나 기업실체의 중요한 영업활동이 축소되거나 기업실체 자체를 청산시킬 의도가 있어 계속기업을 가정하기 어려운 경우에는 계속기업을 전제로 한 재무제표와는 다른 기준을 적용하여 재무제표를 작성하여야 하며 그 적용된 기준은 공시되어야 한다.

(3) 화폐단위 측정의 가정

회계단위 측정(monetary measurement)의 가정은 기업실체의 경제활동에서 발생하는 거래나 경제적 사건을 화폐단위를 사용하여 측정・보고하는 것을 말한다. 기업실체의 영업활동에서 발생하는 수많은 거래나 사건을 의미 있는 정보로 측정・보고하기 위해서는 공통척도가 필요한데, 명목화폐단위를 이러한 공통기준으로 사용하자는 것이다. 화폐단위 측정의 가정은 시간의 경과에도 불구하고 화폐가치가 비교적 안정적인 것이라는 것이다. 그러나 극도의 인플레이션이나 기타 사유로 인해 명목화폐단위의 사용이 회계정보의 왜곡을 가져오고 나아가 정보이용자의 의사결정을 크게 왜곡시킬 가능성이 있다면 보다 적정한 다른 기준을 고려할 수 있다. 이러한 경우 회계정보의 유용성을 높이기 위해, 특히 화폐가치의 변동이 중요한 나라 또는 시기가 있기 때문에 화폐가치의 변동의 영향을 수정하는 물가변동회계에 대한 도입이 지속적으로 논의되고 있다.

(4) 기간별 보고의 가정

기간별 보고(periodicity or time period)의 가정은 한 기업실체의 존속기간을 일정기간단위로 인위적으로 나누어 각 기간에 대한 경제적 의사결정에 유용한 정보를 보고하는 것을 말한다. 계속기업의 가정에서 보면 특정 기업실체에 발생하는 경제적 사건은 회계기간과 관계없이 연속적으로 이루어지기 때문에 그 기업실체의 최종적인 재무상태와 경영성과는 청산시점에야 정확하게 평가할 수 있다. 그러나 기업실체의 이해관계자들은 효율적인 자원배분을 위하여 지속적으로 의사결정을 해야 하므로 적시성 있는 회계정보를 요구하게 되고 이러한 요구를 충족시키기 위하여 기업의 성과를 일정기간마다 보고해야 하는 의무가 있다. 따라서 기업실체의 존속기간을 일정기간으로 구분하고 각 회계기간에 대한 재무제표를 작성하여 기간별 재무상태, 경영성과 및 현금흐름의 변동내역에 대한 정보를 제공한다. 다만, 기업실체의 회계기간을 정함에 있어 회계기간의 장・단기에 따라 발생할 수 있는 관련성과 신뢰성간의 상충관계를 고려하여야 한다.

한편, 회계정보기준 중 적시성 개념을 중시하는 기간별 보고의 가정은 기간손익계산을 위해 원가배분과 같은 회계상의 측정문제를 발생시킨다. 예를 들어, 대손상각의 추정, 유가증권 및 재고자산의 평가차손익, 유・무형자산의 상각 그리고 우발채무 등에 대한 주관적 판단의 여지와 회계측정상 불확실성의 문제가 생긴다. 또한 기간별 보고의 가정은 발생주의회계의 채택근거를 제공해 준다. 즉, 자산과 지분의 변동이 현금의 유입과 유출에 관계없이 회계기간에 수익이 실현되었으면 수익으로 인식하고, 비용이 발생했을 때는 비용으로 인식하는 것이다.

2. 회계원칙

(1) 기본회계원칙

기본회계원칙(basic principles of accounting)이란 기업의 회계행위를 수행할 때 준수하지 않으면 안 될 행위의 지침(working rule)으로서, 재무제표의 작성과정에 적용하여야 하는 기준들이다.

미국공인회계사회에서는 기본회계원칙을 계층적 구조로 파악하고, 그 계층적 구조의 내역으로서 기본원칙, 광범위한 시행원칙 및 세부회계원칙으로 구분하여 설명하고 있다. 기본회계원칙에는 역사적원가, 수익인식, 수익·비용대응, 완전공시 등이 있다.

1) 역사적 원가주의

역사적 원가주의(historical cost principle)란 모든 회계 측정은 거래가 발생한 시점의 교환가격인 역사적 원가에 기초해서 측정해야 한다는 것이다. 역사적 원가주의(historical cost principle)는 모든 거래나 사건을 역사적 원가에 의하여 기록하는 것을 의미하며, 일단 역사적 원가에 의하여 기록된 자산의 가액은 자산이 존속되는 한 변함이 없다.

이러한 역사적 원가주의는 거래 사실을 기록하고 보고하는데 따라야 할 가장 기본이 되는 원칙의 하나로서 원가주의 또는 취득원가주의라는 말로서 오랫동안 회계보고서의 작성자나 이용자들이 신봉해 오고 있는 원칙이다.

2) 수익인식의 원칙

수익의 인식이란 영업활동의 과정에서 중요한 경제활동이 완료되었거나 수익금액을 합리적으로 측정할 수 있는 시점에서 수익을 인식하는 것이다. 즉, 발생된 수익을 어느 시점(회계기간)의 장부에 기록하여 보고할 것인가를 결정하는 과정을 의미한다.

수익인식의 원칙(revenue recognition principle)에 의하면 수익은 실현(realized)되었을 때 인식하도록 되어 있다.

3) 수익·비용 대응의 원칙

수익·비용 대응의 원칙(matching principle)이란 일정기간에 실현된 수익(성과)과 그 수익의 실현에 기여한 비용을 인식하여 당해 기간의 순이익을 결정한다는 원칙이다. 대응의 방법으로는 직접대응(제품대응)과 간접대응(기간대응)이 있다.

회계에서 기간별 수익과 비용을 확정하는 방법에는 현금주의와 발생주의의 두 가지가 있다.

현금주의란 상품의 매매활동과 같은 영업활동에서 현금의 수입이 있으면 수익으로 보고, 현금의 지출이 있으면 비용으로 보아 경영성과를 계산하는 방법을 말한다.

현금의 수입과 지출여부는 누구나 쉽게 이해할 수 있기 때문에 현금주의를 따르면 회계보고서 작성이 매우 쉽다. 그러나 현금주의는 기간별 경영성과를 파악하는데 있어 중대한 결함이 있다.

예를 들어, 당기의 상품판매에 따른 현금회수가 차기 이후에 이루어지는 경우가 많다. 회계에서는 경영성과를 기간별로 파악하는데 만일 기말에 아직 대금회수가 종료되지 않은 영업활동이 있다면 현금주의에 따라 경영성과를 계산할 경우 필연적으로 이 부분은 누락되게 된다. 즉 현금주의에 의하면 기간별 경영성과를 올바르게 계산할 수 없다.

이에 회계에서는 현금의 수입·지출과는 관계없이 수익과 비용의 당기 발생여부를 기준으로 하여 당기의 수익과 비용을 확정하고 이에 따라 경영성과를 계산하는 발생주의를 채택하고 있다.

4) 완전공시의 원칙

완전공시의 원칙(full disclosure principle)이란 기업의 외부이해관계자들이 기업의 경제활동에 관하여 단순히 추측에 의해서가 아닌 정확한 정보에 의한 의사결정을 할 수 있도록 기업의 회계담당자는 목적 적합한 정보를 회계보고서에 공시해야 한다는 원칙이다. 이는 기업의 이해관계자집단이 광범위하고 다양해짐에 따라 요청되는 회계원칙이라고 할 수 있다.

5) 중요성

중요성(materiality)이란 경제적 의사결정에 영향을 미치는 정도를 의미한다. 따라서 과목과 금액은 중요성에 따라서 실용적으로 결정하여야 한다. 중요하지 않은 내용은 통합 또는 생략하고 중요한 내용은 구체적으로 기록한다. 중요성은 회계에서 중요한 정보만을 취급하고 중요하지 않은 정보는 이를 무시한다는 개념이다.

중요하지 않은 정보란 그것을 제공하지 않더라고 의사결정에 영향을 미치지 아니하는 정보를 말하는 것으로서, 이러한 정보는 제공하지 않아도 된다는 개념이다.

중요성의 개념은 회계상으로 매우 중요한 개념이라고 할 수 있다. 우리나라의 기업회계기준에서도 중요성을 일반원칙 중의 하나로 인정하고 있을 만큼 중요시하고 있다. 그런데 이 중요성은 일반적으로 회계관습에 의해 회계실무에서 인정되고 있는 실무적 개념이라고 할 수 있다.

6) 보수주의

보수주의(conservatism)란 선택가능한 대체적 방법이 있을 경우에 순이익이 가장 적게 측정되는 회계처리방법을 선택한다는 원칙이다. 따라서 보수주의는 구체적으로 말하여 기업의 입장에서 가급적 자산은 작게, 부채는 크게 평가하고 또한 수익은 가급적 늦추어 계상하고, 비용은 가급적 빨리 계상한다는 원칙이다.

따라서 보수주의는 예상되는 모든 손실은 계상하고 이익은 가급적 계상하지 말라(anticipate no profit and provide for all possible losses)라는 격언의 의미와도 일치하는 원칙이다. 그러므로 보수주의의 입장에서 회계처리를 하면 자산은 현행가치보다 낮게 평가되는 경향이 있다. 즉 재무보고상으로는 비관주의의 입장을 취하게 된다.

보수주의는 외국에서는 회계습관으로 인식되고 있으나, 우리나라에서는 기업회계기준의 일반원칙 중의 하나로서 안전성원칙으로 규정하고 있다. 즉 기업회계기준 제3조 제6항은 회계처리과정에서 둘 이상의 선택 가능한 방법이 있는 경우에는 재무적 기초를 견고히 하는 관점에 따라 처리하여야 한다고 규정하고 있는데, 이는 보수주의를 말하는 것이다.

기업에서 보수주의의 입장에서 회계처리를 하면 일반적으로 기업의 재무구조는 튼튼해진다. 즉 당기순이익을 적게 측정함으로써 세금·배당금 등의 사외유출이 줄어들어 기업의 재무적 안전성(financial stability)을 가져온다.

기업에서 수익을 앞당겨 계상하거나 비용을 늦추어 계상하면 순이익이 증가한다. 순이익 증가는 경영자의 영업성적에 대한 평가가 높아지고 기업의 평가도 높아져 주가가 상승하고 기업의 양도에 유리하다. 그러나 이런 결과로 인하여 세금과 배당금이 증가되어 사외유출이 늘어나면 기업의 재무적 위험(financial risk)을 초래하게 된다.

한편 보수주의를 과대하게 채택하면 기업 내에는 비밀적립금을 설정하고 있는 결과가 되어 역시 적정한 회계처리가 될 수 없으며, 회계관습(accounting convention)에 속한다고 말할 수 있다.

7) 산업별 회계실무

산업별 회계실무(industry accounting practices)는 그 기업 또는 그 기업이 속한 산업에서 특수하게 인정되어야 할 회계실무로서, 정상적인 회계실무에서는 벗어나더라고 회계기준의 예외로서 인정된다. 예를 들면, 곡물판매회사에서 쌀·보리 등의 곡물을 취득원가가 아닌 현행판매가격으로 표시하는 경우 등이다.

이와 같은 특수한 회계실무는 업종이 동일한 산업에서 업종의 특수성에 비추어 정상적인 회계처리를 할 수 없거나, 그 기업의 영업활동과정이 일반의 기업에 비해 특수한 경우에 필요하다. 이러한 회계관습은 상법·세법 또는 정부규제기관의 요청에 의해서 생기는 경우도 있다.

정상적인 회계처리를 하지 않기 때문에 산업별 회계실무는 회계기준이 될 수 없다. 그러므로 산업별 회계실무는 회계정보의 독특성(uniqueness)·실현가능성(feasibility) 등에 입각하여 인정되는 회계관습이라고 할 수 있다.

(2) 일반적으로 인정된 회계원칙

1) 개념

기업외부의 다수 이해관계자에게 제공되는 일반목적 재무제표가 공정하고 완전한 회계정보를 전달하는 역할을 하기 위해서는 재무제표의 작성기준 즉, 일반적으로 인정된 회계원칙이 필요하다.

일반적으로 인정된 회계원칙(generally accepted accounting principles : GAAP)이란 거래나 사건을 측정하고 이를 재무제표에 보고하는 기준들을 의미한다. 이러한 회계원칙은 다른 학문 분야의 원칙들과는 달리 명확한 체계를 갖고 있지 않다. 다만, 회계정보 이용자들에게 일반적으로 수용되는지에 따라 평가되며 제정당시의 회계실무를 반영하고, 경제 환경에 따른 가변성을 가지며, 타당성에 대한 검증이 곤란하다는 특징을 지닌다.

우리나라의 경우 일반적으로 인정되는 회계원칙은 회계실무에 있어 이론적으로 취약한 기반 때문에 과거로부터 인정되어 오던 자생적인 회계원칙이라기보다는 사회·경제적인 목적에 부합하는 재무보고의 필요성에 맞도록 법률적인 형태로 제정되어 있다.

2) 우리나라의 기준 제정

우리나라에서는 주식회사의 외부감사에 관한 법률 제13조에 따라 금융감독위원회가 기업회계기준의 제정권한을 보유하고 있다. 그러나 주식회사의 외부감사에 관한 법률 제13조 제4항 및 시행령 제7조의 2 제1항에 따르면 금융감독위원회는 회계처리기준에 관한 해석, 질의회신 등 관련업무를 포함한 회계처리기준에 관한 업무를 민법에 의하여 금융감독위원회의 허가를 받아 설립된 사단법인 한국회계연구원에 위탁하도록 하고 있다. 따라서 실무에서는 회계처리기준에 관한 의문사항이 발행할 경우에는 한국회계연구원(www.kasb.or.kr)을 통해 질의회신을 받을 수 있다.

금융감독위원회는 이해관계자의 보호, 국제회계기준으로의 합치 등을 위하여 필요하다고 인정되는 때는 증권선물위원회의 심의를 거쳐 한국회계연구원에 대하여 회계처리기준의 내용을 수정할 것을 요구할 수 있으며 한국회계연구원은 정당한 사유가 없는 한 이에 응하여야 한다.

한국회계연구원은 회계정보의 유용성과 기업회계기준의 국제적 정합성을 높이기 위한 노력의 일환으로 조문식으로 된 과거의 기업회계기준을 문단식으로 개정하여 앞으로 기업회계기준은 기업회계기준서와 기업회계기준해석서로 구성될 것이며 실무 적용상의 지침을 제공하기 위하여 기업회계기준적용사례가 발간될 것이다.

기업회계기준서는 기준서 발간이 현재 유효한 현행 기업회계기준, 준칙 및 해석의 관련 조항을 대체하며 기업회계기준의 일부가 된다.

3. 우리나라의 기업회계기준

(1) 기업회계기준의 성격

기업회계 기준은(또는 기업회계원칙) 회계행위를 할 때 준수하지 않으면 안 될 행위의 지침으로서 경제사회에 있어서 기업의 회계실무를 이끌어 나가는 지도원리로서 한 나라의 회계이론을 종합적으로 집약하여 체계한 것으로 회계학을 이해하고 연구하는데 있어서 회계기준의 본질, 성립, 역할, 구조 등에 대하여 올바른 인식도 필요하므로 이 회계기준의 성격을 간단히 설명하고자 한다.

첫째, 회계기준은 회계실무에 있어서 관습으로서 발달한 것 가운데 일반적으로 공정·타당하고 유용하다고 인정된 원리를 체계화한 것이다.

둘째, 회계기준은 보편타당성을 갖는다. 회계기준은 모든 기업에 적용가능한 대체안 중에서 최선의 것을 선택할 수 있도록 포괄적인 일반지침을 회계행위의 기준으로 제공해 준다.

그러므로 회계기준은 여러 가지 대체적인 선택가능한 대체안 중에서 최선의 것을 선택·결정할 수 있는 포괄적인 일반적 지침을 회계행위의 기준으로서 제공한 것이다.

셋째, 회계기준은 변화의 속성을 가지고 있다. 회계는 사회적 제도에 의해 인정되는 것이기 때문에 경제사회의 변화에 따라 또는 산업사회의 구조변천에 따라 변화되어야 하며 시대적 요청에 따라 달리 수립되어야 한다.

넷째, 회계기준은 규범성을 갖는다. 회계기준은 최선의 회계실무의 방향을 제시하는 규범적인 성격을 가지고 있다. 일반적으로 회계기준을 높은 수준의 회계실무를 유지할 수 있도록 의도적으로 선택된다.

이것은 회계실무를 협소한 범위 내에 국한시켜 강력성을 잃게 하려는 것이 아니라 진실, 정직, 공정의 회계처리를 위한 지침을 만들고자 의도된 것이다. 그래서 회계기준은 회계목적과 일치된 방향에서 수립되고 회계실무가 이 방향으로부터 회계담당자나 회계감사인은 상황에 따라 세부적인 회계절차를 적용하게 되는 것이다.

(2) 기업회계기준의 제정목적

기업회계기준은 주식회사의 기업회계와 감사의 통일성과 객관성을 부여할 목적으로 제정한다고 하였다. 이는 기업이 공표하는 재무제표의 통일성과 객관성은 물론 외부감사인이 실시하는 감사보고의 통일성과 객관성을 확보할 목적으로 제정하는 것이다.

재무제표란 거래의 기록을 기초로 실무적으로 관습화된 회계처리방법을 선택·적용하여 작성되기 때문에 이에는 경영자의 주관적 판단이 강하게 개입하게 된다. 따라서 이러한 개인의 주관적 요구가 개입된 기업회계를 가능한 한 객관화하여 재무정보가 통일성 있게 보고되도록 하기 위한 회계처리기준의 제정이 요구되는 것이다.

결국 회계의 기능이 개인의 계산수단에서 사회적 정보기능으로 인식되면서 기업 자유에 맡겨졌던 회계는 필연적으로 사회의 간섭 내지는 통제를 받게 되고 그 통제의 방향은 회계정보의 신뢰성을 위하여 필연적으로 재무제표의 통일화를 모색하게 되는 것이다.

외부감사인은 기업이 공표하는 재무제표가 적정하게 작성되었는가를 판정하려면 객관적이고도 통일된 판단기준이 필요하게 되며 따라서 회계기준은 기업 스스로 준거하여야 할 규범기준인 동시에 이와 같이 외부감사인이 재무제표를 감사하여 보고하는데 있어 준거할 판단기준으로 제정되는 것이다.

(3) 우리나라 회계기준의 제정경위

우리나라의 기업회계기준은 1958년에 처음으로 기업회계원칙과 재무제표규칙이라는 이름으로 제정되었다. 기업회계원칙은 그 당시 재무부장관의 자문기관으로서 민간, 학계의 저명인사로 구성된 재정금융위원회의 분과위원회인 기업회계준칙제정소위원회의 기초소위원회의 중간보고의 형식으로 발표되었으며, 재무제표규칙은 같은 해 7월, 재무보고서 제169호로 발표되었다. 이 두 기업회계규정은 1959년 1월 1일부터 본격적으로 시행되었다.

기업회계원칙과 재무제표규칙의 제정으로 우리나라 기업회계는 크게 발전하였으며, 이들 규정은 원칙 없이 제각기 행해졌던 회계실무의 통일화와 질적수준을 높이는 데 크게 기여하였다. 그 후 1963년 1월 1일 상법이 개정・시행되고 부칙 제5조에 의거한 주식회사의 계산서류 등에 관한 건이 대통령령으로 공포되어 1964년 6월 1일부터 위의 대통령령과 같이 개정・시행되게 되었다.

그러던 중 1973년부터 우리나라 자본시장의 육성과 그 발전이 크게 진전되었고 상장법인이 대폭 증가함에 따라 회계공시제도를 확립하여 투자자의 보호를 기하지 않을 수 없게 되었다.

1973년 10월초에 증권심의위원회가 구성되고 동 심의위원회의 분과위원회로서 기업회계분과위원회가 조직되어 기업회계원칙의 개정안을 기초심의하고 증권심의위원회를 경유하여 1974년 7월 18일자로 상장법인 등의 회계처리에 관한 규정을 대통령령으로 공포하여 1975년 1월 1일부터 적용하게 되었다.

1976년 7월에 상장법인 등의 회계처리에 관한 규정의 1차 개정을 보았으며 이와 동시에 종전의 기업회계원칙을 개정하여 기업회계분과위원회의 제2차 중간보고의 형식으로 발표함으로써 두 규정의 실질적 내용이 사실상 일치하게 되었다.

1980년 11월에 상장법인 등의 회계처리에 관한 규정을 전면개정하고, 이에 따라 1981년 1월에 증권관리위원회는 회계제도자문위원회의 자문을 받아 기업회계원칙을 전반적으로 재검토하여 그 내용을 전면 개정하였으며, 다시 동년 12월 23일 기업회계원칙에 재무제표규칙을 포함시켜 새로운 형태의 기업회계기준을 제정・발표하여 모든 기업은 이에 따라 재무제표를 작성하도록 하였다. 1984년 9월 1일 일부 조항을 개정하여 개정상법과 보조를 맞추었고, 다시 1990년 3월 자본자율화에 대비하여 대폭 개정이 있었다. 또한 1994년에는 현금흐름표가 도입되었으며 1996년 3월 국제회계조류에 보조를 맞추기 위해 대폭적인 개정을 하였으며 1998년 4월과 12월에 대폭 개정되어 현재에 이르렀다.

(4) 기업회계기준의 체계와 내용

우리나라의 기업회계기준은 일본의 기업회계원칙으로부터 가장 큰 영향을 받았으며, 이러한 일본의 회계원칙은 1938년의 SHM(T.M.Snadars・M.R.Hatfield・U.Moor) 회계원칙과 1948년 AAA(American Accounting Association) 회계기준 및 독일의 상법학자들이 열거하고 있는 대차대조표의 제원칙을 결합하여 이루어진 것이다. 따라서 우리나라의 기업회계기준은 초기에는 직접적으로 일본의 영향을 받아 왔지만, 1981년의 개정시에는 기업의 공시제도확립과 기업의 국제화 및 국제회계조류에 부응하기 위하여 영미의 회계를 적극적으로 받아들여 발전적인 회계체계를 추구하고 있다.

우리나라의 기업회계기준은 모두 전문91조로서 8장과 부칙으로 구성되어 있는데 제1장 총칙에서는 기업회계의 일반원칙과 기준에서 사용하는 용어를 정의하고 있으며, 제2장 대차대조표에서는 대차대조표의 작성기준, 대차대조표의 항목별 회계지침을 설명하고, 제3장 손익계산서에서는 손익계산시 작성기준과 구분계산 및 이의 회계지침을 설명하고 있다. 제4장 자산・부채의 평가에서는 각 항목별로 그 평가기준을 제시하고, 제5장 이익잉여금처분계산서에서는 그 과목 및 전기손익수정 문제를 다루고 있으며, 제6장 현금흐름표에서는 현금・예금의 유입 및 유출에 대해 설명하고, 제7장 부속명세서에서는 그 종류를 나열하고, 제8장 부칙과 보칙에서는 기업회계기준의 시행상의 특별사항을 규정하고 있다.

(5) 기업회계기준의 일반원칙

기업회계기준의 일반원칙은 기업회계를 수행할 때 준수해야 할 행위의 기준인 원칙으로 모든 기업이 회계행위를 수행할 때 존중하지 않으면 안 될 사회적 규범을 성문화한 것이다.

1) 신뢰성의 원칙

기업회계기준 제3조 제1호에 회계처리 및 보고는 신뢰할 수 있도록 객관적인 자료와 증거에 의하여 공정하게 처리하여야 한다고 되어 있는데, 이것이 신뢰성의 원칙이다. 기업은 기업과 이해관계를 가지고 있는 집단이 경제적 의사결정을 하는데 판단의 기준이 되는 정보를 제공하지 않으면 안 된다. 이때 판단의 기준이 될 정보가 신뢰할 수 없을 정도로 부정확하면 회계가 갖는 정보로서의 의의는 상실되고 회계의 사회적 제도로서의 기능은 수행될 수가 없다.

회계정보의 신뢰성은 검증가능성(verifiability)과 불편성(freedom from bias)이 있을 때 보장되는 것으로 본다. 검증가능성이란 상호 독립된 자격이 있는 개인이 동일한 증거·자료·기록으로부터 동일한 측정치나 결론을 도출해 낼 수 있는 신뢰의 속성을 말한다.

정보의 불편성이란 정보에 개인적 또는 통계적인 편견 또는 편향이 있어서는 안 된다는 것이다.

2) 명료성의 원칙

기업회계기준 제3조 제2호에 재무제표의 양식 및 과목과 회계용어는 이해하기 쉽도록 간단명료하게 표시하여야 한다고 규정하고 있는데, 이것이 명료성의 원칙(principle of clarity)이다. 명료성의 원칙은 회계정보의 명료표시 및 적정표시를 명료하지 못하면 정보가 올바로 전달되지 못한다. 명료성의 원칙은 대차대조표의 작성 및 양식에 관한 원칙으로서 우선 정확한 장부기록을 하여야 함은 물론 대차대조표의 기재내용 그 자체도 정연하고 명료하게 표시하여야 한다는 원칙이다.

명료성의 의미는 단순히 명료하게 기재한다고 하는 추상적인 요청이 아니라 ① 회계내용의 완전공개(full disclosure), ② 재무제표항목의 명료한 표시(fair presentation)의 두 가지 요건을 갖추어야 한다.

완전공개의 의미는 이해관계자가 기업의 상황에 관한 올바른 판단을 할 수 있도록 재무제표상에 필요한 사실을 완전히 명료하게 표시하여 보고하는 것을 말한다.

재무제표항목의 명료한 표시란 재무제표의 ① 형식에 관한 명료성, ② 계정과목에 관한 명료성, ③ 회계용어에 관한 명료성으로 구분하여 볼 수 있다. 즉 정보전달의 수단으로 활용되는 재무제표 본래의 기능이 원활히 수행될 수 있도록 하기 위해서는 재무제표의 형식, 재무제표에 표시되는 계정과목 그리고 재무제표에 사용된 회계용어는 명료하여야 한다.

3) 충분성의 원칙

기업회계기준 제3조 제3호에는 중요한 회계방침과 회계처리기준, 과목 및 금액에 관하여는 그 내용을 재무제표상에 충분히 표시하여야 한다고 규정하고 있는데, 이것을 충분성의 원칙(principle of sufficiency)이라 한다.

회계방침과 회계처리기준이란 회계원칙에 따라 재무제표를 작성할 경우에 구체적으로 적용된 특정의 회계절차 또는 방법을 말한다. 재무제표는 보고하는 회사의 회계방침 또는 정책에 따라 그 내용에 있어서 많은 영향을 받기 때문에 재무제표의 이용자들은 이들 방침이나 정책을 알지 않고서는 올바른 의사결정을 할 수가 없다. 따라서 재무제표를 보고하는 회사는 모든 중요한 회계방침 또는 정책이 있는 경우에 이를 기술적인 방법으로 재무제표의 일부로서 공표하여야 한다.

재무제표상에 충분히 표시하기 위해서는 주기 또는 주석으로 개재하여야 하며 필요에 따라 부속명세서를 작성하도록 하고 있다.

4) 계속성의 원칙

기업회계기준 제3조 제4호는 회계처리에 관한 기준 및 추정은 기간별 비교가 가능하도록 매기 계속하여 적용하고 적당한 사유없이 이를 변경하여서는 아니된다고 규정하고 있는데, 이를 계속성의 원칙(principle of consistency)이라고 한다.

계속성의 원칙에 있어서 계속성이란, ① 회계처리의 기준 및 절차의 연도간에 있어서 계속적 적용, ② 회계보고의 기준 및 절차의 연도간에 있어서 계속적 적용을 의미하나, 또한 계속성을 광의로 해석한다면, ③ 1회계연도에 있어서 회계처리 및 회계보고의 기준 및 절차의 시종일관된 적용을 의미한다.

매기 재무제표를 작성할 때 계속적인 적용을 무시하고 회계절차를 변경한다고 하면 재무제표를 자의성을 배제하고 신뢰성을 높이기 위해서는 한 번 채용한 회계절차나 방법 또는 평가기준은 그 후에도 매기 계속해서 적용하고 적당한 이유 없이 함부로 변경해서는 안 된다.

계속성의 원칙이 적용됨에 따라서 각 기간의 손익을 동일한 계산기준에 따라 비교 가능한 것이 됨과 아울러 회계처리절차의 변경에 의한 이익조작의 여지를 배제하여 신뢰성 있는 재무제표를 작성할 수 있게 된다.

재무제표의 양식, 과목의 명칭·구분·배열에 대해서도 매기 계속해서 동일한 형식을 따라야 하는 것으로서 정당한 이유 없이 함부로 변경하여서는 안 된다는 것이다.

5) 중요성의 원칙

기업회계기준 제3조 제5호는 회계처리와 재무제표의 작성에 있어서 과목과 금액은 그 중요성에 따라 실용적인 방법에 의하여 결정하여야 한다고 규정하고 있는데 이를 중요성의 원칙(principle of materiality)이라 한다.

이것은 회계처리하는 과정에 있어서나 재무제표를 작성할 때 중요성에 비추어 계정과목을 설정함은 물론 금액을 기재하는데 있어서도 이 원칙에 따를 것을 요구하는 원칙이다.

6) 안전성의 원칙

기업회계기준 제3조 제6호에 회계처리과정에서 둘 이상의 선택가능한 방법이 있는 경우에는 재무적 기초를 견고히 하는 관점에 따라 처리하여야 한다고 규정하고 있는데, 이 원칙을 안전성의 원칙(principle of conservatism) 또는 보수주의의 원칙이라고도 한다.

회계에 있어서 보수주의라는 용어는 자산·부채·수익·비용 등을 표시할 때 여러 가지 표시가능한 가액 중 자산과 수익에 대해서는 최저의 가액으로 그리고 부채와 비용에 대해서는 최고의 가액으로 보고하는 회계관행에 대하여 붙여진 명칭으로 사용하는 것이 일반적이다. 보수주의는 또한 비용을 보다 빨리 인식하고 수익을 보다 천천히 인식하는 것을 의미하는 것으로 쓰이기도 한다. 그러므로 이 관행에 따르면 자산은 과대표시(overstatement)되기보다는 과소표시(understatement)되고 이익은 과소표시되게 된다.

보수주의가 구체적으로 적용되고 있는 예로는 ① 재고재산과 유가증권평가에 있어서 저가주의의 채택, ② 후입선출법, 기준재고법과 같은 재고자산원가의 배분방법의 선택, ③ 진부화자산, 과잉품의 평가절하, ④ 예상비용의 충당계산, ⑤ 공사진행기준의 처리에 있어서의 공사진행률의 추정, ⑥ 최대한의 감가상각비 계상, ⑦ 할부판매에의 할부기준의 적용, ⑧ 장래에 걸쳐서 효과의 발휘가 기대된 지출의 즉시비용화, ⑨ 손쟁사건에 따른 우발적인 손해배상비 등의 충당계상, ⑩ 자본적지출이나 수선비에 관한 판단, ⑪ 미실현이익의 계상 부인, ⑫ 모든 미지급비용의 계상, ⑬ 어느 정도의 비밀적립금 허용과 같은 것들이 있다.

7) 실질우선의 원칙

기업회계기준 제3조 제7호에 회계처리는 거래의 실질과 경제적 사실을 반영할 수 있어야 한다라고 규정하고 있는데 이 원칙은 회계처리시 거래의 법칙 형태보다는 거래의 실질과 경제적 사실에 의하여 처리하고 공시한다는 것이다.

매출채권의 양도시 거래의 실천에 따라 양도거래와 차입거래로 구분하여 처리한다든지 장기리스자산 중 거래의 실질에 따라 할부구입에 해당되는 경우에 자산과 부채를 계상하는 것은 실질우선의 원칙을 적용한 것이다.

(6) 회계관습

회계관습(accounting convention)은 오랫동안 회계실무에서 지켜져 내려오는 전통으로 지켜가고 있는 인습적인 규칙으로서 실무적 편의를 위하여 다수의 지지에 의하여 존중되고 지켜지는 실무지침이다.

이것은 회계실무상 유용하고 회계처리의 편의를 위하여 존중되기는 하지만 논리적인 검증을 거치지 않았기 때문에 회계기준과는 분리된다.

우리나라 기업회계기준 제4조에서는 「회계처리에 관하여 이 기준에 정하는 것 이외에는 일반적으로 공정·타당하다고 인정되는 회계관습에 따라야 한다」라고 규정하여 회계관습을 존중하고 있다.

일반적으로 공정·타당하다고 인정되는 회계관습이란 일부 회계학자가 인정하는 기업회계기준도 아니고, 또한 일부 회계실무자가 관행으로 집행하는 기업회계기준도 아니며, 그 사회의 대다수의 공인회계사, 회계학자, 회계실무자가 일반적으로 공정·타당하다고 인정하는 기업회계기준을 말하며, 외국에서 공정·타당하다고 인정하는 기업회계원칙이라도 대체적으로 합치하는 회계기준을 말한다고 하여 회계기준과 관습을 구별하지 않고 있다.

4. 용어의 정의

(1) 1년내

1년내란 대차대조표일로부터 1년 이내를 말하는데, 유동항목과 고정항목의 구분기준으로서 적용된다. 1년기준을 적용할 때 그 기산점은 거래의 발생일이 아니라 대차대조표일로부터 계산한다는 것이다.

(2) 특수관계자

당해 회사의 특수관계자라 함은 다음 1에 해당하는 회사 또는 개인을 말한다.

가. 지배·종속관계에 있는 회사

나. 당해 회사가 중대한 영향력을 행사할 수 있는 지분법 평가대상 피투자회사
다. 직·간접적인 의결권행사를 통하여 당해 회사에 대하여 중대한 영향력을 행사할 수 있는 개인 및 그 개인의 친인척
라. 당해 회사의 기업활동에 대한 권한과 책임을 가지고 있는 중요 경영진 및 그 경영진의 친인척
마. 위 다 또는 라의 개인 또는 경영진 등이 중대한 영향력을 행사할 수 있는 회사

(3) 일반적 상거래

일반적 상거래란 당해 회사의 사업목적을 위한 경상적 영업활동에서 발생하는 거래로서 회사 정관상의 목적사업과 관련된 거래를 말한다. 즉, 재화의 생산과 공급, 용역의 제공 등 기업의 계속적인 주된 영업활동에서 발생하는 거래를 의미한다. 정관에 정해진 목적사업을 수행하는 과정에서 증권회사가 유가증권을 매매하는 경우나 부동산매매회사가 토지 등의 부동산을 매매하는 것은 일반적 상거래에 해당된다.

(4) 공정가액

합리적인 판단력과 거래의사가 있는 독립된 당사자간에 거래될 수 있는 교환가격을 말한다. 기업회계기준에서는 일반적으로 자산평가 기준으로서 취득원가주의를 채택하고 있으나 유가증권, 투자증권, 투자채권 등에 공정가액 개념을 도입하여 평가하도록 규정하고 있다.

공정가액이란 당사자간에 자발적으로 이루어지는 거래에서 교환될 수 있는 금액으로서 청산목적이나 강제적인 거래에서 교환되는 금액은 제외한다.

시가는 가장 신뢰할 수 있는 공정가액으로 볼 수 있다. 그러나 시가는 유통시장에서 거래되는 항목에 대해서만 타당하기 때문에 시가 대신 공정가액 개념을 도입한 것이다.

제 4 절 재무제표 정보의 질적 특성

재무제표 정보의 질적특성이란 회계정보가 정보이용자의 의사결정에 유용하게 활용되기 위해서 갖추어야 할 주요속성으로 정의할 수 있다. 주요 질적특성으로는 목적적합성(relevance)과 신뢰성(relability)이 있다. 회계기준은 이러한 질적특성을 확보할 수 있도록 제정되어야 하며, 기업실체가 회계기준에 따라 작성한 재무제표는 일반적으로 기업실체의 재무상태, 경영성과 및 재무상태의 변동을 진실하고 적정하게 표시하고 있는 것으로 받아들여 질 수 있다.

재무제표 정보가 정보이용자의 의사결정에 유용하게 활용되기 위해서는 질적특성을 갖춘 정보가 이해가능성이 있어야 한다는 전제가 필요하다. 즉, 재무제표를 통해 제공되는 정보가 갖추어야 할 전제요건은 이용자가 그 정보를 쉽게 이해할 수 있어야 한다는 것이다.

회계정보기준의 계층도

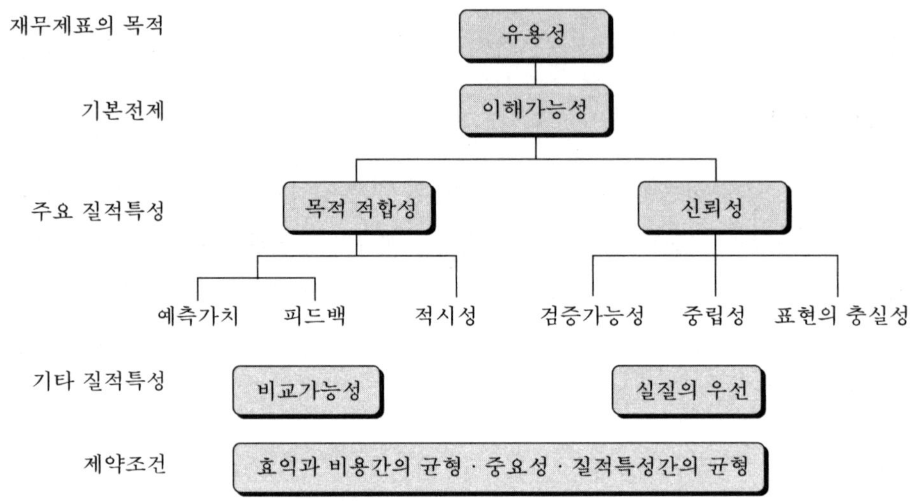

1. 주요 질적 특성과 구성요소

(1) 목적적합성

정보가 유용하게 활용되기 위해서는 이용자의 의사결정에 목적적합해야 한다. 목적적합한 정보란 의사결정 시점에서 과거 및 현재 사건의 평가 또는 미래 사건의 결과예측에 도움을 주거나, 과거의 평가를 확인 또는 수정함으로써 이용자의 경제적 의사결정에 영향을 미치는 정보를 말한다. 재무제표 정보의 질적특성으로서 목적적합성은 의사결정에 유용한 예측 · 피드백가치를 가지고 적시에 제공될 때 유효하게 확보될 수 있다.

1) 예측가치와 피드백가치

목적적합한 정보는 미래에 대한 예측능력을 제고시켜 정보이용자의 의사결정에 영향을 미칠 수 있는 예측가치나 과거의 기대치를 확인 또는 수정함으로써 정보이용자의 의사결정에 영향을 미칠 수 있는 피드백가치가 있어야 하는데, 이러한 정보의 예측가치와 피드백가치는 상호 관련이 있다. 예를 들어 기업이 현재 보유하고 있는 자산가액과 그 구성에 관한 정보는 기업의 기회활용능력과 위기대응능력을 예측하는데 유용한 정보인 동시에 기업의 구조나 경영활동의 성과 등에 관한 과거의 예측치를 확인하여 준다.

2) 적시성

목적적합한 정보는 정보의 적시성을 전제로 한다. 즉 의사결정시점에서 필요한 정보가 제공되지 않는다면 동 정보는 의사결정에 이용될 수 없고 따라서 목적적합성을 상실한다. 이는 적시성 그 자체가 정보를 목적적합하게 하는 것은 아니지만 적시성 없이는 목적적합성을 논할 수 없음을 의미한다. 그러나 적시성 있는 정보를 제공하기 위해서는 신뢰성을 희생해야 하는 경우가 있으므로 경영자는 정보의 적시성과 신뢰성간의 균형을 고려하여야 한다. 예를 들어 정보를 적시에 제공하기 위해서는 거래나 사건의 모든 내용이 확정되기 전에 보고해야 할 필요가 있다. 이 경우 정보의 목적적합성은 향상되나 신뢰성은 저하된다. 반대로 모든 내용이 확정될 때까지 보고가 지연될 경우 정보의 신뢰성은 제고될 수 있으나 그 보고시점 이전에 의사결정을 해야 하는 이용자에게는 이미 목적적합성을 상실하여 유용하지 않은 정보가 될 것이다. 따라서 목적적합성과 신뢰성간의 선택은 이용자의 경제적 의사결정 요구를 최대한 충족시킬 수 있는 방향으로 이루어져야 한다.

(2) 신뢰성

정보가 유용하게 활용되기 위해서는 신뢰할 수 있어야 한다. 신뢰성 있는 정보란 그 정보에 중대한 오류나 편의가 없고 객관적으로 검증가능하며 그 나타내고자 하는 바를 충실하게 표현하고 있다고 이용자가 믿을 수 있는 정보를 의미한다.

1) 표현의 충실성

정보가 신뢰성을 갖기 위해서는 그 정보가 나타내고자 하거나 나타낼 것으로 기대되는 거래나 사건을 사실대로 충실하게 표현하여야 한다. 즉 표현의 충실성이란 측정치인 정보와 측정대상인 거래나 사전이 일치하는 정도를 나타내는 정보의 질적특성이다. 예를 들어 대차대조표는 대차대조표일 현재 인식기준을 충족시키는 기업의 자산, 부채 및 자본을 구성하는 거래나 사건을 충실하게 표현해야 한다.

2) 중립성

정보가 신뢰성을 갖기 위해서는 편의없이 중립적이어야 한다. 미리 의도된 결과나 성과를 유도할 목적으로 재무제표상에 특정 정보를 선택하여 표시함으로써 정보이용자의 의사결정이나 판단에 영향을 미친다면 그 재무제표는 중립적이라 할 수 없다. 또한 회계정보는 효율적인 자원배분을 유도할 수 있어야 하므로 회계정보를 이용함으로써 발행되는 경제적 효과가 특정 이용자에게 편향되어지는 회계정보를 제공하는 회계기준은 중립적이라 할 수 없다. 따라서 회계정보의 중립성이란 측정방법의 편의를 감소시킬 뿐만 아니라 회계기준 자체의 신뢰성을 유지하기 위한 중요한 질적특성이다.

3) 검증가능성

특정 회계정보가 신뢰성을 갖기 위해서는 객관적으로 검증가능하여야 하며 이는 동일한 경제적 사건이나 거래에 대하여 동일한 측정방법을 적용할 경우 다수의 서로 다른 측정자들이 유사한 결론에 도달할 수 있어야 함을 의미한다. 이러한 회계정보의 특성은 측정방법의 편의보다는 측정자의 편의를 감소시킴으로써 향상시킬 수 있다. 예를 들어 회계정보가 독립된 감사인에 의해 검증되면 회계정보 이용자는 이러한 정보를 보다 신뢰할 수 있을 것이다. 왜냐하면 경영자는 자신의 이익을 위해 회계정보를 조작하려는 측정자편의를 가질 수 있지만 일반적으로 독립된 감사인은 이러한 측정자편의가 적기 때문이다.

2. 기타 질적 특성

(1) 비교가능성(comparability)

유사한 회계정보를 서로 다른 기간 혹은 서로 다른 기업간에 비교할 수 있는 정보의 속성을 의미하며, 동일기업의 기간별 비교가능성과 다른 기업간의 기업간 비교가능성으로 구분된다.

1) 기간별 비교가능성

한 회사가 일정한 종류의 회계사건에 대하여 계속 같은 회계처리방법을 이용할 때 회계기준의 적용에 일관성이 있으며, 이에 따라 기간별 비교가능성이 제고된다.

2) 기업간 비교가능성

상이한 회사들의 회계처리방법이 유사할 때 회계정보의 기업간 비교가능성이 제고된다. 특히, 이종산업보다는 동종산업의 업체들간에는 비교가능성이 비교적 중요한 속성으로 요구된다.

(2) 실질의 우선

재무제표 정보가 목적적합하고 신뢰할 수 있기 위해서는 재무제표 작성시 거래나 사건을 형식보다는 경제적 실질에 따라 회계처리하고 보고하여야 한다. 거래나 사건의 경제적 실질은 법적 형식이나 외관상 드러나는 형식과 항상 일치하지는 않는다. 기업이 자산을 이전하면서 서류상으로는 자산의 법적 소유권을 양도하지만 그 자산에 내재된 미래의 경제적 효익을 계속적으로 당해 기업이 향유한다는 계약을 할 수 있다. 이 경우 법적 소유권은 이전되었지만 경제적 실질면에서는 자산의 매각이라 볼 수 없으므로 당해 거래를 경제적 실질에 따라 충실히 표현하기 위해서는 자산의 매각으로 보고해서는 안 된다.

3. 재무제표 정보의 제약요인

유용한 정보가 되기 위해서 갖추어야 할 회계정보의 질적특성을 충족시킴에 있어 발생하는 중요 제약조건으로는 효익과 비용간의 균형, 중요성, 질적특성간의 균형이 있다.

(1) 효익(benefit)과 비용(cost)간의 균형

회계정보도 다른 상품과 마찬가지로 정보를 사용함으로써 얻는 효익이 이를 생산, 전달, 활용하는 데 소요되는 비용을 초과할 때만 상품으로서의 가치가 있다. 따라서 비용·효익관계는 회계기준 제정기관이 회계기준을 제정할 때와 개별 회계실체가 정보를 제공할 때 고려하여야 할 제약조건이 된다.

(2) 중요성(materiality)

특정 정보가 제공되었을 경우와 제공되지 않았을 경우의 의사결정에 차이가 날 경우 그 정보는 중요한 정보로 간주된다. 따라서 합리적인 의사결정자의 판단에 영향을 미치지 않는다면 중요하지 않은 정보이므로 보고할 필요성이 없다고 할 수 있다.

(3) 질적특성간의 균형

거래나 경제적 사건을 측정·보고함에 있어 정보의 질적특성간에 상충관계가 발생할 수 있다. 예를 들어 역사적 원가가 적용되는 경우 현행원가에 비하여 정보의 신뢰성은 제고되는 반면 목적적합성을 저하된다. 상충되는 질적특성간의 선택은 재무제표의 목적을 최대한 충족시킬 수 있는 방향으로 이루어져야 하며 질적특성간의 상대적 중요성은 획일적으로 결정되는 것이 아니라 각 특정상황에 따라 판단되어야 한다.

제 5 절 재무제표의 구성요소

1. 대차대조표의 구성요소

재무상태의 측정에 직접 관련되는 대차대조표의 구성요소는 자산, 부채 및 자본이다.

1) 자산(asset)은 과거 거래나 사건의 결과로서 현재 기업실체에 의해 지배되고 미래에 경제적 효익을 창출할 것으로 기대되는 자원이다.
2) 부채(liability)는 과거 거래나 사건의 결과로서 현재 기업실체가 부담하고 그 이행에 자원의 유출이 예상되는 의무이다.
3) 자본(equity)은 기업실체의 자산에서 부채를 차감한 잔여액 또는 순자산으로서 자산에 대한 잔여청구권이다.

(1) 자산

기업의 자산은 과거의 거래나 사건으로부터 발생한다. 기업은 구매나 생산에 의하여 자산을 취득하는 것이 일반적이지만 주주나 정부의 증여 등 기타 방법으로도 자산을 취득할 수 있다. 자산이 과거의 거래나 사건의 결과라 함은 구매나 생산활동 등 자산을 취득하는 거래나 사건이 이미 발생하였음을 의미하는 것이므로 미래에 발생할 것으로 예상되는 거래나 사건만으로는 자산이 창출되지 않는다. 예를 들어 재고자산 등의 자산을 구입하고자 하는 의도만으로는 자산의 정의를 충족하지 못한다.

자산에 내재된 미래의 경제적 효익이란 직접 또는 간접적으로 특정 기업실체의 미래 현금흐름창출에 기여하는 잠재력을 말한다. 이 잠재력은 기업의 생산 및 판매 등의 활동을 통하여 현금흐름을 창출하거나, 현금으로 전환될 수도 있으며 현금유출액을 감소시킬 수도 있다.

일반적으로 자산은 고객의 요구를 충족시킬 수 있는 재화나 용역의 생산에 이용된다. 생산된 재화나 용역에 대하여 고객은 그 대가를 지급할 것이며 이로 인해 기업의 현금흐름이 창출된다. 또한 자산은 다른 자산과 교환 또는 부채의 결제에 사용되거나 소유주에 대한 분배에 사용될 수 있다. 현금은 그 자체로 다른 자산에 대한 구매력을 통하여 기업실체에 경제적 효익을 제공한다.

유형자산을 포함한 많은 자산이 물리적 형태를 가지고 있지만 물리적 형태가 자산의 본질적인 특성은 아니다. 물리적 형태가 없는 무형자산 항목이라도 특정 실체에 의하여 지배되고 그

실체에게 미래의 경제적 효익을 창출할 것으로 기대되는 경우 당해 항목은 자산의 정의를 충족할 수 있다.

(2) 부채

기업실체의 부채는 과거의 거래나 사건으로부터 발생한다. 외상으로 재화를 구입하거나 용역을 제공받는 경우 매입채무가 발생하며 은행대출을 받는 경우에는 상환의무가 발생한다. 또한 기업실체가 연간 구매액에 따라 미래에 지급하여야 할 판매장려금을 부채로 인식할 경우 부채를 발생시키는 거래는 고객과의 과거 1년간의 판매거래이다.

의무란 특정 방법으로 실행하거나 수행할 책임을 말하는 것으로 이에는 계약이나 관계법령에 의하여 법적 강제력이 있는 의무와 상관습이나 관행 또는 거래상대방과 원활한 관계를 유지하기 위하여 발생하는 의무가 있다. 전자의 예로는 이미 제공된 재화와 용역에 대한 지급의무를 들 수 있으며, 후자의 예로는 하자보증기간이 경과한 후에 발생하는 제품하자에 대해서도 보증하기로 회사방침을 정한 경우 이미 판매된 제품에 대하여 하자보증기간이 경과한 후에 지출될 것으로 예상되는 금액 등을 들 수 있다.

일반적으로 의무는 기업실체가 자산을 이미 인수하였거나 자산을 취득하겠다는 취소불능계약을 체결할 때에 발생하며 미래 일정시점에서 자산을 취득한다는 결정이나 단순한 약정만으로는 부채의 정의를 충족시키지 못할 수 있다. 취소불능계약이라 함은 의무불이행의 경우 상당한 위약금을 지급해야 하는 등 거래상대방에 대한 자원의 유출을 피할 수 없는 계약을 말한다.

기업실체가 현재의 의무를 이행하기 위해서는 일반적으로 미래 경제적 효익의 희생을 수반한다. 현재의 의무는 주로 현금 또는 기타 자산의 이전, 용역의 제공, 다른 의무로의 대체 또는 자본으로의 전환 등의 방법으로 이행되나, 채권의 포기 또는 권리의 상실 등 기타의 방법에 의하여 소멸되기도 한다.

일반적으로 부채의 액면금액은 확정되어 있지만 퇴직급여충당금 등 그 측정에 추정을 요하는 경우도 있다. 금액의 추정 여부와는 상관없이 부채의 정의를 충족하는 한 동 항목은 부채이다.

(3) 자본

자본은 자산에서 부채를 차감한 순자산(net asset)으로서 기업실체의 자산에 대한 소유주의 잔여청구권이다. 자본의 세분화는 지분의 분배나 잉여금 사용에 대한 법적제한이나 기타 사용목적을 표시함으로써 재무제표 이용자의 의사결정에 목적적합한 정보를 제공할 수 있으며 배당금 수령이나 자본환급과 관련하여 주주들간에 상이한 권리를 갖는 경우 이에 대한 정보를 제공할 수도 있다.

2. 손익계산서 구성요소

일정기간에 대한 기업실체의 경영성과는 손익계산서에 이익(profit)으로 요약되며, 이익은 수익(revenue)과 이득(gain)의 총액에서 비용(expense)과 손실(loss)의 총액을 차감한 것으로 측정된다. 경영성과의 기간별 변화를 보다 의미있게 파악하기 위하여 이익은 주당이익의 형태로 전환되어 사용될 수 있다. 재무제표 이용자의 경제적 의사결정에 목적적합한 정보를 제공하기 위하여 수익, 비용, 이득 및 손실은 다양한 방법으로 손익계산서에 표시될 수 있다. 예를 들어 회계기준에서 주된 또는 정상적인 경영활동에서 발생하는 항목과 부수적 또는 비정상적인 활동에서 발생하는 상목을 구분하고 있는데 이는 수익, 비용, 이득 및 손실항목의 원천에 따라 기업의 미래 현금창출능력의 평가가 달라질 수 있기 때문이다.

(1) 수익

수익이란 주요 경영활동으로서의 재화의 생산·판매, 용역의 제공 등에 따른 경제적 효익의 유입으로서, 이는 자산의 증가 또는 부채의 감소 및 그 결과에 따른 자본의 증가로 나타난다.

수익은 기업실체의 주요 경영활동의 결과로 발생하였거나 발생할 현금유입액으로 측정되며, 경영활동의 종류와 당해 수익이 인식되는 방법에 따라 매출액, 수입수수료, 이자수익, 배당금수익 및 임대료 등 다양하게 구분할 수 있다.

(2) 비용

비용이란 주요 경영활동으로서의 재화의 생산·판매, 용역의 제공 등에 따른 경제적 효익의 유출·소비로서, 이는 자산의 감소 또는 부채의 증가 및 그 결과에 따른 자본의 감소로 나타난다.

비용은 기업실체의 주요 경영활동의 결과로 발생하였거나 발생할 현금유출액으로 측정되며, 그 영위하는 주요 경영활동의 종류와 당해 비용이 인식되는 방법에 따라 매출원가, 지급수수료, 이자비용 및 임차료 등 다양한 형태를 취할 수 있다.

(3) 이득 및 손실

이득이란 주요 경영활동 이외의 부수적인 거래나 사건의 결과로 발생하는 경제적 효익의 유입으로서 이는 자본의 증가로 나타나게 된다.

손실이란 주요 경영활동 이외의 부수적인 거래나 사건의 결과로 발생하는 경제적 효익의 유출로서 이는 자본의 감소로 나타나게 된다.

이득 및 손실은 그 형태가 일률적이지 않고 매우 다양하게 나타나는데 예를 들어 현행 회계실무의 손익계산서에서는 고정자산처분이익(손실), 사채상환이익(손실), 외화자산 및 부채환산이익(손실) 등의 형태로 나타나고 있다.

제 6 절 재무제표 구성요소의 인식과 측정

1. 재무제표 구성요소의 인식

인식(recognition)이라 함은 특정 거래 또는 경제적 사건을 화폐액으로 측정하고 이를 자산, 부채, 자본, 수익, 비용 등으로 구분하여 재무제표에 계상하는 것을 말한다.

재무제표 구성요소의 인식은 일반적으로 발생주의 원칙(accrual basis)에 따른다. 발생주의란 거래나 사건의 경제적 효과를 현금의 수취 · 지급시점이 아닌 그 발생시점에서 인식하는 것을 말한다. 발생주의 원칙에 따라 작성된 재무제표는 수익과 이에 관련된 비용을 같은 회계기간에 인식하도록 하며, 또한 과거의 현금 유입 · 유출 거래뿐 아니라 미래의 현금지출의무나 미래의 현금유입을 창출할 자원에 관한 정보를 제공하기 때문에 재무제표 이용자의 경제적 의사결정에 보다 유용한 정보를 제공할 것으로 기대된다.

(1) 자산의 인식

자산은 당해 자산에 내재된 미래의 경제적 효익이 기업실체에 유입될 가능성이 매우 높고 또한 측정기준에 의한 가액이 신뢰성 있게 측정될 수 있을 때 대차대조표에 인식된다.

특정 거래로 인한 지출이 발생하였을 때 그와 관련된 미래 경제적 효익의 발생가능성이 낮은 경우에는 당해 지출은 자산으로 인식되지 않고 비용으로 인식되어야 한다.

(2) 부채의 인식

기업실체가 현재 부담하는 의무를 미래에 이행할 때 당해 실체로부터 경제적 효익이 유출될 가능성이 매우 높고 또한 그 금액을 신뢰성 있게 측정할 수 있으면 그러한 의무는 부채로 인식한다. 일반적으로 미이행계약은 재무제표상 부채로 인식되지 않으나 법적 강제력이 보장되고 계약불이행시 위약금 등 불이익이 발생하는 경우 이러한 의무가 부채의 정의에 부합하고 특정

상황하에서 인식기준을 충족하는 경우에는 이는 대차대조표상 부채로 인식된다.

(3) 수익 및 이득의 인식

1) 실현기준

수익과 이득은 실현되었거나(realized) 또는 실현가능한(realizable) 시점에서 인식된다. 수익 및 이득은 제품, 상품 또는 기타 자산이 현금 또는 현금청구권과 교환되는 시점에서 실현된다. 수익 및 이득이 실현가능하다 함은 수익과 이득의 발생과정에서 수취 또는 보유한 자산이 일정액의 현금 또는 현금청구권으로 즉시 전환될 수 있음을 의미한다.

2) 가득기준

수익은 그 가득과정이 완료되어야 인식된다. 기업의 수익가득활동은 주요영업활동을 구성하는 재화의 생산 또는 인도, 용역의 제공 등을 수반하며 이러한 활동에 대한 경제적 효익을 누릴 권리를 주장하기에 충분한 정보의 의무를 수행했을 때 당해 수익은 가득된 것으로 본다.

(4) 비용 및 손실의 인식

한 회계기간 중에 발생한 경제적 효익의 소비는 그 발생시점에서 즉시 비용으로 인식되거나 그 소비의 결과로서 발생하는 수익이 인식되는 시점에서 인식된다.

1) 직접대응

재화를 생산하기 위하여 소요되는 매출원가는 당해 재화의 판매로부터 얻는 수익, 즉 매출액이 인식되는 시점에 비용으로 인식된다. 즉 동일한 거래나 사건과 직접적으로 결부되어 발생하는 수익과 비용은 동일한 회계기간에 인식된다.

2) 발생 즉시 인식

취득과 동시에 또는 취득 후 즉시 소비되는 재화 및 용역의 취득과 관련하여 발생하는 판매비와 관리비 등의 비용은 현금이 지출되거나 부채가 발생하는 회계기간에 인식된다.

3) 합리적이고 체계적인 방법에 의한 기간배분

유형자산, 무형자산 등 상각대상자산을 사용함에 따라 발생하는 감가상각비와 여러 회계기간에 걸쳐 소비되는 보험료 등과 같은 비용은 체계적이고 합리적인 배분절차에 따라 당해 비용으로부터 효익이 기대되는 여러 기간에 걸쳐 인식된다.

2. 재무제표 구성요소의 측정

(1) 측정의 의의

측정이란 대차대조표 및 손익계산서에 인식될 재무제표 구성요소의 금액을 결정하는 과정으로 특정 측정기준의 선택까지 포함한다.

(2) 측정기준의 종류

재무제표 구성요소의 측정에는 당해 항목의 성격과 그 측정치의 목적적합성 및 신뢰성 정도에 따라 다음과 같이 대체적 측정기준이 사용될 수 있다.

1) 취득원가(historical cost)와 역사적 현금수취액(historical proceeds)

자산은 그 취득의 대가로 지급한 현금 또는 기타 지급대가의 공정가치로 측정된다. 유·무형자산의 경우 감가상각 등에 따라 당해 자산의 취득원가는 조정되어 측정된다. 재화 또는 용역을 제공해야 하는 의무로서의 부채는 그 의무의 대가로 수취한 현금 또는 현금등가액으로 측정한다.

2) 현행원가(current cost)

자산은 동일 또는 유사한 자산을 현재시점에서 취득할 경우에 지급하여야 할 현금이나 현금등가액으로 측정된다.

3) 현행시장가치(current market value)

자산은 현재의 정상적 처분거래에서 수취될 수 있는 현금이나 현금등가액으로 측정된다.

4) 순실현가능가치(net realizable value)와 상환가액(settlement value)

자산은 정상적인 경영활동과정에서 미래에 당해 자산이 현금 또는 현금등가액으로 직접 전환될 때 수취할 것으로 예상되는 금액에서 그러한 전환에 직접 소요될 비용을 차감한 가액으로 측정된다. 부채는 정상적인 경영활동과정에서 미래에 당해 부채가 상환될 때 지급되어야 할 현금 또는 현금등가액에 그러한 상환에 직접 소요될 비용을 가산한 가액으로 측정된다. 순실현가능치와 상환가액은 미래의 예상되는 수취·지급액을 재무제표 작성시점의 현재가치로 환산하지 않는 금액이다.

5) 현재가치(present value)

자산은 정상적인 경영활동과정에서 당해 자산으로부터 발생될 것으로 예상되는 미래 순현금유입액을 일정한 할인율로 할인한 현재가치로 측정된다. 부채는 정상적인 경영활동과정에서 당해 부채를 상환할 때 필요한 미래 순현금유출액을 일정한 할인율로 할인한 현재가치로 측정된다.

(3) 재무제표에 이용되는 측정기준

현재 재무제표 작성시 자산의 측정기준으로서 취득원가가 널리 사용되고 있으나, 항목에 따라서는 다른 측정기준이 사용되기도 한다. 예를 들어 단기매매증권과 시장성있는 매도가능증권의 경우에는 현행시장가치로 측정되며, 단기채권과 일부 재고자산의 경우에는 순실현가능가치로 측정되고, 장기채권의 경우에는 현재가치로 측정된다. 부채의 경우에도 현재 여러 측정기준이 사용되고 있다. 단기부채의 경우 일반적으로 상환가액에 의해 측정되나, 장기부채는 일반적으로 현재가치에 의해 측정되고 있다.

기업회계기준에서 채택되고 있는 다양한 측정기준은 미래에도 계속 사용되어야 한다. 그러나 재무제표정보의 유용성에 관한 연구가 향후에 더욱 진전되어 새로운 실정적 증거가 확보된다면 자산·부채 항목에 따라서는 현행의 측정기준이 변경될 수도 있다.

연 습 문 제

1. 재무제표의 기본전제에 대하여 논술하라.

2. 기업회계기준의 성격을 약술하라.

3. 기업회계기준의 일반원칙을 열거하고 설명하라.

4. 재무제표 정보의 질적특성에 대하여 약술하라.

5. 특수관계자에 대하여 설명하라.

6. 공정가액에 대하여 설명하라.

제3장

대 차 대 조 표

제 1 절 대차대조표의 의의와 목적

1. 대차대조표의 의의

대차대조표는 일정시점에 기업의 재무상태를 총괄적으로 표시한 재무제표의 하나인 시점계산서이다. 여기서 재무상태란 경영자본의 조달원천과 그 자본의 운용상태와의 관계를 의미한다. 대차대조표는 이러한 재무상태를 자산과 부채 및 자본으로 파악하여 대조·표시한다.

대차대조표 차변에는 조달된 자본의 구체적인 운용형태의 자산을 표시하여 기업이 어떠한 자산을 경영에 어떻게 운용하고 있는가, 즉 경영수단으로서의 영업활동을 파악하는 측면이고 그 대변에는 이러한 자본의 조달원천인 부채와 자본을 표시하여 기업에 필요한 자금을 누구로부터 어떻게 출자 또는 차입하고 있는가, 즉 재무활동을 파악하는 측면이다.

대차대조표는 자산과 부채 및 자본을 단순히 병렬적으로 표시하는 것이 아니라 이를 기업실체설에 따라 자산 = 부채 + 자본이라는 대차대조표 등식으로 표시하여 기업이 지배하고 있는 경제적 자원인 자산과 그 자원에 대한 주주의 채권자의 청구권인 부채와 자본의 상태를 표시하는 것이다.

대차대조표는 기업의 재무상태 즉 기업이 장래에 이용할 수 있는 경제적 자원과 이러한 자원으로 결제해야 할 채무를 표시함으로써 기업의 지급능력과 유동성은 물론 기업의 자본구조, 재무안전성 등을 분석·평가할 수 있고 기업의 수익력 측정의 기초자료를 제공하는 것이다.

2. 대차대조표의 목적

대차대조표는 재무상태를 명확히 보고하기 위한 수단으로서 대차대조표일 현재의 모든 자산·부채 및 자본을 적정하게 표시하여야 한다. 기업의 모든 자산의 현황과 그 귀속처를 조달원천별로 부채 또는 자본으로 구분하여 회계연도말일 현재로 측정하여 보고함으로써 대차대조표는 그 이용자로 하여금 그 기업의 재무상태를 올바르게 파악할 수 있도록 해 주는 것이다.

대차대조표는 과거 영업성과의 누적적 결과를 판단하는 목적으로도 활용이 된다. 기업의 영업성과가 배당되지 않고, 기업내에 누적되어 있는 이익잉여금이 얼마나 증가되었는가를 나타내는 것은 결산기말에 주주에게 배당 가능한 재원이 얼마만큼이나 있는지를 나타내주는 중요한 정보이다.

대차대조표는 기업의 모든 이해관계자들간의 이해조정의 척도 구실을 하기도 하며 기업의 재무상태를 명확히 보고하기 위하여 대차대조표가 작성되는 것이다.

3. 대차대조표의 유용성과 한계점

(1) 대차대조표의 유용성

1) 기업의 경제적 자원과 채권자 지분 및 소유자 지분에 대한 정보제공

기업이 경영활동을 하는데 필요로 하여 구입한 자산의 운용상태와 이러한 자산을 구입하는데 소요된 재원을 어떻게 조달했는가에 대한 정보를 제공한다.

2) 기업의 장·단기 부채상환능력에 대한 정보제공

기업의 자산과 부채를 유동성 기준으로 분류하여 단기적으로 유동부채를 상환할 수 있는 유동자산은 충분한가, 장기적으로 부채를 상환할 수 있는 기업실체의 자산이 충분한 가에 대한 정보를 제공한다.

3) 기업의 재무구조의 건전성에 대한 정보제공

기업에서 재원의 조달 방법은 크게 자기자본에 의한 방법(주식발행 등)과 외부로부터의 차입하는 방법(장·단기차입금) 두 가지로 생각할 수 있다. 자기자본은 기업이 소멸할 경우까지 상환할 필요가 없는 자금이며, 부채는 일정 시점이 지난 다음 이자를 지급해야 하고 원금을 상환해야 한다. 경영자가 부채로 자금을 조달하는 것은 기업의 경영활동을 통한 이익이 부채를 사용하는 대가인 이자를 충분히 소화할 수 있다고 생각하기 때문이다. 그러나 지나치게 부채가 많을 경우 채권자로부터 차입금 상환의 입력이 강해지고, 제품이 잘 팔리지 않아 차입금 상환이 불가능해질 경우 기업은 채무상환불능의 사태에 빠진다. 대차대조표는 기업이 이윤획득의 수단으로 사용하는 자산을 어떠한 재원으로 조달하고 있으며, 이러한 재원의 조달 방법이 외부의 충격에 어느 정도 견딜 수 있는가에 대한 정보를 제공해 준다.

4) 기업의 장 · 단기 계획 등에 관한 정보제공

기업의 자산을 유동자산과 고정자산으로 분류하고 유동자산은 당좌자산 및 재고자산으로 고정자산은 투자자산, 유형자산, 무형자산으로 분류한다. 이러한 자산에 각각 투자하여 기업이 자산을 운영하여 앞으로 기업이 어떠한 곳에서 이윤창출을 할 계획인지를 짐작케 한다.

(2) 대차대조표의 한계점

1) 역사적 원가에 의한 재무제표 작성으로 기업의 실제적 가치(현행 원가)를 제공하지 못함.

기업이 자산을 화폐적 가치로 평가하여 공고할 경우 구입 시점의 취득가액(역사적 원가)으로 평가하여 보고한다. 이는 각종 증빙서류에 의해 정확한 구입시점의 가액을 객관적으로 확인할 수 있으므로 회계정보의 질적 특성 중 검증가능성을 충족시켜 준다. 기업의 자산은 인플레이션 등의 요인으로 구입한 시점의 가격과 보유기간 동안의 가격에 차이가 발생한다. 그러나 대차대조표를 작성하여 공고할 경우 구입시점의 가격(역사적 원가)으로 보고되므로 대차대조표를 작성하는 시점의 정확한 자산 가액을 표현하지 못하여 목적적합한 정보가 될 수 없는 단점이 있다.

2) 비계량적인 정보가 누락되는 경우가 많음

대차대조표는 화폐적으로 표현하여 기업의 재무상태를 표현한다. 그러나 경영자 및 종업원의 자질, 우수한 판매량 등 향후 기업의 현금 창출에 지대한 영향을 미치는 정보는 보고되지 못하는 단점이 있다.

3) 주관적 판단이 많이 개입되는 추정치를 사용함.

기업회계기준은 대차대조표상 불량채권을 나타내는 대손충당금, 유형자산의 원가배분의 과정인 감가상각 등 특정한 회계처리를 합리적인 방법이라고 생각되는 여러 가지 방법 중 하나를 임의로 선택하여 사용하도록 하고 있다. 이러한 회계처리방법은 자의성이 어느 정도 내포되어 회계정보의 질적 특성 중 신뢰성과 비교가능성에 나쁜 영향을 줄 수 있다.

4) 부외 금융을 포함하지 못함

기업의 재무상태가 좋지 못할 경우 추가적인 차입이 곤란하여 대차대조표의 일부를 누락하는 경우가 있다. 기업의 부외자산이나 부외부채를 사용하고 있지만 이를 장부에 반영하지 않을 경우 재무상태를 적절히 표현하지 못하는 상황이 발생한다. 또한 리스자산처럼 실질적인 내용은 자금차입에 의한 자산취득거래이나 금융리스로 계약하느냐 운용리스로 계약하느냐에 따라서 자산과 부채를 계상할 수 있고 계상하지 않을 수도 있는 현상이 발생한다.

4. 대차대조표의 형식

대차대조표의 양식에는 표준보고서(별지 제1호 서식)와 표준계정식(별지 제2호 서식)의 두 가지와 요약보고서(별지 제3호 서식)와 요약계정식(별지 제4호 서식)의 두 가지가 있다.

(1) 보고식 대차대조표

보고식은 자산 · 부채 · 자본을 순서대로 아래를 배열 · 기재하고 좌측에 과목명을, 우측에 금액을 표시하는 양식이다. 보고식은 과거의 재산목록 기재방법에서 유래된 것으로 이러한 보고식 대차대조표는 작성기준에 따라 유동식으로 배열되어 처음에 자산이 유동자산, 고정자산 순으로 기재되고 다음에 부채가 유동부채, 고정부채, 그리고 자본의 순으로 기재된다.

(2) 계정식 대차대조표

계정식은 자산 · 부채 · 자본을 대차대조표 등식에 따라 총계정원장의 계정잔액표로 이해하여 대차대조표 차변에 자산을, 대변에 부채와 자본을 대조형식으로 기재한다. 이러한 대조형식의 계정식은 대차대조표상 차변의 자산과목과 대변의 부채와 자본과목을 쉽게 비교할 수 있어 재무상태를 개관하는데 장점이 있다.

제 2 절 대차대조표의 작성기준

1. 구분표시기준

구분표시기준은 회계행위의 본질적인 인식이나 측정기준은 아니고 대차대조표 기재형식상의 표시행위에 관해 구분기준으로 주로 이용자를 위한 재무정보의 유용성에 적합하고자 하는 표시방법이다.

1) 대차대조표 구분표시

대차대조표는 자산·부채 및 자본으로 구분한다라고 하여 대차대조표의 구성요소를 3구분한다. 이는 대차대조표 항목은 운용형태인 자산에 대하여 자본의 조달원천인 부채와 자본이 대조적으로 양분표시되고 다시 타인자본과 자기자본의 부채와 자본으로 양분되는 형식의 3구분 표시방법인 것이다.

2) 자산의 구분표시

자산은 유동자산 및 고정자산으로 구분한다라고 하여 자산을 2구분하여 배열할 것을 요구하고 있다. 이와 같은 구분기준은 기업의 유동성과 재무안전성 분석을 위하여 자금이 기업에 체류하는 유동성 기간에 따라 유동자산과 유형·무형자산으로 구분한다.

3) 부채의 구분표시

부채는 유동부채 및 고정부채로 구분한다라고 하여 부채는 2구분할 것을 규정하고 있다. 부채의 유동·고정구분도 유동성기간을 기준으로 배열하는 것으로 부채의 상환기간이 구분기준으로 된다.

4) 자본의 구분표시

자본은 자본금, 자본잉여금, 이익잉여금 및 자본조정으로 각각 구분된다. 자본은 상법상 유지구속성을 기준으로 법정자본금과 법정준비금으로 구분하고 잉여금은 거래원천에 따라 자본잉여금과 이익잉여금으로 구분하고 미확정자본인 자본조정항목을 추가 신설하였다.

2. 총액표시 기준

자산·부채 및 자본은 각각의 금액을 상계함이 없이 총액에 의하여 표시하여야 한다. 자산계정과 그 원천인 부채 또는 자본계정이 상계되어 제외된다면 기업에 어떤 거래가 발생하였는지를 파악할 수 없으며, 또한 기업의 규모를 정확히 파악할 수도 없다.

총액주의는 다음과 같이 두 가지 측면이 포함된 기준이다.

① 자산항목과 부채 또는 자본항목간을 상계하여서는 안 된다.

② 표준식 대차대조표에서 자산항목과 그 자산의 차감항목, 부채항목과 그 부채의 차감항목 그리고 자본과 그 자본의 차감항목 간의 직접상계를 하여서는 안 된다.

3. 1년 기준

자산과 부채는 대차대조표일로부터 1년을 기준으로 유동자산과 고정자산, 유동부채와 고정부채로 구분한다는 기준이다. 이론적으로는 정상영업순환주기(normal operating cycle) 또는 1년 중 긴 기간을 기준으로 유동항목과 고정항목을 구분한다. 정상영업 순환주기란 기업의 영업활동 과정에서 투자된 자금이 제품으로 전환되고, 그것이 판매되어 다시 현금으로 회수되는데 소요되는 기간을 말한다.

4. 유동성 배열기준

자산과 부채의 항목배열은 유동성배열법에 의함을 원칙으로 한다고 하여 자산・부채는 유동성 분석에 유용하도록 유동성이 빠른 것부터 순차적으로 배열한 것을 요구하는 구분과 배열의 순서를 정하는 기준이다.

유동성이란 자산에 있어서는 직접 또는 간접적인 현금화의 속도를 의미하는 것으로 여기서 간접적인 현금화란 몇 번씩 다른 형태의 자산으로 전환 내지는 가치이전을 거친 뒤에 현금화되는 것을 의미한다.

1) 자산과 부채의 유동성 배열

자산의 구분은 유동자산, 고정자산으로 2구분하여 배열하는데 유동자산 다음에 고정자산 순으로 구분배열하는 것은 유동성배열법인 것이다.

부채의 구분도 유동부채와 고정부채로 구분배열하여 유동성 배열법에 따르고 있다.

2) 유동계정의 유동성배열

유동계정의 유동성배열은 유동자산・유동부채에 대해서만 적용되는 것이고 여타 항목에 대하여는 계정간에 유동성순위를 정하기가 곤란할 뿐만 아니라 순위배열의 실익도 없다고 하겠다. 따라서 고정자산을 고정성배열법으로 배열하는 등 변칙적인 배열에 의하는 경우도 있다.

5. 자본잉여금과 이익잉여금의 구분표시기준

자본잉여금과 이익잉여금의 구분기준은 자본거래에서 발생한 자본잉여금과 손익거래에서 발생한 이익잉여금은 혼동하여 표시하여서는 안 된다고 하여 자본거래와 손익거래를 명백히 구별하여 자본잉여금과 이익잉여금을 혼동하지 말 것을 규정하고 있다. 이 기준은 대차대조표의 자본구분표시에 관한 기준인 동시에 자본거래와 손익거래를 구분하려는 것으로 기업에 투하된 원본인 자본과 그의 운용결과로 획득한 이익을 구분하자는 것이므로 회계전반에 관련하는 포괄적인 원칙인 것이다.

자본잉여금과 이익잉여금을 정확히 구분해야 할 필요성은 다음과 같다.

① 자본잉여금은 자본거래에서 발생한 잉여금으로 자본의 일부분이고 이익잉여금은 손익거래에서 발생한 잉여금으로 자본의 과실인 이익의 유보액이기 때문에 이들 양자를 혼동하여서는 기업의 재무상태와 손익성과를 정확히 식별할 수 없게 된다.

② 자본과 이익은 상법상 전혀 다르게 취급되기 때문이다. 즉 자본은 계속 유지해야 할 구속성을 갖는데 반해 이익은 처분성을 갖는 특성상 사외로 유출되기 때문이다. 따라서 자본의 일부가 이익으로 표시되면 자본의 잠식을 초래할 우려가 있고 반대인 경우에는 이익의 은폐를 가져오게 된다.

6. 미결산계정과 비망계정의 불표시 기준

가지급금 또는 가수금은 현금의 지출이나 수입이 발생하였지만 그 내용이 불분명하거나 거래가 미완결된 경우 일시적으로 사용하는 경과계정이다.

미결산계정은 현금의 수입과 지출이 없고 거래가 완료되지를 않아 기입할 계정과목이나 금액이 결정되지 않은 경우 잠정적으로 사용하는 계정이다. 불투명한 계정은 결산시 대차대조표에 표시해서는 안 되며, 반드시 그 내용을 나타내는 적절한 과목으로 표시하여야 한다.

제3절 자 산

1. 자산의 정의

자산은 과거의 거래나 사건의 결과로 기업이 통제하거나 획득하여 그 발생 가능성이 높은(probable) 미래의 경제적 효익(future economic benefits)이다. 이 정의는 다음과 같은 특징을 가지고 있으며, 이 특징은 자산을 인식하는 기준이 되기도 한다.

첫째, 미래의 경제적 효익이 있을 것으로 예상되어야 한다. 자산은 기업에게 유리한 것을 얻기 위하여 교환수단으로 사용될 수 있는 능력이 있든지, 기업에게 가치가 있는 것을 생산하는데 사용될 수 있든지, 아니면 부채의 결제에 사용이 가능하여야 한다.

자산은 일반적으로 원가의 발생으로 취득되고, 유형인 경우가 대부분이고, 교환 가능성이 있으며, 법적으로 배타적인 것이 일반적인 특징이다.

원가의 발생이 없어도 취득될 수 있으며, 무형인 자산도 많으며, 교환가능성이 없다고 하더라도 재화나 용역의 생산 및 제공에 이용될 수 있는 자산도 있는 것이다. 자산이 가지고 있는 가장 두드러진 특징은 미래의 경제적 효익 또는 용역잠재력(service potential)으로서, 이는 궁극적으로 기업에게 순현금의 유입을 가져다준다.

둘째, 자산은 특정한 실체에 의하여 획득되거나 통제될 수 있어야 한다. 일반적으로 자산에는 법적 권리가 부여되어 다른 실체의 접근을 막을 수 있지만 법적 권리가 부여되어야만 자산이 되는 것은 아니다.

셋째, 다른 실체의 접근을 막을 수 있는 거래나 사건이 이미 발생했어야 한다. 석탄이 매장되어 있을 가능성이 있다고 해서 자산으로 기록될 수 있는 것이 아니라 특정한 실체가 이미 발견했거나 허가를 받았을 경우에 비로소 자산으로 기록할 수가 있다.

2. 자산의 평가방법

자산의 평가방법은 ① 역사적 원가, ② 현행투입가격, ③ 현행산출가격, ④ 미래현금흐름의 현가로 분류할 수 있다.

(1) 유입가치

① 역사적 원가 : 자산을 취득하는데 지급한 현금(또는 현금등가액)을 말한다.

② 현행투입가격 : 기업이 소유하고 있는 자산과 동일한(또는 유사한) 자산을 현시점에서 취득한다고 할 때 지불하여야 할 현금(또는 현금등가액)을 말한다.

(2) 유출가치

③ 현행산출가격 : 기업이 소유하고 있는 자산을 현시점에서 판매한다고 할 때 그 자산의 판매로부터 수취할 수 있는 금액을 말한다.

④ 미래현금흐름의 현가 : 자산으로부터 기대되는 미래순현금흐름액을 현재가치로 환산한 금액을 말한다.

역사적 원가와 현행투입가격은 기업이 자산을 시장에서 취득하는 과정에서 측정되므로 유입가치라 하며, 현행산출가격과 미래현금흐름의 현가는 시장에 판매하거나 자산으로부터 기대되는 미래현금흐름액을 추정하는 과정에서 측정되므로 유출가치라 한다. 또한 이러한 평가방법은 시간적 관점에 따라 과거가격(역사적 원가), 현재가격(현행투입가격, 현행산출가격), 미래가격(미래현금흐름의 현가)으로 구분할 수 있다.

결국, 두 가지 시장개념과 세 가지의 시간개념을 결합하여 자산평가방법을 요약하면 다음과 같다.

자산평가방법

시장 \ 시간	과 거 가 격	현 재 가 격	미 래 가 격
유 입 시 장	역사적 원가	현행투입가격	—
유 출 시 장	—	현행산출가격	미래현금흐름의 현가

1) 역사적 원가

역사적 원가라 함은 기업이 자산을 취득할 때 지급한 현금액(또는 현금등가액)을 말하며 취득원가라고도 한다. 역사적 원가로 자산을 평가하는 경우에는 취득 후에 그 가치가 변동하더라도 당해 평가금액을 그대로 유지한다.

(주) 현금등가액이란 자산을 현금 이외의 방법으로 취득하였을 경우에 현금으로 구입하였더라면 지급해야 할 금액을 말한다.

(가) 장 점

① 역사적 원가를 그대로 유지하므로 검증가능하고 신뢰성이 높다.

② 타방법보다 상대적으로 측정이 용이하다.

(나) 단 점

① 보유기간 동안의 가격변동을 반영하지 않으므로 현행수익에 과거의 원가가 대응하게 되어 적절하지 못한 수익·비용의 대응이 이루어지게 된다.

② 대차대조표일 현재의 재무상태를 적절하게 나타내지 못한다.

2) 현행투입가격(=현행원가)

현행투입가격이라 함은 기업이 소유하고 있는 자산과 동일한(또는 유사한) 자산을 현시점에서 다시 구입할 경우 지급하여야 할 현금액(또는 현금등가액)을 말하는 것으로 현행원가라고도 한다.

자산취득시점에서의 현행투입가격(=현행원가)과 역사적 원가는 동일하지만, 취득 후 시간이 경과하여 가격이 변동할 때는 양자가 달라지게 된다. 즉, 역사적 원가로 자산을 평가하는 경우에는 취득 후에 그 가치가 변동하더라도 당해 역사적 원가를 그대로 유지하지만, 현행투입가격(=현행원가)으로 자산을 평가하는 경우에는 보유자산의 현행투입가격(=현행원가)이 변동함에 따라 자산을 재평가하여야 한다. 이 때 자산의 현행투입가격(=현행원가)이 변동하여 장부가액과 차이가 나는 경우에 그 차액을 보유손익이라고 하며, 자산을 판매함으로써 얻어지는 판매가격과 현행투입가격(=현행원가)과의 차액을 영업손익이라고 한다. 보유손익은 실현여부에 따라 실현보유손익과 미실현보유손익으로 구분되는데, 실현보유손익은 판매된(또는 비용화된) 자산의 보유손익을 말하며, 미실현보유손익은 기업이 현재 보유하고 있는 자산의 보유손익을 말한다.

· 현행투입가격(=현행원가)에 의한 이익=영업손익+보유손익(=실현보유손익+미실현보유손익)

(가) 장 점

① 현행수익에 현행원가가 대응하게 되므로 적절한 수익·비용의 대응이 이루어진다.

② 이익을 영업손익과 보유손익(=실현보유손익+미실현보유손익)으로 구분하므로 경영성과를 평가하는데 유용한 정보를 제공하게 된다.

(나) 단 점

① 검증가능성이 떨어지므로 신뢰성이 저하된다.

② 실제로 기업의 소유자산 모두에 대해서 현행투입가격(=현행원가)을 알 수 없다.

3) 현행산출가격(=현행판매가격)

현행산출가격(=현행판매가격)이라 함은 기업이 소유하고 있는 자산을 현시점에서 판매한다고 가정할 경우 수취할 수 있는 금액을 말한다. 이러한 현행산출가격(=현행판매가격)은 그 내용에 따라 세분되는데, ① 순실현가치, ② 현행현금등가액, ③ 청산가치가 그것이다.

순실현가치란 정상적인 판매과정에서 수취할 수 있는 판매가격에서 판매비용을 차감한 가액을 말하며, 현행현금등가액이란 정상적인 청산과정에서 수취할 수 있는 판매가격을 말한다. 그리고 청산가치란 강제적인 청산과정에서 수취할 수 있는 판매가격을 말한다.

현행산출가격(=현행판매가격)에 의해서 자산을 평가하는 경우에는 기업이 소유하는 자산의 가치가 변동할 때마다 재평가하여 당해 자산의 장부가액의 차액을 보유손익으로 인식해야 한다. 그런데 현행산출가격(=현행판매가격)은 유입가치(역사적 원가, 현행투입가격)가 아닌 유출가치이므로 자산의 취득시점에서도 취득원가와 현행산출가격(=현행판매가격)이 다른 경우에는 그 차액을 보유손익으로 인식하여야 한다. 한편, 시장은 이론적으로 완전시장과 불완전시장으로 구분할 수 있으나, 현실적으로는 완전시장이 거의 존재하지 않으므로 취득원가와 현행산출가격(=현행판매가격)에 차이가 있는 것이 일반적이다. 따라서 현행산출가격(=현행판매가격)에서는 자산을 취득함과 동시에 자산을 판매가격으로 기록하여 취득손익을 인식하고, 그 후 판매가격이 변할 때마다 가격변동에 따른 영향을 보유손익으로 인식한다.

• 현행산출가격(=현행판매가격)에 의한 이익
=취득손익+보유손익(=실현보유손익+미실현보유손익)

(가) 장 점

① 기업의 순현금유입액에 관한 정보(=기업의 수익창출능력)를 제공해 준다.

② 대차대조표일 현재의 재무상태를 적절하게 나타낸다.

(나) 단 점

① 검증가능성이 떨어지므로 신뢰성이 저하된다.

② 실제로 기업의 소유자산 모두에 대해서 현행산출가격(=현행판매가격)을 알 수 없다.

4) 미래현금흐름의 현가

자산은 미래의 경제적 효익(또는 용역잠재력)을 제공해 주는 원천이 된다. 미래현금흐름의 현가란 이러한 자산의 효익(또는 용역잠재력)을 강조하여 자산으로부터 기대되는 미래순현금흐름액을 현재가치로 평가하는 것을 말한다.

(가) 장 점

자산의 정의에 가장 부합되는 평가방법이다.

(나) 단 점

자산을 미래현금흐름의 현가로 평가하기 위해서는 미래현금흐름의 크기와 시기, 할인율을 알아야 하는데, 실제로 이러한 요소를 정확히 알기란 불가능하다.

3. 자산의 분류

자산은 여러 각도에서 분류할 수 있으나 화폐성자산과 비화폐성자산으로도 분류하고, 기업회계기준에서는 유동자산, 고정자산으로 분류한다.

(1) 화폐자본과 실물자본

회계학에서 자산이란 개념은 경제학에서는 자본으로 표현한다. 그래서 자산을 화폐자본과 실물자본으로 대별한다.

실물자본은 다시 고정자본, 운전자본, 유동자본으로 분류된다. 고정자본(fixed capital)은 생산과정에서 장기에 걸쳐 이용되는 내용재이며, 회계에 있어서의 고정자산 중의 설비자산에 해당된다. 운전자본(working capital)은 유동자산에서 유동부채를 차감한 의미의 자본이 아니라, 단일한 생산기간에 유용하게 쓰이고 가치를 멸실하는 대화, 즉 회계에 있어서의 생산과정을 계속 가동시키기 위하여 운전자본의 정상재고가 필요한데 그것을 초과하여 보유하는 재화로서 시장에서 매각할 수 있는 운전자금의 잉여분이다.

(2) 영업순환기준과 1년 기준

영업순환기준은 정상영업순환기준(normal operation cycle rule)의 약칭으로 정상적인 영업순환과정, 즉 원재료, 용역의 구입이나 취득에서 제조·판매의 과정을 거쳐 현금의 회수된 때까지의 평균적 기간을 기준으로 하는 것이며, 한 영업순환기간 내에 현금화할 수 있는 것은 그것이 설사 1년 이상일지라도 유동자산, 그렇지 않는 것은 고정자산으로 한다.

1년기준(one year rule)은 정상의 영업순환과정에 있어서의 환금가능성, 즉 소유의 의도·목적과 관련하여 현금화할 수 있는지의 여부의 기준을 대체로 1년으로 하는 것으로, 항목에 의해서는 1년을 대차대조표일의 익일부터 기산하여 1년이라고 엄밀하게 규정한다.

영업순환기준은 예를 들면 현금·예금, 재고자산 및 보통의 영업거래에서 생긴 채권(받을어음, 외상매출금, 선급금 등) 등은 물론, 시장성이 있는 유가증권으로 일시소유한 것들은 당연히 영업순환기준을 적용하여 모두 유동자산으로 하고, 영업순환과정 이외의 자산이나 영업상의 채권에 대하여는 1년기준을 적용하여 유동자산 또는 고정자산에 소속시킨다.

(3) 기업회계기준상의 자산의 분류

기업회계기준에서는 자산을 유동자산과 고정자산으로 대별하며 유동자산(current assets)은 이것을 현금화하는 데에 판매과정을 필요로 하는지의 여부를 기준으로 하여 당좌자산과 재고자산으로 세분화고, 또 고정자산은 자산으로서의 실체가 물적으로 확정할 수 있는지의 여부에 따라 유형고정자산(tangible fixed assets)으로 구분한다.

유동자산을 당좌자산과 재고자산으로 구분하는 것은 지급능력의 측정지표가 되는 정태비율인 당좌비율 및 판매비율의 양호한지 여부와 재고품시재액의 적당한지 여부를 아는 지표가 되는 동태비율인 재고자산 회전율(inventory turnover)을 산정하는데 유용하기 때문이다.

고정자산을 투자자산, 유형자산과 무형자산으로 구분하는 것은 평가의 확실성이라든가 감가상각방법 등에 차이가 생기기 때문이다.

유형자산 중에 원시사업에 있어서의 광구, 유전, 산림 등은 그 매장하는 천연자원의 개발에 따라 점차로 그 가치를 잃고 다시 이것을 바꿀 수 없는 자산이므로, 특히 이것을 소모성자산(wasting assets) 또는 고갈성자산(depleting assets)이라고 한다.

투자자산은 장기이식, 지배통제, 장기융자 등의 목적에 의한 본래의 영업목적 이외에 투자된 것으로 1년 이내에 회수불능인 채권 등 1년 이상의 기간을 거쳐 비용이 되는 장기선급비용, 1년 이내에 기한이 도래하지 아니하는 예금, 기타 여러 가지 장기성자금을 포함한다.

〈표 3-1〉 자산의 분류(기업회계기준상)

- 자산
  - 유동자산
    - 당좌자산 : 현금 및 현금등가물, 단기금융상품, 단기매매증권, 매출채권(외상매출금, 받을어음), 단기대여금, 미수금, 미수수익, 선급금, 선급비용, 기타의 당좌자산
    - 재고자산 : 상품, 제품, 반제품, 재공품, 원재료, 저장품, 기타의 재고자산
  - 고정자산
    - 투자자산 : 장기금융상품, 투자유가증권, 장기대여금, 장기성매출채권, 투자부동산, 보증금, 이영법인세차, 기타의 투자 자산
    - 유형자산 : 토지, 건물, 구축물, 기계장치, 선반, 차량운반구, 건설중인자산, 기타의 유형자산
    - 무형자산 : 영업권, 산업재산권, 광업권, 어업권, 차지권, 개발비, 기타의 무형자산

제4절 유동자산

1. 유동자산의 의의와 분류

(1) 유동자산의 의의

유동자산(current assets)이란 대차대조표일로부터 1년내의 판매되어 현금화되거나 또는 소비될 것으로 기대되는 자산이다.

현금, 매출채권, 유가증권 등은 1년내 현금화되거나 현금화할 목적으로 보유하는 자산이며, 선급비용 등은 1년내 비용화되거나 비용화할 목적으로 보유하는 자산이다.

(2) 유동자산의 분류

유동자산은 당좌자산과 재고자산으로 분류한다.

당좌자산(quick assets)은 유동자산 중에서 현금 또는 가까운 시일내에 현금으로 바꿀 수 있는 자산으로서 가까운 장래에 부채를 상환하거나 또는 다른 자산을 취득하거나 비용으로 지급할 수 있는 수단이 되는 자산이다.

기업회계기준에서는 당좌자산을 현금 및 현금등가물, 단기금융상품, 유가증권 및 수취채권(매출채권과 기타채권)으로 분류하고 있다.

재고자산이란 구체적 형태를 가지는 자산으로서 ① 정상적인 영업활동 과정에서 판매를 목적으로 소유하고 있는 자산(상품, 제품 등), ② 판매를 목적으로 현재 생산 중에 있는 자산(재공품, 반재품 등), ③ 제품의 생산 또는 용역의 제공과정에 직접 또는 간접으로 소모될 자산(원재료, 저장품 등)을 총칭하는 말이다.

재고자산은 단기간내에 현금화될 것으로 기대하고 보유하는 자산이기 때문에 유동자산에 속하며, 판매라는 과정을 거쳐야 현금화된다는 점에서 유동자산 중 당좌자산과 구분된다.

어떤 자산이 재고자산으로 분류되기 위해서는 정상적이고 주된 영업활동 과정과의 관련하에 판단되어야 하므로 동일한 자산이라도 그 자산을 보유하고 있는 회사의 정상적이고 주된 영업활동이 무엇이냐에 따라 달리 분류될 수도 있다. 예를 들어, 정상적이고 주된 영업활동이 부동산 판매를 목적으로 하는 회사가 보유하고 있는 토지를 재고자산(상품)이지만, 제조업을 영위하는 회사가 판매목적 이외의 이유로 보유하고 있는 토지는 재고자산이라고 할 수 없다.

2. 당좌자산

당좌자산은 현금 및 현금등가물, 단기금융상품, 단기매매증권, 매출채권, 단기대여금, 미수금, 미수수익, 선급금, 선급비용, 기타의 당좌자산으로 분류한다.

(1) 현금 및 현금등가물

현금 및 현금등가물은 현실적인 현금으로서 통화와 통화대용증권이 있다. 통화는 지폐나 주화(동전)를 말하며, 통화대용증권은 은행발행자기앞수표 · 타인발행수표 · 송금수표 · 우편환증서 · 공사채이자표 등과 같이 제시하면 언제든지 통화와 교환될 수 있는 것을 말한다. 현금 및 현금등가물은 당좌예금과 보통예금이 있다. 이들 예금은 성질상 즉시 결제수단으로 이용될 수 있기 때문에 현금과 다를 바가 없는 것이다.

현금등가물은 현금의 단기적 운용을 목적으로 한 유동성이 높은 유가증권으로서 ① 큰 거래비용 없이 현금으로서의 전환이 용이하고, ② 이자율 변동에 따른 가치변동의 위험이 중요하지 않을 것 등의 조건을 충족하는 것(다만, 상환조건이 없는 주식 등은 제외한다)을 말한다.

현금등가물은

· 취득당시의 만기가 3개월 이내에 도래하는 채권
· 취득당시의 상환일까지의 기간이 3개월 이내인 상환우선주
· 환매채(3개월 이내의 환매조건)

현금 및 현금등가물, 단기금융상품 및 유가증권의 구분

구 분	분류항목	비고
현금 및 현금등가물	통화 및 타인발행수표, 보통예금 · 당좌예금, 우편환증서, 기일도래 공사채이자표, 배당금지급통지표 지점전도금, 현금등가물	
단기금융상품	정기예금 · 정기적금, 사용이 제한된 예금, 금전신탁, 양도성예금증서(CD), 어음관리구좌(CMA), 신종기업어음(CP), 환매채(RP)	현금등가물은 제외함
유가증권	국 · 공채, 사채권, 주식, 수익증권	

(2) 단기금융상품

단기금융상품은 금융기간이 취급하는 정기예금·정기적금·사용이 제한되어 있는 예금 및 기타 정형화된 상품 등으로 단기적 자금 운영 목적으로 소유하거나 만기가 대차대조표일로부터 1년내에 도래하는 것이다. 단기금융상품계정에는 만기가 1년내에 도래하는 정기예금이나 적금, 양도성예금증서(CD), 환매채, 어음관리구좌(CMA), 금전신탁 등과 대여금계정에 기입되던 기업어음(CP), 중개어음, 표지어음 등이 포함된다.

금융상품의 분류기준

구 분		계정과목
단기적 자금운영목적 또는 1년 이내 만기도래	취득당시 3개월 이내 만기도래	현금 및 현금등가물
	취득당시 3개월 이후 만기도래	단기금융상품
1년 이후 만기도래		장기금융상품

◆단기금융상품의 회계처리 예

① (주) 여주는 주택은행의 1년만기의 정기예금으로 현금 ₩500,000을 예입하다.

② 위 정기예금이 만기가 되어 원금 ₩500,000과 이자 ₩50,000을 받아 당좌예입하다.

㉮ (차)	단기금융상품	500,000	(대)	현 금	500,000
㉯ (차)	당 좌 예 금	550,000		단기금융상품	500,000
				이 자 수 익	50,000

(3) 단기매매증권

기업이 일시적으로 예상되는 현금소요액보다 더 많은 현금을 보유하고 있는 경우에는 이 초과현금을 주식이나 국채, 공채, 사채 등의 유가증권에 투자하여 단기투자수익을 얻을 수 있다.

유가증권이란 재산적 가치를 표창하고 있는 증권으로서 보통주나 우선주 등의 지분증권(equity securities)과 국·공채나 회사채 등의 채무증권(debt securities)으로 분류된다. 유가증권 중 지분증권에 투자한 경우에는 배당수익을, 채무증권에 투자한 경우에는 이자수익을 얻을 수 있으며, 이들 증권들의 취득원가보다 시가가 높을 경우에는 유가증권을 처분함으로써 매매차익을 얻을 수 있다.

기업은 일시적인 유휴자금을 활용하기 위하여 유가증권에 단기적인 투자를 하는데, 유가증권이 유동자산의 단기매매증권으로 분류되기 위해서는 다음의 두 가지 조건을 충족시켜야 한다.

① 시장성(marketability)이 있어야 한다. 시장성이란 주식 등이 비교적 용이하게 안정된 가

격으로 매매가 가능하여 현금으로 전환하고자 할 때 언제든지 현금으로 전환이 가능함을 의미한다.

② 단기적 시세차익을 목적으로 투자한 것이어야 한다. 이는 단기적인 이익을 획득할 목적으로 매수와 매도가 적극적이고 빈번하게 이루어져야 한다는 의미이다. 그러나 기업회계기준에 의하면 단기적 시세차익의 목적 또는 단기간에 처분할 목적으로 보유하는 경우라도 비상장주식과 특수관계자가 발행한 주식은 단기매매증권으로 분류할 수 없도록 규정하고 있다.

만약, 위의 조건에 하나라도 위배되면 단기매매증권으로 분류할 수 없다.

1) 단기매매증권의 취득 및 보유

자산의 취득원가는 그 자산의 취득을 위하여 지출한 모든 현금 또는 현금등가액이어야 한다. 따라서 단기매매증권의 취득원가는 매입가액뿐만 아니라 취득하는 과정에서 발생하는 모든 부대비용(매입수수료, 이전비용 등)도 취득원가에 포함되어야 한다.

◆단기매매증권의 취득시 회계처리 예

(주)여주는 20××년에 단기적 시세차익을 목적으로 유가증권을 취득하였다. 거래일자별로 회계처리를 나타내라.

(1) 2월 3일 대신증권을 통하여 주당 액면 ₩5,000인 A회사의 주식 10주를 주당 ₩12,000에 매입하고, 대신증권에 매입수수료 ₩2,000을 현금으로, 주식대금은 수표를 발행하여 지급하다.

(2) 7월 1일에 B회사의 사채 100좌를 1좌당 ₩9,700에 매입하고 대금은 수표를 발행하여 지급하다. 매입수수료 ₩10,000도 수표를 발행하여 지급하다.

1. 20××년 2월 3일

(차)	단기매매증권	122,000	(대)	당 좌 예 금	120,000
			(대)	현 금	2,000

2. 20××년 7월 1일

(차)	단기매매증권	980,000	(대)	당 좌 예 금	980,000

보통주나 우선주 등의 지분증권에 투자한 경우에는 취득일 이후에 배당수익을 얻을 수 있으며, 사채나 국·공채 등 채무증권에 투자한 경우에는 이자수익을 얻게 되는데, 배당금이나 이자를 받았을 때에는 이를 각각 배당금수익계정과 이자수익계정으로 처리한다.

위의 회계처리예에서 2월 3일에 취득한 A회사의 주식에 대하여 주당 ₩1,000의 배당금을 지급받았다면 회계처리는 다음과 같다.

(차) 현 금 10,000 (대) 배당금 수익 10,000

그리고 7월 1일에 취득한 B회사의 사채에 대하여 1좌당 ₩600의 이자를 수령하였다면 다음과 같이 회계처리하여야 한다.

(차) 현 금 60,000 (대) 이 자 수 익 60,000

배당금수익과 이자수익은 영업외수익으로 분류된다.

2) 단기매매증권의 기말평가

단기매매증권은 근시일 내에 처분할 목적으로 보유하고 있는 자산이므로 외부에 판매함으로써 기업에 효익을 제공한다. 따라서 기말 현재 보유하고 있는 당기매매증권에 대해서는 시장가치가 변동함에 따라 이를 평가할 필요가 있는데, 단기매매증권을 평가하는 방법에는 원가법, 시가법, 저가법이 있다.

원 가 법 : 시가의 변동과 관계없이 취득원가를 대차대조표가액으로 하는 방법

시 가 법 : 단기매매증권의 시가를 대차대조표가액으로 하는 방법

저 가 법 : 원가와 시가를 비교하여 낮은 가액을 대차대조표가액으로 하는 방법

이론적인 관점에서 볼 때 단기매매증권은 단기적 시세차익을 목적으로 보유하는 자산이므로 시가법을 적용하는 것이 정보이용자들에게 보다 유용한 정보가 될 것이다. 기업회계기준서에서도 단기매매증권을 공정가액(시가법)으로 평가하도록 규정하고 있다. 여기에서 시가법의 적용 시 시가는 대차대조표일 현재 종가로 하며, 만약 대차대조표일 현재 종가가 없는 경우에는 직전거래일의 종가에 의한다.

◆단기매매증권의 기말평가에 관한 회계처리 예

20××년 3월 1일에 (주)이천은 단기적 시세차익을 목적으로 A, B, D회사의 주식과 C회사의 사채를 구입하였다. 각 주식과 사채의 취득원가와 20××년 12월 31일의 시가는 다음과 같다.

종 목	취 득 원 가	시 가
A사 주식	₩750,000	₩600,000
B사 주식	1,400,000	1,500,000
C사 사채	900,000	950,000
D사 주식	6,000,000	5,800,000
계	₩9,050,000	₩8,850,000

(차) 단기매매증권평가손실 200,000 (대) 단기매매증권 200,000

• A사주식	:	₩600,000	−	₩750,000	=	₩(150,000)	평가손실
B사주식	:	₩1,500,000	−	₩1,400,000	=	100,000	평가이익
C사사채	:	₩950,000	−	₩900,000	=	50,000	평가이익
D사주식	:	₩5,800,000	−	₩6,000,000	=	(200,000)	평가손실
계						₩(200,000)	평가손실

또는 (차) 단기매매증권평가손실 350,000 (대) 단기매매증권 350,000

*A사주식 ₩150,000+D사주식 ₩200,000=₩350,000

(차) 단기매매증권 150,000 (대) 당기매매증권평가이익 150,000

*B사주식 ₩100,000+C사사채 ₩50,000=₩150,000

단기매매증권을 시가로 평가하는 경우에 발생하는 평가손익은 영업외손익으로 분류되며, 평가이익과 평가손실이 동시에 발생하는 경우에는 이를 서로 상계하여 순액으로 보고할 수도 있고, 이를 상계하지 않고 각각 총액으로 기재할 수도 있다.

3) 단기매매증권의 처분

기업은 단기매매증권을 보유함에 따라 지분증권인 경우에는 배당수익을, 채무증권의 경우에는 이자수익을 얻을 수 있으며, 상황에 따라서는 단기매매증권을 처분함으로써 시세차익을 얻을 수도 있다. 단기매매증권을 처분한 경우에는 단기매매증권의 장부가액과 처분가액과의 차액을 단기매매증권처분이익과 손실로 계상한다. 예컨대, 앞의 회계처리예에서 20××년에 B사주식을 ₩1,600,000에 처분하고 매각수수료 ₩20,000을 차감한 잔액 ₩1,580,000을 수취한 경우에 회계처리를 예시하여 보면 다음과 같다.

(차)	현 금	1,580,000	(대)	단기매매증권(B)	1,500,000
				단기매매증권처분이익	80,000

위의 회계처리에서 단기매매증권처분가액은 단기매매증권의 매각대금에서 매각과 관련된 수수료를 차감한 금액이어야 하며, 처분시 발생한 단기매매증권처분이익이나 손실은 영업외수익과 영업외비용으로 처리한다.

(4) 매출채권

매출채권은 일반적 상거래에서 발생한 외상매출금과 받을어음을 말한다. 매출채권의 구체적 내용은 상품, 제품, 원재료 등을 외상판매함으로써 발생하는 판매대금의 미수액과 서비스업에서 서비스 제공에 대한 미수액인 외상매출금과 받을어음이 된다.

총계정원장에서는 외상매출금과 받을어음을 각각 구분하여 별개의 과목으로 설정하여 기록하지만 대차대조표상에는 합산하여 매출채권계정으로 표시한다.

◆매출채권의 회계처리 예

① 여주상점은 이천상점으로부터 상품 ₩3,000,000을 구입하고 대금은 수표를 발행하여 지급하다.

② 여주상점은 용인상점에 상품 ₩1,500,000을 외상으로 매출하였다.

③ 여주상점은 수원상점에 상품 ₩1,200,000을 매출하고 대금은 동 상점 발행 약속어음으로 받다.

이상의 자료로 여주상점의 입장에서 회계처리하면 다음과 같다.

㉮	(차)	매 입	3,000,000	(대)	당 좌 예 금	3,000,000
㉯	(차)	매출채권(외상매출금)	1,500,000	(대)	매 출	1,500,000
㉰	(차)	매출채권(받을어음)	1,200,000	(대)	매 출	1,200,000

(5) 단기대여금(short-term loans)

단기대여금은 회수기간이 1년내에 도래하는 대여금을 말한다. 따라서 장기대여금의 회수기일이 1년 이내로 도래하면 단기대여금으로 재분류하여야 한다. 그리고 관계회사 등에 어음을 대여 또는 교환하고 이를 관계회사가 사용하는 경우도 단기대여금으로 처리하며, 금융기관으로부터 다시 환매할 것을 조건으로 매입한 채권 즉 환매채의 매입도 자금의 융통으로 보아 단기대여금에 포함시킨다.

또한 신종기업어음(commercial paper)이나 중개어음은 단기대여금으로 분류하며, 주주·임원·종업원에 대한 단기대여금도 단기대여금으로 처리하고, 그 내역을 주석으로 기재하여야 한다.

◆단기대여금의 회계처리 예

① (주) 여주상사는 (주) 이천상사에 10개월 기한으로 현금 ₩50,000,000을 대여하다.

② (주) 여주상사는 (주) 이천상사에 대한 대여금 ₩50,000,000과 그 이자 ₩5,000,000을 현금으로 받다.

㉮	(차)	단기대여금	50,000,000	(대)	현 금	50,000,000
㉯	(차)	현 금	55,000,000	(대)	단기대여금	50,000,000
					이 자 수 익	5,000,000

(6) 미수금(other receivables)

미수금은 일반적 상거래 이외에서 발생한 미수채권으로 주로 투자자산 또는 유형자산의 매각 또는 용역거래 등에서 발생한다. 그러므로 이러한 거래로 인하여 발생한 채권 또는 어음으로 받는 경우는 매출채권이 아닌 미수금으로 계상한다.

◆미수금의 회계처리 예

① (주) 여주는 차량운반구를 ₩5,000,000에 처분하고 대금 중 ₩3,000,000은 현금으로 받고 나머지는 월말에 받기로 하였다.

② 월말에 나머지 대금을 모두 현금으로 받았다.

㉮ (차)	현 금	3,000,000	(대)	차량운반구	5,000,000
	미 수 금	2,000,000			
㉯ (차)	현 금	2,000,000	(대)	미 수 금	2,000,000

(7) 미수수익(accrued income)

미수수익은 당기에 속하는 수익 중 미수액으로서 미수이자수익, 미수임대료 등이 여기에 포함된다. 그러므로 미수수익은 기간손익을 발생주의로 인식하는 경우에 계속적인 용역 등에서 기간경과에 따라 계상한 수익 중에서 받지 못한 경과적 채권계정이다.

◆미수수익의 회계처리 예

여주(주)의 기말 결산일 현재의 결산정리사항은 다음과 같다.

① 단기대여금에 대한이자 미수액을 ₩500,000계상하다.

② 건물에 대한 임대료 미수액 3개월분 ₩2,000,000을 계상하다.

㉮ (차)	미수이자	500,000	(대)	이자수익	500,000
㉯ (차)	미수임대료	2,000,000	(대)	임대료수익	2,000,000

(8) 선급금(advance payments)

선급금은 상품·원재료 등의 매입 및 제품의 외주가공을 위하여 대금의 일부 또는 전부를 계약금 등의 명목으로 선급한 금액을 말한다. 그러므로 선급금은 일반적인 상거래에 속하는 상품, 원재료 등의 재고자산의 구입이나 외주가공 등을 위하여 미리 지급한 계약금 또는 착수금 등으로 장래 재고자산으로 대체될 잠정적 계정이므로 고정자산의 구입을 위한 선급금 등은 건설중인 자산으로 회계처리하여야 한다.

◆선급금의 회계처리 예

① 여주(주)는 이천(주)에 상품 ₩20,000,000을 주문하고 계약금 ₩2,000,000을 수표를 발행하여 지급하다.

② 여주(주)는 위의 상품이 도착하여 인수하고 계약금을 제외한 잔액은 모두 월말에 지급하기로 하다.

위의 거래를 여주(주)의 입장에서 회계처리하면 다음과 같다.

㉮ (차)	선 급 금	2,000,000	(대)	당 좌 예 금	2,000,000
㉯ (차)	매 입	20,000,000	(대)	선 급 금	2,000,000
				외상매입금	18,000,000

(9) 선급비용

선급비용은 계속적으로 서비스를 제공받기로 계약을 체결하고 미리 지급한 비용 중 기간의 미경과로 당기비용에 해당하지 않는 부분을 기록하기 위한 계정을 말한다. 선급비용은 시간의 경과에 따라 차기의 비용으로 배분된다.

◆선급비용의 회계처리 예

여주(주)의 기말 결산일 현재의 결산정리사항은 다음과 같다.

① 당기에 지급한 보험료 중 ₩1,200,000이 미경과액이다.

② 건물에 대해 지급한 임차료 선급액 3개월분 ₩900,000을 계상하다.

㉮ (차)	선급보험료	1,200,000	(대)	보 험 료	1,200,000
㉯ (차)	선급임차료	900,000	(대)	임 차 료	900,000

3. 매출채권등의 양도액과 할인액의 처리

기업회계기준 제4조에 의하면 ① 매출채권 등을 타인에게 양도 또는 할인하는 경우 당해 채권에 대한 권리와 의무가 양도인과 분리되어 실질적으로 이전되는 때에는 동 금액을 매출채권에서 차감하고 그 이외의 경우에는 매출채권 등을 담보제공한 것으로 본다.

② 제1항의 규정을 적용함에 있어 매출채권 등의 양도 또는 할인에 관한 내용은 주석으로 기재한다고 규정되어 있다.

(1) 외상매출금의 양도

외상매출금을 만기일 이전에 현금화하기 위하여 외상매출금을 양도하는 경우가 있는데, 이를 팩토링(factoring)이라고 한다. 외상매출금의 매수인을 팩터라고 하는데, 일반적으로 팩터는 은행 등 금융기관이 담당한다. 팩터는 수수료수입을 위하여 기업으로부터 외상매출금을 매입하고 기업의 거래처로부터 외상매출금을 직접 회수한다.

기업회계기준에서의 외상매출금의 양도에 대한 규정을 설명하면 다음과 같다.

(가) 외상매출금에 대한 권리와 의무가 양도인과 분리되어 포괄적으로 팩터에게 이전되는 경우

양도인은 양도된 외상매출금에 대한 권리를 행사할 수 없어야 하며, 양수인은 양수한 외상매출금을 처분(양도 및 담보제공 등)할 자유로운 권리를 갖고 있어야 함을 의미한다.

외상매출금을 매입한 팩터는 대손의 위험을 전적으로 부담하게 되어 기업의 입장에서는 외상매출금의 매각거래에 해당되어 거래가 종료된다. 이때, 외상매출금의 장부가액과 처분가액의 차이를 당기손익으로 인식한다.

다음과 같이 회계처리한다.

(차)	현　　　금	×××	(대)	외상매출금	×××
	매출채권처분손실	×××			

(나) 그 이외의 경우 – 권리와 의무가 이전되지 않은 경우

외상매출금이 실질적으로 매각되지 않은 경우로서 외상매출금을 담보로 제공하고 현금을 차입한 거래로 간주하여 다음과 같이 회계처리한다.

(차)	현　　금	×××	(대)	단기차입금	×××
	이 자 비 용	×××			

외상매출금의 만기가 되어 양수인(팩터)에게 무사히 회수가 된 경우에는 다음과 같이 회계처리한다.

(차)	단기차입금	×××	(대)	외상매출금	×××

(2) 받을어음의 할인

받을어음의 할인은 받을어음의 만기일 이전에 현금화할 목적으로 금융기관 등에 양도하고, 만기일까지의 금융비용을 차감한 잔액을 수령하는 것을 말한다. 매각거래와 차입거래로 나누어 회계처리한다.

(가) 받을어음에 대한 권리와 의무가 양도인과 분리되어 포괄적으로 이전되는 경우

받을어음이 양수인(금융기관 등)에게 매각된 것으로 간주하여 다음과 같이 분개한다.

(차)	현 금	×××	(대)	받을어음	×××
	매출채권처분손실	×××			

이자비용은 다음과 같이 계산한다.

- 어음의 만기금액 : 액면금액 + 만기일까지의 이자
- 할인액 : 어음의 만기금액 × 할인율 × 할인일수 / 365
- 현금수취액 : 어음의 만기금액 - 할인액
- 이자비용 : 어음의 액면금액 - 현금수취액

(나) 그 이외의 경우-권리와 의무가 이전되지 않은 경우

받을어음이 실질적으로 매각되지 않은 차입거래로서 받을어음을 담보로 제공하고 현금을 차입한 것으로 간주하여 다음과 같이 분개한다.

(차)	현 금	×××	(대)	단기차입금	×××
	이 자 비 용	×××			

어음이 만기일에 무사히 결제되면 다음과 같이 분개한다.

(차)	단기차입금	×××	(대)	받을어음	×××

◆매출채권(외상매출금) 매각의 회계처리 예

여주(주)는 부족한 자금사정을 완화하기 위하여 2009년 3월 매출채권 ₩50,000,000을 경기은행에 매각하였다. 경기은행은 매출채권의 3%에 해당하는 금액은 금융비용으로, 5%에 해당하는 금액은 매출할인, 매출에누리와 환입 등에 대한 유보액으로 차감한 후 잔액을 여주(주)에 지급하였다. 2009년 4월 중 매출에누리 ₩150,000, 매출환입 ₩800,000, 매출할인 ₩260,000이 발생하였으며 ₩90,000은 회수가 불가능할 것으로 판명되었다. 2009년 5월 여주(주) 매출채권 잔액을 모두 회수하였다.

여주(주)의 입장에서 1) 상환청구권이 있는 팩터링과 2) 상환청구권이 없는 팩터링의 경우의 회계처리

1) 상환청구권이 있는 팩터링

① 2009년 3월

(차) 현　　　금	46,000,000	(대) 매출채권	50,000,000
매출채권 미수금	2,500,000		
매출채권처분손실	1,500,000		

② 2009년 4월

(차) 매　　　출	950,000	(대) 매출채권 미수금	1,300,000
매 출 할 인	260,000		
(차) 대 손 상 각 비	90,000		

③ 2009년 5월

(차) 현　　　금	1,200,000	(대) 매출채권 미수금	1,200,000

2) 상환청구권이 없는 팩터링

① 2009년 3월

(차) 현　　　금	46,000,000	(대) 매출채권	50,000,000
매출채권 미수금	2,500,000		
(차) 매출채권처분손실	1,500,000		

② 2009년 4월

(차) 매　　　출	950,000	(대) 매출채권 미수금	1,210,000
매 출 할 인	260,000		

③ 2009년 5월

(차) 현　　　금	1,290,000	(대) 매출채권 미수금	1,290,000

◆받을어음의 할인 및 배서양도의 회계처리 예

① 12/1 여주상점은 이천상점에 상품 ₩45,000,000을 매출하고 대금은 동점 발행의 약속어음으로 받다.

② 12/10 여주상점은 용인상점으로부터 상품 ₩25,000,000을 매입하고 대금은 거래처 수원상점으로부터 받은 약속어음을 배서양도하다.

③ 12/25 여주상점은 오산상점으로부터 받은 동점발행의 약속어음 ₩12,500,000을 거래은행에서 할인하고 할인료 ₩1,000,000을 차감한 실수금은 당좌예입하다.

여주상점의 회계처리와 부분대차대조표를 작성하다.

㉮ 12/1	(차) 받을어음	45,000,000	(대) 매 출	45,000,000
㉯ 12/10	(차) 매 입	25,000,000	(대) 받 을 어 음	25,000,000
㉰ 12/25	(차) 당좌예금	11,500,000	(대) 받 을 어 음	12,500,000
	이자비용	1,000,000		

<u>대차대조표</u>

1. 유동자산
   (1) 당좌자산
      3. 매출채권 7,500,000

4. 재고자산

(1) 재고자산의 정의

재고자산이란 기업의 정상적인 영업활동과정에서 판매를 목적으로 보유하고 있는 자산(상품, 제품 등)판매를 목적으로 생산 중에 있는 자산(재공품) 또는 제품의 생산이나 용역의 제공과정에 직·간접적으로 사용되거나 소멸될 자산(원재료, 저장품)을 총칭하여 말한다.

이와 같이 재고자산으로 분류되기 위해서는 정상적인 영업활동과 관련되어야 할 것을 조건으로 하기 때문에 동일한 자산이라 할지라도 소유하고 있는 회사의 정상적인 영업활동 내용이 무엇이냐에 따라 그 구분이 달라진다. 예를 들어 일반제조기업이 보유하고 있는 토지, 건물 등은 유형자산으로 분류되나, 부동산매매업의 판매목적의 부동산은 재고자산으로 분류한다.

(2) 재고자산의 종류

기업회계기준에서 재고자산은 상품, 제품, 반제품, 재공품, 원재료, 저장품, 기타의 재고자산으로 분류한다.

1) 상품(merchandise)

상품은 기업의 정상적인 영업순환과정에서 판매를 목적으로 보유하는 재고자산이다. 부동산 매매업에서 판매목적으로 소유하는 건물·토지 등은 주된 영업활동의 대상이므로 상품에 속하나 의류업·증권업 등의 업종에서는 상품이 아니라 유형자산으로 분류하여야 한다.

미착상품(goods in transit)은 주문한 상품 중 아직 도착하지 않은 상품으로서 매입 계약조건에 따라 상품에 포함 여부가 달라진다. 즉, 선적지 인도기준(FOB shipping point)에 의한 구입조건이라면 선적시점에서 소유권이 이전되므로 미착상품은 상품에 포함되며, 목적지 인도기준(FOB destination)의 경우에는 목적지 도착시점에서 소유권이 이전되므로 미착상품은 구입자의 상품에 포함시켜서는 안 된다.

적송품(consigned goods)은 판매위탁을 위하여 발송 중에 있는 상품 중에서 아직 판매되지 않은 것으로서 위탁자의 상품에 포함시킨다.

◆상품계정의 회계처리 예

① 수원상점은 이천상점으로부터 상품 ₩3,000,000을 매입하고 대금은 수표를 발행하여 지급하다.

② 기말 현재 상품재고액은 ₩1,000,000이다. 기초의 상품 재고액은 ₩1,500,000이었다.

① (차)	매 입	3,000,000	(대)	당좌예금	3,000,000
② (차)	매 입	1,500,000	(대)	이월상품	1,500,000
(차)	이월상품	1,000,000	(대)	매 입	1,000,000

(2) 제품(finished goods)

제품은 기업이 정상적인 영업순환과정에서 판매를 목적으로 제조하여 보유중인 생산품과 부산물이다. 생산품은 제조과정이 완료된 재고자산으로서 판매대상이 된다. 부산물은 주된 제품의 생산과정에서 필연적으로 발생하는 생산품으로서 상당한 정도의 판매 가치를 지닌 것이다.

◆제품의 회계처리 예

A제품 ₩10,000,000이 완성되었다.

(차)	제 품	10,000,000	(대)	재공품	10,000,000

(3) 반제품(semi-finished goods)

반제품은 자가제조한 중간제품과 부분품 등을 말하며 현재 상태로 판매할 수 있다는 점에서는 제공품과 성격이 같다. 그러나 외부에서 구입한 중간제품 및 부분품은 반제품에 포함되지 않으며 원재료에 포함된다.

◆반제품의 회계처리 예

대한제지(주)는 두 공정을 거쳐 제품이 완성된다. 제1공정 완료품은 제2공정을 거쳐 생산된다.

① 2009년 3월 28일 제1공정 완료품 ₩3,400,000이 제조되었다.

② 2009년 4월 6일 제 1공정 완료품 중 ₩2,400,000을 제2공정에 투입하였다.

① (차)	제1공정 반제품	3,400,000	(대)	제1공정 재공품	3,400,000
② (차)	제2공정 재공품	2,400,000	(대)	제1공정 반제품	2,400,000

(4) 재공품

재공품은 제품 또는 반제품의 제조를 위하여 생산과정 중에 있는 것을 말한다. 재공품은 현재 상태로는 정상적인 가격으로 판매할 수 없고 추가적인 가공을 통하여 반제품이나 완제품이 되어야만 판매나 저장이 가능하다.

◆제공품의 회계처리 예

① 제품제조와 관련하여 다음과 같은 원가가 소비되었다.

재료소비액 ₩2,000,000 노무비소비액 ₩1,500,000 경비소비액 ₩1,000,000

② 제품이 완성되었다. 제품에 대한 제조원가 ₩4,000,000이 산정되었다.

① (차)	재 공 품	4,500,000	(대)	원 재 료	2,000,000
				노 무 비	1,500,000
				경 비	1,000,000
② (차)	제 품	4,000,000	(대)	재 공 품	4,000,000

(5) 원재료(row materials)

원재료는 제품의 생산에 직접 소비할 목적으로 외부에서 구입한 모든 물품 즉, 원료·재료·매입부분품·미착원재료 등을 말한다. 여기서 원료, 재료, 및 매입부분품은 다음과 같이 구분한다.

원료는 제조과정에 사용됨으로써 화학적 변화를 가져오는 것을 말하며, 재료는 제조과정에 사용됨으로써 물리적 변화를 가져오는 것을 말한다. 한편 매입부분품은 다른 기업이 생산한 부품으로서 제품생산에 사용하기 위하여 매입한 것이다.

◆원재료의 회계처리 예

① 재료 ₩3,000,000(매입제비용 ₩20,000 포함)을 구입하고 그 중 ₩2,000,000은 수표를 발행하여 지급하고 나머지는 외상으로 하다.

② A제품의 제조를 위하여 재료 ₩2,200,000을 소비하다.

③ 여러 종류의 제품을 제조하기 위하여 재료 ₩200,000을 소비하다.

이상의 자료로 재료의 구입 및 소비와 관련한 회계처리를 나타내면 다음과 같다.

① (차)	원 재 료	3,00,000	(대)	당 좌 예 금	2,000,000
				외 상 매 입 금	1,000,000
② (차)	제 공 품	2,200,000	(대)	원 재 료	2,200,000
③ (차)	제조간접비	200,000	(대)	원 재 료	200,000

(6) 저장품(supplies)

저장품은 소모품・소모공구기구비품・수선용부분품 및 기타 저장품 등을 말한다. 여기서 소모품이란 생산용으로 사용되는 소모성물품으로서 유형자산(비품)으로 분류되지 아니하는 것을 말하며, 소모공구기구비품이란 유형자산으로 분류되지 아니하는 소액의 소모성 공구기구비품을 말한다. 그리고 수선용 부분품이란 수선하기 위하여 저장하고 있는 부분품을 말하며, 기타의 저장품이란 보조재료나 사무용소모품 등을 말한다.

◆저장품의 회계처리 예

① 사무용 소모품 ₩2,000,000을 외상으로 매입하다.

② 결산시 위 소모품 미사용액 ₩400,000을 계상하다.

① (차)	저 장 품	2,000,000	(대)	미 지 급 금	2,000,000
② (차)	저 장 품 비	1,600,000	(대)	저 장 품	1,600,000
(차)	손 익	1,600,000	(대)	저 장 품 비	1,600,000

(3) 재고자산의 취득원가결정

일반적으로 재고자산은 역사적 원가주의에 의하여 취득원가로 평가된다. 이 경우에 취득원가(acquisition cost)는 재고자산을 판매가능한 상태로 판매가능한 장소에 옮기는 데까지 소요된 모든 지출액을 의미한다. 따라서 취득원가에는 매입가격뿐만 아니라 매입상품과 관련된 운반, 취급, 보관을 위한 지출비용 및 보험료, 세금 등 매입부대비용도 포함하여야 한다.

1) 외부로부터 매입한 경우

외부로부터 매입한 재고자산의 취득가액은 그 매입대금과 매입부대비용의 합계액이다.

외부로부터 매입한 재고자산의 매입대금은 대부분 외부에서 작성한 송장가액 등으로 그 취득가액을 결정하는 데 어려움이 없으나, 재고자산을 취득하는 과정에서 소요된 매입부대비용과 거래처로부터 매입시 할인받은 매입에누리와 매입할인 등에 대하여는 다소의 문제점이 발생할 수가 있다.

(가) 매입부대비용

매입부대비용이란 물품구입에 부대하여 사용가능한 상태나 장소에 두기까지 지급되는 운임, 매입수수료, 보험료, 관세, 하역비, 매입수수료, 통관비 등을 말한다.

(나) 매입에누리와 환출

재고자산 구입 이후 상품에 하자가 있는 경우 거래처로부터 매입대금의 일정액을 할인하여 받는 매입에누리는 매출에누리의 상대적 거래로서 이는 당연히 재고자산의 취득가액에서 차감되어야 하고, 구입한 재고자산의 반품에 따른 매입환출도 역시 매입원가에서 차감되어야 한다.

(다) 매입장려금

기업회계기준에서는 일정기간의 거래수량이나 거래금액에 따라 매입액을 감액하는 것은 매입에누리에 포함한다고 하여 동 장려금을 총매입액에서 차감하는 형식으로 기재하도록 요구하고 있다. 그러나 특정재고의 구입과 직접 관련하여 현금의 형태로 지급받는 장려금은 특정재고의 매입가액과 그 대응이 비교적 용이하다고 할 수 있으나 거래수량이나 거래금액에 따라 일괄하여 지급받거나 물품 등의 형태로 지급받을 경우에는 그 직접적인 대응이 곤란하기 때문에 이러한 장려금의 수입은 직접 취득가액에서 차감하여 수정하는 방법보다는 별도로 기업의 영업외수익 등으로 처리함이 보다 합리적인 경우도 있을 것이다.

(라) 매입할인

매입채무를 그 약정기일 전에 지급함으로써 지급일부터 약정기일까지의 일수에 비례하여 일정액의 할인을 받는 매입할인의 회계처리방법은 총액법과 순액법으로 분류할 수 있는데, 기업회계기준에서는 매입할인에 대한 회계처리로 총액법만을 사용하도록 하고 있으며 매입의 차감항목으로 규정하고 있다.

(마) 공통부대비용

여러 종류의 재고자산을 일괄하여 매입하는 경우에 공통으로 발생하는 비용으로서 재고자산의 종류별로 직접 구분되지 않는 경우 수량, 중량, 매입가액, 용적 등 합리적인 배부기준에 의하여 안분계상함이 타당하나 그 안분이 극히 곤란한 경우에는 기업회계기준에서 규정하고 있는 바와 같이 공통비용을 매입액에 부가하여 기재하되 전액을 당기의 매출원가에 가산할 수 있을 것이다.

2) 자기가 제조 또는 생산한 제품의 경우

자기의 생산수단으로 제조, 채굴, 채취, 재배, 양식 그 밖의 이에 준하는 행위에 의하여 취득한 재고자산의 취득가액은 제조 또는 생산하기 위하여 지출된 재료비, 노무비 및 경비 등의 합계액인 제조원가 또는 생산원가이다.

즉, 자기가 제조 또는 생산하는 재고자산의 취득가액은 원가계산이라는 일련의 회계절차에 의하여 확정되며 따라서 제조 및 생산활동과 직접 관련이 없는 판매비와관리비, 영업외비용 등은 원가에 산입하지 않는다.

3) 재고자산 취득과 관련한 금융비용

재고자산의 취득원가는 구입가액뿐만 아니라 판매가능한 상태에 이르기까지 소요된 구입원가 및 제부대비용을 포함한다. 따라서 재고자산 취득에 관련된 금융비용을 제품원가에 포함시키는 것이 타당하나 일상적·반복적으로 대량판매 목적으로 구입 또는 생산한 상품·제품 등의 재고자산과 관련하여 발생한 금융비용은 이를 개별적인 재고자산에 배분하는 것이 실무상 실익이 없으므로 기간비용으로 처리하는 것이 바람직하다.

그러나 제작에 많은 자금과 긴 기간이 소요되는 자산, 예를 들면 기계설비, 선박, 선건설후 분양아파트, 임대후 분양아파트, 부동산 개발 등의 경우에는 제작 또는 건설 중에 발생한 금융비용을 취득원가에 산입하는 것이 기간손익의 적정성을 위하여 보다 합리적이다.

4) 수출용 원재료의 관세환급금

종전에는 수출용 원재료에 대한 관세 및 간접세 등이 사전 면제되었으나 수출용 원재료에 대한 관세 등 환급에 관한 특례법이 제정·시행됨으로써 수출용 원재료를 수입하는 경우 수입시에 관세 등을 먼저 부담하고 그 원재료를 사용하여 제품을 생산·수출하게 될 경우에는 수입시 부담한 관세를 다시 환급하는 제도로 전환되었다.

(가) 수입시 부과되는 관세

매입부대비용으로 보아 취득원가에 가산하는 방법으로 회계처리한다.

(나) 환급된 관세

수출이 완료되어 환급된 관세는 관세환급금의 계정과목으로 처리하고 매출원가에서 차감하는 항목으로 표시해야 한다.

(4) 재고자산의 수량결정

대차대조표에 표시되는 재고자산가액을 결정하기 위하여서는 기말재고자산의 수량과 가격(단가)을 결정하여야 한다.

기말재고자산액 = 기말재고수량 × 가격(취득원가)

우선 기말재고자산의 수량을 결정하는 문제로는 크게 두 가지로 대별할 수 있다. 첫째는 어떤 방법으로 수량을 결정하느냐의 문제이고, 둘째는 어떤 항목이 기말재고자산의 산입대상으로 포함되느냐의 문제이다.

1) 재고자산의 수량결정방법

기말재고자산의 수량을 결정하는 방법에는 전술한 바와 같이 계속기록법과 실지재고조사법이 있다. 회사에 다라 어느 한 방법을 선택하여 사용하지만, 각 방법의 결점 때문에 두 방법을 절충한 수정계속기록법(modified perpetual inventory system)을 이용하는 회사도 많다. 수정계속기록법은 기본적으로는 실지재고조사법에 따라 기록을 하면서 재고자산의 수량증감을 상세히 기록하는 방법이다.

(가) 계속기록법(perpetual inventory system)

계속기록법은 재고자산의 종류 및 규격에 따라 상품재고장 등을 만들어 그 품목의 입고와 출고에 대하여 장부에 계속적으로 기록함으로써 상품의 판매수량과 재고수량을 알 수 있는 방법이다.

계속기록법은 상품의 입출고를 개별적으로 기록하는 방법이기 때문에 매출에 관한 기록에 의하여 1회계기간의 매출수량을 장부에 의하여 직접적으로 파악하는 것이 가능하며, 판매되지 않은 품목은 당기 말에 재고로 남아 있는 것으로 한다.

기초재고수량 + 당기매입수량 - 당기판매수량 = 기말재고수량

계속기록법을 택하고 있는 기업에서도 결산 때 기말재고품을 실제조사하여 장부상 잔액과 실제 잔액과의 비교를 함으로써 기중에 발생한 재고자산감모손실(도난 · 증발 · 감모 등의 재고부족)을 기록할 수 있다.

(나) 실지재고조사법(periodic inventory system)

이 방법은 실제조사법 또는 실사법이라고도 하는데, 실지재고상품을 종류별 · 규격별로 재고조사하여 기발상품재고량을 확정하는 방법이다.

기말재고수량 + 당기매입수량 - 기말재고수량 = 당기판매수량

판매된 수량이 판매가능한 총재고량에서 당기 말의 재고수량을 공제하여 산정되므로, 당기 판매량 중에는 실제판매수량 이외 도난·증발·파손 기타 원인에 의해서 발생된 감손량이 포함될 수 있다는 단점이 있다. 즉 재고자산감모손실을 구분하여 기록할 수 없는 점이 실지재고조사법의 주요한 결점이다.

2) 기말재고자산에 포함될 항목

기말재고자산의 수량을 파악하는 데 있어서 어떤 항목이 재고자산의 일부에 산입되느냐를 결정하는 데는 원칙적으로 그 재고자산에 대한 법적 소유권(ownership)을 누가 갖고 있느냐에 따라 달라지게 된다. 그러나 일반적으로 실무에서는 매입상품을 받은 날에 소유권이전이 있는 것으로 간주하여 매입을 기록하게 된다.

또한 대차대조표일 현재 기업이 재판매 혹은 생산목적으로 실제보유하고 있으며, 동시에 소유권이 있는 상품·제품 및 원료 등은 당연히 그 기겁의 기말재고자산에 포함되어야 한다.

(가) 미착상품(goods in transit)

미착상품이란 상품을 외국에 주문하였으나 운송중에 있기 때문에 아직 기업에 도착하지 않은 상품을 말한다. 미착상품이 재고자산에 포함될 수 있는가의 여부는 법적 소유권의 존재 여부에 따라 판단되어야 한다. 이 경우 상품에 대한 법적 소유권이 구매인에게 이전되었을 경우에만 구매인의 재고자산에 포함하여야 한다.

법적 소유권의 이전 여부는 매매조건에 따라 다를 수 있는데, 본선인도조건(F.O.B. : Free on Board)이라고 하더라도 선적지인도기준(F.O.B. shipping point)의 경우에는 판매인이 선박에 상품을 인도함으로써 법적 소유권이 구매인에게 이전되므로 미착상품이 매입자의 재고자산(미착품)으로 보고되어야 하며, 이 경우 매입운임(transportation-in)이 발생되는데, 이는 매입상품의 원가에 포함시켜야 한다. 목적지인도기준(F.O.B. destination)은 구매인이 상품을 선박으로부터 인수하기 전까지는 법적 소유권이 구매인에게 이전되지 않으므로 미착상품은 판매자의 재고자산(적송품)으로 보고되어야 하며, 이 경우에는 판매자가 운임을 부담하는데, 이는 매출운임(transportation-out) 혹은 운반비(delivery expense)로 분류한다.

(나) 위탁상품(consigned goods)

위탁상품은 위탁자(consigner)가 수탁자(consignee)에게 판매를 위탁하기 위하여 발송한 상품을 말하는데, 이를 적송품이라고도 한다. 비록 수탁자가 위탁상품(적송품)을 보관하고 있더라도 위탁상품에 대한 소유권은 위탁자에게 속하며, 수탁자는 상품이 제3자에게 팔릴 때까지

위탁자를 대신하여 이를 관리하고 있을 뿐이다. 따라서 위탁상품은 위탁자의 재고자산으로 보고되어야 하며, 수탁자는 이를 비망기록(memorandum)만 하면 된다. 한편 수탁자가 최종소비자에게 상품을 판매하고 이를 위탁자에게 보고하면 위탁자는 이 때 상품이 판매된 것으로 보고 재고자산에서 제외시키고, 동시에 관련수익을 인식하게 된다. 즉 위탁판매인 경우에는 수탁자가 위탁상품을 판매한 시점에서 매출수익으로 인식한다. 또한 위탁자는 적송품을 적송운임을 포함한 취득원가로 기록하여야 한다.

(다) 시송품

시용판매(sales on approval)는 소비자에게 상품을 인도하되 소비자로 하여금 이를 시험적으로 사용하게 한 뒤 고객이 매입하겠다는 의사표시를 하면 판매가 성립된 것으로 보는 판매방식이다. 이 경우 소비자가 상품을 보유하고 있다 하더라도 매입의 의사표시를 보내오지 않는 한 시송품은 판매자의 재고자산으로 포함되어야 한다. 따라서 시용판매는 소비자가 구입하겠다는 의사표시를 한 날을 기준으로 판매자의 재고자산에서 제외시키며, 동시에 시용품매출수익으로 인식하게 된다.

(라) 할부판매상품

할부판매(installment sales)란 상품을 인도한 후 할부계약에 의하여 판매대금을 일정기간 동안 분할해서 지급하는 것을 조건으로 하는 판매방법이다. 할부판매의 경우에는 대금회수불능에 따른 손실의 위험이 크므로 통상적으로 대금의 지급이 완료되기 전까지는 그 상품의 법률적 소유권을 판매자가 보유한다. 그러나 경제적 실질의 관점에서 보면 소비자가 할부 구입한 상품을 실제로 사용하고 있으며(예 : 자동차의 할부구입), 그 상품과 관련된 경제적 효익이나 위험은 사실상 소비자에게 모두 이전되었다고 볼 수 있다. 따라서 할부대금의 회수가능성, 즉 대손위험이 어느 정도 합리적으로 추정될 수 있을 때에는 상품의 법률적 소유권에 관계없이 판매가 완료된 것으로 보아 판매자의 기말재고자산에서 제외시켜야 한다.

현행 기업회계기준에서도 할부판매의 경우에는 원칙적으로 상품이 소비자에게 인도되는 시점에서 수익을 인식하도록 규정하고 있으며, 다만 대금 회수의 불확실성이 문제가 되는 장기할부판매의 경우에는 인도시점에 현재가치 평가액으로 매출을 인식하도록 하고 있다. 이 경우 이자상당액은 기간의 경과에 따라 수익으로 인식한다.

(마) 특별주문판매

구매자의 특별주문에 의해 생산된 제품은 일반적으로 생산이 완료된 시점에서 법적 소유권이 구매자에게 이전되는 것으로 간주된다. 따라서 특별주문품은 생산의 완료시점에 구매자에게 귀속되는 것으로 간주하여 구매자의 재고자산으로 처리하는 것이 일반적인 관행이다.

그러나 우리나라 기업회계기준에서는 이와 같은 매출을 예약매출의 경우로 보고 있으며, 생산 및 제조기간이 단기간 소요된다 할지라도 진행기준으로 수익을 인식해야 한다고 규정하고 있다. 다만 진행기준을 적용함에 있어 공사, 제조 및 용역제공과 관련한 수익, 원가 또는 진행률 등을 합리적으로 추정할 수 없거나 수입금액의 회수가능성이 크지 않은 경우에는 발생원가의 범위 내에서 회수 가능한 금액을 수익으로 계상하고 발생원가 전액을 비용으로 계상한다(기업회계 기준서 제4호).

(5) 재고자산의 가격결정

1) 재고자산의 가격결정방법

상품재고가격결정방법은 재고자산의 단가를 결정하는 방법으로서 원가흐름에 대해서 어떠한 가정을 선택하였느냐에 따라 재고자산의 가격이 다르게 결정된다. 이것을 원가흐름(cost flow)의 가정 혹은 원가배분(cost allocation)에 대한 가정이라고 한다.

기업회계기준서 제10호에서 재고자산은 제조원가 또는 매입가액에 부대비용을 가산하고, 이에 ① 개별법, ② 선입선출법, ③ 후입선출법, ④ 이동평균법, ⑤ 총평균법, 또는 ⑥ 매출가격환원법을 적용하여 산정한 취득원가(acquisition costs)를 대차대조표가액으로 한다고 규정하고 있다.

2) 상품재고장

재고자산가격결정방법의 설명에 일반적으로 상품재고장(상품시재장)이 이용된다. 상품재고장이란 상품의 수입・불출・재고를 기입하는 장부로 보조부의 보조원장에 속한다.

상품재고장은 각 상품별로 작성되는데, 수입란・불출란・재고란을 두고 각 란은 수량・단가・금액의 란으로 세분된다. 수입란에는 전기이월액과 당기매입액이 기입되고, 불출란에는 판매한 상품의 원가가 기입되고, 재고란에는 남아 있는 상품의 재고액을 기입한다. 수입란의 합계액은 전기이월액을 제외하면 당기매입액이 되고, 불출란의 합계액은 매출원가가 되며, 재고란의 맨 마지막 금액은 기말재고액이 된다.

3) 원가배분방법

(가) 개별법(specific identification of cost method)

개별법은 동일상품이라 할지라도 구입원가가 서로 다를 때에는 개별적으로 가격표를 부착시켜 보관하였다가 그 상품이 판매되었을 때 가격표에 기재된 가격을 적용하고, 재고상품가격은 재고상품가격표를 합계하여 계산하는 방법이다. 이 방법은 개별성이 강한 비교적 고가의 제품으로서 개개의 단가가 현저한 차이가 나는 귀금속품・보석 등의 경우에 적합하다.

(나) **선입선출법**(FIFO : first-in fist-out method)

선입선출법은 먼저 구입한 상품부터 먼저 불출하여 사용한다는 가정하에 재고자산을 평가하는 방법으로서 매입순법이라고도 한다.

대부분의 기업들은 오래된 상품을 먼저 팔려고 하는 성향이 있기 때문에 가중한 한 실제의 물량흐름과 원가흐름을 충실하게 나타낼 수 있도록 회계처리를 하고자 한다. FIFO의 장점은 기말재고자산이 최근의 가격, 즉 시가나 혹은 현행원가(current cost)에 근접하여 대차대조표에 표시된다는 점에서 그 타당성이 있다(특히 재고의 회전이 빠른 경우). 그러나 매출원가는 과거의 구입가격으로 표시되고, 매출액은 현행의 판매가격으로 보고된다는 점에서 수익과 비용이 적절히 대응되지 않는다는 문제점이 있다.

(다) **후입선출법**(LIFO : last-in first-out method)

후입선출법은 선입선출법과는 반대로 제일 나중에 구입한 상품을 제일 먼저 불출한다는 가정하에 취득일이 가까운 것부터 순차적을 불출가격의 단가를 계산하는 방법이다. 이 방법은 역매입법이라고도 한다.

LIFO는 재고자산의 구입가격이 계속적으로 상승할 때에는 기말재고자산이 낮은 가격으로 평가되어 기업의 재무상태의 측면에서 내실화를 기할 수 있다는 장점이 있다. 기말재고자산이 낮은 가격으로 평가되기 때문에 매출원가는 높게 계상되며, 이에 따라 순이익은 낮게 보고된다. 또한 수익과 비용 모두 현행가격에 근접하게 됨으로써 수익과 비용의 대응이 적절히 이루어진다는 논리적 타당성을 갖는다. 인플레이션시에 후입선출법을 사용할 경우, 순이익이 적게 보고되어 기업이 실제 현금으로 납부하는 법인세액을 절감할 수 있는 법인세절감효과를 기대할 수 있다. 그러나 LIFO의 단점으로는 재고자산의 일반적인 물량흐름과는 상반된 가정을 하고 있다는 점과 기업의 역사가 오래될수록 대차대조표에 표시되는 재고자산가액과 시가와의 사이에 지나친 괴리가 발생된다는 점을 들 수 있다.

현행 기업회계기준서 제10호에서는 재고자산의 평가를 LIFO를 적용하여 산정하는 경우에는 대차대조표가액이 과소계상될 가능성이 높으므로 대차대조표가액과 선입선출법 또는 평균법에 저가법을 적용하여 계산한 재고자산평가액과의 차이를 주석으로 기재하도록 규정하고 있다.

(라) **평균원가법**(average cost method)

평균원가법은 판매가능한 상품의 총액을 총수량으로 나누어 계산된 평균단가를 기말재고자산의 단가로 가정하는 방법으로서, 여기에는 총평균법과 이동평균법의 두 가지로 나누어진다.

① 총평균법(weighted average method) : 평균원가법과 실지재고조사법의 결합하에서 적용된 경우는 기말시점에서 전체적으로 총평균원가를 계산하므로 이를 총평균법 혹은 가중평균법

이라 한다.

② 이동평균법(moving average method) : 평균원가법과 계속기록법의 결합하에서 적용될 경우에는 매 취득시마다 새로운 평균단가를 계산하므로 이를 이동평균법이라 한다. 이동평균법은 상품을 구입할 때마다 그 수량 및 금액을 구입 전의 재고수량과 재고가액에 가산하여 가중평균단가를 구하고, 이 단가를 다음 상품을 구입하기 전까지의 불출단가로 사용하는 방법이다. 이 방법은 물가변동을 완화하고 불출단가(매출원가)를 평준화하는 장점이 있으나, 상품구입횟수가 빈번한 경우 매번 평균단가를 계산해야 하는 복잡성이 있다는 단점이 있다. 또한 이 방법은 장부를 계속적으로 기록해 나가는 방법이므로 계속기록법에서만 사용가능하며 실지재고조사법에서는 적용할 수 없다.

(마) 매출가격환원법(retail inventory method)

재고자산을 실사하는 목적은 장부상의 재고자산이 정확한지를 검증하거나(계속기록법의 경우), 기말재고액을 평가하기 위해서이다(실지재고조사법의 경우). 그러나 때로는 재고자산의 실사에 비용과 시간이 많이 소요되기 때문에 실사를 하지 않고 추정에 의해 재고자산을 평가하는 경우가 있다. 이 때 재고자산을 추정하는 방법은 두 가지가 있는데, 하나는 매출가격환원법(혹은 소매재고법 : retail inventory method)이며, 다른 하나는 매출총이익법(gross profit method)이다.

매출가격환원법은 소매재고법이라고도 하며, 소매업을 전문으로 하는 백화점이나 슈퍼마켓의 경우는 대부분 실사를 통하여 기말재고를 파악하게 된다. 이러한 유형의 기업은 보통 개별상품에 정찰가격을 표시하여 진열하고 있으며, 기업에서 보관하고 있는 재고조사표에는 진열품목들의 매입원가와 매출(소매)가격이 동시에 기록되어져 있다. 이 때 기업이 장부 혹은 증빙 등에 의하여 판매가능 상품의 매출가격기준합계액을 파악하고, 여기서 당기의 매출액을 차감함으로써 매출가격기준의 기말재고액을 계산할 수 있게 된다. 그리고 매출가격으로 계산된 기말재고액에 원가율을 곱하여 원가기준의 기말재고액이 계산되는데, 이러한 방법을 매출가격환원법이라 한다.

이와 같은 매출가격환원법에 의해 기말재고액을 산출하는 절차를 요약하면 다음과 같다.

원가기준의 기말재고액 = 매출가격기준의 기말재고액* × 원가율**

*매출가격기준의 기말재고액 = 매출가격기준의 판매가능액 - 당기매출액
**원가율 = 원가기준의 판매가능액 ÷ 매출가격기준의 판매가능액

재고자산은 과대평가되는 것을 방지하기 위해 정기적으로 실사를 하여야 하고, 특히 상품도난과 파손이 자주 발생하는 경우에는 더욱 그러하다. 그러나 매출가격환원법은 실사를 하지 않고서도 재고자산을 추정할 수 있다는 장점을 가지고 있다. 예를 들어 분기 또는 반기재무제표 작성시

회계감사인이 분기 말 또는 반기 말 재고가액을 추정하여 회계처리가 적절히 되고 있는지를 확인할 수 있다. 이와 같은 장점 때문에 현행 기업회계기준서에서는 매출가격환원법(소매재고법)은 업종이나 재고자산의 특성에 비추어 다른 방법을 적용하는 것보다 합리적이라고 인정되는 경우에 적용할 수 있다고 규정하고 있다(제10호 재고자산).

◆회계처리 예

다음 자료에 의하여 매출가격환원법을 이용할 경우 기말상품재고액을 평가하라.

	원가기준	매출가격기준
기초상품재고액	30,000	36,000
당 기 매 입 액	85,000	100,000
판 매 가 능 액	115,000	136,000
당 기 매 출 액		110,00

[풀이] ① 원가율 $= \frac{115,000}{136,000} \times 100 = 84.56\%$

② 매출가격기준 기말재고액 = 136,000 - 110,000 = 26,000원

③ 기말상품재고액 = 26,000 × 84.56% = 21,986원

매출가격환원법에 의하여 기말재고액을 평가할 경우에 어려운 점은 회계기간중의 매가의 변경이다.

(6) 재고자산감모손실과 재고자산평가손실

1) 재고자산감모손실

재고자산감모손실이라 함은 파손, 마모, 도난, 분실 등으로 인하여 장부상의 재고수량보다 실제재고수량이 적은 경우에 발생하는 손실을 말한다. 재고자산감모손실이 발생한 경우에는 장부상의 기말재고액을 감소시키고 감모손실만큼 비용으로 처리해야 하는데, 감모손실 중 정상적으로 발생하는 감모손실은 매출원가에 포함시키고 비정상적으로 발생하는 감모손실은 영업외비용으로 처리하여야 한다. 기업회계기준에서는 영업외비용으로 계상되는 비정상적인 감모손실에 대하여 손익계산서에 재고자산평가손실이라는 계정과목을 사용하도록 규정하고 있다.

◆재고자산감모손실의 회계처리 예

여주상사의 장부재고액과 실지재고액 및 단위당 원가는 다음과 같다. 상품감모손실 중 40%는 정상적으로 발생한 것으로 판명되었다.

상 품	장부재고량	실지재고량	단위당원가
A	1,000개	1,000개	200원
B	700개	600개	150원
C	500개	450개	300원

상 품	장부가액	실지재고액	감모손실
A	200,000원	200,000원	—
B	105,000원	90,000원	15,000원
C	150,000원	135,000원	15,000원
계	455,000원	425,000원	30,000원

정상적으로 발생한 감모손실 : 30,000원×40%=12,000원

비정상적으로 발생한 감모손실 : 30,000원×(1-40%)=18,000원

정상적으로 발생한 감모손실은 매출원가에 포함시키고, 비정상적으로 발생한 감모손실은 손익계산서에 재고자산평가손실이라는 계정과목을 사용하여 공시하여야 한다.

2) 재고자산평가손실(←저가법)

재고자산은 판매목적으로 보유하고 있는 자산이다. 따라서 회계 연도말 현재 보유하고 있는 재고자산에 대해서는 시가로 평가하는 것이 회계정보이용자들에게 보다 목적적합한 정보가 된다. 그러나 회계실무에서는 보수주의관점에서 저가법을 적용하는 것이 일반적이다. 기업회계기준에서는 재고자산을 저가법으로 평가하도록 규정하고 있다.

(가) 저가법의 의의

저가법은 당해 재고자산의 원가와 시가를 비교하여 낮은 가액으로 평가하는 것을 말한다. 즉, 시가가 취득원가보다 큰 경우에는 취득원가로 평가하지만, 시가가 취득원가보다 작을 경우에는 시가로 평가하는 것이다. 기업회계기준에서는 순실현가능가액(추정판매가격-추정판매비용)을 시가로 규정하고 있다.

(나) 저가법의 적용방법

재고자산을 저가법으로 평가하는 방법에는 ① 종목별기준, ② 조별기준, ③ 총계기준이 있다. 종목별기준은 재고자산의 개별항목에, 조별기준은 유사한 재고자산의 집단에, 총계기준은 전체 재고자산에 대해서 저가법을 적용하는 방법이다. 기업회계기준에서는 종목별기준으로 저가법을 적용하도록 하고 있다.

(다) 저가법의 회계처리

기업회계기준에서는 재고자산을 저가법으로 평가하는 경우에 평가손실이 발생하면 동 금액을 재고자산에서 직접 차감하고, 재고자산평가손실(영업외비용)로 계상하도록 규정하고 있다.

◆재고자산에 대한 저가법을 기업회계기준에 따라 적용할 경우 재고자산평가손실회계처리 예

다음 자료는 2009년 12월 31일 서울상사의 재고자산에 대한 기록이다.

상 품	장부재고량	단위당원가	추정판매가격	추정판매비용
A	1,000개	200원	230원	50원
B	700개	150원	180원	20원
C	500개	300원	320원	60원

상 품	장부재고액	순실현가능가액*	평가손실액
A	200,000원	180,000원	20,000원
B	105,000원	112,000원	—
C	150,000원	130,000원	20,000원
계	455,000원	422,000원	40,000원

*순실현가능가액 = 추정판매가격 - 추정판매비용

◆재고자산감모손실과 재고자산평가손실 회계처리 예

다음은 (주)여주의 약식잔액시산표와 기말수정사항이다.

기말수정분개를 하고 약식 대차대조표와 손익계산서를 작성하라.

수정전시산표

(주) 여주

차변	대변
상 품 305,000	매 출 4,000,000
매 입 3,900,000	

〈기말수정사항〉

기말상품의 장부재고액과 실지재고액 및 시가는 다음과 같다. 상품감모손실 중 40%는 정상적으로 발생한 것으로 판명되었다.

상 품	장부재고량	실지재고량	단위당원가	추정판매가격	추정판매비용
A	1,000개	1,000개	200원	230원	50원
B	700개	600개	150원	180원	20원
C	500개	450개	300원	320원	60원

1. 재고자산 감모손실과 평가손실의 계산

상 품	장부가액	실제가액	순실현가능가액	감모손실액	평가손실액
A	200,000원	200,000원	180,000원	—	20,000원
B	105,000원	90,000원	96,000원	15,000원	—
C	150,000원	135,000원	117,000원	15,000원	18,000원
계	455,000원	425,000원	393,000원	30,000원	38,000원

※ 장부가액 = 장부재고량 × 단위당 원가

실제가액 = 실지재고량 × 단위당 원가

순실현가능가액 = 실지재고량 × (추정판매가격 - 추정판매비용)

감모손실액 = 장부가액 - 실제가액

평가손실액 = 실제가액 - 순실현가능가액

감모손실중 정상적으로 발생한 40%는 매출원가에 포함시키고, 비정상적으로 발생한 60%는 손익계산서에 재고자산평가손실(영업외비용)이라는 계정과목을 사용하여 공시하여야 한다.

2. 기말수정분개

(차)	매 입	305,000	(대) 상 품 (기 초)	305,000
(차)	상 품 (기 말)	387,000*	매 입	387,000

* 기말상품장부재고액 455,000원에서 감모손실 30,000원과 평가손실 38,000원을 차감한 금액임.

(차)	재고자산평가손실	56,000	(대) 매 입	56,000*

* 비정상적인 감모손실 18,000(30,000×60%)과 평가손실 38,000원은 매출원가에 포함되어서는 안 된다.

3. 약식 대차대조표와 손익계산서

(1) 대차대조표

1. 유동자산

2. 재고자산

(1) 상 품 387,000

(2) 손익계산서

Ⅰ. 매출액		4,000,000
Ⅱ. 매출원가		
1. 기초상품재고액	305,000	
2. 당기상품매입액	3,900,000	
3. 기말상품재고액	(387,000)	
4. 타계정대체	(56,000)	3,762,000
Ⅲ. 매출총이익		238,000
Ⅳ. 영업외비용		
1. 재고자산평가손실	56,000	

제5절 고정자산

1. 고정자산의 의의 및 분류

(1) 고정자산의 의의

고정자산(fixed assets)은 장기간 계속하여 영업활동에 사용할 목적으로 보유하는 자산으로서 고정자산이 되기 위해서는 다음과 같은 속성을 가져야 한다.

첫째, 판매목적이 아니라 투자목적 또는 영업목적을 위해서 보유하여야 한다.

그러므로 동일한 종류의 자산이라 할지라도 영업목적이 아니고 판매의 목적으로 보유하는 자산은 재고자산이 된다.

둘째, 단기간 보유하는 것이 아니라 장기간 계속적으로 사용하기 위해서 보유하여야 한다.

셋째, 기업이 소유하는 자산이어야 한다.

따라서 고정자산은 대부분 기업이 영업목적을 위해서 정상적 영업활동과 관련하여 장기간 사용할 목적으로 소유하는 자산이라고 할 수 있다.

(2) 고정자산의 분류

형태의 유무와 성격에 따라 투자자산, 유형자산 및 무형자산으로 분류된다.

투자자산(investments)은 다른 기업을 지배·통제할 목적이나 여유자금을 증식시킬 목적으로 장기간 예금, 유가증권 및 부동산에 투자된 자산을 말한다.

유형자산(tangible assets)은 기업이 1년 이상 영업활동에 사용할 목적으로 보유하는 유형의 자산을 말한다. 즉, 유형자산은 장기간 영업활동에 계속적으로 사용되는 구체적 형태를 가지는 자산이다.

무형자산(intangible assets)은 구체적인 형태를 가지지 않는 고정자산으로서 장기간에 걸쳐 기업에 경제적 이익을 제공해 준다. 무형자산은 법률이나 계약에 의하여 인정받은 권리이거나 사회적으로 보아 사실상 권리로서 인정받는 것 등으로 구성된다.

2. 투자자산

투자자산이라 함은 피투자회사를 지배하거나 통제할 목적 또는 투자수익을 얻을 목적으로 보유하는 자산을 말한다. 기업회계기준에서는 투자자산을 다음과 같이 분류하고 있다.

<table>
<tr><th>구 분</th><th colspan="2">내 용</th></tr>
<tr><td>장기금융상품</td><td colspan="2">유동자산에 속하지 아니하는 금융상품으로 한다.</td></tr>
<tr><td rowspan="3">투자유가증권</td><td>매도가능증권</td><td>주식이나 채권 중 단기매매증권이나 만기보유증권 및 지분법적용투자주식으로 분류되지 않는 유가증권으로 한다.</td></tr>
<tr><td>만기보유증권</td><td>만기가 확정된 채무증권으로서 상환금액이 확정되었거나 확정이 가능한 채무증권을 만기까지 보유할 적극적인 의도와 능력이 있는 유가증권으로 한다.</td></tr>
<tr><td>지분법적용주식</td><td>피투자회사에 중대한 영향력을 행사할 수 있는 유가증권으로 한다.</td></tr>
<tr><td>장기대여금</td><td colspan="2">유동자산에 속하지 아니하는 장기의 대여금으로 한다.</td></tr>
<tr><td>장기성매출채권</td><td colspan="2">유동자산에 속하지 아니하는 일반적 상거래에서 발생한 장기의 매출채권(외상매출금 및 받을어음)으로 한다.</td></tr>
<tr><td>투자부동산</td><td colspan="2">투자의 목적 또는 비영업용으로 소유하는 토지·건물 및 기타의 부동산으로 한다.</td></tr>
<tr><td>보증금</td><td colspan="2">전세권, 전신전화가입권, 임차보증금 및 영업보증금 등으로 한다.</td></tr>
<tr><td>이연법인세차</td><td colspan="2">일시적 차이로 인하여 법인세법 등의 법령에 의하여 납부하여야 할 금액이 법인세비용을 초과하는 경우 그 초과하는 금액과 이월결손금 등에서 발생한 법인세효과로 한다.</td></tr>
<tr><td>기타의 투자자산</td><td colspan="2">위에 속하지 아니하는 투자자산으로 한다.</td></tr>
</table>

(1) 투자유가증권의 분류

유가증권을 취득한 경우 취득목적에 따라 단기매매증권, 매도가능증권, 지분법적용투자주식 및 만기보유증권 중의 하나로 분류하여야 한다.

1) 단기매매증권

주로 단기간 내의 매매차익을 목적으로 취득한 유가증권으로서 매수와 매도가 적극적이고 빈번하게 이루어지는 경우에는 단기매매증권으로 분류한다.

이때 매수와 매도가 적극적이고 빈번하게 이루어진다는 것은 시장성이 있다는 것을 말한다. 한국증권거래소가 개설한 유가증권시장(거래소시장), 한국증권업협회가 운영하는 중개시장(협회중개시장 : 일명 코스닥) 또는 공신력 있는 외국의 증권거래시장에서 거래되는 경우는 시장성이 있는 것으로 본다.

지분증권(주식)과 채무증권(채권) 모두 위의 조건을 충족하면 단기매매증권으로 분류될 수 있다.

2) 만기보유증권

만기와 상환금액이 확정된(또는 확정이 가능한) 채무증권은 만기까지 보유할 적극적인 의도와 실질적인 능력이 있는 경우 만기보유증권으로 분류한다.

(가) 만기와 상환금액의 확정

만기보유증권으로 분류하기 위해서는 원금 및 이자의 상환금액과 상환시기가 약정에 의하여 정해져 있어야 함을 의미한다. 따라서 지분증권은 만기보유증권으로 분류될 수 없다.

(나) 만기까지 보유할 적극적인 의도

만기보유증권으로 분류하기 위해서는 채무증권을 취득시점부터 만기까지 보유할 적극적인 의도가 있어야 한다.

(다) 실질적으로 만기까지 보유할 수 있는 능력

만기보유증권으로 분류하기 위해서는 채무증권을 실질적으로 만기까지 보유할 수 있는 능력이 있어야 한다. 따라서 자금이 부족하다거나 법적인 제약으로 만기까지 보유하기 어려운 경우는 만기보유증권으로 분류할 수 없다.

3) 매도가능증권

취득한 유가증권 중 단기매매증권이나 만기보유증권으로 분류되지 않은 것은 매도가능증권으로 분류한다. 이에는 다음과 같은 것들이 있다.

① 시장성이 없는 지분증권

② 시장성이 있어도 장기투자목적인 지분증권

③ 단기매매증권도 아니면서 만기보유증권도 아닌 채무증권

4) 지분법적용투자주식

지분증권 중 중대한 영향력을 행사할 수 있는 주식을 지분법적용투자주식이라 한다. 여기서 다음 중 하나에 해당하는 경우는 중대한 영향력을 행사할 수 있다고 판단한다.

① 투자회사가 피투자회사의 의결권 있는 주식의 20%이상을 보유하고 있는 경우

② 피투자자의 이사회 또는 의사결정기관에의 참여

③ 피투자회사의 이익잉여금 분배나 내부유보에 관한 의사결정과정에의 참여

④ 피투자회사의 영업정책결정 과정에의 참여

⑤ 투자회사와 피투자회사간의 중요한 내부거래

⑥ 경영진의 인사교류

⑦ 필수적인 기술정보의 교환

(2) 유가증권의 공시 및 평가방법

1) 유가증권의 공시

유가증권의 계정과목 분류와 공시는 별개의 문제이며 다음과 같이 공시한다.

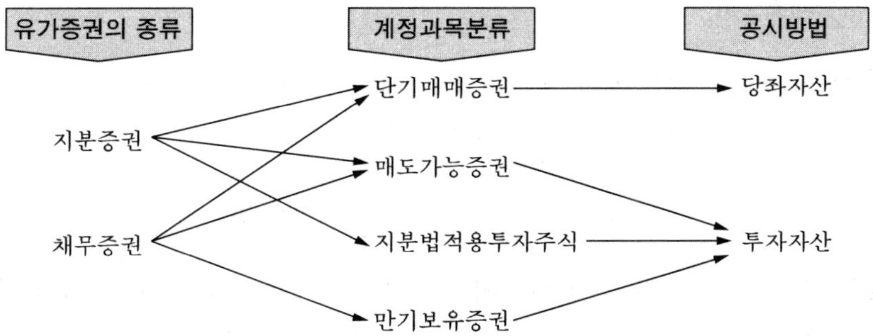

2) 유가증권의 평가방법

유가증권의 평가방법을 요약하면 다음과 같다.

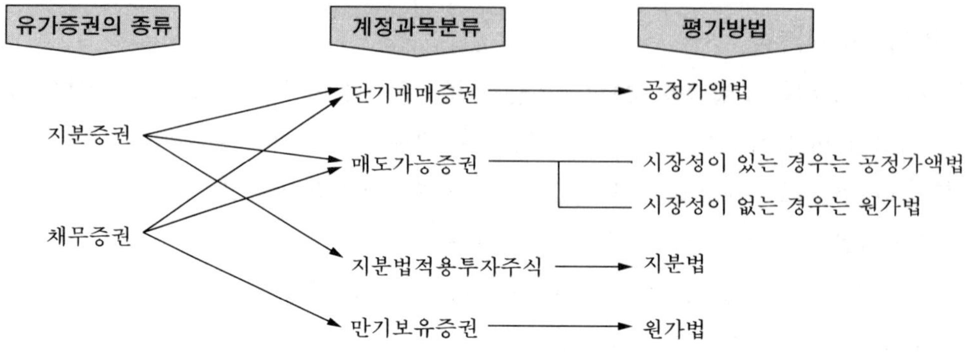

(3) 지분증권의 평가

1) 단기매매증권의 평가

단기매매증권인 지분증권은 공정가액법으로 평가하며, 그 회계처리는 다음과 같다.

(가) 취득시에는 매입가액에 매입부대비용을 포함하여 취득원가로 평가한다.

(차)	단기매매증권	×××	(대)	현 금	×××

(나) 피투자회사로부터 배당금을 받은 경우에는 배당금수익(영업외수익)으로 인식한다.

(차)	현 금	×××	(대)	배당금수익 (영업외수익)	×××

(다) 회계기말에는 공정가액으로 평가하며, 취득원가와 공정가액의 차액은 단기매매증권 평가손익으로 계상한다. 단기매매증권평가손익은 당기손익계산에 반영하고 영업외손익으로 분류한다.

평가이익발생시 :

(차)	단기매매증권	×××	(대)	단기매매증권평가이익 (영업외수익)	×××

평가손실발생시 :

(차) 단기매매증권평가손실 (영업외비용)	×××	(대) 단기매매증권	×××

◆단기매매증권의 회계처리 예

(주)여주가 해야 할 회계처리를 하여라.

(주)여주에 다음과 같은 단기매매증권 거래가 발생하였다.

(1) 2009년 10월 1일 : (주)이천의 주식 1주를 단기매매목적으로 ₩1,000에 취득하였다.

(2) 2009년 12월 31일 : 대차대조표일 현재 (주)이천주식의 공정가액은 ₩1,200이었다.

(3) 2010년 4월 5일 : (주)이천으로부터 배당금 ₩150을 수취하였다.

(4) 2010년 5월 1일 : (주)이천의 주식을 현금 ₩1,300을 받고 처분하였다.

① 2009. 10월 1일(취득일)

(차) 단기매매증권	1,000	(대) 현 금	1,000

② 2009. 12월 31일(결산일)

(차) 단기매매증권	200	(대) 단기매매증권평가이익 (영업외수익)	200

③ 2010. 4월 5일(배당금수취일)

(차) 현 금	150	(대) 배당금수익 (영업외수익)	150

④ 2010. 5월 1일(처분일)

(차) 현 금	1,300	(대) 단 기 매 매 증 권 단기매매증권처분이익 (영업외수익)	1,200

2) 매도가능증권의 평가

매도가능증권인 지분증권은 시장성이 있는 경우와 시장성이 없는 경우로 나누어 평가방법을 달리한다. 시장성이 있는 경우는 공정가액을 대차대조표가액으로 하는 공정가액법을 적용한다. 반면에 시장성이 없는 경우는 공정가액이 존재하지 않으므로 취득원가를 대차대조표가액으로 하는 원가법을 적용한다.

(가)시장성이 있는 매도가능증권

시장성이 있는 매도가능증권은 공정가액법으로 평가하며, 다음과 같이 회계처리 한다.

① 취득시에는 매입가액에 매입부대비용을 포함하여 취득원가로 평가한다.

(차) 매도가능증권	×××	(대) 현 금	×××

② 피투자회사로부터 배당금을 받은 경우에는 배당금수익(영업외수익)으로 인식한다.

(차) 현 금	×××	(대) 배당금수익 (영업외수익)	×××

③ 회계기말에는 공정가액으로 평가하며, 취득원가와 공정가액의 차액은 매도가능증권평가손익으로 계상한다. 매도가능증권평가손익은 당기손익계산에 반영하지 않고 대차대조표에 자본조정항목으로 기재하였다가 당해 증권을 처분할 때 매도가능증권처분손익(영업외손익)으로 반영한다. 이 점이 단기매매증권과 구별된다.

평가이익발생시 :

(차) 매도가능증권	×××	(대) 매도가능증권평가이익 (자본조정)	×××

평가손실발생시 :

(차) 매도가능증권평가손실 (자본조정)	×××	(대) 매도가능증권	×××

◆시장성있는 매도가능증권의 회계처리 예

(주)여주가 해야 할 회계처리를 하여라.

(주)여주에 다음과 같은 매도가능증권거래가 발생하였다.

① 2009. 10월 1일 : (주)이천의 주식 1주를 장기투자목적으로 ₩1,000에 취득하였다.

② 2009. 12월 31일 : 대차대조표일 현재 (주)이천주식의 공정가액은 ₩1,200이었다.

③ 2010. 4월 5일 : (주)이천으로부터 배당금 ₩150을 수취하였다.

④ 2010. 5월 1일 : (주)이천주식을 현금 ₩1,300을 받고 처분하였다.

(주)여주에 다음과 같은 거래가 발생하였을 때 하여야 할 회계처리

① 2009. 10월 1일(취득일)

(차)	매도가능증권	1,000	(대)	현 금	1,000

② 2009. 12월 31일(결산일)

(차)	매도가능증권	200	(대)	매도가능증권평가이익	200

20×9 12월 31일 부분대차대조표

Ⅱ. 고정자산		Ⅳ. 자본조정	
(1) 투자자산		매도가능증권평가이익	200
매도가능증권	1,200		

③ 2010. 4월 5일(배당금수취일)

(차)	현 금	150	(대)	배당금수익 (영업외수익)	150

④ 2010. 5월 1일(처분일)

(차)	현 금	1,300	(대)	매 도 가 능 증 권 매도가능증권처분이익 (영업외수익)	1,200 100
(차)	매도가능증권평가이익 (자본조정)	200	(대)	매도가능증권처분이익 (영업외수익)	200

매도가능증권평가이익(자본조정)은 당해증권의 처분시에 매도가능증권처분이익(영업외수익)에 가산하거나 매도가능증권처분손실(영업외비용)에서 차감한다.

◆시장성있는 매도가능증권의 회계처리 예

(주)여주에 다음과 같은 매도가능증권거래가 발생하였다. 해야 할 회계처리를 하여라.

① 2009년 10월 1일 : (주)이천의 주식 1주를 장기투자목적으로 ₩1,000에 취득하였다.

② 2009년 12월 31일 : 대차대조표일 현재 (주)이천주식의 공정가액은 ₩1,200이었다.

③ 2010년 4월 5일 : (주)이천으로부터 배당금 ₩150을 수취하였다.

④ 2010년 12월 31일 : 대차대조표일 현재 (주)이천주식의 공정가액은 ₩800이었다.

⑤ 2009년 12월 31일 : 대차대조표일 현재 (주)이천주식의 공정가액은 ₩700이었다.

⑥ 2010년 7월 1일 : (주)이천주식을 현금 ₩1,100을 받고 처분하였다.

(주)여주에 다음과 같은 거래가 발생하였을 때 하여야 할 회계처리

① 2009년 10월 1일(취득일)

(차)	매도가능증권	1,000	(대)	현 금	1,000

② 2009년 12월 31일(결산일)

(차)	매도가능증권	200	(대)	매도가능증권평가이익 (자본조정)	200

20×9 12월 31일 부분대차대조표

Ⅱ. 고정자산		Ⅳ. 자본조정	
(1) 투자자산		매도가능증권평가이익	200
매도가능증권	1,200		

③ 2009년 4월 5일(배당금수취일)

(차)	현 금	150	(대)	배당금수익 (영업외수익)	150

④ 2009년 12월 31일(결산일)

(차)	매도가증증권평가이익	200	(대)	매도가능증권	400
	매도가능증권평가손실 (자본조정)	200			

당기말 평가손실 : ₩1,200 −₩800 = ₩400

평가손실 잔액 : ₩400 − ₩200 = ₩200

당기말에 매도가능증권평가손실이 ₩400 발생하면 전기말 매도가능증권평가이익 ₩200과 상계하고 잔액 ₩200을 대차대조표에 매도가능증권평가손실로 계상한다.

부분대차대조표

Ⅱ. 고정자산		Ⅳ. 자본조정	
(1) 투자자산		매도가능증권평가이익	(200)
매도가능증권	800		

⑤ 2009년 12월 31일(결산일)

(차)	매도가능증권평가손실 (자본조정)	100	(대) 매도가능증권	100

당기말 평가손실 : ₩800 －₩700 ＝ ₩100

평가손실 잔약 : ₩200＋₩100 ＝ ₩300

당기말에 매도가능증권평가손실이 ₩100이 발생하면 전기말 매도가능증권평가손실 ₩200과 합산하여 ₩300을 대차대조표에 매도가능증권평가손실로 계상한다.

부분대차대조표

Ⅱ. 고정자산		Ⅳ. 자본조정	
(1) 투자자산		매도가능증권평가이익	(300)
매도가능증권	700		

⑥ 2010년 7월 1일(처분일)

(차)	현 금	1,100	(대)	매 도 가 능 증 권 매도가능증권처분이익 (영업외수익)	700 400
(차)	매도가능증권처분이익 (영업외수익)	300	(대)	매도가능증권평가손실 (자본조정)	300

매도가능증권평가손실(자본조정)은 당해증권의 처분시에 매도가능증권처분손실(영업외비용)에 가산하거나 매도가능증권처분이익(영업외수익)에서 차감한다.

(나) 시장성이 없는 매도가능증권

시장성이 없는 매도가능증권은 원가법으로 평가하며, 다음과 같이 회계처리 한다.

① 취득시에는 매입가액에 매입부대비용을 포함하여 취득원가로 평가한다.

(차) 매도가능증권 ××× (대) 현 금 ×××

② 피투자회사로부터 배당금을 받은 경우에는 배당금수익(영업외수익)으로 인식한다.

(차) 현 금 ××× (대) 배당금수익 ×××
(영업외수익)

③ 회계기말에도 공정가액이 없으므로 회계기말에도 취득원가로 평가한다.

회계처리없음

◆시장성이 없는 매도가능증권의 회계처리 예

(주)여주에 다음과 같은 매도가능증권거래가 발생하였다.

① 2009년 10월 1일 : (주)이천의 주식 1주를 장기투자목적으로 ₩1,000에 취득하였다.
② 2009년 12월 31일 : 대차대조표일 현재 (주)이천주식은 비상장주식으로서 공정가액이 없다.
③ 2010년 4월 5일 : (주)이천으로부터 배당금 ₩150을 수취하였다.
④ 2010년 12월 31일 : 대차대조표일 현재 (주)이천주식은 비상장주식으로서 공정가액이 없다.
⑤ 2011년 12월 31일 : 대차대조표일 현재 (주)이천주식은 비상장주식으로서 공정가액이 없다.
⑥ 2012년 7월 1일 : (주)이천주식을 현금 ₩1,100을 받고 처분하였다.

① 2009년 10월 1일(취득일)

(차) 매도가능증권 1,000 (대) 현 금 1,000

② 2009년 12월 31일(결산일)

회계처리없음

부분대차대조표

Ⅱ. 고정자산	
(1) 투자자산	
매도가능증권 1,000	

③ 2010년 4월 5일(배당금수취일)

(차) 현 금 150 (대) 배당금수익 150
(영업외수익)

④ 2010년 12월 31일(결산일)

회계처리없음

부분대차대조표

Ⅱ. 고정자산	
(1) 투자자산	
매도가능증권 1,000	

⑤ 2011년 12월 31일(결산일)

회계처리없음

부분대차대조표

Ⅱ. 고정자산	
(1) 투자자산	
매도가능증권 1,000	

⑥ 2012년 7월 1일(처분일)

(차)	현 금	1,100	(대)	매 도 가 능 증 권	1,000
				매도가능증권처분이익 (영업외수익)	100

(4) 지분법적용투자주식

지분증권 중 중대한 영향력을 행사할 수 있는 주식은 지분법을 적용하여 평가한 가액을 대차대조표가액으로 한다.

지분법이란 투자주식의 취득시점에서는 취득원가로 보고하지만 취득 이후에는 피투자회사의 순자산가액이 변화할 때마다 투자주식의 장부가액을 조정하는 방법이다. 투자회사가 피투자회사에게 중대한 영향력을 행사할 수 있다면 실질적으로 투자회사와 피투자회사는 하나의 경제적 실체와 같다. 따라서 이 경우 피투자회사의 순자산가액이 변화를 지분율만큼 투자주식에 장부가액에 가감하는 지분법이 다른 방법보다 적절한 방법이다. 여기서 순자산가액이란 자산총계에서 부채총계를 차감한 금액, 즉 자본총계를 의미한다.

지분법의 회계처리를 구체적으로 살펴보면 다음과 같다.

① 취득시 : 취득원가를 지분법적용투자주식계정 차변에 기재한다.

(차) 지분법적용투자주식 ×× (대) 현 금 ××

② 피투자회사가 당기순이익을 보고하는 경우 : 피투자회사에 당기순이익이 발생하면 이익잉여금이 증가하여 순자산가액(자본총계)이 증가한다. 따라서 당기순이익에 지분율을 곱한 금액을 지분법적용투자주식계정 차변에 기재하고 지분법평가이익(영업외수익으로 분류)계정 대변에 기재한다.

(차) 지분법적용투자주식 ×× (대) 지분법평가이익 ××
(영업외수익)

③ 피투자회사로부터 배당금을 수취하는 경우 : 피투자회사가 배당금을 지급하면 이익잉여금이 감소하여 순자산가액(자본총계)이 감소한다. 배당금수취액을 현금계정차변에 기재하고 동금액을 지분법적용투자주식계정 대변에 기재한다.

(차) 현 금 ×× (대) 지분접적용투자주식 ××

따라서 다음의 산식이 성립된다.

지분법적용투자주식의 장부가액 = 취득원가 + [피투자회사의 당기순이익 × 지분율] - 배당금수취액

◆지분법적용투자주식의 회계처리 예

(주)여주에 다음과 같은 거래가 발생하였다.

① 2009년 10월 1일 : (주)이천의 주식 10주를 장기투자목적으로 주당 ₩1,000에 취득 하였으며, 이는 (주)이천의 총발행주식중의 20%에 해당된다.

② 2009년 12월 31일 : 대차대조표일 현재 (주)이천주식의 공정가액은 주당 ₩1,200이었으며, 2003년 (주)이천의 당기순이익은 ₩10,000이었다.

③ 2010년 4월 5일 : (주)이천은 총 ₩5,000의 배당금을 지급하였으며, 따라서 (주) 여주는 ₩1,000(=₩5,000×20%)의 배당금을 수취하였다.

④ 2010년 12월 31일 : 대차대조표일 현재 (주)이천주식의 주당 공정가액은 ₩800이었으며, 2010년 (주)이천의 당기순이익은 ₩15,000이었다.

① 2009년 10월 1일(취득일)

(차) 지분법적용투자주식 10,000 (대) 현 금 10,000

② 2009년 12월 31일(결산일 및 피투자회사 당기순이익보고일)

(차)	지분법적용투자주식	2,000	(대)	지분법평가이익 (영업외수익)	2,000*

* ₩10,000 × 20% = ₩2,000

지분법은 공정가액의 변동은 반영하지 않으므로 공정가액평가에 관련된 분개는 하지 않는다.

③ 2010년 4월 5일(배당금수취일)

(차)	현 금	1,000	(대)	지분접적용투자주식	1,000

④ 2010년 12월 31일(결산일 및 피투자회사 당기순이익보고일)

(차)	지분법적용투자주식	3,000	(대)	지분법평가이익 (영업외수익)	3,000*

* ₩15,000 × 20% = ₩3,000

지분법은 공정가액의 변동은 반영하지 않으므로 공정가액평가에 관련된 분개는 하지 않는다.

부분대차대조표

Ⅱ. 고정자산		
(1) 투자자산		
지분법적용투자주식	14,000*	

* ₩12,000 - ₩1,000 + ₩3,000 = ₩14,000

(5) 채무증권의 평가

1) 단기매매증권의 평가

단기매매증권인 채무증권은 공정가액법으로 평가하며, 그 회계처리는 다음과 같다.

① 취득시에는 매입가액에 매입부대비용을 포함하여 취득원가로 평가한다.

(차)	단기매매증권	×××	(대)	현 금	×××

② 피투자회사로부터 이자를 받은 경우에는 표시이자를 이자수익(영업외수익)으로 인식한다.

(차)	현 금	×××	(대)	이 자 수 익	×××

③ 회계기말에는 공정가액으로 평가하며, 취득원가와 공정가액의 차액은 단기매매증권평가손

익으로 계상한다. 단기매매증권평가손익은 당기손익계산에 반영하고 영업외손익으로 분류한다.

평가이익발생시 :

(차)	단기매매증권	×××	(대) 단기매매증권평가이익 (영업외수익)	×××

평가손실발생시 :

(차)	단기매매증권평가손실 (영업외비용)	×××	(대) 단기매매증권	×××

◆단기매매증권의 회계처리 예

(주)여주가 해야 할 회계처리를 하여라.

(주)여주에 다음과 같은 거래가 발생하였다.

① 2009년 1월 1일

(주)여주는 (주)이천이 발행한 액면 ₩1,000,000의 사채를 ₩953,592에 단기매매목적으로 취득하였다. 동사채와 관련된 사항은 다음과 같다.

사채의 액면가액	₩1,000,000
사채의 발행일	20×8년 1월 1일
사채의 만기일	20×9년 12월 31일
사채의 표시이자율	연 12%
이자지급일	매년 12월 31일
20×9년 1월 1일 시장이자율	연 14%

② 2009년 12월 31일

(주)여주는 (주)이천으로부터 동사채에 대한 표시이자 ₩120,000을 수취하였으며, 결산일 현재 동사채의 공정가액은 ₩980,000이다.

③ 2010년 3월 31일

(주)여주는 동사채를 처분하고 발생이자를 포함하여 ₩970,000을 수취하였다.

① 2009년 1월 1일(취득일)

(차)	단기매매증권	953,592	(대) 현 금	953,592

② 2009년 12월 31일(이자수취일 및 결산일)

(차)	현　　　금	120,000	(대) 이　자　수　익	120,000
(차)	단기매매증권	26,408	(대) 단기매매증권평가이익	26,408*

* ₩980,000 - ₩953,592 = ₩26,408

③ 2010년 3월 31일(처분일)

(차)	현　　　금	30,000	(대) 이 자 수 익	30,000*

* 기발생이자 : ₩1,000,000 × 12% × 3/12 = ₩30,000

(차)	현　　　금	940,000*1)	(대) 단기매매증권	980,000
	단기매매증권처분손실	40,000*2)		

* 1) 단기매매증권처분가액 : ₩970,000 - ₩30,000 = ₩940,000
* 2) 단기매매증권처분손실 : ₩980,000 - ₩940,000 = ₩40,000

2) 만기보유증권의 평가

만기보유증권인 채무증권은 장부가액을 대차대조표가액으로 하며 공정가액법으로 평가하지 않는다.

만기보유증권의 회계처리는 다음과 같다.

① 취득시에는 매입가액에 매입부대비용을 포함하여 취득원가로 평가한다.

(차)	만기보유증권	×××	(대) 현　　　금	×××

② 피투자회사로부터 이자를 받은 경우에는 유효이자율법을 적용하여 이자수익(영업외수익)으로 인식한다. 이 때 표시이자와 유효이자수익이 차이가 나는 경우에는 다음과 같이 그 차액을 만기보유증권의 장부가액에 가감한다.

표시이자 〈 유효이자수익 :

(차)	현　　　금	×××	(대) 이 자 수 익	×××
	만기보유증권	×××		

표시이자 〉 유효이자수익 :

(차)	현　　　금	×××	(대) 이 자 수 익	×××
			만기보유증권	×××

유효이자수익 = 만기보유증권의 기초장부가액 × 유효이자율

③ 회계기말에 공정가액으로 평가하지 아니하며 유효이자율법 적용후의 장부가액을 그대로

대차대조표가액으로 한다.

◆만기보유증권 – 할인취득시 회계처리 예

(주)여주가 해야 할 회계처리를 하여라.

(주)여주에 다음과 같은 거래가 발생하였다.

① 20×9년 1월 1일

(주)여주는 (주)이천이 발행한 액면 ₩1,000,000의 사채를 ₩953,592에 만기보유목적으로 취득하였다. 동사채와 관련된 사항은 다음과 같다.

사채의 액면가액	₩1,000,000
사채의 발행일	2009년 1월 1일
사채의 만기일	2011년 12월 31일
사채의 표시이자율	연 12%
이자지급일	매년 12월 31일
2004년 1월 1일 시장이자율	연 14%

② 2009년 12월 31일

(주)여주는 (주)이천으로부터 동사채에 대한 표시이자 ₩120,000을 수취하였으며, 결산일 현재 동사채의 공정가액은 ₩980,000이다.

③ 2010년 12월 31일

(주)여주는 (주)이천으로부터 동사채에 대한 표시이자 ₩120,000을 수취하였으며, 결산일 현재 동사채의 공정가액은 ₩975,000이다.

④ 2011년 12월 31일

(주)여주는 (주)이천으로부터 동사채에 대한 표시이자 ₩120,000을 수취하였으며, 만기일이 도래하여 액면가액 ₩1,000,000을 상환 받았다.

[유효이자표]

일 자	기초장부가액 ⓐ	유효이자 ⓐ×유효이자율	표시이자 액면×표시이자율	할인액상각 유효이자-표시이자	기말장부가액 ⓐ+상각액
2009.12.31	₩953,592	₩133,503	₩120,000	₩13,503	₩967,095
2010.12.31	967,095	135,593	120,000	15,393	982,488
2011.12.31	982,488	137,512*	120,000	17,512*	1,000,000
합 계		₩406,408	₩360,000	₩46,408	

* 기말 사채의 장부가액이 액면가액이 되도록 끝수를 조정하였다.
₩1,000,000 - 982,488 = ₩17,512

① 2009년 1월 1일(취득일)

(차)	만기보유증권	953,592	(대)	현 금	953,592

② 2009년 12월 31일(이자수취일 및 결산일)

(차)	현 금	120,000	(대)	이 자 수 익	133,503
	만기보유증권	13,503			

③ 2010년 12월 31일(이자수취일 및 결산일)

(차)	현 금	120,000	(대)	이 자 수 익	135,393
	만기보유증권	15,393			

④ 2011년 12월 31일(이자수취일 및 만기일)

(차)	현 금	120,000	(대)	이 자 수 익	137,512
	만기보유증권	17,512			
(차)	현 금	1,000,000	(대)	만기보유증권	1,000,000

◆만기보유증권 – 할증취득시 회계처리 예

(주)여주가 해야 할 회계처리를 하여라.

(주)여주에 다음과 같은 거래가 발생하였다.

① 2009년 1월 1일

(주)여주는 (주)이천이 발행한 액면 ₩1,000,000의 사채를 ₩1,049,716에 만기보유목적으로 취득하였다. 동사채와 관련된 사항은 다음과 같다.

사채의 액면가액	₩1,000,000
사채의 발행일	2009년 1월 1일
사채의 만기일	2011년 12월 31일
사채의 표시이자율	연 12%
이자지급일	매년 12월 31일
20×9년 1월 1일 시장이자율	연 10%

② 2009년 12월 31일

(주)여주는 (주)이천으로부터 동사채에 대한 표시이자 ₩120,000을 수취하였으며, 결산일 현재 동사채의 공정가액은 ₩980,000이다.

③ 2010년 12월 31일

(주)여주는 (주)이천으로부터 동사채에 대한 표시이자 ₩120,000을 수취하였으며, 결산일 현재 동사채의 공정가액은 ₩975,000이다.

④ 2011년 12월 31일

(주)여주는 (주)이천으로부터 동사채에 대한 표시이자 ₩120,000을 수취하였으며, 만기일이 도래하여 액면가액 ₩1,000,000을 상환받았다.

[유효이자표]

일 자	기초장부가액 ⓐ	유효이자 ⓐ×유효이자율	표시이자 액면×표시이자율	할인액상각 유효이자-표시이자	기말장부가액 ⓐ+상각액
2009.12.31	₩1,049,716	₩104,972	₩120,000	₩15,028	₩1,034,688
2010.12.31	1,034,688	103,469	120,000	16,531	1,018,157
2011.12.31	1,018,157	101,843*	120,000	18,157*	1,000,000
합 계		₩310,284	₩360,000	₩49,716	

* 기말 사채의 장부가액이 액면가액이 되도록 끝수차이를 조정하였다.
₩1,018,157 - 1,000,000 = ₩18,157

① 2009년 1월 1일(취득일)

(차) 만기보유증권	1,049,716	(대) 현 금	1,049,716

② 2009년 12월 31일(이자수취일 및 결산일)

(차) 현 금	120,000	(대) 이 자 수 익	104,972
		만기보유증권	15,028

③ 2010년 12월 31일(이자수취일 및 결산일)

(차) 현 금	120,000	(대) 이 자 수 익	103,469
		만기보유증권	16,531

④ 2011년 12월 31일(이자수취일 및 만기일)

(차) 현 금	120,000	(대) 이 자 수 익	101,843
		만기보유증권	18,157
(차) 현 금	1,000,000	(대) 만기보유증권	1,000,000

3) 매도가능증권의 평가

매도가능증권이 채무증권은 공정가액법으로 평가하며, 그 이외의 회계처리는 만기보유증권의 회계처리와 같다. 회계기말에 공정가액 평가시에 장부가액과 공정가액의 차액은 매도가능증권평가손익으로 계상한다. 매도가능증권평가손익은 당기손익계산에 반영하지 않고 대차대조표에 자본조정항목으로 기재하였다가 당해 증권을 처분할 때 매도가능증권처분손익(영업외손익)으로 반영한다.

◆매도가능증권 - 할인취득시 회계처리 예

(주)여주가 해야 할 회계처리를 하여라.

(주)여주에 다음과 같은 거래가 발생하였다.

① 2009년 1월 1일

(주)여주는 (주)이천이 발행한 액면 ₩1,000,000의 사채를 ₩953,592에 장기투자목적으로 취득하였다. 동사채와 관련된 사항은 다음과 같다.

사채의 액면가액	₩1,000,000
사채의 발행일	2009년 1월 1일
사채의 만기일	2011년 12월 31일
사채의 표시이자율	연 12%
이자지급일	매년 12월 31일
2009년 1월 1일 시장이자율	연 14%

② 2009년 12월 31일

(주)여주는 (주)이천으로부터 동사채에 대한 표시이자 ₩120,000을 수취하였으며, 결산일 현재 동사채의 공정가액은 ₩980,000이다.

③ 2010년 12월 31일

(주)여주는 (주)이천으로부터 동사채에 대한 표시이자 ₩120,000을 수취하였으며, 결산일 현재 동사채의 공정가액은 ₩975,000이다.

④ 2011년 12월 31일

(주)여주는 (주)이천의 사채를 ₩960,000을 수취하고 처분하였다.

① 2009년 1월 1일(취득일)

(차)	매도가능증권	953,592	(대) 현 금	953,592

② 2009년 12월 31일(이자수취일 및 결산일)

(차) 현　　　금	120,000	(대) 이 자 수 익	133,503
매도가능증권	13,503		
(차) 매도가능증권	12,905	(대) 매도가능증권평가이익 (자본조정)	12,905

평가전 장부가액 : ₩953,592 + ₩13,503 = ₩967,095

평가이익 : ₩980,000 - ₩967,095 = ₩12,095

2009년 12월 31일 부분대차대조표

Ⅱ. 고정자산		Ⅳ. 자본조정	
(1) 투자자산		매도가능증권평가이익	12,905
매도가능증권	980,000		

③ 2010년 12월 31일(이자수취일 및 결산일)

(차) 현　　　금	120,000	(대) 이 자 수 익	135,393
매도가능증권	15,393		
(차) 매도가능증권평가이익	12,905	(대) 이 자 수 익	20,393
매도가능증권평가손실 　　(자본조정)	7,488		

평가전 장부가액 : ₩980,000 - ₩15,393 = ₩995,393

당기말평가이익 : ₩975,000 - ₩995,393 = ₩-20,393

평가손실잔액 : ₩20,393 - ₩12,905 = ₩7,488

당기말에 ₩20,393의 매도가능증권평가손실이 발생하면 전기말 매도가능증권평가이익 ₩12,905와 상계하고 잔액 ₩7,488을 대차대조표에 매도가능증권평가손실로 계상한다.

2010년 12월 31일 부분대차대조표

Ⅱ. 고정자산		Ⅳ. 자본조정	
(1) 투자자산		매도가능증권평가손실	(7,488)
매도가능증권	975,000		

④ 2011년 1월 1일(처분일)

(차)	현 금	960,000	(대)	매도가능증권	975,000
	매도가능증권처분손실	15,000			
(차)	매도가능증권처분손실	7,488	(대)	매도가능증권평가손실	7,488

매도가능증권평가손실 ₩7,488은 당해 증권처분시에 매도가능증권처분손실에 가산한다.

◆매도가능증권 - 할증취득시 회계처리 예

(주)여주가 해야 할 회계처리를 하여라.

(주)여주에 다음과 같은 거래가 발생하였다.

① 2009년 1월 1일

(주)여주는 (주)이천이 발행한 액면 1,000,000의 사채를 1,049,716에 장기투자목적으로 취득하였다. 동사채와 관련된 사항은 다음과 같다.

사채의 액면가액	₩1,000,000
사채의 발행일	2009년 1월 1일
사채의 만기일	2011년 12월 31일
사채의 표시이자율	연 12%
이자지급일	매년 12월 31일
2009년 1월 1일 시장이자율	연 10%

② 2009년 12월 31일

(주)여주는 (주)이천으로부터 동사채에 대한 표시이자 120,000을 수취하였으며, 결산일 현재 동사채의 공정가액은 980,000이다.

③ 2010년 12월 31일

(주)여주는 (주)이천으로부터 동사채에 대한 표시이자 120,000을 수취하였으며, 결산일 현재 동사채의 공정가액은 975,000이다.

④ 2011년 1월 1일

(주)여주는 (주)이천의 사채를 960,000을 수취하고 처분하였다.

① 2009년 1월 1일(취득일)

(차)	매도가능증권	1,049,716	(대)	현 금	1,049,716

② 2009년 12월 31일(이자수취일 및 결산일)

(차)	현 금	120,000	(대)	이 자 수 익	104,972
				매도가능증권	15,028
(차)	매도가능증권평가손실 (자본조정)	54,688	(대)	매도가능증권	54,688

평가전 장부가액 : ₩1,049,716 - ₩15,028 = ₩1,034,688

평가손실 : ₩980,000 - ₩1,034,688 = ₩54,688

2009년 12월 31일 부분대차대조표

Ⅱ. 고정자산		Ⅳ. 자본조정	
(1) 투자자산		매도가능증권평가손실	(54,688)
매도가능증권	980,000		

③ 2010년 12월 31일(이자수취일 및 결산일)

(차)	현 금	120,000	(대)	이 자 수 익	103,469
				매도가능증권	16,531
(차)	매도가능증권	11,531	(대)	매도가능증권평가손실 (자본조정)	11,531

평가전 장부가액 : ₩980,000 - ₩16,531 = ₩963,469

당기말평가이익 : ₩975,000 - ₩963,469 = ₩11,531

평가손실잔액 : ₩54,688 - ₩11,531 = ₩43,157

당기말에 ₩11,531의 매도가능증권평가이익이 발생하면 전기말 매도가능증권평가손실 ₩54,688에서 차감하고 잔액 ₩43,157을 대차대조표에 매도가능증권평가손실로 계상한다.

2010년 12월 31일 부분대차대조표

Ⅱ. 고정자산		Ⅳ. 자본조정	
(1) 투자자산		매도가능증권평가손실	(43,157)
매도가능증권	975,000		

④ 2011년 1월 1일(처분일)

(차)	현 금	960,000	(대)	매도가능증권	975,000
	매도가능증권처분손실	15,000			
(차)	매도가능증권처분손실	43,157	(대)	매도가능증권평가손실	43,157

(6) 기타의 투자자산

1) 투자부동산

투자부동산이란 기업이 가격상승 등을 기대하며 장기적인 투자목적으로 보유하고 있는 토지나 설비자산 등을 말한다. 기업의 고유 영업 혹은 생산 활동 목적으로 사용하기 위하여 보유하고 있는 부동산은 물론 유형자산으로 분류되어야 한다. 그러나 흔히 이야기하는 비업무용 부동산은 투자부동산계정으로 기록된다. 투자부동산은 원칙적으로 정규적인 감가상각대상이 되지 아니하며, 가격이 하락할 경우 필요하다면 이를 투자자산감액손실로 당기손익에 반영하여야 한다.

2) 장기금융상품

장기금융상품은 금융기관이 취급하는 정기예금·정기적금 사용이 제한되어 있는 예금, 1년 이상의 만기를 가진 양도성예금, 1년 이상의 환매기간을 가진 환매체 등 만기가 1년 이상인 금융기관이 취급하는 정형화된 금융상품이다. 장기금융상품 중 사용이 제한되어 있는 예금은 그 내용을 주석으로 기재하여야 한다. 사용이 제한되어 있는 예금의 예로는 사채상환을 위해 설정되는 감채기금 이외에도 대출시 대출액의 일정비율을 대출기간 중 예금 또는 적금으로 예치하는 보상성예금(compensating balances), 차입금에 대한 담보로 제공된 예금, 당좌개설보증금 등을 들 수 있다. 다만, 사용의 제한이 대차대조표일로부터 1년 이내인 예금은 단기금융상품으로 분류하고, 그 내용을 주석으로 기재하여야 한다.

3) 장기대여금

장기대여금은 기업의 특수관계자인 임직원·주주·관계회사 등에 장기간 대여된 자금으로서 상환기간이 대차대조표일로부터 1년 이상인 대여금을 말한다. 만일 상환기간이 1년 이내에 도래하는 대여금이라면 단기대여금계정으로 하여 유동자산으로 분류하여야 한다.

장기대여금은 유효이자율을 적용하여 현재가치로 평가하여야 하는데, 대여금 자체가 현재가치이므로 대여금액을 장기대여금계정에 기록하면 된다.

◆장기금융상품과 투자부동산의 회계처리 예

다음거래를 분개하라.

① 정기적인 자금운용목적으로 비업무용토지 ₩800,000을 취득하고 대금은 수표를 발행하여 지급하다.

② 회사 임직원에게 현금 ₩300,000을 장기간 대여하다.

③ 하나은행에 정기적금(만기 3년)으로 현금 ₩500,000을 예입하다.

①	(차) 투자부동산	800,000	(대)	당 좌 예 금	800,000
②	(차) 장기대여금	300,000	(대)	현 금	800,000
③	(차) 장기금융상품	500,000	(대)	현 금	500,000

4) 기타 비유동자산

이연법인세자산이란 일시적 차이로 인하여 법인세법 등의 법령에 의하여 납부하여야 할 금액이 기업회계상 손익계산서에 계상하는 법인세비용을 초과하는 경우 그 초과하는 금액과 이월결손금 등에서 발생한 법인세효과를 말한다. 여기서 일시적 차이(temporary difference)란 기업회계상 자산·부채의 장부가액과 법인세법상 자산·부채의 장부가액의 차이로서 발생한 회계연도 이후의 기간에 소멸하는 차이를 말한다.

보증금이란 전세보증금·전신전화가입권·임차보증금 및 영업보증금 등을 말한다. 보증금은 계약기간이 종료되면 반환되는 것이므로 상각하지 않는다. 만일 계약시에 일시금을 지급했으나 계약종료시 반환되는 것이 아니라 사용기간에 걸쳐 사용료로 충당되는 것은 임차료가 되는 것이므로 보증금이 아니라 장기선급비용으로 분류해야 한다. 또한 임차인이 아니라 임대인으로서 전세보증금, 영업보증금 등으로 받은 보증금은 기타 비유동부채가 된다.

◆보증금과 이연법인세차의 회계처리 예

다음거래를 분개하라.

① (주)여주는 사무실을 3년간 임차하기로 계약을 맺고 보증금 ₩100,000을 현금으로 지급하였다.

② 2009년 (주)여주는 기업회계상 법인세비용차감전순이익으로 ₩50,000을 인식하였고, 동기간에 장부상 감가상각액이 세무상 한도액을 ₩10,000만큼 초과하였다. 단, 법인세율은 30%이고, 법인세 이외의 부과세목은 없다고 가정한다.

① (차) 보 증 금 100,000 (대) 현 금 100,000

① (차) 법 인 세 비 용 15,000 (대) 미지급법인세 18,000
이연법인세자산 3,000

장기성매출채권은 일반적 상거래에서 발생한 매출채권(외상매출금과 받을어음) 중 만기가 대차대조표일로부터 1년 이후에 도래하는 것을 말한다. 기업회계기준은 장기성채권에 대하여 명목금액과 현재가치의 차이가 중요한 경우에 현재가치로 평가하고, 그 차액을 현재가치할인차금의 과목으로 당해 채권에서 차감하는 형식으로 기재하고 유효이자율법을 적용하여 이를 이자수익으로 인식하도록 규정하고 있다. 또한 채권의 회수가능성을 검토하여 대손충당금을 설정하여야 하는데, 장기성채권의 경우에는 현재가치에 의한 평가금액을 고려하여 대손추산액을 산정하여야 한다. 여기에서 일반적인 상거래에서 발생한 장기성매출채권의 대손비용은 판매비와 관리비로 보고한다.

◆장기성매출채권의 회계처리 예

다음거래를 분개하라.

(주)여주는 2009년 1월 1일 상품(원가 ₩100,000)을 ₩150,000에 판매하고, 향후 3년간 걸쳐 매년 말에 ₩50,000씩을 받기로 하였다. 당해 거래의 유효이자율은 12%이다.

① 매출총이익과 이자수익의 구분계산

장기성매출채권의 현재가치 = ₩50,000 × 2.4018*
= ₩120,090

* 정상연금의 현재가치계수(이자율 12%, 3년)

매출총이익 계상부분 = ₩120,090 - ₩100,000 = ₩20,090

이자수익 계상부분 = ₩150,000 - ₩120,090 = ₩29,910

② 현재가치할인차금 상각표(유효이자율법)

일 자	현금회수액	이자수익	장기성매출 채권회수액	장기성매출채권 장부가액
2009. 1. 1				120,090
2009. 12. 31	50,000	14,411*1)	35,589	84,501
2010. 12. 31	50,000	10,140	39,860	44,641
2010. 12. 31	50,000	5,359*2)	44,641	—
계	150,000	29,910	120,090	

*1) ₩120,090 × 12% *2) 단수조정

③ 분개

2009. 1. 1 :	(차) 장기성매출채권	150,000	(대)	매 출	120,090
				현재가치할인차금	29,910
	(차) 매 출 원 가	100,000	(대)	재 고 자 산	100,000
2009. 12. 31 :	(차) 현 금	50,000	(대)	장기성매출채권	50,000
	현재가치할인차금	14,411		이 자 수 익	14,411
2010. 12. 31 :	(차) 현 금	50,000	(대)	장기성매출채권	50,000
	현재가치할인차금	10,140		이 자 수 익	10,140
2011. 12. 31 :	(차) 현 금	50,000	(대)	장기성매출채권	50,000
	현재가치할인차금	5,359		이 자 수 익	5,359

3. 유형자산

(1) 유형자산의 의의

유형자산은 판매를 목적으로 하지 않고 영업활동(재화의 생산, 용역의 제공, 타인에 대한 임대 또는 자체적 사용 등)에 사용하기 위하여 보유하는 물리적 실체가 있는 자산으로서, 1년을 초과하여 사용할 것이 예상되는 자산을 말한다. 유형자산은 다음과 같은 특징을 가지고 있다.

1) 유형자산은 구체적 형태를 가지고 있다.

자산은 물리적 실체의 유무에 따라 크게 유형자산과 무형자산으로 구분되는데, 유형자산은 물리적인 실체나 형태가 존재하는 자산을 의미하며, 무형자산은 영업권, 산업재산권 등과 같이 물리적 실체나 형태가 존재하지 않는 자산을 의미한다.

2) 유형자산은 영업활동에 사용할 목적으로 취득한 자산이다.

유형자산은 판매를 목적으로 하지 아니하며 영업활동에 사용할 목적으로 취득한 자산이다. 따라서 여유자금을 증식시킬 목적으로 토지를 구입하였거나 재판매목적으로 취득한 자산은 유형자산으로 분류할 수 없고 투자자산이나 재고자산으로 분류하여야 한다.

3) 유형자산은 내구자산이다.

1년 이내에 그 사용이 완료되는 것은 유형자산으로 처리하지 않고 당기비용(소모품비 등)으로 처리한다.

(2) 유형자산의 계정분류

기업회계기준서에 의하면 유형자산에는 토지, 건물, 구축물, 기계장치, 건설중인자산 및 기타의 유형자산이 있다.

이러한 유형자산은 기업의 영업활동에 사용되며 사용기간이 1년 이상 또는 정상적인 영업순환기간 이상의 내구자산으로 사용 또는 시간이 경과함에 따라 그 가치가 감소하므로 수익과 비용의 적절한 대응을 위하여 감가상각을 하여야 한다. 하지만 토지는 사용 또는 시간이 경과하더라도 가치가 감소하지 아니하므로 감가상각하지 아니하며, 건설중인자산 역시 본래의 유형자산으로 대체되어 영업목적에 사용될 때까지는 감가상각할 수 없다.

1) 토지

토지는 대지·임야·전답·잡종지 등을 말하며, 전매목적으로 보유하는 토지와 비업무용 토지는 투자자산으로서 여기에 포함되지 않는다. 토지의 취득원가에는 매입부대비용이 가산되며 토지만을 이용할 목적으로 당해토지에 정착된 건물을 포함하여 취득하고 건물신축목적으로 구건물을 철거한 경우의 동 철거비용은 토지의 자본적지출로 본다.

그리고 공장토지취득에 따른 하수종말처리장설치부담금, 개발이익환수에 관한 법률의 규정에 의한 개발부담금이나 토지초과이득세법의 규정에 의한 토지초과이득세 등도 토지에 대한 자본적지출로 보아 취득원가에 가산한다.

◆토지 회계처리 예

(주)여주는 영업용 토지 1000평을 평당 ₩400,000씩에 매입하다. 매입수수료 ₩2,500,000, 소유권 이전 등기료 ₩2,400,000, 구건물 철거비용 ₩7,500,000, 등록세 ₩1,200,000과 함께 수표를 발행하여 지급하다.

(차) 토 지	413,600,000	(대) 당 좌 예 금	413,600,000

2) 건물(buildings)

건물은 건물과 냉난방·조명·통풍 및 기타의 건물부속설비 등을 말한다. 분양목적으로 신축한 상가 등이 장기간 미분양되어 임대한 경우에는 건물로 구분하고 감가상각을 계상한다. 또한 일정기간 임대 후 분양할 목적으로 건설한 임대주택도 건물로 계상한다.

◆건물의 회계처리 예

(주) 여주는 점포로 사용할 목적으로 건물을 ₩300,000,000에 매입하고 매입수수료, 등기료

등 기타 부대비용 ₩15,000,000과 함께 수표를 발행하여 지급하다.

(차) 건 물	315,000,000	(대) 당 좌 예 금	315,000,000

3) 구축물(structures)

구축물은 선거·교량·안벽·부교·궤도·저수지·갱도·굴뚝·정원설비 및 기타의 토목설비 또는 공작물 등을 말한다. 구축물은 토지에 부착된 토목설비 또는 공작물로서 건물로 회계처리 한다.

◆구축물의 회계처리 예

(주) 여주는 구입한 토지에 교량을 건설하기로 하였다. 교량건설비로 ₩20,000,000이 발행하여 수표을 발행하여 지급하였다.

(차) 구 축 물	20,000,000	(대) 당 좌 예 금	20,000,000

4) 기계장치(machinery and equipment)

기계장치는 기계장치·주로 공장내부에 고정되어 있는 운송설비(콘베어·호이스트·기중기 등)와 기타의 부속설비(환기시설과 같은 부속설비 등) 등을 말한다.

◆기계장치의 회계처리 예

① (주) 여주는 공장에서 제품을 만들기 위한 기계장치를 자체 제작하였다. 이 기계장치의 제작과 관련하여 직접재료비 ₩6,500,000, 직접노무비 ₩8,500,000, 제조간접비 ₩3,250,000이 소비되었다.

(차) 건설중인자산	18,250,000	(대) 직접재료비	6,500,000
		직접노무비	8,500,000
		제조간접비	3,250,000

② 또한 기계장치의 제작과 관련하여 직접재료비 ₩1,500,000, 직접노무비 ₩2,000,000, 제조간접비 ₩1,250,000을 소비하여 기계장치의 제작이 완료되었다.

(차) 건설중인자산	4,750,000	(대) 직접재료비	1,500,000
		직접노무비	2,000,000
		제조간접비	1,250,000
(차) 기계창치	23,000,000	(대) 건설중인자산	23,000,000

5) 건설중인 자산(construction in - progress)

건설중인 자산은 일종의 가계정으로서 미완성 유형자산을 말하며, 유형자산의 건설을 위한 재료비 · 노무비 및 경비로 하되, 건설을 위하여 지출한 도급금액 또는 취득한 기계 등을 기재한다.

유형자산을 취득하기 위하여 지급한 계약금, 중도금을 건설중인 자산으로 처리하고, 잔금청산일 또는 소유권이전등기일에 본 과목에 대체하여야 한다.

◆건설중인자산의 회계처리 예

① 건물신축을 위한 공사계약이 체결되어 동 공사도급금액 ₩400,000,000 중 ₩100,000,000을 착수금으로 수표를 발행하여 지급하고 설계사에게 설계료 ₩20,000,000을 별도로 수표를 발행하여 지급하다.

② 상기 공사도급금액 중 중도금으로서 ₩100,000,000을 수표를 발행하여 지급하다.

③ 상기의 공사가 완공되어 신축된 건물을 인도받고 공사도급금액의 잔액 ₩200,000,000을 모두 수표를 발행하여 지급하다.

㉮	(차)	건설중인자산	120,000,000	(대)	당 좌 예 금	120,000,000
㉯	(차)	건설중인자산	100,000,000	(대)	당 좌 예 금	100,000,000
㉰	(차)	건 물	420,000,000	(대)	건설중인자산	220,000,000
					당 좌 예 금	200,000,000

6) 기타의 유형자산(other tangible assets)

기업회계기준서에는 1) ~ 5) 이외에 차량운반구, 선박, 비품, 공기구 등을 기타의 유형자산으로 분류하고 있다.

유형자산의 과목은 업종의 특성 등을 반영하여 신설하거나 통합할 수 있다. 앞에서 제시한 유형자산의 과목분류로 열거되어 있지 않더라도, 당해 기업이 속한 업종의 특성상 특정유형자산의 비중이 중요한 경우에는 별도의 과목을 신설하고, 중요하지 않다면 통합하여 적절한 과목으로 표시할 수 있다. 예를 들어 항공회사의 경우에는 항공기를, 해운회사의 경우는 선박을 별도의 과목으로 표시할 수 있다. 반면에 기계장치의 비중이 크지 않은 서비스업종 등의 경우에는 기계장치를 기타의 유형자산으로 분류할 수 있다.

참고로 업종에 따라 별도의 과목을 사용할 수 있는 예를 들면 다음과 같다.

① 건설업의 경우 : 건설용장비 과목

② 관광업의 경우 : 동물 과목(관상용 동물), 식물 과목(관상용 식물)

③ 발전소 등의 경우 : 발전설비, 배전설비, 변전설비 과목

④ 맥주음료 등의 운반 · 보관 용기인 회수조건부 공병 : 공병 과목

⑤ 임차건물의 내부시설(개보수비용, 칸막이공사, 실내장치 등)을 위하여 지출한 비용은 임

차시설물 등의 유형자산으로 계상하고, 임차기간 동안에 걸쳐 감가상각한다.

한편 공기구, 비품은 1회의 사용에 의하여 상실되는 것이 아니고 1년 이상 사용하는 내구성 자산이므로 기타의 유형자산에 속하지만, 내용연수가 1년 미만이거나 또는 상당가액 이하인 것은 취득시에 유형자산으로 처리하였다가 감가상각을 하는 것은 그 수고에 비하여 중요성이 없다. 그러므로 취득시에 비용으로 처리하고 기말에 미사용잔액에 대하여 유동자산인 저장품계정으로 대체하는 것이 편리하다.

(3) 유형자산의 취득원가

1) 취득원가의 결정

유형자산은 최초에는 취득원가로 측정하며, 현물출자 · 증여 · 기타 무상으로 취득한 자산의 가액은 공정가액을 취득원가로 한다. 여기서 공정가액이란 합리적인 판단력과 거래의사가 있는 독립된 당사자간에 거래될 수 있는 교환가격으로 일반적으로 시장가격을 말한다. 다만, 시장가격이 없는 경우에는 동일 또는 유사 자산의 현금거래로부터 추정할 수 있는 실현가능가액이나 공인된 감정기관의 감정가액을 사용할 수 있다.

유형자산의 취득원가는 구입원가 또는 제작원가와 자산을 사용할 수 있도록 준비하는데 직접 관련된 다음의 지출 등으로 구성된다.

① 설치장소 준비를 위한 지출

② 외부 운송 및 취급비

③ 설치비

④ 설계와 관련하여 전문가에게 지급하는 수수료

⑤ 유형자산의 취득과 관련하여 국공채 등을 불가피하게 매입하는 경우 당해 채권의 매입가액과 기업회계기준에 따라 평가한 현재가치와의 차액

⑥ 자본화 대상인 금융비용

⑦ 취득세, 등록세 등 유형자산의 취득과 직접 관련된 제세공과금

⑧ 복구비용

여기서 복구비용이란 해당 유형자산의 경제적 사용이 종료된 후에 원상회복을 위하여 그 자산을 제거, 해체하거나 또는 부지를 복원하는데 소요될 것으로 추정되는 비용이 부채의 인식요건을 충족하는 경우 그 지출이 현재가치를 말한다. 토양, 수질, 대기, 방사능 오염 등을 유발할 가능성이 있는 시설물, 예를 들면, 원자력발전소, 해상구조물, 쓰레기매립장, 저유설비 등의 유형자산에 대해서는 경제적 사용이 종료된 후에 환경보전을 위하여 반드시 원상을 회복시켜야

한다. 따라서 자산을 사용하기 위해 부담해야 할 취득원가에는 최초 취득시점에서 부담해야 할 지출뿐만 아니라 경제적 사용이 종료된 후의 복구비용도 해당 자산을 사용하기 위한 회피불가능한 비용이라는 관점에서는 동질적이기 때문에 취득원가에 포함하는 것이 타당한 것이다.

한편, 취득원가를 산정함에 있어 매입하는 자산에 매입할인 등이 있는 경우에는 이를 차감하여 취득원가를 산출한다.

(가) 토지와 구축물의 취득원가 결정

토지조경 및 배수로설치 등과 같이 거의 영구적으로 용역잠재력을 제공받을 수 있는 시설에 투입된 원가나, 정부관리하의 도로포장 및 가로등설치 등에 투입된 원가는 모두 토지계정에 산입한다. 이와 같은 토지시설물은 거의 항구적으로 용역잠재력을 제공하기 때문에 감가상각을 할 필요가 없다. 즉, 조경시설이나 배수로 등은 한번 완성되면 그 토지를 처분할 때까지 가치가 소멸되지 않으며, 정부관리하의 설치된 가로등시설이나 포장도로 등은 계속적으로 정부기관에 의해 대체·보수되기 때문에, 토지소유자의 관점에서 볼 때 더 이상의 유지관리비를 투입하지 않고도 계속 용역을 제공받을 수 있다. 그러므로 토지구매자가 조경시설이나 배수로설치 등에 직접 투입한 원가전액과 정부관리하의 도로포장이나 가로등설치 등에 투입된 총원가 중에서 토지구매자가 직접 부담한 부분은 모두 토지계정에 산입하여야 하며 감가상각을 해서는 안된다.

그러나 토지개량을 위해 투입된 원가 중에서 용역잠재력을 항구적으로 제공하지 못하는 부분에 해당하는 원가라든가, 정부와 기업이 공동부담으로 가로등설치 및 도로포장 등을 하였으나 정부기관 등에 의하여 계속적으로 보수·대체되지 않을 경우에는 투입된 비용 등을 토지계정과는 별도로 토지부대시설계정이나 구축물계정에 계상하여 감가상각을 하여야 한다. 또한 토지공사비나 개량비 중 돌담, 호안, 상하수도, 가스 등과 같이 영구적인 설비가 되지 못하고 감가되는 성질의 공사비는 이것을 토지의 취득원가에 산입하지 않고, 구축물계정 또는 그 밖의 적당한 자산계정으로 처리하였다가 적당한 내용연수를 견적하여 매기의 비용으로 감가상각해 가는 것이 바람직하다. 즉, 토지는 다른 유형고정자산과는 달리 영구적 자산이므로 개량비 중에서 비감가성인 것은 토지의 취득원가에 가산하고 감가성인 것은 토지계정과 구분하여 구축물계정과 같은 감가상각자산으로 취급하여야 한다.

공장토지취득에 따른 하수종말처리장 설치부담금은 토지취득시 토지에 대한 자본적 지출로 계상하도록 하고 있다(기업회계기준 등에 관한 해석 9-62 참조).

또한 국가가 "개발이익의 환수에 관한 법률"의 규정에 의하여 개발사업의 최종단계에서 토지의 지가상승분에 대하여 개발부담금을 부과하는 경우, 개발사업시행자는 이 개발부담금을 당해 토지의 원가에 산입하여야 한다.

(나) 토지와 건물의 일괄구입

일반적으로 건물은 토지와 일괄하여 구입하게 되며 이 때 건물의 취득원가와 토지의 취득원가는 구분되어야 한다. 토지와 건물을 일괄해서 취득하는 경우 총구입원가는 건물을 사용할 목적이 있는 여부에 따라 다음의 경우로 나누어 처리되어진다.

① 기존건물을 사용할 목적으로 토지를 취득한 경우

토지와 건물을 모두 사용할 목적으로 일괄 취득한 경우에는 총구입원가(매입가액과 공통부대비용 등)를 토지와 건물의 공정가액비율로 안분하여 취득원가를 산정하여야 한다.

② 건물신축목적으로 기존건물이 있는 토지를 취득한 경우

건물을 신축할 목적으로 기존 건물이 있는 토지를 취득하고 그 건물을 철거하는 경우 기존 건물의 철거 관련 비용에서 철거된 건물의 부산물을 판매하여 수취한 금액을 차감한 가액을 토지의 취득원가에 산입한다. 이는 기존건물의 철거비용이 토지를 의도했던 대로 사용할 수 있는 상태에 이르기까지 부수적으로 발생한 취득부대비용으로 보기 때문이다.

한편, 건물을 신축하기 위하여 사용 중인 기존 건물을 철거하는 경우 그 건물의 장부가액은 제거하여 처분손실로 반영하고, 철거비용은 전액 당기비용으로 처리한다. 왜냐하면 신건물을 신축하기 위하여 철거되는 구건물은 더 이상 자체적으로 미래의 경제적 효익을 제공하지 못하므로 자산성이 없고, 회사가 사용 중인 기존건물을 철거한다는 의사결정은 당해 구건물의 내용연수에 대한 추정의 변경에 해당하고, 이 경우 당해 자산의 내용연수는 더 이상 존재하지 않기 때문이다.

(다) 자가건설 유형자산

기업은 영업활동에 사용할 기계장치나 건물 등을 외부로부터 구입하지 않고 스스로 건설하거나 제작하는 경우가 있는데 이때 자체 제작하거나 건설하는 자산을 자가건설 자산(self-constructed assets)이라 한다.

자가건설 자산의 취득원가도 외부에서 구입한 자산과 마찬가지로 건설에 따른 제비용과 건설후 실제 사용가능한 상태로 준비하는데 발생한 모든 관련 비용을 자가건설자산의 취득원가에 포함시킨다. 자가건설과 관련하여 발생하는 비용에는 재료비, 노무비, 제조간접비 등이 있으며 이 중 제조간접비는 자가건설 자산의 관련성을 추적하기 어려우므로 이를 취득원가에 포함시켜야 하는지에 대해서는 많은 논란이 제기되고 있으나 일반적으로 자가건설과 관련하여 발생한 모든 비용을 자가건설 자산의 취득원가에 포함시키고 있다. 다만, 자가건설에 따른 내부이익과 자가건설 과정에서 원재료, 인력 및 기타 자원의 낭비로 인한 비정상적인 원가는 취득

원가에 포함하지 않는다.

(라) 장기연불거래 등에 의한 유형자산의 취득

유형자산을 장기후불조건으로 구입하거나, 대금지급기간이 일반적인 신용기간보다 긴 경우 취득시점의 현금구입가격으로 한다.

예를 들어 기업이 토지를 구입하고 장기성지급어음이나 사채 등을 발행하여 실질적으로 자산에 대한 대금지급을 이연시키는 경우 토지의 취득원가는 취득당시의 현금구입가격으로 계상해야 함을 의미한다.

이 경우 현금구입가격은 미래에 지급할 총지급액의 현재가치와 동일한 것이며 현금구입가격과 미래에 지급할 총지급액의 현재가치를 일치시키는 이자율을 유효이자율이라 한다.

이에 대한 회계처리방법은 다음과 같이 두 가지로 나눌 수 있다.

①장기성지급어음이나 사채의 표시이자율이 시장이자율과 같은 경우

자산구입시 발행된 사채나 장기성지급어음의 표시이자율과 유효이자율이 일치할 경우에는 사채나 어음의 미래 현금지급액의 현재가치는 그 액면가액이 구입한 자산의 취득당시의 현금구입가격과 동일하게 된다. 이와 같은 경우에는 사채나 어음의 액면가액을 새로 취득한 자산의 취득원가로 하고 이후 지급되는 이자는 당기비용으로 처리한다.

◆회계처리 예

2009. 1. 1에 (주)여주는 토지를 취득하고 그 대가로 액면가 ₩250,000,000의 장기성지급어음(만기 : 5년, 표시이자율 : 14%)을 발행하였다. 이자는 매년 말에 지급하며 (주)삼일의 정상적인 차입이자율은 14%라고 가정하고, 20×9년에 (주)여주의 분개를 하라.

2009. 1. 1 :	(차) 토 지	250,000,000	(대)	장기성지급어음	250,000,000
2009. 12. 31 :	(차) 이 자 비 용	35,000,000*	(대)	현 금	35,000,000

* ₩250,000,000 × 14% = ₩35,000,000

② 장기성지급어음이나 사채의 표시이자율이 시장이자율과 현저히 다르거나 또는 무이자부조건으로 발행된 경우

이 경우에는 어음이나 사채의 액면가액과 미래 현금지급액의 현재가치 곧 현금구입가격이 다르므로 액면가액을 유형자산의 취득원가로 사용하지 못한다. 대신 유형자산의 취득시점의 현금구입가격을 구하여 이를 그 유형자산의 취득원가로 하고, 현금구입가격과 사채 또는 어음의 액면가액과의 차액인 할인(증)액은 현재가치할인차금(현재가치할증차금)의 평가계정(contra account 또는 adjunct account)을 설정하여 계상하여야 한다. 이 할인(증)액은 어음이나 사채

의 상환기간에 걸쳐 유효이자율법을 적용하여 상각이나 환입하고 이를 이자비용 또는 이자수익 과목에 계상한다. 여기서, 새로 취득한 유형자산의 현금구입가격으로부터 계산된 내재이자율(유효이자율)을 기준으로 기간별 이자비용을 계상하고 이자비용과 현금지출이자액의 차이만큼 할인(증)액을 상각하여야 한다.

◆회계처리 예

2009. 1. 1에 (주)여주는 토지를 취득한 대가로 액면가 ₩250,000,000인 무이자부 지급어음(만기 : 3년)을 발행하였다. (주)여주가 구입한 토지의 시가는 ₩187,828,700으로 이미 형성되어 있었다. 2009. 1. 1에 이루어질 (주)여주의 분개를 하라.

(차)	토 지	187,828,700	(대)	장기성지급어음	250,000,000
	현재가치할인차금	62,171,300			

상기 회계처리 예에서 (주)여주의 20×6. 12. 31의 분개를 하여라

(차)	이 자 비 용	18,782,870*	(대)	현재가치할인차금	18,728,870

*(₩250,000,000 - ₩62,171,300) × 10% = ₩18,782,870

이 경우에는 (주)여주가 취득한 토지의 현금구입가격 ₩187,828,700인 것을 명확히 알 수 있다. 또한 (주)여주가 발행한 장기성지급어음이 무이자부 어음이기 때문에 액면가액 속에 이자비용이 포함되어 있다고 볼 수 있다. 이와 같은 사실은 (주)여주의 토지의 취득원가가 ₩187,828,700, 동시에 장기성지급어음의 현재가치도 ₩187,828,700임을 의미한다. 따라서 장기성지급어음의 액면가액은 취득한 자산의 공정시장가치를 나타내지 못한다. 어음의 액면가액과 현재가치와의 차액인 ₩62,171,300(₩250,000,000 - ₩187,828,700)은 (주)여주가 3년간 인식해야 할 총이자비용액이다. 이 이자비용은 매년 발생하는 것이므로 매결산기마다 인식하여야 하며, 이 때 적용되는 이자율은 유효이자율법(effective interest method)에 의해 역산되어야 한다. 유효이자율법을 적용하여 이자율(할인율)을 역산할 때는 다음과 같은 현가방정식을 사용한다.

$$₩187,828,700 = \frac{\text{자산의 공정시가}}{(\text{어음의 현가})} = \frac{C_t}{(1+r)^n}$$

n = 만기기간
C_t = t연도의 현금지출액
r = 할인율(유효이자율 또는 내재이자율)

위의 공식을 적용하면

₩250,000,000
(1+r)^3
r=0.1, 유효이자율은 10%이다.

(마) 다종자산의 일괄구입

일괄구입(lump-sum purchase)이란, 두 종류 이상의 자산을 일괄가격(single price)으로 동시에 구입하는 것을 말한다. 즉 토지, 건물, 기계장치 등을 각각의 개별가액의 구분없이 일률적으로 전체금액을 지불함으로써 생기는 거래를 말한다. 이 경우 어떻게 각 자산별로 취득원가를 결정할 것인가가 주요한 문제가 된다.

위와 같은 일괄구입의 경우 자산들의 공정가치비율로 안분계산하고, 이 때 일괄구입한 모든 유형자산의 공정가액을 알 수 없는 경우 공정가액을 알 수 있는 자산에 해당 자산의 공정가액을 우선 배분하고 잔액은 나머지 자산에 배분한다.

◆회계처리 예

(주)여주는 ₩360,000,000의 일괄구입가격으로 토지, 건물, 기계장치를 취득하였다. 여러 가지 자료를 통하여 감정한 결과 각 자산의 공정시가는 다음과 같다.

토 지	₩200,000,000
건 물	120,000,000
기 계 장 치	100,000,000
계	₩420,000,000

각 자산의 취득원가를 계산하고 매입가액을 분개하라.

1. 각 자산의 취득원가

토 지 : ₩360,000,000 × ₩200,000,000 / ₩420,000,000 = ₩171,428,571

건 물 : ₩360,000,000 × ₩120,000,000 / ₩420,000,000 = ₩102,857,143

기계장치 : ₩360,000,000 × ₩100,000,000 / ₩420,000,000 = ₩ 85,714,286

2. 분 개

(차)	토 지	171,428,571	(대) 현 금	360,000,000
	건 물	102,857,143		
	기 계 장 치	85,714,286		

(바) 주식발행에 의해 취득한 자산(현물출자)

기업이 자산을 취득하고 그 대가로 주식을 교부하는 것을 현물출자라고 한다. 현물출자에 의해서 자산을 취득할 때에는 취득한 자산의 가액은 공정가액을 취득원가로 한다. 여기서 공정가액이란 취득한 자산의 공정가액을 의미하지만 취득원가주의에 따르면 발행한 주식의 시가를 취득원가로 한다. 하지만 시장에서는 현물출자로 발생한 주식의 시가가 곧 취득한 자산의 공정가액이 되므로 어느 금액이든지 관계없이 동일한 금액이 취득원가로 계상될 것이다.

◆회계처리 예

(주)여주는 1주당 액면가액이 ₩5,000인 보통주 10,000주를 발행하여 토지를 취득하였다. (주)여주는 상장회사로서 증권시장에서 주당 ₩8,000에 거래되고 있으며 토지의 시가는 ₩80,000,000으로 형성되어 있다. 동 거래를 분개하라.

(차)	토 지	80,000,000	(대)	자 본 금	50,000,000
				주식발행초과금	30,000,000

(사) 교환에 의하여 취득한 자산

① 이종자산간의 교환

다른 종류의 자산과의 교환으로 유형자산을 취득하는 경우 유형자산의 취득원가는 교환을 위하여 제공한 자산의 공정가액으로 측정한다. 다만, 교환을 위하여 제공한 자산의 공정가액이 불확실한 경우에는 교환으로 취득한 자산의 공정가액을 취득원가로 할 수 있다. 자산의 교환에 현금수수액이 있는 경우에는 현금수수액을 반영하여 취득원가를 결정한다.

이종자산교환에 대한 회계처리는 제공한 자산을 처분하고 제공받는 자산을 취득한 것으로 보아 회계처리하며, 제공한 자산의 장부가액과 제공받는 자산의 공정가액과의 차액을 제공한 자산의 처분손익으로 처리한다.

유형자산처분손익 = 제공받는 자산의 공정가액 - (제공한 자산의 장부가액 + 현금지급액)

② 동종자산간의 교환

동일한 업종 내에서 유사한 용도로 사용되고 공정가액이 비슷한 동종자산과의 교환으로 유형자산을 취득하거나, 동종자산에 대한 지분과의 교환으로 유형자산을 매각하는 경우에는 제공된 유형자산으로부터 수익창출활동이 아직 완료되지 않았기 때문에 교환에 따른 거래손익을 인식하지 않아야 하며, 교환으로 받은 자산의 취득원가는 교환으로 제공한 자산의 장부가액으로 한다.

교환되는 동종자산의 공정가액이 유사하지 않은 경우에는 거래조건의 일부로 현금과 같이 다른 종류의 자산이 포함될 수 있다. 이 경우 교환에 포함된 현금 등의 금액이 중요하다면 동종자산의 교환으로 보지 않는다.

동종자산간의 교환시 취득원가 = 제공한 자산의 장부가액 + 현금지급액-현금수령액

한편, 유형자산의 공정가액은 시장가격으로 한다. 다만, 시장가격이 없는 경우에는 동일 또는 유사 자산의 현금거래로부터 추정할 수 있는 실현가능가액이나 공인된 감정기관의 감정가액을 사용할 수 있다.

◆회계처리 예(이종자산의 교환)

(주)여주는 사용 중이던 건물을 (주)이천의 기계장치와 교환하였다. 이 교환과 관련하여 (주)여주는 공정가액의 차액 ₩100,000을 현금으로 지급하였다.

	건 물	기 계 장 치
취득원가	2,000,000	4,000,000
감가상각누계액	800,000	3,120,000
공정가액	1,000,000	1,100,000

양회사의 입장에서 해야 할 회계처리를 하시오.

· (주)여주의 입장

(차)	기 계 장 치	1,100,000	(대) 건 물	2,000,000
	감가상각누계액	800,000	현 금	100,000
	유형자산처분손실	200,000		

· (주)이천의 입장

(차)	건 물	1,000,000	(대) 기 계 장 치	4,000,000
	감가상각누계액	3,120,000	유형자산처분이익	220,000
	현 금	100,000		

◆회계처리 예(동종자산의 교환)

(주)여주는 사용 중이던 차량운반구 A를 (주)이천이 사용하던 차량운반구 B와 교환하였다. 이 교환과 관련하여 (주)여주는 공정가액의 차액 ₩100,000을 현금으로 지급하였다.

단, 교환에 포함된 현금수수액은 중요하지 않다.

	차량운반구A	차량운반구B
취득원가	2,000,000	4,000,000
감가상각누계액	800,000	3,120,000
공정가액	1,000,000	1,100,000

양회사의 입장에서 해야 할 회계처리를 하시오.

· (주)여주의 입장

(차)	차량운반구B	1,300,000	(대)	차량운반구A	2,000,000
	감가상각누계액	800,000		현　　금	100,000

· (주)이천의 입장

(차)	차량운반구A	780,000	(대)	차량운반구B	4,000,000
	감가상각누계액	3,120,000			
	현　　금	100,000			

(아) 증여 또는 무상취득

증여 등 무상으로 취득한 자산은 당해 자산의 공정가액을 취득원가로 계상한다. 이때 취득자산의 공정가액은 자산수증이익의 과목으로 영업외수익으로 처리한다.

◆회계처리 예

(주)여주는 (주)이천으로부터 취득원가 ₩50,000,000인 토지를 기증받았다. 동 토지의 공정자산가치는 ₩150,000,000이었다.

(차)	토　　지	150,000,000	(대)	자산수증이익	150,000,000

(자) 유형자산 취득에 수반되는 국·공채 매입

기업이 보유하고 있는 국·공채 등 유가증권은 유형자산의 구입이나 각종 인·허가 취득과 관련하여 법령 등에 의하여 불가피하게 매입한 경우가 대부분이다. 이 경우 당해 국·공채를 액면가액으로 매입하지만 대부분 액면이자율이 시장이자율보다 낮기 때문에 국·공채 등 유가증권의 시가(현재가치)는 취득가액인 액면가액보다 낮게 된다.

이렇게 유형자산의 취득과 관련하여 국·공채 등 유가증권을 불가피하게 매입하는 경우 발생하는 동 유가증권의 현재가치와 취득가액의 차액은 유형자산의 취득을 위하여 불가피하게 지출한 금액이므로 당해 유형자산의 취득원가로 계상하여야 한다.

◆**회계처리 예**

(주)여주는 업무용차량을 ₩30,000,000에 구입하면서 액면가액 ₩1,000,000 무이자 5년만기 상환조건의 공채를 액면가액으로 매입하였다. 시장이자율은 12%이고, 5년의 현가요소가 0.57일 경우 분개하시오.

(차)	차량운반구	30,430,000	(대)	현 금	31,000,000
	유가증권	570,000*			

* ₩1,000,000 × 0.57 = ₩570,000

(차) 국고보조금 등으로 취득한 자산

A) 개념 및 범위

국고보조금이란 국가 또는 지방자치단체가 산업정책적 견지에서 기업설비의 근대화, 시험연구의 촉진, 기술개발 및 향상, 재해복구 등의 목적을 위하여 보조금의 예산 및 관리에 관한 법률의 규정에 의하여 시설자금이나 운영자금으로서 국고금에서 교부하는 금액을 말한다.

공사부담금이란 전기・가스・수도・전화 등의 공익사업에 대한 신규설비를 건설할 때, 당해 사업시설의 수요자 또는 편익을 받는 자가 당해 설비비의 전부 또는 일부를 사업시행자에게 제공하는 자금 또는 자재의 화폐환산액을 말한다.

B) 회계처리 규정

국고보조금 등으로 유형자산을 무상 또는 공정가액보다 낮은 대가로 취득한 경우 그 유형자산의 취득원가는 취득일의 공정가액으로 한다. 국고보조금 등은 취득원가에서 차감하는 형식으로 표시하고 그 자산의 내용연수에 걸쳐 감가상각비와 상계하며, 해당 유형자산을 처분하는 경우에는 그 잔액을 처분손익에 반영한다.

즉, 자산취득에 사용될 국고보조금을 받는 경우에는 관련 자산을 취득하기 전까지 받은 자산 또는 받은 자산을 일시적으로 운용하기 위하여 취득하는 다른 자산의 차감계정으로 회계처리하고, 관련 자산을 취득하는 시점에서 관련 자산의 차감계정으로 회계처리한다.

① 국고보조금 등의 교부시 : 관련 자산의 구입전

-국고보조금 등을 현금으로 지급받은 경우

(차)	현 금	×××	(대)	국고보조금 (현금의 차감계정으로 표시)	×××

-국고보조금 등을 현금으로 지급받고 정기예금에 예치한 경우

(차)		(대)	
단기금융상품(정기예금)	×××	현　　금	×××
국고보조금(현금)	×××	국고보조금(단기금융상품)	

(현금의 차감계정에서 단기금융상품의 차감계정으로 대체)

② 관련 자산취득시

(차)		(대)	
유 형 자 산	×××	현　　금	×××
국고보조금(현금)	×××	국고보조금(유형자산)	×××

(현금의 차감계정에서 단기금융상품의 차감계정으로 대체)

③ 결산시

회사는 결산시점에서 국고보조금 등으로 취득한 자산에 대한 감가상각비를 계상할 때는 취득자산의 내용연수에 걸쳐 국고보조금과 감가상각비를 상계하여야 한다.

(차)		(대)	
감 가 상 각 비	×××	감가상각누계액	×××
국고보조금(유형자산)	×××*	감가상각비	×××

* 상계액은 다음과 같이 계산하여야 한다.

$$\text{취득자산감가상각비} \times \frac{\text{국고보조금해당액}}{\text{자산 취득가액}}$$

④ 자산처분시

국고보조금 등으로 취득한 자산을 처분할 경우에는 감가상각비와 상계하고 남은 국고보조금 잔액을 당해 자산의 처분손익에 차감 또는 부가하는 방식으로 회계처리한다.

(차)		(대)	
현　　금	×××	유 형 자 산	×××
감가상각누계액	×××	유형자산처분이익	×××
국고보조금(유형자산)	×××		

한편, 자산취득에 사용될 국고보조금 외에 기타의 국고보조금은 대응되는 비용이 없는 경우 영업외수익으로 처리하고 특정의 비용을 보전할 목적으로 받는 국고보조금은 특정의 비용과 상계처리한다. 예를 들어, 판매가격이 제조원가에 미달하는 품목을 국내에서 계속 생산·판매하게 할 목적으로 지급되는 국고보조금은 영업외수익으로 회계처리하고, 저가로 수입할 수 있는 원재료를 국내에서 구입하도록 강제하는 경우에 지급되는 기타의 국고보조금은 제조원가에서 차감한다. 다만, 기타의 국고보조금을 사용하기 위하여 특정의 조건을 충족해야 하는 경우

에는 그 조건을 충족하기 전에 받은 기타의 국고보조금은 선수수익으로 회계처리한다.

만약 국고보조금이 상환할 의무가 있는 것이라면 관련 금액을 부채로 계상하고 향후 부채의 상환의무가 소멸되면 채무면제이익 등으로 수익계상한다. 상환할 금액이 확정되지 않은 경우에는 상환할 금액을 추정하여 부채로 인식해야 한다.

회계처리 요약

구분		기업회계상 회계처리
상환의무가 없는 경우	자산취득에 충당한경우	- 관련 자산취득전까지 받은 자산의 차감계정으로 기재 - 관련 자산의 취득시 취득자산의 차감계정으로 표시하고 당해 자산을 상각하는 경우 감가상각비와 상계
	자산취득에 충당하지 않은 경우	- 대응되는 비용이 없는 경우 영업외수익으로 처리 - 특정의 비용을 보전하기 위해 받은 경우 특정 비용과 상계처리
상환의무가 있는 경우	상환할 금액이 확정되어 있는 경우	- 상환할 금액을 부채로 계상하고 향후 부채를 상환할 의무가 소멸되면 채무면제이익으로 계상
	상환할 금액이 확정되지 않은 경우	- 상환할 금액을 추정하여 부채로 계상

◆회계처리 예

(주)여주는 정부로부터 전년도에 ₩200,000,000의 보조금을 교부받아 그것을 포함하여 2009. 1. 1에 기계장치를 ₩800,000,000에 취득하였다. 감가상각은 정액법(내용연수 4년, 잔존가액 없음)으로 한다. 그리고 2010. 1. 1에 동 기계를 ₩650,000,000에 매각하였다.

① 국고보조금 교부시

(차)	현 금	200,000,000	(대)	국고보조금 (현금의차감계정)	200,000,000

② 기계장치 매입시

(차)	기계장치	800,000,000	(대)	현 금	800,000,000
	국고보조금 (현금의차감계정)	200,000,000		국고보조금 (기계장치차감계정)	200,000,000

③ 2009. 12. 31(결산시)

(차)	감가상각비	200,000,000	(대)	감가상각누계액	200,000,000
	국고보조금	50,000,000*		감가상각비	50,000,000

$$* \text{₩}200,000,000 \times \frac{\text{₩}200,000,000}{\text{₩}800,000,000} = \text{₩}50,000,000$$

④ 2010. 1. 1(매각시)

(차)	현 금	650,000,000	(대)	기 계 장 치	800,000,000
	감가상각누계액	200,000,000		유형자산처분이익	200,000,000
	국 고 보 조 금	150,000,000			

2) 자본적지출과 수익적지출

유형자산을 취득하여 사용하는 중에도 그 자산과 관련된 여러 가지 지출이 발생한다. 이러한 지출 중에는 당기영업활동에 관련된 정상적인 수선비 또는 유지비의 성질을 띤 것도 있고, 자산의 근본적인 기능 또는 성질에 중대한 변화를 야기시키는 것도 있다. 따라서 자산의 취득 후에 발생한 지출을 당기비용화할 것인가, 아니면 이를 자본화하여 미래기간에 배분할 것인가 하는 문제가 발생한다. 이에 대하여 기업회계기준서에서는 고정자산의 내용연수를 연장시키거나 가치를 실질적으로 증가시키는 지출을자본적 지출로 하고, 당해 고정자산의 원상을 회복시키거나 능률유지를 위한 지출은 수익적지출로 한다고 규정하고 있다.

실무적으로 자본적지출 또는 수익적지출을 엄격히 구분한다는 것은 매우 어려운 일이나, 대체로 다음의 구분기준에 부합하는 지출은 자본적지출로 하고 그러하지 않은 지출은 수익적지출로 한다.

· 유형자산의 원가를 구성하는 지출
· 소유 유형자산의 가치를 증대시키는 지출
· 미래에 수익력과 생산성을 증대시키는 지출
· 내용연수를 연장시키는 지출
· 그 지출효과가 당해 연도에 그치지 않고 장래에 미치는 경우
· 지출금액이 상대적으로 중요한 지출

(가) 자본적 지출의 범위

자본적지출은 당해 유형자산의 내용연수를 증가시키거나 가치를 현실적으로 증가시키는 지출을 뜻하며 일반적으로 증설, 개조나 냉·난방장치 등과 같이 금액이 큰 지출이 이에 해당한다.

(나) 수익적지출의 범위

수익적지출은 유형자산의 원상을 회복하거나 능률을 유지하기 위하여 지출한 비용 등을 말하며 건물의 도장, 소모된 부속품이나 벨트의 교체 등과 같이 금액이 상대적으로 적은 지출이

수익적 지출에 해당된다.

한편, 법인세법에서는 개별자산별로 수선비로 지출한 가액이 300만원 미만이거나, 직전사업연도 종료일 현재 장부가액의 5%에 미달하는 경우 및 3년 미만의 기간마다 주기적인 수선을 위하여 지출하는 비용은 이를 수익적지출로 처리하고 있다.

(다) 증설, 개량 및 대체

A) 증설

증설(additions)이란 기존의 유형자산에 새롭고 독립적인 자산을 부가하거나, 혹은 기존의 유형자산을 확장 내지 증축하는 것을 말한다. 건물의 경우에 있어서 증설이란 기존 건물에 추가적으로 건물을 증축하는 것을 말한다. 건물을 증설할 경우에는 이 증설에 따른 경제적 효익이 미래기간에 발생하므로, 증설에 소요된 지출을 자본화하고 미래기간에 실현될 수익과 대응시키기 위해 내용연수 동안에 감가상각하여야 한다. 이 때 증설건물의 감가상각은 다음과 같이 이루어진다. 증설된 건물이 기존자산을 구성하는 일부로서만 존재할 때에는 증설건물의 내용연수와 기존건물의 내용연수 중 보다 짧은 기간에 걸쳐 증설건물의 원가를 상각한다. 그러나 증설된 건물이 기존건물과 독립적으로 존재하여 그 자체만으로도 용역잠재력을 제공하는 경우에는 증설건물의 원가를 증설건물의 내용연수에 걸쳐 상각한다.

B) 대체 및 개량

기업은 종종 기존자산의 일부분 내지 주요부품을 처분하고 새로운 것으로 교체한다. 이 때 교체된 새로운 부분 또는 부품이 기능상으로는 실질적으로 전과 동일한 결과만을 가져오는 경우에 이러한 교체를 대체(replacement)라 한다. 예를 들면, 건물의 기존난방장치를 동일한 난방용량을 가진 새로운 난방장치로 바꾸는 것은 대체에 해당한다. 이러한 대체는 수익적지출로 처리한다.

한편, 교체된 부분 또는 부품이 기존자산의 기능을 현저히 개선하면 이는 개선(betterment)이나 개량(improvement)이라 한다. 이와 같이 기존자산의 일부분 내지 주요부품을 새로운 것으로 교체함으로써 기존자산의 용역잠재력이 증가하고 동 지출이 비경상적인 경우는 자본적지출로 처리한다.

(라) 정기적으로 발생하는 수선의 경우

유형자산의 사용가능기간 중 정기적으로 이루어지는 종합검사, 분해수리와 관련된 지출이 별개의 감가대상자산으로 인식될 수 있고, 과련 지출이 유형자산 인식기준을 충족하는 경우에는 자본적지출로 처리한다. 즉, 일부 유형자산은 주요 부품이나 구성요소를 정기적으로 교체해야 한다. 예를 들면, 용광로는 일정시간 사용 후에 내화벽돌을 교체해야 하며 항공기의 경우에도 좌석 등의 내부설비를 항공기 동체의 내용연수 동안 여러 번 교체해야 한다. 이와 같이 유형자산을 구성하는 주요부품이나 구성요소의 내용연수가 관련 유형자산의 내용연수와 상이한 경우에는 별도로 자산으로 처리한다. 부품이나 구성요소의 교체를 위한 지출이 유형자산 인식기준을 충족하는 경우에는 별도 자산의 취득으로 처리하고 교체된 자산은 대차대조표에서 제거한다. 따라서 종전 기업회계기준에서 규정하였던 수선충당금은 설정하지 아니하며, 해당 지출 발생시 이를 자본적지출로 처리한다.

3) 금융비용의 자본화

(가) 자본화 논쟁

법인이 유형자산 등을 건설하거나 구입할 경우 동 자산이 실제로 업무에 사용되기까지 일반적으로 상당한 자금과 기간이 소요된다. 유형자산의 건설에 필요한 자금의 원천은 법인 내부의 유보이익이나 새로운 주식발행에 의한 자금 또는 법인 외부로부터의 차입금일 수도 있다. 법인의 유보이익이나 주식발행자금의 경우에는 법인의 내재이자율에 의한 내재이자가 존재하며, 외부로부터의 차입금에 대하여는 이자가 발생하게 된다. 이러한 이자를 자본화, 즉 고정자산의 취득가액에 포함할 것인가 하는 것과 자본화할 이자의 범위를 어떻게 할 것인가 하는 것이 회계학에 있어서 쟁점 중의 하나이다.

A) 모든 건설자금이자의 자본화

이자란 자금의 원천과 관계없이 자금의 사용과 관련하여 발생하는 것으로 보아야 한다는 견해가 있는 바, 발생이자는 재료비, 노무비 기타 자원들의 원가와 마찬가지로 자산을 취득하기 위하여 사용된 원가이므로 당연히 자본화해야 한다는 것이다. 이 때 타인자본에 대한 실제 발생 금융비용뿐 아니라 자기자본에 대한 암묵적 금융비용도 취득원가로 자본화하여야 한다. 암묵적 금융비용이란 자금을 다른 금융상품이나 유가증권 등에 투자하는 대신에 유형자산과 관련하여 사용했을 때 발생하는 투자수익 손실분을 말한다.

B) 실제 발생 금융비용만 자본화

위의 주장과는 달리 실제 발생한 금융비용만 자본화해야 한다는 주장에서는 타인자본에 대해 실제 발생한 이자만을 자본화하고 자기자본에 대한 암묵적 금융비용은 취득원가에 포함하지 않는다는 것이다.

(나) 기업회계기준서

기업회계기준서에 의하면 금융비용은 기간비용으로 처리함을 원칙으로 한다. 다만, 자본화대상자산의 취득을 위한 자금에 차입금이 포함된다면 이러한 차입금에 대한 금융비용은 자본화대상자산의 취득에 소요되는 비용으로 볼 수 있다. 따라서 자본화 대상자산의 취득과 관련된 금융비용은 그 자산을 취득하지 아니하였다면 부담하지 않을 수 있었던 비용이기 때문에 자본화대상자산의 취득원가를 구성하며, 그 금액을 객관적으로 측정할 수 있는 경우에는 해당 자산의 취득원가에 산입할 수 있다.

이 경우 금융비용의 회계처리방법은 모든 자본화대상자산에 대하여 매기 계속 적용하고, 정당한 사유 없이 변경하지 아니한다.

주의할 것은 기업회계기준서에서는 종전과는 달리 금융비용의 기간비용 처리를 원칙으로 하며, 선택적으로 허용하고 있다는 것이다.

A) 자본화대상자산

자본화대상자산은 제조, 매입, 건설 또는 개발이 개시된 날로부터 의도된 용도로 사용하거나 판매할 수 있는 상태가 될 때까지 1년 이상의 기간이 소요되는 재고자산과 유형자산, 무형자산 및 투자자산을 말한다. 또한 고정자산에 대한 자본적지출이 있는 경우도 포함한다.

재고자산에 대하여 1년 이상의 제한을 두는 이유는 단기간에 대량반복적으로 생산되거나 경상적으로 제조되는 재고자산은 일반적으로 그 정보제공의 효익이 그 비용을 초과하지 못하므로 자본화대상자산에서 제외한다는 것이며, 따라서 자본화대상 재고자산은 제조·매입·건설에 장기간이 소요되는 것으로 한정한다.

이미 수익창출에 공헌하고 있는 사용 중인 자산은 자본화대상자산이 아니며, 사용가능한 상태에 있는 자산에 대한 이자비용에 대해서는 의도적인 지연을 통한 이익조정을 막기 위하여 이를 보유비용으로 보아 기간비용으로 처리한다.

자본화대상 투자자산의 예로는 취득완료시까지 상당기간이 소요되는 투자부동산을 들 수 있으며 자본화대상 무형자산의 예로는 개발비를 들 수 있다.

B) 자본화기간

자본화기간이란 금융비용을 자본화하는 기간을 말한다. 건설에 사용된 자금에 대한 금융비용은 자본화개시시점부터 자본화종료시점까지의 기간에 자본화되어야 하고 일시적으로 자본화중단기간이 있으면 그 기간동안의 금융비용은 기간비용으로 인식한다.

① 자본화기간 개시시점

자본화기간의 개시시점은 금융비용의 자본화를 시작하는 시점을 말하는데 다음의 요건을 모두 충족시키는 시점을 말한다.

㉠ 자본화대상자산에 대한 지출이 있었고

㉡ 금융비용이 발생하였으며

㉢ 자본화대상자산을 의도된 용도로 사용하거나 판매하기 위한 취득활동이 진행중임.

여기에는 물리적인 제작뿐만 아니라 그 이전단계에서 이루어진 행정, 기술상의 활동도 포함한다. 예를 들면, 설계활동, 각종 인허가를 얻기 위한 활동 등을 들 수 있다.

② 자본화중단기간

자본화대상자산을 의도된 용도로 사용하거나 판매하기 위한 취득활동이 중단된 경우 그 기간동안에는 금융비용의 자본화를 중단하며 해당 금융비용은 기간비용으로 인식한다. 그러나 제조 등에 필요한 일시적 중단이나 자산취득과정상 본질적으로 불가피하게 일어난 중단의 경우에는 금융비용의 자본화를 중단하지 않는다.

또한, 기업이 의도적으로 취득활동을 지연하거나 중단한 경우에 발생한 금융비용은 자산취득과정에서 발생된 것으로 볼 수 없으므로 기간비용으로 인식한다. 취득활동이 장기간에 걸쳐 중단되는지 여부는 의도적인 중단인지 아닌지를 판단하는 중요한 기준이 될 수 있다. 예를 들면, 건설에 사용할 목적으로 토지를 취득하였으나, 관련 개발활동이 중단된 상태에 있다면 이 기간동안 자본화를 중단한다.

③ 자본화종료시점

금융비용자본화의 종료시점은 자본화대상자산의 취득이 완료되어 당해 자산을 의도된 용도로 사용할 수 있거나 판매가 가능한 시점이다.

자본화대상자산이 물리적으로 완성된 경우라면 일상적인 건설 관련 후속관리 업무 등이 진행되고 있더라도 당해 자산을 의도된 용도로 사용할 수 있거나 판매할 수 있기 때문에 자본화를 종료한다. 구입자 또는 사용자의 요청에 따른 매장공사 등의 추가작업만이 진행되는 경우라면 실질적으로 모든 건설활동이 종료된 것으로 본다.

자본화대상자산이 여러 부분으로 구성되어 건설활동 등이 진행되는 경우 일부가 완성되어 해당 부분의 사용이 가능한 경우에는 자산 전체가 사용 가능한 상태에 이를 때까지 자본화한다. 예를 들면, 집단업무시설을 건설하는 경우 여러 동의 건물에 대한 공사가 진행 중이라도 각각의 건물별로 완공시점에 자본화를 종료한다. 그러나 제철소와 같이 일관생산체제를 갖추어야 하는 경우, 개별공정이 완료되더라도 자본화를 종료하지 않고, 전체 공정이 완료되는 시점까지 자본화한다.

C) 자본화할 금융비용

금융비용이란 자금의 차입과 관련하여 발생하는 이자비용과 기타 유사한 비용을 말한다. 받을어음을 배서의 방식으로 금융기관 등에 할인한 경우 그 할인료는 매출채권 등의 매각에 따른 처분손실로 계상해야 하므로 자본화대상 금융비용에서 제외한다. 또한 차입금에 대한 연체이자는 이자비용으로 분류되나, 자산취득을 위하여 직접 관련된 원가라고 볼 수 없기 때문에 자본화대상 금융비용에서 제외한다.

다음은 자본화대상 금융비용의 예이다.

① 장・단기차입금과 사채에 대한 이자비용

② 사채발행차금상각(환입)액

③ 현재가치할인차금상각액

④ 외화차입금에 대한 환율변동손익(외환차손익, 외화환산손익)

⑤ 리스이용자의 금융리스이자비용

⑥ 차입과 직접 관련하여 발생한 수수료

D) 자본화할 금융비용산정방식

자본화대상이 되는 금융비용은 자본화대상자산의 취득과 직접관련하여 개별적으로 차입된 자금(특정차입금)에 대한 금융비용과 일반적으로 차입되어 자본화대상자산을 취득하기 위해 사용된 자금(일반차입금)에 대한 금융비용으로 구분하고 각각 자본화한다. 금융비용을 자본화하는 방식은 다음과 같다.

① 자본화대상자산의 연평균지출액 계산

② 일반차입금에 대한 자본화이자율계산 : 일반차입금의 가중평균차입이자율계산

$$\text{일반차입금에 대한 자본화이자율} = \frac{\text{일반차입금에 대한 실제발생금융비용}}{\text{연평균일반차입금}}$$

③ 특정차입금 범위 내에서 자본화할 금융비용 : 건설기간 중에 발생한 금융비용을 자본화하며 투자수익이 있으면 차감한다.

④ 일반차입금 범위 내에서 자본화할 금융비용 : 자본화대상자산에 대한 연평균지출액 중 특정차입금으로 사용한 부분을 제외한 금액에 자본화이자율을 곱한 금액과 회계기간에 실제로 발생한 금융비용 중 작은 금액을 자본화한다.

일반차입금 범위 내에서 자본화할 금융비용=(자본화대상자산에 대한 연평균지출액-특정차입금으로 지출한 금액)×자본화이자율

⑤ 당기에 자본화할 총금융비용 : ③과 ④를 합한다.

◆회계처리 예

12월 결산법인인 (주)여주는 수년전부터 보유하고 있던 토지에 사옥을 건설하기 위하여 2009. 1. 1에 H건설회사와 도급계약을 체결하였다.

상기 사옥건설은 2010. 12. 31 준공예정이고 (주)여주는 사옥건설을 위해 다음과 같이 지출하였다. (단위 : 천원)

2009. 1. 1.	40,000
2009. 7. 1.	80,000
2009. 10. 1.	60,000
합 계	180,000

(주)여주의 2005회계연도 중 차입금은 다음과 같다.

(단위 : 천원)

차입금	차입일	차임금액	상환일	이자율	이자지급조건
a	2009. 1. 1.	50,000	2011. 12. 31.	12%	분기별복리/만기지급
b	2009. 1. 1.	60,000	2011. 12. 31.	10%	단리/매년말 지급
c	2009. 1. 1.	70,000	2011. 12. 31.	12%	단리/매년말 지금
d	2009. 1. 1.	100,000	2011. 12. 31.	7%	단리/매년말 지급

이들 차입금 중 차입금 a는 사옥건설을 위하여 개별적으로 차입되었으며 이 중 10,000천원은 2004. 1. 1~6. 30 동안 연 9%(단리) 이자지급조건의 정기예금에 예치하였다. 차입금 b, c는 일반적으로 차입되었으며 차입금 d는 해외공장건설과 직접 관련하여 개별적으로 차입되었다. 이 경우 건설 중인 자산인 사옥에 대하여 당기에 자본화할 금융비용의 금액은?
(금융비용의 자본화금액 계산)

(가) 자본화대상자산에 대한 연평균지출액

(단위 : 천원)

지 출 일	지 출 액	자본화대상기간	평균지출액
2009. 1. 1	40,000	12/12	40,000
2009. 7. 1.	80,000	6/12	40,000
2009. 10. 1.	60,000	3/12	15,000
합 계	180,000		95,000

(나) 일반차입금에 대한 자본화이자율의 계산

특정차입금을 제외한 일반적으로 차입되어 사용된 사옥건설관련 차입금에 대하여 적용할 자본화이자율은 다음과 같이 산정됨.

(단위 : 천원)

차 입 금	차입금액	차입기간	연평균차입금	금융비용
b	60,000	12/12	60,000	6,000
c	70,000	12/12	70,000	8,400
합 계			130,000	14,400

$$\text{자본화이자율} = \frac{\text{일반차입금에 대한 실제발생비용}}{\text{연평균차입금총액}} = \frac{14{,}400}{130{,}000} = 11.08\%$$

(다) 특정차입금 범위 내에서 자본화할 금융비용(단위 : 천원)

당기 중 발생한 금융비용(A)	$50{,}000 \times (1 + 0.12 / 4)^4 - 50{,}000 =$	6,275
일시투자수익(B)	$10{,}000 \times 0.09 \times 6/12 =$	450
자본화할 금융비용(A-B)		5,825

(라) 일반차입금 범위 내에서 자본화할 금융비용(단위 : 천원)

① 자본화할 금융비용 : 자본화대상자산에 대한 연평균지출액에서 특정차입금으로 지출한 금액을 제외하고 자본화이자율을 곱함.

$[95{,}000 - (50{,}000 \times 12/12 - 10{,}000 \times 6/12)] \times 11.08\% = 5{,}540$

② 자본화이자율 산정에 포함된 차입금에서 회계기간동안 발생한 금융비용

차입금 b	$60{,}000 \times 10\% =$	6,000
차입금 c	$70{,}000 \times 12\% =$	8,400
합 계		14,400

③ 한도비교

일반차입금 범위내 자본화할 금융비용(5,540천원)은 당기한도(14,400천원) 이내이므로 전액 자본화

(마). 당기에 자본화할 총금융비용

5,825천원(특정차입금) + 5,540천원(일반차입금) = 11,365천원

(4) 유형자산의 감액손실인식

유형자산의 진부화 또는 시장가치의 급격한 하락 등으로 인하여 유형자산의 미래 경제적 효익이 장부가액에 현저하게 미달할 가능성이 있는 경우, 즉 다음과 같은 경우에는 감액손실의 인식여부를 검토해야 한다.

① 유형자산의 시장가치의 현저한 하락

② 유형자산의 사용강도나 사용방법에 현저한 변화가 있거나 심각한 물리적 변형이 초래된 경우

③ 법률이나 기업환경의 변화 혹은 규제 등의 영향으로 인하여 해당 유형자산의 효용이 현저하게 감소된 경우

④ 해당 유형자산으로부터 영업손실이나 순현금의 유출이 발생되고, 미래에도 지속될 것이라고 판단된 경우

이상의 조건에 해당하여 유형자산의 잔액가능성이 있다고 판단되고, 당해 유형자산의 사용 및 처분으로부터 기대되는 미래의 현금흐름총액의 추정액이 장부가액에 미달하는 경우에는 장부가액을 회수가능가액으로 조정하고 그 차액을 감액손실로 처리하여야 한다.

그리고 감액손실로 처리한 후 감액된 자산의 회수가능액이 장부가액을 초과하는 경우에는 그 자산이 감액되기 전의 장부가액의 감사상각 후 잔액을 한도로 하여 그 초과액을 감액손실 환입으로 처리한다.

◆회계처리 예

다음의 자료를 이용하여 요구사항에 답하여라.

〈자료〉

① 기계장치의 취득원가	10,000,000원
② 내용연수	10년
③ 잔존가액	0원
④ 취득연도	20×9. 1. 1
⑤ 상각방법	정액법

〈요구사항〉

① 2009. 1. 1.	취득시 회계처리(수표발행하여 취득하였다고 가정하자)
② 2009. 12. 31.	감가상각(결산을 위한)
③ 2010. 12. 31.	감가상각 후 회수가능가액이 6,400,000원으로 하락할 경우
④ 2010. 12. 31.	감가상각(상각방법은 정액법으로 동일)
⑤ 2011. 12. 31.	감가상각 후 회수가능가액이 6,000,000원으로 회복한 경우

①	(차) 기 계 장 치	10,000,000	(대) 당 좌 예 금	10,000,000
②	(차) 감가상각비	1,000,000*	(대) 감가상각누계액	1,000,000

*10,000,000/10년 = 1,000,000원

③ (차) 감가상각비 1,000,000 (대) 감가상각누계액 1,000,000
감 액 손 실 1,600,000 (대) 감액손실누계액 1,600,000
*2010 12. 31 감가상각 후 장부가액
= 10,000,000원 - 1,000,000원 × 2 = 8,000,000원
감액손실 = 회수가능가액 - 장부가액
= 6,400,000원 - 8,000,000원 = △1,600,000원

④ (차) 감가상각비 800,000 (대) 감가상각누계액 800,000
*감액손실 반영후 장부가액/잔존내용연수
= 6,400,000/8년 = 800,000원

⑤(차) 감가상각비 800,000 (대) 감가상각누계액 800,000
감액손실누계액 1,200,000 감액손실환입 1,200,000*
*2007.12.31. 장부가액 = 2006.12.31. 장부가액 - 800,000원
= 5,600,000원 - 8,000,000원 = 4,800,000원
한도금액 = 10,000,000원 - 1,000,000원 × 4(4년경과)
= 6,000,000원(정상적인 감가상각을 하였을 경우)
감액손실환입 = 한도금액 - 2007.12.31. 장부가액
= 6,000,000원 - 4,800,000원 = 1,200,000원

(5) 유형자산의 처분

기업은 유형자산의 내용연수가 만료되었을 때, 혹은 그 이전이라도 기업의 새로운 자산으로 대처할 필요가 있거나 더 이상 사용할 가치가 없다고 판단할 가치가 없다고 판단될 때는 이를 처분(disposal) 혹은 폐기한 후 장부에서 제외시켜야 한다.

유형자산의 처분과 간련한 회계처리는 문제는 크게 두 가지로 요약될 수 있다.

첫째, 취득원가에서 감가상각누계액을 차감한 처분시점의 장부가액과 처분가액간에 차이가 발생할 때 그 차액은 유형자산처분이익 혹은 유형자산처분손실로 손익계산서에 영업외손익으로 보고되어야 한다. 이때 당해연도의 감가상각이 미기록되었을 경우에는 처분시점까지의 감가상각비를 먼저 계산한 후에 장부가액을 산출하여야 한다. 유형자산과 관련하여 이익 혹은 손실이 보고되는 경우는 오직 처분시점 뿐이다.

그러나 유형자산의 내용연수가 만료되어 감가상각이 끝나더라도 처분 혹은 폐기 이전에는 잔존가액이나 비망가액으로 보고하고, 처분 혹은 폐기처리 절차가 완료된 후에야 비로소 이를 장부상에서 제외시켜야 한다.

◆회계처리 예

여주(주)는 2009년 1월 1일에 기계장치를 매각하고 현금 500,000원을 받았다.

기계장치의 취득원가는 3,00,000원, 감가상각누계액은 2,600,000원이었다.

처분시의 회계처리를 행하시오.

①	(차) 현 금	500,000	(대)	기 계 장 치	3,000,000
	감가상각누계액	2,600,000		유형자산처분이익	100,000

4. 무형자산

(1) 무형자산의 정의와 요건

무형자산이란 재화의 생산이나 용역의 제공, 타인에 대한 임대 또는 관리에 사용할 목적으로 기업이 보유하고 있으며, 물리적 형체가 없지만 식별가능하고, 기업이 통제하고 있으며, 미래 경제적 효익이 있는 비화폐성자산을 말한다.

기업이 경제적 자원을 사용하거나 부채를 부담하여 창출하는 무형의 자원에는 여러 가지가 있으며 여기에는 컴퓨터소프트웨어, 특허권, 저작권, 어업권, 프랜차이즈, 고객 또는 공급자와의 관계, 고객충성도, 시장점유율과 판매권 등이 있다. 하지만 이러한 무형의 자원들이 모두 무형자산으로 인식될 수는 없다.

무형자산으로 인식되기 위해서는 상기 무형자산의 정의와 다음의 인식조건을 모두 충족시켜야 한다.

① 자산으로부터 발생하는 미래 경제적 효익이 기업에 유입될 가능성이 매우 높다.

② 자산의 취득원가를 신뢰성 있게 측정할 수 있다.

무형자산의 인식요건을 모두 충족하는 경우에는 무형자산으로 인식하지만, 충족시키지 못할 경우에는 그것을 취득 또는 창출하는데 소요되는 지출이 발생했을 때 비용으로 인식한다.

(2) 무형자산의 특징

1) 식별가능성

무형자산이 식별가능하다는 것은 그 자산이 기업실체나 다른 자산으로부터 분리될 수 있거나 법적권리를 창출할 수 있는 경우 등을 의미한다.

2) 자원에 대한 통제

자원에 대한 통제란 그 자원으로부터 미래 경제적 효익을 획득할 수 있고 그 효익에 대해 제 3자의 접근을 제한할 수 있는 경우를 말한다.

시장에 대한 지식 및 기술적 지식으로부터 미래 경제적 효익이 발생할 수 있다. 이러한 지식이 저작권, 계약상의 제약 또는 기밀유지에 대한 종업원의 법적 의무 등과 같은 법적 권리에 의해 보호된다면, 기업은 그러한 지식으로부터 얻을 수 있는 미래 경제적 효익을 통제하고 있는 것이다.

숙련된 종업원이나 훈련을 통해 습득된 종업원의 기술도 미래 경제적 효익을 가져다 줄 수 있으며, 기업은 이와 같은 효익이 미래에도 계속될 것으로 기대할 수 있다. 그러나 숙련된 종업원이나 그들의 기술로부터 창출될 미래 경제적 효익은 기업이 충분히 통제하기가 어렵기 때문에 무형자산의 정의를 충족하지 못한다. 또한 특정인의 경영능력이나 기술적 재능도 기업이 그것을 사용하여 미래 경제적 효익을 확보하는 것이 법에 의해 보호되지 않는 한 무형자산의 정의를 충족시킬 수 없다.

기업은 고객과의 관계를 잘 유지함으로써 고정고객과 시장점유율을 확보할 수 있다. 그러나 그러한 고객과의 관계나 고객의 충성도를 지속시킬 수 있는 법적 권리나 그것을 통제할 기타의 방법이 존재하지 않는다면 기업이 고객과의 관계로부터 창출될 미래 경제적 효익을 충분히 통제하고 있다고 보기 어렵다. 따라서 고정고객, 시장점유율, 고객과의 관계, 고객의 충성도 등은 일반적으로 무형자산의 정의를 충족하지 못한다.

3) 미래 경제적 효익

무형자산의 미래 경제적 효익은 재화의 매출이나 용역수익, 원가절감 또는 그 자산의 사용에 따른 기타 효익의 형태로 발생한다.

(3) 무형자산의 종류

기업회계기준서에서 열거하고 있는 무형자산의 종류에는 산업재산권, 라이선스와 프랜차이즈, 저작권, 컴퓨터소트프웨어, 개발비, 임차권리금, 광업권 및 어업권 등이 있다.

매수기업결합에서 발생하는 영업권도 무형자산이지만 기업회계기준서에서는 영업권에 대한 규정을 두고 있지 않고 이에 대한 규정은 기업인수·합병등에 관한 회계처리준칙에서 다루고 있다. 즉, 무형자산 중 식별가능성이 있는 것만 기업회계기준서를 적용하고 식별가능성이 없는 영업권(식별가능성은 없으나 무형자산임)에 대해서는 기업인수·합병등에 관한 회계처리준칙을 적용하는 것이다.

1) 영업권

영업권이란 기업의 특별한 기술이나 지식, 고도의 경영능력, 독점적 지위, 양질의 고객관계, 유리한 입지조건 등으로 인하여 장차 그 기업에 경제적 이익으로 공헌하리라고 기대되는 초과수익력이 있는 경우 그 미래의 초과수익력을 말한다.

이러한 영업권은 기업 내부적으로 창출된 영업권과 외부에서 구입한 영업권으로 구분할 수 있다. 다만 내부적으로 창출된 영업권은 취득원가를 신뢰성있게 측정할 수 없을 뿐만 아니라 기업이 통제하고 식별가능한 자원도 아니므로 무형자산으로 인식하지 않는다.

한편, 외부에서 구입한 영업권이란 합병, 영업양수 등이 경우에 유상으로 취득한 것을 말하며 합병 등의 대가가 합병 등으로 취득하는 순자산의 공정가액을 초과하는 금액이 영업권에 해당한다.

영업권 - 합병 등의 대가로 지급한 금액 - 취득한 순자산의 공정가액

◆회계처리 예

(주)여주는 2009. 7. 1 (주)이천을 합병하면서 현금 ₩25,000,000을 지급하였다. (주)이천의 2009. 7. 1 현재 자산의 공정가치는 ₩40,000,000이며 부채의 공정가치는 ₩20,000,000이다. 이때 영업권에 관련된 분개를 하여라.

영업권 = ₩25,000,000 - (₩40,000,000 - ₩20,000,000) = ₩5,000,000

(차)	자 산	40,000,000	(대)	부 채	20,000,000
	영 업 권	5,000,000		현 금	25,000,000

2) 부의 영업권

부의영업권이란 합병하는 회사(흡수합병의 경우 존속하는 회사, 신설합병의 경우 신설회사)가 피 합병회사(흡수합병의 경우 소멸회사, 신설합병의 경우 해산회사)로부터 승계한 순자산가액(총자산-총부채)이 합병대기를 초과하는 경우를 말한다. 여기서 합병대가란 소멸하는 회사(피 합병회사)의 주주에게 지급하는 합병교부금과 교부주식의 액면가액의 합계를 말한다.

부의 영업권 = 피 합병회사의 순자산가액 - (합병교부금 + 교부주식의 액면가액)

부의 영업권은 1998년 12월 기업회계기준 개정이전에는 합병차익으로 계상하여 자본잉여금으로 처리하였으나 영업권이 상황과는 반대되는 상황이므로 이를 부의 영업권으로 하여 무형자산에서 차감하는 형식으로 처리하게 되었다.

(차)	자 산	50,00,000	(대)	부 채	20,000,000
				자 본 금	25,000,000
				이 익 준 비 금	5,000,000

〈합병조건〉

1) 합병교부금 2,500,000을 지급하다.

2) 주식 4,500(액면 5,000원)을 발행하여 지급하다.

〈합병분개〉

(차)	자 산	50,000,000	(대)	부 채	20,000,000
				자 본 금	22,500,000
				현 금	2,500,000
				부 의 영 업 권	5,000,000

3) 개발비

개발비란 신제품・신기술의 개발과 관련하여 발생한 비용(소프트웨어 개발과 관련된 비용을 포함한다)으로서 개별적으로 식별가능하고 미래 경제적 효익을 확실하게 기대할 수 있는 것을 말한다. 이러한 개발비는 다른 무형자산과는 달리 내부적으로 창출된 무형자산에 해당한다. 그러나 내부적으로 창출된 무형자산이 자산의 인식기준에 부합하는지를 평가하기는 쉽지 않다. 왜냐하면 내부적으로 창출된 무형자산은 외부에서 구입한 무형자산과는 달리 미래 경제적 효익을 창출할 무형자산의 존재여부와 인식시점을 식별하기 어렵고, 그러한 자산의 원가를 신뢰성 있게 측정하기 어렵기 때문이다. 또한 어떤 경우에는 내부적으로 창출된 무형자산의 원가를 내부적으로 창출된 영업권을 유지 또는 향상시키는 비용이나 일상적인 경영관리활동에서 발생하는 비용과 구별할 수 없기 때문이다.

따라서 내부적으로 창출된 무형자산이 인식기준에 부합하는지를 평가하기 위하여 무형자산의 창출과정을 연구단계와 개발단계로 구분한다. 이 경우 무형자산을 창출하기 위한 내부 프로젝트를 연구단계와 개발단계로 구분할 수 없는 경우에는 그 프로젝트에서 발생한 지출은 모두 연구단계에서 발생한 것으로 본다.

(가) 연구단계

프로젝트 연구단계에서는 미래 경제적 효익을 창출할 무형자산이 존재한다는 것을 입증할 수 없기 때문에 연구단계에서 발생한 지출은 무형자산으로 인식할 수 없고 발생한 기간의 비용으로 인식한다.

연구단계에 속하는 활동의 일반적인 예는 다음과 같다.

① 새로운 지식을 얻고자 하는 활동

② 연구결과 또는 기타 지식을 탐색, 평가, 최종 선택 및 응용하는 활동

③ 재료, 장치, 제품, 공정, 시스템, 용역 등에 대한 여러 가지 대체안을 탐색하는 활동

④ 새롭거나 개선된 재료, 장치, 제품, 공정, 시스템, 용역 등에 대한 여러 가지 대체안을 제안, 설계, 평가 및 최종 선택하는 활동

(나) 개발단계

개발단계에서 발생한 지출은 다음의 조건을 모두 충족하는 경우에만 무형자산으로 인식하고, 그 외의 경우에는 경상개발비의 과목으로 발생한 기간의 비용으로 인식한다.

① 무형자산을 사용 또는 판매하기 위해 그 자산을 완성시킬 수 있는 기술적 실현가능성을 제시할 수 있다.

② 무형자산을 완성해 그것을 사용하거나 판매하려는 기업의 의도가 있다.

③ 완성된 무형자산을 사용하거나 판매할 수 있는 기업의 능력을 제시할 수 있다.

④ 무형자산이 어떻게 미래 경제적 효익을 창출할 것인가를 보여줄 수 있다. 예를 들면, 무형자산의 산출물, 그 무형자산에 대한 시장의 존재 또는 무형자산이 내부적으로 사용될 것이라면 그 유용성을 제시하여야 한다.

⑤ 무형자산의 개발을 완료하고 그것을 판매 또는 사용하는데 필요한 기술적, 금전적 자원을 충분히 확보하고 있다는 사실을 제시할 수 있다.

⑥ 개발단계에서 발생한 무형자산 관련 지출을 신뢰성 있게 구분하여 측정할 수 있다.

개발단계는 연구단계보다 훨씬 더 진전되어 있는 상태이기 때문에 프로젝트의 개발단계에서는 무형자산을 식별할 수 있으며, 그 무형자산이 미래 경제적 효익을 창출할 것임을 입증할 수 있기 때문에 연구단계에서 발생한 지출은 발생한 기간의 비용으로 처리하지만 위의 조건을 충족시키는 개발단계에서의 지출은 무형자산으로 인식하는 것이다.

개발단계에 속하는 활동의 일반적인 예는 다음과 같다.

① 생산 전 또는 사용 전의 시작품과 모형을 설계, 제작 및 시험하는 활동

② 새로운 기술과 관련된 공구, 금형, 주형 등을 설계하는 활동

③ 상업적 생산목적이 아닌 소규모의 시험공장을 설계, 건설 및 가동하는 활동

④ 새롭거나 개선된 재료, 장치, 제품, 공정, 시스템 및 용역 등에 대하여 최종적으로 선정된

안을 설계, 제작 및 시험하는 활동

한편, 내부적으로 창출된 브랜드, 고객목록 및 이와 유사한 항목에 대한 지출은 무형자산으로 인식하지 않는다.

개발비와 산업재산권은 효익이 기대되는 기간이 다를 수 있기 때문에 관련된 개발비 미상각잔액을 산업재산권으로 대체한다면 원래의 내용연수와 상각금액이 달라지게 되므로 개발활동의 산출물에서 산업재산권을 취득한 경우에는 산업재산권 취득을 위하여 직접 지출된 금액만을 산업재산권 과목으로 무형자산으로 인식한다.

◆회계처리 예

다음은 (주)여주의 프로젝트 개발활동과 관련된 지출들 중 내부적으로 창출된 무형자산에 관련한 것이다.

프로젝트	금액	내 용
A	₩200,000	연구단계에서 발생한 지출
B	1,000,000	개발단계에서 발생한 지출로 자산인식조건을 만족시킴
C	500,000	개발단계에서 발생한 지출로 자산인식조건을 만족시키지 못함
D	400,000	프로젝트 개발과 관련된 내부개발 소프트웨어로 자산인식조건을 만족시킴

(주)여주의 프로젝트별로 그 처리방안에 대해서 설명하고 각각에 대해서 당해 지출의 발생시의 회계처리를 하라.

프로젝트A : 연구단계에서 발생한 지출이므로 연구비의 과목으로 당기비용으로 처리한다.

(차) 연 구 비 200,000 (대) 현 금 200,000

프로젝트B : 개발단계에서 발생하고 개발비(자산) 인식조건을 만족시키고 있으므로 개발비의 과목으로 무형자산으로 처리한다.

(차) 개 발 비 1,000,000 (대) 현 금 1,000,000

프로젝트C : 개발단계에서 발생한 지출이나 개발비(자산) 인식요건을 만족시키지 못하므로 경상개발비의 과목으로 당기비용으로 처리한다.

(차) 경 상 개 발 비 500,000 (대) 현 금 500,000

프로젝트D : 프로젝트 개발과 관련된 내부개발 소프트웨어로 개발비(자산) 인식요건을 만족시키고 있으므로 개발비의 과목으로 무형자산으로 처리한다.

(차) 개 발 비 400,000 (대) 현 금 400,000

4) 소프트웨어

자산인식조건을 충족하는 소프트웨어를 구입하여 사용하는 경우의 동 구입비용은 소프트웨어의 과목으로 하여 무형자산으로 인식하지만, 내부에서 개발된 소프트웨어에 소요된 원가가 자산인식조건을 충족하는 경우에는 개발비의 과목으로 하여 무형자산으로 처리한다.

5) 산업재산권

산업재산권이란 법률에 의하여 일정기간 독점적·배타적으로 이용할 수 있는 권리로서 특허권·실용신안권·의장권 및 상표권 등을 말한다.

(가) 특허권

특허권은 정부가 특수한 기술적인 발명이나 사실에 대하여 그 발명인 및 소유자를 보호하려는 취지에서 일정한 기간 동안 그 발명품의 제조 및 판매에 관하여 부여하는 특권이며 특허법에 의하여 등록을 함으로써 취득된다.

(나) 실용신안권

실용신안권이란 특정고안이 실용신안법에 의하여 등록되어 이를 일정기간 독점적·배타적으로 이용할 수 있는 권리를 말한다.

(다) 의장권

의장권이란 특정의장의 의장법에 의하여 등록되어 이를 일정기간 독점적·배타적으로 이용할 수 있는 권리를 말한다. 실용신안권은 미감을 무시하고 물품의 형상, 구조 등의 고안적 가치에 중점을 두고 있는데 비하여 의장권은 전적으로 미감에 중점을 두고 있다.

(라) 상표권

상표권이란 특정상표가 상표법에 의하여 등록되어 이를 일정기간 독점적·배타적으로 이용할 수 있는 권리를 말한다.

6) 기타 무형자산

(가) 광업권

광업권이란 광업법에 의하여 등록된 일정한 광구에서 등록을 한 광물과 동 광상중에 부존하는 다른 광물을 채굴하여 취득할 수 있는 권리를 말한다. 광업권에는 시굴권과 채굴권 및 조광권, 채석권, 토석권 등도 포함시키는 것이 일반적이다.

(나) 어업권

어업권이란 입어권을 포함하는 것으로 수산업법에 의하여 등록된 일정한 수면에서 어획을 할 수 있는 권리를 말한다. 입어권이란 타인의 공동어업권 등에 속하는 어장에서 그 어업권의 내용인 어업의 전부 또는 일부를 영위할 수 있는 권리를 말한다.

(다) 차지권

차지권이란 임차료 또는 지대를 지급하고 타인이 소유하는 토지를 사용할 수 있는 권리로서 지상권을 포함한다. 이러한 차지권에는 지상권 또는 임차권 이외에도 지역권이 포함된다.

지상권이란 타인이 토지에서 건물 기타의 공작물이나 수목을 소유하기 위하여 그 토지를 사용할 수 있는 물권을 말한다. 임차권이란 임대차계약에 의하여 임대인에게 토지를 사용·수익하게 할 것을 청구할 수 있는 채권을 말한다. 지역권이란 설정행위에서 정한 일정한 목적을 위하여 타인의 토지를 자기 토지의 편익에 이용하는 부동산용익물권의 일종이다.

(4) 무형자산의 취득원가

무형자산을 최초로 인식할 때에는 취득원가로 측정한다. 이 경우 취득원가는 자산취득시점이나 생산시점에서 지급한 현금 또는 현금성 자산 또는 제공하거나 부담할 기타 대가의 공정가액으로 여기에는 구입원가 뿐만 아니라 자산을 사용할 수 있도록 준비하는데 직접 관련되는 지출도 포함한다.

취득유형별로 다음과 같이 취득원가를 산정할 수 있다.

1) 할부구입의 경우

무형자산에 대한 대금지급기간이 일반적인 사용기간보다 긴 경우에는 무형자산의 구입원가는 현금구입상당액이 된다.

2) 지분증권과의 교환의 경우

기업이 발행한 지분증권과 교환하여 취득한 무형자산의 취득원가는 그 지분증권의 공정가액으로 한다.

3) 일괄취득의 경우

무형자산과 기타의 자산을 일괄 취득한 경우에는 총 취득원가를 무형자산과 기타의 자산의 공정가액에 비례하여 배분한 금액을 각각 무형자산과 기타의 자산의 취득원가로 한다.

4) 국고보조 등에 의한 취득

국고보조 등에 의해 무형자산을 무상 또는 공정가액보다 낮은 대가로 취득한 경우에는 그 무형자산의 취득원가는 취득일의 공정가액으로 한다. 이 경우 국고보조금 등은 무형자산의 취득원가에서 차감하는 형식으로 표시하고 그 자산의 내용연수에 걸쳐 무형자산상각금액과 상계하며, 그 자산을 처분하는 경우에는 그 잔액을 처분손익에 반영한다.

5) 자산교환에 의한 취득

다른 종류의 무형자산이나 다른 자산과의 교환(이종자산간의 교환)으로 무형자산을 취득하는 경우에는 무형자산의 취득원가는 교환으로 제공한 자산의 공정가액으로 측정한다.

동일한 업종 내에서 유사한 용도로 사용되고 공정가액이 비슷한 동종자산과의 교환(동종자산간 교환)으로 무형자산을 취득한 경우에는 무형자산의 취득원가는 제공한 자산의 장부가액으로 한다.

6) 내부적으로 창출된 무형자산의 경우

내부적으로 창출된 무형자산의 취득원가는 그 자산의 창출, 제조, 사용 준비에 직접 관련된 지출과 합리적이고 일관성 있게 배분된 간접지출을 모두 포함한다. 취득원가에 포함되는 항목의 예는 다음과 같다.

① 무형자산의 창출에 직접 종사한 인원에 대한 급여, 상여금, 퇴직급여 등의 인건비

② 무형자산의 창출에 사용된 재료비, 용역비 등

③ 무형자산의 창출에 직접 사용된 유형자산의 감가상각비와 무형자산(특허권, 라이센스 등)의 상각비

④ 법적 권리를 등록하기 위한 수수료 등 무형자산을 창출하는데 직접적으로 관련이 있는 지출

⑤ 무형자산의 창출에 필요하며 합리적이고 일관된 방법으로 배분할 수 있는 간접비(건물등 유형자산의 감가상각비, 보험료, 임차료, 연구소장 또는 연구지원실 관리직원의 인건비 등)

⑥ 자본화대상 금융비용

(5) 취득 또는 완성 후의 지출

무형자산의 취득 또는 완성 후의 지출로서 다음의 요건을 모두 충족하는 경우에는 자본적 지출로 처리하고, 그렇지 않은 경우에는 발생한 기간의 비용으로 인식한다.

① 관련 지출이 무형자산의 미래 경제적 효익을 실질적으로 증가시킬 가능성이 매우 높은 경우

② 관련된 지출이 신뢰성 있게 측정될 수 있으며, 무형자산과 직접 관련되는 경우

그러나 취득 또는 완성 후의 지출이 최초에 평가된 무형자산의 성능수준을 유지하기 위한

것이라면 비용으로 인식한다. 이 경우 취득 또는 완성 후의 지출로 인하여 무형자산으로부터의 경제적 효익이 증가될지의 여부를 판단하는 것은 매우 어렵다. 또한 그러한 지출을 사업전체가 아닌 특정 무형자산에 직접 귀속시키기도 어렵다. 따라서 취득 또는 완성 후의 지출을 무형자산의 자본적 지출로 처리하는 것은 매우 제한적인 경우에 한한다.

(6) 무형자산의 상각

1) 상각기간

무형자산의 상각대상금액은 그 자산의 추정내용연수동안 체계적인 방법에 의하여 비용으로 배분된다. 무형자산의 상각기간은 독점적・배타적인 권리를 부여하고 있는 관계 법령이나 계약에 정해진 경우를 제외하고는 20년을 초과할 수 없다. 상각은 자산이 사용 가능한 때부터 시작한다.

2) 상각방법

무형자산의 상각방법은 자산의 경제적 효익을 소비되는 형태를 반영한 합리적인 방법이어야 한다. 무형자산의 상각대상금액을 내용연수 동안 합리적으로 배분하기 위해 다양한 방법을 사용할 수 있다. 이러한 상각방법에는 정액법, 체감잔액법(정률법 등), 연수합계법, 생산량비례법 등이 있다. 다만, 합리적인 상각방법을 정할 수 없는 경우에는 정액법을 사용한다.

무형자산의 상각이 다른 자산의 제조와 관련된 경우에는 관련 자산의 제조원가로, 그 밖의 경우에는 판매비와 관리비로 계상한다. 예를 들면, 제조공정에서 사용된 무형자산의 상각비는 재고자산의 원가를 구성한다.

한편, 무형자산은 취득원가에서 무형자산상각누계액을 직접 차감(이하 직접법)하여 표시할 수도 있고 취득원가에서 무형자산상각누계액을 차감하는 형식(이하 간접법)으로 표시할 수도 있다. 기준서에서는 무형자산의 표시방법으로 직접법과 간접법을 모두 허용하고 있다. 다만, 직접법으로 표시하는 경우에도 취득원가와 무형자산상각누계액 등을 주석으로 기재하도록 하고 있다.

3) 잔존가액

무형자산의 잔존가액은 없는 것을 원칙으로 한다. 다만, 중도매각을 전제로 경제적 내용연수보다 단기의 상각기간을 적용하는 경우 추정 매각가액을 잔존가액으로 인식할 수 있다.

◆회계처리 예

제조업을 하고 있는 (주)여주의 신제품 개발활동과 관련하여 ₩3,000,000(2009년 ₩1,000,000,

2010년 ₩2,000,000) 지출이 발생하였고 이는 모두 개발비자산인식요건을 만족하는 것이다. 신제품개발로부터 수익은 2011년 초부터 발생하였다.

개발비와 관련하여 2009년, 2010년, 2011년의 직접법에 의한 회계처리를 하라. 단, 개발비의 내용연수는 5년이며, 개발비의 사용가능한 시점은 신제품으로부터의 수익이 발생한 때로 한다.

개발비 중 자산인식요건을 충족시키지 않는 것은 경상개발비의 과목으로 발생연도의 비용으로 처리하고 자산인식요건을 충족시키는 것은 개발비의 과목으로 자산으로 계상하였다가 관련 수익이 실현되는 시점인 (2006년)부터 상각을 한다.

〈회계처리〉

2009년 개발비 발생시	(차) 개　발　비	1,000,000	(대)	현　　금	1,000,000
2010년 개발비 발생시	(차) 개　발　비	2,000,000		현　　금	2,000,000
2011년 개발비 발생시	(차) 개발비상각비	600,000*		개　발　비	600,000

* (1,000,000+2,000,000)/5＝600,000

(7) 무형자산의 감액

자산의 진부화 및 시장가치의 급격한 하락 등으로 인하여 무형자산의 회수가능가액이 장부가액에 중요하게 미달하게 되는 경우에는 장부가액을 회수가능가액으로 조정하고 그 차액을 감액손실로 처리한다. 다만, 차기 이후에 감액된 자산의 회수가능가액이 장부가액을 초과하게 되는 경우에는 그 자산이 감액되기 전 장부가액의 상각 후 잔액을 한도로 하여 그 초과액을 감액손실환입으로 처리한다.

다음 중 하나에 해당하는 무형자산은 최소한 매 회계연도말에 회수가능가액을 반드시 추정하여야 한다.

① 아직 사용가능하지 않은 무형자산

② 추정내용연수가 20년을 초과하는 무형자산

그리고 사용을 중지하고 처분을 위해 보유하는 무형자산은 사용을 중지한 시점의 장부가액으로 유지하고, 매 회계도말에 회수가능가액을 평가하여 감액손실 인식한다.

(8) 무형자산과 관련된 공시

무형자산의 종류별로 ① 상각방법, 내용연수, 상각률, ② 기초와 기말의 총장부가액과 상각누계액, 감액손실누계액, ③ 무형자산의 상각액이 포함되어 있는 손익예산서의 계정과목과 상각금액, ④ 장부가액의 변동내용, ⑤ 당기에 비용으로 처리한 연구비와 경상개발비 등을 주석으로 기재한다. 그리고 무형자산으로 인식하지 않았지만 미래 경제적 효익이 기대되는 중요한 지출의 근액과 내용에 대해서도 주석으로 기재한다.

(9) 무형자산의 기록방법

취득에 의한 증가는 차변에 기록하고 처분, 감액, 상각은 대변에 기록한다. 따라서 계정잔액은 당해 무형자산의 미상각잔액을 나타낸다. 무형자산의 상각액은 당해 무현자산계정의 대변에 기록하여 직접 차감한다. 미상각잔액은 단지 미래의 회계연도기간에 상각하여 비용화될 금액을 나타낼 뿐 무형자산의 평가액을 의미하는 것은 아니다. 대별 무형자산의 관리를 위하여 무형자산대장이라는 보조원장을 사용하기도 한다. 무형자산대장에는 자산의 종류, 관련법규, 법적효력, 취득일시, 취득원가, 상각액, 감액 등을 기록한다.

◆회계처리 예

여주(주)는 2009년 3월 1일에 탄광을 개발하였는데, 탐사와 개발에 총50,000,000원이 지출되었다(현금지출). 이 탄광에서 경제적으로 회수할 수 있는 석탄은 총 1,000톤으로 추정되었는데, 2006년 12월 31일까지 200톤을 채굴하였을 경우 생산량비례법에 의해 회계처리를 행하시오.

〈요구사항〉

(가) 취득시 회계처리

(나) 무형자산 상각시 회계처리

가) 2006. 3. 1.	(차) 광 업 권	50,000,000	(대) 현 금	50,000,000
나) 2006. 12. 31.	(차) 무형자산상각비	10,000,000	(대) 광 업 권	10,000,000

5. 대손상각비와 대손충당금

일반적으로 상거래에서 발생하는 외상매출금, 받을어음, 대여금, 미수금, 부도어음 등은 상대방의 재정적 어려움, 파산, 재해 등으로 그 채권의 회수가 불가능하게 되는 경우가 있다. 대손이란 이처럼 채권의 회수가 불가능하게 되어 비용으로 처리하는 것을 말한다.

채권에 대한 회수불능추산액 또는 경상적인 대손발생액은 합리적이고 객관적인 기준에 따라 회계처리해야 한다.

(1) 대손상각비

기업이 상품을 외상으로 판매하거나 남에게 자금을 대여해 주면 매출채권이나 대여금 등으로 회계처리한다. 이들은 반드시 그 전액이 회수된다는 보장이 없다.

실제로 회수할 수 없는 금액을 대손금(bad debts)이라고 하며, 현실적으로 대손이 발생하면 그 금액을 대손상각비(bad debts expense)라는 비용계정으로 회계처리한다. 대손의 발생은 자산의 감소를 가져오며, 이는 비용으로 인식된다.

대손은 그 원인이 되는 본래의 채권 종류에 따라 다음과 같은 계정으로 처리하며, 그 대손상각액은 본래의 채권에서 직접 차감하여 처리할 수가 있다.

채권의 종류	대손처리하는 계정
매출채권	판매비와관리비(대손상각비계정)
기타채권	영업외비용(기타의 대손상각비계정)

◆회계처리 예

거래처의 파산으로 회수불능이 된 외상매출금 4,200,000원에 대하여 상법상의 소멸시효가 완성되었다. 이에 대한 회계처리를 하시오.

(차) 대 손 상 각 비	4,200,000	(대) 매출채권(외상매출금)	4,200,000

(2) 대손충당금

대손으로 확정된 채권은 본래의 채권에서 직접 차감함과 동시에 비용으로 회계처리하면 된다. 그런데 대손이 현실적으로 확정되지는 않았어도 기말결산일 현재의 채권잔액 가운데 일부는 회수되지 못하는 부분이 있게 마련이다.

그러므로 기말결산시 합리적이고 객관적인 기준에 따라 미리 대손예상액을 산출하여 채권이 발생한 회계기간의 비용(대손상각비)으로 처리하여야 한다. 이 경우의 대손예상액을 추정하여 회계처리 할 때에는 실제로 채권의 회수가 불가능하게 된 것이 아니므로 대손충당금(allowance for bad debts)이라는 계정을 설정하여 채권에서 대손예상액이 직접 차감되지 않도록 회계처리한다. 이는 실제로 특정 채권에 대해 대손은 발생하지 않았으나 결산시 채권잔액에 대해 대손가능액을 추정하여 충당금을 설정하는 방법이다.

이 방법은 대손액이 추정액이므로 추정에 의한 회계처리가 이루어지고 실무적으로 번잡하나 발생된 수익에 관련된 비용을 대응시키는 수익·비용대응의 원칙에 따른 회계처리이며, 대차대조표상의 수취채권을 회수가능액, 즉 순실현가치(net realizable value)로 나타낼 수 있다는 장점이 있다.

우리나라의 현행 세법에서는 ① 기업의 영업수익에 대한 외상매출금, ② 타인에게 대여한 금액으로서 기업의 수익을 발생시키는 직접적인 요인이 되는 대여금, ③ 정상적인 영업거래에서 발생한 어음상의 채권, 부가가치세 매출세액의 미수금, 선급금, 미수금, 선일자 수표상의 채권 등에 대한 대손예상액을 대손충당금으로 계상한 경우에 기업의 채권잔액의 100분의 1범위 내에서 손금으로 입정해 주고 있다.

각 사업년도에 사실상 발생한 채권(외상매출금 등)에 대한 대손액은 대손충당금과 상계처리하며, 대손충당금 잔액을 초과하는 채권에 대한 대손액은 대손상각비계정으로 계상한다.

◆회계처리 예

다음의 거래를 분개하시오.

① 결산기말에 외상매출금 잔액 75,000,000에 대한 1%를 대손충당금으로 설정하고 이를 대손처리하다.

② 다음연도에 실제로 발생한 외상매출금에 대한 대손액 900,000원을 대손충당금과 상계하고 부족한 금액은 대손상각비로 계상하다.

① (차)	대 손 상 각 비	750,000	(대) 대 손 충 당 금	750,000
② (차)	대 손 충 당 금	750,000	(대) 매출채권(외상매출금)	900,000
	대 손 상 각 비	150,000		

대차대조표상에 대손충당금은 각각의 채권과목 잔액에서 직접 차감하는 형식으로 기재하거나, 또는 대손충당금의 합계를 유동자산 및 투자자산의 합계액에서 각각 차감하는 형식으로 기재할 수 있다.

매출채권과 대손충당금의 표시방법을 예시하면 다음과 같다.

대차대조표

유동자산		
현 금		×××
매 출 채 권	×××	
대 손 충 당 금	××	×××

결산기에 이르러 대손충당금을 설정하고자 할 때 전기말에 설정된 대손충당금의 잔액이 있다면, 그 잔액을 차감한 금액만을 당기의 대손충당금으로 계상한다. 그러나 대손충당금의 잔액이 설정하고자 하는 금액보다도 초과되는 경우에는 초과액을 환입하여 영업외수익으로 계상한다.

결산시 기말채권에 대하여 그 회수가능성을 검토하고 회수가 불가능한 채권을 대손상각비로 처리할 때에는 기업회계기준에서도 우선 대손충당금과 상계하고 대손충당금이 부족한 경우에는 그 부족액을 대손상각비로 계상하는 것으로 규정하고 있다.

◆회계처리 예

다음의 거래를 분개하시오.

(1) 결산기에 외상매출금 잔액 20,100,000원에 대한 회수가능성을 검토해 본 결과 100,000원은 회수가 불가능한 것으로 조사되어 대손처리 하기로 하고, 나머지 잔액 20,000,000원에 대하여는 1%의 대손을 추정하고 대손충당금을 설정하기로 하였다. 이에 대한 분개를 하시오. 단 전기말에 설정된 대손충당금 잔액이 150,000원이 있다.

(2) 위의 경우 전기말에 설정된 대손충당금 잔액이 350,000원이었다고 가정하고 분개하시오.

① (차)	대 손 충 당 금	100,000	(대)	매출채권(외상매출금)	100,000
	대 손 상 각 비	*150,000	(대)	대 손 충 당 금	150,000

* 20,000,000원 × 1% = 200,000원	
전기말잔액	(-)50,000원
환입계상	150,000원

② (차)	대 손 충 당 금	100,000	(대)	매출채권(외상매출금)	100,000
	대 손 충 당 금	**50,000	(대)	대 손 충 당 금 환 입	50,000

** 20,000,000원 × 1% = 200,000원	
전기말잔액	(-)250,000원
환입계상	50,000원

전기에 대손으로 확정되어 이미 대손처리한 채권이 당기에 회수되었을 때에는 영업외수익으로 분류되는 상각채권추심이익계정에 계상하나, 그것이 비경상적이고 비반복적이며, 큰 금액일 경우에는 특별이익으로 분류할 수도 있다. 그러나 당기에 대손처리한 채권이 회수되었을 때에는 즉시 당기의 대손처리를 정정하여야 한다.

◆회계처리 예

다음의 거래를 분개하시오.

① 전기에 대손처리한 바 있는 여수상회에 대한 외상매출금 1,000,000원이 현금으로 회수되다.

② 당기에 대손처리한 일산상회에 대한 외상매출금 1,000,000원이 현금으로 회수되다.

① (차) 현 금 1,000,000 (대) 상각채권추심이익 1,000,000
② ㉮ 대손충당금계정에서 상계처리했을 경우
(차) 현 금 1,000,000 (대) 대 손 충 당 금 1,000,000
㉯ 대손상각비계정에서 처리했을 경우
(차) 현 금 1,000,000 (대) 대 손 상 각 비 1,000,000

(2) 대손가능액의 추산

대손충당금을 설정할 경우에는 대손예상액을 추정해야 하는데, 그 추정방법 중 일반적으로 사용되고 있는 방법은 기간중의 외상매출액의 일정비율 또는 기말 채권잔액의 일정비율로 추정하는 방법과 각 채권의 경과일수표를 작성하여 추정하는 방법이다.

1) 매출액비율법

매출액비율법은 회수불능채권 금액이 각 회계연도에 이루어진 외상매출액에 비례하여 발생할 것이라는 가정하에, 과거의 경험이나 통계적 자료를 바탕으로 외상매출 총액에 대한 대손율을 추정하여, 이 비율을 당해연도 외상매출 총액에 곱한 결과를 당해연도의 대손상각비로 처리하는 방법으로 수익과 비용의 대응이라는 관점에서 적절한 방법이다. 즉 계상된 외상매출액에 대하여 당기의 대손이 비용화되므로 외상매출액과 대손상각 사이에 높은 상관관계(correlation)가 있을 경우 매우 타당한 방법이 된다. 그러나 이 방법은 매출액에서 외상매출액을 분리하여야 하는 번거로움이 있고, 매출채권이 아닌 경우에는 적용되기 어려우며, 현행 우리나라의 기업회계기준이나 세법상 허용되지 않는 방법이라는 문제점이 있어 별로 사용되지 않고 있다.

매출액비율법에서는 대손충당금으로 설정되는 금액이 매기마다 외상매출액에 따라 결정되므로, 결산시에는 전기에서 이월되어 남아 있는 대손충당금 잔액과는 상관없이 대손충당금이 설정된다. 따라서 대손충당금 기말 잔액은 당해 결산기에 설정할 대손충당금과 전기에 설정하여 남아 있는 대손충당금을 합친 금액이다.

◆회계처리 예

매출거래처에 대한 외상매출액은 500,000원이며, 이 중에서 2%가 과거 경험상 회수 불가능한 것으로 추정된다. 단 현재 대손충당금 잔액은 2,000원이다. 매출액비율법에 의해 대손충당금을 설정하는 분개를 하시오.

(차) 대 손 상 각 비 10,000 (대) 대 손 충 당 금 10,000

* 이 때의 대손충당금 기말잔액은 12,000원이 된다.

2) 채권잔액비율법

채권잔액비율법은 각 기말의 채권잔액 중 일정비율에 해당하는 금액이 회수가 불가능하게 되리라는 가정하에 기말채권 잔액에 대손추정률을 곱하여 대손충당금 설정의 기말목표잔액을 구하고, 이 목표잔액에서 기말 현재의 대손충당금 잔액을 차감한 금액만큼 대손충당금으로 당기에 추가로 계상하는 방법으로 대차대조표에서 수취채권을 회수가능액, 즉 순실현가치로 평가하고자 하는 데 주안점을 두는 방법이라 할 수 있다.

◆회계처리 예

2009년 기말채권잔액은 8,000,000원이며, 현재 대손충당금 잔액은 38,000원이다. 회사는 과거 3년간 평균 대손경험률에 따라 대손충당금을 계속 설정하고 있으며 그 내용은 다음과 같다.

연 도	기말채권잔액	대손처리액	전기말 채권에 대한 대손율
2006년	6,000,000	55,000	0.92%
2007년	6,500,000	80,000	1.23%
2008년	7,000,000	60,000	0.86%
2009년	8,000,000		

3년간 평균대손율 = (55,000원 + 80,000원 + 60,000원)/(6,000,000원 + 6,500,000원 + 7,000,000원)
= 1%

위의 자료를 이용하여 2006년의 대손충당금 설정을 위한 분개를 하시오.

(차) 대 손 상 각 비 42,000 (대) 대 손 충 당 금 **42,000

** 8,000,000원 × 1% - 38,000원 = 42,000원

이 때의 대손충당금기말잔액은 80,000원이 된다.

제6절 감가상각

1. 감가상각의 의의

자산의 가치감소는 사용에 의한 감모, 사용하지 않아도 시간이 경과에 따라서 생기는 감가와 신발명, 개량 등 자산의 진부화로 인한 감가 등이 있다. 이와 같이 규칙적이고 계속적으로 발생하는 유형자산의 가치감소를 회계학상 감가라고 한다. 이 감가는 취득원가에서 폐기시의 잔존가액(매각예상가액)을 차감한 금액을 그 내용연수 동안에 배분하는 것을 목적으로 하는 회

계시스템이다. 이 시스템의 절차에 따라 비용화하는 것을 감가상각(depreciation)이라고 한다. 감가상각은 유형자산의 원가를 일정한 내용연수 동안에 체계적이고 합리적인 방법으로 배분하는 계산과정이며, 제품원가에 감가액을 산입시켜 판매함으로써 당해 유형자산에 투하된 자본을 회수하는 절차이다.

매기의 감가를 추정하여 감가액을 유형자사의 가액에서 차감함과 동시에 원가배분의 원칙에 의하여 공정하게 감가액을 용역을 받은 각 연도에 배분하는 절차인 것이다. 감가상각은 원가배분의 원칙에 따라서 계산되기 때문에 감가상각한 결과로서의 장부가액은 그 자산의 시가 또는 능률가치를 표시하는 것이 아니라 순수한 계산기술의 결과로 생긴 가액에 불과하다.

2. 감가상각의 목적

감가상각의 목적으로는 적정한 기간손익계산, 유형자산의 적정한 평가와 적정한 원가계산 그리고 기업자본의 유지 등을 들고 있다.

(1) 적정한 기간손익계산

적정한 손익계산을 하기 위해서는 감가상각이 필요하다. 즉 수익과 비용의 합리적인 대응을 위해서는 감가가 발생한 기간에 감가된 금액만큼 비용으로서 계상되어야 하는데 이것을 감가상각비라 한다.

감가상각을 하지 않고 감가총액을 자산이 폐기된 연도에만 부과시키면 그 연도는 부당하게 과대한 비용을 부담하게 된다. 반대로 자산취득시 일시에 감가상각을 하여도 당해 연도의 비용이 과대계상되므로 각 기간의 적정한 손익계산이 불가능하다.

기간손익을 적정하게 측정하기 위해서는 수익과 감가상각비를 포함한 모든 비용을 대응시킬 것이 필요하다. 특히 주식회사제도에 있어서는 일시에 감가상각을 하는 경우 감가상각을 하는 연도에만 막대한 비용이 계상되므로 배당액 또한 감소된다. 그러므로 적정한 손익계산을 위해서 조직적이고 합리적인 배분(systematic and rational allocation)에 의한 감가상각을 하여야 한다.

(2) 유형자산의 적정한 평가

유형자산의 적정한 평가를 하기 위해서 감가상각이 필요하다. 감가상각에 의한 매기의 감가액을 자산의 장부가액에서 차감함으로써 그 자산의 현재액을 표시하게 되는 것이다. 만일 감가상각을 하지 않고 폐기된 연도에만 일시에 전체의 감가액을 장부가액에서 차감한다면, 자산은 그 연도에는 부당하게 과소 계상되며 다른 회계연도에는 부당하게 과대 계상한 결과가 된다. 따라서 유형자산은 감가상각에 의하여 간접적으로 매년 적정하게 평가되는 것이다.

(3) 적정한 원가계산

적정한 원가계산을 위해서는 감가상각이 필요하다. 제품을 제조하는 데에는 원재료가 필요하며, 이를 가공하기 위하여 기계나 기구를 사용한다. 기계와 같은 유형자산은 사용 및 기타 원인에 의하여 그 가치의 일부가 제품원가를 형성한다. 감가상각비는 제품의 원가구성요소로서 중요한 지위를 차지하고 있으므로 감가상각비를 체계적이고 조직적인 방법으로 계산하여 각 제품에 배분함으로써 적정한 제품의 원가를 산정할 수 있다.

(4) 기업자본의 유지

기업자본의 유지를 위해서 감가상각이 필요하다. 유형자산에 투하된 자본은 제품판매를 통해서 현금으로 회수된다. 그러나 감가상각비는 당기의 비용으로 계상되지만 실질적으로 현금이 지출되는 것이 아니므로 그것만큼 유동화되어 기업내부에 유보된다.

감가상각을 통해서 동종의 유형자산을 재조달하기 위한 자금이 기업에 축적되는 결과가 되므로 투하자본이 유지되는 것이다. 그러나 인플레이션이 진행되는 경우에는 감가에 의해 회수된 자금으로서는 장차 동종의 신설비로 유형자산을 조달하지 못한다.

3. 감가의 발생원인

고정자산은 여러 가지 원인으로 말미암아 가치가 감소된다. 이것은 유형자산·무형자산이 시간의 경과 또는 사용에 따른 감모로 가치가 감소되는 것을 의미하는 것이다.

그리고 기술의 발달로 말미암아 가치의 감소를 초래하는 경우도 있다. 이러한 물리적 감가 및 기능적 감가를 경상적 감가라 하고 또한 예측할 수 없는 불의의 임시사고에 의하여 그 이용가치를 상실하는 것을 우발적 감가라고 한다.

(1) 경상적 감가

경상적 감가(normal depreciation)는 경영상 필연적, 규칙적, 계속적으로 발생하는 경상적인 감가를 말하는데 물리적 감가와 기능적 감가로 분류한다.

1) 물리적 감가

물리적 감가(physical depreciation)는 토지 이외의 유형자산이 시간의 경과(elapse of time) 또는 사용(use)에 의하여 물리적으로 감모되어 수선에 의해서도 원상회복이 곤란하여 폐기하여야 하는 경우를 말한다. 유형자산의 감가는 사용에 의해서만 발생될 경우도 있고 또한 시간의 경과에 따라서만 발생되는 경우도 있으나 일반적으로는 사용과 경과에 따르면 복합적인 원인에 의하여 발생되는 경우가 많다.

2) 기능적 감가

기능적 감가(functional depreciation)는 경제적 감가(economic dereciation)라고도 하며 물리적으로는 앞으로 더 사용할 수 있으나 경제적으로 이용가치를 상실하는 경우를 말한다. 진부화(obsolescence)란 유형자산이 낡거나 시대에 뒤떨어져 가치가 감소하는 것으로 유행의 변천이나 신발명, 신발견 등에 의하여 종전의 자산을 사용하는 것이 도리어 비경제적으로 되는 경우이다. 부적응화(inadequacy)란 물리적으로는 감모 또는 진부화가 되지 않았으나 법률적, 사회적 환경 등의 변화로 인하여 이용가치를 상실하는 경우를 말한다.

4. 감가상각비의 계산요소

감가상각은 일반적으로 당해 유형자산의 내용연수와 잔존가액을 추정하여 취득원가에서 잔존가액을 차감하고 그것을 내용연수의 각 기간에 일정한 방법에 의해서 배분하는 것이다. 따라서 매기의 상각액을 계산하려면 취득원가(기초가액), 잔존가액, 내용연수의 세 가지를 결정하여야 한다. 그러나 그 중 정확한 것은 취득원가뿐이고 잔존가액, 내용연수는 어디까지나 추정에 불과하다.

(1) 취득원가(aquisition cost)

유형자산을 매입할 때의 가격과 매입 제비용을 가산한 가액이나 자가건설비를 말한다.

(2) 내용연수(useful life)

유형자산의 사용가능한 연수를 말한다. 이 내용연수는 동일한 유형자산도 그 사용정도, 유지정책에 따라 상이하겠지만 경험에 의한 평균사용연수에 의하여 결정되는데 법인세법상에서는 내용연수가 표시되어 있다.

(3) 잔존가액(scrap value)

유형자산을 사용할 수 없을 경우의 잔액을 말한다. 다시 말하면 유형자산의 감가상각이 끝나서 제거할 때 받을 수 있는 처분가치를 말한다.

건물의 경우에는 사실상 잔존가액은 없고 오히려 그 건물을 철거하는데 비용을 차감한 잔액을 감가대상치(deperciable value)라 한다.

5. 감가상각비의 계산방법

(1) 정액법

정액법(straight line method)은 유형자산의 감가시간의 경과에 비례하여 발생하는 것으로 매년동액을 감가상각하는 방법이며, 상각 결과를 도시하면 직선을 이루게 되므로 직선법이라고도 한다. 정액법에 의한 감가상각비는 다음 산식에 의해서 계산한다.

$$\text{감가상각비(1년분)} = \frac{\text{취득가액 - 잔존가액(폐기가액)}}{\text{내용연수}}$$

◆감가상각 회계처리 예

다음 자료로서 정액법에 의한 감가상각비를 계산하여라.

기계취득가액 ₩200,000 내용연수 5년, 잔존가액은 원가의 10%이다.

$$\frac{200{,}000 - 20{,}000}{5} = 36{,}000$$

정액법에 의한 상각액 계산표

연 수	상각액	상각누계	장부가액
1	36,000	36,000	164,000
2	36,000	72,000	128,000
3	36,000	108,000	92,000
4	36,000	144,000	56,000
5	36,000	180,000	20,000

(2) 정률법

유형자산의 미상각잔액(장부가액)에 대해서 다음의 산식에서 산출된 일정률을 곱해서 매년 그 기간의 감가상각비를 산출하는 방법을 정률법(fixed percentage method)이라 한다. 이 계산에 의하면 초년도에 다액의 감가상각비가 계상되며 내용연수의 경과에 따라서 그 상각액은 점차 감소하게 된다.

감가상각비의 산식은 다음과 같다.

$$상각률 = 1 - \sqrt[n]{잔존가액 \div 기초가액} \qquad n = 내용연수$$

$$연간\ 감가상각비 = (취득가액 - 감가상각누계액) \times 정율$$

◆감가상각 회계처리 예

앞 예제에 의하여 정률법으로 감가상각비를 계산하여라. 상각률은 36.9%이다.

$$상각률 = 1 - \sqrt[5]{20,000 \div 200,000} = 36.9\%$$

제 1 차 연도 200,000 × 36.9% = 73,800

제 2 차 연도 (200,000 - 73,800) × 36,9% = 46.570

제 3 차 연도 {200,000 - (73,000 + 46,570)} × 36.9% = 29,380

제 4 차 연도 {200,000 - (73,800 + 46,570 + 29,380)} × 36.9% = 18,540

제 5 차 연도 {200,000 - (73,800 + 46,570 +29,380 + 18,540} - 20,000 = 11,710

정액법에 의한 상각액 계산표

연 수	상각액	상각누계	장부가액
1	73,800	73,800	126,200
2	46,570	120,370	79,630
3	29,380	149,750	50,250
4	18,540	168,290	31,710
5	11,710	180,000	20,000

(3) 생산량비례법

생산량비례법(production use method)은 비례법(productional method)의 대표적인 계산방법이다. 유형자산의 가치 감소는 해당자산의 사용정도에 비례하여 이루어진다고 간주하고 감가상각비를 계산하는 방법이다. 생산량비례법에서 매년도의 감가상각비는 해당연도에 유형 자산을 사용한 정도에 따라 다르게 계산된다. 이 감가상각법은 광산, 유전, 삼림 등 감모성 자산의 상가액을 계산할 때 이용하는 방법이며, 감가상각비의 산식은 다음과 같다.

$$감가상각액 \frac{취득원가 - 잔존가액}{예정총생산량} \times 실제생산량$$

◆감가상각 회계처리 예

다음 자료에 의해서 생산량 비례법으로 감가상각비를 계산하여라.

채굴예상량	50,000,000톤	취득원가	₩5,000,000
매기채굴수량	2,500,000톤	잔존가액	₩500,000

$$\frac{5{,}000{,}000 - 500{,}000}{50{,}000{,}000} \times 2{,}500{,}000 = 225{,}000$$

(4) 연수합계법

연수합계법(sum of the years digits method)은 급수법 또는 SYD법이라고도 하는데, 초 년도에 원가 소멸도가 높고 후년도로 갈수록 원가소멸도가 낮다고 가정하여 인위적으로 원가분배를 행하는 방법이다.

감가상각비 계산방법은 취득원가에서 잔존가액을 차감하고 잔여연수를 연수합계로 나누어 차감한 잔액과 곱하여 감가상각비를 산출하는 방법이다.

$$감가상각비 = (취득원가 - 잔존가치) = \frac{잔여연수}{내용연수의\ 합계}$$

◆감가상각 회계처리의 예

취득원가 ₩1,000,000 잔존가격 ₩100,000 내용연수 5년인 건물을 연수합계법에 의하여 5년간 감가상각액을 계산하여라.

연 도	감 가 상 각 액	상각누계액	장부가액
1	(1,000,000 - 100,000) × 5/15 = 300,000	300,000	700,000
2	(1,000,000 - 100,000) × 4/15 = 240,000	540,000	460,000
3	(1,000,000 - 100,000) × 3/15 = 180,000	720,000	280,000
4	(1,000,000 - 100,000) × 2/15 = 120,000	840,000	160,000
5	(1,000,000 - 100,000) × 1/15 = 60,000	900,000	100,000

(5) 이중체감법

이중체감법(double declining balance method)은 정액법의 감가상각률을 2배하여 정률법과 동일한 계산 방법으로 감가상각액을 계산하는 방법이다.

감가상각 회계처리 예

취득원가 ₩100,000 잔존가격 10,000 내용연수 5년인 기계장치를 이중체감법에 의하여 3차년도까지의 감가상각액을 계산하여라.

정액법의 감가상각률 = 1/5 = 20%

이중체감법의 감가상각률 = 정액법의 감가상각률 × 2 = 40%

1차년도 감가상각비 ₩100,000 × 0.4 = ₩40,000

2차년도 감가상각비 (₩100,000 - ₩40,000) × 0.4 = ₩24,000

3차년도 감가상각비 (₩100,000 - 64,000) × 0.4 = ₩14,400

6. 감가상각비의 기장방법과 재무제표상의 표시

(1) 기장방법

감가상각비를 기장하는 방법에는 직접법과 간접법의 두 가지가 있는데 간접법을 일반적으로 채택한다.

1) 직접법

감가상각비를 유형자산에서 직접 차감하는 방법이다. 감가상각비를 감가상각비계정(비용계정) 차변에 기입함과 동시에 유형자산계정 대변에 기입한다.

각 유형자산계정의 잔액은 그대로 당해 시점의 고정자산의 장부가액을 표시한다. 우리나라의 기업회계기준에서는 무형자산의 경우에 직접법 또는 생산량비례법에 의하고 유형자산의 경우에는 간접법에 의하여 회계처리하도록 하고 있다.

2) 간접법

매기의 상각액을 감가상각누계액계정을 별도로 설정해서 대변에 기입하는 방법이다. 유형자산계정은 취득원가대로 이월시키고 감가상각비는 감가상각누계액계정에 기입되며, 당해 유형자산의 취득원가 및 현재까지의 감가상각누계를 계정면에서 알 수 있게 한다. 고정자산의 장부가액을 계산하려면 유형자산계정 차변의 원가에서 당해 유형자산의 감가상각누계액계정 대변의 상각누계액을 차감하면 된다. 이러한 경우 감가상각누계액계정과 같이 특정의 계정(유형자산계정)에 종속되어 설정되며 주계정을 평가할 때에 차감되는 성질을 가진 계정을 평가계정(valuation account)이라 한다.

◆감가상각회계의 예

12월 31일 원가 ₩10,000,000의 건물에 대하여 감가상각비 ₩100,000을 계상한다. 직접법과 간접법에 의해서 분개 및 계정기입을 하여라.

(가) 직접법

(차) 감가상각비 100,000 (대) 건 물 100,000

건 물

1/1	(원 가) 10,000,00	12/31	감가상각비	100,000
		12/31	차기이월	9,900,000
	10,000,000			10,000,000
1/1	전기이월 9,900,000			

감 가 상 각 비

12/31	건 물 100,000	12/31	손 익 100,000

(나) 간접법

(차) 감가상각비 100,000 (대) 건물감가상각누계액 100,000

건 물

1/1 원 가	10,000,000	12/31 차기이월	10,000,000
1/1 전기이월	10,000,000		

건물감가상각누계액

12/31 차기이월	100,000	12/31 감가상각비	100,000
		1/1 전기이월	100,000

(2) 표시법

기업회계기준서에서는 유형자산에 대한 감가상각을 간접법에 의하여 계상하는 것을 원칙으로 하고 있다. 이는 재무제표에 유형자산의 취득가액과 감가상각누계액을 모두 표시하는 것이 이들을 차감한 잔액만을 표시하는 직접법보다 이해관계자들에게 보다 나은 정보를 제공할 수 있기 때문이다.

1) 손익계산서상의 표시

감가상각비는 판매비와 관리비로 하여 표시된다. 다만 제조원가 성질의 감가상각비는 제조경비로 한다.

2) 대차대조표상의 표시

유형자산에 대한 감가상각누계액은 그 자산과목에서 차감하는 형식으로 표시하여야 한다.

<u>대차대조표</u>

Ⅱ. 고정자산		
(2) 유형자산		
건　물	×××	
감가상각누계액	(-) ×××	×××
비　품	×××	
감가상각누계액	(-) ×××	×××

7. 개별상각과 종합상각

감가상각계산방법은 그 적용을 고정자산의 품목별로 각각 별도로 계산하는 개별상각과 내용연수가 다른 여러 종류의 고정자산을 대상으로 일괄해서 계산하는 종합상각이 있다.

(1) 개별상각(unit depreciation)

개별상각은 유형고정자산의 구조나 용도 등이 다른 개개의 자산단위마다 개별로 감가상각계산과 기장을 하는 방법이다. 이 방법에 의하면 개개의 고정자산마다 미상각잔액이 명확하게 되므로 그 고정자산을 폐기 또는 처분하는 경우 그 폐기손실 또는 처분손익을 용이하게 알 수 있다. 이것이 개별상각의 특징이다.

개별상각에서는 자산이 그 내용연수에 도래하기 전에 처분될 때에는 그 자산의 미상각잔액을 처분손으로 처리한다. 이에 대해 고정자산이 내용연수를 초과하여 사용될 때에는 내용연수가 종료되어 미상각잔액이 없어지므로 그 이후는 이것을 사용하더라도 이에 대하여 감가상각비를 계상할 여지가 없게 된다.

(2) 종합상각(composite depreciation)

고정자산의 수가 많아지면 개별상각으로서는 그 일이 매우 번잡하기 때문에 두 개 이상의 자산을 일괄하여 상각계산하게 되는데 이것을 종합상각이라 한다. 종합상각에는 두 가지 견해가 있다. 하나는 내용연수가 같은 종류의 자산 또는 내용연수가 다르지만 물질적 성질이나 용도, 소속장소, 기능 등에 공통성을 갖는 여러 종류의 자산을 1개 그룹으로 하여 각 그룹마다 평균내용연수를 사용하여 일괄적으로 감가상각계산 및 기장을 하는 방법이다. 이것을 조별상각법(group depreciation, 부분별 상각법)이라고도 한다. 또 하나는 어떤 공장 전체의 기계 등에서 내용연수를 달리하고 또한 물질의 성질이나 용도 등도 다른 다수의 각종 자산이 일체가 되어 기능하고 있을 경우에 이들에 대하여 가중평균법에 의해 계산된 평균내용연수를 사용하여 일괄적으로 감가상각 계산 및 기장을 하는 방법이 있다. 종합내용연수 및 상각률의 예를 들면 다음과 같이 계산된다.

종 류	취득가액	상각대상가액	잔존가액	내용연수	연상가액
갑	₩100,000	₩10,000	₩90,000	3년	₩30,000
을	₩200,000	₩20,000	₩180,000	10년	₩18,000
병	₩300,000	₩30,000	₩270,000	6년	₩45,000
정	₩500,000	₩50,000	₩450,000	15년	₩30,000
	₩1,100,000	₩110,000	₩990,000		₩123,000

내용연수 = 상각대상가액 ÷ 년상각액 = 990,000÷123,000 = 8년
상각률 = 년상각액 ÷ 취득가액 = 123,000 ÷ 1,100,000 = 0.1118

이 상각률은 본래 자산구성의 변화에 의하여 개정되어야 하지만 현저한 변화가 없으면 개정하지 않아도 좋다.

종합상각법에 있어서는 개개인의 자산의 미상각 잔액이 명확하지 않다. 따라서 어떤 자산이 평균내용연수가 도래하기 전에 제거되는 경우에는 그 제각손을 계상하지 않고 그 자산의 취득원가에서 잔존가액을 차감한 잔액을 감가상각 충당금 계정에서 공제하여 다음과 같이 분개를 한다.

(차)	감가상각충당금(상각총액)	×××	(대) 고정자산(취득원가)	×××
	저 장 품(잔존가액)	×××		

이 때문에 종합상각법에 의하면 1개 자산의 내용연수가 도래하더라도 다른 자산이 남아 있는 하는 미상각 잔액도 잔존하므로 평균내용연수가 경과될 때까지 감가상각비를 계상할 수 있는 것이 보통이다.

8. 임시상각과 특별상각

감가상각은 원래 처음에는 정해진 방법에 따라 계획적·규칙적으로 해야 함이 원칙이다. 신기술의 도입·발명 등의 외적 사정에 의하여 고정자산이 기능으로 현저하게 감가했을 경우에는 이 사실에 대응해서 임시로 감가상각을 할 필요가 있는데 이것이 임시 상각이다.

그러나 이것은 소정의 계획에 대하여 규칙적으로 계상된 감가상각과는 다르며 과년도의 상각부족에 대한 수정을 해야 한다. 예를 들면 취득원가 100만원, 자존가액 10만원, 내용연수 15년의 예정의 임시상각을 하여야 한다. 또한 임시상각과 비슷한 것은 고정자산의 멸실에 있다. 재해나 사고 등의 우발적 사정에 의하여 고정자산의 실체가 멸실했을 경우에는 그 멸실부분의 금액만큼 당해자산의 장부가액을 절하하지 않으면 안 된다. 그러나 이것은 임시손실이며 감가상각은 아니다. 특별상각이란 원래 세법상의 제도이며 산업정책상의 제도이며 산업정책의 일환으로서 정부가 지정하는 특정의 기계·설비 등에 대해서 할증상각을 인정한 이른바, 가속상각이 그것이다. 우리나라의 경우 법인세법 시행령 제44조의 특별상각이 그것이며, 이는 조세정책적인 이유에서 인정되는 것이다. 기업회계기준에서도 법령에 의하여 유형고정자산에 대하여 특별상각한 경우 이를 특별손실로 계상토록하고 있으며, 다만 사용시간에 따라 특별상각한 경우에는 제조원가로 계상한다. 이같이 특별상각한 경우에는 그 종류, 근거, 금액 등의 내용을 주석으로 기재하여야 한다.

9. 감가상각에 관련된 기타 항목

(1) 기중취득 유형자산의 감가상각

유형자산은 대부분의 경우 기중에 취득하여 사용되게 된다.

그렇다면 기중에 취득한 유형자산의 감가상각은 어떻게 처리하여야 할 것인가? 예를 들어 내용연수가 5년인 유형자산을 2004년 6월 16일에 취득하였는데 회계기말은 12월 31일이라면 얼마의 감가상각비를 계상하여야 할 것인가? 정액법을 사용한다면 감가상각대상액(취득원가-

잔존가액)을 내용연수로 나누어 구한 1년간의 감가상각비에 사용기간을 곱하여 첫 해의 감가상각비를 계상하면 된다. 따라서, 만약 취득원가가 ₩100,000이고 잔존가액이 없는 것으로 추정되는 경우에는 1년간 감가상각비는 ₩20,000(=₩100,000÷5년)이 되고 첫 해의 감가상각비는 ₩10,833(₩20,000×6.5/12)이 된다.

그러나 만약 연수합계법을 사용한다면 얼마를 첫 해의 감가상각비로 할 것인가? 이 경우 처음 3년간의 감가상각비를 계산해 보면 다음과 같다.

1차년도 ₩100,000 × 5/15 = ₩33,333

2차년도 ₩100,000 × 4/15 = ₩26,667

3차년도 ₩100,000 × 3/15 = ₩20,000

따라서 이로부터 2004년과 2005년 회계연도의 감가상각비는 다음과 같이 계상된다.

2004년 : ₩33,333 × 6.5/12 = ₩18,055

2005년 : ₩33,333 × 5.5/12 + ₩26,667 × 6.5/12 = ₩29,722

이와 같이 유형자산 취득일을 기준으로 각 해의 1년간 감가상각비를 구한 다음 이를 관련된 두 연도에서 차지하는 회계연도의 비중에 비례하여 할당하는 방식으로 한 회계연도의 감가상각비를 계상한다.

유형자산의 감가상각에 대한 회계처리로 다음 몇 가지 방법이 인정되고 있다.

① 일단위

② 월단위(주단위도 가능)

③ 6월단위(회계연도 중 감가상각기간이 6월 이하인 경우)

④ 1년단위(회계연도 중 감가상각기간이 6월을 초과하는 경우)

위 방법들을 이용하여 위에서 든 예시에 대한 기중취득 유형자산의 감가상각비를 정액법을 이용하여 계산하면 다음의 표와 같다.

기중취득 유형자산의 감가상각금액의 비교-간편법 이용시

방 법	20×4	20×5	20×6	20×7	20×8	20×9	합 계
일단위	₩10,833	₩20,000	₩20,000	₩20,000	₩20,000	₩9,167	₩100,000
월단위	11,667*	20,000	20,000	20,000	20,000	8,333	100,000
6월단위	10,000**	20,000	20,000	20,000	20,000	10,000	100,000
1년단위	20,000	20,000	20,000	20,000	20,000	0	100,000

* ₩20,000 × 7/12 = ₩11,667, ** ₩20,000 × 1/2 = ₩10,000

(2) 감가상각과 자산교체자금과의 관계

감가상각비는 순이익을 감소시킨다는 면에는 다른 비용과 유사하나 현금지출을 수반하지 않는다는 면에서는 다른 비용과 다르다. 그러나 유형자산에 대한 감가상각으로 인해 해당자산을 교체하는 데 필요한 자금이 사내에 유보 혹은 적립되는 것은 아니다.

감가상각이 자산의 교체에 필요한 자금을 제공하지 않는다는 것을 살펴보기 위하여 다음과 같은 극단적인 경우를 생각하여 보자. 한 회사가 영업개시 초에 ₩10,000을 출자하여 이를 모두 유형자산의 구입에 사용하였다면 대차대조표에는 차변합계액으로서 유형자산 ₩10,000과 대변합계액으로서 자본 ₩10,000으로 구성된다. 만약 유형자산의 내용연수가 5년이고 5년 동안 수익이 한푼도 없었고 감가상각을 제외한 다른 비용도 일절 발생하지 않았다고 가정하면 감가상각비만 매년 ₩2,000씩 5년간 발생하게 된다. 5년 동안 감가상각을 한 결과 유형자산의 장부가액은 ₩0이 되고 5년간의 손실누적액이 ₩10,000(=₩2,000×5년)이 되어 자본의 합계도 ₩0이 될 것이다. 여기에서 알 수 있는 것은 감가상각이 해당 유형자산을 교체하는 데 필요한 자금을 전혀 제공하지 못한다는 점이다. 즉 자산의 교체를 위한 자금은 수익을 통한 현금의 유입, 증자, 차입 등의 방법으로 조달되는 것으로서 감가상각과는 무관하다.

(3) 감가상각방법 및 감가상각률의 변경

회계정책 및 회계추정의 변경은 그 변경으로 인하여 재무제표를 보다 적절히 표시할 수 있음이 객관적으로 입증되는 경우에 한하여 할 수 있다. 따라서 기업은 재무제표를 보다 적절히 표시할 수 있다고 인정되면 감가상각방법을 변경할 수 있다. 감가상각방법의 변경은 회계정책 변경의 대표적인 예이다.

유형자산의 감가상각률은 동일한 자산의 평균내용연수라든가 혹은 기타 적절한 정보를 이용하여 결정하여야 한다. 그러나 이는 내용연수의 추정치에 근거하여 결정되기 때문에 때로는 감가상각률을 변경하여야 할 필요가 생긴다. 내용연수 및 감가상각률에 부정적 영향을 미치는 요인들로서는 예상하지 못한 마모 및 손상 등의 발행, 진부화 등을 들 수 있으며, 이들에 긍정적 영향을 미치는 요인들로서는 철저한 수선유지노력, 사용방식의 개선 등을 들 수 있다.

새로 취득한 유형자산에 대한 감가상각방법도 동종의 기존 유형자산에 대한 감가상각방법과 일치시켜야 한다. 다만, 신규사업의 착수나 다른 사업부문의 인수 등의 결과로 독립된 새로운 사업부문이 창설되어 기존의 감가상각방법으로는 그 사업의 특성을 반영할 수 없기 때문에 다른 방법을 사용하는 경우에는 회계변경으로 보지 아니한다.

기업회계기준서 제1호에서는 회계추정의 변경에 대하여서 전진적 조정(prospective adjustments)을 하도록 규정하고 있다. 즉 이미 보고된 과거의 결과는 조정하지 않고 미래의 기간에 걸쳐 조정하여야 한다. 그러나 정당한 회계기준의 변경은 누적효과를 전기이월이익잉여금에서 소급조정(retrospective adjustment)하고, 그 이전의 재무제표를 비교목적으로 공시할 경우에는 소급적용에 따른 수정사항을 반영하여 재무제표를 재작성하도록 규정하고 있다.

(4) 유형자산의 감액손실

자산은 순실현가능가액 이상으로 기록되어서는 안 된다. 자산을 평가하는 상환은 순실현가능가액으로 보는 것이 일반적이다. 유형자산의 장부가액(취득원가-감가상각누계액)이 순실현가능가액보다 높은 경우에는 이를 평가감하여야 한다. 유형자산은 판매목적으로 소유하는 자산이 아니므로 순실현가능가액의 측정이 어려우며 자산의 순실현가능가액은 변동하기 마련이므로 항상 장부가액과 순실현가능가액을 비교하여 그 변화를 조정한다는 것은 불가능하다. 또한 유형자산의 경우 감가상각을 통하여 장부가액이 점차 감소하므로 장부가액이 순실현가능가액보다 높게 기록될 가능성도 희박하다.

기업회계기준서 제5호(문단35-36)에서는 유형자산의 진부화 또는 시장가치의 급격한 하락 등으로 인하여 유형자산의 미래경제적 효익이 장부가액에 현저하게 미달한 가능성이 있는 경우에는 감액손실을 인식하도록 요구하고 있다. 즉 자산의 진부화, 물리적 손상 및 시장가치의 급격한 하락 등으로 당해 유형자산의 사용 및 처분으로부터 기대되는 회수가능가액(recoverable value)이 장부가액에 미달하는 경우에는 회수가능가액을 장부가액으로 하고 그 차액을 감액손실로 처리하도록 되어 있다. 또한 감액한 자산의 회수가능가액이 차기 이후에 장부가액을 초과하는 경우에는 당해 자산이 감액되기 전의 장부가액의 감가상각후 잔액을 한도로 감액손실환입과목으로 하여 당기이익으로 처리한다.

(5) 유형자산과 감가상각에 대한 공시

기업회계기준서 제5호(문단43-45)에서는 토지의 공시지가, 감가상각방법, 내용연수 또는 상각률, 취득(자본적 지출 포함), 처분, 기업결합을 통한 취득, 감액손실과 감액손실환입, 감가상각비, 소유권이 제한되거나 담보로 제공된 유형자산의 내용과 금액, 유형자산과 관련된 추정복구비용의 내용, 금액 및 회계처리방법, 건설중인 자산에 대한 당기 지출액, 유형자산을 취득하기 위한 약정액, 금융비용자본화에 의해 자본화된 금액 등을 주석으로 공시할 것을 요구하고 있다. 유형자산에 대하여 감액손실을 인식한 경우에는 감액을 초래한 상황의 변화나 내용을 기술하고, 감액손실의 평가에 사용된 회수가능가액의 산정방법과 그 금액을 공시하도록 요구하고 있다. 또 일시 운휴 중인 유형자산의 장부가액, 감가상각이 완료되었으나 아직 사용중인 유형자산의 잔존가액 또는 비망가액의 총액, 사용이 중지되어 처분예정인 유형자산의 장부가액 등은 추가적 주석사항으로 공시할 수 있도록 하고 있다.

(6) 투자세액공제

투자세액공제(投資稅額控除, investment tax credit)란 일정기간 내에 유형자산에 투자한 경우 투자액의 일정률에 해당하는 금액을 법인세에서 직접 공제시켜 주는 제도이다. 일반적으로 투자세액공제가 허용되는 유형자산에 투자한 경우 투자액의 10%에 해당되는 금액을 투자연도의 법인세에서 직접 공제하여 준다.

이연법에서는 투자세액공제를 이연시킨 후 이를 유형자산의 내용연수에 걸쳐 상각하고 상각액만큼의 법인세비용을 매년 차감하는 방식으로 회계처리한다. 그 결과 이연투자세액공제(移延投資稅額控除)라는 이연부채가 기록되는데, 이는 계정의 성격상 부채로 볼 수 없다는 한계점을 갖는다.

손익반영법에서는 투자세액공제가 발생한 연도의 법인세비용에서 투자세액공제를 직접 차감하는 방식으로 회계처리를 하므로 결과적으로 당기의 순이익이 그만큼 높게 보고된다. 따라서 이 방법은 당기의 법인세비용과 순이익이 투자세액공제에 의하여 크게 영향을 받게 되어 정상적인 영업활동과 관련하여 발생한 손익정보가 왜곡 반영된다는 한계점이 있다.

기업회계기준에서는 투자세액공제에 대하여서는 별도로 규정하고 있지 않다. 따라서 기업은 두 가지 방법 중 어느 방법을 사용할 수도 있다. 개념적인 차원에서는 이연법이 우수하다고 볼 수 있는 반면, 실무에서는 손익반영법이 훨씬 선호되고 있다. 회계처리가 간단하다는 점과 자산취득연도의 당기순이익이 높게 보고된다는 점이다.

(7) 상각완료자산 및 운휴자산

기업회계기준서 제5호(문단41)에서는 내용연수 도중 사용을 중단하고, 처분 또는 폐기할 예정인 유형자산은 사용을 중단한 시점의 장부가액으로 표시하도록 요구하고 있다. 이러한 자산에 대해서는 감가상각을 하지 않는 대신 투자자산으로 재분류하고, 감액손실 발생여부를 매회계연도말에 검토하여야 한다. 또 내용연수 도중 사용을 중단하였으나, 장래 사용을 재개할 예정인 유형자산에 대해서는 감가상각을 하되, 그 감가상각비(운휴자산감가상각비)는 영업외비용으로 하도록 규정하고 있다. 또 감가상각이 완료되었으나 아직 사용중인 유형자산의 잔존가액 또는 비망가액의 총액의 총액을 추가적인 주석사항으로 공시할 것을 권고하고 있다. 한편 유형자산을 우발적 사고나 기타 상황이나 여건의 변화로 본래의 용도대로 사용하지 못하고 처분예정인 유형자산은 이를 장부가액을 이용하여 투자자산으로 대체하고 이를 추가적인 주석사항으로 공시할 것을 권고하고 있다.

제7절 부 채

1. 부채의 의의

부채(liabilities)는 출자자 이외의 제3자에 대한 기업의 채무로서 장래에 금전, 그 밖의 자산으로 지급해야 할 의무를 말한다. 그러나 부채의 본질에 관해서는 회계학상 두 가지 설이 있다.

① 부채는 소극적 재산이므로 적극적재산인 자산과 더불어 재산이라고 생각하는 설이다. 이것을 부채재산설이라 하며 자산 - 부채 = 자본이란 자본등식을 근거로 한다.

부채는 기한이 되면 반제해야 할 성질의 것이므로 적극적인 재산에서 소극적인 재산을 차감하여 본다면 그 차액은 순재산인 자본이 되는 것이다.

② 부채(타인자본)도 자기자본과 같이 자본으로 보는 설이다. 즉 부채는 기업 자체에서 본다면 자기자본과 동일한 역할을 하는 것이므로 이 둘은 기능면에서 볼 때 자기자본과 별로 다를 것이 없다. 자산 = 부채 + 자본이란 대차대조표 등식은 타인자본인 부채나 자기자본인 자기출자는 경영과정에서 아무런 구별이 없으므로 자산 = 타인자본 + 자기자본, 또는 총재산 = 총자본을 의미하는 것이라고 생각하는 것이다.

2. 부채의 분류

기업회계기준에 의하면, 부채는 유동부채와 고정부채로 나눠진다. 유동부채는 1년 이내에 지급되리라고 기대되는 채무로서, 현재의 유동자산을 사용하거나 다른 유동부채의 발생에 의하여 청산·상환된 채무이다. 고정부채(fixed liabilities)란 전통적으로 유동부채와 구별되어 사용되는 말이며, 장기부채(long-term liabilities)라는 말과 동의어로 쓰인다. 기업회계기준에서는 이를 상환기한이 대차대조표일로부터 1년내에 도래하지 아니하는 사채 · 장기차입금 등의 장기부채라고 정의하고 있다.

1년 기준에 따라 유동부채, 고정부채로 구분하고 있는데 부채를 열거하면 〈표 3-2〉와 같다.

〈표 3-2〉 기업회계기준에 의한 부채의 분류

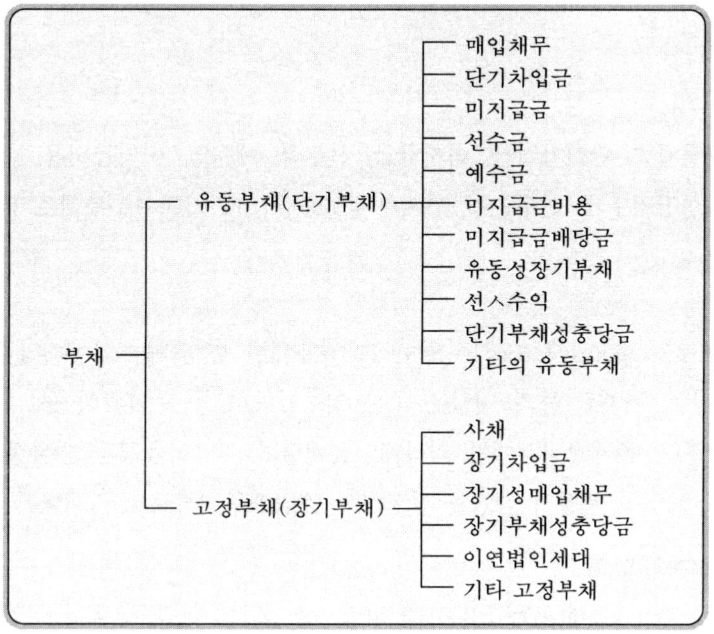

3. 부채의 평가

부채는 장래의 부채를 상환하는 데 필요한 현금지급액(만기지급액)을 현재가치로 환원하여 평가하여야 한다. 그러나 실무상으로 유동부채는 1년 이내의 단기간에 만기가 되고 따라서 부채의 현재가치와 만기의 가치는 별 차이가 없다는 점에서 재무제표상에는 만기금액으로 기재한다.

제 8 절 유 동 부 채

1. 유동부채의 의의

유동부채(current liabilities)란 단기간 내의 지급기한 또한 급부인도기한이 도래하는 부채를 말하는데 이를 단기부채(short-term liabilities)라고도 한다. 영업거래에서 생긴 지급어음, 외상매입금, 선수금 등과 그 이외의 부채로서 대차대조표일로부터 1년 이내에 지급기한 또는 급부인도기한이 도래하는 부채들로서 단기차입금, 미지급금, 미지급비용, 선수수익 등으로 구성된다.

2. 유동부채의 종류

유동부채는 매입채무, 단기차입금, 미지급금, 선수금, 예수금, 미지급비용, 미지급법인세, 미지급배당금, 유동성장기부채, 선수수익, 단기부채성충당금, 기타의유동부채로 분류한다.

(1) 매입채무

매입채무(accounts payable-trade)는 일반적상거래에서 발생하는 외상매입금과 지급어음을 말한다. 따라서 상품, 원재료 등의 매입은 물론 외주가공비 등 용역거래에서 발생하는 채무의 미지급액도 포함한다. 총계정원장에는 외상매입금계정과 지급어음계정을 설정하여 각각 기입하며, 대차대조표에는 두 계정의 금액을 합산하여 매입채무계정으로 기재한다.

◆매입채무의 회계처리 예

여주(주)는 갑상품 1,000개(@₩15,000)를 외상으로 구입하였다. 상품의 구입과 관련하여 매입제비용 ₩600,000은 현금으로 지급하였다.

(차)	매　　입	15,600,000	(대) 외상매입금	15,000,000
			현　　금	600,000

(2) 단기차입금

단기차입금(short-term borrowings)은 금융기관과의 사전 약정에 의하여 당좌예금잔액을 초과하여 지급한 당좌차월액과 금전대차계약에 의하여 현금을 차입하는 경우 1년내에 상환될 금액을 말한다. 약속어음을 발행하여 교부하고 차입한 경우에도 단기차입금계정에 기재한다.

당좌차월액의 경우 총계정원장에는 당좌차월계정을 설정하여 기입하고 대차대조표에는 단기차입금 계정에 합산하여 기재한다.

◆단기차입금의 회계처리 예

여주(주)는 현금 100,000,000을 10개월간 차입하였다.

(차)	현　　금	100,000,000	(대) 단기차입금	100,000,000

(3) 미지급금

미지급금(accounts payable-other)은 일반적상거래 이외에서 발생한 채무를 기입하는 계정을 말한다. 재고자산 이외의 자산을 외상으로 구입하고 약속어음을 발행하여 교부한 경우에도 미지급금계정에 기입한다.

미지급금은 확정채무(지급기일이 도래한 채무)로서 채권자와 신용관계로 그 지급기일을 연장하고 있는 것이지만 미지급비용은 계약에 따라 비용이 계속적으로 발생하고 있으나 그 지급기일이 도래하지 아니한 채무이다.

◆미지급금의 회계처리 예

여주(주)는 사무용 책상과 의자 ₩10,000,000을 구입하고 대금을 월말에 지급하기로 하다.

(차) 비 품	10,000,000	(대) 미 지 급 금	10,000,000

(4) 선수금

선수금(advance receipts)은 수주공사의 착수금, 주문상품의 계약금으로 수령한 금액으로서 공사수익이나 매출액으로 대체될 때까지 잠정적으로 계상하는 계정이다. 선수금은 상품 등의 재화를 인도하거나 용역을 제공할 의무이기 때문에 부채로 표시된다.

◆선수금의 회계처리 예

① 여주상사는 이천상사로부터 상품 ₩10,000,000의 주문을 받고 계약금 ₩2,500,000을 수표로 받아 은행에 예입하였다.

② 여주상사는 위의 상품을 발송하고 계약금을 제외한 잔액은 후일에 받기로 하였다.

㉮	(차) 당 좌 예 금	2,500,000	(대) 선 수 금	2,500,000
㉯	(차) 선 수 금	2,500,000	(대) 매 출	10,000,000
	외상매출금	7,500,000		

(5) 예수금

예수금(withholding)은 일반적상거래 이외에서 발생한 제 예수금을 기입하는 계정이다. 예수금이란 타인의 현금을 일시적으로 보관하였다가 가까운 미래에 이를 결제하여야 할 의무를 부담하는 부채로서 영업활동과 직접 관련 없이 보관하고 있는 금액을 말한다. 예수금으로는 영업보증금, 소득세예수금, 조합원예수금, 부가가치세예수금 등이 있다.

전자제품을 수출하는 회사가 외국수입상과 제품수출계약을 체결하고 제품제조를 위하여 계속 사용할 권한만 있는 금형제작을 위한 금형비를 수령한 경우도 예수금으로 처리하도록 규정하고 있다.

◆예수금의 회계처리 예

① 여주(주)는 2009년 5월말 종업원에 대한 급여 ₩10,000,000 중 소득세 ₩500,000, 의료보험료 ₩300,000, 조합비 ₩200,000을 차감한 잔액을 현금으로 지급하다.

② 2009년 6월초 소득세, 의료보험료, 조합비를 납부하다. 단, 회사부담 의료보험료 ₩300,000도 함께 지급하다.

㉮ 2009년 5월말

(차)	급 여	10,000,000	(대)	소득세예수금	500,000
				보험료예수금	300,000
				조합비예수금	200,000
				현 금	9,000,000

㉯ 2009년 6월초

(차)	소득세예수금	500,000	(대)	현 금	1,300,000
	보험료예수금	300,000			
	조합비예수금	200,000			
	복리후생비	300,000			

(6) 미지급비용

미지급비용(accrued expenses)은 비용으로 발생하였으나 결산일 현재 지급기일이 도래하지 않아 부채로는 계상되지 않은 예상부채이다. 미지급비용은 시간의 경과에 따라 계상하는 경과계정으로서 구체적으로는 미지급이자, 미지급임차료, 미지급급여 등이 있다.

◆미지급비용의 회계처리 예

여주(주)의 기말 결산일 현재의 결산정리사항은 다음과 같다.

① 단기차입금에 대한 이자 미지급액을 ₩200,000 계상하다.

② 건물에 대한 임차료 미지급액 6개월분 ₩600,000을 계상하다.

㉮	(차)	이자비용	200,000	(대)	미지급이자	200,000
㉯	(차)	임 차 료	600,000	(대)	미지급임차료	600,000

(7) 미지급법인세

미지급법인세(accrued income taxes)는 법인세, 주민세 등의 미지급액을 말한다. 미지급법인세는 결산시 당해 사업연도의 과세소득에 대한 법인세, 주민세 등을 추정하고 회계기간 중에 이미 납부한 중간예납액 등을 차감한 잔액과 과거 사업연도에 해당하는 확정된 법인세를 미지급한 경우에 동금액 등을 합산하여 계상하는 계정이다.

미지급법인세가 영업활동의 결과 발생한 미지급비용의 일종인데 반하여 미지급세금과 공과는 회사가 소득과 관계없이 부담하는 재산세 · 자동차세 등의 미지급액이다.

◆미지급법인세의 회계처리 예

① 2009년 8월 31일 법인세 중간예납액 ₩2,500,000을 현금으로 납부하다.

② 2009년 결산일 현재의 법인세차감전순이익은 ₩10,000,000이며 법인세율은 30%로 예상한다.

㉮ (차)	법인세비용	2,500,000	(대) 현 금	2,500,000
㉯ (차)	법인세비용	500,000	(대) 미지급법인세	500,000

위의 분개는 다음과 같이 할 수도 있다.

㉮ (차)	선급법인세	2,500,000	(대) 현 금	2,500,000
㉯ (차)	법인세비용	3,000,000	(대) 선급법인세	2,500,000
			미지급법인세	500,000

(8) 미지급배당금

미지급배당금(accrued dividends)은 이익잉여금처분계산서상의 현금배당액을 말한다. 즉, 이사회 결의로 작성된 이익잉여금처분계산서(안)상의 현금배당액을 대차대조표에 유동부채로 계상한 것을 말한다. 이익잉여금처분계산서상의 현금배당액은 당기의 이익잉여금에서 지급될 것이므로 미지급 배당금이라는 과목으로 유동부채로 계상하는 것이다.

◆미지급배당금의 회계처리 예

이익잉여금처분계산서(안) 내역은 다음과 같다.

현금배당 : ₩10,000,000
(배당률 10%)

① 결산시의 회계처리

(차) 처분전이익잉여금	10,000,000	(대) 미지급배당금	10,000,000

② 주주총회 후 배당금 지급시의 회계처리

(차) 미지급배당금	10,000,000	(대) 현 금	10,000,000

(9) 유동성장기부채

유동성장기부채(current portion of long term debts)는 고정부채 중 1년 내에 상환될 금액을 말한다. 분할상환조건의 장기차입금 중에서 1년 내에 만기일이 도래하는 금액은 장기차입금에서 분리하여 유동성장기부채과목으로 재분류하여야 하며, 그 잔액은 장기차입금으로 표시하여야 한다.

유동성장기부채로 분류되는 것은 상환시에 유동자산의 사용이나 유동부채의 발생을 가져오는 경우에만 해당되며, 비유동자산으로 상환하는 경우와 새로운 장기부채로 상환하고자 하는 경우 및 주식을 발행하여 상환하고자 하는 경우에는 유동부채로 재분류해서는 안 된다.

◆유동성장기부채의 회계처리 예

여주(주)의 2009년 결산일 현재 장기차입금 ₩100,000,000 중 ₩25,000,000이 2010년 중에 만기일이 도래하게 되었다.

이와 같은 경우 여주(주)의 2009년 결산일에 행할 회계처리와 부분대차대조표를 나타내면 다음과 같다.

(차) 장기차입금	25,000,000	(대) 유동성장기부채	25,000,000

<u>대 차 대 조 표</u>

부 채	
Ⅰ. 유동부채	
5. 유동성장기부채	25,000,000
Ⅱ. 고정부채	
2. 장기차입금	75,000,000

(10) 선수수익

선수수익(unearned revenue)은 현금으로 수령한 수익 중에서 차기 이후에 속하는 금액을 말한다. 즉, 기업이 일정기간 동안 용역을 제공하기로 약정하고 수령한 현금액 중 차기 이후의 기간에 해당되는 금액은 당기의 수익에서 동시에 선수수익으로 계상하여야 한다.

선수수익으로는 선수임대료, 선수이자수익 등이 있다.

◆선수수익의 회계처리 예

여주(주)의 기말 결산일 현재의 결산정리사항은 다음과 같다.

① 단기대여금에 대한 이자 선수액을 ₩2,000,000 계상하다.

② 건물에 대한 임대료 선수액 5개월분 ₩2,000,000을 계상하다.

㉮	(차) 이 자 수 익	2,000,000	(대)	선 수 수 익 (선수이자수익)	2,000,000
㉯	(차) 임 대 료	2,000,000	(대)	선 수 수 익 (선수임대료)	2,000,000

(11) 단기부채성충당금

단기부채성충당금(allowance of liabilities)은 1년 내 사용되는 부채성충당금으로서 그 사용목적을 표시하는 적절한 과목으로 기재한다. 부채성충당금은 당기의 수익에 대응하는 비용으로서 장래에 지출될 것이 확실한 것과 당기의 수익에 차감되는 것이 합리적인 것에 대하여는 그 금액을 추산하여 계상하여야 한다.

(12) 기타의 유동부채

위에서 설명한 유동부채 이외의 유동부채를 통합 표시하는 계정이다. 그러나 금액이 크면 독립된 과목으로 구분 표시하여야 한다.

기타의 유동부채로는 상품권, 수탁판매, 부가가치세예수금 등이 있다.

◆상품권의 회계처리 예

① 현대백화점은 상품권 ₩25,000,000을 발행하고 대금은 수표로 받아 주택은행에 당좌예금하였다.

② 후일 상품 ₩40,000,000을 매출하고 대금은 이미 발행한 상품권과 현금으로 받았다.

㉮	(차) 당 좌 예 금	25,000,000	(대)	(상품권)선수금	25,000,000
㉯	(차) (상품권)선수금	25,000,000	(대)	매 출	40,000,000
	현 금	15,000,000			

◆부가가치세예수금의 회계처리 예

① 여주상회는 상품 ₩44,000,000(부가가치세 ₩4,000,000 포함)을 외상으로 매입하다.

② 여주상회는 상품 ₩66,000,000(부가가치세 ₩6,000,000 포함)을 외상으로 매출하다.

③ 여주상회는 부가가치세 예정신고기간에 매출세액 ₩37,000,000과 매입세액 ₩25,000,000을 신고하고 차액을 현금으로 납부하다.

㉮ (차)	매 입	40,000,000	(대) 매 입 채 무	44,000,000
	부가가치세대급금	4,000,000		
㉯ (차)	매 출 채 권	66,000,000	(대) 매 출	60,000,000
			부가가치세예수금	6,000,000
㉰ (차)	부가가치세예수금	37,000,000	(대) 부가가치세예수금	25,000,000
			현 금	12,000,000

제9절 고정부채

1. 고정부채의 의의

고정부채는 장기부채라고도 하며 지급기한이 대차대조표작성일로부터 기산하여 1년 이후에 도래하는 부채이며, 장기자금조달의 수단으로 활용되므로 중요한 위치를 차지한다. 일반적으로 사채, 장기차입금, 장기성매입채무, 장기부채성충당금, 이연법인세대 등이 이에 속한다.

2. 고정부채의 분류

고정부채는 사채, 장기차입금, 장기성매입채무, 장기부채성충당금, 이연법인세대, 기타의 고정부채로 분류한다.

(1) 사채

사채(bonds)는 주식회사가 일반대중으로부터 공개적으로 장기간 거액의 자금을 차입하기 위하여 계약에 따라 일정한 이자를 지급하며, 만기일에 원금(액면금액)을 지급할 것을 약속한 확정채무이다.

사채의 발행방법은 평가발행(액면발행), 할인발행, 할증발행 등 세 가지가 있다. 평가발행은 사채이자율이 유효이자율과 같을 때 발행된다. 할인발행은 사채이자율이 유효이자율보다 낮을 때, 반대로 할증발행은 사채이자율이 유효이자율보다 높을 때 발행되는 방법이다.

사채는 액면가액으로 표시하도록 되어 있으므로 사채를 액면가액 이하로 할인발행하는 경우에는 사채할인발행차금이 발생하고, 액면가액 이상으로 할증발행하는 경우에는 사채할증발행차금이 발생한다. 이에 따라 사채할인발행차금은 사채계정에서 차감하는 형식으로, 사채할증발행차금은 사채계정에서 가산하는 형식으로 기재한다.

◆사채의 할인발행의 경우 회계처리 예

2009년 1월 1일 사채 ₩1,000,000을 ₩885,840으로 할인발행하고 납입금은 전액 당좌예입하다. 사채의 상환일은 2011년 12월 31일이며 이자는 매년말 지급한다. 사채의 액면이자율은 연 10%이며 유효이자율은 연 15%이다.

① 사채의 발행시점(2009년 1월 1일)

(차)	당 좌 예 금	885,840	(대)	사 채	1,000,000
	사채할인발행차금	114,160			

② 결산시(2004년 12월 31일)

[정액법]

(차)	이 자 비 용	138,053	(대)	현 금	100,000
				사채할인발행차금	38,053

₩114,160 ÷ 3년

[유효이자율법]

(차)	이 자 비 용	132,876	(대)	현 금	100,000
				사채할인발행차금	32,876

₩885,840 × 15%

◆사채의 할증발행의 경우 회계처리 예

2009년 1월 1일 사채 ₩1,000,000을 ₩1,049,730으로 할증발행하고 납입금은 전액 당좌예입하다. 사채의 상환일은 2011년 12월 31일이며 이자는 매년 말 지급한다. 사채의 액면이자율은 연 12%이며 유효이자율은 연 10%이다.

① 사채의 발행시점(2009년 1월 1일)

(차)	당 좌 예 금	1,049,730	(대)	사 채	1,000,000
				사채할증발행차금	49,730

② 결산시(2009년 12월 31일)

[정액법]

(차) 이 자 비 용	103,420	(대) 현 금	**120,000
사채할증발행차금	*16,580		

*₩49,730 ÷ 3년
**₩1,000,000 × 12%

[유효이자율법]

(차) 이 자 비 용	104,970	(대) 현 금	120,000
사채할증발행차금	15,030		

₩120,000 - (₩1,049,730 × 10%)

(2) 장기차입금

장기차입금(long-term debts)은 1년 후에 상환되는 차입금을 말한다. 따라서 분할상환조건의 장기차입금은 상환기일별로 구분하여 장기차입금과 유동성장기부채로 구분하여야 한다. 장기차입금은 현재가치로 평가한다.

◆장기차입금의 회계처리 예

여주(주)는 주택은행으로부터 연이율 12%의 조건으로 5년 기한으로 ₩200,000,000을 차입하다.

(차) 현 금	200,000,000	(대) 장 기 차 입 금	200,000,000

(3) 장기성매입채무

장기성매입채무(long-term payable)는 유동부채에 속하지 아니하는 일반적 상거래에서 발생한 장기의 외상매입금 및 지급어음을 말한다. 장기성매입채무는 명목가액과 현재가치의 차이가 중요한 경우 현재가치로 평가한다. 명목가액과 현재 가치의 차액은 현재가치 할인차금의 과목으로 하여 장기성 매입 채무에서 차감하는 형식으로 표시하여야한다.

◆장기성매입채무의 회계처리 예

여주상사는 2009년 1월 1일 연불조건으로 상품을 구입하였다. 이 상품의 공정시가는 ₩3,791,000이다. 연불조건은 2009년 12. 31.부터 매년 말에 ₩1,000,000씩 5년간 지급한다. 2009년 1. 1.의 시장이자율은 10%이다

위 자료로 상품구입시 및 2009년말의 회계처리를 하면 아래와 같다.

2009. 1. 1

(차)	매　　　입	3,791,000	(대)	장기성매입채무	5,000,000
	현재가치할인차금	1,209,000			
	₩1,000,000 × 3.791(연금현가계수)				

2009. 12. 31

[정액법]

(차)	장기성매입채무	1,000,000	(대)	현　　　금	1,000,000
	이 자 비 용	241,800		현재가치할인차금	241,800
	₩1,209,000 ÷ 5년				

[유효이자율법]

(차)	장기성매입채무	1,000,000	(대)	현　　　금	1,000,000
	이 자 비 용	379,100		현재가치할인차금	379,100
	₩3,791,000 × 10%				

(4) 장기부채성충당금

장기부채성충당금은 1년 후에 사용되는 충당금으로서 그 사용목적을 표시하는 과목으로 기재한다. 장기부채성충당금에 속하는 것으로는 퇴직급여충당금, 수선충당금, 공사보증충당금 등이 있다.

◆퇴직급여충당금의 회계처리 예

1. 2009. 12. 31 전 임직원이 일시에 퇴직한다면 지급하여야 할 퇴직금이 ₩900,000,000(현재 설정되어 있는 퇴직급여충당금은 ₩810,000,000이다.)인 경우

(차)	퇴 직 급 여	90,000,000	(대)	퇴직급여충당금	90,000,000

2. 2010. 6. 30 직원이 퇴직하여 퇴직금을 ₩100,000,000 지급한 경우

(차)	퇴직급여충당금	100,000,000	(대)	현　　금	100,000,000

3. 2010. 12. 31 직원증가 및 급여상승 등으로 당기말 설정해야 하는 퇴직급여충당금이 ₩1,200,000,000인 경우

(차)	퇴 직 급 여	400,000,000	(대)	퇴직급여충당금	400,000,000
	* ₩1,200,000,000 - (₩900,000,000 - ₩100,000,000)				

◆수선충당금의 회계처리 예

여주공업(주)은 공장에서 사용하고 있는 설비를 3년에 한차례 대규모수선을 할 예정이다. 설비의 수선은 한 번에 ₩30,000,000씩 소요될 것으로 추정하여 회계처리하고 있다. 2009년초 설비의 수선에 ₩31,000,000이 실제로 지출되었다.

이상의 자료로 제1, 2, 3차년과 제4차년도 초에 행할 회계처리를 나타내면 다음과 같다.

① 제 1, 2, 3차년도 매년말에 행할 회계처리

(차) 수 선 비	10,000,000	(대) 수선충당금	10,000,000

② 제4차년도초 대규모수선시 행할 회계처리

(차) 수선충당금	30,000,000	(대) 현 금	31,000,000
수 선 비	1,000,000		

◆공사보증충당금의 회계처리 예

① 여주건설(주)은 공사 후 3년 간 무료하자보수를 실시해 주고 있다. 2000년 중 여주건설(주)은 (주)이천의 건물을 완공하여 인도하였다. 건물에 대한 공사대금 ₩2,000,000,000이었으며 과거의 경험에 비추어 볼 때 공사대금의 1%에 달하는 하자 보수비(공사보증비)가 발생할 것으로 예상된다.

② 2009년 중 건물의 일부에 대한 방수공사를 무료로 해 주었다. 이 방수공사와 관련한 비용 ₩14,000,000이 발생하였다.

㉮ (차) 공 사 보 증 비	20,000,000	(대) 공사보증충당금	20,000,000
㉯ (차) 공사보증충당금	14,000,000	(대) 현 금	14,000,000

(5) 이연법인세대

이연법인세대(deferred income tax credits)는 법인세비용이 법인세법 등의 법령에 의하여 납부해야 할 금액을 초과하는 경우 그 초과하는 금액을 말한다. 즉, 이연법인세대는 법인세법상 납부하여야 할 금액을 초과하는 경우에 발생하므로 미지급비용의 성격을 가진다.

◆이연법세대의 회계처리 예

여주(주)의 법인세비용차감전순이익은 ₩12,000,000, 법인세법에 의한 과세표준은 ₩9,000,000이며 법인세율은 40%라고 할 때 이것의 회계처리를 나타내면 다음 같다.

(차) 법인세비용	4,800,000	(대) 미지급법인세	3,600,000
		이연법인세대	1,200,000

3. 기타의 고정부채

기타의 고정부채는 위에서 설명한 고정부채 이외의 고정부채로서 그 금액이 중요한 경우에는 독립과목으로 독립하여 구분 표시한다.

제 10 절 사채회계

기업회계기준 제25조, 제26조, 제65조에 의하면 자기사채를 취득한 경우에는 이에 상당하는 액면가액과 사채발행차금 등을 당해 계정과목에서 직접 차감하고, 그 취득경위 등을 주석으로 기재한다.

이를 적용함에 있어 장부가액과 취득가액의 차이는 사채상환이익 또는 사채상환손실의 과목으로 하여 당기손익으로 처리한다.

사채발행가액(사채발행 수수료와 사채발행과 관련하여 직접 발생한 기타 비용을 차감한 후의 가액을 말한다)과 액면가액의 차액은 사채할인발행차금 또는 사채할증발행차금으로 하여 당해 사채의 액면가액에서 차감 또는 부가하는 형식으로 기재한다.

사채할인발행차금 및 사채할증발행차금은 사채발행시부터 최종 상환시까지의 기간에 유효이자율법을 적용하여 상각 또는 환입하고 동 상각 또는 환입액은 사채이자에 가감한다라고 규정되어 있다.

1. 사채의 발행

(1) 사채의 발행시의 회계처리

사채는 이사회의 결정에 따라 발행되는데 사채의 표시이자율과 유효이자율의 차이에 따라 액면발행, 할인발행, 할증발행이 있다. 세 가지 발행방법 중에서 일반적으로 액면발행과 할인발행이 널리 활용되고 있으며, 할증발행은 거의 활용되지 않는다.

사채의 발행가격은 사채의 발행으로 회사측에 미래에 지급하게 될 현금액의 현재가치로 결정된다.

사채의 발행가격 = 액면금액의 현가 + 이자지급의 현가

(2) 사채발행차금의 회계처리

사채할인발행차금의 유효이자율과 표시이자율이 낮기 때문에 사채를 인수한 투자자들에게 유효이자율에 비하여 상대적으로 낮은 이자수익을 보충해 주기 위하여 사채를 액면금액 미만으로 발행함으로써 발생된 것이므로 사채발행회사가 사채발행기간 동안 현금으로 지급하는 사채이자와 별도로 부담하는 이자비용에 해당된다. 따라서 사채할인발행차금은 사채상환 기간에 걸쳐 유효이자율법으로 상각하여 사채이자에 가산한다.

사채의 장부가액(액면가액 - 사채할인발행차금)에 유효이자율을 곱하여 사채발행회사가 당기중 실질적으로 부담하는 이자비용(유효이자)을 사채이자로 계상하고 유효이자에서 현금으로 지급된 이자(표시이자)를 차감한 금액만큼을 사채할인발행차금 상각액으로 한다.

사채이자(유효이자) = 사채의 장부가액 × 유효이자율

사채할인발행차금상각액 = 사채이자 - 현금지급이자(표시이자)

유효이자율(dffctive interest rate)은 사채발행 당시의 시장이자율로서 사채의 발행가격과 사채의 현재가치를 일치시키는 이자율, 즉 사채발행회사가 사채발행으로 매회계 기간별로 부담하게 되는 실질이자율이다.

한편, 사채의 할증발행으로 발생하는 사채할증발행차금은 사채할인발행차금의 경우를 참조하여 계산방법상 반대의 방법으로 처리한다.

사채발행비(bond issue costs)는 사채의 발행과 관련하여 직접적으로 발생한 비용, 즉 공인회계사나 변호사 등의 전문가에게 지급하는 수수료, 사채권인쇄비용, 사채발행공고비용 등을 말한다.

사채발행비가 사채할인(할증) 발행차금에 가산(차감)됨으로써 사채상환기간 동안의 사채이자비용을 증가시키는 결과가 된다.

2. 사채의 상환

사채는 원래 사채계약에 명시된 만기일에 액면금액대로 상환하지만 만기일 이전이라도 증권

시장을 통하여 자기회사의 사채를 매입・소각함으로써 조기상환도 가능하다.

사채가 만기일에 상환된다면 사채의 장부가액이 액면가액과 일치되기 때문에 사채의 상환손익은 발생하지 않는다. 즉, 사채할인발행차금은 만기일까지 모두 상각되어 잔액이 0이 되므로 사채의 장부가액(액면금액 - 사채할인발행차금)은 액면금액과 일치되고, 사채상환회사는 사채의 발행형태에 관계없이 액면금액대로 상환하기 때문에 사채상환손익은 발생하지 않는다.

사채의 조기상환시에는 사채의 상환가액과 상환일의 장부가액의 차액이 사채상환손익이 된다. 사채의 조기상환에 따른 사채상환손익의 계산과정은 다음과 같다.

① 직전이자 지급일로부터 사채상환일까지의 사채할인발행차금을 상각하여 사채상환시점에서의 장부가액을 산출한다.

② 사채의 상환가액과 상환일의 장부가액(액면금액-사채할인발행차금의 미상각잔액)을 비교하여 사채상환손익을 계산한다.

◆사채의 만기 상환시의 회계처리 예

(주) 여주는 액면가액 ₩10,000,000의 보증사채가 만기가 되어 6개월간의 이자와 함께 수표를 발행하여 지급하다. 단, 사채의 이자율은 연 10%이며 이자지급일은 6월 30일과 12월 31일이다.

(차)	사 채	10,000,000	(대) 당 좌 예 금	10,500,000
	이 자 비 용	500,000		

◆사채의 매입 상환시의 회계처리 예

① (주)여주는 2009년 1월 1일 액면 ₩10,000,000의 사채를 권당 @₩9,800에 발행하고 전액을 납입 받아 당좌예금하다. 단, 사채의 만기는 5년 이자율은 연10% 이자지급일은 6월 30일과 12월 31일이다.

② 2010년 12월 31일 상기 사채 전부를 ₩9,250,000에 매입상환하고 대금은 수표를 발행하여 지급하다.

③ 2010년 12월 31일 ①의 사채를 ₩10,250,000에 매입상환한 경우의 분개를 표시하라.

	(차)		(대)	
①	당 좌 예 금	9,800,000	사 채	10,000,000
	사채할인발행차금	200,000		
②	사 채	10,000,000	당 좌 예 금	9,250,000
			사채할인발행차금	120,000
			사 채 상 환 이 익	630,000

* ₩200,000-[(₩200,000÷5)×2]=₩120,000(사채발행차금 미상각액)

	(차)		(대)	
③	사 채	10,000,000	당 좌 예 금	10,250,000
	사채상환손실	370,000	사채할인발행차금	120,000

3. 자기사채

자기사채(treasury bonds)는 자기회사가 발행하여 유통중인 사채를 취득하여 소각하지 않고 보유하고 있는 사채를 말한다. 자기사채를 취득하는 경우에는 취득목적과 관계없이 모두 사채의 상환으로 회계처리하고 재발행하는 경우에는 재발행가액을 사채의 발행가액으로 회계 처리한다.

기업회계기준에서는 자기사채를 취득한 경우 자기사채의 액면가액과 사채발행차금 등을 당해 계정과목에서 직접 차감하고 그 취득경위 등을 주석으로 기재하도록 규정하고 있다.

◆자기사채의 회계처리 예

여주(주)는 2009년 3월 1일 액면가 ₩2,000,000,000, 이자율 10%, 5년 만기의 회사채를 ₩1,940,000,000에 발행하였다. 동 회사는 2010년 3월 1일 액면가 ₩600,000,000의 자기사채를 ₩540,000,000에 취득하였다. 또한 동 자기사채를 2010년 6월 1일에 ₩560,000,000에 매각하였다. 다만, 사채할인발행차금은 정액법으로 상각하고 있다.

① 사채발행시 회계처리

(차)		(대)	
현 금	1,940,000,000	사 채	2,000,000,000
사채할인발행차금	60,000,000		

② 자기사채 취득시 회계처리

(차)		(대)	
사 채	600,000,000	현 금	540,000,000
		사채할인발행차금	14,400,000
		사 채 상 환 이 익	45,600,000

* (₩60,000,000 - ₩12,000,000) × 3/10

* ₩60,000,000 ÷ 5년

③ 자기사채 매각시 회계처리

(차)	현 금	560,000,000	(대) 사 채	600,000,000
	사채할인발행차금	40,000,000		

4. 전환사채

(1) 전환사채의 의의

전환사채는 전환사채소유자가 일정한 조건 하에 전환권을 행사할 수 있는 사채로서, 권리를 행사하면 보통주로 전환되는 사채를 말한다. 전환사채소유자의 희망에 따라 주식으로 전환할 수 있는 권리가 내재되어 있으므로 일반사채보다 유리한 조건으로 발행된다. 여기서 유리한 조건이란 전환사채의 경우 일반사채보다 표면금리가 낮게 책정되어 발행되는 것을 말하는데, 이는 사채에 주식으로 전환할 수 있는 권리인 전환권, 즉 일종의 프리미엄이 부가되어 있기 때문이다.

1) 상환할증금지급조건

전환사채는 보통주로 전환할 수 있는 전환권이 부가되어 있기 때문에 상환기간동안 일반사채보다 낮은 이자율로 표시이자를 지급할 수 있으므로 발행자 입장에서 금융비용의 부담이 적다는 장점이 있다. 한편, 전환사채 만기 때까지 주가수준이 낮아 주식으로 전환되지 못하였을 경우 다른 자금운용수단보다 낮은 전환사채의 이율에 대한 보상을 해주기 위해 만기에 액면금액에 추가하여 지급하기로 약정을 하는데, 액면금액에 추가하여 지급하기로 약정한 금액을 상환할증금이라 하며 이러한 발행조건을 상환할증금지급조건이라고 한다. 반면, 전화사채 만기 때까지 전환권이 행사되지 않아도 전환사채소유주에게 액면금액만을 지급하는 조건을 액면상환조건이라고 한다.

2) 전환권대가

전환사채는 일반사채와 전환권의 두 가지 요소로 구성되는 복합적 성격을 지닌 증권이다. 따라서 전환사채를 발행한 경우에는 발행가액을 일반사채에 해당하는 부채부분과 전환권에 해당하는 자본부분으로 분리하여 자본부분의 가치를 전환권대가로 인식한다.

전환권대가=전환사채의 발행가액-일반사채일 경우 발행가액*

*사채의 미래현금흐름의 현재가치(일반사채의 유효이자율로 할인한 금액)

◆전환권대가 회계처리예

(주)여주는 디지털위성관련 부품을 생산하는 업체로 2년간 급속한 매출성장을 이루었다. 이로 인하여 공장확장을 하기로 하였고, 12월말 결산인 이 회사는 20×9년 1월1일 다음과 같은 상환할증금지급조건의 전환사채를 액면발행하였다.

① 액면가액 : 10,000,000

② 표시이자율 : 연 7%

③ 일반사채 시장수익률 : 연 15%

④ 발행가액 : 10,000,000

⑤ 이자지급방법 : 매연도말 후급

⑥ 전환조건 : 전환으로 인하여 발행되는 주식 1주(액면금액 : 5,000원)에 대하여 요구되는 사채발행가액은 20,000원으로 한다.

⑦ 전환청구기간 : 사채발행일 이후 1개월 경과일부터 상환기일 30일 전까지

⑧ 상환기일(만기) : 2011. 12. 31.

⑨ 원금상환방법 : 상환기일에 액면가액의 116.86%를 일시상환

(주) 여주가 인식해야 할 전환권대가금액은 얼마인가?

1. 발행가 : 10,000,000

2. 일반사채의 가치 :

이자현가 700,000 × 2.2832(이자율 15%, 기간3, 1원의 연금현가)	= 1,598,000
원금현가 11,686,000* × 0.6575(이자율 15%, 기간3, 1원의 현가)	= 7,684,000
	9,282,000

* 원금 = 액면가액 + 상환할증금 = 10,000,000 × 116.86% = 11,686,000

3. 전환권의 대가 : 10,000,000 - 9,282,000 = 718,000

(2) 전환사채발행자의 회계처리

1) 전환사채의 발행에 관한 회계처리

(가) 액면상환조건

전환사채의 발행가액중 전환권대가에 해당하는 금액을 계산하여 전환권조정과 전환권대가로 각각 계상한다. 전환권조정은 당해 전환사채의 액면가액에서 차감하고, 전환권대가는 기타자본잉여금으로 분류한 후 전환권이 행사되어 추가로 주식을 발행하는 시점에서 주식발행초과금으

로 대체한다.

전환권조정은 사채할인발행차금과 마찬가지로 상환기간동안 유효이자율법을 적용하여 상각하고 상각된 금액은 이자비용으로 인식한다.

발행일시점의 회계처리는 다음과 같다.

(차) 현 금	×××	(대) 전 환 사 채	×××
전 환 권 조 정	×××	전 환 권 대 가	×××

〈부분대차대조표〉

고정부채	
전환사채	×××
전환권조정	(×××)
	×××
기타자본잉여금	
전환권대가	×××

(나) 상환할증금지급조건

상환할증금지급조건에서는 발행시점에 상환할증금을 인식한다. 그리고 동 금액을 전환사채의 액면가액에 부가하여 표시한다. 이 경우 전환권조정은 상환할증금과 전환권대가를 합한 금액이 된다.

(차) 현 금	×××	(대) 전 환 사 채	×××
전 환 권 조 정	×××	사채상환할증금	×××
		전 환 권 대 가	×××

〈부분대차대조표〉

고정부채	
전환사채	×××
상환할증금	×××
전환권조정	(×××)
	×××
기타자본잉여금	
전환권대가	×××

전환사채발행시점

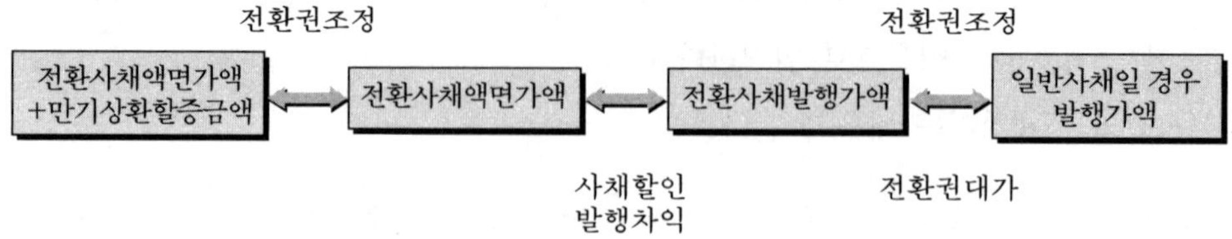

2) 결산시점의 회계처리

전환사채를 발행한 회사는 결산시점에 전환사채의 이자비용을 인식하는 분개를 한다. 전환사채의 이자비용은 사채의 장부가액에 일반사채의 유효이자율을 적용하여 계산한다.

$$\text{이자비용} = \text{전환사채기초장부가액} \times \text{일반사채의 유효이자}$$

결산시점의 이자비용인식과 관련한 회계처리는 다음과 같다.

(차)	이 자 비 용	×××	(대) 현 금	×××
			전 환 권 조 정	×××

◆전환사채발행 및 결산시점의 회계처리 예

1. 상기 회계처리의 전환사채와 관련하여 다음의 질문에 답하여라.
   1) 발행시점의 회계처리를 하여라.
   2) 만기상환을 가정한 전환권조정의 상각표를 작성하여라.
   3) 20×9년 결산시 필요한 분개를 하라.
2. 상기 전환사채가 액면상환조건으로 발행되었다고 가정할 경우 다음에 답하라.
   1) 발행시점의 회계처리를 하여라.
   2) 만기상환을 가정한 전환권조정의 상각표를 작성하여라.
   3) 2009년 결산시 필요한 분개를 하라.

1.

1) 발행시점의 회계처리

(차)	현 금	10,000,000	(대)	전 환 사 채	10,000,000
	전 환 권 조 정	2,404,000		사채상환할증금	1,686,000
				전 환 권 대 가	718,000

2) 만기상환을 가정한 전환권조정 상각표

(단위: 천원)

연도	기 초 장부가액	사채이자 비 용	현금지급 이 자	전환권조정		기 말 장부가액
	①	① × 15% = ②	③	상각액 (② - ③ = ④)	잔액	① + ④
2009	₩9,282	₩1,392	₩700	₩692	₩1,712	₩9,974
2010	9,974	1,496	700	796	916	10,770
2011	10,770	1,616	700	916	0	11,686
계		₩4,504	₩2,100	₩2,404		

3) 2009년 결산분개

(차) 이 자 비 용	1,392,000	(대) 현 금	700,000
		전 환 권 조 정	692,000

〈2009. 12. 31 B/S표시〉

전환사채	10,000,000
사채상환할증금	1,686,000
전환권조정	(1,712,000)
전환사채장부가액	9,974,000
전환권대가 (기타자본잉여금)	718,000

2. 액면상환을 가정한 경우

1) 발행시점의 회계처리

전환권대가의 계산

① 발행가 : 10,000,000

② 일반사채의 가치 :

이자현가 700,000 × 2.2832(이자율 15%, 기간3, 1원의 연금현가) = 1,598,000

원금현가 10,000,000 × 0.6575(이자율 15%, 기간3, 1원의 현가) = 6,575,000

8,173,000

전환권의 대가 : ① - ② = 1,827,000

(차) 현 금	10,000,000	(대) 전 환 사 채	10,000,000
전 환 건 조 정	1,827,000	전 환 권 대 가	1,827,000

2) 만기상환을 가정한 전환권조정의 상각표

(단위: 천원)

연도	기 초 장부가액	사채이자 비 용	현금지급 이 자	전환권조정		기 말 장부가액
	①	① × 15% = ②	③	상각액 (② - ③ = ④)	잔액	① + ④
2009	₩8,173	₩1,226	₩700	₩526	₩1,301	₩8,699
2010	8,699	1,305	700	605	696	9,304
2011	9,304	1,396	700	696	0	10,000
계		₩3,927	₩2,100	₩1,827		

3) 20×4년 결산분개

(차) 이 자 비 용	1,226,000	(대) 현 금	700,000
		전 환 권 조 정	526,000

〈2009. 12. 31 B/S표시〉

고정부채	
전환사채	10,000,000
전환권조정	(1,301,000)
	8,699,000
기타자본잉여금	
전환권대가	1,827,000

3) 전환사채의 전환에 관한 회계처리

전환권이 회계기간 중에 행사된 경우에는 실제 권리가 행사된 날을 기준으로 사채의 장부가액을 결정하여 주식의 발행가액으로 한다. 따라서 전환사채의 전환간주일과는 별도로 최종이자 지급일부터 전환권행사일까지 발생한 이자는 이자비용으로 인식하고 전환권행사일까지의 전환권조정상각액을 전환사채의 장부가액에 가산하여야 한다.

전환권행사시 주식의 발행가액은 전환권을 행사한 부분에 해당하는 전환사채의 장부가액과 전환권대가의 합계금액으로 한다. 이 경우 전환사채의 장부가액은 액면가액에서 다음을 가감한 금액을 말한다.

① 사채발행차금

② 전환권조정

③ 사채상환할증금(상환할증금 지급조건이 있는 경우)

④ 최종이자지급일로부터 전환권행사일까지의 발생이자(전환권이 회계기간 중에 행사된 경우)

예를 들어 전환사채의 50%가 전환청구되었다고 가정하자. 이 경우 주식의 발행가는 다음과 같다.

주식의 발행가 = 전환사채액면가의 50% + 전환권대가의 50% + 사채상환할증금의 50% - 전환권조정 미상각잔액의 50% - 사채할인발행차금 미상각잔액(할인발행의 경우)의 50%

◆전환사채전환에 관한 회계처리 예

상기회계처리의 전환사채에 대해 2009년 1월 1일 액면 5,000,000원의 전환청구가 발생하였다. 전환시점의 회계처리는 다음과 같다.

2009. 1. 1(전환청구로 신주식 발행시)

(차)	전 환 사 채	5,000,000	(대)	자 본 금	1,250,000***
	전 환 권 대 가	359,000*		주식발행초과금	4,494,000
	사채상환할증금	843,000**		전 환 권 조 정	458,000****

* 718,000 × 5,000/10,000 = 359,000

** 1,686,000 × 5,000/10,000 = 843,000

*** 발행주식수 : 5,000,000 ÷ 20,000원 = 250주

자본금 : 250주 × 5,000원 = 1,250,000

**** 전환권조정 상각 : 916,000 × 5,000/10,000 = 458,000

4) 전환사채의 상환에 관한 회계처리

전환사채가 상환되는 경우 액면상환조건의 전환사채에 대해서는 액면금액만 지급하면 되므로 일반사채의 회계처리와 동일하나, 상환할증금지급조건의 전환사채는 액면금액과 상환할증금을 지급하게 된다.

위의 사례에서 전환되지 않은 50%에 대해 2006. 12. 31 상환시의 회계처리를 살펴보면 다음과 같다.

이자지급시 :

(차)	이 자 비 용	808,000	(대)	현 금	350,000
				전 환 권 조 정	458,000

원금상환시 :

(차)	전 환 사 채	5,000,000	(대)	현 금	5,843,000
	사채상환할증금	843,000			

(3) 전환사채소유자 회계처리

1) 취득시

전환사채를 취득한 경우에는 일반사채와 동일하게 회계처리한다.

(차)	매도가능증권(전환사채)	×××	(대)	현 금	×××

2) 결산시

(가) 이자수익인식

전환사채로부터의 이자수익 역시 일반 채무증권의 경우와 동일하게 회계 처리한다.
사채상환할증금은 받기로 확정되었을 때 이자수익으로 인식한다.

(차)	현 금	×××	(대)	이 자 수 익	×××
	매도가능증권(전환사채)	×××			

(나) 공정가액평가

전환사채는 만기보유가 목적이 아닌 보통주로의 전환을 목적으로 취득한 것이므로 매도가능증권으로 분류하고 공정가액으로 평가한다.

(차)	매 도 가 능 증 권 (전 환 사 채)	×××	(대)	매도가능증권평가손익 (자 본 조 정)	×××

3) 전환권행사시

전환권 행사시 교부받은 지분증권의 취득원가는 전환사채의 장부가액으로 한다. 다만, 교부받은 지분증권이 시장성이 있는 경우에는 지분증권의 취득원가는 당해 지분증권의 공정가액으로 하고 장부가액과의 차이는 전환손익(영업외손익)으로 인식한다. 전환사채와 관련하여 자본조정에 포함된 미실현보유손익이 있는 경우에는 이를 실현된 것으로 보아 전환손익에 포함한다.

(가) 교부받은 지분증권이 시장성이 없는 경우

전환사채를 10,000원에 취득하였고 전환권을 행사하기 전 결산시점에 평가한 공정가액이 12,000원이었다고 가정하면 전환권을 행사하는 시점에 매도가능증권평가이익이 2,000원(자본조정)으로 계상되었을 것이다. 전환권을 행사하여 교부받은 지분증권이 시장성이 없는 경우에는 전환권행사시점에 다음과 같은 회계처리를 한다.

(차)	매도가능증권(지분증권)	12,000	(대)	매도가능증권(전환사채)	12,000
	매도가능증권평가이익	2,000		전환이익(영업외수익)	2,000

(나) 교부받은 지분증권이 시장성이 있는 경우

위의 사례에서 전환권을 행사하여 교부받은 지분증권이 시장성이 있고 교부받은 시점의 공정가액이 15,000원이었다고 가정하면 전환권행사시점에 다음과 같은 회계처리를 한다.

(차)	매도가능증권(지분증권)	15,000	(대)	매도가능증권(전환사채)	12,000
	매도가능증권평가이익	2,000		전환이익(영업외수익)	2,000
				전환이익(영업외수익)	3,000

5. 신주인수권부사채

(1) 신주인수권부사채의 의의

신주인수권부사채란 일반사채에 신주를 인수할 수 있는 신주인수권이 부여된 사채로 신주인수권을 행사하여도 사채는 계속 종속하는 사채이다. 전환사채는 전환권이 행사되면 사채가 주식으로 전환되나, 신주인수권부사채는 신주인수권만 행사가 되고 만기까지 일반사채로 존속한다.

일반적으로 신주인수권이란 회사가 증자를 할 때 기존주주들에게 신주를 인수할 수 있는 권리를 의미한다. 이러한 신주인수권은 그 자체로서 양도의 대상이 될 수도 있다.

(2) 신주인수권부사채의 발행

신주인수권부사채의 발행가액과 액면가액이 다를 경우 사채액면가액과 사채의 발행가액의 차이를 사채발행차금으로 한다.

액면가액 - 발행가액 = 사채할인발행차금 또는 사채할증발행차금

① 신주인수권부사채의 할인발행시의 회계처리

(차)	현 금	×××	(대)	신주인수권부사채	×××
	사채할인발행차금	×××			

신주인수권부사채의 할인발행시 공시방법

자 산		부 채	
		신주인수권부사채	10,000,000
현 금	9,850,000	사채할인발행차금	150,000
			9,850,000

② 신주인수권부사채의 할증발행시의 회계처리

(차) 현 금	×××	(대) 신주인수권부사채	×××
		사채할증발행차금	×××

신주인수권부사채의 할증발행시 공시방법

자 산		부 채	10,000,000
		신주인수권부사채	1,000,000
현 금	10,150,000	사채할증발행차금	150,000
			10,150,000

(3) 신주인수권부사채의 이자비용계산

기업회계기준 제65조에 의하면

사채할인발행차금 및 사채할증발행차금은 사채발행시부터 최종상환시까지의 기간에 유효이자율법등을 적용하여 상각 또는 환입하고 등 상각 또는 환입액은 사채이자에 가감한다.

일반사채의 이자비용 지급액 계산과 동일하다.

① 신주인수권부 사채이자발행시의 회계처리(액면 상환조건)

발행방법	사채이자계상시의 회계처리
액면발행	(차) 이 자 비 용 ××× (대) 현 금 ×××
할인발행	(차) 이 자 비 용 ××× (대) 현 금 ××× 사채할인발행차금
할증발행	(차) 이 자 비 용 ××× (대) 현 금 ××× 사채할증발행차금 ×××

(4) 신주인수권의 행사

신주인수권이 행사될 경우 신주인수권을 행사하는 기업입장에서는 증자와 관련된 회계처리를 하면 되고 투자가입장에서는 일반유가증권취득과 관련된 회계처리가 이루어진다.

· 신주인수권의 행사시의 회계처리(액면상환조건)

(차) 현 금	×××	(대) 자 본 금	×××
		주식발행초과금	×××

(5) 신주인수권부 사채의 상환

신주인수권부 사채가 만기시점까지 사채를 상환해야 한다.

· 신주인수권부 사채의 만기상환시의 회계처리(액면상환조건)

(차) 신주인수권부사채	×××	(대) 현 금	×××

제 11 절 충 당 금

1. 충당금의 의의

충당금(reserve : allowance)은 아직 채무가 확정된 것은 아니나 미래의 채무로 확실시될 경우 그 채무의 당기 추정액 또는 미래에 자산의 감가가 확실할 경우에, 자산의 가치가 감소되는 것을 추정하여 당기의 비용으로 처리하기 위해서 계상한 금액을 말한다. 즉 충당금은 어떠한 불특정자산의 형태로 기업내에 유보되어 있다는 것을 표시하는 계정이며, 충당금을 설정하는 목적은 정확한 손익계산을 위한 기간비용의 합리적 계상을 하는데 있다.

충당금은 당기의 비용이기는 하나 그 지출이 차기 이후에 이루어 질것으로서 아직 명확한 결정이 된 것은 아니다. 이론상 당기의 비용으로 생각되는 부담액에 대한 준비로서 유보된 사실을 말하는 것으로서 충당금은 추정에 의해서 결정되는 것이다. 그러므로 충당금의 계상은 손익계산에 있어서 정확한 비용의 기간배분이라 할 수 있다. 충당금에는 평가성충당금 · 부채성충당금 · 기타 특수성충당금으로 구분하는데 판매보증충당금과 같이 장래에 있을 특정지출에 대한 충당액으로서 비교적 단기간(1년 이내)에 사용될 성질의 것은 유동부채로 계상하고, 퇴직급여충당금과 같은 것은 장기간(1년 이상) 후에 지출될 것이 예상되는 것으로 이를 고정부채로 처리한다.

2. 충당금의 분류

충당금은 평가성충당금과 부채성충당금으로 분류된다.

(1) 평가성충당금

평가성충당금(valuation reserve)은 감각상각누계액이나 대손충당금과 같이 다른 자산계정의 현재가액을 평가하는 차감적 평가계정을 말한다. 즉 감각상각누계액은 유형자산계정의 평가계정이고 대손충당금은 수취채권계정의 평가계정이다.

이것은 대차대조표 차변에 당해 자산에서 충당금을 차감하는 형식으로 표시한다.

1) 감각상각누계액

감각상각누계액(accumulation for depreciation)은 건물 · 기계장치 · 선박 · 차량운반구 및 기타의 유형자산에 대하여 그 자산과목에서 차감하는 형식으로 기재하거나 이를 일괄하여 유형자산의 합계액에서 차감하는 형식으로 하고 있다. 그리고 감각상각누계액을 일괄하여 표시하는 경우에는 그 내용을 주석으로 기재한다.

2) 대손충당금

대손충당금(allowance for bad debts)은 외상매출금 · 받을어음 · 미수금 등의 영업채권에 대한 대손에 대비해서 설정되는 충당금이다. 영업채권은 어느 정도의 대손을 면치 못하므로 사전에 대손에 대비해서 준비할 필요가 있다. 이와 같은 준비를 하는 것을 대손충당금이라 한다. 즉 당기에 발생될 대손을 예상해서 그 손실을 사전에 부담함으로써 기간손익계산의 정확성이 유지되는 것이다. 차기에 실제로 외상매출금이 대손되었다면 외상매출금과 대손충당금과는 상계한다. 그리고 대손충당금의 기말잔액이 있을 경우에는 기말대손추정액에서 이를 차감하고 부족액만을 보충하여 설정한다.

감가상각누계액 · 대손충당금 등은 평가계정으로서 차감계정(offset account) 또는 상계계정이라 한다.

(2) 부채성충당금

부채성충당금(liability reserve)은 일반적으로 당기의 비용으로 되기는 하나 그 금액 · 지급시기 등이 미확정인 것에 대해서 설정되는 것이다. 즉 장래 지급할 미확정비용의 충당을 위하여

준비한 것이라고 말할 수 있다. 이와 같은 부채성충당금은 그 금액이 추정에 의해서 계산이 된다는 점과 특정채권자가 반드시 존재하지 않는다는 점에서 단순한 미지급금과 다르다. 충당금에 의한 비용의 파악은 비용이 지출에 선행하여 발생하는 것이 특징이다.

기업회계기준은 당기의 수익에 대응하는 비용으로서 장래에 지출 될 것이 확실한 것과 당기의 수익에서 차감되는 것이 합리적인 것에 대하여는 그 금액을 추산하여 부채성충당금으로 계상하여야한다고 규정하고 있다.

1) 퇴직급여충당금

퇴직급여충당금(reserve for retirement allowance)은 기업의 필수경비이나, 임금·급여와 같이 정기적으로 지급되는 것이 아니다. 또한 종업원의 근무연한에 따라서 발생하는 것이기 때문에 퇴직 이전에는 이를 지급할 필요가 없을 뿐만 아니라 개인별로 금액이 확정된 것도 아니다.

다만 장래의 퇴직에 대비하여 종업원·임원에게 지급할 퇴직금의 준비로서 설정되는 충당금이다. 그리고 이익처분에 의한 퇴직급여적립금과 혼돈하지 않도록 주의를 하여야 하고 퇴직급여충당금에 대해서는 사채와 같이 특정자산을 설정할 필요가 있다.

2) 판매보증충당금

판매한 상품·제품이 약정한 기간 내에 고장 또는 파손 등으로 그 기능에 이상이 있을 경우에는 무상으로 부분적인 대체를 하거나 수선을 하여야 한다.

이와 같이 약정기간에 걸쳐 사후수선유지를 위해서 비용을 지출하게 되는데, 그 비용의 지출은 판매한 당기가 아니고 대부분 차기 이후에 발생하게 된다. 그러므로 예상되는 사후발생비용을 보증판매를 한 기간의 비용으로 배분하기 위하여 판매보증충당금(liability for quality and service)을 설정하게 되는데, 이는 품질보증의무를 나타내는 부채성충당금으로 충당한다.

3) 매출조정충당금

당기에 판매한 상품·제품의 일부가 차기 이후의 반품으로 인해서 당기매출수익은 차기에 이르러 감소되게 된다. 그러므로 차기 이후 손익계산의 정확성을 기하기 위해서 예상되는 반품금액을 당기 매출수익에서 감소는 조정목적으로 매출조정충당금이 필요하게 된다.

즉 출판업·의약업·화장품 등은 판매한 상품·제품에 대하여 반품을 인정하는 계약을 하는 경우에는 매출수익의 감소액을 추산하여 매출조정충당금계정으로 처리한다.

4) 수선충당금

수선충당금(reserve for repairs)은 정기적으로 대수선의 필요가 있는 건물·선박·기계·용광로 등의 수선비를 평균화하기 위하여 설정한다. 즉 추정에 의한 수선비를 각 연도에 할당하고 이것을 비용으로 계상함과 동시에 수선충당금을 설정하여 장래의 대수선에 대비하는 것으로 건물수선충당금·선박수선충당금·기계수선충당금 등이 있다.

3. 충당금과 적립금

충당금과 적립금은 유사한 점이 많아서 양자는 종종 혼용되는 경우가 있으나 회계상 양자는 명확히 구별하여야 한다.

충당금은 고유의 목적에 대해서만 이용되는 것이므로 경영주의 자유처분이 허용되지 않는다. 따라서 이것은 완전한 외부부채는 아니나 부채계정에 준하는 것으로 취급된다. 또한 대손충당금이나 감가상각누계액과 같은 평가성충당금은 자산을 평가하기 위해서 자산가액에서 차감할 금액으로 자산의 감소를 표시하는 데 반해서, 적립금은 이익의 일부가 사내에 유보되는 만큼 자산의 증가를 표시한다.

양자는 실제에 있어서 어떠한 자산의 유출을 수반하는 것이 아니라 결산전후의 장부상의 대체에 의해서 설정되는 것이다. 충당금은 순이익산정 전에 설정하고, 적립금은 순이익을 산정한 후에 설정된다. 이것은 모두 당해 연도의 총이익의 일부로서 충당금과 적립금의 구분은 어느 것을 비용으로 계상하고 어느 것을 이익으로 처분할 것인가 구별하는 데 지나지 않는다.

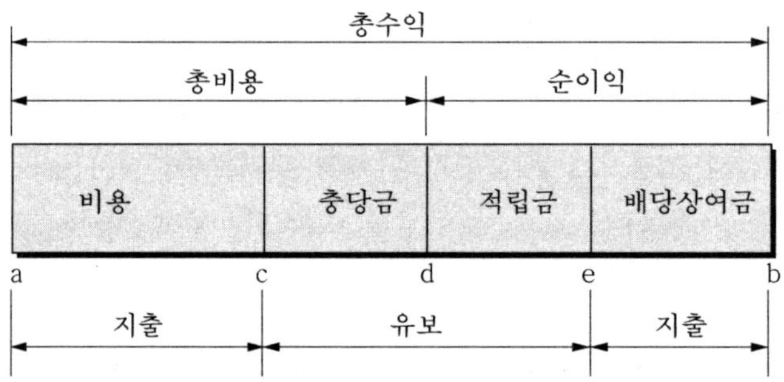

〈그림 3-3〉

〈그림 3-3〉에서 보는 바와 같이 총수익이라 함은 ab를 가리킨다. 이때 ac를 지급비용이라 하면 그것만큼 특정자산이 감소된 것을 의미하고 cd를 충당금으로 했을 때 ab가 총비용이 된다. bd는 순이익으로 그 중 de를 적립금으로 유보하고 ed는 배당금이나 상여로 지급하고 지급된 금액을 제외한 충당금과 적립금은 ce와 같이 동액의 자산이 유보된 것이다.

양자의 구분은 d점을 어디에 놓느냐가 문제이다. 따라서 ac간을 비용으로 하고 나머지를 순이익으로 가정하고, 그 순이익에서 충당금 및 적립금을 유보한다고 하여도 재무상의 효과는 하등의 변화가 없는 것이다. 그러나 정확한 손익계산을 위주로 하는 현실에 있어서 비용에 부과되어 환입된 충당금과 이익의 처분에 의한 적립금과는 엄연히 구별되어야 한다. 즉 충당금과 적립금은 전혀 성격이 다른 계정이나 적립금은 자본계정이다. 따라서 전자는 기말결산 때에 비용 또는 손실로 계상하게 되고 후자는 결산에 의한 이익처분의 항목으로써 설정된다.

제12절 우발채무

1. 우발채무의 의의

우발채무라 함은 미래에 특정 사건의 발생여부에 따라 부채의 존재여부, 지급시기, 채권자 등이 결정되는 부채로서 우발상황이란 미래에 어떤 사건이 발생하거나 발생하지 않음으로써 궁극적으로 확정될 손실 또는 이득으로서 발생여부가 불확실한 현재의 상황을 말한다. 우발상황의 대표적인 예로서는 대차대조표일 현재 계류중인 소송사건을 들 수 있다. 이러한 우발상황으로부터 기대되는 손실을 우발손실이라 하고 우발상황으로부터 기대되는 이익을 우발이득이라 한다. 여기서 유의하여야 할 점은 현행회계에서는 보수주의의 개념에 입각하여 우발이득이 발생하는 우발상황은 재무제표에 반영하지 않는다. 우발이득에 대해서는 그 가능성의 정도에 따라 주석으로 공시하는 경우도 있고 주석으로 기재할 필요가 없는 경우도 있으나, 어떤 경우이건 당해 우발이득이 실현되지 아니하는 한 재무제표에 인식할 수 없다. 반면에 우발손실의 경우에는 발생가능성과 손실금액의 추정가능성에 따라 ① 재무제표 본문에 인식하는 경우, ② 주석으로만 공시하는 경우, ③ 주석으로도 공시할 필요가 없는 경우로 구분된다. 우발손실에 대한 회계처리를 요약하면 다음과 같다.

우발손실의 회계처리 요약

금액의 추정가능성 / 발생가능성	합리적 추정이 가능	합리적 추정이 불가능
거의 확실한 경우	우발채무로서 재무제표 본문에 기재한다.	주석 공시
어느 정도 가능한 경우	주석 공시	주석 공시
가능성이 희박한 경우	공시하지 않음	공시하지 않음

우발채무의 원천이 되는 우발손실의 예로서는 다음과 같은 것들이 있다.

① 소송사건과 클레임(손해배상청구)

② 지급보증

③ 상환청구가능 수취채권의 양도

(1) 소송사건과 클레임(손해배상청구)

기업은 영업활동을 영위하는 과정에서 다양한 원인에 의해 거래처나 소비자 등으로부터 손해배상청구소송 및 클레임(손해배상청구)이 제기되어 있거나 또는 제기될 가능성을 갖고 있다. 이 경우 당해 소송 등의 원인이 대차대조표일 현재 이미 발생하였고, 과거의 유사한 경험이나 전문가의 의견, 소송의 진행과정 등을 참작하여 불리한 결과가 나타날 것이 거의 확실하며, 합리적으로 손실금액의 추정이 가능한 경우에는 예상되는 손실액만큼 당기손실로 인식하고 동액만큼 우발채무로 인식하여야 한다. 이때, 우발손실의 금액이 단일 금액이 아닌 일정 범위로 추정되는 경우에는 그 범위내의 금액 중 가장 합당한 추정치를 손실로 계상해야 한다. 다만, 가장 합당한 금액을 추정할 수 없는 경우에는 그 범위내의 금액 중 최소금액을 손실로 계상한다.

(2) 지급보증

기업은 때때로 타인의 채무에 대하여 지급보증을 하는 경우가 있다. 이와 같이 타인에게 지급보증을 한 후에 타인이 부채를 상환하게 되면 당해 지급보증에 대해서는 회계처리할 거래의 대상으로 보지 않지만, 만일 타인이 부채를 상환하지 못할 것이 거의 확실하고, 그 금액을 합리적으로 추정할 수 있다면 당해 보증으로 인하여 지급할 금액만큼 손실로 인식하고 동액을 우발채무로 계상하여야 한다.

(3) 상환청구가능 수취채권의 양도 등

외상매출금에 상환청구권을 부여하여 판매하거나, 받을 어음을 할인 또는 배서한 경우에 채무자가 만기일에 채무를 지급하지 않는다면 우발채무를 부담하게 된다. 그러나 이러한 경우에 있어서는 그 우발채무의 발생가능성과 금액을 합리적으로 추정할 수 없는 경우가 대부분이다. 따라서 우발손실의 발생가능성 정도에 따라 주석으로 공시하든지, 아니면 주석기재를 생략할 수 있다.

2 기업회계기준의 우발채무

(1) 우발상황의 정의

① 우발상황이란 미래에 어떤 사건이 발생하거나 발생하지 않음으로써 궁극적으로 확정될

손실 또는 이득으로서 발생여부가 불확실한 현재의 상태 또는 상황을 말한다. 우발상황으로부터 기대되는 손실을 우발손실이라 하고 우발상황으로부터 기대되는 이득을 우발이득이라 한다. 우발채무는 미래에 우발상황이 확정된다면 감소하게 될 순자산액의 추정치를 말한다.

② 확정적 사건은 이미 발생했으나 금액이 확정되지 않아 회계적 추정을 필요로 하는 상황은 우발상황에 포함되지 아니한다. 이 경우에는 이용가능한 모든 증거자료에 기초하여 손실 또는 이득의 금액을 합리적으로 추정하여 재무제표에 반영해야 한다.

③ 집단적 · 반복적으로 나타나는 거래 또는 현상에 대하여 합리적으로 추정하여 계상하는 비용 또는 손실은 우발상황에 포함되지 아니한다. 이 경우에는 기업회계기준의 부채성충당금이나 대손상각비 등의 규정에 의하여 처리해야 한다.

(2) 우발손실

① 대차대조표일 현재 순자산이 감소하였음이 확실하고 동 손실의 금액이 합리적으로 추정할 수 있는 경우에는 그 손실을 재무제표에 계상하여야 한다. 이 경우 당해 우발상황의 내용과 재무제표에 계상한 손실금액을 주석으로 기재해야 한다.

② 대차대조표일 현재 순자산이 감소하였음이 확실하나, 손실금액을 합리적으로 추정할 수 없는 경우 또는 순자산이 감소하였음이 확실하지 아니한 경우에는 동 손실을 재무제표에 계상하지 아니하는 것이며, 이 경우 우발상황의 내용, 우발상황이 확정될 경우의 재무적 영향, 금액추정이 곤란한 사유 등을 주석으로 기재해야 한다. 다만, 순자산이 감소하였을 가능성이 희박한 경우에는 계류중인 소송 및 타인을 위하여 제공한 담보 · 보증에 관한 사항을 제외하고는 주석 기재를 생략할 수 있다.

③ 우발손실의 금액이 단일 금액이 아닌 일정 범위로 추정되는 경우에는 그 범위 내의 금액 중 가장 합당한 추정치를 손실로 계상해야 한다. 다만, 가장 합당한 금액을 추정할 수 없는 경우에는 그 범위 내의 금액 중 최소금액을 손실로 계상하며, 이 경우 우발상황의 내용, 최대금액과 최소금액의 차이 및 동 금액이 추가적 손실이 될 수 있다는 뜻 등을 주석으로 기재해야 한다.

④ 우발손실과 직접 관련되는 반대청구권 또는 제3자에 대한 청구권 등이 존재함으로써 당해 우발손실의 전부 또는 일부가 상쇄되거나 회피될 것이 확실한 경우에는 재무제표에 계상할 손실금액에서 상쇄되거나 회피될 수 있는 금액을 차감한다.

(3) 우발이득

우발이득이 발생하는 우발상황은 재무제표에 반영되어서는 아니 된다. 다만, 우발이득의 발생가능성이 거의 확실한 경우에는 당해 우발상황의 내용을 주석으로 기재할 수 있다.

제13절 자 본

1. 자본의 의의

자본이란 기업이 소유하고 있는 자산이 소유주 또는 주주의 지분권을 말한다. 그러므로 자본은 기업주 자신이 영업활동을 위하여 출자한 출자액과 기업이 영업활동의 결과 벌어들인 이익 중에서 사외로 유출시키지 않고 사내에 유보시킨 유보이익의 합계액을 말한다.

기업의 자산에 대하여 청구권을 행사할 수 있는 자는 채권자와 소유자(주주)로 구분할 수 있다. 채권자가 보유한 청구권을 채권자지분이라고 하며, 소유자가 보유하고 있는 청구권은 소유자지분이라고 한다.

기업의 대표적 형태는 주식회사이므로 소유자지분은 일반적으로 주주지분이라고 불리어지는데, 기업회계기준에서는 이를 자본이라고 한다.

자본은 특정자산에 대한 청구권을 의미하는 것이 아니고 총자산 중 일정비율에 대한 청구권을 의미하는 것이다.

2. 자본의 종류

기업회계기준에서는 자본을 그 발생원천에 따라 자본금, 자본잉여금, 이익잉여금 및 자본조정으로 분류하고 있다.

〈표 3-4〉 자본의 분류

- 자본
  - 자본금
    - 보통주 자본금
    - 우선주 자본금
  - 자본잉여금
    - 주식발행초과금
    - 감자차익
    - 기타자본잉여금
      - 국고보조금
      - 공사부담금
      - 자기주식처분이익
      - 자산수증이익
      - 채무면제 이익
  - 이익잉여금
    - 이익준비금
    - 기타법정적립금
      - 기업합리화적립금
      - 재무구조개선적립금
    - 임의적립금
      - 감채적립금
      - 사업확장적립금
      - 배당평균적립금
      - 결손보전적립금
      - 자가보험적립금
      - 우발손실적립금
      - 퇴직급여적립금
    - 차기이월이익잉여금
      - 이월이익이여금
      - 당기순이익
  - 자본조정
    - 주식할인발행차금
    - 배당건설이자
    - 자기주식
    - 미교부주식배당금
    - 매도가능증권 평가손익(손실)
    - 해외사업 환산대(또는 차)

제 14 절 자 본 금

기업회계기준 제29조에 의하면 보통주자본금, 우선주자본금 등으로 분류한다.

회사가 발행할 주식의 총수, 1주의 금액 및 발행한 주식의 수와 당해 회계연도 중에 증자, 감자, 주식배당 또는 기타의 사유로 자본금이 변동한 경우에는 그 내용을 주석으로 기재한다라고 규정되어 있다.

1. 자본금의 의의

자본금(capital stock)은 회사가 발행한 주식의 액면총액(1주의 금액 × 발행주식수)이다. 자본금은 채권자에 대한 최소액의 담보액이므로 상법에서는 이를 유지시키기 위하여 회사에 일정한 의무를 부담시키고 있다. 이를 자본금의 3원칙이라고 하며, 그 내용은 다음과 같다.

① 자본확정의 원칙 : 회사설립시에 발행된 주식 전량에 대한 인수가 확정되어야 한다는 원칙이다.

② 자본충실의 원칙 : 회사가 법정자본금에 상당하는 재산을 실질적으로 보유해야 한다는 원칙이다.

③ 자본불변의 원칙 : 자본금을 변경하기 위해서는 엄격한 법적 절차를 거쳐야 한다는 원칙이다. 기업회계기준에서는 당해 회계연도 중에 증자, 감자, 주식배당 또는 기타 사유로 자본금이 변동할 경우에는 그 내용을 주석으로 기재하도록 규정하고 있다.

2. 자본금의 표시

기업회계기준에서는 회사가 서로 다른 두 종류 이상의 주식을 발행하고 있는 경우에는 다음과 같이 구분하여 표시하도록 규정하고 있다.

Ⅰ. 자본금

(1) 보통주자본금 ×××

(2) 우선주자본금 ×××

3. 자본금의 증자, 감자 및 주식배당

자본금의 변동요인으로는 증자, 감자 및 주식배당 등이 있다.

(1) 증자

증자는 주식을 추가로 발행함으로써 자본금을 증가시키는 절차로서 실질적증자(유상증자)와 형식적 증자(무상증자)로 구분된다.

실질적인 증자는 새로 발행된 주식에 대하여 현금 또는 현물의 납입에 의한 증자로서 자산의 증가와 자본의 증가가 발생한다. 형식적인 증자는 자본잉여금이나 이익잉여금을 자본금으로 대체(이를 자본전입이라고 한다)시킴으로써 이루어지는 증자이다. 이때 발행되는 주식은 기존의 주주에게 무상으로 교부한다.

증자시에 발생하는 주식발행비용은 주식발행가액에서 차감한다. 주식발행비용은 주식을 발행하여 자본을 조달하면서 발생된 것이고, 주식발행으로 인한 실제 자금조달액은 주식발행 비용만큼 감소되어야 하므로 자본에서 차감해야 한다.

(2) 감자

감자란 회사의 자본금을 감소시키는 절차로서 주식회사에서 감자는 이해관계자들에게 미치는 영향이 크기 때문에 상법은 정관변경의 특별결의를 거쳐야만 감자가 가능하도록 규정하고 있다. 감자는 유상감자(실질적감자)와 무상감자(형식적감자)로 구분된다.

유상감자는 영업규모를 축소시키기 위하여 과잉자본을 주주들에게 환급(구체적으로는 주식의 매입소각)하는 절차로서 회사 자본금의 감소와 함께 주식매입을 위한 자산이 감소한다. 무상감자는 자본금을 줄여서 결손금을 처리하는 절차로서 발행주식수를 줄이는 주식의 병합에 의한다. 즉, 무상감자는 결손이 누적되어 이를 보전할 이익잉여금과 자본잉여금이 없는 상황에서 장래에 영업성적이 호전될 전망이 없는 경우 자본금을 줄여서 처리하는 절차이다.

(3) 주식배당

주식배당(stock dividends)은 이익잉여금(이익준비금 제외)을 불입자본(자본금과 주식발행초과금)으로 전입함으로서 신주를 발행하고 이 주식을 주주의 주식소유 비율에 따라 배정하는 형태의 배당이다.

회사가 주식배당을 실시하는 목적은 i) 자본금을 증액시키고, ii) 주주에게 배당을 하여 주주로부터 배당압력을 회피하면서도 자금의 사외유출을 방지하고, iii) 회사의 순자산은 변동이 없는 데도 주식수를 증가시킴으로써 주가를 낮추고 주식의 유통을 원활히 하는것 등이 있다.

상법에서는 주식배당은 이익배당총액의 1/2에 상당하는 금액을 초과하지 못하도록 규정하고 있다. 이사회에서 주식배당을 결의하였을 경우에는 이를 미교부주식배당금이라는 자본조정과목으로 계상한다.

4. 자본금에 대한 주석 기재

회사가 발행할 주식의 총수(수권주식), 1주의 금액(액면) 및 발행한 주식의 수와 당해 회계연도 중에 증자, 감자, 주식배당 또는 기타 사유로 자본금이 변동한 경우에는 그 내용을 주석으로 기재한다.

5. 신주청약증거금의 표시

기업회계기준 제30조에 의하면 청약기일이 경과된 신주청약증거금 중 신주납입금으로 충당될 자본금 다음에 그 내용을 나타내는 과목으로 기재한다.

신주청약증거금에 대하여는 신주의 발행주식수, 주금납일기일과 자본잉여금으로 적립될 금액을 주석으로 기재한다라고 규정하고 있다.

청약에 의하여 주식을 매입하려는 사람이 분할납입하고 납입이 완료된 후 회사가 주권을 교부하는 방법을 주식청약이라고 하는데 청약대금으로 수령한 금액을 신주청약 증거금이라고 한다.

주식청약에 대한 계약금으로 일부를 수령하였을 경우에 신주청약증거금이라는 과목으로 계상한다. 그리고 잔액인 주식청약 미수금을 회수하고 주식을 교부하였을 경우에 자본금계정과 주식발행 초과금계정으로 대체한다.

① 주식청약에 대한 계약금 수령시

(차)	현 금	×××	(대)	신주청약증거금	×××

② 주식청약 미수금의 수령시

(차)	현 금	×××	(대)	자 본 금	×××
	신주청약증거금	×××		주식발행초과금	×××

주식청약이 이루어져 청약기일이 경과된 신주청약 증거금 중 신주납입금으로 충당될 금액은 다음과 같이 자본금 다음에 그 내용을 나타내는 과목으로 기재하여야 한다.

Ⅰ. 자 본 금 ×××
Ⅱ. 신주청약증거금 ×××
Ⅲ. 자본잉여금 ×××
Ⅳ. 이익잉여금 ×××
Ⅴ. 자본조정 ×××

신주청약증거금에 대하여는 신주의 발행주식수, 주금납일기일과 자본잉여금으로 적립될 금액을 주석으로 기재한다.

◆신주청약증거금의 회계처리(1) 예

여주(주)는 액면가액 ₩5,000인 보통주 10,000주를 액면가액으로 발행하기로 하였다. 청약자들로 하여금 1주당 ₩1,000씩 신주청약증거금을 납입하도록 하였으며 잔액은 20일 후 납입하기로 하였다.

① 주식청약시

(차)	현 금	10,000,000	(대) 신주청약증거금	10,000,000

② 주식발행시

(차)	현 금	40,000,000	(대) 보통주자본금	50,000,000
	신주청약증거금	10,000,000		

◆신주청약증거금의 회계처리(2) 예

여주(주)는 액면가액 ₩5,000인 보통주 20,000주를 주당 ₩9,000에 발행하기로 하고 청약자들로부터 청약을 받아 계약금으로 ₩40,000,000을 수령하였다. 잔금은 1개월 후 수령하고 보통주를 발행하였다.

① 주식청약시

(차)	현 금	40,000,000	(대) 신주청약증거금	40,000,000

② 주식발행시

(차)	현 금	140,000,000	(대) 보통주자본금	100,000,000
	신주청약증거금	40,000,000	주식발행초과금	80,000,000

제 15 절 잉 여 금

1. 잉여금의 의의

잉여금(surplus)이란 일정시점에 있어서 법정자본(자본금=액면×발행주식수)을 초과하는 자본의 일부이다.

주식회사에서 영업결과 발생하는 순이익 중 회사내부에 유보된 금액이라든지, 주주에 의하여 액면가액을 초과하여 불입된 주식발행초과금 등은 자본금계정에 기입하지 않고 별도의 계정을 설정하여 기입하여야 한다. 이 때 설정되는 계정을 잉여금이라고 한다. 개인기업의 경우에는 자본금의 증감에 제한이 없으므로 잉여금계정이 필요없이 자본에 관한 모든 거래를 자본금계정에서 처리할 수 있다.

2. 잉여금의 분류

잉여금은 그 발생원천에 따라 자본잉여금과 이익잉여금으로 구분된다.

자본잉여금(capital surplus)은 주식의 발행, 증자 또는 감자 등과 같이 회사내에 출자된 자본액의 증감거래, 즉 자본거래에서 발생한 잉여금이다. 자본잉여금은 자본적 성격이 강하므로 이익잉여금과 구분하여 표시하여야 한다. 자본잉여금은 자본전입과 결손금처리 이외에는 사용이 불가능하다.

이익잉여금(retained earings)은 기업의 정상적인 영업활동, 유형자산의 처분, 그 밖의 자산처분 및 임시적인 손익거래에서 발생한 잉여금이다. 이익잉여금은 손익거래의 결과 회계기간 중에 창출된 순이익 중의 일부가 회사내부에 유보·축적되어서 발생하는 것으로서 가장 일반적인 잉여금의 형태이다.

3. 자본잉여금

자본잉여금은 주식발행초과금, 감자차익, 기타 자본잉여금으로 분류한다.

자본잉여금과 유사항목의 구분

구 분	자 본 잉 여 금	기 타
주식발행차금	주식발행초과금(액면초과액)	주식할인발행차금(액면미달액) : 자본조정
감자차손익	감자차익(액면가액-상환액)	감자차손(상환액-액면가액): 자본조정
자기주식처분손익	자기주식처분이익	자기주식처분손실 : 자본조정

* 감자차손익의 계산시 상환액을 최초발행가액과 비교하지 않고 액면가액과 비교하는 이유는 주식 발행초과금이 자본잉여금이기 때문에 자본전입이나 결손보존이외의 경우에는 사용할 수 없기 때문이다.

(1) 주식발행초과금

주식발행초과금은 주식의 할증발행으로 발생하는데, 액면가액을 초과한 금액을 말한다. 주식회사가 유상증자를 실시할 경우에는 주식발행초과금이 발생된다. 그러므로 자본금의 증가와 함께 발생하는 주식발행초과금은 가장 전형적인 자본잉여금이다.

◆주식발행초과금의 회계처리 예

① 여주(주)는 2009년 4월 1일 액면가액 ₩5,000의 주식 10,000주를 1주당 ₩7,500에 발행하

고 그 대금을 전액 납입하였다.

(차) 현 금	75,000,000	(대) 자 본 금	50,000,000
		주식발행초과금	25,000,000

② 여주(주)는 2009년 6월 1일 액면가액 ₩5,000인 보통주 10,000주를 ₩15,000씩 할증발행하고, 동시에 액면가액 ₩5,000인 우선주를 10,000주를 ₩7,000씩 할증발행 하였다.

(차) 현 금	220,000,000	(대) 보통주자본금	50,000,000
		우선주자본금	50,000,000
		보통주식발행초과금	100,000,000
		우선주식발행초과금	20,000,000

(2) 감자차익

감자차익이란 자본의 감소와 수반하여 발생한다. 유상감자인 경우에는 자본감소액을 주식의 매입소각액이나 주금의 반환에 소요된 금액과 비교하여 전자가 후자를 초과하는 경우 그 금액이 감자차익이 된다. 무상감자의 경우에는 자본감소액과 결손에 충당할 금액(이월결손금)을 비교하여 전자가 후자를 초과하는 경우 그 금액이 감자차익이 된다.

감자의 경우에 감자차익이 아닌 감자차손이 발생할 수도 있는데, 감자차손은 감자차익이 있는 경우에 감자차익에서 우선적으로 차감하고 나머지는 결손금의 처리순서에 준하여 처리한다. 이후에도 잔액이 남는 경우에는 처분가능잉여금이 생길 때까지 자본조정과목으로 처리한다.

◆감자차익의 회계처리(1) - 형식적 감자 예

여주(주)는 이월결손금 ₩225,000,000을 보전하기 위하여 자본금 5억원에 대하여 주식 100,000주를 50,000주로 병합하였다.

(차) 자 본 금	250,000,000	(대) 이월결손금	225,000,000
		감 자 차 익	25,000,000

◆감자차익의 회계처리(2) - 실질적 감자 예

여주(주)는 액면가액 ₩5,000인 보통주 50,000주를 다음과 같이 재취득하여 소각하였다.

① 주당 ₩4,700에 재취득하여 소각하였다.

② 주당 ₩6,500에 재취득하여 소각하였다.

각 경우의 필요한 회계처리를 나타내면 다음과 같다.

㉮ (차)	보통주자본금	250,000,000	(대)	현 금	235,000,000
				감 자 차 익	15,000,000

㉯ (차)	보통주자본금	250,000,000	(대)	현 금	325,000,000
	감 자 차 손	75,000,000			

감자차손은 감자차익에서 우선적으로 차감하고 나머지는 결손금의 처리순서에 준하여 처리하여야 한다. 따라서 감자차익이 있는 경우에는 감자차익에서 우선적으로 차감하고 나머지는 결손금처리순서에 준하여 먼저 이익잉여금으로 처분하고 다음에 자본잉여금으로 처리한다. 이 이후에도 잔액이 남는 경우에는 처분가능잉여금이 생길 때까지 자본금의 차감항목(자본조정)으로 처리한다.

(3) 기타자본잉여금

기타자본잉여금으로는 보험차익 자기주식처분이익 자산수증이익, 채무연체이익 등으로 분류한다.

1) 보험차익(gains on insurance claims)

보험차익은 건설·선박·기계장치 등이 고정자산의 전부 또는 일부가 화재 기타의 원인에 의해서 소멸 또는 손상되었을 경우 그 보험금수령액이 당해 고정 자산의 장부가액을 초과할 때에 보험차익이 생긴다. 보험차익의 발생은 때로는 현저한 물가등귀의 결과로서 생기는 수도 있다. 즉 손해보험은 당해 고정자산의 재조달을 목표로 한 시가에 접근한 보험금액을 계약하기 때문이다. 따라서 보험차익은 주로 화폐가치변동에 의한 자본의 팽창이 현금화된 것에 불과하며 더욱이 멸실한 고정자산의 재건설 때문에 재투자된다면 그것은 단순한 손실의 보충에 그치고 만다. 그러므로 이것은 통상의 이익과는 구별하여 자본잉여금으로 취급된다.

2) 자기주시처분이익(gain on sales of treasury stock)

상법 제341조에는 회사가 자기주식을 네 가지 경우에 취득할 수 있다고 규정하고 있다. 즉, 첫째 주식을 처분하기 위한 때, 둘째 회사의 합병 또는 다른 회사의 영업 전부의 양수로 인한 때, 셋째 회사의 권리를 실행함에 있어 그 목적을 달성하기 위하여 필요한 때, 넷째 단주의 처리를 위하여 필요한 때 등이다. 이렇게 취득한 자기주식을 지체 없이 또는 상당한 기간 내에 처분할 때 발행한 처분이익은 자본잉여금으로 본다. 현행 법인세법의 규정은 자기주식처분이익을 이익금으로 본다.

◆자기주식처분이익의 회계처리 예

여주(주)의 자기주식과 관련된 거래는 다음과 같다.

① 5월 1일 자기주식 500주를 1주당 ₩7,000씩 구입하였다.

(차) 자 기 주 식	3,500,000	(대) 현 금	3,500,000

② 7월 6일 자기주식 300주를 1주당 ₩7,500씩 매각하였다.

(차) 현 금	2,250,000	(대) 자 기 주 식	2,100,000
		자기주식처분이익	150,000

③ 9월 8일 자기주식 200주를 1주당 ₩5,200씩 매각하였다.

(차) 현 금	1,040,000	(대) 자 기 주 식	1,400,000
자기주식처분이익	150,000		
자기주식처분손실	210,000		

3) 자산수증이익(donated surplus)

자산수증이익은 회사가 임원·주주로부터 현금 또는 기타 재산의 무상제공을 받을 경우에 발생하는 것이다. 즉 회사의 경영부진으로 인해서 결손이 발생하고 따라서 배당을 할 수 없을 경우에, 또는 시설확장을 할 경우에 임원 또는 대주주가 현금 또는 기타의 사재를 제공한다든가 배당을 사양하여 일반주주의 배당재원으로 하는 경우도 있다. 그러나 자산증여는 증여자의 의사에 따라서 그 처리방법에 구분이 생긴다. 즉 증여자가 증여자산을 영구히 사용할 목적으로 제공했을 경우에는 자본잉여금으로 처리하고, 일시적인 영업조성, 이익보조, 배당보조 등의 목적을 위해서 제공한 경우에는 이익잉여금으로 처리한다. 그리고 현금 이외의 자산의 증여를 받는 경우에는 공정한 가액으로 평가하여야 한다.

◆자산수증이익의 회계처리 예

여주(주)는 결손보전을 목적으로 대주주로부터 개인소유의 토지(공정가치 2억5천만원)를 무상으로 증여받아 등기를 완료하였다.

(차) 토 지	250,000,000	(대) 자산수증이익 (기타자본잉여금)	250,000,000

4) 채무면제이익(remissions of debts)

회사의 재무구조가 극도로 악화되어 지급능력이 현저하게 약화되고 추가자금조달능력도 거의 없을 때 특정이익관계에 있는 채권자가 자신에 대한 회사의 부채의 상환을 면제해 주든가 일부만을 지급받고 잔액을 포기하는 경우가 있다. 이 경우 해당 채무의 면제가 기업자본의 보전을 위한 것이면 이를 자본잉여금으로 처리하여 기업의 영구자본으로 계속 유지해 가야 한다. 그러나 채무면제이익 중에도 채권자의 행방불명이나 소멸시효의 만료 등의 사유로 지급의무가 없어짐으로 인하여 발생한 것은 자본잉여금이 아니고 영업외수익으로 처리함이 타당하다.

◆채무면제이익이 회계처리 예

여주(주)는 이천(주)로부터 상품을 매입하고 있다. 2009년 여주(주)의 경영이 어려워지자 이천(주)는 외상매출금 대금의 일부인 ₩30,000,000을 받지 않기로 결정하였다.

(차) 매 입 채 무	30,000,000	(대) 채무면제이익 (기타자본잉여금)	30,000,000

4. 이익잉여금(또는 결손금)

이익잉여금 또는 결손금은 이익준비금 기타 법정적립금, 임의적립금, 차기이월이익잉여금 또는 차기이월결손금으로 분류한다.

배당이 불가능한 이익 잉여금

구 분	관련규정	적립액
이익준비금	상법 제458조	자본금의 2분의 1에 달할 때까지 매결산기의 금전에 의한 배당액의 10분의 1이상의 금액을 적립
기업합리화 적립금	조세특례제한 법 제145조	조세특례제한법에 의한 세액공제, 세액감면 및 소득공제를 받은 경우 그 공제받은 세액 상당액을 적립
재무구조 개선적립금	상장법인재무 관리규정 제10조	상장법인의 경우 자기 자본비율이 100분의 30이 될 때까지 다음의 금액이상을 적립 1. [유형자산처분이익 - (유형자산처분손실 + 법인세비용)]*50%, 2. (당기순이익 - 이월결손금) × 10%
기업발전 적립금	법인세법 제56조	비상장대법인 또는 대규모기업집단에 속하는 법인의 적정유보초과 소득에 대한 법인세 납부면제를 위하여 초과소득금액을 적립

(1) 이익준비금

상법에서는 회사는 그 자본의 2분의 1에 달할 때까지 매 결산기의 금전에 의한 이익배당액의 10분의 1이상의 금액을 이익준비금으로 적립하여야 한다라고 규정하고 있다. 여기서 자본이라 함은 법정자본, 즉 자본금을 의미한다.

따라서 이익준비금을 자본의 2분의 1한도를 초과하여 적립한 때는 그 초과한 부분은 임의적립금으로 보게 되는 것이다.

상법이 이와 같이 이익잉여금의 일부를 사내에 유보하도록 요구하는 이유는 자본의 충실을 기하기 위한 것으로 후일 결손이 발생하더라도 기업이 유지될 수 있도록 대비하기 위함이다. 때문에 이러한 이익준비금은 자본전입이나 결손보전 이외에는 사용할 수 없도록 제한하는 것이다.

(2) 기타법정적립금

기타법정적립금은 상법 이외의 법령에 의하여 적립되는 금액으로서 크게 ① 강제적 성격을 띠는 것과 ② 일정한 조건하에 반드시 적립해야하는 준강제적 성격을 띠는 것이 있다.

1) 기업합리화적립금

기업합리화적립금은 중요산업(석유화학공업 · 조선업 · 기계공업 · 전자공업 · 철강업 · 비금속업 · 비료업 · 방위산업 등)이 투자하거나 공장을 이전하는 경우 법인세 또는 사업소득세의 감면 또는 공제받는 금액을 적립하는 적립금을 말한다.

기업합리화적립금은 상환기간이 1년 6개월 이상인 사채, 외화차입금 또는 은행차입금의 상환에 사용할 수 있다. 또, 기업고유목적에 직립 사용되는 주된 기계 또는 공장의 매입이나 건설을 위한 투자에도 사용할 수 있다.

2) 재무구조 개선적립금

재무구조개선적립금은 상장법인 재무관리규정에 의하여 성장법인의 자본충실과 재무구조의 개선을 유도하기 위하여 적립된 것이다. 상장법인은 자기자본비율(자기자분/총자산)이 30/100에 달할 때까지 매사업 연도마다 유형자산처분이익이 유형자산처분손실과 해당 법인세 및 주민세의 합계액을 초과하는 경우에 그 초과액의 50/100과 당기순이익에서 이월결손금을 차감한 금액의 10/100(직전사업연도 수준의 배당유지가 어려운 경우에는 5/100)을 재무구조개선적립금으로 적립하여야 한다. 재무구조적립금은 이월결손금의 보전자본전입, 1년 만기 정기예금이자율 수준까지의 배당을 위한 재원 등에 사용할 수 있다.

(3) 임의적립금

임의적립금은 상법상 규제가 있는 것이 아니라 회사의 정관 또는 총회의 결의에 의하여 설정된 적립금이다. 그 목적, 금액, 적립의 한도, 처분 등은 원칙적으로 임의결정사항이므로 그 변경, 개폐 또한 가능한 것이다. 임의적립금은 적극적 적립금과 소극적 적립금으로 분류된다. 적극적 적립금으로는 사업확장적립금, 감채적립금, 기업합리화적립금 등이고 소극적 적립금은 배당평균적립금, 결손보전적립금, 임원퇴직급여적립금 등이다.

적극적 적립금은 영업확장이란 기업재무상의 목적으로 이익을 유보하고 영속적 자본으로 유보하려는 적립금이다. 따라서 건물 또는 설비의 건설을 행하더라도 이것을 즉시 사회 유출하여서는 불합리하고, 오히려 영속적 의미의 적립금으로 주주총회의 결의를 얻어 별도적립금으로 대체하여야 한다.

소극적 적립금은 특정한 다수의 손실 또는 지출에 대비하여 유보하는 적립금이나 다액의 임원퇴직금 또는 우발채무가 발생하면 그 기의 이익이 없어지고 정당한 배당에도 지장을 가져오므로 이들을 보전하고 보통의 이익처분이 가능하게 하는 적립금이므로 이들의 손비가 발생한 경우에는 이입하여 처분할 것이다. 배당평균적립금은 주주총회에서 이익배당의 결의를 하고 이입하여 배당금에 충당한다.

1) 사업확장적립금(reserve for business expansion)

사업확장적립금은 사업의 확장, 즉 사무소신축, 공장증축, 기계의 구입, 노선의 건설, 부지확장 등의 고정자산의 취득·갱신 등의 준비를 위해서 유보된 적립금이다. 그러므로 그 목적에 따라서 신축적립금, 증축적립금, 설비확장적립금 등과 같이 구체적 명칭을 붙일 수 있다.

2) 감채적립금(sinking founds reserve)

사채 기타의 고정부채의 상환·반제에 대비하여 설정되는 적립금으로 특히 사채의 상환을 목적으로 하여 설정되는 경우에는 사채상환적립금이라고도 한다. 예금 등 특정자산의 형태로 보유하는 것과는 반드시 결부되지 않으므로 감채기금과는 구별하여야 한다.

3) 배당평균적립금(dividends equalization reserve)

배당평균적립금은 배당률의 변동을 피하고 주식시가의 안전을 도모함과 동시에 회사의 신용을 유지하기 위해서 설정되는 적립금이다. 회사의 배당률은 커다란 변동이 없이 거의 일정하기를 희망한다. 이렇게 함으로써 주식투자의 투자대상으로 환영을 받을 뿐만 아니라 주식시장에서 고가를 유지할 수 있는 것이다. 만일 배당률이 저하하거나 배당을 못할 경우에는 회사의 신용은 추락되어 신주발행이나 사채의 공모 등이 곤란하게 된다. 이 적립금은 이익이 많은 연도에는 그 일부를 유보하였다가 이익이 적은 연도에는 부족을 보충한다. 항시 동일수준의 배당률을 유지시키는 것이 목적인데 그 목적에 충당된 후에는 소멸한다.

4) 결손보전적립금(reserve for deficit)

결손보전적립금은 손실보전 및 재해보전적립금을 말하며 장래의 결손보전을 위하여 적립하는 적립금이다. 기업은 경우에 따라서는 임시거액의 결손이 발생할 가능성도 있으므로 이에 대비해서 적립하는 것이다. 결손을 보전하지 않으면 재무상태는 악화된다. 이에 대비하기 위해서 결손보전적립금이 적립된다.

법인세법상의 규정에 의하여 전년도까지 법인세가 부과된 후에 적립해 온 결손보전적립금을 사용하여 당기순손실을 보전하면 세법상 인정되는 이월결손금이 감액되어 차년도 이후에 절세하지 못하게 된다. 따라서 실무상은 법인세법상 인정될 당기결손금을 차감한 나머지의 당기 순손실만을 보전하게 된다.

5) 기타의 임의적립금

(가) 자가보험적립금(reserve for self-insurance)

자가보험적립금은 공장이나 선박 등을 다수 소유한 회사가 보험회사와 계약하는 대신에 그 지급할 손해보험료에 해당하는 금액을 유보하는 것이다. 보험의 목적물이 다수일 경우에는 위험이 분산되므로 보험회사에다 보험료를 지급하는 것보다는 회사 자체가 적립금을 마련하는 편이 유리할 경우도 있다. 그러나 과거의 경험에 의해서 손실발생의 예상이 어느 정도 확실한 경우에는 충당금을 설정하여야 한다.

(나) 우발손실적립금(reserve for contingencies)

우발손실적립금은 현재로서는 예상할 수 없으나 장래 발생할지도 모를 돌발적인 손실에 대비해서 이익의 일부를 유보한 것을 말한다. 여기서 돌발적인 손실이란 화재, 홍수, 지진 등의 예측불허의 사고에 의한 손실 혹은 우발채무 등에 의한 손실이다. 그러나 이들 손실은 과거의 경험에 의하여 어느 정도 예상할 수 있을 경우에는 충당금이 설정되어야 한다.

(다) 퇴직급여적립금(reserve for pension fund)

퇴직급여적립금은 임원 또는 종업원이 퇴직함에 있어서 연금 또는 퇴직일시금을 지급하는 경우를 대비하여 이익의 일부를 유보한 것이다. 이것은 회사의 자의에 의해서 적립한 적립금이다.

(라) 별도적립금(general reserve)

별도적립금은 임의적립금의 일종으로 특정한 사용목적이 없이 이익을 유보한 적립금이며,

또한 적극적 적립금이 그 설정 목적을 달성한 후 이러한 적립금을 대체하는 적립금이다. 이는 특정목적을 가진 적립금이 부족한 경우에 목적변경의 결의에 의하여 당해 부족적립금에 편입시켜 사용하기 위한 것이다. 적립금을 별도적립금에 대체한 경우에는 이익잉여금처분 계산서에 기재하여 주주총회의 결의를 얻어야 한다.

(마) 비밀적립금(secret reserve)

비밀적립금은 대차대조표에 표시되지 않는 적립금이다. 대차대조표에 표시되는 공시적립금에 반해서 장부상에 표시되지 않는 적립금이 비밀적립금이며, 이는 이익잉여금에도 포함되지 않는다. 비밀적립금은 무의식 또는 선의로 적립되는 경우와 고의로 이루어지는 경우가 있다. 일반적으로 비밀적립금은 다음과 같은 원인에 의해서 생긴다.

① 자산을 과소평가했을 경우

② 과대하게 감가상각했을 경우

③ 과대하게 대손을 상각했을 경우

④ 자본적 지출을 수익적 지출로 처리했을 경우

⑤ 부채를 과대 계상했거나 허위로 부채를 계상했을 경우

회계는 항상 신뢰성의 원칙이 요구되나 평가는 실제에 있어서 과대 또는 과소하게 되기 쉽다. 그리고 과대평가보다는 과소평가를 주장하는 보수주의의 사고방식으로 말미암아 필연적으로 비밀적립금을 발생시킨다. 이와 같은 과대한 비밀적립금의 존재는 회계의 진실성을 해치고 기간손익계산을 부정확하게 하는 것이므로 배제되어야 할 일이다.

◆임의적립금의 회계처리(1) 예

(주) 여주는 2004년부터 지난 3년간 매년 ₩75,000,000씩을 사업확장적립금으로 적립하여 왔으며, 2007년에 건물과 기계를 각각 ₩200,000,000과 ₩50,000,000씩 취득함으로써 사업확장을 마무리하였다. 따라서 2007년 결산 후 주주총회에서는 이익잉여금처분계산서(안)대로 사업확장적립금을 별도적립금으로 대체시키기로 결정하였다.

① 2004년말, 2005년말, 2006년말의 회계처리

(차)	처분전이익잉여금	75,000,000	(대)	사업확장적립금	75,000,000

② 건물 및 기계취득시의 회계처리

(차)	건 물	200,000,000	(대)	현 금	250,000,000
	기 계 장 치	50,000,000			

③ 2007년말 이익잉여금처분안의 회계처리

(차) 사업확장적립금 225,000,000 (대) 별도적립금 225,000,000

◆임의적립금의 회계처리(2) 예

① 여주(주)는 2009년 당기순이익이 많이 발생하여 앞으로도 주주들에게 매년 일정한 배당을 할 수 있도록 배당평균적립금으로서 ₩600.000.000을 적립하였다.

② 2010년 당기순이익이 적게 계상되어 배당평균적립금 중 ₩400,000,000을 처분전이익잉여금에 대체하다.

③ 2011년 주주총회 결의에 따라 처분전이익잉여금 중 ₩340,000,000을 결손보전적립금으로 적립하다.

① (차)	처분전이익잉여금	600,000,000	(대)	배당평균적립금	600,000,000
② (차)	배당평균적립금	400,000,000	(대)	처분전이익잉여금	400,000,000
③ (차)	처분전이익잉여금	340,000,000	(대)	결손보전적립금	340,000,000

(4) 차기이월이익잉여금 또는 차기이월결손금

차기이월이익잉여금 또는 차기이월결손금은 이익잉여금처분계산서의 처분전이익잉여금에서 이익처분항목(이익준비금, 기타법정적립금, 배당금, 임의적립금 등)을 차감하고 남은 금액 또는 결손금처리 계산서의 처리전결손금에서 결손금처리액(이익준비금, 기타법정적립금, 임의적립금 및 자본잉여금 등의 이입액)을 차감하고 남은 금액을 말한다.

제16절 자 본 조 정

자본조정(capital adjustments)은 자본금, 자본잉여금, 이익잉여금, 이외의 일시적 성격의 자본항목으로서 자본에 가산 또는 차감되는 항목을 말한다. 자본조정은 대차대조표에서 주식할인발행차금, 배당건설이자, 자기주식, 미교부주식배당금, 투자유가증권평가이익(투자유가증권평가손실), 해외사업환산대(해외사업환산차), 감자차손, 자기주식처분손실로 표시된다.

1. 주식할인발행차금

주식할인발행차금은 주식을 액면 이하로 발행할 때 액면가액과 발행가액의 차액을 말한다.

주식을 할인발행하는 경우 액면가액에 해당하는 금액은 자본금(보통주자본금이나 우선주자본금 등)으로 기록하고 액면가액과 발행가액과의 차이는 주식할인발행차금으로 기록한다. 이 경우 주식할인발행차금은 주식발행초과금과 상계시키지 않고 자본차감계정으로 보아 자본조정항목으로 분류하여야 한다.

기업회계기준에서는 이연자산에 포함시키지 않고 자본조정 항목으로서 자본에서 차감하는 형식으로 기재하도록 정하고 있다. 주식할인발행차금은 주식발행 연도부터 또는 증자연도부터 이익잉여금 처분항목으로 표시한다.

주식할인 발행차금은 주식발행연도 또는 증자연도부터 3년이내의 기간에 매기 균등액을 상각하고 동 상각액은 이익잉여금 처분으로 한다. 다만 처분할 이익잉여금이 부족하거나 결손이 있는 경우에는 차기 이후 연도에 이월하여 상각할 수 있다.

(회계처리)

① 주식할인발행시

(차)	현 금	×××	(대)	자 본 금	×××
	주식할인발행차금	×××			

② 결산시

(차)	처분전이익잉여금	×××	(대)	주식할인발행차금	×××

◆주식할인발행차금의 회계처리 예

여주(주)는 2009년 4월 1일 액면가 ₩5,000인 보통주를 주당 ₩4,700에 200,000주를 발행하였다.

이상의 자료로 2009년 4월 1일의 주식발행시와 2009년 12월 31일의 주식할인발행차금 상각시의 필요한 회계처리를 나타내면 다음과 같다.

① 주식의 할인발행(2009년 4월 1일)

(차)	현 금	940,000,000	(대)	보통주자본금	1,000,000,000
	주식할인발행차금	60,000,000			

② 주식할인발행차금의 상각(2009년 12월 31일)

(차)	처분전이익잉여금	20,000,000	(대)	주식할인발행차금	20,000,000

* 60,000,000/3년(상각기간 3년)

2. 배당건설이자

배당건설이자는 자본배당금지원칙의 예외로서 장기간 이익배당을 할 수 없는 사업에 한해 상법의 규정에 따라 일정한 이자를 주주에게 배당하는 것을 말한다. 즉 이 배당건설이자는 회사 설립 후 정상적인 영업이 시작되기까지 장기간 소요되는 경우 자본조달을 원활히 하기 위하여 상법의 규정에 따라 이익이 없음에도 불구하고 배당한 경우를 말한다.

기업회계기준에서는 이 배당건설이자를 자본의 환급성격(장래에 지급될 배당금의 선급과 유사)으로 보아 자본조정 항목으로서 자본계정에서 차감하도록 정하고 있다. 또한 연 6%이상 배당하는 경우 그 6%를 초과한 금액과 동액 이상을 상각하도록 규정하고 있으며 그 상각액도 손익계산서상의 비용이 아닌 처분전이익잉여금의 처분항목(기타의 이익잉여금처분액)으로 하도록 하고 있다.

(회계처리)

① 배당건설이자 지급시

(차)	배당건설이자	×××	(대)	현 금	×××

② 배당금지급 및 배당건설이자 상각시

(차)	처분전이익잉여금	×××	(대)	미지급배당금	×××
				배당건설이자	×××

◆배당건설이자의 회계처리 예

여주(주)는 공장건설이 장기화되어 창업 후 3년간 영업을 개시할 수 없게 되었다. 제3차년도에 법원의 인가를 얻어 자본금 ₩600,000,000에 대하여 4%의 배당건설이자를 지급하였으며, 제4차년도에는 정상적으로 영업을 개시하여 순이익이 발생하였다. 이에 따라 회사는 자본금의 8%에 해당하는 ₩48,000,000을 현금으로 배당하고자 한다.

이상의 자료로 여주(주)의 배당건설이자 지급시, 배당금 지급 및 배당건설이자 상각시의 회계처리를 나타내면 다음과 같다.

① 배당건설이자의 지급

(차)	배당건설이자	24,000,000	(대)	현 금	24,000,000

② 배당금의 지급 및 배당건설이자의 상각

(차)	처분전이익잉여금	60,000,000	(대)	미지급배당금	48,000,000
				배당건설이자	12,000,000*
(차)	미지급배당금	48,000,000	(대)	현 금	48,000,000

* ₩600,000,000×(8%-6%)

3. 자기주식(treasury stock)

자기회사가 취득한 자기주식은 자본조정 항목으로서 취득가액을 자본에서 차감하는 형식으로 기재하여야 하며, 자기회사가 발행한 주식을 취득한 경우는 그 취득가액으로 하고, 그 취득경위, 향후 처리계획 등은 주석으로 기재하여야 한다.

상법 제341조에 의하면 자기주식은 다음과 같은 경우에 예외적, 일시적으로 취득할 수 있도록 되어 있다.

① 주식을 소각하기 위한 경우

② 회사의 합병 또는 다른 회사의 영업전부의 양수로 인한 경우

③ 회사의 권리를 실행함에 있어 그 목적을 달성하기 위하여 필요한 경우

④ 단주의 처리를 위하여 필요한 경우

⑤ 주주가 주식매수 청구권을 행사한 경우

일반적으로 자기주식의 본질에 대해서는 여러 가지 견해가 있으나 주요 내용은 자기주식을 자산으로 볼 것이냐 또는 미발행주식으로 볼 것이냐 하는 것으로 귀착된다. 회계이론적 관점에서 볼 때 미발행 주식으로 보는 것이 타당하다고 할 수 있으므로 이 경우 회계처리 방법은 원가법과 액면가액법의 두 가지 방법이 가능하다.

자기주식에 대한 기준의 입장은 자기주식의 본질을 미발행주식으로 파악하여 자기주식의 취득을 자본조정계정으로 보아 그 장부가액(취득원가)을 자본에서 차감하는 형식으로 기재(자본평가 계정설에 입각한 원가법의 회계처리 방법을 규정)하도록 하고 있다.

자기주식의 회계처리 요약

구 분	원가법(기업회계기준)	액면가액법
평 가	취득가액	액면가액
손익발생시기	처분시(처분가액-취득가액)	취득시(취득가액-최초발행가액)
관련이익	자기주식처분이익의 과목으로 하여 기타 자본잉여금으로 계상	자기주식잉여금
관련손실	자기주식처분이익과 우선 상계한 후 잔액은 결손금처리에 준하여 처리	자기주식잉여금과 상계한 후 잔액은 이익잉여금계정에 차기
재발생시	자기주식처분손익으로 계상	새로운 주식의 발행으로 처리하나 할인발행의 경우에는 자기주식잉여금에서 우선 상계하고 잔액은 이익잉여금에 차기
소각시	감자차손익(액면가액-취득가액)으로 계상	자본금과 상계
제무제표공시	자본에 대한 차감적 평가계정(자본조정)	자본금에 대한 차감적 평가계정

(회계처리)

① 취득시

(차) 자기주식(취득원가)	×××	(대) 현 금	×××

② 처분시(취득원가 〈 처분가액)

(차) 현 금	×××	(대) 자 기 주 식	×××
		자기주식처분이익	×××

③ 소각시

(차) 자 본 금	×××	(대) 자 기 주 식	×××
주식발행초과금	×××	감 자 차 익	×××

◆자기주식의 회계처리 예

여주(주)의 2004년말 현재의 자본내역은 다음과 같다.

보통주자본금	2,000,000,000
(액면가액 1주당 ₩5,000 발행주식수 400,000주)	
주식발행초과금	200,000,000
이익잉여금	200,000,000
자본총계	2,400,000,000

2009년도에 다음과 같은 거래가 있었다.

① 자기주식 20,000주를 주당 ₩5,400에 취득하였다.

② 위의 자기주식 모두를 주당 ₩7,000에 매각하였다.

③ 위의 자기주식 모두를 소각하였다.

㉮ 자기주식의 취득

(차)	자 기 주 식 * ₩5,400×20,000주	108,000,000	(대)	현 금	108,000,000

㉯ 자기주식의 매각

(차)	현 금	140,000,000	(대)	자 기 주 식	108,000,000
				자기주식처분이익 (기타자본잉여금)	32,000,000
	* (₩7,000-₩5,400)×20,000주				

㉰ 자기주식의 소각

(차)	보통주자본금	100,000,000*	(대)	자 기 주 식	108,000,000
	주식발행초과금	10,000,000**		감 자 차 익	2,000,000
	* ₩5,000×20,000주 ** ₩200,000,000×20,000주/400,000주				

4. 미교부주식배당금

미교부주식배당금(unissued stock dividends)은 결산시 이사회의 결의로 작성된 이익잉여금처분계산서(안)의 주식배당액을 말한다. 즉, 결산이 확정되어 주식배당을 하는 경우 일단 미교부주식배당금으로 계상하였다가 이익잉여금처분계산서(안)에 대하여 주주총회의 승인이 이루어진 후 주식배당이 이루어지면 미교부주식배당금을 자본계정으로 대체한다.

◆미교부주식배당금의 회계처리 예

여주(주)는 2009년 12월 31일을 기준으로 15%의 배당을 하기로 하였다. 이 중 10%는 현금으로 배당하며 나머지는 주식으로 배당하기로 하였다. 여주(주)의 주식수는 현재 보통주 200,000주이며 액면가액은 주당 ₩5,000이다.

이상의 자료로 배당과 관련된 필요한 회계처리를 나타내면 다음과 같다.

① 이익처분안 확정일(이사회의 주식배당 결의일 또는 배당선언일)

(차) 처분전이익잉여금	150,000,000	(대)	미 지 급 배 당 금	100,000,000*
			미교부주식배당금	50,000,000**

* 유동부채로 기재한다.

** 자본조정(자본의 부가항목)으로 기재한다.

② 배당금지급과 주식발행일

(차) 미 지 급 배 당 금	100,000,000	(대)	현 금	100,000,000
미교부주식배상금	50,000,000		보통주자본금	50,000,000

5. 매도가능증권평가이익(손익)

시장성 있는 투자주식과 투자채권을 공정가액에 의하여 평가하는 경우에 투자유가증권평가이익 또는 투자유가증권평가손실이 발생한다. 이때 발생한 투자유가증권평가이익 또는 투자유가증권평가손실은 자본조정과목으로 계상한 후 당해 투자주식이나 투자채권의 처분시 투자유가증권처분이익 또는 투자유가증권처분손실에 차감 또는 가산한다.

◆투자유가증권평가손익의 회계처리 예

투자유가증권현황

① 2009년 5월 20일 투자주식 1,000주를 1주당 ₩18,000에 취득하다.

② 2009년 12월 31일 대차대조표일의 종가는 ₩20,000이다.

③ 2010년 12월 31일 대차대조표일의 종가는 ₩17,000이다.

④ 2011년 3월 6일 500주를 1주당 ₩19,000에 처분하다.

(2009년 5월 20일)

(차) 투자유가증권	18,000,000	(대)	현 금	18,000,000

(2009년 12월 31일)

(차) 투자유가증권	2,000,000	(대)	투자주식평가이익 (자본조정계정)	2,000,000

(2010년 12월 31일)

(차)	투자주식평가이익	2,000,000	(대)	투자유가증권	3,000,000
	투자주식평가손실	1,000,000			

(2011년 3월 6일)

(차)	현 금	9,500,000	(대)	투자유가증권	8,500,000
				투자주식평가손실	500,000
				투자주식처분이익	500,000

* ₩1,000,000×500주/1,000주

6. 해외사업환산대(또는 해외사업환산차)

영업 · 재무활동이 본점과 독립적으로 운영되는 해외지점, 해외사업소 또는 해외소재 지분법 적용회사의 외화표시 재무제표를 원화로 환산하는 경우에 발생된 환산손익은 이를 상계한 후 그 차액을 해외사업환산대 또는 해외사업환산차로 계상한다. 이들은 차기 이후에 발생되는 해외사업환산차 또는 해외사업환산대와 상계처리되며, 관련지점 · 사업소 또는 지분법 적용대상회사가 청산 · 폐쇄 또는 매각되는 회계연도의 특별손익으로 처리한다.

◆해외사업환산차(대)의 회계처리 예

여주(주)는 해외에 LA지점과 런던지점을 설치하고 있다. 여주(주)는 2009년 말 결산을 함에 있어 본사의 재무제표와 합병하기 위하여 이들 해외지점의 재무제표를 원화로 환산한 결과 LA지점의 자산과 부채는 환산손실이 ₩5,000,000, 손익항목은 환산이익이 ₩1,000,000 발생하였으며, 런던지점의 자산과 부채는 환산이익이 ₩2,000,000, 손익항목은 환산이익이 ₩3,000,000 발생하였다.

(차)	제 자 산	×××	(대)	제 부 채	×××
	해외사업환산차	3,000,000*			
(차)	제 비 용	×××	(대)	제 수 익	×××
				해외사업환산대	4,000,000**

* 해외사업환산차 = ₩5,000,000 - ₩2,000,000

** 해외사업환산대 = ₩1,000,000 + ₩3,000,000

위 해외사업환산차와 해외사업환산대는 상계하여야 하므로 다음과 같은 회계처리가 필요하다.

(차)	해외사업환산대	3,000,000	(대)	해외사업환산차	3,000,000

이에 따라 대차대조표에는 해외사업환산차와 해외사업환산대가 상계되어 다음과 같이 해외사업환산대 ₩1,000,000만이 차기로 이월되게 된다.

대 차 대 조 표

Ⅳ. 자본조정	
9. 해외사업환산대(+)	1,000,000

연 습 문 제

1. 대차대조표의 의의와 작성목적을 설명하라.

2. 대차대조표의 작성기준을 설명하라.

3. 대차대조표의 유용성에 대하여 논하라.

4. 유동자산과 고정자산에 대하여 논하라.

5. 유형자산과 무형자산의 종류를 열거하고 간단히 설명하라.

6. 감가상각누계액에 대하여 설명하라.

7. 대손충당금에 대하여 설명하라.

8. 유동부채와 고정부채를 열거하고 설명하라.

9. 부채성충당금을 설명하라.

10. 자본과 자본금에 대하여 약술하라.

11. 자본잉여금과 이익잉여금을 열거하고 간단히 설명하라.

12. 실질적증자와 형식적증자에 대하여 논하라

13. 실질적감자와 형식적감자에 대하여 논하라.

14. 배당건설이자에 대하여 설명하라.

대차대조표 작성실무

〈작성실무 1〉

다음의 손익계산서와 결산 전 계정의 잔액 및 손익처분안을 보고 대차대조표를 작성하라.

(1) 자료

손 익 계 산 서

제8기 200×년 1월 1일부터 200×년 12월 31일까지

(주) 용인상사 (단위 : 원)

과 목	금 액	과 목	금 액
기초상품제고액	450,000	매 출	2,350,000
당기상품매입액	2,150,000		
계	2,600,000		
기말상품재고액	540,000		
매 출 원 가	2,060,000		
매 출 총 이 익	290,000		
	2,350,000		2,350,000
급 여	100,000	매 출 총 이 익	290,000
광 고 선 전 비	60,000	이 자 수 익	67,000
임 차 료	60,000	단기매매증권처분이익	30,000
보 험 료	24,000		
저 장 품 비	22,000		
감 가 상 각 비	35,000		
대 손 상 각 비	13,000		
단기매매증권평가손실	50,000		
당 기 순 이 익	22,600		
	387,000		387,000

(2) 결산전 계정 잔액

현금	79,000	당좌예금	156,000	유가증권	370,000
외상매출금	670,000	단기대여금	250,000	이월상품	450,000
기계장치	400,000	감가상각누계액	140,000	외상매입금	420,000
자본금	1,400,000	이익준비금	200,000	이월이익잉여금	200,000
매출	2,350,000	이자수익	57,000	단기매매증권처분이익	30,000
매입	2,150,000	급여	100,000	광고선전비	40,000
임차료	60,000	보험료	32,000	저장품비	40,000

(3) 손익 처분안

이익준비금 40,000 금전배당금 60,000 잔액은 차기로 이월한다.

[해답]

<u>대 차 대 조 표</u>

제8기 200×년 12월 31일 현재

(주) 용인상사 (단위: 원)

과 목	금	액	과 목	금	액
현금 및 현금등가물		235,000	매입채무		420,000
단기매매증권		320,000	미지급비용		20,000
매출채권	650,000		미지급배당금		60,000
대손충당금	13,400	656,000	자본금		1,400,000
단기대여금		250,000	이익준비금		240,000
선급비용		8,000	차기이월이익잉여금		122,600
미수수익		10,000	(당기순이익 ₩22,600)		
상품		540,000			
저장품		18,000			
기계장치	400,000				
감가상각누계액	175,000	225,000			
		2,262,600			2,262,600

〈작성실무 2〉

(주) 여주상사의 200×년 12월 31일 현재의 자료를 이용하여 계정식대차대조표와 보고식대차대조표를 작성하라.

(1) 자료

1. 결산정리후 원장잔액

현 금	840,000	당 좌 예 금	4,290,000
단기매매증권	960,000	매 출 채 권	13,050,000
대손충당금	261,000	미 수 금	195,000
미 수 수 익	36,000	선 급 비 용	18,000
상 품	2,280,000	장기성예금	450,000
투자유가증권	1,290,000	장기대여금	720,000
건 물	9,000,000	비 품	1,500,000
건물감가상각누계액	1,710,000	비품감가상각누계액	285,000
창 업 비	45,000	매 입 채 무	5,190,000
미지급비용	135,000	차 채	6,000,000
장기차입금	1,500,000	퇴직급여충당금	360,000
자 본 금	15,000,000	자본준비금	360,000
감채적립금	216,000	이익준비금	357,000
이월이익잉여금	120,000	사업확장적립금	375,000
당기순이익	2,805,000		

2. 처분전이익잉여금 ₩2,925,000(이월이익잉여금 ₩120,000, 당기순이익 ₩2,805,000)

이익준비금	220,000	감채적립금	300,000
사업확장적립금	80,000	차기이월이익잉여금	125,000
배 당 금	2,200,000		

[해답]

1. 계정식 대차대조표 작성

<u>대 차 대 조 표 (계 정 식)</u>

200×년 12월 31일(전기분 생략) (단위 : 원)

과 목	금 액		과 목	금 액	
자 산			부 채		
Ⅰ. 유동자산		(21,408,000)	Ⅰ. 유동부채		(7,525,000)
(1) 당좌자산		(19,128,000)	1. 매입채무		5,190,000
1. 현금과 예금		5,130,000	2. 미지급비용		135,000
2. 단기매매증권		960,000	3. 미지급배당금		2,200,000
3. 매출채권	13,050,000		Ⅱ. 고정부채		7,860,000
대손충당금	261,000	12,789,000	1. 사 채		6,000,000
4. 미 수 금		195,000	2. 장기차입금		1,500,000
5. 미수수익		36,000	3. 퇴직급여충당금		360,000
6. 선급비용		18,000	부 채 총 계		(15,385,000)
(2) 재고자산		(2,280,000)	자 본		
1. 상 품		2,280,000	Ⅰ. 자 본 금		(15,000,000)
Ⅱ. 고정자산		(11,010,000)	Ⅱ. 자본잉여금		(360,000)
(1) 투자자산		(2,460,000)	1. 자본준비금		360,000
1. 장기성예금		450,000	Ⅲ. 이익잉여금		(1,673,000)
2. 투자유가증권		1,290,000	1. 이익준비금		577,000
3. 장기대여금		720,000	2. 사업확장적립금		455,000
(2) 유형자산		(8,505,000)	3. 감채적립금		516,000
1. 건 물	9,000,000		4. 이월이익잉여금		125,000
감가상각누계액	1,710,000	7,290,000	(당기순이익:₩5,610)		
2. 기타유형자산	1,500,000				
감가상각누계액	285,000	1,215,000			
(3) 무형자산		(45,000)			
1. 창 업 비		45,000	자 본 총 계		17,033,000
자 산 총 계		32,418,000	부채와 자본총계		32,418,000

2. 보고식 대차대조표 작성

대 차 대 조 표(보 고 식)

200×년 12월 31일 현재(전기분 생략) (단위 : 원)

과 목	금	액
자 산		
Ⅰ. 유동자산		(21,408,000)
(1) 당좌자산		(19,128,000)
1. 현금과 예금		5,130,000
2. 단기매매증권		960,000
3. 매출채권	13,050,000	
대손충당금	261,000	12,789,000
4. 미 수 금		195,000
5. 미수수익		36,000
6. 선급비용		18,000
(2) 재고자산		(2,280,000)
1. 상 품		2,280,000
Ⅱ. 고정자산		(11,010,000)
(1) 투자자산		(2,460,000)
1. 장기성예금		450,000
2. 투자유가증권		1,290,000
3. 장기대여금		720,000
(2) 유형자산		(8,050,000)
1. 건 물	9,000,000	
감가상각누계액	1,710,000	7,290,000
2. 기타유형자산	1,500,000	
감가상각누계액	285,000	1,215,000
(3) 무형자산		(45,000)
1. 창 업 비		45,000
자 산 총 계		32,418,000

부　　채		
Ⅰ. 유동부채		(7,525,000)
1. 매입채무		5,190,000
2. 미지급비용		135,000
3. 미지급배당금		2,200,000
Ⅱ. 고정부채		(7,860,000)
1. 사　　채		6,000,000
2. 장기차입금		1,500,000
3. 퇴직급여충당금		360,000
부 채 총 계		15,385,000
자　　본		
Ⅰ. 자 본 금		(15,000,000)
Ⅱ. 자본잉여금		(360,000)
1. 자본준비금		360,000
Ⅲ. 이익잉여금		(1,673,000)
1. 이익준비금		577,000
2. 사업확장적립금		455,000
3. 감채적립금		516,000
4. 차기이월이익잉여금		125,000
(당기순이익 : 600,000)		
자 본 총 계		17,033,000
부채와 자본총계		32,418,000

〈작성실무 3〉

(주) 용인상사의 200×년 12월 31일 자료에 의하여 계정식대차대조표와 보고식대차대조표를 작성하라.

(1) 자료

계정	금액	계정	금액
현금	2,072,800	당좌예금	3,640,800
단기매매증권	1,600,000	외상매출금	3,536,000
받을어음	2,320,000	(대손충당금)	48,000
(대손충당금)	56,320	미수수익	29,440
상품	2,096,000	장기성예금	80,000
건물	4,800,000	기타유형자산	800,000
(감가상각누계액)	2,400,000	(감가상각누계액)	520,000
지급어음	1,600,000	외상매입금	3,200,000
미지급비용	149,600	단기차입금	2,000,000
장기차입금	536,000	(사채할인발행차금)	40,000
자본금	6,400,000	이익준비금	800,000
감채적립금	400,000	처분전이익잉여금	1,305,120

2. 처분전 이익잉여금 ₩1,305,120의 처분내용(당기순이익 ₩1,200,000)

이익준비금	₩160,000
감채적립금	₩160,000
배당금	₩960,000
차기이월이익잉여금	₩25,120

[해답]

1. 계정식 대차대조표 작성

대 차 대 조 표(계 정 식)

200×년 12월 31일 현재(전기분 생략) (단위 : 원)

과 목	금 액		과 목	금 액	
자 산			부 채		
Ⅰ. 유동자산		(15,190,720)	Ⅰ. 유동부채		(7,909,600)
(1) 당좌자산		(13,094,720)	1. 매입채무		4,800,000
1. 현금과 예금		5,713,600	2. 단기차입금		2,000,000
2. 단기매매증권		1,600,000	3. 미지급비용		149,600
3. 매출채권	5,856,000		4. 미지급배당금		960,000
대 손 충 당 금	104,320	5,751,680	Ⅱ. 고정부채		(2,112,000)
4. 미수수익		29,440	1. 사 채	1,600,000	
(2) 재고자산		2,096,000	사채할인발행차금	40,000	1,560,000
1. 상 품		2,096,000	2. 장기차입금		536,000
Ⅱ. 고정자산		(2,776,000)	부 채 총 계		10,005,600
(1) 투자자산		(80,000)	자 본		
1. 장기성예금		80,000	Ⅰ. 자 본 금		(6,400,000)
(2) 유형자산		(2,680,000)	Ⅱ. 이익잉여금		(1,445,120)
1. 건 물	4,800,000		1. 이익준비금		960,000
감가상각누계액	2,400,000	2,400,000	2. 감채적립금		560,000
2. 기타유형자산	800,000		3. 이월이익잉여금		25,120
감가상각누계액	520,000	280,000	(당기순이익₩600,000)		
			자 본 총 계		9,745,120
자 산 총 계		17,950,720	부채와 자본총계		17,950,720

2. 보고식 대차대조표 작성

대 차 대 조 표(보 고 식)

200×년 12월 31일 현재(전기분 생략)　　　(단위 : 원)

과 목	금 액	
자 산		
Ⅰ. 유동자산		(15,190,720)
(1) 당좌자산		(13,094,720)
1. 현금과 예금		5,713,600
2. 단기매매증권		1,600,000
3. 매출채권	5,856,000	
대 손 충 당 금	104,320	5,751,680
4. 미수수익		29,440
(2) 재고자산		(2,096,000)
1. 상 품		2,096,000
Ⅱ. 고정자산		(2,766,000)
(1) 투자자산		(80,000)
1. 장기성예금		80,000
(2) 유형자산		(2,680,000)
1. 건 물	2,400,000	
감가상각누계액	1,200,000	2,400,000
2. 기타유형자산	400,000	
감가상각누계액	260,000	280,000
자 산 총 계		17,950,720
부 채		
Ⅰ. 유동부채		
1. 매입부채		(7,909,600)
2. 단기차입금		4,800,000
3. 미지급비용		2,000,000
4. 미지급배당금		149,600
Ⅱ. 고정부채		960,000
1. 사 채		(2,096,000)
사채할인발행차금	1,600,000	
2. 장기차입금	40,000	1,560,000
부 채 총 액		536,000
자 본		10,005,600
Ⅰ. 자 본 금		(6,000,000)
Ⅱ. 이익잉여금		(1,545,120)
1. 이익준비금		960,000
2. 감채적립금		560,000
3. 차기이월이익잉여금		25,120
(당기순이익 : 1,200,000)		
자 본 총 계		7,945,120
부채와 자본총계		17,950,720

〈작성실무 4〉

다음은 여주상사의 제10기(2006. 1. 1~12. 31) 영업활동 결과 나타난 수정전 시산표와 결산정리사항을 이용하여 결산정리분개를 하고, 계정식 대차대조표를 작성하라.

1. 잔액 시산표

잔 액 시 산 표

(단위 : 원)

계정과목	금 액	계정과목	금 액
현금과 예금	4,158,000	매입채무	4,515,000
단기매매증권	1,400,000	대손충당금	308,000
매출채권	3,850,000	건물감가상각누계액	700,000
상 품	2,170,000	비품감가상각누계액	112,000
비 품	560,000	자 본 금	7,000,000
특 허 권	308,000	이익준비금	525,000
가지급금	280,000	별도적립금	665,000
건 물	2,100,000	이월이익잉여금	105,000
매 입	10,500,000	매 출	13,650,000
급 료	840,000	배당금수익	126,000
보 험 료	420,000		
잡 비	770,000		
접 대 비	350,000		
	27,706,000		27,706,000

2. 기말정리사항

(1) 기말상품재고액은 ₩3,500,000이다.

(2) 비품감가상각은 정액법으로 한다(내용년수 5년, 잔존가액은 없다).

(3) 건물감가상각은 정률법에 의하며 정률은 20%로 한다.

(4) 특허권은 1999년 1월 1일 취득한 것이며 내용년수는 5년이다.

(5) 단기매매증권평가액은 ₩1,260,000이다.

(6) 가지급금은 매입채무를 지급한 것으로 판명되었다.

(7) 매출채권 잔액의 5%를 대손으로 예상하다.

(8) 보험료 경과액은 ₩140,000이다.

(9) 임대료 미수액이 ₩210,000이 있다.

(10) 법인세는 법인세차감전순이익의 40%를 적용한다.

3. 이익잉여금처분내역

(1) 이익준비금 ₩400,000 (2) 별도적립금 ₩300,000 (3) 배당금 ₩400,000

[해답]

1. 결산정리분개

(1) (차) 매 출 원 가 2,170,000 (대) 상 품 2,170,000
상 품 3,500,000 매 출 원 가 3,500,000
(차) 매 출 원 가 10,500,000 (대) 매 입 10,500,000

(2) (차) 감 가 상 각 비 112,000 (대) 비품감가상각누계액 112,000
※ ₩560,000 ÷ 5 = ₩112,000

(3) (차) 감 가 상 각 비 280,000 (대) 건물감가상각누계액 280,000
(₩2,100,000 - ₩700,000) × 20% = ₩280,000

(4) (차) 특 허 권 상 각 77,000 (대) 특 허 권 77,000
※ ₩ 308,000 ÷ 4 = ₩77,000
※ 특허권의 취득원가는 1년분이 상각되었기 때문에 취득원가는 ₩308,000 + ₩77,000 = ₩ 385,000이 된다.

(5) (차) 단기매매증권평가손실 140,000 (대) 단기매매증권 140,000
※ ₩1,400,000 - ₩1,260,000 = ₩140,000

(6) (차) 매 입 채 무 280,000 (대) 가 지 급 금 280,000

(7) (차) 대 손 충 당 금 115,500 (대) 대손충당금환입액 115,500
※ (₩3,850,000 × 5%) - ₩308,000 = ₩115,500(환입액)

(8) (차) 선 급 보 험 료 140,000 (대) 보 험 료 140,000

(9) (차) 미 수 임 대 료 210,000 (대) 임 대 료 210,000

(10) (차) 법 인 세 비 용 833,000 (대) 미지급 법인세 833,000

<u>손 익 계 산 서</u>

(단위 : 원)

과 목	금 액	과 목	금 액
기 초 재 고	2,170,000	매 출	13,650,000
매 입	10,500,000	기 말 재 고	3,500,000
급 료	840,000	배 당 금 수 익	126,000
보 험 료	280,000	임 대 료 수 익	210,000
건 물 감 가 상 각 비	280,000	대 손 충 당 금 환 입 액	115,500
비 품 감 가 상 각 비	112,000		
특 허 권 상 각	77,000		
잡 비	770,000		
단기매매증권평가손실	140,000		
접 대 비	350,000		
법 인 세 비 용	833,000		
당 기 순 이 익	1,249,500		
합 계	17,601,500	합 계	17,601,500

2. 이익잉여금처분사항분개

(1)	(차)	전기이월이익잉여금	105,000	(대)	처분전이익잉여금	1,354,500
		손　　　　익	1,249,500			
(2)	(차)	처분전이익잉여금	1,354,500	(대)	이익준비금	400,000
					별도적립금	300,000
					미지급배당금	400,000
					차기이월이익잉여금	254,200

3. 계정식 대차대조표 작성

대 차 대 조 표(계 정 식)

제 10기 2006년 12월 31일 현재(전기분 생략)　　　　(단위 : 원)

과 목	금 액		과 목	금 액	
자 산			부 채		
Ⅰ. 유 동 자 산		(12,925,500)	Ⅰ. 유 동 부 채		(5,468,000)
(1) 당좌자산		(9,425,500)	1. 매입채무		4,235,000
1. 현금과 예금		4,158,000	2. 미지급법인세		833,000
2. 단기매매증권		1,260,000	3. 미지급배당금		400,000
3. 매출채권	3,850,000		부 채 총 계		5,468,000
대손충당금	192,500	3,657,500	자 본		
4. 미수임대료		210,000	Ⅰ. 자 본 금		(7,000,000)
5. 선급보험료		140,000	Ⅱ. 이익잉여금		(2,144,500)
(2) 재고자산		(3,500,000)	1. 이익준비금		925,000
1. 상 품		3,500,000	2. 별도준비금		965,000
Ⅱ. 고 정 자 산		(1,687,000)	3. 이월이익잉여금		254,500
(1) 유형자산		(1,456,000)	(당 기 순 이 익 ₩ 624,750)		
1. 건 물	2,100,000				
감가상각누계액	980,000	1,120,000			
2.기타유형자산	560,000				
감가상각누계액	224,000	336,000			
(2) 무형자산		(231,000)			
1. 특 허 권		231,000	자 본 총 계		9,144,500
자 산 총 계		14,612,500	부채와 자본총계		14,612,500

〈작성실무 5〉

다음은 (주) 여주상사의 제5기 (2006. 1. 1~2000. 12. 31)의 자료를 참고하여 기말의 계정식 대차대조표를 작성하라.

(1) 자료

1. 총계정원장 잔액

현금 및 현금등가물	980,500	매 입 채 무	2,525,000
매 출 채 권	2,392,000	수 수 료 수 익	225,000
매 출	4,925,000	차량운반구감가상각누계액	62,500
잡 수 익	65,000	건물감가상각누계액	975,000
매 입	4,100,000	급 여	322,500
보 험 료	75,000	단 기 매 매 증 권	862,500
상 품	483,000	차 량 운 반 구	575,000
차 입 금	1,500,000	자 본 금	2,500,000
이 익 준 비 금	435,000	운 송 비	160,000
임 의 적 립 금	600,000	건 물	3,750,000
잡 비	48,000	이 자 비 용	64,000

2. 손익계산서

(단위 : 원)

계정과목	금 액	계정과목	금 액
기 초 재 고 액	483,000	매 출	4,925,000
매 입	4,100,000	기 말 재 고 액	750,000
매 출 총 이 익	1,092,000		
계	5,675,000	계	5,675,000
급 여	322,500	매 출 총 이 익	1,092,000
운 송 비	160,000		
보 험 료	60,000		
건물감가상각비	140,000		
차량운반구감가상각비	25,000		
대 손 상 각 비	24,000		
이 자 비 용	64,000		
잡 비	48,000		
영 업 이 익	248,500		
계	1,092,000	계	1,092,000
유가증권평가손실	15,000	영 업 이 익	248,500
당 기 순 이 익	553,500	수 수 료 이 익	255,000
		잡 수 익	65,000
계	568,500	계	568,500

3. 이익잉여금처분계산서

(단위 : 원)

과 목	금 액	
Ⅰ. 처 분 전 이 익 잉 여 금		553,500
1. 당 기 순 이 익	553,500	
Ⅱ. 이 익 잉 여 금 처 분 액		400,000
1. 이 익 준 비 금	200,000	
2. 임 의 적 립 금	100,000	
3. 배 당 금	100,000	
Ⅲ. 차 기 이 월 이 익 잉 여 금		153,500

[해답]

대 차 대 조 표(계 정 식)

제5기 2006년 12월 31일 현재(전기분 생략) (단위 : 원)

과 목	금 액		과 목	금 액	
자 산			부 채		
Ⅰ. 유 동 자 산		(4,991,000)	Ⅰ. 유 동 부 채		(4,125,000)
(1) 당좌자산		(4,241,000)	1. 매입채무		2,525,000
1. 현금과 예금		980,500	2. 차입금		1,500,000
2. 단기매매증권		847,500	3. 미지급배당금		100,000
3. 매출채권	2,392,000		부 채 총 계		4,125,000
대손충당금	24,000	2,368,000	자 본		
4. 미수수수료		30,000	Ⅰ. 자 본 금		(2,500,000)
5. 선급보험료		15,000	Ⅱ. 이익잉여금		(1,488,500)
(2) 재고자산		(750,000)	1. 이익준비금		635,000
1. 상 품		750,000	2. 임의적립금		700,000
Ⅱ. 고 정 자 산		(3,122,500)	3. 이월이익잉여금		153,500
(1) 유형자산		(3,122,500)	(당 기 순 이 익 ₩276,750)		
1. 건 물	3,750,000				
감가상각누계액	1,115,000	2,635,000)			
2. 차량운반구	575,000				
감가상각누계액	87,500	487,500	자 본 총 계		3,988,500
자 산 총 계		8,113,500	부채와 자본총계		8,113,500

[참고]

추정결산정리 분개

		차변 과목	금액		대변 과목	금액
(1)	(차)	매 출 원 가	483,000	(대)	상 품	483,000
		상 품	750,000		매 출 원 가	750,000
		매 출 원 가	4,100,000		매 입	4,100,000
(2)	(차)	대 손 상 각 비	24,000	(대)	대 손 충 당 금	24,000
(3)	(차)	건 물 감 가 상 각 비	140,000	(대)	건물감가상각누계액	140,000
	(차)	비 품 감 가 상 각 비	25,000		비품감가상각누계액	25,000
(4)	(차)	단기매매증권평가손실	15,000	(대)	단 기 매 매 증 권	15,000
(5)	(차)	미 수 수 수 료	30,000	(대)	수 수 료 수 익	30,000
		※ ₩255,000 - ₩225,000 = ₩30,000				
(6)	(차)	선 급 보 험 료	15,000	(대)	보 험 료	15,000
		₩75,000 - ₩60,000 = ₩15,000				

※ 이익잉여금처분 분개

		차변 과목	금액		대변 과목	금액
(1)	(차)	손 익 (당 기 순 이 익)	553,500	(대)	이월이익잉여금	53,500
(2)	(차)	이 월 이 익 잉 여 금	400,000		이 익 준 비 금	200,000
				(대)	임 의 적 립 금	100,000
					미 지 급 배 당 금	10,0000
					차기이월이익잉여금	153,500

제4장

손익계산서

제 1 절 손익계산서의 본질

1. 손익계산서의 의의 및 목적

(1) 손익계산서의 의의

기준 제34조에 의하면, "손익계산서는 기업의 경영성과를 명확히 보고하기 위하여 그 회계기간에 속하는 모든 수익과 이에 대응하는 모든 비용을 적정하게 표시하여야 한다"라고 규정되어 있다

경영성과(results of operations)라 함은 기업의 영업활동의 동태적인 측정치로서 한 회계기간의 제반 경영활동의 결과가 기업 자본을 어느 정도 증가 또는 감소시켰는가를 표시해 준다. 또한 모든 수익과 이에 대응되는 비용을 회계기간 단위로 측정 보고함으로써 경영진의 능력평가 수단으로 이용할 수도 있으며, 기업 자체의 수익력 판단의 기준이 되기도 한다.

경영성과의 측정은 기초대차대조표와 기말대차대조표상의 자본계정 중 이익잉여금의 증감액을 구함으로써 손쉽게 행할 수 있다. 즉, 정상적인 생산 활동으로부터의 자기자본의 총증가 감소액과 영업활동에 부수되는 기타 활동(예, 금융, 투자, 임대, 교환, 증자, 감자 등)으로부터의 총증가 감소액 및 그 밖에 비경상적인 사유들로부터 발생한 총증가 감소액을 명백히 구분 표시함으로써 진정한 기간손익과 기간경영성과를 나타낼 수 있는 것이다.

(2) 손익계산서의 목적

손익계산서는 한 회계기간에 속하는 모든 수익과 이에 대응하는 모든 비용을 기재하여 경상손익을 계상하고, 이에 특별손익을 가감하고 법인세 등을 차감하여 당기순이익, 즉 당기의 경영성과를 표시함을 그 목적으로 하는 것이다.

기업회계기준에서는 당회계기간에 속하지 아니하는 과년도 손익수정사항은 손익계산서에서 제외시키고 이를 직접 전기이월이익잉여금에 가감하도록 함으로써 손익계산서의 상술한 목적을 보다 잘 달성할 수 있게 하였다.

2. 손익계산서의 유용성

손익계산서에는 여러 가지 종류가 있으며, 그 본질적 기능 내지 유용성은 다음과 같다.

(1) 당기순손익의 계산

손익계산서는 기업의 경영성과를 명시하기 위해 기업의 일정기간에 발생하고 실현된 모든 수익과 그에 대응하는 모든 발생비용을 기재하여 당기의 경영활동의 성과인 순손익을 표시하는 계산서이다.

(2) 실현수익과 발생비용의 대응표시

손익계산서는 일정기간에 있어서 실현수익과 발생비용을 그 발생사유와 발생 원천별로 구분 분류하여 대응 표시하는 표이다. 다시 말하면 수익은 실현주의(realization basis)에 따라, 비용은 발생주의(accrual basis)에 의해 인식·측정하고 그 원인별로 또한 원천별로 표시하는 것이다.

(3) 경영성과의 역사적 과정

손익계산서는 수익·비용을 대응 표시하되 그것을 발생사유와 원천별로 구분·표시함으로써 당기의 기업경영성과의 가득과정을 분명히 하는 역사적 과정을 나타내는 계산서이다.

(4) 수익력 판단의 정보제공

손익계산서는 기업의 일정기간의 경영성과를 발생원천·발생 원인별로 질서 적으로 구분·배열 표시함으로써, 기업을 둘러싼 수많은 이해자 집단이라는 정보수요자들에게 기업의 수익력 내지 수익성을 판단하게 하는 유용한 정보를 제공하는 수단이 되는 것이다.

(5) 잠재적 수익력의 판단

손익계산서는 기업의 역사적인 수익력 뿐만 아니라 미래적인 잠재적수익력(potential earning power)을 어느 정도 판단하는 중요한 자료가 된다. 이 잠재적 수익력의 판단은 정보이용자에게 증권시장의 증권시세 동향을 예측하게 하며, 그들의 투자에 관한 의사결정에 크게 도움을 준다.

(6) 업적평가 · 경영계획 · 배당정책 · 세금결정의 기초자료

손익계산서는 기업의 업적평가는 물론이고 기업의 경영계획이나 신규투자의 수익성 검토를 위한 중요한 자료를 제공하며, 또 이익배당 정책의 결정 자료가 되며, 정부당국으로서는 과세표준 계산의 유일한 자료가 된다.

(7) 경영능력의 평가

손익계산서는 경영활동을 주도한 경영자의 경영효율(management difficency in conducting operations) 내지 경영업적을 평가하는 자료가 된다.

3. 손익계산서의 양식

손익계산서의 양식은 요약식이 있으며, 당해 회계연도분과 직전 회계연도분을 비교하는 형식으로 작성하여야 한다. 또한 손익계산서는 매출총손익, 영업손익, 경상손익, 법인세비용차감전순손익, 당기순손익 등으로 구분 표시하는 형식으로 작성하여야 한다.

4. 이익의 보고방법

거래접근법으로 측정된 회계이익은 상이한 성격을 가진 것들로 구성되기 때문에 보고방법에 따라 그 유용성이 달라질 수 있다. 따라서 이 익을 보고하는 방법은 당기업적주의와 포괄주의가 있다. 당기업적주의와 포괄주의 차이는 비경상적이고 비반복적인 항목인 특별항목을 당시의 손익계산서에 보고하느냐 이익잉여금에 보고하느냐에 있다. 여기서 특별항목이란 다음 두 가지 요건을 모두 충족하는 항목을 말한다.

1) 비경상성 : 해당 항목을 발생시킨 거래나 기타 경제적 사건이 해당 기업의 통상적이고

전형적인 활동과 관련이 없거나 부수적인 관련을 가질 정도로 아주 비정상적임을 의미함.

2) 비반복성 : 합리적으로 판단할 때 해당 거래 또는 경제적 사건이 예측 가능한 기간 내에 재발하리라고 기대되지 않음을 의미함.

(1) 당기업적주의

당기업적주의(current operating concept of income)는 당기의 영업활동과 관련하여 경상적이고 반복적으로 발생하는 항목(경상항목)만을 손익계산서에 포함시켜 순이익을 결정해야 한다는 주장이다. 이 주장에 따르면 당기순이익은 기업의 경제적 수익능력을 측정하려는 데 있기 때문에 기타의 비경상적인 특별항목을 포함시키게 되면 일반정보 이용자의 의사결정을 왜곡시킬 가능성이 커진다는 것이다. 또한 당기업적주의에 의해 계산된 당기순이익은 기업간 혹은 기간별 비교분석이 용이하고 경영자의 경영능률을 평가 하는데 보다 유용한 정보가 된다는 것이다.

(2) 포괄주의

포괄주의(all-inclusive concept of income)는 당기의 영업활동과 관련하여 경상항목과 특별항목을 막론하고 모두 손익계산서에 포함시켜 순이익을 결정하여야 한다는 주장이다. 만일 특별항목 등을 제외시키면 오히려 불완전한 손익계산서가 작성될 수 있으며, 또한 현실적으로 경상항목과 비경상항목의 구분이 모호하기 때문에 당기업적주의에서는 손익계산서가 이익조작의 수단으로 악용될 가능성이 있다는 것이다. 따라서 정보이용자에게 기간손익의 모든 변동요인이 포함된 정보를 제공하여 정보이용자가 스스로 취사선택하여 사용하도록 하자는 것이다.

(3) 기업회계기준서의 입장

기업회계기준서는 이익을 매출총순익・영업이익・법인세비용차감전경상손익, 경상손익, 중단사업손익, 특별손익 및 당기순손익으로 구분하여 보고하도록 규정하고 있다. 따라서 기업회계기준서는 대체적으로 포괄주의에 가깝다고 할 수 있으나 완전한 포괄주의라고는 할 수 없다. 왜냐하면 기업회계기준서는 ① 장기투자증권평가차손익・해외사업환산차손익・파생상품평가차손익 등은 누적기타 포괄손익의 항목으로, ② 기타이익잉여금처분액(예, 주식할인발행차금의 상각과 배당건설이자의 상각 등)・중대한 전기오류수정손익・회계정책의 변경으로 인한 누적효과 등은 이익잉여금의 변동항목으로, 자본변동표에 구분하여 표시하도록 규정하고 있기 때문이다.

제 2 절 손익계산의 작성기준

기업회계기준 제35조에 의하면 손익계산서는 다음 각호에 따라 작성하여야 한다.

1. 모든 수익과 비용은 그것이 발생한 기간에 정당하게 배분되도록 처리하여야 한다. 다만, 수익은 실현시기를 기준으로 계상하고 미실현수익은 당기의 손익계산에 산입하지 아니함을 원칙으로 한다.
2. 수익과 비용은 그 발생원천에 따라 명확하게 분류하고 각 수익항목과 이에 관련되는 비용항목을 대응 표시하여야 한다.
3. 수익과 비용은 총액에 의하여 기재함을 원칙으로 하고 수익항목과 비용항목을 직접 상계함으로써 그 전부 또는 일부를 손익계산에서 제외하여서는 아니 된다.
4. 손익계산서는 매출총손익, 영업손익, 경상손익, 법인세비용차감전순손익과 당기순손익으로 구분표시하여야 한다. 다만, 제조업·판매업 및 건설업 이외의 기업에 있어서는 매출총손익의 구분표시를 생략할 수 있다고 규정되어 있다.

1. 발생주의 및 실현주의

기업회계기준은 손익계산서 작성에 있어서 모든 수익과 비용은 그것이 발생한 기간에 인식하도록 하는 발생주의를 채택하고 있다. 발생주의는 현금의 유입과 유출보다는 발생(accrual), 이연(deferral) 및 배분(allocation)에 의하여 인식된 수익·비용·이득·손실을 대응시켜 회계기간의 손익을 계산하는 데 초점을 두고 있다.

실현주의는 현금 이외의 자원이나 권리를 화폐로 전환시키는 과정으로 현금이나 현금청구권을 대가로 하여 자산을 판매하는 것을 말한다. 이러한 실현은 획득(earned)과 함께 수익의 인식기준이 되고 있다.

수익은 재화나 용역을 현금이나 현금청구권을 대가로 하여 교환하였거나 용이하게 교환할 수 있어야 하며, 재화나 용역을 인도하거나 제공함으로써 수익으로 표상되는 효익을 얻기 위하여 이행하여야 할 의무를 완수하여야 인식할 수 있다는 것이다.

2. 수익 · 비용대응표시

동일한 경제적 사건으로부터 직 · 간접으로 관련되어 나타나는 수익과 비용은 서로 대응시키는 것을 수익 · 비용대응의 원칙이라 한다. 수익과 비용의 대응은 일정한 기간에 실현된 수익을 얻기 위하여 소비되거나 희생된 비용을 수익과 대응하여 인식하여 기간손익을 계산하는 데 목적을 두고 있다.

3. 총액표시

총액주의는 수익과 비용을 상계하여 계상하지 말고 수익과 비용을 각각 총액으로 계상하여 정보이용자가 기업의 경영규모를 파악할 수 있도록 하는 것이다. 예를 들어, 매출액에서 매출원가를 차감하여 매출총손익을 순액으로 표시하거나 이자수익과 이자비용을 하나의 계정으로 정리하여 상계한 금액만을 표시하지 말도록 하는 것이다.

4. 손익구분표시

손익계산서에는 당기순손익만을 표시하지 말고 매출총손익 등 5단계로 나누어 표시하라는 구분표시의 원칙은 발생원천별로 실현된 수익과 당해 수익을 얻기 위하여 희생된 비용을 표시하라는 것이다. 이러한 구분표시는 미래현금흐름의 규모, 시기, 불확실성 면에서 원천들을 구분하여 표시함으로써 정보이용자의 미래현금흐름에 대한 예측에 도움을 주는데 목적이 있다고 하겠다.

구분표시의 원칙에 따라 작성된 보고식 손익계산서의 주요 내용은 [표 4-1]과 같다.

〈표 4－1〉 보고식 손익계산서의 주요 내용

Ⅰ. 매출액	×××
Ⅱ. 매출원가	(－)×××
Ⅲ. 매출총이익(매출총손실)	×××
Ⅳ. 판매비와 관리비	(－)×××
Ⅴ. 영업이익(영업손실)	×××
Ⅵ. 영업외 수익	×××
Ⅶ. 영업외 비용	(－)×××
Ⅷ. 경상이익(경상손실)	×××
Ⅸ. 특별이익	×××
Ⅹ. 특별손실	(－)×××
XI. 법인세비용차감전순이익(법인세비용차감전순손실)	×××
XII. 법인세비용	(－)×××
XIII. 당기순이익(당기순손실)	×××
(주당경상이익 :)	
(주당순이익 :)	

손익계산서에서는 판매활동, 영업활동, 경상적 활동 등에 따라 이익을 계산하고 이러한 활동별 손익이 당기순이익의 구성요소가 된다는 것이다. 또한 수익·비용의 대응관계를 다섯 가지로 표시하고 있는데 이 중에서 매출액과 매출원가간의 직접대응을 제외하고는 모두 간접대응 또는 기간대응이라 할 수 있다.

※ 매출액과 매출원가간의 대응

※ 매출총이익과 판매비와 관리비간의 대응

※ 영업이익과 영업외 비용간의 대응

※ 경상이익과 특별손실간의 대응

※ 법인세비용차감전순이익과 법인세비용의 대응

제 3 절 수익, 비용, 이익(손실)

1. 수익과 비용의 개념

회계학에서는 이익을 전통적 복식부기의 원리에 따라 당기실현수익에서 당기발생비용을 차감하여 측정한다. 즉, 거래접근법에 따라 일정기간 동안 거래를 식별하여 수익을 인식하고, 발생비용을 차감하여 측정하는 것이다.

일반적으로 수익과 비용은 다음과 같이 정의된다.

수익(revenues) : 주요 경영활동으로서의 재화의 생산・판매, 용역의 제공 등에 따른 경제적 효익의 유입으로서, 이는 자산의 증가 또는 부채의 감소 및 그 결과에 따른 자본의 증가로 나타난다.

비용(expernse) : 주요 경영활동으로서의 재화의 생산・판매, 용역의 제공 등에 따른 경제적 효익의 유출・소비로서, 이는 자산의 감소 또는 부채의 증가 및 그 결과에 다른 자본의 감소로 나타난다.

이러한 수익과 비용의 정의는 다음과 같은 의미를 함축하고 있다.

첫째, 수익과 비용은 본질적으로 기업의 경영활동에서 나타나는 자원의 흐름(flow)으로서 기업의 경영활동 전 과정을 통하여 발생한다. 일반적으로 기업의 경영활동은 원재료를 취득하여 제품을 생산한 후에 이를 판매하고, 판매대금을 회수하는 과정을 거치게 되는데, 수익과 비용은 이러한 경영활동의 전 과정을 통하여 서서히 그리고 지속적으로 발생하는 것이다. 그런데 기업의 경영활동 전 과정을 통하여 발생하는 수익과 비용을 특정 회계기간별로 보고하기 위해서는 경영활동과정 중 어느 시점에서 수익과 비용을 인식해야 할 것인가를 고려해야 한다. 즉, 수익이나 비용이 귀속되는 회계기간을 결정해야 한다.

둘째, 일정기간 동안 발생한 수익과 비용을 인식하게 되면 순자산이 증가하거나 감소한다. 즉, 수익은 제품의 생산이나 판매 및 용역의 제공에 따라 유입되는 자산(자산의 증가 또는 부채의 감소)이며, 이 수익을 얻기 위하여 사용한 자원(자산의 감소 또는 부채의 증가)이 비용이기 때문에 수익과 비용을 인식하게 되면 순자산이 증가하거나 감소한다.

셋째, 수익과 비용은 기업의 정상적 영업활동과정에서 발생한다. 즉, 수익과 비용은 실체의 계속적・중심적 영업활동으로 인한 순자산의 증가나 감소이다. 따라서 주요 경영활동 이외의 부수적인 거래나 사건 또는 기업실체에 영향을 미치는 기타 환경요인으로부터 발생하는 이득 또는 손실과는 다르다. 일반적으로 이득과 손실은 다음과 같이 정의된다.

이득(gains) : 주요 경영활동 이외의 부수적인 거래나 사건의 결과로 발생하는 경제적 효익의 유입으로서, 이는 자본의 증가로 나타난다.

손실(losses) : 주요 경영활동 이외의 부수적인 거래나 사건의 결과로 발생하는 경제적 효익의 유출로서, 이는 자본의 감소로 나타난다.

이득과 손실은 임시적이고 우발적인 교환거래(유형자산처분손익 등)에서 발생하거나, 무상의 일방적인 거래(자산수증이익, 재해손실 등)에서 발생하기도 하며, 보유중인 자산・부채의 가치변동(단기매매증권평가손익, 외화환산손익 등)에 의하여 발생하기도 한다.

2. 수익과 비용의 인식기준

(1) 현금주의와 발생주의

수익과 비용은 기업의 경영활동 전 과정을 통하여 서서히 그리고 지속적으로 발생한다. 따라서 일정기간 단위로 분할하여 각 기간마다 경영성과를 보고하기 위해서는 수익과 비용이 귀속되는 회계기간을 결정해야 하는데, 이를 결정하기 위한 기준으로 현금주의와 발생주의가 있다.

현금주의(cash basis)란 현금을 수취한 시점에서 그 금액을 수익으로 인식하고 현금을 지출한 시점에서 그 금액을 비용으로 인식하는 방법이다. 현금주의에 의한 수익·비용의 인식은 현행회계에서 원칙적으로 인정되지 않는다. 왜냐하면, 현금주의에 의하여 수익과 비용을 인식하게 되면 획득한 수익과 수익을 창출하는 데 발생한 비용이 적절히 대응되지 않아 정확한 기간손익계산이 이루어지지 않기 때문이다.

발생주의(accrual basis)란 현금의 수취 및 지출 그 자체보다는 근원적으로 현금의 수입과 지출을 일어나게 하는 경제적 사건이 발생하였을 때 발생사실에 따라 수익과 비용을 인식하는 방법이다. 즉, 현금의 수입과 지출이 없어도 기업의 손익이나 그 밖의 재무상태에 영향을 끼치는 사건에 대하여 그것이 발생한 때에 수익과 비용을 기록하는 것을 말한다. 발생주의회계의 목적은 수익·비용·이득·손실 등을 그것이 발생한 회계기간과 관련시킴으로써 그 기간의 정확한 경영성과를 측정하고자 하는 데 있다. 따라서 발생주의회계에 의한 수익과 비용의 인식은 현행회계에서 기간손익의 계산에 적용되는 기본원리가 되고 있다.

(2) 수익인식기준

수익의 인식이란 수익의 발생시점 또는 보고시점에 관한 것으로 수익이 귀속되는 회계기간을 결정하는 것이다. 현행회계는 발생주의에 따라 수익을 인식한다고 하였는데, 수익은 경영활동의 전 과정을 통하여 발생하므로, 발생주의에 따라 수익을 인식하기 위해서는 수익획득과정별로 증가된 가치를 구분하여 그 크기를 측정해야 한다. 그러나 이러한 측정과정은 객관성을 확보하기 어렵고 실무적으로도 매우 복잡하다. 따라서 수익의 인식과 측정에 있어서는 발생주의를 후퇴시키고 일정한 요건을 설정하여 이 요건이 충족된 시점에서 수익이 발생하였다고 보아 수익을 인식하게 되는데, 이를 실현주의(realization basis)라고 한다. 즉, 실현주이는 발생주의를 적용함에 있어 실무상의 어려움 때문에 이를 현실에 맞게 수정시킨 수익인식기준이라고

할 수 있다.

실현주의에 의하면 수익은 다음과 같은 두 가지 요건을 설정하여 두고 그 요건이 충족될 때 수익을 인식한다. 즉, 수익은 ① 실현되었거나(realized) 실현가능해야(realizable) 하고, ② 가득(earned, 또는 발생)되어야 인식한다. 이 내용을 보다 자세히 살펴보면 다음과 같다.

① 실현되었거나 실현가능해야 한다(실현요건 또는 측정요건). : 수익이 인식되기 위해서는 수익금액이 합리적으로 측정 가능해야 한다는 의미이다. '실현되었다'는 말은 기업의 생산물(창출된 가치)을 판매한 대가로 현금 또는 현금청구권을 얻었음을 뜻하고, '실현가능하다'는 말은 현금 또는 현금청구권을 얻지 않아도 생산물이 안정된 가격으로 용이하게 판매될 수 있을 때를 의미한다. 따라서 이 요건은 반드시 교환거래가 발생한 것만을 의미하지는 않는다. 즉, 판매시점 이전이라도 판매가격과 판매비용이 합리적으로 측정가능하다면 측정요건을 충족시키는 것이며, 반대로 재화나 용역을 판매하였다 하더라도 현금회수가능성이 불확실하며 대손율을 합리적으로 추정할 수 없는 경우에는 판매시점에서 측정요건을 충족시키지 못한 것이다.

② 가득되어야 한다(가득요건 또는 발생요건). : 수익창출활동을 위한 결정적이며 대부분의 노력이 발생하여야 한다는 의미이다. 수익이 가득되었다는 말은 수익획득과정(생산과 판매 등 부가가치를 창출하는 활동)이 완료되어 기업이 새로운 가치를 창출하였음을 뜻하는 기술적인 용어이다. 즉, 기업이 수익획득과정과 관련된 경제적 의무를 완수하여 수익을 얻을 만한 자격이 있을 때 수익이 가득되었다고 하는 것이다.

수익획득과정은 기업마다 다르지만 일반적으로 원재료를 취득하여 제품을 생산한 후에 이를 판매하고 판매대금을 회수하는 과정을 거치게 된다. 수익은 이러한 수익획득과정에서 위의 ① 실현요건과 ② 가득요건을 충족시키는 시점에서 인식하게 된다.

수익획득가정과 수익인식기준

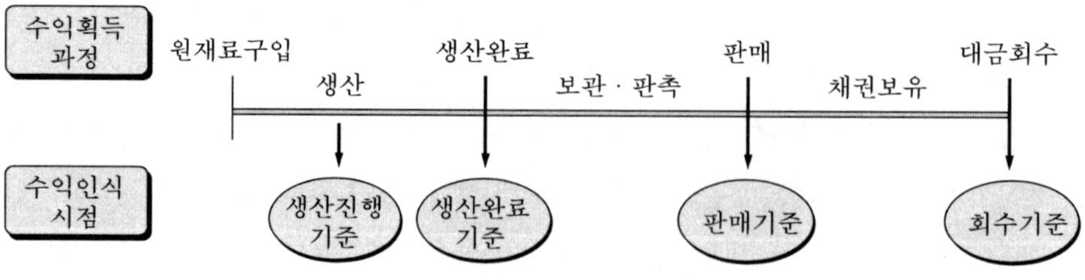

수익획득과정 중 수익인식요건을 가장 잘 충족시키는 시점은 제품이나 상품의 판매시점이다. 판매란 제품이나 상품의 인도와 대금청구권이 확정되는 것을 의미하는데, 제품이나 상품의

판매는 수익창출활동을 위한 결정적인 사건으로 볼 수 있으며, 그 시점에서 수익금액을 합리적으로 측정할 수 있기 때문에 대부분의 기업에서는 판매시점에서 수익을 인식한다. 그러나 판매시점 이전이라도 수익인식요건이 충족되면 생산기간 중이나 생산완료시점에서 수익을 인식할 수도 있으며, 판매시점에서 수익금액을 합리적으로 측정할 수 없다면 수익의 인식을 판매시점 이후에 대금회수시점에서 인식해야 하는 경우도 있다.

(3) 비용인식기준(수익 · 비용대응의 원칙)

비용의 인식이란 비용의 발생시점 또는 보고시점에 관한 것으로 비용이 귀속되는 회계기간을 결정하는 것이다. 비용도 수익과 마찬가지로 기업의 경영활동 전 과정을 통하여 발생하므로 재화나 용역의 사용 · 소비로 가치가 감소할 때마다 이를 인식해야 한다. 그러나 현실적으로 이 논리를 적용하기는 어렵기 때문에 일반적으로 수익이 인식된 시점에서 수익과 관련하여 비용을 인식하게 되는데, 이를 수익 · 비용대응의 원칙이라고 한다. 즉, 수익 · 비용대응의 원칙은 비용인식기준인 것이다.

수익 · 비용대응의 원칙에 따라 비용을 인식하는 방법에는 다음 세 가지가 있다.

① 원인과 결과의 직접대응 : 수익획득과 인과관계가 성립할 때 수익인식시점에서 비용을 인식하는 것을 말하는 것으로 매출원가나 판매비 등을 그 예로 들 수 있다. 매출수익을 얻기 위한 제품이나 상품의 제주(구입)원가는 관련수익과 개별적으로 명확하게 인과관계를 가지고 있으므로, 그 제품(상품)으로 인한 수익이 실현되는 시점에서 비용으로 인식하게 된다. 또한 판매수수료나 판매운임 등도 수익획득과 직접적인 관련이 있으므로 수익인식시점에서 비용으로 인식한다.

② 합리적이고 체계적인 방법에 의한 기간배분 : 특정수익과 직접적인 인과관계를 명확히 알 수 없지만 발생한 원가가 일정기간 동안 수익창출활동에 기여한 것으로 판단되면 해당하는 기간에 합리적이고 체계적으로 배분하는 것을 말한다. 유형자산에 대한 감가상각비나 현금으로 지출한 비용중에서 당기부담분과 선급분의 결정 등을 그 예로 들 수 있다.

③ 당기에 즉시 인식 : ①,②와 같은 방법에 의하여 비용을 인식할 수 없을 때, 즉 당기에 발생한 원가가 미래에 경제적 효익을 제공하지 못하거나 미래효익의 가능성이 불확실한 경우에 발생 즉시 비용으로 인식하는 것을 말한다. 일반관리비나 광고선전비 등을 그 예로 들 수 있다.

비용을 인식하는 방법 중 ①을 직접대응(direct matching)이라고 하며, ②와 ③을 간접대응(indirect matching) 또는 기간대응(period matching)이라고 한다. 비용의 인식에 대한 이해를 돕기 위하여 구체적인 예를 들어 살펴보기 위해서는 원가의 개념에 대하여 알아 둘 필요가 있다

원가(cost)란 여러 가지 의미로 사용되지만, 일반적으로 특정 재화나 용역을 얻기 위하여 이와 교환으로 인도한다든가 인도하여야 할 경제적 자원의 희생을 화폐단위로 측정한 것을 말한다. 이러한 원가는 기업이 수익을 획득하기 위한 여러 가지 경제활동을 수행하는 과정에서 발생하게 되는데, 원가가 발생하게 되면 이를 자산으로 처리해야 할 것인지 아니면 비용으로 처리해야 할 것인지를 결정해야 한다. 발생한 원가를 자산으로 계상하기 위해서는 원가의 발생으로 인하여 당기 이후의 미래기간까지 경제적 효익을 기대할 수 있어야 한다. 즉, 미래의 경제적 효익이 있는 원가는 자산으로 계상하는 것이다. 따라서 발생한 원가가 미래의 경제적 효익을 기대할 수 없다면 그 원가는 발생한 기간에 비용으로 인식하여야 한다.

제조기업은 수익을 획득하기 위하여 원재료를 구입하고 노동력과 생산설비를 투입하여 제품을 제조한다. 이러한 제품을 제조하기 위하여 발생한 원가는 미래의 경제적 효익을 기대할 수 있기 때문에 재고자산이라는 자산계정으로 대체된다. 상기업의 경우에는 외부로부터 상품을 매입하게 되는데, 상품을 매입하기 위하여 발생한 원가도 미래의 경제적 효익을 기대할 수 있기 때문에 재고자산이라는 자산계정으로 대체된다. 그 후에 제품이나 상품 등의 재고자산이 판매되면 매출이라는 수익을 인식하고 제품의 제조원가나 상품의 매입원가를 비용으로 인식하게 된다. 이때 제품 등의 판매활동과 직접 관련되어 발생하는 판매비가 있다면 이러한 판매비도 판매활동이 수행된 회계기간에 비용으로 인식해야 한다. 이와 같이 수익획득과 인과관계가 성립할 때 수익인식시점에서 비용으로 인식하는 것을 원인과 결과의 직접대응이라고 한다.

한편, 기업은 영업활동에 장기간 사용할 목적으로 토지, 건물, 기계장치 등을 구입한다. 이러한 재화를 얻기 위하여 발생한 원가는 향후 수년간 미래의 경제적 효익을 기대할 수 있기 때문에 유형자산이라는 자산계정으로 대체된다. 그런데 토지를 제외한 대부분의 유형자산은 한정된 수명을 가지고 있으며, 이들 유형자산은 기업이 영업활동에 사용함에 따라 그 가치가 점차 감소하게 된다. 따라서 유형자산을 수익창출활동에 사용하여 수익을 얻은 기간에 유형자산의 사용액을 비용으로 인식해야 하는데, 이 경우에는 특정 기간의 수익과 유형자산의 원가 사이에 명확한 인과관계를 발견하기가 용이하지 않다. 즉, 당기의 수익획득에 공헌한 유형자산의 사용분만큼을 당기의 비용으로 인식해야 하지만, 이를 현실적으로 적용하기는 매우 어렵다. 이와 같이 수익획득과 인과관계를 명확히 알 수 없지만 일정기간 동안 수익창출활동에 기여한 것으로 판단되면, 자산의 취득원가를 해당되는 기간에 합리적이고 체계적인 방법에 따라 배분하여 수익에 대응시키게 된다.

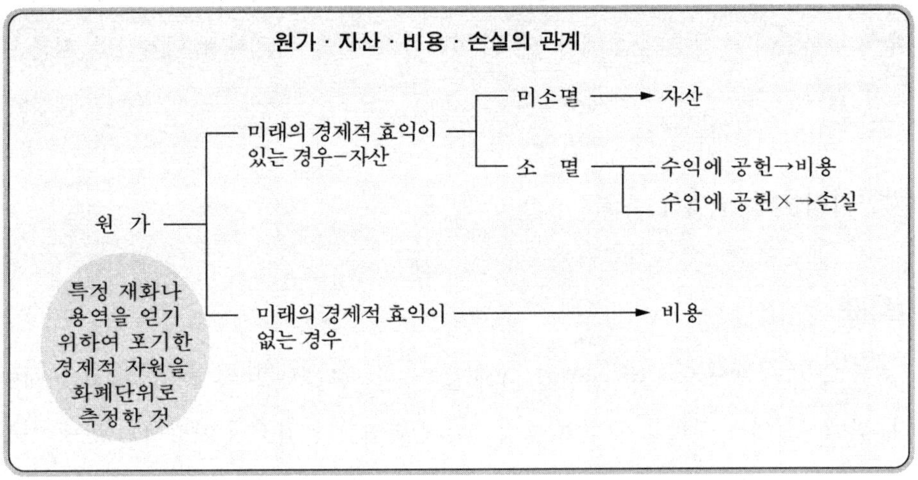

원가 · 자산 · 비용 · 손실의 관계

때로는 수익을 획득하기 위하여 발생한 원가 중에는 미래의 경제적 효익을 기대할 수 없거나, 미래효익의 가능성이 불확실한 경우가 있다. 예컨대, 기업이 판매나 일반관리활동을 위하여 종업원을 고용하고 이들에게 급료를 지불한 이유는 그들이 수익창출활동에 공헌할 것이라고 기대하기 때문이다. 그러나 실제로 이들의 활동이 수익창출활동에 공헌하였는지, 공헌하였다면 얼마나 공헌하였는지를 파악하는 것을 거의 불가능하다. 또한, 당기에 실시되니 광고선전활동으로 인한 팬매중대효과는 당기에만 미치는 것이 아니라 차기 이후의 기간에도 계속 될 수 있다. 이러한 경우에는 광고선전활동에 지출한 원가 중 당기의 수익에 대응되는 부분은 당기의 비용으로 인식하고 차기의 수익에 대응되는 부분은 자산으로 처리하였다가 차기의 수익에 대응시켜야 한다. 그러나 당기의 광고선전비 중 과연 얼마를 비용으로 인식하고 얼마를 자산으로 이연해야 할 것인지를 결정하는 것은 매우 어려운 일이다. 이와 같이 당기에 발생한 원가 중에서 미래에 아무런 효익을 가져오지 못하거나, 가져오더라도 그것이 불확실한 경우에는 당기의 비용으로 인식하게 된다.

발생한 원가 중 미래의 경제적 효익을 기대할 수 없거나 불확실한 것은 발생한 기간에 비용으로 인식하는데, 이러한 비용 중에는 판매수수료나 판매운임처럼 수익획득과 직접적인 관련이 있는 것도 있고, 일반관리비나 광고선전비처럼 수익획득과 직접적인 관련이 없는 것도 있다. 그리고 발생한 원가로부터 미래의 경제적 효익을 기대할 수 있는 것은 자산으로 계상하였다가 수익획득과 직접적인 관련이 있는 것은 수익을 인식한 시점에서 비용(매출원가)으로 인식하고, 그렇지 못한 것은 합리적이고 체계적인 방법에 따라 기간비용(감가상각비)으로 인식하는 것이다. 그러나 정상적인 영업활동이 아닌 비정상적이고 비반복적인 사건으로 인하여 자산의 용역잠재력이 감소하면 용역잠재력의 소멸분을 손실로 처리하여야 한다. 즉, 수익을 창출하는 데 아무런 공헌을 하지 못한 채 일시적이거나 우연적인 거래에 의해서 용역잠재력이 감소하면 이를 비용과는 구분하여 손실로 보고해야 한다. 이러한 손실의 예로서 유형자산의 처분손실, 재해손실 등이 있다.

3. 수익인식기준의 구체적 적용

(1) 생산기준

생산기준은 수익을 생산기간 중(진행기준)에 또는 생산완료시점(완성기준)에서 인식하는 것을 말한다. 판매시점에서 수익을 인식하는 것이 일반적이지만 업종에 따라서는 판매 이전에 이미 수익인식을 위한 조건이 충족되는 경우가 있다. 즉, 생산과정이 수익창출활동을 위한 결정적인 사건이라고 할 수 있으며, 생산의 진행 혹은 생산의 완료시에 그 생산물의 가치를 합리적으로 측정할 수 있다면 생산기준에 따라 수익을 인식하는 것이 발생주의회계에 가장 적합한 방법이다. 생산기준에 따라 수익을 인식하는 경우로는 용역의 제공, 건설공사 등이 있다.

1) 용역의 제공

기술용역이나 운송용역, 법률 및 회계, 의료, 광고대행 등의 용역을 제공하는 기업은 용역을 생산함과 동시에 거래처에 제공하며, 그 대금은 사전약정에 따라 계산되므로 용역의 제공과 동시에 청구권이 발생한다. 이와 같은 용역제공거래에서는 용역의 생산과 제공이라는 사실을 수익창출활동에 있어서 결정적인 사건(가득요건)으로 볼 수 있으며, 사전 약정에 의하여 수익의 객관적인 측정이 가능(실현요건)하다면 용역제공의 진행정도에 따라 수익을 인식하는 것이 바람직하다. 우리가 지금까지 이자, 보험료, 임대료 등을 기간의 경과에 따라 인식한 이유가 바로 여기에 있다.

2) 건설공사

건설공사란 건축공사, 조선공사, 도로 및 댐공사 등과 같이 그 완성에 장기간을 요하고 여러 회계기간에 걸쳐 이루어지는 공사를 말한다. 기업회계기준에서는 건설공사의 경우에 장·단기를 불문하고 진행기준에 따라 수익을 인식하도록 규정하고 있는데, 진행기준이란 공사의 진행정도에 따라 계약금액(수익금액)을 공사기간별로 배분하여 생산기간 중에 수익을 인식하는 방법을 말한다. 건설공사의 경우 계약금액과 계약처가 이미 정해져 있기 때문에 생산 그 자체를 수익을 얻기 위한 결정적인 사건(가득요건)으로 볼 수 있으며, 공사 진행률이 합리적으로 측정가능(실현요건)하다면 공사의 진행정도(생산기간 중)에 따라 수익을 인식하는 것이 타당하다.

◆회계처리 예

공사진행기준에 의할 경우 매년 인식해야 할 수익, 비용, 이익 금액을 계산하시오.

20×4년 초에 (주)여주건설은 서울시와 건물을 건설하는 계약을 체결하였다. 총공사계약금액은 ₩1,000,000이며, 이 건설 활동과 관련된 자료는 다음과 같다.

	20×9년	2010년	2011년
발생원가(누적액)	₩300,000	₩616,000	₩900,000
완성시까지 추가소요원가	500,000	264,000	
총공사원가추정액	₩800,000	₩880,000	₩900,000
공사원가청구액	₩250,000	₩500,000	₩250,000
서울시로부터 회수한 금액	₩200,000	₩400,000	₩400,000

	20×9년	2010년	2011년
① 공사진행률	37.5%	70%	100%
	(₩300,000÷₩800,000)	(₩616,000÷₩880,000)	(₩900,000÷₩900,000)
② 공사수익	₩375,000	₩325,000	₩300,000
	(₩1,000,000÷37.5%)	(₩1,000,000÷70%-₩375,000)	(₩1,000,000-₩375,000-₩325,000)
③ 공사원가	₩300,000	₩316,000	₩284,000
		(₩616,000-₩300,000)	(₩900,000-₩616,000)
④ 공사매출총이익	₩75,000	₩9,000	₩16,000

(2) 판매기준

판매기준이란 수익을 판매시점에서 인식하는 것을 말한다. 많은 기업들의 수익활동에 있어 판매는 수익이 가득되기 위한 결정적인 사건(가득요건)이며, 제품의 판매시점에서는 교환거래가 발생하므로 측정이 용이(실현요건)하기 때문에 대부분의 수익인식방법으로 판매기준이 적용된다.

일반적으로 상거래의 판매시점은 상품을 구매자에게 인도하는 시점이지만 특수매매에서는 상품의 인도시점이 아닌 다른 시점이 판매시점으로 될 수 있다.

1) 위탁판매

위탁판매(consignment sales)란 자기(위탁자)의 상품을 타인(수탁자)에게 위탁하여 판매하는 것을 말한다. 기업회계기준에서는 위탁판매의 경우 수익은 수탁자가 적송품(위탁품)을 판매한 날에 인식하도록 규정하고 있다. 그 이유는 수탁자는 위탁자의 의뢰에 의하여 판매를 대행

할 뿐이지 적송품의 소유권을 이전받았다고 볼 수 없기 때문이다. 따라서 위탁자 입장에서는 결산일까지 판매되지 않은 적송품은 창고에 없다 할지라도 기말재고자산에 포함시켜야 한다.

◆위탁판매에 관한 회계처리 예

(주)여주는 시장의 다변화를 꾀하기 위하여 (주)이천과 위탁매매계약을 체결하였다.

[추가자료 1] 기중거래현황

① (주)여주의 기초상품재고액은 ₩100,000(100개, ₩1,000)이다.

② (주)여주는 3월 7일에 상품 600개를 개당 ₩1,000에 현금매입하였다.

③ (주)여주는 8월 20일에 위탁판매하기 위하여 상품매입원가 ₩500,000(500개, ₩1,000)을 적송하였다.

④ (주)여주는 10월 31일에 (주)이천으로부터 다음과 같은 매출계산서를 받았다.

매출계산서

매 출 액(200개×₩1,500)		₩300,000
차 감〉		
판 매 운 임	₩5,000	
판매수수료(₩300,000×15%)	45,000	50,000
송금할 금액		₩250,000

[추가자료 2] 결산시

① (주)여주의 상품창고재고액은 ₩200,000(200개, ₩1,000)이다. 즉, (주)여주가 직접 판매한 상품은 없었다.

② 적송품 원가 ₩200,000에 대하여 다음과 같은 매출계산서가 도착되어 있다.

매출계산서

매 출 액(200개×₩1,800)		₩360,000
차 감〉		
판 매 운 임	₩6,000	
판매수수료(₩300,000×15%)	54,000	60,000
송금할 금액		₩300,000

(가) 위탁자의 회계처리

위탁자의 회계처리를 상품적송시, 적송품을 수탁자가 판매시, 결산시점으로 각각 구분하여 회계처리를 하여 보겠다.

상품적송시 : 상품을 수탁자에게 적송할 때에는 회계처리를 하지 않고 보조부에만 특정 상품이 위탁판매를 위하여 적송되었다는 사실을 기록한다. 대부분의 회계학 교과서에서는 상품을 수탁자에게 적송할 때에는 일반상품과 구별하기 위하여 다음의 회계처리에서 보듯이 적송품의 원가를 매입계정에서 적송품계정으로 대체하는 것으로 설명하고 있으나, 요즈음 기업실무에서는 이와 같은 회계처리를 하지 않는다.

(차)	적 송 품	500,000	(대) 매 입	500,000

적송품을 수탁자가 판매시 : 수탁자가 적송품을 판매한 시점(통상 매출계산서 도착시점)에서 수익을 인식한다.

(차)	매 출 채 권	250,000	(대) 매 출	300,000
	판 매 수 수 료	50,000		

이때 수탁자가 부담한 위탁상품에 대한 보관료, 잡비와 수탁자에게 지급되는 수수료 등은 판매수수료로 처리한다.

결산시점 : 결산시점에서는 당기의 매출원가를 산정하여야 하는데, 위 회계처리예의 수정전 잔액 시산표와 기말수정분개 및 약식 대차대조표와 손익계산서를 작성하여 보면 다음과 같다.

수정전시산표

상 품(기초)	100,000	매 출	300,000
매 입	600,000		

[기말수정분개]

(차)	매 출 원 가	100,000	(대)	상 품(기초)	100,000
	매 출 원 가	600,000		매 입	600,000
	상 품(기말)	200,000*		매 출 원 가	200,000

* 창고에 남아 있는 기말재고액임.

(차)	매 출 채 권	300,000	(대)	매 출	360,000
	판 매 수 수 료	60,000			

* 결산시 적송품 판매에 대한 회계처리

(차) 상 품 100,000 (대) 매 출 원 가 100,000
* 적송품 미판매분을 기말재고에 가산시키는 분개

[약식 B/S, P/L]

대차대조표

Ⅰ. 유동자산	
(2) 재 고 자 산	
상 품	300,000

손익계산서

Ⅰ. 매 출 액		660,000
Ⅱ. 매 출 원 가		
1. 기초상품재고액	100,000	
2. 당기상품매입액	600,000	
3. 기말상품재고액	(300,000)	400,000
Ⅲ. 매출총이익		260,000

(주)여주의 당기매출은 위탁매출 ₩660,000뿐이며, 위탁품의 매출원가는 ₩400,000이다. 또한 기말재고자산은 창고에 있는 ₩200,000과 기말까지 아직 판매되지 않은 적송품 ₩100,000을 합한 ₩300,000이다. 왜냐하면, 기말까지 아직 판매되지 않은 적송품은 창고에 없다 할지라도 그에 대한 소유권이 위탁자에게 있으므로 기말재고에 포함시켜야 하기 때문이다.

참고로 매출원가계정의 변동(매출원가의 내역)을 살펴보면 다음과 같다.

매출원가계정

기초상품	100,000	창고재고	200,000	(기말상품)
당기매입액	600,000	적송품미판매분	100,000	(기말상품)
		매출원가	400,000	
	700,000		700,000	

여기서 매출원가 산정시에 일단 창고에 남아 있는 기말상품만을 매출원가계정에서 차감하고, 창고 이외에 기말재고에 포함될 상품(적송품 미판매분 등)이 있다면 이는 별도로 회계처리하는 것이 좋다는 것이다.

(나) 수탁자의 회계처리

수탁자인 (주)이천 입장에서는 수탁품(적송품)에 대한 회계처리를 수탁판매계정을 설정하여 처리하여야 한다. 먼저, 적송품 수령시에는 아무런 회계처리를 하지 않는다. 위탁자가 보내 온 상품은 위탁자의 소유이기 때문에 분개할 필요가 없다. 그리고 수탁품을 판매한 경우에 수탁상품의 매출대금은 위탁자에 대한 일시적 예수금이므로 수탁판매계정의 대변에 기입한다. 사례의 10월 31일자 적송품 판매의 경우를 예로 들어 회계처리하여 보면 다음과 같다.

(차) 현 금 300,000 (대) 수 탁 판 매 300,000

수탁품을 판매하는 과정에서 발생한 판매비용과 판매위탁수수료는 수탁판매계정의 차변에 기록한다. 이는 위탁자에게 송금할 금액에서 차감하여야 하기 때문이다. 사례의 경우를 회계처리하여 보면 다음과 같다.

(차)	수 탁 판 매	50,000	(대)	현 금	5,000
				수 수 료 수 익	45,000

* 10월 31일의 적송품 판매에 대한 것임.

그리고 남은 잔액은 위탁자에게 송금해야 하는데, 송금하였을 때 수탁판매계정 차변에 기입한다. 위 회계처리예 경우를 회계처리하여 보면 다음과 같다.

(차) 수 탁 판 매 250,000 (대) 현 금 250,000

* 10월 31일의 적송품 판매에 대한 것임.

위와 같이 수탁자 입장에서는 수탁품에 대한 모든 회계처리를 수탁판매계정을 사용하여 회계처리하고, 손익계산서에는 판매위탁에 따른 수수료수익만이 나타나도록 해야 한다.

2) 시용판매

시용판매(sales on approval)란 주문을 받지 않고 상품 등을 고객에게 인도하여 고객이 그 상품을 사용하여 보고 매입하겠다는 의사표시를 함으로써 판매가 성립하는 특수한 형태의 판매이다. 기업회계기준에 의하면 시용판매의 경우 수익은 매입자가 매입의사표시를 하기 전까지는 대금을 청구할 수 없기 때문이다. 따라서 기말 현재 매입자로부터 매입의사표시가 없는 시송품은 창고에 없다 할지라도 판매자의 기말재고에 포함시켜야 한다.

◆시용판매에 대한 회계처리 예

다음은 (주)광주의 매출·매입과 관련된 자료이다.

[추가자료 1] 기중거래현황

① 기초상품재고액은 ₩200,000이다

② 5월 20일 : 상품 ₩1,200,000을 현금 매입하였다.

③ 9월 7일 : 원가 ₩1,000,000(판매가 ₩1,300,000)인 상품을 시용판매하기 위하여 시송하였다.

④ 11월 5일 : 매입자로부터 ₩910,000(매가)의 상품에 대하여 매입의사표시를 받았다.

[추가자료 2] 결산시

상품의 창고재고액은 ₩400,000이다. 즉, 사용매출 이외의 일반매출액은 없었다.

시송품 시송시 : 상품을 거래처에 시송할 때에는 회계처리를 하지 않고 보조부에만 특정 상품이 시용판매를 위하여 시송되었다는 사실을 기록한다. 시용매출시에는 수익을 인식할 수 없기 때문에 회계처리를 할 수 없지만, 상품은 거래처에 인도되었기 때문에 기업 내부적으로 이를 관리하기 위해서이다.

매입의사표시를 받을 때: 거래처로부터 매입의사표시를 받은 때 수익을 인식한다.

(차)	매 출 채 권	910,000	(대)	매 출	910,000

결산시점 : 결산시점에서는 당기의 매출원가를 산정하여야 하는데, 위 회계처리예 경우에 수정전잔액시산표와 기말수정분개 및 약식 대차대조표와 손익계산서를 작성하여 보면 다음과 같다.

수정전시산표

상 품(기초)	200,000		
		매 출	910,000
매 입	1,200,000		

[기말수정분개]

(차)	매 출 원 가	200,000	(대)	상 품(기초)	200,000
	매 출 원 가	1,200,000		매 입	1,200,000
	상 품(기말)	400,000*		매 출 원 가	400,000

* 창고에 남아 있는 기말재고액임.

(차)	상 품	300,000*	(대)	매 출 원 가	300,000

* ₩390,000×₩1,000,000/₩1,300,000＝₩300,000 기말까지 매입의사표시 없는 시송품

기말까지 아직 매입의사표시가 없는 시송품은 창고에 없다고 할지라도 그것에 대한 소유권이 시송자에 있으므로 시송자의 기말재고에 포함시켜야 한다. 그리고 매출원가 산정시에 일단 창고에 남아 있는 기말상품만을 매출원가계정에서 차감하고 창고 이외에 기말재고에 포함될 상품(매입의사표시 없는 시송품 등)이 있다면 이는 별도로 회계처리하는 것이 좋다.

[약식 B/S, P/L]

대차대조표

Ⅰ. 유동자산		
(2) 재 고 자 산		
상 품		700,000

손익계산서

Ⅰ. 매 출 액		910,000
Ⅱ. 매 출 원 가		
1. 기초상품재고액	200,000	
2. 당기상품매입액	1,200,000	
3. 기말상품재고액	(700,000)	700,000
Ⅲ. 매출총이익		210,000

참고로 매출원가계정을 표시하여 보면 다음과 같다.

매출원가계정

기초상품	200,000	창고재고	400,000	(기말상품)
당기매입액	1,200,000	적송품미판매분	300,000	(기말상품)
		매출원가	700,000	
	1,400,000		1,400,000	

(3) 회수기준

회수기준이란 수익을 상품대금의 회수시점에서 인식하는 것을 말한다. 상품의 판매로 인하여 수익창출활동을 위한 대부분의 노력이 발생(가득요건)하였으나 판매로 인하여 수취할 금액을 합리적으로 추정할 수 없기 때문에 수익의 인식을 판매 이후 대금을 회수하는 시점까지 이연시키는 것이다.

회수기준이 구체적으로 적용되는 예는 할부판매와 같은 대금회수가 매우 불확실한 거래형태에서 찾아볼 수 있다.

할부판매(installment sales)란 할부계약에 따라 상품을 판매하고 판매대금을 월부, 분기부, 반년부, 연부 등으로 분할하여 회수하는 조건으로 판매하는 것을 말하는데, 일반적으로 할부판매의 경우에는 판매대금의 회수가 장기간에 걸쳐 분할하여 이루어지므로 회수불능위험이 높다. 따라서 할부판매대금의 회수에 대한 불확실성이 높은 경우에는 수익을 판매시점에서 인식하지 않고 판매 후대금의 회수시점에서 인식해야 한다.

기업회계기준에서는 할부매출에 대한 수익을 원칙적으로 상품이나 제품을 인도하는 날, 즉 판매시점에서 인식하도록 규정하고 있다. 그러나 할부매출로 인한 경제적 효익의 유입이 불확실한 경우, 즉, 현금회수가능성을 합리적으로 예측할 수 없는 경우에는 현금을 회수한 시점에서 수익을 인식하도록 규정하고 있는데, 이때 주의할 점은 현금회수가능성의 불확실성이 높아 대손율을 합리적으로 추정할 수 없는 경우에는 회수시점에서 수익을 인식하지만, 비록 대손율이 높다 하더라도 대손율을 합리적으로 추정할 수 있다면 판매시점에서 수익을 인식해야 한다는 것이다.

4. 수익

수익은 일정기간동안 기업이 재화 또는 용역을 제공하고 현금으로 받은 대가 또는 받은 대가를 의미한다. 이는 자산의 유입 또는 부채의 감소를 가져와 순자산을 증가시킨다. 이러한 수익은 기업의 정상적인 영업활동 과정의 전 과정에서 발생한다. 수익은 기업이 생산한 재화나 용역을 기업외부로 유출시켜 발생하는 자산의 증가나 부채의 감소를 의미한다.

1) 영업수익

영업수익(operating revenues)이란 일반적 상거래, 즉 당해 회사의 사업목적을 위한 영업활동에서 발생하는 수익을 말하며, 일반적으로 매출액(sales)으로 표시된다.

상품매매업에 있어서는 상품의 판매, 서비스업에서의 용역의 제공, 제조업에서는 제품 · 반제품·부산물의 판매, 건설업은 공사 등에 의하여 영업수익이 발생한다.

2) 영업외수익

영업외수익(non-operating revenues)이란 일반적상거래 이외의 활동에서 경상적 · 반복적으로 발생한 수익을 말한다. 다만, 비경상적이고 비반복적인 원천에서 발생한 것이라 할지라도 그 금액이 소액이면 원칙적으로 영업외수익에 포함시킨다.

기업회계기준이 예시하는 영업외수익은 이자수익 · 배당금수익(주식배당은 제외한다) · 임대료 · 유가증권처분이익 · 유가증권평가이익 · 외환차익 · 외화환산이익 · 지분법평가이익 · 투자유가증권감액손실환입 · 투자자산처분이익 · 유형자산처분이익 · 사채상환이익 · 법인세환급액 등이 있다. 다만, 비경상적이고 비반복적인 거액의 이익은 특별이익에 포함한다.

3) 특별이익

특별이익(extraordinary gains)은 비경상적 · 비반복적으로 발생한 영업외수익과 자산수증이익 · 채무면제이익 · 보험차익 등으로 한다. 따라서 특별이익은 비경상적 · 비반복적이며, 동시에 임시거액인 것을 그 특징으로 한다.

① 자산수증이익

자산수증이익은 주주·임원 등으로부터 무상 또는 현저히 저렴한 가액으로 자산을 증여받는 경우에 발생한다.

② 채무면제이익

채무면제이익은 주주·임원 등으로부터 회사의 채무 중 일부나 전부를 면제받는 경우에 발생한다. 채권자가 적극적으로 면제의 의사표시를 하지 않음으로써 소멸시효기간이 경과하여 발생한 시효소멸이익도 동일하게 취급하여야 한다.

③ 보험차익

보험차익이란 회사의 자산을 보험에 가입한 경우 자산의 멸실이나 파손 등으로 인하여 보험금을 지급받는 경우 보험금이 멸실 또는 파손된 자산의 장부가액을 초과하는 경우 그 초과금액을 말한다.

5. 비용

비용은 일정기간 동안 기업이 수익을 얻기 위하여 지출 또는 소비한 재화 또는 용역의 원가를 의미하며 기업에 자산의 유출 또는 부채의 증가를 가져와 순자산을 감소시킨다. 이는 수익을 창출하기 위해서 소멸된 자산이라고 정의된다. 반면, 자산은 아직 소멸되지 않은 원가라고 할 수 있다.

1) 영업비용

영업비용(operating expenses)이란 영업수익을 획득하기 위하여 소비된 비용으로서 매출원가와 판매비와 관리비가 여기에 속한다.

상품매매기업의 경우 매출원가(cost of goods sold)는 영업수익에 포함된 판매한 상품에 대한 원가로서 다음과 같이 계산한다.

매출원가 = 기초상품재고액 + 당기매입액 - 기말상품재고액

판매비와 관리비(selling and administrative expenses)는 상품과 용역의 판매활동 또는 기업의 관리와 유지에서 발생하는 비용으로서 매출원가에 속하지 않는 것을 말한다. 기업회계기준이 예시한 판매비와 관리비에는 급여(임원급여, 급료, 임금 및 제수당 포함), 퇴직급여, 복리후생비, 임차료, 접대비, 감가상각비, 무형자산상각비, 세금과공과, 광고선전비, 연구비, 경상개발

비, 대손상각비 등이 있다.

2) 영업외비용

영업외비용(non-operating expenses)이란 일반적 상거래 이외의 활동에서 경상적 · 반복적으로 발생한 비용을 말한다. 다만, 비경상적이고 비반복적으로 발생한 것이라 할지라도 그 금액이 소액이면 원칙적으로 영업외비용에 포함시킨다.

기업회계기준이 예시하는 영업외비용은 이자비용 · 기타의대손상각비 · 유가증권처분손실 · 유가증권평가손실 · 재고자산평가손실(원가성이 없는 재고자산감모손실 포함) · 외환차손 · 외화환산손실 · 기부금 · 지분법평가손실 · 투자유가증권감액손실 · 투자자산처분손실 · 유형자산처분손실 · 사채상환손실 · 법인세추납액 등이 있다. 다만, 비경상적이고 비반복적인 거액의 손실은 특별손익에 포함한다.

3) 특별손실

특별손실(extraordinary losses)은 비경상적 · 비반복적으로 발생한 영업외비용과 재해손실 등 경상손실에 포함되는 것 이외의 손실을 말한다. 따라서 특별손실은 비경상적 · 비반복적이며, 동시에 임시거액인 것을 그 특징으로 한다.

6. 이익(손실)

이익과 관련되어 문제가 되는 것은 과연 경영성과의 지표로 사용되는 이익의 개념은 무엇이며, 현실적으로 이러한 이익은 어떤 방법으로 측정이 되는가 하는 점이다.

1) 경제학적 이익

경제학에서 가장 많이 사용되고 있는 힉스의 이익에 대한 개념은 "특정개인이 기말에도 기초와 동일한 만족상태를 유지하면서 일정기간 동안 소비할 수 있는 최대의 금액"으로 정의된다.

경제적이익 = (기말의 순자산가치 - 기초의 순자산가치) + 기중인출금 - 기중출자액

힉스의 이익은 총효용의 증가분을 의미한다. 효용은 일정기간 동안 일정 재화를 소비할 경우의 주관적인 만족감의 총량이다. 이는 미래의 모든 기대가치를 개인의 주관적인 할인율로 산정한 주관적이며 불확실한 개념이다. 경제학에서 바라보는 이익을 화폐가치로 표현할 경우 미래가치를 주관적인 할인율로 할인한 개념이므로 화폐가치의 변동에 영향을 받지 않는 순자산가

치의 변동분, 즉 실질이익이라고 표현할 수 있다.

이러한 이익의 단점은 순자산가치를 객관적으로 측정할 수 없다는 점이다. 이익이 개인의 효용 증가분이므로 개개인이 적용하는 심리적기대감 등에 미래의 추정치와 할인율이 달라지므로 주관성이 개입된다. 또한, 구체적인 순자산가치의 증가 내역을 파악할 수 없다는 단점이 있다.

2) 회계학적 이익

회계학적 이익은 손익계산서로 표현되며 수익에서 비용을 차감하여 도출한다. 수익은 실현시점에서 인식되며 비용은 발생주의에 따라 인식하고 화폐액으로 표현된다.

그러므로 검증가능하고 객관적인 자료에 의해 이익이 측정될 수 있다. 그러나 이러한 회계학적 이익개념에서 수익은 실현시점의 가액으로 인식하는데 반해 비용은 과거의 역사적 원가를 계상하므로 불합리한 대응이 이루어지며, 화폐가치의 변동을 고려하지 않기 때문에 자산을 보유함으로써 발생하는 보유손익에 대한 개념이 포함되지 않아 실질이익의 개념은 아니다.

이익의 측정 방법

구 분	내 용
순자산비교법	이익을 순자산의 증가로 계산 순이익 = 기말자본 - 기초자본 = 기말자본 - 기초자본 + 감자액 - 증가액
총거래기록법	이익을 회계학상의 수익과 비용의 차액으로 계산 순이익 = 총수익 - 총비용

3) 순이익의 측정방법

① 순자산비교법

순자산비교법이란 기말순자산에서 기초순자산을 차감하여 당기순이익을 계산하는 방법을 말한다.

기말순자산 - 기초순자산 = 당기순이익

② 총거래기록법

총거래기록법이란 일정기간 발생한 수익과 비용을 항목별로 요약·열거하여 구체적인 수익·비용의 발생 내역, 당기순이익 산출과정, 당기순이익 금액 등의 세 가지 모두를 알게 해주는 손익계산 방법이다. 우리가 사용하는 기업회계기준에서는 총거래기록법의 관점에서 손익계산서를 작성하도록 규정하고 있다

제 4 절 매출총손익의 계산

매출총손익은 기업의 주된 영업활동을 통하여 창출한 영업수익(매출액)에서 이를 창출하기 위하여 발생된 매출원가를 대응시켜 산출된다. 매출액이 매출원가보다 크면 매출 총이익이 산출되며, 매출원가가 매출액보다 크면 매출 총손실이 산출된다.

매출총이익 = 매출액-매출원가, 또는 매출총손실 = 매출원가-매출액

매출액은 순매출액으로서 총매출액에서 매출에누리와 환입, 매출할인을 차감하여 산정된다.

매출액 = 총매출액-매출에누리와 환입-매출할인

상품매매기업의 경우 기초상품재고액과 당기상품매입액의 합계액에서 기말상품재고액을 차감하여 산정하며, 당기상품매입액은 순매입액으로서 상품의 총매입액에서 매입에누리와 환출액, 매입할인을 차감하여 계산하다.

매입액 = 총매입액-매입에누리와 환출액-매입할인

제조기업의 매출원가는 기초제품재고액과 당기제품제조원가의 합계액에서 기말상품재고액을 차감하여 산정하며, 당기상품매입액은 순매입액으로서 상품의 총매입액에서 매입에누리와 환출액, 매입할인을 차감하여 계산한다.

매입액 = 총매입액-매입에누리와환출액-매입할인

제조기업의 매출원가는 기초제품재고액과 당기제품제조원가의 합계액에서 기말제품재고액을 차감하여 계산한다. 이때 당기제품제조원가는 제조원가명세서상의 금액으로 한다.

이상에서 설명한 매출총손익의 계산과정을 손익계산서의 제1구분으로 표시하면 다음과 같다.

상품매매기업의 손익계산서(제1구분)

Ⅰ. 매출액		×××
Ⅱ. 매출원가		×××
1. 기초상품재고액	×××	
2. 당기상품매입액	×××	
계	×××	
3. 기말상품재고액	(-)×××	
Ⅲ. 매출총이익		×××

제조기업의 손익계산서(제1구분)

Ⅰ. 매출액		×××
Ⅱ. 매출원가		×××
1. 기초제품재고액	×××	
2. 당기제품매입액	×××	
계	×××	
3. 기말제품재고액	(-)×××	
Ⅲ. 매출총이익		×××

1. 매출수익의 실현

기업회계기준 제37조에 의하면 ① 상품, 제품의 매출액은 상품, 제품을 판매하여 인도하는 시점에 실현되는 것으로 한다.

② 제1항의 규정을 적용함에 있어서 위탁매출액은 수탁자가 위탁품을 판매한 날에 실현되는 것으로 하여, 시용매출액은 매입자가 매입의사를 표시한 날에 실현되는 것으로 한다.

③ 용역매출액 및 예약매출액은 진행기준에 따라 실현되는 것으로 한다. 다만, 진행기준을 적용함에 있어 공사, 제조 및 용역제공과 관련한 수익, 원가 또는 진행률 등을 합리적으로 추정할 수 없거나 수입금액의 회수가능성이 크지 않은 경우에는 발생원가의 범위 내에서 회수가능한 금액을 수익으로 계상하고 발생원가 전액을 비용으로 계상한다.

④ 상품 또는 제품의 할부매출로서 회수기간이 장기인 경우 이자상당액은 기간의 경과에 따라 수익으로 인식한다고 규정되어 있다.

(1) 일반매출의 인식기준

수익은 이론상으로 수익획득 과정의 전 과정을 통하여 인식해야 하지만 각 과정별로 수익을 측정하는 것은 매우 어렵다. 따라서 특정사건의 발생을 수익인식 기준으로 설정해 놓고 이 요건이 충족되는 시점에서 수익을 인식한다. 이에는 판매기준 또는 인도기준이 있다. 판매기준 또는 인도기준이란 상품, 제품 등의 재화나 용역이 판매되거나 제공되는 시점에서 수익을 인식하는 기준을 말한다.

판매기준에 따라 매출수익을 인식하는 근거는 다음과 같다.

① 판매시점에서는 재화나 용역이 고객에게 이전되어 판매자가 수익획득과정과 관련하여 이행하여야 할 의무를 대부분 수행하게 되는 결과가 되어 수익이 발생하였음을 나타낸다.

② 판매시점에서는 수익의 측정과 관련된 불확실성이 최소한으로 줄어든다.

③ 판매시점에서는 판매자와 구매자 사이에 재화나 용역과의 교환에 따른 대가로서 현금이나 현금청구권이 확정되는데, 이는 수익이 실현되었음을 나타내는 것이다.

(2) 특수매출의 인식기준

특수한 형태의 매출의 경우에는 상품, 제품 등의 재화가 인도되는 시점에서 판매 여부가 불확실하기 때문에 소유권이 이전되는 시점을 포착하여 판매기준을 적용한다.

1) 위탁매출의 인식

위탁매출(consignment sales)이란 자기소유의 상품을 타인에게 위탁하여 판매하게 하고 수탁자는 그 상품을 판매하고 수수료를 받는 특수한 형태의 판매계약이다.

기업회계기준에서는 수탁자가 위탁품을 판매할 날에 수익을 인식하도록 규정하고 있고, 수탁자가 상품을 판매한 날은 매출계산서 등을 통해 확인한다. 이는 인도기준을 적용하는 특수한 형태로 보고, 위탁자와 수탁자 입장에서 각각 다음과 같이 회계처리한다.

위탁자는 위탁매출을 위해 상품을 발송할 때에 상품원가와 적송과 관련하여 발생하는 제비용지출액을 함께 대변에 기록하고, 동시에 그 금액을 적송품계정의 차변에 기입한다. 이때는 적송한 상품의 소유권이 위탁자에게 있으므로 위탁자의 매출이 아닌 재고자산계정인 적송품으로 포함되어야 하고, 수탁자는 재고자산 취득으로 기록하지 않는다.

그 후 수탁자가 상품을 판매하고 매출계산서가 도착하면 적송품계정의 대변에 기입하고 매출원가를 계상하면서 동시에 매출수익을 인식한다. 적송품에 대하여 화환을 취결한 때에는 적송품 선수금계정으로 처리하였다가 매출계산서를 받은 때에 매출수익을 인식한다.

수탁자는 수탁품의 인수에 따른 제비용·화환대금·판매제비용 등은 수탁매출계정의 차변에 기입하여 위탁자에 대한 채권을 표시하고, 수탁품의 매출시에는 수탁매출계정의 대변에 기입하여 위탁자에 대한 채무를 표시한다. 한편 수탁자는 매출계산서를 작성하여 매출액에서 제비용을 차감한 잔액을 위탁자에게 송금한 때에 수탁매출계정의 차변에 기입하여 위탁자에 대한 채무의 소멸로 표시한다.

2) 시용매출의 인식

시용매출(sales on approval)은 잠정적인 매입자에게 상품을 인도한 후 그 잠정적인 매입자가 매입하겠다는 의사표시를 할 때 매매계약이 성립되는 거래이다. 이 시용매출은 상품이 인도되어도 상대방에게 매입의 의사표시가 있기 전까지는 소유권과 위험이 이전되지 않고 현금청구권이 생기지 않으므로 수익이 실현되지 않는다.

발송한 상품을 다른 재고자산과 구별하기 위해 대조계정인 시송품계정에 기록하고 시용가매출계정으로 기록할 수 있다. 매입의사표시가 있으면 위의 대조계정을 서로 상계하고 이때 매출로 기록한다. 기말결산시까지 아무런 통보가 없으면 시송품잔액을 원가로 계산하고 기말재고에 포함시켜야 한다.

실제는 시송품을 일정기간 내에 반환하지 않거나 매입거절의 의사표시가 없으면 매출이 성립되는 경우로 본다. 이 경우에는 그 기간이 경과되는 시점을 매출시점으로 하여 수익을 인식한다.

3) 용역매출 및 예약매출의 인식기준

용역매출은 상품, 제품 등의 재화를 매출하는 것이 아니라 고객에게 용역(service)을 제공하는 형태의 영업을 말하며, 예약매출은 고객으로부터 미리 주문을 받아 상품을 매입하여 인도하거나 제품을 제조하여 인도하는 매출형태를 말한다.

도급공사는 건설업자가 건설공사를 완성할 것을 발주자와 계약하고, 공사의 결과에 따라 발주로부터 대금을 지급받는 계약의 내용에 따라 이루어지는 공사를 말한다.

기업회계기준에서는 용역매출과 예약매출의 경우 장·단기를 구분하지 않고 진행기준에 의하여 인식하도록 규정하고 있다(단, 상장법인 및 등록법인이 아닌 중소기업은 완성기준을 사용할 수 있다.). 그러나 공사, 제조 및 용역제공과 관련한 수익, 원가 또는 진행률 등을 합리적으로 추정할 수 없거나 수입금액의 회수가능성이 크지 않은 경우에는 발생원가의 범위 내에서 회수가능한 금액을 수익으로 계상하고 발생원가 전액을 비용으로 계상하도록 규정함으로써 진행기준을 정상적으로 적용할 수 없는 경우에도 영업활동을 표시할 수 있도록 하고 있다.

용역매출과 예약매출의 경우에 진행기준을 적용하도록 규정한 이유는 다음과 같다.

① 용역제공거래 특유의 상황을 반영하여 용역거래의 진행 정도에 따라 수익을 인식할 수 있도록 하여 적정한 기간손익을 산정한다. 또한 예약매출의 경우 예약기간 동안 원가가 계속 발생하므로 진행기준에 따라 수익을 인식하는 것이 수익·비용의 대응원칙에 부합된다.

② 진행률 등을 합리적으로 추정할 수 없는 경우에는 발생원가의 범위 내에서 회수 가능한 금액을 수익으로 인식하고 발생원가 전액을 비용으로 인식하도록 함으로써 영업활동 내용을 재무제표에 적절히 반영할 수 있다.

4) 할부매출의 인식기준

할부매출(installment sales)은 상품이나 제품을 인도하고 판매대금을 분할하여 회수하는 조건으로 이루어지는 매출형태이다. 판매대금은 월, 분기, 반년, 연단위 등으로 분할하여 회수하는 것인데, 일반적으로 월단위의 회수가 가장 많이 활용된다.

법인세법시행령 제68조에서 장기할부조건이라 함은 자산의 판매 또는 자산의 양도(국외거래에 있어서는 소유권이전 조건부 약정에 의한 자산의 임대를 포함한다)로서 판매금액 또는 수입금액을 월부·연부 기타의 지불방법에 따라 2회 이상으로 분할하여 수입하는 것 중 당해 목적물의 인도일의 다음날부터 최종의 할부금의 지급기일까지의 기간이 1년 이상인 것을 말한다.

기업회계기준에서는 대금회수가 단기·장기 구분 없이 할부매출은 인도기준을 적용하여 인식하도록 규정하고 있다. 다만 기업회계 기준에 의하면, 상품 또는 제품의 할부매출로서 회수기간이 장기인 경우 이자상당액은 기간의 경과에 따라 수익으로 인식한다. 이 경우 이자계산은 채권·채무의 현재가치에 의한 평가의 규정을 준용한다.

이와 같이 장기할부매출에 대해 인도기준을 적용하면서 이자수익을 구분하여 처리하도록 규정한 이유는 다음과 같다.

① 장기할부매출의 경우 기업의 수익창출활동은 사실상 판매로서 완료되므로 인도기준이 합리적이다.

② 장기연불조건의 매매거래나 장기할부매입으로 인한 고정자산취득의 경우와도 동일한 회계처리가 이루어지도록 일치시킨다.

그러나 제37조(중소기업의 회계처리에 대한 특례)에서 중소기업에 대해서는 제66조의 규정에 불구하고 장기할부매출액 및 토지 또는 건물 등을 장기할부조건으로 처분하는 경우 당해 자산의 처분이익은 할부금 회수기일이 도래한 날에 처분하는 경우 당해 자산의 처분이익은 할부금 회수기일이 도래한 날에 실현되는 것으로 할 수 있도록 규정하고 있다. 법인세법은 장기할부판매의 경우 기업회계기준에 준하여 인도기준에 의해 수익을 인식하거나 회수기일도 거래기준에 의하여 수익을 인식할 수 있도록 규정하고 있다(시행령 제68조 ②).

할부매출에 대해 인도기준을 적용하는 경우 회계처리는 일반매출과 동일하다. 단기할부매출인 경우는 상품 인도시에 할부매출채권계정의 차변에 기입하고 할부매출계정 대변에 기입한다. 후에 할부금을 회수할 때에는 현금이 입금되며 할부매출채권이 소멸된다.

장기할부매출의 경우는 현재가치에 의하여 매출채권을 평가하고 명목상의 가액과 현재가치의 차액은 현재 가치할인차금으로 하여 명목상의 채권가액에서 차감하는 형식으로 표시하여야 한다. 현재가치에 의하여 매출채권을 평가하는 경우에는 매출액도 현재가치로 평가하여야 하므로 명목상의 가치에 의해 매출액을 측정하는 것보다 현재가치할인차금 상당액만큼 매출액이 적게 계상된다. 반면 동 현재가치할인차금은 유효이자율법 등을 적용하여 매기 이자수익으로 환입하여 영업외수익으로 계상된다.

2. 매출액

기업회계기준 제38조에 의하면 ① 상품 또는 제품의 매출액은 총매출액에서 매출에누리와 환입 및 매출할인을 차감한 금액으로 한다. 이 경우 일정기간의 거래수량이나 거래금액에 따라 매출액을 감액하는 것은 매출에누리에 포함된다.

② 반제품・부산물・작업폐물매출액, 수출액, 장기할부매출액 등이 중요한 경우에는 이를 주석으로 기재한다고 규정되어 있다.

(1) 매출액의 계산

손익계산서에 표시되는 상품 또는 제품의 매출액은 총매출액에서 매출에누리와 환입 및 매출할인액을 차감한 금액으로 한다.

매출액 = 총매출액 - 매출에누리와 환입액 - 매출할인액

(2) 매출액의 차감항목

매출에누리(sales allowances)는 매출한 상품 또는 제품의 품질불량, 규격미달, 파손 등의 사유로 인하여 그 상품이나 제품에 의하여 매출대금을 감액하여 주는 것을 말하며, 매출환입(sales returns)은 품질불량 등의 사유로 거래처로부터 반품되어 온 것을 말한다.

매출할인(sales discounts)은 외상매출금을 일정한 기간 내에 회수하는 경우 매출처에 일정비

율을 할인하여 주는 금액을 말한다. 그리고 일정기간의 거래수량이나 거래금액에 따라 매출대금의 일부를 깎아 주는 수량할인(volume discounts)은 매출에누리에 포함시켜 총매출액에서 차감하도록 한다.

3. 매출원가

기업회계기준 제39조에 의하면 판매업에 있어서의 매출원가는 기초상품재고액과 당기상품매입액의 합계액에서 기말상품재고액을 차감하는 형식으로 기재한다.

당기상품매입액은 상품의 총매입액에서 매입에누리와 환출 및 매입할인을 차감한 금액으로 한다. 이 경우 일정기간의 거래수량이나 거래금액에 따라 매입액을 감액하는 것은 매입에누리에 포함한다.

상품매입에 직접 소요된 제비용은 매입액에 포함한다. 제조업에 있어서의 매출원가는 기초제품재고액과 당기제품제조원가의 합계액에서 기말제품재고액을 차감하는 형식으로 기재한다. 상품 또는 제품에 대하여 판매·생산 또는 매입 이외의 사유로 증감액이 있는 경우와 관세환급금 등 기타 매출원가 항목으로 차감 또는 부가하여야 할 것이 있는 경우에는 이를 구분하여 기재한다. 매출액을 주석으로 기재하는 경우 관련 매출원가도 주석으로 기재한다고 규정되어 있다.

(1) 상품판매업의 매출원가 계산

상품판매업의 손익계산서에 표시되는 매출원가는 기초상품재고액과 당기상품매입액의 합계액에서 기말상품재고액을 차감하는 형식으로 계산한다.

상품판매업의 매출원가 = 기초상품재고액 + 당기상품매입액 - 기말상품재고액

당기상품매입액 = 총매입액 - 매입에누리와 환출 - 매입할인 + 매입제비용

매입에누리(purchase allowances)는 매입한 상품 중에 불량품이 있거나 파손품이 있는 원인으로 인하여 거래처로부터 매입대금의 일부를 감액받는 것을 말하며, 매입환출(purchase returns)은 매입한 상품 중에서 불량품등이 있는 경우 이를 거래처에 반품하는 것을 말한다.

매입할인(purchase discount)은 상품을 외상으로 매입한 후 매입대금을 거래처가 제시한 할인기간 내에 지급함으로써 매입대금의 일부를 할인받는 것을 말한다. 매입제비용은 매입수수

료, 하역비, 인수운임 등과 같이 상품의 매입과 관련하여 발생하는 비용으로서 상품의 판매가능한 상태까지 발생한 일체의 비용이 포함된다.

일정기간의 거래수량이나 거래금액에 따라 매입액을 감액하는 수량할인은 매입에누리에 포함한다.

(2) 제조업의 매출원가 계산

손익계산서에 표시되는 제조업의 매출원가는 기초제품재고액과 당기제품제조원가의 합계액에서 기말제품재고액을 차감하여 계산한다.

제조업의 매출원가 = 기초제품재고액 + 당기제품제조원가 - 기말제품재고액

(3) 기타 매출원가 항목의 구분표시

상품 또는 제품에 대하여 판매 · 생산 또는 매입 이외의 재해 등의 사유로 증감액이 있는 경우와 관세환급금 등 기타 매출원가 항목으로 차감 또는 가산하여야 할 것이 있는 경우에는 이를 구분하여 기재한다. 관세환급금이란 관세 등의 환급에 관한 특별법의 규정에 의하여 관세 등을 수출용 원자재 수입시 먼저 부담하여 원자재의 원가에 가산한 후, 그 원자재를 사용하여 생산된 제품의 수출시 그 관세를 다시 환급받는 것을 말한다. 이 경우 관세환급금은 매출원가에서 차감하는 형식으로 표시한다.

4. 업종별 항목의 구분표시

기업회계기준 제40조에 의하면 매출액과 매출원가는 업종별로 구분하여 기재할 수 있다고 규정되어 있다.

기업회계기준에서는 기업이 여러 가지 업종에 종사하고 있는 경우에 매출액과 매출원가는 업종별로 구분하여 기재할 수 있도록 규정하고 있다. 하나의 기업이 판매업과 제조업에 동시에 종사하고 있는 경우라든지 제조업과 건설업에 동시에 종사하고 있는 경우에는 매출액과 매출원가를 구분하여 표시할 수 있다.

5. 제조원가

제품의 제조원가는 원가계산준칙을 적용하여 산정한다.

제조업이 당기중에 생산한 제품의 제조원가를 당기제품 제조원가(cost of goods manufactured)라고 한다. 당기제조원가는 일반적으로 인정된 원가계산기준을 적용하여 산정한다.

제조원가 명세서에서 유형자산(또는 타계정)대체액이란 다음과 같은 경우에 발생한다.

① 완성제품을 당해 기업의 유형자산으로 사용하기 위하여 유형자산계정으로 대체하는 경우

② 완성제품을 자가소비하는 경우

③ 완성제품을 견본으로 사용하거나 원재료로서 공정에 다시 투입하는 경우

제 5 절 영업손익의 계산

영업손익은 매출총손익에서 판매비와 관리비를 차감하여 표시한다고 규정되어 있다.

영업손익은 기업의 주된 영업활동(본업)을 통하여 발생한 수익(매출액)에서 이를 얻기 위하여 발생한 비용(매출원가, 판매비와 관리비)을 차감하여 계산된 손익이다. 영업손익은 기업 본래의 영업활동으로 인한 성과를 나타내는 지표가 되며, 또한 기업의 미래수익력을 나타낸다.

1. 판매비와 관리비의 범위

기업회계기준에 의하면 판매비와 관리비는 상품과 용역의 판매활동 또는 기업의 관리와 유지에서 발생하는 비용으로 급여(임원급여, 급료, 임금 및 제수당을 포함한다), 퇴직급여, 복리후생비, 임차료, 접대비, 감가상각비, 무형자산상각비, 세금과공과, 광고선전비, 연구비, 경상개발비, 대손상각비 등 매출원가에 속하지 아니하는 영업비용을 포함한다.

판매비와관리비는 기업의 종류와 규모에 따라 당해 비용을 표시하는 적절한 과목으로 구분하여 기재한다.

판매비와 관리비(selling and administrative expense)는 기업의 상품과 용역의 판매활동 또는 기업의 관리와 유지활동에서 발생하는 비용이다.

판매비와관리비는 기업에 있어서 판매활동과 관리활동이 서로 다른 활동이기 때문에 이를 엄격하게 구분하는 것이 명료성의 원칙에 적합할 것이나 실무상으로는 판매비와관리비를 명확

하게 구분하는 것이 어렵기 때문에 판매비와관리비로 일괄적으로 표시하는 것이다.

판매비와관리비에 속하는 비용항목을 발생원천 또는 그 성격에 따라 분류하면 다음과 같다.

① 판매활동과정에서 발생하는 비용으로서 판매수수료, 운송비, 광고선전비, 대손상각비 등이 이에 속한다.

② 판매와 관리업무에 종사하는 임직원에 대한 인건비로서 임원급여, 급료, 임금, 상여수당, 퇴직급여, 복리후생비 등이 이에 속한다.

③ 판매와 관리부문에서 발생하는 경비로서 통신비, 여비교통비, 임차료(특허권사용료·기술도입사용료 포함), 접대비(거래처에 대한 경조금·선물대금·기밀비 등), 연구비(신제품이나 신기술의 연구를 위한 연구비용), 경상개발비(신제품이나 신기술의 개발을 위한 개발비용 중 경상적인 것), 감가상각비, 세금과공과(국세·지방세 등의 세금과 조합 등에 대한 공과금·벌금·과태료)등이 이에 속한다.

판매비와관리비의 과목은 기업의 종류와 규모에 따라 적절히 세분하도록 기업의 방침에 맡겨져 있다. 그리고 기업의 필요에 따라 판매비와 관리비를 세분하여 표시할 수도 있고, 판매비와 관리비의 합계액만 표시하고 그 내역을 주석으로 기재할 수도 있다.

2. 자본적지출과 수익적지출

기업회계기준 제45조에 의하면 고정자산의 내용연수를 연장시키거나 가치를 실질적으로 증가시키는 지출은 자본적지출로 하고, 당해 고정자산의 원상을 회복시키거나 능률유지를 위한 지출은 수익적 지출로 한다고 규정되어 있다.

(1) 자본적지출

유형자산의 취득 후에 발생한 지출을 자본적지출로 처리하려면 다음과 같은 두 가지 조건 중 적어도 하나는 충족되어야 하는데 두 조건 중에 하나도 충족되지 않는 지출은 수익적지출로 회계처리 한다.

① 유형자산의 내용연수를 연장시키는 지출. 지출결과 유형자산의 내용연수가 지출이 있기 전에 내용연수 이상으로 연장되어야 한다.

② 유형자산의 가치를 실질적으로 증가시키는 지출. 가치가 실질적으로 증가된다는 것은 유형자산의 경제적 효익이 증대된다는 것이다.

다음과 같은 지출을 자본적지출의 판단지침으로 이용하는데, 그것은

- 유형자산의 원가를 구성하는 지출
- 기존 유형자산의 가치를 증대시키는 지출
- 미래에 수익력과 생산성을 증대시키는 지출
- 내용연수를 연장시키는 지출
- 지출의 효과가 당해 연도에 그치지 않고 장래에 미치는 지출
- 지출금액이 상대적으로 중요한 지출

기업회계기준에 대한 해석 및 리스회계처리 준칙에 규정된 자본적 지출은 다음과 같다.

- 공장토지의 취득에 따른 하수종말처리장 설치부담금은 토지에 대한 자본적 지출이다.
- 운용리스이용자가 운용리스자산에 대하여 부담한 관세 등은 기타자산중 선급리스 부대비로 계상하고 리스기간에 걸쳐서 상각한다. 금융리스에 대한 자본적 지출은 해당 금융리스자산의 취득원가로 계상한다.

법인세법시행령 제31조 ②에서는 다음과 같은 지출을 자본적지출로서 예시하고 있다.

- 본래의 용도를 변경하기 위한 개조
- 엘리베이터 또는 냉・난방장치의 설치
- 빌딩 등에 있어서 피난시설 등의 설치
- 재해 등으로 인하여 건축물・기계・설비 등의 복구
- 기타 개량・확장・증설 등 위와 유사한 성질의 것

(2) 수익적지출

수익적지출(revenue expenditure)은 유형자산의 상실된 성능을 회복시키거나 기능을 유지하기 위해서 이루어지는 지출이므로, 유형자산의 내용연수가 연장되거나 용역잠재력이 증대되지는 않는다. 수익적지출은 자본적지출에 비해서 지출이 발생한 기간에 상대적으로 많은 비용이 계상되므로 이익은 적게 계상된다.

수익적지출은 정상적 수선(ordinary repairs)에 대한 지출이다. 정상적 수선은 유형자산의 원래기능을 회복시키는 것이다. 정상적 수선에 따른 수익적지출의 회계처리는 실제 지출액을 수선비계정의 차변에 비용으로 계상하는 방법과 기말에 수선액을 추정하여 차변에 수선비계정으로 계상하고 대변에 수선충당금을 설정하는 방법이 있다.

법인세법시행규칙 제17조에 예시된 수익적지출의 내용은 다음과 같다.

- 건물 또는 벽의 도장
- 파손된 유리나 기와의 대체
- 기계의 소모된 부속품 또는 벨트의 대체
- 자동차의 타이어 대체
- 재해를 입은 자산에 대한 외장의 복구 · 도장 및 유리의 삽입
- 기타 조업가능한 상태의 유지 등 위와 유사한 것

◆자본적 지출과 수익적 지출의 회계처리 예

여주회사는 200×년 7월 중 5층 건물에 ₩40,000,000을 들여 엘리베이터를 설치하였으며, ₩6,000,000을 들여 건물의 유리창 대체공사와 ₩4,000,000을 들여 페인트칠 공사를 하였다.

(차)	건 물	40,000,000	(대)	현 금	50,000,000
	수 선 비	10,000,000			

제 6 절 경상손익의 계산

기업회계기준 제46조에 의하면 경상손익은 영업손익에 영업외수익을 가산하고 영업외비용을 차감하여 표시한다고 규정되어 있다.

토지 또는 건물 등의 처분손익은 잔금청산일, 소유권이전 등기일 또는 매입자의 사용가능일 중 가장 빠른 날에 실현되는 것으로 한다.

원금 또는 이자의 회수가 불확실한 채권의 기간경과분에 대한 이자수익은 현금을 수취하는 시점에 인식한다고 규정되어 있다.

경상손익은 손익계산서상에서 영업 손익에 영업외수익을 가산하고 영업외비용을 차감하여 산출된다.

1. 영업외수익

영업외수익(non-operating revenues)은 재고자산의 제조, 판매 등과 같은 기업의 주된 영업활동 이외의 부수적 · 보조적인 영업활동에서 반복적으로 발생하는 수익을 말한다. 영업외수익은 주된 영업활동에서 발생하는 수익이 아니라는 점에서 매출액 등과 같은 영업수익과 구별되

며, 반복적으로 발생한다는 점에서 영업활동과 관련 없이 임시적 · 우발적으로 발생하는 자산수증이익, 보험차익 등과 같은 특별이익과 구별된다.

영업외수익은 이자수익(은행예금 · 대여금 · 유가증권에 대한이자), 배당금수익(주식 · 출자금에 대한 금전배당액), 임대료, 유가증권처분이익, 유가증권평가이익, 외환차익, 투자유가증권감액손실환입, 투자자산처분이익, 사채상환이익, 법인세환급액(법인세 등의 과다납부로 환급받은 금액) 등이 있다.

◆이자수익의 회계처리 예

① 여주(주)는 이천(주)의 사채 2,000구좌를 ₩20,000,000에 구입하였다. 이 사채의 구입과 관련하여 수수료 ₩1,000,000도 지급하였다.

② 이천(주)로부터 사채에 대한 이자 ₩2,400,000을 받다.

①	(차) 유 가 증 권	21,000,000	(대)	현 금	21,000,000
②	(차) 현 금	2,400,000	(대)	이 자 수 익 (유가증권이자수익)	2,400,000

◆배당수익의 회계처리 예

여주(주)는 보유하고 있는 A사의 주식 1,000주에 대해 주당 ₩1,000원의 배당금을 받다.

(차)	현 금	1,000,000	(대) 배당금수익	1,000,000

◆임대료의 회계처리 예

① 여주(주)는 2004년 9월 1일 보유하고 있는 건물을 임대해 주고 향후 1년간의 임대료 ₩24,000,000을 현금으로 받다.

② 2009년말 결산시에 임대료선수분을 계상하다.

①	(차) 현 금	24,000,000	(대)	임 대 료	24,000,000
②	(차) 임 대 료	16,000,000	(대)	선 수 이 익 (선수임대료)	16,000,000

◆유가증권처분이익의 회계처리 예

① 여주(주)는 A사의 주식 1,000주를 주당 ₩10,000씩 구입하였다. 대금은 수수료 ₩1,000,000과 함께 현금으로 지급하다.

② A사 주식 중 600주를 주당 ₩16,000에 매각하고 대금은 수수료 및 거래세를 제외한 ₩9,600,000을 수표로 받다.

	차변	금액		대변	금액
① (차)	유 가 증 권	11,000,000	(대)	현 금	11,000,000
② (차)	현 금	9,600,000	(대)	유 가 증 권	6,600,000
				유가증권처분이익	3,000,000

◆유가증권평가이익의 회계처리 예

① 여주(주)는 200×년 8월 15일 A사의 주식 1,000주를 주당 ₩10,000씩 구입하였다. 대금은 수수료 ₩1,000,000과 함께 현금으로 지급하다.

② 여주(주)는 200×년 12월 31일 보유하고 있는 A사의 주식 1,000주를 주당 ₩16,000으로 평가하다.

	차변	금액		대변	금액
① (차)	유 가 증 권	11,000,000	(대)	현 금	11,000,000
② (차)	유 가 증 권	5,000,000	(대)	유가증권평가이익	5,000,000

◆외환차익의 회계처리 예

① 2004년 5월 10일 여주(주)는 미국의 뉴욕상사에 상품을 외상으로 수출하고 대금 $500,000은 6월 1일 회수하기로 하다. 당일의 공정 환율은 $1 : 1,200원이다.

	차변	금액		대변	금액
(차)	매 출 채 권 (수출매출채권)	600,000,000	(대)	매 출 (수출매출)	600,000,000

② 6월 1일 위 대금 전액을 회수하다. 당일의 공정환율은 $1 : 1,210원이다.

	차변	금액		대변	금액
(차)	현금	605,000,000	(대)	매 출 채 권 (수출매출채권)	600,000,000
				외 환 차 익	5,000,000

◆투자자산처분이익의 회계처리 예

① 여주(주)는 토지 3,000평을 투자목적으로 ₩500,000,000에 매입하고 취득관련 비용 ₩13,000,000과 함께 수표를 발행하여 교부하다.

② 위의 토지를 ₩600,000,000에 처분하고 현금으로 받아 곧 당좌예입하다.

	차변	금액		대변	금액
① (차)	투자부동산	513,000,000	(대)	당 좌 예 금	513,000,000
② (차)	당 좌 예 금	600,000,000	(대)	투자부동산	513,000,000
				투자자산처분이익	87,000,000

◆사채상환이익의 회계처리 예

여주(주)는 2009년 1월 1일 사채 ₩1,000,000을 ₩885,840으로 발행하고 납입금은 전액 당좌예입하다. 사채의 상환일은 원래 2010년 12월 31일이었으나 2010년 6월 30일 회사의 자금사정이 양호하여 현금 ₩900,000으로 전액 매입상환하였다. 사채의 액면이자율은 연 10%, 유효이자율은 연 15%이며 이자는 매년말 지급하기로 되어 있었다. 유효이자율법으로 회계처리 한다.

① 사채의 발행시점(2009년 1월 1일)

(차)	현 금	885,840	(대)	사 채	1,000,000
	사채할인발행차금	114,160			

② 결산일(2009년 12월 31일)

(차)	이 자 비 용	132,876*	(대)	현 금	100,000
				사채할인발행차금	32,876

* ₩885,840×15%

③ 2010년 1월부터 6월까지의 사채이자 회계처리

(차)	이 자 비 용	68,904*	(대)	사채할인발행차금	18,904**
				미지급이자	50,000***

* (₩885,840 + ₩32,880) × 15% × 6/12
** [(₩885,840 + 32,880) × 15% − ₩100,000] × 6/12
*** ₩100,000 × 6/12

④ 2010년 6월 30일(사채상환일)

(차)	사 채	1,000,000	(대)	현 금	900,000
	미지급이자	50,000		사채할인발행차금	62,376*
				사채상환이익	87,634

* ₩114,160 − ₩32,880 − ₩18,904

2. 영업외비용

영업외비용(non-operating expenses)은 재고자산의 제조, 판매 등과 같은 기업의 주된 영업활동 이외의 부수적·보수적 활동에서 반복적으로 발생하는 비용을 말한다.

영업외비용은 정상적인 영업활동의 일환으로서 경상적으로 발생하는 비용이라는 점에서 영업비용(판매비와 관리비)과 유사하나 영업수익으로서 매출액 등을 획득하기 위하여 직접적으로 발생하는 비용이 아니라 부수적·보조적으로 발생하는 비용이라는 점에서 영업비용(판매비와 관리비)과 구별된다. 또한 영업외비용은 정상적인 영업활동 과정에서 발생하는 비용이라는 점에서 정상적인 영업활동과 관련 없이 임시적인·우발적으로 발생하는 재해손실 등의 특별손실과 구별된다.

영업외비용은 이자비용(차입금에 대한이자 · 사채이자 및 사채할인발행차금상각비용), 기타의 대손상각비(대여금이나 미수금 등과 같은 기타의 채권에 대한 대손발생액 및 대손추산액), 유가증권처분손실, 유가증권평가손실, 재고자산평가손실(재고자산의 순실현가능가액과 취득원가의 차액 · 원가성 없는 재고자산감모손실), 외환차손, 외화환산손실, 기부금(영업활동과 관계없이 교육 · 문화단체 등에 지급하는 금액), 지분법평가손실, 투자유가증권감액손실, 투자자산처분손실, 유형자산처분손실, 사채상환손실, 법인세추납액(법인세 등의 과소납부로 인하여 추가납부한 금액) 등이 있다.

◆이자비용의 회계처리 예

2009년 1월 1일 사채 ₩1,000,000을 ₩885,840으로 할인발행하고 납입금은 전액 당좌예입하다. 사채의 상환일은 2011년 12월 31일이며 이자는 매년 말 지급한다. 사채의 액면이자율은 연 10%, 유효이자율은 연 15%이며 유효이자율법으로 회계처리 한다.

① 사채의 발행시점(2009년 1월 1일)

(차)	당 좌 예 금	885,840	(대)	사 채	1,000,000
	사채할인발행차금	114,160			

② 결산시(2009년 12월 31일)

(차)	이 자 비 용	132,876*	(대)	현 금	100,000
				사채할인발행차금	32,876

* ₩885,840×15%

◆기타의 대손상각비의 회계처리 예

① 2009년 12월 31일의 단기대여금계정 잔액 중 ₩2,000,000은 다음 연도에 대손 될 것으로 추정하였다.

② 2010년 5월 10일 이천(주)에 대한 단기대여금 ₩1,500,000이 대손되었다.

① (차)	기타의대손상각비	2,000,000	(대)	대손충당금	2,000,000
② (차)	대손충당금	1,500,000	(대)	단기대여금	1,500,000

◆유가증권처분손실의 회계처리 예

① 여주(주)는 A사의 주식 1,000주를 주당 ₩10,000씩 구입하였다. 대금은 수수료 ₩1,000,000과 함께 현금으로 지급하다.

② A사의 주식 중 700주를 주당 ₩9,000에 매각하고 대금은 수수료 및 거래세를 제외한 ₩6,300,000을 수표로 받다.

① (차) 유 가 증 권 11,000,000 (대) 현 금 11,000,000
② (차) 현 금 6,300,000 (대) 유 가 증 권 7,700,000
유가증권처분손실 1,400,000

◆유가증권평가손실의 회계처리 예

① 여주(주)는 2009년 8월 15일 A사의 주식 1,000주를 주당 ₩10,000씩 구입하였다. 대금은 수수료 ₩1,000,000과 함께 현금으로 지급하다.

② 여주(주)는 2009년 12월 31일 보유하고 있는 A사의 주식 1,000주를 주당 ₩9,000으로 평가하다.

① (차) 유 가 증 권 11,000,000 (대) 현 금 11,000,000
② (차) 유가증권처분손실 2,000,000 (대) 유 가 증 권 2,000,000

◆재고자산평가손실의 회계처리 예

다음의 자료는 여주(주)의 기말상품재고와 관련한 것이다.

(자료)

① 장부상의 재고 : 500개 @₩5,000

② 실제의 재고 : 450개, 순실현가능가액 @₩4,000, 단, 감모손실의 경우 원가성이 없는 것으로 한다.

(차) 재고자산평가손실 700,000 (대) 이 월 상 품 700,000
재고자산감모손실 ₩250,000도 포함되어 있다.
재고자산평가손실 = 450개 ×(₩5,000-₩4,000) = ₩450,000
재고자산감모손실 = (500개-450개)×₩5,000 = ₩250,000

◆외환차손 회계처리 예

① 2009년 5월 10일 여주(주)는 미국의 뉴욕상사에 상품을 외상으로 수출하고 대금 $500,000은 6월 1일 회수하기로 하다. 당일의 공정환율은 $1 : 1,200원이다.

(차) 매 출 채 권 600,000,000 (대) 매 출 600,000,000
(수출매출채권) (수출매출)

② 6월 1일 위 대금전액을 회수하다. 당일의 공정환율은 $1 : 1,190원이다.

(차) 현 금 595,000,000 (대) 매출채권 600,000,000
외 환 차 손 5,000,000 (수출매출채권)

◆외화환산손실의 회계처리 예

① 2009년 9월 1일 여주(주)는 외국은행으로부터 외화 $100,000을 단기차입하다. 당일의 공정환율은 $1 : 1,200원이다.

(차) 현　　금	120,000,000	(대) (외화)단기차입금	120,000,000

② 12월 31일 결산일이 되다. 결산일의 공정환율은 $1 : 1,230원이다.

(차) 외화환산손실	3,000,000	(대) (외화)단기차입금	3,000,000

◆기부금의 회계처리 예

여주(주)는 연말에 불우돕기운동의 일환으로 대한자선단체협회에 ₩10,000,000을 기부하다.

(차) 기 부 금	10,000,000	(대) 현　　금	10,000,000

◆투자자산처분손실의 회계처리 예

① 여주(주)는 토지 3,000평을 투자목적으로 ₩150,000,000에 매입하고 취득관련비용 ₩13,000,000과 함께 수표를 발행하여 교부하다.

② 위의 토지를 ₩140,000,000에 처분하고 현금으로 받아 곧 당좌예입하다.

①	(차) 투자부동산	163,000,000	(대) 당 자 예 금	163,000,000
②	(차) 당 좌 예 금	140,000,000	(대) 투자부동산	163,000,000
	투자자산처분손실	23,000,000		

◆유형자산처분손실의 회계처리 예

여주(주)는 취득원가 ₩45,000,000의 기계장치를 과거 9년간 매년 ₩4,000,000씩 정액법으로 감가상각하여 왔다. 여주(주)의 결산일은 12월 31일이며 동 기계장치를 제10차년도 6월 30일에 ₩5,000,000에 처분하였다.

① 감가상각비에 대한 회계처리

(차) 감가상각비	2,000,000	(대) 감가상각누계액	2,000,000

② 건물처분에 따른 회계처리

(차) 현　　금	5,000,000	(대) 기 계 장 치	45,000,000
감각상각누계액	38,000,000		
유형자산처분손실	2,000,000		

◆사채상환손실의 회계처리 예

여주(주)는 2009년 1월 1일 사채 ₩1,000,000을 ₩931,480으로 할인발행하고 납입금은 전액 당좌예입하다. 사채의 상환일은 원래 2011년 12월 31일이었으나 2010년 1월 1일 회사의 자금사정이 양호하여 현금 ₩990,000으로 전액 매입상환하였다. 사채의 액면이자율은 연 12%, 유효이자율은 연 15%이며 이자는 매년 말 지급하기로 되어 있었다. 정액법으로 회계처리한다.

① 사채의 발행시점(2009년 1월 1일)

(차)	현 금	931,480	(대)	사 채	1,000,000
	사채할인발행차금	68,520			

② 결산일(2009년 12월 31일)

(차)	이 자 비 용	142,840	(대)	현 금	120,000
				사채할인발행차금	22,840*

* ₩68,520 ÷ 3년

3. 특수한 경우의 영업외손익 인식

(1) 부동산처분손익의 인식기준

토지 또는 건물 등의 부동산을 처분하는 경우에 처분손익은 잔금청산일이나 소유권이전등기일 또는 매입자의 사용가능성일 중 가장 빠른 날에 실현되는 것으로 한다.

(2) 부실채권 기간경과분에 대한 이자수익의 인식기준

원금 또는 이자의 회수가 불확실한 채권의 기간경과분에 대한 이자수익은 현금을 수취하는 시점에 인식한다.

제 7 절 법인세비용차감전순손익의 계산

기업회계기준 제50조에 의하면 법인세비용차감전순손익은 경상손익에 특별이익을 가산하고 특별손실을 차감하여 표시한다고 규정되어 있다.

기업회계기준 제51조에 의하면 특별이익은 비경상적 비반복적으로 발생한 영업외수익과 자산수증이익 · 채무면제이익 · 보험차익 등을 포함한다.

특별손실은 비경상적 · 비반복적으로 발생한 영업외비용과 재해손실 등을 포함한다.

법인세비용차감전순손익은 손익계산서상의 경상손익에 특별이익을 가산하고 특별손실을 차감하여 계산된다.

1. 특별이익

특별이익(extra-ordinary income)은 기업의 정상적인 영업활동과는 관련 없이 임시적·우발적으로 발생한 수익이다. 다시 말하면, 특별이익은 기업에서 비경상적이고 비반복적으로 발생하는 수익이다.

특별이익은 회사가 회사의 주주·채권자 등 타인으로부터 무상으로 자산을 증여받은 경우에 발생하는 자산수증이익, 회사의 주주·채권자 및 기타의 타인으로부터 회사의 채무를 면제받음으로써 발생하는 채무면제이익, 재고자산이나 고정자산에 대하여 보험가입 후 보험금 지급사유가 발생하여 실제로 지급받은 보험금과 장부가액과의 차이로서 발생한 보험차익 등이 있다.

◆자산수증이익의 회계처리 예

거래처로부터 10,000,000원의 차량 1대를 증여받았다.

(차)	차량운반구	10,000,000	(대)	자산수증이익 (특별이익)	10,000,000

◆채무면제이익의 회계처리 예

채권자로부터 장기차입금 5,000,000원의 채무를 면제받다.

(차)	장기차입금	5,000,000	(대)	채무면제이익 (특별이익)	5,000,000

◆보험차익의 회계처리 예

건물(장부가액 50,000,000원)이 화재로 인하여 전소되어 손해보험회사로부터 보험금(약정금 60,000,000원)을 수령하였다.

(차)	현 금	60,000,000	(대)	건 물	50,000,000
				보 험 차 익	10,000,000

2. 특별손실

특별손실(extra-ordinary loss)은 기업의 정상적인 영업활동과는 관련 없이 임시적·우발적으로 발생하는 비용이다. 다시 말하면, 기업에서 비경상적·비반복적으로 발생하는 비용이다.

특별손실은 화재, 풍수해 등의 천재지변에 의하여 현금, 재고자산, 고정자산 등이 멸실되어 발생하는 재해손실이 있다.

◆재해손실의 회계처리 예

화재로 인하여 건물(취득가액 600,000,000원, 감가상각누계액 300,000,000원)과 상품 200,000,000원이 소실되어 보험회사로부터 보험금을 청구하여 400,000,000원 받았다.

(차) 건물감가상각누계액	300,000,000	(대) 건 물	600,000,000
현 금	400,000,000	상 품	200,000,000
재 해 손 실	100,000,000		

제 8 절 당기순손익의 계산

기업회계기준 제52조 및 제53조에 의하면 당기순손익은 법인세비용차감전순손익에서 법인세를 차감하여 표시한다.

법인세비용은 법인세법등의 법령에 의하여 당해 사업연도에 부담할 법인세 및 법인세에 부가되는 세액의 합계에 당기이연법인세 변동액을 가감하여 산출된 금액을 말한다.

법인세비용과 법인세법 등의 법령에 의하여 당기에 부담하여야 할 금액과의 차이는 이연법인세차 또는 이연법인세대의 과목으로 하고 차기 이후에 발생하는 이연법인세대 또는 이연법인세차와 상계한다. 이연법인세의 산출근거 및 관련내용을 주석으로 기재한다.

1. 당기순손익

당기순손익은 손익계산서상의 법인세비용차감전순손익에서 법인세비용을 차감하여 계산한다.

당기순손익 = 법인세비용차감전순손익 - 법인세비용

여기에서 법인세비용이란 당기부담에 속한 법인세, 주민세, 방위세 등을 말한다.

2. 법인세비용

기업회계기준은 법인세법등의 법령에 의하여 당해 사업연도에 부담할 세액 및 법인세에 부가되는 세액의 합계에 당기이연법인세 변동액을 가감하여 산출된 금액을 법인세비용이라 정의

하고 있다. 따라서 이연법인세는 법인세비용과 법인세부담액의 차이라 할 수 있다.

법인세비용은 법인세법등의 법령에 의하여 당기에 납부할 세액과 당기이연법인세변동액을 가감한 금액이다. 이연법인세는 법인세비용(법인세차감전순이익 × 법인세 부담률)과 법인세법등의 법령에 의하여 당기에 부담하여야 할 금액과의 차이를 말한다.

법인세기간배분회계(accounting for tax allocation)란 회계이익과 과세소득의 산출기준이 서로 다르기 때문에 발생하는 차이 중 일시적 차이의 세금효과를 다음 회계연도 이후의 회계기간에 배분하는 것을 의미하며, 이연법인세대회계라고도 부른다. 여기에서 일시적 차이에 의한 세금효과를 이연법인세(deferred income taxes)라 한다.

일시적차이(temporary differences)란 특정 회계사건이 회계이익의 결정에 포함되는 시기와 과세소득의 산정에 포함되는 시기가 상이함에 따라 발생하는 차이로서, 대차대조표일 현재 기업 회계상 자산·부채와 세무회계상 자산·부채의 차이를 말한다. 이러한 일시적 차이는 미래의 과세소득에 가산되는 가산할 일시적 차이와 미래의 과세소득에서 차감되는 차감할 일시적 차이로 구성된다.

영구적차이(permanent differences)란 한 회계연도의 과세소득과 회계이익과의 차이 중 당기에 발생하였으나 그 후 회계연도에 소멸되지 않는 차이를 말한다. 영구적차이는 미래의 회계연도에 반대의 영향을 가져오지 않음으로써 그것이 법인세비용에 미치는 효과가 상쇄되지 않는 차이를 말한다.

(1) 이연법인세차

차감할 일시적 차이로 인하여 법인세법 등의 법령에 의하여 납부하여야 할 금액이 법인세비용을 초과하는 경우 그 초과하는 금액과 이월결손금 등에서 발생한 법인세효과를 이연법인세차(deferred tax asset)라 한다.

과세소득을 증가시키는 일시적 차이는 발생연도에는 납부하여야 할 법인세액을 증가시키지만 다음 회계연도 이후의 과세소득을 감소시킴으로써 미래에 납부하여야 할 법인세액을 감소시킨다.

이연법인세차가 발생할 경우의 분개는 다음과 같다.

(차)	법인세비용	×××	(대) 미지급법인세	×××
	이연법인세차	×××		

다음 회계연도 이후에 실제로 지급되면 일시적 차이가 조정되므로 다음과 같이 분개한다.

(차)	법인세비용	×××	(대) 미지급법인세	×××
			이연법인세차	×××

◆**이연법인세차 회계처리 예**

① 여주(주)는 법인세비용차감전순이익은 ₩18,000,000, 법인세법에 의한 과세표준은 ₩24,000,000이며 법인세율은 40%이다.

(차)	법인세비용	7,200,000	(대) 미지급법인세	9,600,000
	이연법인세차	2,400,000		

② 갑회사의 선급법인세는 ₩20,000,000이며 2009년 법인세비용차감전순이익은 ₩300,000,000이다. 세무회계상 퇴직급여 ₩20,000,000과 대손상각비 ₩10,000,000이 손금불산입되었다. 법인세율은 1억원 이하 18%, 1억원 초과 28%인 경우 회계처리를 하면 다음과 같다.

(차)	법인세비용	74,000,000*	(대) 선급법인세	20,000,000
	이연법인세차	8,400,000	미지급법인세	62,400,000**

* ₩100,000,000×18%+₩200,000,000×28%

** 사업소득 ₩300,000,000+₩30,000,000=₩330,000,000
산출세액 ₩100,000,000×18%+₩230,000,000×28%=82,400,000

(2) 이연법인세대

일시적 차이로 인하여 법인세비용이 법인세법 등의 법령에 의하여 납부하여야 할 금액을 초과하는 경우 그 초과하는 금액을 이연법인세대(deferred tax liability)라 한다.

과세소득을 감소시키는 일시적 차이는 발생연도에는 납부하여야 할 법인세액을 감소시키지만 다음 회계연도 이후의 과세소득을 증가시킴으로써 미래에 납부하여야 할 법인세액을 증가시킨다. 이연법인세대는 나중에 납부하여야 할 세금 상당액이므로 부채의 일종이다. 기업회계기준은 이연법인세대를 고정부채로 분류하고 있다.

이연법인세대가 발생할 경우의 분개는 다음과 같다.

(차)	법인세비용	×××	(대) 미지급법인세	×××
			이연법인세대	×××

다음 회계연도 이후에 선급비용으로 처리한 기부금을 비용으로 계상한 경우에는 일시적 차이가 조정되므로 다음과 같이 분개한다.

(차)	법인세비용	7,200,000	(대) 미지급법인세	9,600,000
	이연법인세차	2,400,000		

3. 주당순이익 등의 표시

기업회계기준 제54조에 의하면 1주당 경상이익 및 1주당 당기순이익은 당기순이익은 주기하고 그 산출근거를 주석으로 기재한다고 규정되어 있다.

(1) 주당순이익

주당순이익(earnings per share : EPS)이란 보통주 1주당 귀속되는 순이익이 얼마인가를 표시해 주는 수치를 말한다. 만약 당기순이익이 아니고 당기순손실이 발생되면 주당순손실을 계산하게 된다.

기업회계기준에 의하면 주당경상이익은 기본주당경상이익 및 희석주당경상이익을, 주당순이익은 기본주당순이익 및 희석주당순이익을 공시하도록 규정하고 있다. 다만 증권거래법 제2조에 의한 주권상장법인 및 등록법인 이외의 법인인 경우에는 희석주당경상이익 및 희석주당순이익의 공시를 생략할 수 있다.

"희석증권"이란 보통주청구가능증권으로서 당해 증권의 소유자가 보통주의 발행을 청구하는 경우 주당경상이익 또는 주당순이익이 감소되는 금융상품 또는 기타 계약 등을 말한다.

보통주청구가능증권의 예는 다음과 같다.

㉮ 전환우선주, 전환사채

㉯ 신주인수권 또는 옵션

㉰ 주식매입선택권

㉱ 기타 일정한 조건에 따라 보통주가 발행될 계약 등

(2) 주당순이익의 유용성

주당순이익이란 한 기간 동안 기업이 벌어들인 당기순이익을 주식주로 나눈 것이다. 주당순이익의 유용성은 다음과 같다.

① 과거의 경영성과와 배당정책을 판단하고 평가할 수 있는 지표가 된다.

② 수년간의 주당순이익 추세를 근거로 하여 미래의 경영성과와 배당정책을 예측할 수 있다.

③ 기업의 향후 잠재력을 예측할 수 있다.

④ 주당순이익을 근거로 계산된 주가수익률(price-earnings ratio : PER)은 투자자들에게 매우 유용한 투자지표가 될 수 있다.

(3) 보통주청구가능증권과 가중평균유통보통주식수

주당경상이익은 경상이익을 유통보통주식수로 나누어 계산되며, 주당순이익은 당기순이익을 유통보통주식수로 나누어 계산한다. 이에 따라 주당경상이익과 주당순이익 계산의 초점은 경상이익 또는 당기순이익을 나눌 분모가 어떤 항목으로 구성되는지에 있다.

보통주청구가능증권은 형식상으로는 보통주가 아니지만 증권소유자가 일정한 조건하에서 보통주로 전환을 청구할 수 있는 증권으로서 그 증권의 발행조건이나 발행된 배경에 비추어 볼 때 실질적으로 보통주에 상당하는 것을 말한다. 보통주청구가능증권으로는 전환우선주·전환사채, 신주인수권 또는 옵션, 주식매입 선택권, 기타 일정한 조건에 따라 보통주가 발행될 계약 등이다.

가중평가유통 보통주식 수는 주당경상이익과 주당순이익 계산시 분모의 유통보통주식수는 회계기간 중에 증자와 감자가 없었다면 기말의 발행주식총수가 되지만 증자나 감자로 보통주식수의 변동이 있었다면 변동시점으로부터 기말까지 기간을 고려하여 가중평균주식수를 계산하여야 한다. 이는 회계기간 중에 추가로 발행되거나 소각된 주식은 발행되어 있었던 기간만 경상이익 또는 당기순이익과 관계되기 때문이다.

가중평균유통보통주식수는 아래 같이 산정한다.

자기주식은 취득시점 이후부터 매각시점까지의 기간 동안 유통보통주식수에 포함하지 아니한다.

당기 중에 유상증자의 실시 또는 신주인수권 및 옵션의 행사(이하 "유상증자 등"이라 한다)로 보통주가 발행된 경우에는 유통보통주식수를 당해주식의 납입일을 기준으로 기간경과에 따라 가중평균하여 조정한다.

당기중에 무상증자, 주식배당, 주식분할 및 주식병합(이하 무상증자 등이라 한다)이 실시된 경우에는 기초에 실시된 것으로 간주하여 유통보통주식수를 증가 또는 감소시켜 준다. 다만, 기중에 유상증자 등으로 발행된 신주에 무상증자 등이 실시된 경우에는 당해 유상신주의 납입일에 실시된 것으로 간주하여 유통보통주식수를 조정한다.

당기중에 전환우선주 또는 전환사채가 보통주로 전환된 경우에는 발행조건상의 전환시점에 전환한 것으로 보아 유통보통주식수를 조정한다. 다만, 당기중에 발행된 전환우선주 또는 전환사채를 기초에 전환된 것으로 간주하는 경우에는 그 실제발행일을 기준으로 기간경과에 따라 가중평균하여 조정한다.

현금의 납입 등 추가적인 대가없이 일정조건을 만족하면 발행되는 주식의 경우 미발행되었더라도 그 일정조건이 충족된 날에 발행된 것으로 보아 유통보통주식수를 조정한다.

(4) 주당경상이익 및 주당순이익의 계산

기업이 보통주만 발행하고 있는 경우, 즉 보통주청구가능증권이 발행되어 있지 않은 경우로서 자본시장이 발달하지 못한 국가의 기업자본구조하에서 주로 활용될 수 있다. 기본주당 경상이익과 기본주당 순이익은 다음과 같이 계산한다.

$$\text{기본주당경상이익(손실)} = \frac{\text{보통주 경상이익(손실)}}{\text{유통보통주식수}}$$

$$\text{기본주당순이익(손실)} = \frac{\text{보통주 당기순이익(손실)}}{\text{유통보통주식수}}$$

참가적우선주를 발행한 회사는 참가적우선주에 귀속되는 이익과 보통주에 귀속되는 이익을 구분하여 각각 주당경상이익 및 주당순이익을 산정한다.

보통주경상이익(손실)은 손익계산서상 경상이익(손실)에 우선주배당금 및 경상이익(손실)에 상응하는 법인세비용을 차감하여 산정한다. 그리고 보통주당기순이익(손실)은 손익계산서상의 당기순이익(손실)에서 우선주배당금을 차감하여 계산한다.

누적적 우선주의 배당금은 그 배당선언 여부에 관계없이 손실이 발생한 경우에도 정해진 배당률을 기준으로 계산한다.

기업이 보통주 이외에 장래에 보통주식수를 증가시킬 가능성이 있는 증권, 즉 보통주청구가능증권을 보유하고 있는 경우에 계산되는 것이다.

$$\text{희석주당경상이익(손실)} = \frac{\text{희석경상이익(손실)}}{\text{유통보통주식수} + \text{희석증권의주식수}}$$

$$\text{희석주당순이익(손실)} = \frac{\text{희석당기순이익(손실)}}{\text{유통보통주식수} + \text{희석증권의주식수}}$$

참가적우선주를 발행한 회사는 참가적우선주에 귀속되는 이익과 보통주에 귀속되는 이익을 구분하여 각각 주당경상이익 및 주당순이익을 산정한다.

희석경상이익(손실)은 보통주경상이익(손실)에 전환우선주로 인한 배당금, 희석증권으로 인한 비용에 [1-한계세율]을 곱한 금액을 가산하여 산정하며, 희석당기순이익(손실)은 보통주당기순이익(손실)에 전환우선주로 인한 배당금, 희석증권으로 인한 비용에 [1-한계세율]을 곱한 금액을 가산하여 산정한다.

분모에 가산되는 희석증권의 주식수는 다음과 같이 계산한다.

희석증권은 기초에 전환 또는 행사된 것으로 본다. 다만, 당해 희석증권의 발행일이 당기중인 경우에는 그 발행일을 기준으로 희석증권의 주식수에 포함한다.

① 옵션이나 신주인수권 등은 당기중 보통주의 평균시장가격이 행사가격 이상인 경우에 한하여 자기주식법을 사용하여 계산한 주식수를 희석증권의 주식수에 포함한다.

자기주식법이란 보통주식을 행사가격으로 발행하여 유입된 현금으로 시중에 유통되는 자기주식을 구입한다는 가정하에 행사가격으로 발행될 주식의 수와 그 유입된 현금으로 시장에서 구입가능한 자기주식의 수의 차이를 희석주당이익 계산시 분모에 가산하는 것이다.

② 전환우선주 및 전환사채는 전환가능한 보통주식수를 희석증권의 주식수에 포함한다.

재무제표에 대한 주석사항은

㉮ 기본주당경상이익(손실) 및 기본주당순이익(손실)의 산정내용

㉯ 희석주당경상이익(손실) 및 희석주당순이익(손실)의 산정내용

㉰ 보통주청구가능증권의 금액, 보통주를 청구할 수 있는 기간, 전환 또는 행사될 경우 발행될 보통주식수

㉱ 무상증자 등으로 인한 전기 주당경상이익 및 주당순이익의 수정내용이며 기타 사항으로는 반기, 분기재무제표 작성시 비참가적 우선주의 약정배당률(약정배당률이 없는 경우에는 전기배당률)에 의한 배당금 중 해당 기간 동안의 추산액을 주당순이익 계산시 고려한다.

◆주당순이익 및 주당경상이익의 계산(1) 예

다음은 여주상사 회계자료의 일부이다. 다음의 자료로 여주상사의 주당순이익과 주당경상이익을 계산하면 다음과 같다.

(자료)

경 상 이 익	₩ 40,000,000
당 기 순 이 익	₩ 35,00,000
보통주자본금	₩ 100,000,000(발행주식수 20,000주)
우선주자본금	₩ 50,000,000(발행주식수 10,000주)
보통주배당률	15%
우선주배당률	20%

다만, 기중의 자본금증감은 없었다.

① 주당순이익의 계산

$$주당순이익 = \frac{보통주당기순이익}{발행보통주식수} = \frac{당기순이익 - 우선주배당금}{발행보통주식수}$$

$$= \frac{₩35,000,000 - (₩50,000,000 \times 20\%)}{20,000주} = ₩1,250$$

② 주당경상이익의 계산

$$주당경상이익 = \frac{보통주경상이익}{발행보통주식수} = \frac{경상이익 - 우선주배당금}{발행보통주식수}$$

$$= \frac{₩40,000,000 - (₩50,000,000 \times 20\%)}{20,000주} = ₩1,500$$

연 습 문 제

1. 손익계산서의 의의에 대하여 설명하라.

2. 손익계산서의 목적에 대하여 설명하라.

3. 손익계산서의 작성기준을 설명하라.

4. 손익계산서의 5구분을 설명하라.

5. 수익, 비용에 대하여 약술하라.

6. 당기업적주의와 포괄주의를 설명하라.

7. 자본적지출과 수익적지출에 대하여 설명하라.

8. 영업의 손익을 설명하라.

9. 특별손익에 대하여 설명하라.

10. 주당순이익에 대하여 약술하라.

손익계산서의 작성실무

〈작성실무 1〉

다음 (주) 여주상사의 200×년 1월 1일부터 12월 31일까지의 자료를 이용하여 보고식 손익계산서를 작성하라.

(1) 자료

기초상품재고액	5,920,000	기말상품재고액	6,560,000
당기순매입액	18,960,000	당기순매출액	37,040,000
급여	640,000	보험료	480,000
광고선전비	320,000	복리후생비	160,000
감가상각비	960,000	대손상각비	360,000
소모품비	240,000	단기매매증권평가손실	400,000
단기매매증권처분이익	480,000	유형자산처분이익	1,040,000
이자비용	584,000	매출할인	240,000
재해손실	640,000	법인세비용	1,440,000

[해답]

손 익 계 산 서(보 고 식)

200×년 1월 1일 ~2000년 12월 31일

(주)여주상사 (단위 : 원)

과 목	제×(당)기	
	금 액	
Ⅰ. 매 출 액		37,040,000
Ⅱ. 매 출 원 가		18,320,000
1. 기초상품재고액	5,920,000	
2. 당기매입액	18,960,000	
3. 기말상품재고액	6,560,000	
Ⅲ. 매 출 총 이 익		18,720,000
Ⅳ. 판 매 비 와 관 리 비		3,160,000
1. 급 여	1,920,000	
2. 보험료	330,000	
3. 광고선전비	240,000	
4. 복리후생비	720,000	
5. 감가상각비	1,500,000	
6. 대손상각비	78,000	
7. 소모품비	480,000	
Ⅴ. 영 업 이 익		15,560,000
Ⅵ. 영 업 외 수 익		1,520,000
1. 단기매매증권처분이익	480,000	
2. 유형자산처분이익	1,040,000	
Ⅶ. 영 업 외 비 용		1,224,000
1. 이자비용	584,000	
2. 단기매매증권평가손실	400,000	
3. 매출할인	240,000	
Ⅷ. 경 상 이 익		15,856,000
Ⅸ. 특 별 손 실		640,000
1. 재해손실	640,000	
Ⅹ. 법 인 세 차 감 전 순 이 익		15,216,000
XI. 법 인 세 비 용		1,440,000
XII. 당 기 순 이 익		13,776,000

〈작성실무 2〉

다음 (주) 여주상사의 200×년 1월 1일부터 12월 31일까지의 자료를 이용하여 보고식 손익계산서를 작성하라.

(1) 자료

① 상품재고액

기초상품재고액	3,150,000	기말상품재고액	2,700,000

② 기중수익과 비용발생액

총매출액	41,755,000	총매입액	29,670,000
매출에누리와환입액	645,000	매입에누리와환출액	330,000
급여	480,000	여비교통비	82,500
수도광열비	60,000	세금과공과	180,000
감가상각비	375,000	수선비	19,500
보험료	120,000	광고선전비	240,000
대손상각비	165,000	잡비	27,000
이자비용	247,500	매출할인	75,000
기부금	150,000	잡손실	30,000
유형자산처분손실	720,000	투자자산처분손실	45,000
이자수익	184,500	잡이익	81,000
매입할인	19,500	법인세비용	975,000
유형자산처분이익	300,000	보험차익	450,000
재해손실	525,000		

[해답]

손 익 계 산 서(보 고 식)

200×년 1월 1일 ~ 2000년 12월 31일

(주)여주상사 (단위 : 원)

과 목	제×(당)기	
	금 액	
Ⅰ. 매 출 액		41,130,000
Ⅱ. 매 출 원 가		29,790,000
1. 기초상품재고액	3,150,000	
2. 당기매입액	29,340,000	
3. 기말상품재고액	2,700,000	
Ⅲ. 매 출 총 이 익		11,340,000
Ⅳ. 판 매 비 와 관 리 비		1,749,000
1. 급여	480,000	
2. 여비교통비	82,500	
3. 수도광열비	60,000	
4. 세금과 공과	180,000	
5. 감가상각비	375,000	
6. 수선비	19,500	
7. 보험료	120,000	
8.광고선전비	240,000	
9. 대손상각비	165,000	
10. 잡비	27,000	
Ⅴ.영 업 이 익		9,591,000
Ⅵ.영 업 외 수 익		585,000
1. 이자수익	184,500	
2. 매입할인	19,500	
3. 유형자산처분이익	300,000	
4. 상각채권추심이익	75,000	
5. 잡이익	6,000	
Ⅶ. 영 업 외 비 용		1,267,000
1. 이자비용	247,500	
2. 매출할인	75,000	
3. 기부금	150,000	
4. 투자자산처분손실	45,000	
5. 유형자산처분손실	720,000	
6. 잡손실	30,000	
Ⅷ. 경 상 이 익		8,908,500
Ⅸ. 특 별 이 익		450,000
1. 보험차익	300,000	
2.전기오류수정이익	150,000	
Ⅹ. 특 별 손 실		525,000
1. 재해손실	525,000	
XI. 법인세비용차감전순이익		8,833,500
XII. 법 인 세 비 용		975,000
XIII. 당 기 순 이익		7,858,500

1) 매출액=총매출액-매출에누리와 환입= ₩41,775,000-₩645,000=₩41,130,000
2) 당기매입액=총매입액-매입에누리와 환출= ₩29,670,000-₩330,000=₩29,340,000

〈작성실무 3〉

다음은 (주)여주상사의 200×년 말 총계정원장잔액과 결산정리사항이다. 이 자료를 이용하여 보고식 손익계산서를 작성하라.

(1) 자료

1. 총계정원장 잔액

현금 및 현금등가물	3,168,000	매출채권	1,868,800
여비교통비	160,000	상품	2,236,800
이익준비금	320,000	비품감가상각누계액	307,200
보험료	19,200	잡이익	78,400
매입채무	1,387,200	단기매매증권	1,280,000
매출할인	16,000	급여	864,000
이월이익잉여금	144,000	단기차입금	928,000
세금과공과	284,800	매입	9,376,000
별도적립금	576,000	대손충당금	60,800
자본금	1,920,000	임차료	371,200
보험차익	16,000	매출	14,400,000
비품	716,800	매입할인	44,800
재해손실	188,800	잡비	32,000

2. 결산정리사항

(1) 기말상품재고액 ₩1,472,000

(2) 매출채권 기말잔액의 2%를 대손으로 예상한다.

(3) 비품의 감가상각은 정률법에 의하되 정률은 20%로 한다.

(4) 보험료 중 ₩3,200은 미경과액이다.

(5) 잡비 중 소모품에 대한 미사용액 ₩6,400이 포함되어 있다.

(6) 법인세비용은 법인세차감전순이익의 40%로 한다.

[해답]

1. 결산정리분개

(1)	(차) 매출원가	2,236,800	(대) 상품	2,236,800
	매출원가	9,376,000	매입	9,376,000
	상품	1,472,000	매출원가	1,472,000
(2)	(차) 대손충당금	23,424	(대) 대손충당금환입액	23,424
	※ ₩1,868,800*2%-₩60,800=₩23,424(환입액)			
(3)	(차) 감가상각비	81,920	(대) 비품감가상각누계액	81,920
	※ (₩716,800-₩307,200)*20%=₩81,920			
(4)	(차) 선급보험료	3,200	(대) 보험료	3,200
(5)	(차) 소모품	6,400	(대) 잡비	6,400
(6)	(차) 법인세비용	1,116,032	(대) 미지급법인세	1,116,032

2. 보고식 손익계산서 작성

손 익 계 산 서(보 고 식)

200×년 1월 1일 ~ 200×년 12월 31일

(주)여주상사 (단위 : 원)

과 목	제×(당)기	
	금 액	
Ⅰ. 매 출 액		14,400,000
Ⅱ. 매 출 원 가		10,140,800
1. 기초상품재고액	2,236,800	
2. 당기매입액	9,376,000	
3. 기말상품재고액	1,472,000	
Ⅲ. 매 출 총 이 익		4,259,200
Ⅳ. 판 매 비 와 관 리 비		1,803,520
1. 급여	864,000	
2. 여비교통비	160,000	
3. 세금과 공과	284,800	
4. 임차료	371,200	
5. 감가상각비	81,920	
6. 보험료	16,000	
7. 잡비	25,600	
Ⅴ. 영 업 이 익		2,456,680
Ⅵ. 영 업 외 수 익		123,200
1. 매입할인	44,800	
2. 잡이익	78,400	
Ⅶ. 영 업 외 비 용		16,000
1. 매출할인	16,000	
Ⅷ. 경 상 이 익		2,562,880
Ⅸ. 특 별 이 익		416,000
1. 보험차익	416,000	
Ⅹ. 특 별 손 실		188,800
1. 재해손실	105,600	
2. 전기오류수정손실	83,200	
XI. 법인세차감전순이익		2,790,080
XII. 법 인 세 비 용		1,116,032
XIII. 당 기 순 이 익		1,674,048

〈작성실무 4〉

다음의 총계정원장잔액과 기말정리사항을 이용하여 보고식 손익계산서를 작성하라.

(1) 자료

1. 총계정원장 잔액

계정	금액	계정	금액
현금 및 현금등가물	4,290,000	매출채권	7,028,000
상품	13,920,000	비품	4,500,000
단기차입금	4,926,000	매입채무	14,310,000
대손충당금	220,000	비품감가상각누계액	630,000
자본금	3,000,000	이익준비금	315,000
전기이월이익잉여금	120,000	매출	56,130,000
잡이익	1,947,000	매입	41,778,000
보험료	4,050,000	수선비	3,162,000
운송비	2,340,000	이자비용	930,000

2. 기말정리사항

(1) 기말상품재고액 ₩14,310,000

(2) 매출채권 중 ₩123,000이 매출처의 파산으로 회수불능되다.

(3) 비품에 대하여 ₩450,000의 감가상각을 하다.

(4) 매출채권 잔액에 대하여 2%의 대손을 예상하다.

(5) 수선비 중 ₩1,800,000은 비품에 대한 것으로 자본적지출로 처리한다.

(6) 보험료 중 미경과액은 ₩1,500,000이다.

[해답]

		차변	금액		대변	금액
(1)	(차)	매출원가	13,920,000	(대)	상품	13,920,000
		매출원가	41,778,000		매입	41,778,000
		상품	14,310,000		매출원가	14,310,000
(2)	(차)	대손충당금	123,000	(대)	매출채권	123,000
(3)	(차)	감가상각비	450,000	(대)	비품감가상각누계액	450,000
(4)	(차)	대손상각비	41,100	(대)	대손충당금	41,000
		※ (₩7,028,000-₩123,000)*2%-(₩220,000-₩123,000) =₩41,100				
(5)	(차)	비품	1,800,000	(대)	수선비	1,800,000
(6)	(차)	선급보험료	1,500,000	(대)	보험료	1,500,000

2. 보고식 손익계산서 작성

손 익 계 산 서(보 고 식)

(단위 : 원)

과 목	제×(당)기	
	금 액	
Ⅰ. 매 출 액		56,130,000
Ⅱ. 매 출 원 가		41,388,000
1. 기초상품재고액	13,920,000	
2. 당기매입액	41,778,000	
3. 기말상품재고액	14,310,000	
Ⅲ. 매 출 총 이 익		14,742,000
Ⅳ. 판 매 비 와 관 리 비		6,743,100
1. 감가상각비	450,000	
2. 수선비	1,362,000	
3. 보험료	2,550,000	
4. 운송비	2,340,000	
5. 대손상각비	41,100	
Ⅴ. 영 업 이 익		7,998,900
Ⅵ. 영 업 외 수 익		1,947,000
1. 잡이익	1,947,000	
Ⅶ. 영 업 외 비 용		930,000
1. 이자비용	930,000	
Ⅷ. 당 기 순 이 익		9,015,900

〈작성실무 5〉

다음은 (주) 여주상사의 200×년도 수정전 잔액시산표와 관련자료이다. 이 자료를 이용하여 결산정리분개를 추정하고, 보고식 손익계산서를 작성하라.

(1) 자료

1. 잔액시산표

잔 액 시 산 표

(단위 : 원)

계정과목	금 액	계정과목	금 액
현금과예금	1,630,500	매입채무	1,662,000
단기매매증권	750,000	차입금	1,260,000
매출채권	2,844,000	대손충당금	45,000
상품	1,140,000	비품감가상각누계액	60,000
비품	600,000	건물감가상각누계액	150,000
건물	2,250,000	자본금	6,000,000
매입	3,750,000	이익준비금	300,000
급여	273,000	이월이익잉여금	33,000
보험료	105,000	매출	4,260,000
소모품비	25,500	잡수익	60,000
임차료	28,500		
광고료	43,500		
잡비	45,000		
이자비용	45,000		
합계	13,830,000	합계	13,830,000

2. 대차대조표

대 차 대 조 표

(단위 : 원)

계정과목	금 액	계정과목	금 액
현금과예금	1,630,500	매입채무	1,662,000
단기매매증권	673,500	차입금	1,260,000
매출채권	2,844,000	미지급이자	16,500
상품	1,627,500	미지급잡비	14,100
건물	2,550,000	미지급배당금	100,000
비품	600,000	대손충당금	87,000
선급보험료	48,000	건물감가상각누계액	252,000
소모품	15,000	비품감가상각누계액	90,000
		자본금	6,000,000
		이익준비금	400,000
		이월이익잉여금 (당기순이익₩273,900)	106,900
합계	9,988,500	합계	9,988,500

[해답]

1. 추정 결산정리분개

		차변	금액		대변	금액
(1)	(차)	매 출 원 가	1,140,000	(대)	상 품	1,140,000
		매 출 원 가	3,750,000		매 입	3,750,000
		상 품	1,627,500		매 출 원 가	1,627,500
(2)	(차)	단기매매증권평가손실	76,500	(대)	단 기 매 매 증 권	76,500
		※ ₩750,000-₩673,500=₩76,500				
(3)	(차)	대 손 상 각 비	42,000	(대)	대 손 충 당 금	42,000
		※ ₩87,000-₩45,000=₩42,000				
(4)	(차)	감 가 상 각 비	132,000	(대)	건물감가상각누계액	102,000
					비품감가상각누계액	30,000
(5)	(차)	선 급 보 험 료	48,000	(대)	보 험 료	48,000
(6)	(차)	소 모 품	15,000	(대)	소 모 품 비	15,000
(7)	(차)	이 자 비 용	16,500	(대)	미 지 급 이 자	16,500
(8)	(차)	잡 비	14,100	(대)	미 지 급 잡 비	14,100

※ 1) 건물감가상각누계액 : ₩252,000-₩150,000=₩102,000
2) 비품감가상각누계액 : ₩90,000-₩60,000=₩30,000

2. 추정 이익잉여금처분분개

		차변	금액		대변	금액
(1)	(차)	손익(당기순이익)	273,900	(대)	처분전이익잉여금	306,900
		전기이월이익잉여금	33,000			
(2)	(차)	처분전이익잉여금	306,900	(대)	이 익 준 비 금	100,000
					미 지 급 배 당 금	100,000
					차기이월이익잉여금	106,900

3. 보고식 손익계산서 작성

손 익 계 산 서(보 고 식)

200×년 1월 1일 ~ 200×년 12월 31일

(주) 여주상사 (단위 : 원)

과 목	제×(당)기	
	금 액	
Ⅰ. 매 출 액		4,260,000
Ⅱ. 매 출 원 가		3,262,500
1. 기초상품재고액	1,140,000	
2. 당기매입액	3,750,000	
3. 기말상품재고액	1,627,500	
Ⅲ. 매 출 총 이 익		997,500
Ⅳ. 판 매 비 와 관 리 비		645,600
1. 급여	273,000	
2. 보험료	57,000	
3. 광고료	43,500	
4. 임차료	28,500	
5. 감가상각비	132,000	
6. 대손상각비	42,000	
7. 소모품비	10,500	
8. 잡비	59,100	
Ⅴ. 영 업 이 익		351,900
Ⅵ. 영 업 외 수 익		60,000
1. 잡수익	60,000	
Ⅶ. 영 업 외 비 용		138,000
1. 이자비용	61,500	
2. 단기매매증권평가손실	76,500	
Ⅷ. 당 기 순 이 익		273,900

제5장

자산 · 부채의 평가

제 1 절 채권 · 채무의 현재가치에 의한 평가

기업회계기준 제66조에 의하면 ① 장기연불조건의 매매거래, 장기금전대차거래 또는 이와 유사한 거래에서 발생하는 채권 · 채무로서 명목가액과 현재가치의 차이가 중요한 경우에는 이를 현재가치로 평가한다.

② 제1항의 현재가치는 당해 채권 · 채무로 인하여 미래에 수취하거나 지급할 총금액을 적정한 이자율로 할인한 가액으로 한다.

③ 제2항의 이자율은 당해 거래의 유호이자율을 적용한다. 다만, 당해 거래의 유효이자율을 구할 수 없거나 당해 거래의 유효이자율과 관련시장에서 형성되는 동종 또는 유사한 채권 · 채무의 이자율("동종시장이자율"이라 한다. 이하 같다)의 차이가 중요한 경우에는 동종시장이자율을 기초로 적정하게 산정된 이자율을 적용하며, 동종시장이자율산정이 곤란한 경우에는 가중평균차입이자율을 적용할 수 있다.

④ 제1항의 규정에 의하여 발생하는 채권 · 채무의 명목가액과 현재가치의 차액은 현재가치할인 차금의 과목으로 하여 당해 채권 · 채무의 명목가액에서 차감하는 형식으로 기재하고 적용한 이자율, 기간 및 회계처리방법 등을 주석으로 기재한다.

⑤ 제4항의 규정에 의한 현재가치할인차금은 유효이자율법을 적용하여 상각 또는 환입하고, 이를 이자비용 또는 이자수익의 과목으로 계상한다고 규정되어 있다.

1. 현재가치기준

채권과 채무는 그 발생시점을 기준으로 한 취득원가주의에 따라 측정된다. 채권 · 채무의 가액은 관련 거래가 발생했을 때, 받거나 인도한 자산의 현재가치, 즉 취득원가와 일치하면, 이론적으로는 해당 채권 · 채무를 전부 결제하기 위해서 필요한 거래의 지급액의 현재가치(현가 : resent value)로 평가된다.

현가에 의한 부채평가원칙은 특히 그 기간이 장기로 되어 있는 고정부채의 경우에 가장 합당하다고 본다. 예를 들어 사채를 발행하는 경우, 사채는 미래에 기업이 사채권자에게 지급하여야 할 원금과 이자의 현재가치로 발행이 되며, 미래기간의 이자조정분에 해당하는 사채할인발행차금(액면가액과 사채발행가액과의 차액)은 해당 사채를 대차대조표에 계상할 때에는 차감표시된다.

2. 현재가치의 적용범위

기업회계기준에 따르면 장기연불조건의 매매거래, 장기금전대차거래 또는 이와 유사한 거래에서 발생하는 채권 · 채무로서 명목가액과 현재가치의 차액은 현재가치할인차금의 과목으로 하여 당해 채권 · 채무의 명목상의 가액에서 차감하는 형식으로 기재하고 적용한 이자율이, 기간 및 회계처리 방법 등을 주석으로 기재하도록 규정하고 있다.

(1) 적용대상이 되는 거래의 유형

1) 장기연불조건의 매매거래

일반적으로 장기연불조건이라고 하면 매매대금의 최종지급일이 1년 후에 도래하고 대금지불이 일시불이 아니고 분할지급되는 조건을 의미하는데 장기연불조건과 유사한 거래는 모두 현재가치평가의 대상이므로 장기연불조건에의 해당여부를 엄밀하게 따질 필요는 없다. 즉 여기서 개념적으로 중요한 것은 거래의 유형이 재고자산이나 고정자산의 구입 또는 양도로서 대금지급조건이 장기(1년 이상)로 주어지는 거래인 경우 현재가치평가의 대상이 된다는 것이다. 기업회계기준 해석에서도 해운회사 등이 나용선계약 등에 의하여 자산으로 계상하는 선박과 관련 채무 및 재고자산의 판매, 용역의 제공 또는 재고자산의 구입에 의하여 발생하는 것으로서 그 결제일이 지정되어 있거나 결정 가능한 장기의 매출채권 또는 매입채무는 현재가치로 평가함을 원칙으로 하지만 전세권, 전신전화 가입권, 임차보증금 및 영업보증금과 장기의 선급금 및 선수금에 대해서는 현재가치 평가를 하지 않는 것으로 하고 있다(해석 51-75, 1990.9.4). 즉, 정상적인 영업활동에서 계속적으로 실질적인 효익을 얻고 있거나 실질적인 비효익을 부담하고 있는 채권 · 채무 등은 현재가치 평가대상이 아니다.

2) 금전대차거래

무이자부로 금전대치가 이루어진 경우 관련 채권 · 채무를 적정한 이자율로 할인된 현재가치로 평가하게 되면 실제 현금수수액 이하로 평가될 수 있으므로 일반적으로 현금이 수수되고 이에 대한 이자지급이 별도로 약정되는 금전대차거래의 경우 특별히 현재가치 계산절차가 필요 없거나 장기금전대차거래의 경우 현재가치평가와의 차이가 중요한 경우에는 현재가치할인차금을 계상하여야 한다.

◆장기부채 회계처리 예

(주)여주는 을회사로부터 ₩250,000,000을 3년간 차입하기로 하고 3년 후 만기가 되는 액면 ₩400,000,000의 어음을 받기로 한 경우 회계처리를 하면

(차)	현 금	250,000,000	(대) 장기성지급어음	400,000,000
	현재가치할인차금	150,000,000		

(2) 명목가액과 현재가치의 차이가 중요할 경우

자산이나 부채를 현재가치로 평가하기 위한 두 번째의 요건은 매매거래 등에서 발생하는 채권 · 채무의 명목가액과 현재가치의 차이가 중요해야 한다는 것이다. 여기서 명목가액은 당사자 간의 약정된 거래가액을 의미한다.

3. 현재가치의 적용시기

(1) 거래발생시

"거래발생시"란 그 거래의 주된 목적이 되는 자산 또는 부채를 회계상으로 인식하여 장부에 계상하는 때를 말한다. 따라서 재고자산이나 용역의 제공 혹은 반대의 경우에는 일반적인 수익의 인식기준(자산의 인도)에 따라 매출로 인식하는 시점 혹은 매입으로 인식하는 시점이 거래발생시기가 될 것이다. 또한 고정자산을 취득하는 거래라면 당해 고정자산을 회계장부에 계상

하는 시점(이를테면 동산의 경우에는 인도일, 부동산의 경우에는 잔금 청산일, 소유권이전등기일, 실제사용일 등이 기준이 된다)이 당해 고정자산을 현재가치로 평가하는 시점이 된다.

(2) 계약조건 동의 변경시

"계약조건 등의 변경시"라 함은 기존 채권 또는 채무의 이자율, 상환기간 등이 변경되거나 원금 또는 이자 등의 상환금액이 변경되는 경우를 말한다.

4. 현재가치의 계산

자산이나 부채를 현재가치로 평가하는 것은 명목가액과 현재가치의 차이가 중요한 경우 그 채권이나 채무의 현재가치를 평가금액으로 삼기 위한 것이다. 이 때 명목가액은 거래당사자간의 약정된 금액이므로 이미 확정된 금액이지만 현재가치는 알기 어렵다.

기업회계기준에서는 현재가치를 당해 채권·채무로 인하여 미래에 수취하거나 지급할 총금액을 적정한 이자율로 할인한 가액으로 규정하고 있다.

여기서 말하는 적정이자율은 다음과 같다.

③ 제2항의 이자율은 당해 거래의 유효이자율을 적용한다. 다만, 당해 거래의 유효이자율이 없거나 당해 거래의 유효이자율과 관련시장에서 형성되는 동종 또는 유사한 채권·채무의 이자율("동종이자율"이하 한다. 이하 같다)의 차이가 중요한 경우에는 가중평균차입이자율을 적용할 수 있다.

위 '관련시장'은 당해 채권·채무가 유통되고 있는 시장, 즉 국·내외의 단기자금시장·자본시장 등을 의미하는 것으로 해석된다. 또한 '동종 또는 유사한 채권·채무의 이자율'이란 당해기업의 신용등급, 담보 또는 보증의 유무 등과 은행의 대출금리, 회사채 수익률, 국·공채 수익률, 사채이자율 등을 감안하여 가장 속성이 유사한 이자율을 적정한 이자율로 하라는 의미이다.

◆취득자산의 현재가치 평가 예

(주) 여주는 3년 후 ₩75,000,000을 지급하는 조건으로 토지를 구입하였다. 당해 토지의 구입가액은 알 수 없으며 회사의 가중평균차입이자율은 10%이다.

(차) 토 지	56,348,610[주1]	(대) 장기미지급금	75,000,000
현재가치할인차금	18,651,390		

주1) 취득원가 = $\frac{₩75,000,000}{(1+0.1)3}$ = ₩56,348,610

현재가치를 산정함에 있어서는 거래의 현금지급액을 할인할 이자율이 명확하게 정의되어야 한다. 이자율은 장기부채의 지급조건에 내재된 내용에 따라 다음 두 가지 경우로 나누어 적정하게 파악이 되어야 한다.

① 부채발생시 취득한 자산 또는 서비스의 공정 가치를 알 수 있는 경우에는 미래의 총현금지급액과 공정가치와의 차액인 이자요소(interest factor)를 취득일로부터 만기일까지의 기간동안 복리이자계산방법(유효이자율법이라고 부른다)에 의하여 이자비용으로 배분계산함에 있어서 일정한 이자율이 될 수 있도록 하는 산식에 의하여 도출한다.

② 부채발생시 취득한 자산 또는 서비스의 공정가치를 알 수 없는 보다 일반적인 경우에는 부득이 적정이자율을 직접 결정하며, 이 이자율에 의거 부채의 현재가치에 의한 평가액을 산정하고 이자요소를 부채평가일(취득일)로부터 만기일까지의 기간 동안 이자비용으로 배분계산한다. 여기서의 적정이자율에 관해서 기준 제66조제2항에서는 "당해 회사의 동종 또는 유사한 채권 · 채무의 이자율 등을 기초로 하여 적정하게 산정한다"고 규정함으로써 적정이자율의 개념을 다른 말로는 한계차입이자율(marginal borrowing rate)이라고 부르기도 한다.

그러나 만약 이자율의 산정이 곤란한 경우에는 회사의 가중평균차입이자율로 할 수 있도록 규정되어 있다.

5. 현재가치와 명목가치의 차액처리방법

기준 제66조 제4항 및 제5항에 의하면,

④ 제1항의 규정에 의하여 발생하는 채권 · 채무의 명목가액과 현재가치의 차액은 현재가치할인 차금의 과목으로 하여 당해 채권 · 채무의 명목가액에서 차감하는 형식으로 기재하고 적용한 이자율, 기간 및 회계처리 방법 등을 주석으로 기재한다.

⑤ 제4항의 규정에 의한 현재가치할인차금은 유효이자율법을 적용하여 상각 또는 환입하고, 이를 이자비용 또는 이자수익의 과목으로 계상한다라고 규정되어 있다.

장기채권 · 채무의 명목가액이라 함은 해당 채권 · 채무의 원금과 이자를 포함한 개념으로 이해되며, 따라서 거래의 현금수취금액의 전부 또는 일부를 구성한다. 이는 사채를 할인발행한 경우의 사채의 액면가액과 유사한 성격으로 볼 수 있다. 따라서 동 명목가액과 현재가치와의 차액은 사채할인발행차금상각의 경우와 같은 요령으로 해당 채권 · 채무의 상환기간에 걸쳐 유효이자율법을 적용하여 이자비용 또는 이자수입으로 회계 처리하도록 되어 있다. 이 때 적용되는 이자율은 해당 채권 · 채무를 현재가치로 평가할 때 적용한 이자율, 즉 할인율이 된다.

◆취득자산의 현재가치 평가 및 지급이자 계산 예

2009년 1월 1일 기계장치를 ₩100,000,000에 구입하고 대금은 3년 후에 지급하기로 한다.

적정이자율을 연 12%라고 가정하고 기계구입부터 2012년 1월 1일 대금지급시까지 매 결산기의 결산 및 대금지급에 따른 회계처리는 다음과 같다.

(1) 2009. 1. 1. 현재의 현가계산

$$\frac{100{,}000{,}000}{(1+0.12)^3} = 71{,}178{,}025$$

(2) 2009. 1. 1. 기계구입에 따른 분개

(차) 기 계 장 치	71,178,025	(대) 장기미지급금	100,000,000
현재가치할인차금	28,821,975		

(3) 2009. 12. 31~2006. 12. 31까지 결산시의 분개

장기미지급금의 명목가액 ₩100,000,000과 2004. 1. 1의 현가 ₩71,178,025과의 차액 ₩28,821,975은 다음 표에서와 같이 유효이자율법에 의해 매 결산시에 지급이자로 처리하고 현재가치할인차금을 상각한다.

	원 금	이 자 (연 12%)
2009. 1. 1	71,178,025	8,541,363
2009. 12. 31	79,719,388	9,566,326
2010. 12. 31	89,285,714	10,714,285
2011. 12. 31	100,000,000	—

(가) 2009. 12. 31

(차) 이 자 비 용	8,541,363	(대) 현재가치할인차금	8,541,363

(나) 2010. 12. 31

(차) 이 자 비 용	9,566,326	(대) 현재가치할인차금	9,566,326

(다) 2011. 12. 31

(차) 이 자 비 용	10,714,285	(대) 현재가치할인차금	10,714,285

(4) 2012. 1. 1 대금지출 등에 따른 분개

(차) 장기미지급금	100,000,000	(대) 현 금	100,000,000

장기연불조건의 매매거래, 장기금전대차거래 또는 이와 유사한 거래에서 발생하는 채권·채무로서 명목가액과 현재가치의 차이가 중요한 경우에는 현재가치로 평가한다.

현재가치로 평가하여야 할 대상은 채권 · 채무이어야 하며 채권 · 채무는 장기연불조건의 매매거래, 장기금전대차거래 또는 이와 유사한 거래에서 발생한 것이어야 한다. 장기금전대차거래에서 발생한 채권 · 채무를 현재가치평가 대상에 포함시킨 이유는 채권 · 채무의 재조정으로 인한 실질가치의 변동을 반영하기 위한 것이다.

장기연불건의 매매거래란 대금의 일부 또는 전부를 거래발생일 이후 지급하는 경우 최종지급일이 매매일로부터 1년 후에 도래하는 계약조건을 가진 재화나 용역의 매매거래 또는 투자자산의 매매거래를 말한다.

장기금전대차거래란 현금이 직접 수취 또는 지급되는 금전의 대출 또는 차입거래를 말한다. 금전대차거래에서 발생한 채권 · 채무라 할지라도 무이자 또는 현저히 낮은 이자율로 대차가 이루어진 경우에는 명목상의 가액과 현재가치의 차이가 중요하기 때문에 현재가치로 평가하여야 한다.

이와 유사한 거래란 회계처리가 매매거래 또는 대차거래와 유사한 거래로서 임대차거래, 리스거래 등을 말한다.

채권 · 채무의 현재가치와 명목가액의 차이가 중요한 경우에 한하여 현재가치로 평가한다.

기업회계기준에 의한 현재가치평가규정은 당해 채권 · 채무가 발생할 때에 적용하고 기존의 채권 · 채무에 대한 계약조건이 변경되는 경우에는 채권 · 채무의 재조정의 규정을 적용하여야 한다.

현행시장이자율로 채권 · 채무를 평가하게 되면 매회계연도마다 현재가치로 평가하여야 할 뿐만 아니라 현행시장이자율의 결정에 주관이 개입되기 때문에 기업회계기준은 현재가치의 평가에 있어서 역사적이자율을 택하고 있다.

평가대상이 되는 채권 · 채무의 현재가치는 당해 채권 · 채무로 인하여 미래에 수취하거나 지급할 총금액을 적정한 이자율로 할인한 가액으로 한다. 매매거래의 목적물의 공정가액을 현재가치로 보지 않으며, 금전대차거래에서 발생한 채권 · 채무 역시 현금수수액이 반드시 현재가치로 되는 것이 아니다. 따라서 평가대상이 되는 채권 · 채무의 현재가치는 미래의 현금흐름을 적정한 할인율로 할인한 금액으로 한다.

6. 화폐의 시간가치

화폐는 동일한 금액이라 할지라도 시점에 따라 그 가치가 다르다. 즉, 1년 후의 ₩10,000보다는 현재의 ₩10,000의 가치가 더 클 것이라고 생각된다. 이는 인플레이션이나 위험 및 화폐이 사용에 따른 이자 등으로 인하여 미래의 현금보다는 현재의 현금을 더 선호하기 때문이다.

회계는 기업실체에 영향을 미치는 거래들을 모두 화폐라는 공통분모로 측정하므로 화폐의 가치가 그 시점에 따라 다르다면 이를 고려하여야 한다. 특히, 미리에 현금을 수취하거나 지급하여야 할 채권·채무의 경우에는 화폐의 시간가치를 고려하여 측정해야 할 필요가 있다. 따라서 사채(투자채무증권)에 관한 회계처리를 설명하기에 앞서 본 절에서는 화폐의 시간가치에 대하여 자세히 살펴보도록 하겠다.

화폐의 시간가치는 화폐를 사용하는 대가로 지급해야 하는 이자(interest)와 밀접한 관계가 있으므로 이자계산방법인 단순이자와 복리이자 개념에 대하여 알아야 한다.

단순이자란 이자계산이 원금에 대해서만 이루어지는 것을 말하며, 복리이자란 원금뿐만 아니라 이미 계상된 이자에 대해서도 이자계산이 되는 것을 말한다. 예컨대, 지금 ₩10,000을 연 10% 이자율로 3년간 예입하였다면, 이자계산을 단순이자와 복리이자로 할 경우 각각에 따른 3년 후에 상환받을 금액을 구해 보면 다음과 같다.

단순이자

원 금		₩10,000
이 자		
20×9년 :	₩10,000×10% =	1,000
2010년 :	10,000×10% =	1,000
2011년 :	10,000×10% =	1,000
계		₩13,000

복리이자

원 금		₩10,000
이 자		
20×9년 :	₩10,000×10% =	1,000
2010년 :	11,000×10% =	1,100
2011년 :	12,000×10% =	1,210
계		₩13,310

위에서 보듯이 단순이자 계산방법은 원금에 대해서만 이자가 계산되지만, 복리이자 계산방법은 원금뿐만 아니라 이미 계상된 이자까지 포함해서 이자를 계산하기 때문에 시간이 경과함에 따라 기간별 이자가 증가한다.

금융기관에서 이자계산을 할 때나 기업에서 의사결정을 할 때에는 복리계산방법을 사용한다. 따라서 화폐의 시간가치는 복리계산방법을 중심으로 설명하도록 하겠다.

1) 미래가치

(가) 목돈의 미래가치

미래가치(compound or future valve)란 현재의 일정금액을 미래의 시점에서 계산한 가치를 말한다. 예컨대, 지금 ₩10,000을 연 10% 이자율로 은행에 예입한다면 1년 후의 가치는 원금 ₩10,000에 이자 ₩1,000(₩10,000×10%)을 합한 ₩11,000이 될 것이다. 즉, 현재의 ₩10,000은 이자율이 연 10%일 경우 1년 후의 미래가치는 ₩11,000인 것이다.

현재의 원금을 P_0, 기간당 이자율을 r, 이자액을 I, n기간의 미래가치는 P_n이라고 한다면, 1기간 후의 미래가치 P_1은 다음과 같다.

$$P_1 = P_0 + I = P_0 + P_0 \cdot r = P_0(1 + r)$$

또한 2기간 후의 미래가치 P_2는 다음과 같다.

$$P_2 = P_1(1 + r) = P_0(1 + r)(1 + r) = P_0(1 + r)^n$$

따라서 n기간 후의 미래가치 P_n은 다음과 같이 계산할 수 있다.

$$P_n = P_0(1 + r)^n$$

◆목돈의 미래가치의 회계처리 예

원금 ₩10,000 연이자율 10%로 정기예금하였을 때 3년 후의 미래가치는 얼마인가?

$$p^3 = ₩10,000 \times (1 + 0.1)^3 = ₩13,310$$

앞의 미래가치 공식을 기포로 하여 원금 ₩1에 대한 이자율과 기간에 따른 미래가치를 미리 계산한 표가 이 책의 부록에 수록되어 있다. 다음의 표는 부록의 일부인데, 이자율이 1%에서 10%까지, 기간이 1기간으로부터 10기간까지의 ₩1의 미래가치를 나타내고 있다.

종가표(₩1의 미래가치)

기간/이자율 (n) (r)	2%	2 1/2%	3%	4%	5%	6%	7%	8%	9%	10%
1	1.02000	1.02500	1.03000	1.04000	1.05000	1.06000	1.07000	1.08000	1.09000	1.10000
2	1.04040	1.05063	1.06090	1.08160	1.10250	1.12360	1.14490	1.16640	1.18810	1.21000
3	1.06121	1.07689	1.09273	1.12486	1.15763	1.19102	1.22504	1.25971	1.29503	1.33100
4	1.08243	1.10381	1.12551	1.16986	1.21551	1.26248	1.31080	1.36049	1.41158	1.46410
5	1.10408	1.13141	1.15927	1.21665	1.27628	1.33823	1.40255	1.46933	1.53862	1.61051
6	1.12616	1.15969	1.19405	1.26532	1.34010	1.41852	1.50073	1.58687	1.67710	1.77156
7	1.14869	1.18869	1.22987	1.31593	1.40710	1.50363	1.60578	1.71382	1.82804	1.94872
8	1.17166	1.21840	1.26677	1.36857	1.47746	1.59385	1.17819	1.85093	1.99256	2.14359
9	1.19509	1.24886	1.30477	1.42331	1.55133	1.68948	1.83846	1.99900	2.17189	2.35795
10	1.21899	1.28008	1.34392	1.48024	1.62889	1.79085	1.96715	2.15892	2.36736	2.59374

위의 표를 이용하면 보다 쉽게 미래가치를 구할 수 있다. 예컨대, 기간3년 연이자율 10%일 경우 3년 후의 ₩1의 미래가치는 ₩13,310일 것이므로 ₩10,000의 연이자율 10%일 경우 3년 후의 미래가치는 ₩13,310일 것이다. 또한 ₩50,000의 연이자율 6%일 경우 4년 후의 미래가치는 ₩63,124(₩50,000×1.26248)일 것이다.

(나) 연금의 미래가치

연금(annuity)이란 일정기간 동안 일정금액을 계속적으로 지불하는 것을 말한다. 연금의 미래가치는 매기 말에 일정금액을 지불할 때 연금최종기말에서의 미래가치 총액을 말한다. 예컨대, 3년 동안 매년 말에 ₩10,000을 연 10%의 이자율로 예금한 경우 3년 후의 연금의 미래가치는 다음과 같이 계산할 수 있다.

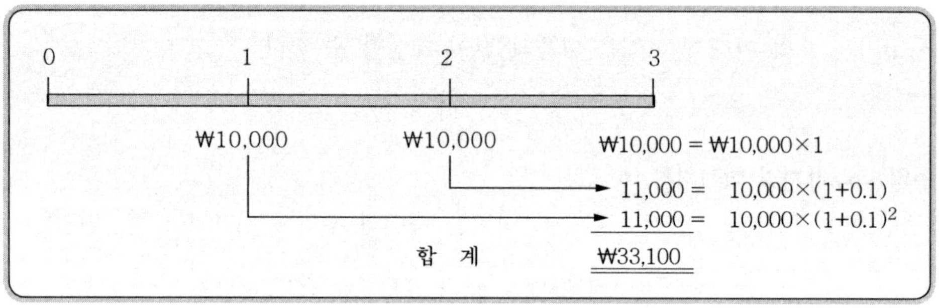

연금의 미래가치는 위에서 보듯이 결국 목돈의 미래가치로 구성되어 있음을 알 수 있다. 첫 번째 기간에 적립한 금액의 연금최종기말의 가치는 2년 후의 미래가치이며, 두 번째 기간에 적립한 연금의 연금최종기말의 가치는 1년 후의 미래가치이다.

이 책의 부록은 정상연금의 미래가치를 쉽게 구할 수 있도록 원금의 ₩1에 대한 이자율과 기간에 따른 정상연금의 미래가치를 나타내고 있다. 다음의 표는 부록의 일부인데, 이자율이 1%에서 10%까지, 기간이 1기간으로부터 10기간으로까지의 ₩1의 연금 미래가치를 나타내고 있다.

연금의 종가표(정상연금 ₩1의 미래가치)

기간/이자율 (n) (r)	2%	$2_{1/2\%}$	3%	4%	5%	6%	7%	8%	9%	10%
1	1.00000	1.00000	1.00000	1.00000	1.00000	1.00000	1.00000	1.00000	1.00000	1.00000
2	2.02000	2.02500	2.03000	2.04000	2.05000	2.06000	2.07000	2.08000	2.09000	2.10000
3	3.06040	3.07563	3.09090	3.12160	3.15250	3.18360	3.21490	3.24640	3.27810	3.31000
4	4.12161	4.15252	4.18363	4.24646	4.31013	4.37462	4.43994	4.50611	4.57313	4.64100
5	5.20404	5.25633	5.30914	5.41632	5.52563	5.63709	5.75074	5.86660	5.98471	6.10510
6	6.30812	6.38774	6.46841	6.63298	6.80191	6.97532	7.15329	7.33593	7.52333	7.71560
7	7.43428	7.54753	7.66246	7.89829	8.14201	8.39384	8.65402	8.92280	9.20043	9.48720
8	8.58297	8.73612	8.89234	9.21423	9.54911	9.89747	10.25980	10.63663	11.02847	11.43600
9	9.75463	9.95452	10.15911	.1058280	11.02656	11.49132	11.97799	12.48756	13.02104	13.57900
10	10.94972	11.20338	11.46388	12.00611	12.57789	13.18079	13.81645	14.48656	15.19293	15.93700

3년 동안 매년 말에 ₩10,000을 연 10%이자율로 예금할 경우 앞의 표를 이용한다면 3년 후의 연금의 미래가치는 ₩33,100(₩10,000×3.3100)임을 쉽게 알 수 있다.

2) 현재가치

(가) 목돈의 현재가치

현재가치(present valve)란 미래에 발생하게 될 현금흐름을 현재시점에서 평가한 가치를 말한다. 연 이자율이 10%일 경우 현재의 ₩10,000은 1년 후의 ₩11,000과 동일할 것이므로 1년 후의 ₩11,000은 현재의 ₩10,000의 가치에 상당할 것이다.

현재가치를 구하는 공식은 미래가치 공식을 변경시키면 쉽게 도출할 수가 있다. 즉, 미래가치 계산에서는 현재의 현금흐름(P_0)을 알고 n기간 후의 미래가치(P_n)를 계산하는데 반하여, 현재가치 계산에서는 미래의 현금흐름(P_n)을 알고 있을 경우 그것의 현재가치(P_0)를 계산하고자 한 것이므로 현재가치를 계산하는 공식은 다음과 같이 도출된다.

$$P_n = P_0(1 + r)_n \quad P_0 = \frac{P_n}{(1 + r)_n}$$

◆목돈의 현재가치의 회계처리 예

3년 후 ₩100,000을 받을 수 있는 채권의 현재가치는 얼마인가? 기간 중 이자지급은 없으며, 이자율은 연 10%라고 가정한다.

$$P_0 = \frac{₩100,000}{(1 + 0.1)^3} = ₩75,131$$

위의 현재가치 공식을 기초로 원금 ₩1에 대한 이자율과 기간에 따른 현재가치를 미리 계산한 표가 이 책의 부록에 수록되어 있다. 다음의 표가 그 일부인데, 이자율이 1%에서 10%까지, 기간이 1기간으로부터 10기가까지의 ₩1의 현재가치를 나타내고 있다.

다음의 표를 이용하면 보다 쉽게 현재가치를 구할 수 있다. 예컨대, 기간3년, 연이자율 10%일 경우 3년 후 ₩1의 현재가치는 ₩0,75131이므로 이자율이 10%일 때 3년 후 ₩100,000의 현재가치는 ₩75,131일 것이다.

현가표(₩1의 현재가치)

기간/이자율 (n) (r)	2%	$2\frac{1}{2}$%	3%	4%	5%	6%	7%	8%	9%	10%
1	.98039	.97561	.97087	.96154	.95238	.94340	.93458	.92593	.91743	.90909
2	.96117	.95181	.94260	.92456	.90703	.89000	.87344	.85734	.84168	.82645
3	.94232	.92860	.91514	.88900	.86384	.83962	.81630	.79383	.77218	.75131
4	.92385	.90595	.88849	.85480	.82270	.79209	.76290	.73503	.70843	.68301
5	.90573	.88385	.86261	.82193	.78353	.74726	.71299	.68058	.64993	.62092
6	.88797	.86230	.83748	.79031	.74622	.70496	.66634	.63017	.59627	.56447
7	.87056	.84127	.81309	.75992	.71068	.66506	.62275	.58349	.54703	.51316
8	.85349	.82075	.78941	.73069	.67684	.62741	.58201	.54027	.50187	.46651
9	.83676	.80073	.76642	.70259	.64461	.59190	.54393	.50025	.46043	.42410
10	.82035	.78120	.74409	.67556	.61391	.55839	.50835	.46319	.42241	.38554

(나) 연금의 현재가치

연금의 현재가치란 매년 일정금액의 현금흐름액을 현재가치로 환산한 금액의 합계이다. 예를 들어, 매년 말 ₩10,000씩 3년간 받을 금액을 연 이자율 10%를 할인하여 현재시점에서 일시불로 받을 경우 이 연금의 현재가치는 다음과 같이 계산할 수 있다. 즉, 이 연금의 현재가치는 매년 말에 받을 ₩10,000의 현재가치의 합계인 ₩24,869이다.

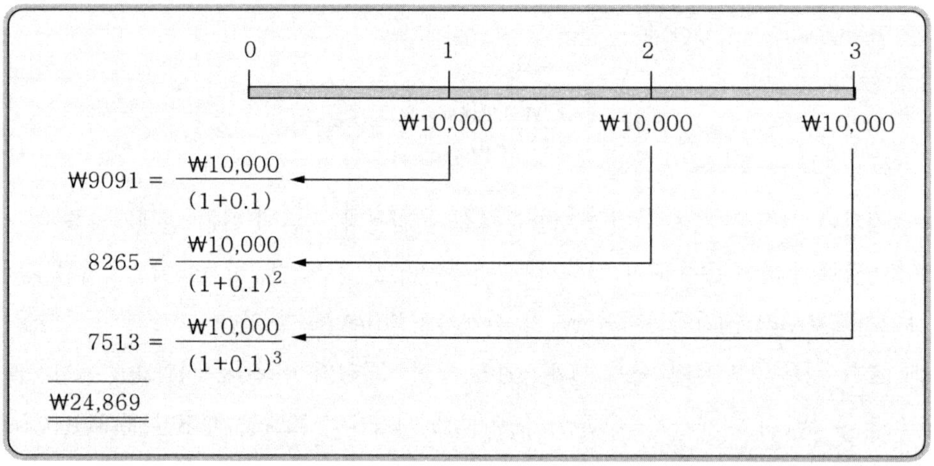

이 책의 부록은 정상연금의 현재가치를 쉽게 구할 수 있도록 원금 ₩1에 대한 이자율과 기간에 따른 정상연금의 현재가치를 나타내고 있다. 다음의 표는 부록의 일부인데 이자율이 1%에서 10%까지, 기간이 1기간으로부터 10기간까지 ₩1의 연금의 현재가치를 나타내고 있다.

연금의 현가표(정상연금 ₩1의 현재가치)

기간/이자율 (n) (r)	2%	$2\frac{1}{2}$%	3%	4%	5%	6%	7%	8%	9%	10%
1	.98039	.97561	.97087	.96154	.95238	.94340	.93458	.92593	.91743	.90909
2	1.94156	1.92742	1.91347	1.88609	1.85941	1.83339	1.80802	1.78326	1.75911	1.73554
3	2.88388	2.85602	2.82861	2.77509	2.72325	2.67301	2.62432	2.57710	2.53129	2.48685
4	3.80773	3.76197	3.71710	3.62990	3.54595	3.46511	3.38721	3.31213	3.23972	3.16987
5	4.71346	4.64583	4.57971	4.45182	4.32948	4.21236	4.10020	3.99271	3.88965	3.79079
6	5.60143	5.50813	5.41719	5.24214	5.07569	4.91732	4.76654	4.62288	4.48592	4.35526
7	6.47199	6.34939	6.23028	6.00205	5.78637	5.58238	5.38929	5.20637	5.03295	4.86842
8	7.32548	7.17014	7.01969	6.73274	6.46321	6.20979	5.97130	5.74664	5.53482	5.33493
9	8.16224	7.97087	7.78611	7.43533	7.10782	6.80169	6.51523	6.24689	5.99525	5.75902
10	8.98259	8.75206	8.53020	8.11090	7.72137	7.36009	7.02358	6.71008	6.41766	6.14457

3년 동안 매년 말에 ₩10,000을 수취할 경우 이자율이 10%라면, 앞의 표를 이용할 경우 연금의 현재가치는 ₩24,869(₩10,000×2.48685)임을 쉽게 알 수 있다.

◆현재가치의 회계처리 예

연이자율이 10%인 경우 아래와 같은 각각의 현금흐름에 대한 현재가치를 구하시오.

〈사례 1〉 3년 동안 매년말에 ₩10,000의 이자와 3년말에 ₩100,000의 원금을 수취할 경우

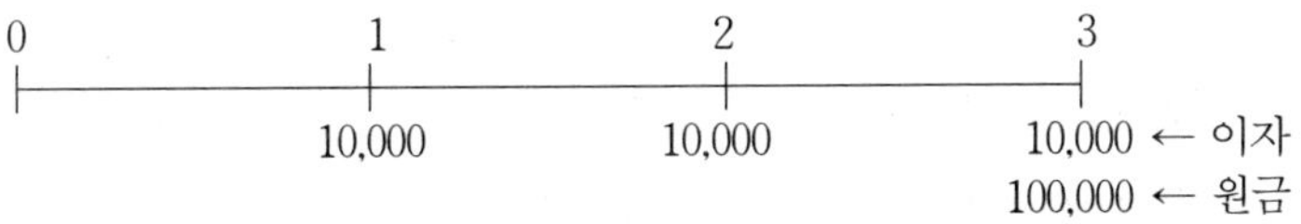

〈방법 1〉	₩10,000×0.90909(10%, 1년, 현가)	=	₩9,901
	10,000×0.82645(10%, 2년, 현가)	=	8,265
	110,000×0.75131(10%, 3년, 현가)	=	82,644
	현금흐름의 현재가치		₩100,000

〈방법 2〉	₩10,000×2.48685(10%, 3년, 연금현가)	=	₩24,869
	100,000×0.75131(10%, 3년, 현가)	=	75,131
	현금흐름의 현재가치		₩100,000

〈사례 2〉 3년 동안 매년말에 ₩8,000의 이자와 3년말에 ₩100,000의 원금을 수취할 경우

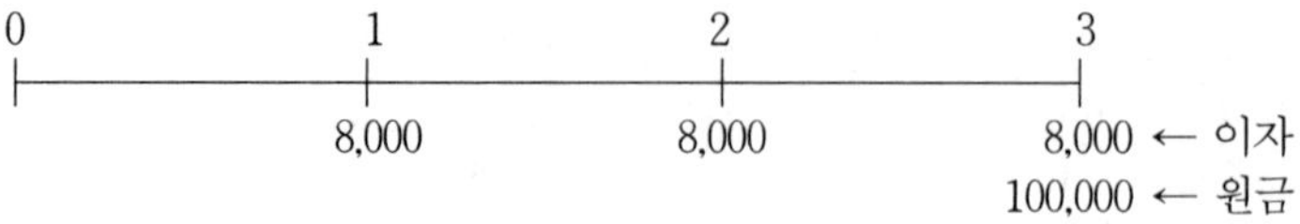

〈방법 1〉			
	₩8,000×0.90909(10%, 1년, 현가)	=	₩7,273
	8,000×0.82645(10%, 2년, 현가)	=	6,612
	108,000×0.75131(10%, 3년, 현가)	=	81,141
	현금흐름의 현재가치		₩95,026

〈방법 2〉			
	₩8,000×2.48685(10%, 3년, 연금현가)	=	₩19,895
	100,000×0.75131(10%, 3년, 현가)	=	75,131
	현금흐름의 현재가치		₩95,026

〈사례 3〉 3년 동안 매년말에 ₩12,000의 이자와 3년말에 ₩100,000의 원금을 수취할 경우

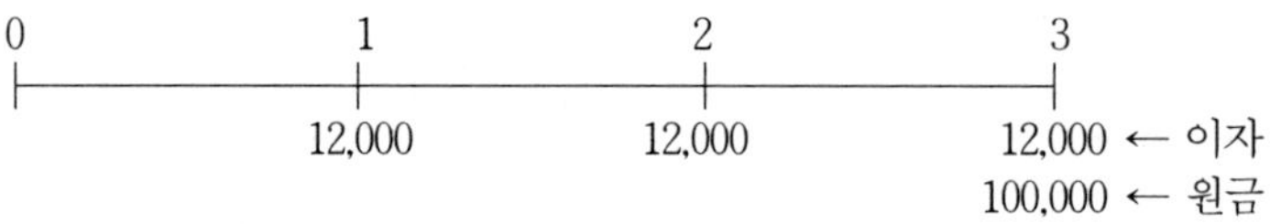

〈방법 1〉			
	₩12,000×0.90909(10%, 1년, 현가)	=	₩10,909
	12,000×0.82645(10%, 2년, 현가)	=	9,917
	112,000×0.75131(10%, 3년, 현가)	=	84,147
	현금흐름의 현재가치		₩104,973

〈방법 2〉			
	₩12,000×2.48685(10%, 3년, 연금현가)	=	₩29,842
	100,000×0.75131(10%, 3년, 현가)	=	75,131
	현금흐름의 현재가치		₩104,973

제 2 절 채권 · 채무의 조정

채권 · 채무조정은 채무자의 현재 또는 장래의 채무변제능력이 크게 저하된 경우에 채권자와 채무자간의 합의 또는 법원의 결정 등의 방법으로 채무자의 부담완화를 공식화하는 것을 말한다.

채권자는 채무를 부담하고 있는 기업이 당장 청산되기보다는 회생하는 것이 자기의 손실을 최소화하는 것이라고 판단하는 경우에는 원리금 감면, 이자율 인하, 만기연장 등의 방법으로 채무자의 부담의 전부 또는 일부를 완화해 주는 것에 합의하게 된다. 따라서 채권 · 채무조정은 채무자의 재무적 어려움으로 인하여 채권자가 다른 상황에서는 고려하지 않았을 혜택을 채무자에게 부여하는 것이며, 그 혜택의 조건과 내용은 채권자와 채무자간의 합의 또는 법원에 의해서 결정된다.

채무자가 재무적 어려움을 겪고 있는 상황에서 채무의 변제나 조건변경이 발생하더라도 이 기준서에서 말하는 채권 · 채무조정에 해당하지 않는 경우가 있다. 그러한 예는 다음과 같다.

① 채무자가 채무의 변제로 채권자에게 이전한 현금, 기타의 자산 또는 지분증권 등의 공정가액이 채무의 장부가액 이상인 경우

② 현행 시장이자율로 다른 자금원으로부터의 자금조달이 가능한 채무자와의 관계를 유지할 목적으로 채권자가 전반적인 시장이자율의 하락 또는 위험의 감소를 반영하여 채권에 대한 유효이자율을 인하하는 경우

채무자가 정상적인 채무의 시장이자율과 같은 시장이자율로 기존의 채권자가 아닌 다른 자금원으로부터 자금을 차입할 수 있는 상황에서 이루어진 채무의 변제나 조건변경은 채권②채무조정에 해당하지 않는다. 그러나 채무자가 다른 자금원으로부터 차입을 할 수 있다 하더라도 현재 상태에서는 부담할 능력이 없는 높은 이자율로만 자금을 차입할 수 있는 경우에 이루어진 채무의 변제나 조건변경은 채권 · 채무조정에 해당한다.

채권 · 채무조정이 실질적으로 완성되는 시점이 채권 · 채무조정의 시점이다. 채권 · 채무조정은 채무의 만기일 이전 또는 이후에 이루어질 수 있음, 자산 또는 지분증권을 이전하거나 새로운 계약 조건이 확정되는 시점에서 채권 · 채무조정이 완성된다. 일반적으로 합의에 의한 채권 · 채무조정의 경우에는 합의일, 법원의 인가에 의한 채권 · 채무조정의 경우에는 법원의 인가일이 채권 · 채무조정 시점이 된다. 그러나 채권자와 채무자간에 약정한 조건이 충족되지 않아서 합의일 또는 법원의 인가일에 자산 또는 지분증권의 이전, 새로운 계약조건의 시행 등의 사건이 이루어지지 않는 경우에는 그 조건이 충족되어 실질적으로 채권 · 채무조정이 완성되는

시점이 채권·채무조정시점이다.

일반적으로 채무는 개별적으로 채권·채무조정의 대상이 되지만 여러 건의 채무가 동시에 조정 되는 경우가 있다.

채권·채무조정은 다음과 같이 구분될 수 있으나, 각 방법이 결합되어 사용될 수도 있다.

① 채무를 일부 또는 전부 변제하기 위하여 채무자가 제3자에 대한 채권, 부동산 또는 기타의 자산을 채권자에게 이전

② 채무를 일부 또는 전부 변제하기 위하여 채무자가 채권자에게 지분증권을 발행(원래 조건에 따라 채무를 지분증권으로 전환하기로 한 경우를 제외)

③ 다음의 각 방법에 의하거나 각 방법을 결합한 조건의 변경

(1) 이자율의 인하

(2) 유사한 위험을 가진 새로운 부채보다 낮은 이자율로 만기일을 연장

(3) 원금의 감면

(4) 발생이자의 감면

1. 채무자의 회계

(1) 자산이전에 의한 채무의 변제

채무자가 채무를 변제하기 위하여 제3자에게 대한 채권, 부동산 또는 기타의 자산을 채권자에게 이전하는 경우에는 변제되는 채무의 장부가액과 이전되는 자산의 공정가액과의 차이를 채무조정이익으로 인식한다. 이전되는 자산의 공정가액은 그 자산에 대한 거래시장이 있는 경우에는 시가로 측정되고, 그 자산에 대한 거래시장은 없으나 유사한 자산의 시가를 근거로 하여 추정할 수 있다. 시가를 이용할 수 없는 경우에는 예상되는 미래현금흐름에 대하여 위험을 고려한 할인율을 적용하여 산정한 현재가치로 당해 자산의 공정가액을 추정할 수 있다.

이전되는 자산의 공정가액과 장부가액과의 차이는 자산처분손익으로 인식한다.

(2) 지분증권의 발행 등에 의한 채무변제

채무자가 채무를 변제하기 위하여 채권자에게 지분증권을 발행하는 경우(이하 '출자전환'이라 한다)에는 지분증권의 공정가액과 채무의 장부가액과의 차이를 채무조정이익으로 인식한다. 다만, 시장성이 없는 지분증권의 공정가액을 신뢰성 있게 측정할 수 없는 경우에는 발행되는 지분증권을 조정대상 채무의 장부가액으로 회계처리하고 채무조정이익을 인식하지 않는다.

출자전환을 합의하였으나 출자전환이 즉시 이행되지 않는 경우에는 조정대상채무를 출자전환채무의 과목으로 하여 자본조정으로 대체한다. 출자전환채무는 전환으로 인하여 발행될 주식의 공정가액으로 하고 조정대상채무의 장부가액과의 차이는 채무조정이익으로 인식한다. 다만, 시장성이 없는 지분증권의 공저가액을 신뢰성 있게 측정할 수 없는 경우에는 조정대상 채무의 장부가액으로 출자전환채무를 회계처리하고 채무조정이익을 인식하지 않는다.

출자전환을 합의하였으나 출자전환으로 인하여 발행될 주식수가 결정되지 않은 경우에는 채권 · 채무조정이 완성되지 않았으므로 전환으로 인하여 발생될 주식수가 경정되는 시점에서 전환으로 인하여 발행될 주식의 공정가액을 출자전환채무의 과목으로 하여 자본조정으로 대체하고, 조정대상 채무의 장부가액과의 차이는 채무조정이익으로 인식한다. 다만, 시장성이 없는 지분증권의 공정가액을 신뢰성 있게 측정할 수 없는 경우에는 조정대상 채무의 장부가액으로 출자전환채무를 회계처리하고 채무조정이익을 인식하지 않는다.

채권 · 채무조정으로 발행되는 전환사채가 만기일 이전에 반드시 지분증권으로 전환하고 지분증권으로 전환하지 않는다면 원금상환을 면제하는 조건을 가지고 있는 경우에는 기업회계기준서 제9호 '전환증권'의 규정에 불구하고 문단 15와 같이 회계처리 한다. 다만, 전환사채의 조건 중 전환으로 인하여 발행될 주식수가 결정되지 않은 경우에는 문단 16과 같이 회계처리 한다.

자본조정으로 대체된 출자전환채무에 대해 지급하는 이자금액은 자본조정의 별도 계정과목으로 회계처리하고 이익잉여금을 처분하여 상각한다. 다만, 처분할 이익잉여금이 부족하거나 미처리결손금이 있는 경우에는 차기 이후 연도에 상각한다.

(3) 조건의 변경

조건변경으로 채무가 조정되는 경우에는 채권 · 채무조정에 따른 약정상 정해진 미래 현금흐름을 채무 발생시점의 유효이자율로 할인하여 계산된 현재가치와 채무의 장부가액과의 차이를 채무에 대한 현재가치할인차금과 채무조정이익으로 인식한다. 채권 · 채무조정시점 전에 전반적인 시장이자율 또는 위험의 변동 등을 반영하기 위하여 채권 · 채무조정에 해당되지 않는 이자율의 변동이 있는 경우에는 이자율이 변동된 시점을 채무 발생시점으로 본다.

동종 또는 유사한 채권 · 채무에 대하여 적용할 이자율보다 더 낮은 이자율로 만기를 연장하는 경우에 해당하며, 경제 환경의 변동으로 동일한 신용도에 대한 채무 발생시점의 시장이자율과 채권 · 채무조정시점의 시장이자율에 현저한 차이가 있는 경우에는 채권 · 채무조정시점의 적절한 이자율은 채권 · 채무조정시점의 기초이자율에 당해 채무 발생시점과 동일한 신용상태에 대한 채권 · 채무조정시점의 신용가산이자율을 합산하여 산정한다. 신용가산이자율은 채무 발생시점의 채무자 신용상태가 채권 · 채무조정시점까지 유효하다고 가정할 경우 채권 · 채무조정시점에서 산정된 이자율을 말한다.

조정대상채무에 대하여 전환사채나 채무증권을 발행하는 형식으로 채권 · 채무조정이 이루어지는 경우에는 이를 채무의 변제로 보지 않고 챔의 조건변경으로 회계처리 한다. 따라서 채권 · 채무조정을 인하여 발행되는 전환사채에 대해 기업회계기준서 제9호 '전환증권'의 규정에 불구하고 전환권을 인식하지 않고 전환사채의 만기까지 발생할 미래 현금흐름을 채무 발생시점의 유효이자율로 할인하여 계산된 현재가치와 조정대상채무의 장부가액과의 차이를 채무조정이익으로 인식한다.

원금과 발생이자의 감면을 통한 조건변경으로 인하여 채권 · 채무조정에 따른 약정상 정해진 미래 현금흐름의 합계금액이 채무의 장부가액에 미달할 경우에는 채무의 장부가액을 미래 현금흐름의 합계금액으로 감액하고 동 미달액을 채무조정이익으로 인식한다. 또한 새로운 장부가액에 대해서는 채무조정이익을 추가로 인식한다.

채무자의 재무상황이 정해진 기간 내에 향상되는 것을 전제로 원금이나 이자로 정해진 금액이 추가되는 약정이 있는 경우에는 동 추가되는 금액은 조정된 만기까지 발생할 미래 현금흐름에 포함되어야 한다.

채무 발생시점의 유효이자율은 채무 발생시점의 계약상 이자율에 대출수수료, 할증액 또는 할인액 등을 고려하여 조정된 이자율을 말한다.

채무의 기간별 이자율이 표준금리, 우대금리 또는 국제적 기준금리(LIBOR 등) 등과 같은 기초이자율에 따라 변동되는 경우에는 채권 · 채무조정시점의 기초이자율에 신용가산이자율을 가산하여 산정한 이자율을 적용하여 현재가치를 계산한다. 신용가산이자율은 채무 발생시점의 채무자 신용상태가 채권 · 채무조정시점까지 유효하다고 가정할 경우 채권 · 채무조정시점에서 산정된 이자율을 말한다.

인식된 현재가치할인차금은 이자율을 적용하여 상각하고 이자비용으로 인식한다.

(4) 각 방법의 결합에 의한 채권 · 채무조정

채무의 일부에 대해서는 채무자가 채권자에게 자산을 이전하거나 지분증권을 발행하여 변제하고 나머지 채무에 대해서는 조건변경을 통하여 채무를 경감시키는 채권 · 채무조정의 경우에는 다음과 같이 회계처리 한다.

① 이전되는 자산과 발행되는 지분증권의 공정가액을 측정하여 자산과 지분증권의 공정가액만큼 채무의 장부가액을 감소시킨다.

② 나머지 채무에 대해서는 문단19에서 문단26까지의 규정을 적용하여 회계처리한다.

(5) 기타

채권 · 채무조정에 따른 지분증권의 발행과 관련하여 직접적으로 발생한 비용은 지분증권의 발행가액에서 차감한다. 채권 · 채무조정을 실시하기 위하여 채무자에게 발생된 기타의 모든 비용은 채무조정이익에서 차감한다.

(6) 공시

채무자는 채권 · 채무조정시점이 속하는 회계연도에 다음의 사항을 주석으로 기재한다.

① 채권 · 채무조정으로 인한 조건변경 및 변제액
② 채권 · 채무조정과 관련하여 발생한 자산처분손익
③ 만기까지 발생할 미래 현금흐름에 추가되는 금액
④ 채권 · 채무조정 후에 부수적으로 발생할 가능성이 있는 채무금액과 그러한 채무가 부가되거나 면제될 수 있는 조건
⑤ 출자전환채무

2. 채권자의 회계

(1) 자산의 양수를 통한 채권의 회수

채권 · 채무조정시점에서 채무자에 대한 채권의 전부 또는 일부에 대하여 제3자에 대한 채권, 부동산 또는 기타의 자산을 받거나 채무자의 지분증권 등을 받은 채권자는 동 자산을 공정가액으로 회계처리한다. 받은 자산의 공정가액이 채권의 대손충당금 차감전 장부가액보다 작은 경우에는 채권의 대손충당금 차감전 장부가액을 대손충당금과 우선 상계하고 부족한 경우에는 대손상각비로 인식한다.

출자전환을 합의하여 출자전환으로 인하여 발행될 주식수가 결정된 경우에는 채권의 대손충당금 차감전 장부가액을 출자전환채권으로 대체하고 출자전환이 이루어질 때까지 출자전환채권의 장부가액과 전환으로 발행될 주식의 공정가액 중 낮은 가액으로 평가하며 이로 인한 평가손익은 출자전환채권에 대한 대손충당금과 대손상각비에 반영한다.

(2) 채권의 조건변경

채권자는 채권 · 채무조정을 통하여 채권의 조건 변경되어 원래 계약조건에 따라 회수할 금액 중 일부 또는 전체에 대해서 원래의 계약조건에 따른 일전대로 회수할 수 없게 되는 경우에는 채권의 감액손실을 인식해야 한다. 계약조건에 따라 회수할 금액에는 계약상 정해진 원금과 이자금액이 모두 포함되며, 감액손실은 대손충당금과 대손상각비에 반영된다.

채권자는 채권 · 채무조정을 통하여 조건이 변경된 채권에 대하여 공식적인 채권 · 채무조정 이전이라도 인식조건이 충족되면 감액손실을 인식해야 하며 공식적인 채권 · 채무조정시점까지 감액손실의 인식을 지연할 수 없다.

채권 · 채무조정을 통하여 조건이 변경된 채권에 대한 감액손실은 채권 · 채무조정에 따른 약정상 정해진 미래 현금흐름을 채권 발생시점의 유효이자율로 할인하여 계산된 현재가치와 채권의 대손충당금 차감전 장부가액과의 차이로 계산하며 채권에 대한 대손충당금과 대손상각비를 다음과 같이 조정한다. 이미 설정된 대손충당금이 채권 · 채무조정에 따라 결정된 감액손실 금액보다 큰 경우에는 초과분에 대하여 대손충당금을 환입한다.

원금과 발생이자의 감면을 통한 조건변경으로 인하여 채권 · 채무조정에 따른 약정상 정해진 미래 현금흐름의 합계금액이 채권의 대손충당금 차감전 장부가액에 미달하는 경우에는 채권의 대손충당금 차감전 장부가액을 미래 현금흐름의 합계액으로 감액한다. 감액할 채권의 대손충당금 차감전 장부가액은 먼저 대손충당금과 상계하고 부족한 금액은 대손상각비로 인식한다. 또한 미래 현금 흐름의 합계액으로 감액된 채권의 대손충당금 차감전 장부가액에 대해서는 대손충당금을 추가로 설정하거나 환입한다.

(3) 각 방법의 결합에 의한 채권 · 채무조정

채권의 일부에 대해서는 채무자가 채권자에게 자산을 이전하거나 지분증권을 발행하여 변제하고 나머지 채권에 대해서는 조건변경을 하는 채권 · 채무조정인 경우에는 다음과 같이 회계처리 한다.

① 이전되는 자산과 발행되는 지분증권의 공정가액을 측정하여 자산과 지분증권의 공정가액만큼 채권의 대손충당금 차감전 장부가액을 감소시킨다.

② 감소된 채권의 대손충당금 차감전 장부가액에 대해서는 기업회계기준서 문단32에서 문단35까지의 규정에 따라 회계처리 한다.

(4) 손익의 인식

채권의 미래 예상 현금흐름의 현재가치는 시간의 경과와 미래 예상 현금흐름의 금액 또는 시점의 변동에 따라 달라진다. 시간의 경과에 따라 증가되는 현재가치의 변동분은 문단34의 이자율을 채권의 장부가액에 적용하여 산정하고 이자수익으로 인식한다. 미래 예상 현금흐름의 금액 또는 시점이 감액손실을 인식할 때의 추정과 달라짐으로써 발생된 현재가치의 변동분은 대손충당금에 반영한다.

감액손실이 발생한 채권으로부터 발생하는 이자수익은 회수가 불확실한 경우에는 인식하지 아니한다. 다만, 시간의 경과에 따른 현재가치의 증가분은 회수 불확실 여부에 관계없이 시간의 경과에 따라 이자수익으로 인식한다.

채권 · 채무조정 후에 채무자로부터 현금이 회수되는 경우 약정의 내용에 상관없이 기간이 경고한 명목이자가 우선적으로 회수된 것으로 한다.

(5) 공시

채권 · 채무조정이 발생한 채권의 대손충당금에 대해서 다음과 같은 변동 내용을 주석으로 기재한다.

① 당기 발생한 대손상각비

② 채권과 직접 상계한 금액

③ 시간의 경과에 따라 이자수익으로 인식한 금액

④ 전기 이전에 ②와 같이 처리한 금액의 회복

채권 · 채무조정이 발생한 채권의 채무자에게 추가적으로 자금을 대여하기로 한 약정이 있는 경우 동 약정의 내용을 주석으로 기재한다.

출자전환채권의 내용을 주석으로 기재한다.

제 3 절 외화자산 및 부채의 환산

회계는 회계실체의 경제적 사건을 화폐단위로 측정하여 보고하는데 이때에 사용되는 화폐단위를 보고통화(reporting currency)라 한다.

외국과의 거래에 있어서는 보고통화가 아닌 외국화폐단위로 이루어지기도 하는데, 이때 외국화폐단위로 측정된 거래는 결산시에 있어서 환율을 적용하여 보고통화로 전환하여야 한다.

그 전환과정을 외화환산(foreign currency translation)이라 한다.

외화환산의 영역은 외화거래의 환산(회수 및 결제시의 환산, 결산시의 환산), 외화표시 재무제표의 환산 및 파생상품거래의 환산으로 구분된다.

1. 환산의 환율

환율(exchange rate)이란 특정시점에서 두 화폐단위간의 교환비율을 의미한다. 환율에는 여러 가지의 형태가 있지만 외화환산에서는 역사적 환율과 현행환율 및 선물환율이 가장 중요하다. 역사적 환율(historical exchange rate)이란 특정거래가 발생한 시점의 환율을 말하며, 현행환율(current exchange rate)이란 대차대조표일 현재 또는 특정기간의 평균 환율을 의미하고 선물환율(forward exchange rate)이란 선물환거래의 당사자간에 약정한 계약상의 환율로서 미래 환율이다.

기업회계기준 제48조에 의하면 외환차익 또는 외환차손은 외화자산의 회수 또는 외화부채의 상환시에 발생하는 차손익으로 한다고 규정하고 있다.

외화자산의 회수 또는 상환시에는 당시의 환율을 적용하고 환산된 금액을 회수 또는 상환하게 되는데 외화자산 또는 부채를 회수하거나 결제시에 있어서 환산금액이 장부상의 금액과 다른 경우에는 그 차액을 외화차익 또는 외환차손 과목으로 하여 영업외수익 또는 영업외비용으로 처리한다.

기업회계기준 제 49조에 의하면 외환차익 또는 외화차손은 외화자산의 회수 또는 외화부채의 상환시에 발생하는 차손익으로 한다고 규정하고 있다.

외화자산의 회수 또는 상환시에는 당시의 환율을 적용하고 환산된 금액을 회수 또는 상환하게 되는데 외화자산 또는 부채를 회수하거나 결제시에 있어서 환산금액이 장부상의 금액과 다른 경우에는 그 차액을 외화차익 또는 외환차손 과목으로 하여 영업외수익 또는 영업외비용으로 처리한다.

기업회계기준 제49조에 의하면 외화환산이익 또는 외화환산손실은 결산일에 화폐성 외화자산 또는 화폐성 외화부채를 환산하는 경우 환율의 변동으로 인하여 발생하는 환산손익으로 한다고 규정되어 있다.

기업회계기준 제68조에 의하면 ① 화폐성 외화자산 및 화폐성 외화부채는 대차대조표일 현재의 적절한 환율로 환산한 가액을 대차대조표가액으로 한다.

② 비화폐성 외화자산 및 비화폐성 외화부채는 원칙적으로 당해 자산을 취득하거나 당해 부

채를 부담한 당시의 적절한 환율로 환산한 가액을 대차대조표가액으로 한다.

③ 제①항의 경우에 발생하는 손익은 외화환산손실 또는 외화환산이익의 과목으로 하여 당기손익으로 처리하고 당해 외화자산·부채의 내용, 환산기준 및 환산손익의 내용을 주석으로 기재한다.

④ 제①항의 화폐성 외화자산 및 화폐성 외화부채는 현금 및 현금등가물·매출채권·매입채무 등과 같이 화폐가치의 변동과 상관없이 자산·부채의 금액이 계약 기타에 의하여 일정액의 화폐액으로 고정되어 있는 경우의 당해자산 및 부채로 한다. 다만, 유가증권과 같이 화폐성·비화폐성의 양면적인 성격을 동시에 가지고 있는 자산·부채는 당해 자산·부채의 보유상의 목적 또는 성질에 따라 구분된다고 규정되어 있다.

화폐성자산·부채는 물가변동과 관계없이 자산과 부채의 금액이 계약 등에 의하여 일정액의 화폐금액으로 확정·표시되어 있는 경우의 자산과 부채를 말한다. 화폐성 항목으로는 현금, 매출채권(외상매출금, 받을어음), 대여금, 차입금, 매입채무(외상매입금, 지급어음) 등이 있다.

비화폐성 자산·부채는 화폐성 자산·부채 이외의 것으로서 자산과 부채의 금액이 일정액의 화폐금액으로 표시되어 있지를 않고 물가변동에 따라 자산·부채의 금액이 변동될 수 있는 경우의 자산과 부채를 말한다. 비화폐성 항목으로는 재고자산, 고정자산, 자본금 등이 있다.

유가증권과 같이 화폐성·비화폐성의 양면적인 성격을 동시에 가지고 있는 자산과 부채는 당해자산과 부채의 보유상의 목적 또는 성질에 따라 구분한다.

기업이 외화자산과 부채를 보유하고 있는 경우에는 결산시점에서 적절한 환율을 적용하여 환산하여야 한다.

화폐성 외화자산 및 화폐성 외화사채는 대차대조표일의 환율(현행환율)을 적용하여 환산한 가액을 대차대조표 가액으로 한다.

비화폐성 외화자산 및 비화폐성 외화부채는 당해 자산을 취득하거나 당해 부채를 부담할 당시의 환율(역사적 환율)을 적용하여 환산한 가액을 대차대조표가액으로 한다.

환산손익은 환율의 변동으로 발생하는 것으로서 대차대조표일의 환율과 자산의 취득이나 부채의 부담 당시의 환율의 차이를 말한다.

화폐성 외화자산과 화폐성 외화부채의 환산시에 현행환율을 적용함으로써 환산손익이 발생하는데 이때의 환산손익은 외화환산손실 또는 외화환산이익의 과목으로 하여 영업외비용 또는 영업외수익으로 계상한다.

비화폐성 외화자산과 비화폐성 외화부채의 환산시에는 역사적 환율을 적용함으로 환산손익이 발생하지 않는다.

외화환산방법에는 다음 4가지 방법이 있다.

1) 유동성·비유동성법(current-noncurrent method)

유동자산과 유동부채에 대해서는 현행환율을 적용하고 그 밖의 항목에 대해서는 역사적 환율을 적용하며, 수익·비용은 평균환율(감가상각비와 이연자산상각비는 역사적 환율)을 적용한다.

2) 화폐성·비화폐성법(monetary-nonmonetary method)

화폐성자산과 부채에 대해서는 현행환율을 적용하고, 비화폐성 자산과 부채 그리고 자본에 대해서는 역사적 환율을 적용하며, 수익·비용은 평균환율(감가상각비와 이연자산상각비는 역사적 환율)을 적용한다. 이 방법은 시제법과 거의 동일한 방법으로 우리나라 기준에서 원칙적으로 인정되는 방법이다.

3) 시제법(temporal method)

시제법은 화폐성·비화폐성과 거의 동일하나, 다른 점은 비화폐성자산(재고자산과 유가증권)의 환산에 있어서 화폐성·비화폐성법에서는 언제나 역사적 환율을 적용하는데 비하여, 시제법에서는 취득원가로 표시된 경우에는 역사적 환율을 적용하고, 저가법에 의해 시가로 표시된 경우에는 현황환율을 적용한다는 점이다.

이 방법은 화폐성·비화폐성법에 비해 외화자산 및 부채에 대하여 현지의 평가기준이 반영되었다는 점을 빼놓고는 화폐성·비화폐성법과 마찬가지이다. 따라서 시제법은 외국소재 기업이 국내 본사의 지배를 크게 받지 않는 경우, 이 시제법에 따라 환산할 경우에 외국소재 기업의 재무상태와 경영성과가 왜곡표시되는 경향이 있다는 비판이 있다.

4) 현행환율법(current rate method)

모든 자산·부채에 대하여 현행환율로 환산하며(자본계정 또는 본지점계정은 역사적 환율로 환산함), 수익·비용은 평균환율로 환산한다. 이 방법은 외국소재사업장을 독립된 회사로 인정하는 환산방법이다. 우리나라에서 해외종속법인의 외화표시재무제표를 원화로 환산하는 경우에 과거에는 예외적으로 인정하던 것을 1990년 기업회계기준 개정시에 전면적으로 채택하였다.

◆환율조정차(대)의 회계처리 예

여주(주)는 2009년 1월 1일에 장기외화차입금 $100,000(환율 : ₩1,000/$)을 2006년 12월 31일에 일시 상환하는 조건으로 차입하였다. 그 후 환율은 2004년 12월 31일 : ₩1,600/$,

2010년 12월 31일 : ₩1,300/$, 2006년 12월 31일 : ₩1,400/$으로 변동하였다.

① 2009년 12월 31일(당기 계상하여야 할 환율조정차)

(차)	환율조정차	60,000,000	(대)	장기(외화)차입금	60,000,000

* $100,000×(₩1,600－₩1,000)

② 2009년 12월 31일(환율조정차 당기 상각분)

(차)	환율조정차상각	20,000,000	(대)	환율조정차	20,000,000

* ₩60,000,000×12/36

③ 2010년 12월 31일(당기에 계상할 환산이익)

(차)	장기(외화)차입금	30,000,000	(대)	외화환산이익	30,000,000
	외화환산이익	30,000,000		환율조정차	30,000,000

* $100,000×(₩1,600－₩1,300)

④ 2010년 12월 31일(환율조정차 당기 상각분)

(차)	환율조정차상각	5,000,000	(대)	환율조정차	5,000,000

* (₩60,000,000－₩20,000,000－₩30,000,000)×12/24

⑤ 2010년 12월 31일(유동성장기부채의 대체)

(차)	장기(외화)차입금	130,000,000	(대)	유동성장기부채	130,000,000

⑥ 2011년 12월 31일(유동성장기부채의 상환)

(차)	유동성장기부채	130,000,000	(대)	현금과 예금	140,000,000
	외 환 차 손	10,000,000			

⑦ 2011년 12월 31일(환율조정차 당기 상각분)

(차)	환율조정차상각	5,000,000*	(대)	환율조정차	5,000,000

* ₩60,000,000－₩20,000,000－₩30,000,000－₩5,000,000

제4절 해외지점 등의 외화환산

기업회계기준 제69조에 의하면 ① 해외지점, 해외사업소 또는 해외소재 지분법적용대상회사의 외화표시 자산·부채를 원화로 환산하는 경우에는 원칙적으로 제68조의 규정을 준용한다. 다만, 영업·재무활동이 본점과 독립적으로 운영되는 해외지점, 해외사업소 또는 해외소재 지분법적용대상 회사의 경우에는 당해 자산·부채는 대차대조표일 현재의 환율을 자본은 발생당시의 환율을 적용하며, 손익항목은 거래발생당시의 환율이나 당해 회계연도의 평균환율을 적용하여 일괄 환산할 수 있다.

② 제1항 단서의 규정에 의하여 발생하는 환산손익은 이를 계상하여 그 차액을 해외사업환산차 또는 해외사업환산대의 과목으로 하여 자본조정으로 처리하며, 그 내용을 주석으로 기재한다.

③ 제2항의 규정에 의한 해외사업환산차 또는 해외사업환산대는 차기 이후에 발생하는 해외사업환산대 또는 해외사업환산차와 상계하여 표시하고 관련지점, 사업소 또는 지분법적용대상회사의 청산, 폐쇄 또는 매각되는 특별손익으로 처리한다고 규정되어 있다.

해외지점 등의 해외사업장은 대부분의 거래가 현지통화(소재국의 통화)로 이루어지고 회계장부도 현지통화로 기록 및 유지될 뿐만 아니라 재무제표도 현지통화로 작성되는 것이 일반적이다.

해외사업장의 재무제표가 현지통화로 작성된 경우에는 국내에 소재하는 본사의 재무제표에 결합 또는 연결하기 위해서는 보고통화인 원화로 환산하여야 한다.

해외사업장이라 할지라도 해외지점과 같이 자본계정이 없는 경우에는 마치 국내기업에 있어서 본·지점회계와 마찬가지로 시산표만을 작성하면 되기 때문에 시산표를 원화로 환산하면 된다.

본점과 독립적으로 운영되지 않는 해외지점, 해외사업소 또는 해외소재 지분법적용 대상회사의 외화표시 자산·부채를 원화로 환산하는 경우에는 외화자산 및 부채의 환산을 준용한다.

영업·재무활동이 본점과 독립적으로 운영되는 해외지점, 해외사업소 또는 해외소재 지분법적용 대상회사의 경우에는 당해 자산과 부채는 대차대조표일 현재의 환율을 자본은 발생 당시의 환율을 적용하여 환산하며, 수익과 비용이 거래발생 당시의 환율이나 당해 회계연도의 평균환율을 적용하여 일괄 환산할 수 있다.

이 경우에는 발생하는 환산손익은 이를 상계하여 그 차액을 해외사업환산차 또는 해외사업환산대의 과목으로 하여 자본조정으로 계상하여, 그 내용을 주석으로 기재하여야 한다.

해외사업환산차 또는 해외사업환산대는 차기 이후에 발생하는 해외사업환산대 또는 해외사업환산차와 상계하여 표시한다.

해외사업환산차 또는 해외사업환산대는 최종적으로 관련지점, 사업소 또는 지분법적용대상회사가 청산, 폐쇄 또는 매각되는 회계연도의 특별손익으로 처리한다.

◆해외지점 외환환산회계 예

여주(주)는 해외에 홍콩지점과 LA지점을 설치하고 있다. 여주(주)는 2009년말 결산함에 있어 본사의 재무제표와 합병하기 위하여 이들 해외지점의 재무제표를 원화로 환산한 결과 홍콩지점의 자산과 부채는 환산손실이 ₩20,000,000, 손익항목은 환산이익이 ₩4,000,000 발생하였으며, LA지점의 자산과 부채는 환산이익이 ₩8,000,000, 손익항목은 환산이익이 ₩12,000,000 발생하였다.

한편 2010년 중 지점관리의 어려움이 있어 홍콩지점을 폐쇄시켰다.

이상의 자료로 2004년말 및 2005년의 회계처리를 나타내면 다음과 같다.

① 2004년말의 회계처리

(차)	제 자 산	×××	(대)	제 부 채	×××
	해외사업환산차	12,000,000*			
(차)	제비용	×××	(대)	제 수 익	×××
				해외사업환산대	16,000,000**

* 해외산업환산차 = ₩20,000,000 − ₩8,000,000
** 해외산업환찬대 = ₩4,000,000+₩12,000,000

위 해외사업환산차와 해외사업환산대는 상계하여야 하므로 다음과 같은 회계처리가 필요하다.

(차)	해외사업환산대	12,000,000	(대)	해외사업환산차	12,000,000

이에 따라 대차대조표에는 해외사업환산차와 해외사업환산대가 상계되어 다음과 같이 해외사업환산대 ₩4,000,000만이 차기로 이월되게 된다.

대 차 대 조 표

Ⅳ. 자본조정

9. 해외사업환산대(+) 4,000,0000

② 2010년의 회계처리

LA지점만이 존속하게 되므로 전기에서 이월된 해외사업환산대 ₩4,000,000을 뉴욕지점분 해외사업환산대 ₩20,000,000(₩8,000,000+₩12,000,000)으로 먼저 수정한 다음 폐쇄시킨 홍콩지점분 이월 해외사업환산차 ₩16,000,000(₩20,000,000 − ₩4,000,000)을 특별손실로 다음과 같이 처리하여야 한다.

(차)	해외사업환산차	16,000,000	(대)	해외사업환산대	16,000,000
	특 별 손 실	16,000,000		해외사업환산차	16,000,000

제5절 파생상품회계

기업회계기준 제70조에 의하면 ① 파생상품은 당해 계약에 따라 발생된 권리와 의무를 자산·부채로 계상하여야 하며, 공정가액으로 평가한 금액을 대차대조표가액으로 한다.

② 파생상품에서 발생한 손익은 발생시점에 당기손익으로 인식한다. 다만, 위험회피를 목적으로 하는 경우에는 위험회피 활동을 반영하기 위한 회계처리를 할 수 있다.

③ 제1항의 규정에 의한 파생상품거래의 경우 그 거래목적 및 거래내역 등을 주석으로 기재하며, 위험회피 목적의 경우에는 위험회피대상항목, 위험회피대상범위, 위험회피활동을 반영하기 위한 회계처리방법, 이연된 손익금액 등을 기재한다고 규정되어 있다.

1. 파생상품의 의의와 용어정의

(1) 파생상품의 정의

파생상품(derivatives)이란 상품가격·통화·이자율·주가 등 기초상품(본원상품, underlying instruments)에 근거하여 성립한 선도·스왑·옵션 기타 이와 유사한 계약 등에 의하여 파생된 상품(금융상품)을 말하는데, 파생상품은 거래 자체에 고도의 불확실성이 내재되어 있다.

(2) 용어의 정리

① 파생상품(derivatives) : 기초변수(underlying)와 특정금액(수량)(notional amount), 현금지급을 통한 청산으로 구성되며, 순현금액 또는 즉시 현금화할 수 있는 자산을 통하여 결제가 가능한 금융상품 또는 계약을 말한다. 여기서 기초변수는 당해파생상품의 공정가치 변화 또는 현금흐름의 변화를 가져오는 변수로서 이자율, 주가, 상품가격, 환율, 지수 등을 예로 들 수 있다. 특정금액(수량)은 당해 파생상품의 공정가치 또는 현금흐름의 변동액을 결정하기 위해 기초변수에 적용될 고정액(수량)을 말하며 이자율스왑의 액면가액, 원유선물계약이 체결된 원유량, 통화선도계약을 체결한 달러화표시 외화차입금액 등을 예로 들 수 있다. 이러한 파생상품에는 선도거래, 선물거래, 스왑, 옵션 등이 있다.

② 선도거래(forward) : 미래 일정시점에 약정된 가격에 의하여 계약상의 특정 대상을 사거나 팔기로 계약 당사자 간에 합의한 거래를 말한다.

③ 선물거래(futures) : 수량·규격·품질 등이 표준화되어 있는 특정 대상에 대하여 현재시점에서 결정된 가격으로 미래 일정시점에 인도·인수할 것을 약정한 계약으로 조직화된 시장에서 정해진 방법으로 거래되는 것을 말한다.

④ 스왑(swap) : 특정기간 동안에 발생하는 일정한 현금흐름을 다른 현금흐름과 교환하는 연속된 선도거래를 말한다.

⑤ 옵션(option) : 계약 당사자 간에 정하는 바에 따라 일정한 기간내에 미리 정해진 가격으로 외화나 유가증권 등을 사거나 팔 수 있는 권리에 대한 계약을 말한다.

⑥ 위험회피대상항목 : 공정가치변동위험 또는 미래현금흐름변동위험에 노출된 자산 부채 및 확정계약과 미래에 예상되는 거래를 말한다.

⑦ 위험회피수단 : 당해 위험회피수단의 공정가치변동 또는 미래현금흐름변동을 부분적으로 또는 전체적으로 상쇄하기 위해 하나 이상의 위험회피수단을 지정하는 것을 말한다.

⑧ 위험회피목적(hedging) : 위험회피대상항목의 공정가치변동 또는 미래현금흐름변동을 부분적으로 또는 전체적으로 상쇄하기 위해 하나 이상의 위험회피수단을 지정하는 것을 말한다.

⑨ 매매목적 : 위험회피목적이 아닌 모든 파생상품의 거래목적을 말한다.

2. 파생상품의 거래목적

파생상품에 대한 회계처리는 거래목적에 따라 상이하므로 파생상품의 거래 목적을 위험회피목적과 매매목적으로 구분할 수 있다.

(1) 위험회피 목적

위험회피(hedging)란 위험회피대상항목의 공정가액 또는 미래현금흐름의 변동을 부분적으로 또는 전체적으로 상계하기 위해 하나 이상의 파생상품을 위험회피수단으로 지정하는 것을 말한다. 위험회피의 유형은 공정가액 위험회피와 현금흐름 위험회피로 구분할 수 있다.

1) 공정가액 위험회피

특정위험으로 인한 자산, 부채 및 확정계약의 공정 가액 변동위험을 상계하기 위하여 파생상품을 이용하는 것.

2) 현금흐름 위험회피

특정위험으로 인한 자산, 부채 및 예상거래의 미래 현금흐름 변동위험을 상계하기 위하여 파생상품을 이용하는 것.

특정위험이란 환율, 이자율 등의 변동을 의미한다. 한편, 위험회피대상항목은 자산, 부채, 확정계약 및 예상거래로 구성되며, 위험회피수단은 당해 위험회피수단의 공정가액 또는 미래현금흐름 변동과 반대로 움직일 것으로 예상되는 파생상품 및 금융상품을 말한다.

(2) 매매목적

위험회피목적으로 이용되지 않는 모든 파생상품거래의 목적을 의미하는데, 일반적으로 기초상품 가격의 변동을 예측하여 이로부터 차익을 얻으려는 목적, 즉 투기를 목적으로 하는 파생상품거래이다. 이러한 목적으로 파생상품거래를 하는 자는 시장정보를 수집·분석하며 위험회피거래를 목적으로 하는 거래자들의 위험을 인수하는 거래상대방의 역할을 하여 파생상품시장에 유동성을 제공한다.

3. 파생상품의 종류

파생상품에는 대표적인 것으로 선도거래, 선물, 스왑, 옵션 등이 있다. 이러한 파생상품은 기초변수를 무엇으로 하느냐에 따라 종류가 다양해지게 되는데 통화, 이자율, 원자재, 주가지수 등을 대상으로 하는 것이 일반적이다.

(1) 선도거래

선도거래(forward)란 미래 일정시점에 약정된 가격(행사가격 : exercise price)에 의하여 계약상의 특정 대상을 사거나 팔기로 계약 당사자 간에 합의한 거래를 말한다. 선도거래에서 매수자는 매도자로부터 계약 만기일에 약정된 금액을 지급하고 일정량의 상품, 통화, 증권 등을 인도받을 수 있다.

선도거래는 기업이나 금융기관이 현재 보유하고 있는 자산의 가격이 하락할 것으로 예상하고 이러한 가격변동위험을 회피하기 위한 도구로 사용된다.

선도거래의 대표적인 것에는 통화선도거래와 이자율선도거래가 있다.

통화선도거래는 미래의 일정시점에 외국통화를 약정된 환율(선물환율 : forward rate)로 매매하기로 한 계약을 말한다. 따라서 통화선도거래를 선물환거래라 부른다.

선도거래는 만기에 거래대상 자산을 인도·인수하거나 만기 현재 현물가격과 행사가격의 차이를 정산함으로써 완료된다.

(2) 선물거래

선물(futures)이란 수량·규격·품질 등이 표준화되어 있는 특정 대상에 대하여 현재시점에서 결정된 가격으로 미래 일정시점에 인도·인수할 것을 약정한 계약으로 조직화된 시장에서 정해진 방법으로 거래되는 것을 말하며, 선물거래란 선물을 매매하는 거래를 말한다.

선물거래는 거래대상을 표준 품으로 한정하고 선물거래소라는 조직화된 시장에서 거래가 이루어지며, 계약불이행의 위험을 완화하기 위하여 일일정산제도, 거래증거금제도를 채택하고 있다. 또한 선도거래에서는 거래 당사자들 간에 직접거래의 형태를 지니지만, 선물거래에서는 다수의 경쟁적인 매입자와 매도자들 간에 공개호가방식으로 거래가 이루어진다.

(3) 스왑

스왑(swap)이란 특정기간 동안에 발생하는 일정한 현금흐름을 다른 현금흐름과 교환하는 선도거래를 말한다. 스왑의 대상으로는 통화와 이자율이 있다.

통화스왑(currency swap)이란 두 개의 서로 다른 통화를 보유하는 쌍방이 미래 일정시점에 미리 약정된 환율로 재 교환하기로 합의하고 행하는 통화간의 교환거래를 말한다. 통화스왑은 서로 다른 통화로 표시된 채권·채무를 보유하는 당사자 간에 유효하게 이루어지며, 통상 통화와 이자율을 하나로 묶어 이루어지는 경우가 많다.

(4) 옵션

옵션(option)이란 계약 당사자 간에 정하는 바에 따라 일정한 기간내에 미리 정해진 가격(옵션가격)으로 외화나 유가증권 등을 사거나 팔 수 있는 권리에 대한 계약을 말한다.

옵션에는 매수옵션(call option)과 매도옵션(put option)이 있는데, 매수옵션은 거래대상을 매입할 수 있는 권리이며 매도옵션은 이를 매도할 수 있는 권리이다. 또한 옵션은 권리의 행사가능일을 기준으로 만기일 이전에 권리를 행사할 수 있는 아메리칸옵션과 만기일에만 권리를 행사할 수 있는 유러피언옵션으로 나눌 수 있다.

4. 파생상품 회계처리의 일반원칙

파생상품은 공정가액에 의해 평가하고 관련손익은 당기에 반영함을 원칙으로 한다. 다만 거래목적이 매매목적이 아닌 특정자산, 부채의 공정가치변동위험 또는 미래현금흐름변동위험을 회피하기 위한 위험회피목적일 경우에는 위험회피대상항목의 손익과 파생상품의 손익을 대응시키는 위험회피회계를 적용하여 회계처리한다.

(1) 파생상품의 인식 및 평가

파생상품은 계약상의 권리와 의무에 따라 자산 또는 부채로 인식하여 재무제표에 계상 한다.

모든 파생상품은 공정가액으로 평가하여야 한다.

공정가액(fair valve)은 청산이나 강제적인 거래가 아닌 기업 스스로의 자발적인 동기에 의해 회부의 구매의욕이 있는 제3자와의 거래를 통하여 형성될 수 있는 가액을 의미하며, 통상적으로는 거래되는 시장이 형성된 경우 시장가격을 의미한다. 여기서 시장(market)은 일반적인 거래소시장(exchange market), 대리시장(dealer market), 중개시장(broker market) 그리고 당사자간 시장품이 거래되는 시장의 가격이나 잔여만기가 동일한 유사금융상품들의 거래가격 등을 대용치로 적용할 수 있으며, 또한 당해 파생상품의 현행대체원가 추정치로 이용될 수 있다. 그리고 당사자간의 합의에 의한 계약형태인 여러 형태의 옵션 등의 경우에는 적용할 수 있는 합리적인 가격결정모형 등을 추정한 가치를 공정가치로 적용할 수 있다.

(2) 파생상품 평가 손익의 회계처리

매매목적을 위한 파생상품의 평가손익은 영업외손익 또는 특별손익으로 당기손익에 반영하고, 위험회피를 위하여 위험회피수단으로 지정된 파생상품의 평가손익은 위험회피회계에서 정하는 바에 따라 처리한다.

매매목적을 위한 파생상품의 평가손익은 당기손익으로 처리하며 그 손익을 이연하거나 별도의 자산 또는 부채로 인식할 수 없다. 또한 각 파생상품 종류별 평가손액이 금액적으로 중요한 경우에는 각 파생상품 종류별로 구분 기재할 수 있다.

5. 위험회피회계

위험회피회계(hedge accounting)란 위험회피대상항목과 위험회피수단에 대한 손익이 같은 기간에 보고될 수 있도록 양자를 대칭적으로 인식하고 평가하는 회계처리를 말한다. 다시 말하면, 위험회피관계가 설정된 이후부터 위험회피목적파생상품에서 발생한 손익을 위험회피대상자산·부채의 손익이 보고되는 기간에 대응시키는 과정을 의미한다.

(1) 위험회피회계의 적용요건

파생상품의 회계처리에 관한 해석에서는 다음 조건을 모두 충족시키는 거래를 위험회피목적의 파생상품이라고 보고 있다. 만약 다음의 조건 중 하나라도 충족시키지 못한다면 매매목적의 파생상품으로 회계처리해야 한다.

① 파생상품을 위험회피 수단으로 처음 지정할 때 위험회피종류, 위험관리목적, 위험회피전략을 공식적으로 문서화해야 한다. 이 문서에는 위험회피 대상자산, 위험회피수단, 위험의 속성, 기업의 위험에 대한 평가방법이 포함되어야 한다.

② 위험회피수단 지정당시 및 그 이후에 걸쳐 당해 위험회피관계는 위험회피대상항목의 공정가치변동 또는 미래현금흐름 변동을 효과적으로 상쇄할 수 있다고 기대되어야 한다.

③ 위험회피 관계의 효과를 신뢰성 있게 측정할 수 있도록 관련 위험회피대상의 공정가치 또는 현금흐름과 관련된 위험회피수단의 공정가치는 측정 가능해야 한다.

④ 현금흐름 위험회피의 경우 관련 미래예상거래는 발생가능성이 거의 확실해야 하며, 미래 당기순이익에 영향을 미칠 수 있는 가격변동위험을 가지고 있어야 한다.

(2) 위험회피관계

1) 공정가치위험회피

위험회피대상항목이 자산, 부채 확정계약(firm transaction)으로서 당해 항목의 공정가치변동을 상쇄하기 위하여 파생상품을 이용한다.

위험회피수단에 대한 손익은 당해 회계연도에 당기손익으로 인식하며 위험회피대상항목의 회피대상위험에 대한 손익은 당해 회계연도에 당기손익으로 반영하고 위험회피대상항목의 장부가액을 수정한다.

2) 현금흐름위험회피

위험회피대상항목이 미래에 예상되는 거래로서 당해 거래에 따른 미래현금흐름변동을 상쇄하기 위하여 파생상품을 이용한다.

위험회피수단에 대한 손익 중 유효한 부분은 이를 상쇄하여 그 차액을 자본조정으로 처리하고 비유효한 부분은 당해 회계연도의 당시손익으로 인식한다.

자본조정으로 처리한 부분은 차기 이후에 발생하는 자본조정과 상계하여 표시하고 향후 미래에 상거래가 손익에 영향을 미치는 회계연도에 손익으로 인식한다.

(3) 위험회피회계의 적용시 고려사항

위험회피회계를 주장하는 이유는 위험회피수단인 파생상품에서 발생한 손익을 관련된 위험회피대상 항목에서 발생하는 손익에 대응시킴으로써 수익·비용대응의 원칙에 부합되도록 한다는 것이다. 위험회피회계를 적용하는 데 있어서 특별히 고려해야 할 사항은 다음과 같다.

① 파생상품거래는 매매목적 또는 위험회피목적으로 구분하여 각 거래에 경제적 실질이 반영되도록 회계처리하여야 하는바, 파생상품거래가 위험회피 적용요건을 충족하지 못하는 경우에는 매매목적으로 보아 회계처리해야 한다.

② 위험회피회계는 특정위험에 대해서만 적용되어야 하며, 따라서 기업의 전반적인 경영위험에 대한 위험회피회계는 인정되지 않는다.

③ 금액에 대한 부분위험회피 인정 - 위험회피대상항목과 위험회피수단의 금액이 일치하지 않는 경우 두 금액 중 적은 금액이 위험회피회계의 대상이다.

④ 기간에 대한 부분위험회피 인정 - 위험회피대상항목과 위험회피수단의 시작시점과 종료시점이 일치하지 않는 경우 일치하는 기간에 대해서 위험회피회계를 적용할 수 있다.

(4) 위험회피회계의 중단

위험회피회계는 다음 요건이 하나라도 발생하면 중단되어야 하며 이로 인해 손익에 미치는 영향은 중단회계연도 이후에 미치는 것으로 한다.

① 위험회피회계의 적용요건을 충족하지 못하게 된 경우

② 위험회피수단이 청산, 소멸, 행사된 경우. 단, 파생상품의 대체나 만기연장은 이러한 사실이 당초 위험회피에 대한 기업의 공식문서에 포함된 경우 이를 청산, 소멸 등으로 보지 않는다.

③ 기업이 위험회피를 위한 위험회피수단을 제거한 경우

6. 파생상품별 회계처리

(1) 통화선도거래의 회계처리

통화선도거래(선물환거래)란 통화간의 매매계약체결 후 미래 특정일에 사전 약정된 환율(선물환율)로 통화를 매매하고 그 대금을 결제하는 거래를 말한다. 현물환거래에 대응되는 개념으로 내국통화와 외국통화 또는 서로 다른 외국통화가 매매의 대상이다.

국내기업이 환위험회피목적으로 외국환은행과 체결하는 대부분의 거래가 통화선도거래이다.

1) 매매목적의 통화선도거래

당해 선도거래의 공정가치순액을 자산 또는 부채로 계상한다. 일반적으로 계약체결일에는 계약상 권리의무의 공정가치는 동일하므로 인식해야 할 자산 및 부채는 없으며, 실질적으로 별도의 회계처리가 필요없게 된다.

당해 선도거래의 공정가치 변동분은 선도평가손익의 과목으로 인식하여 영업외손익 또는 특별손익으로 처리한다.

공정가치는 잔여만기가 동일한 통화선도거래가격(forward rate)을 기준으로 하고, 이를 적용할 수 없을 경우에는 관련 중개시장(broker market)의 공인된 정보중개기관 등을 통하여 입수한 유사계약의 가격을 이용한다.

계약실행일에 발생하는 공정가치 변동분은 선물거래손익으로 인식한다.

2) 위험회피목적의 통화선도거래

① 공정가치위험회피 선도거래

통화선도거래가 위험회피대상항목인 화폐성외화자산 또는 화폐성외화부채의 환율변동을 상쇄하기위해 위험회피수단으로 지정된 경우의 회계처리는 다음과 같다.

i) 위험회피수단인 통화선도거래의 공정가치 변동분은 매매목적인 경우와 동일하게 평가한다. 따라서 결산시에는 통화선도평가손익의 과목으로, 계약실행시에는 통화선도거래손익의 과목으로 하여 영업외손익으로 처리하며, 이 경우 공정가치는 매매목적 통화선도거래의 경우와 동일하다.

ii) 위험회피대상항목인 화폐성외화자산 또는 화폐성외화부채에 대한 외화환산손익 및 외환차손익은 기업회계기준 제48조 및 제49조를 적용하여 영업외손익으로 처리한다. 이 경우 장기화폐성외화자산 또는 장기화폐성외화부채에 대한 외화환산손익을 이면처리할 수 없으며 모두 영업외손익으로 처리한다.

iii) 동일 화폐성외화자산 또는 화폐성외화부채 중 일부분(금액 또는 기간)만이 위험회피대상으로 지정된 경우 위험회피대상으로 지정되지 않은 부분에 대해서는 위험회피회계를 적용할 수 없으며, 따라서 기업회계기준 제68조(제3항 단서조항 포함)를 적용하여야 한다.

② 현금흐름위험회피를 위한 선도거래

통화선도거래가 미래예상거래의 현금흐름변동위험을 회피하기 위해 위험회피수단으로 지정된 경우의 회계처리는 다음과 같다.

i) 통화선도거래의 공정가치 변동분 중 위험회피에 효과적인 부분은 이를 상계하여 그 차액을 통화선도평가손익계정의 과목으로 자본조정으로 처리한다.

ii) 통화선도거래의 공정가치변동분 중 위험회피에 효과적이지 못한 부분은 통화선도평가손익 계정의 과목으로 영업외손익 또는 특별손익으로 처리한다.

iii) 자본조정에 계상된 통화선도평가손익(누계액)은 차기 이후에 발생하는 통화선도평가손익(자본조정계상분)과 상계하여 표시하고 위험회피수단으로 지정된 미래예상거래가 당기손익에 영향을 미치는 회계기간에 당기손익으로 인식한다.

(2) 선물거래의 회계처리

1) 선물거래의 인식

선물거래는 선도거래와는 달리 상대방의 계약이행을 보증하고 유동성을 극대화하기 위하여 표준화된 계약, 조직화된 시장, 일일정산제도, 증거금제도, 청산기관 등의 제도적 장치를 포함하고 있다. 선물거래는 선물가격의 변화를 증거금계정을 통해 일일정산절차를 취하고 있으므로 당해 선물거래와 목적에 따라 회계처리를 구분할 필요가 없다. 다만 현금흐름위험회피목적인 경우에는 위험회피회계의 개념을 적용하여 평가손익을 이연(자본조정)시켜 미래예상거래가 실행되는 시점에 당기손익에 반영한다.

2) 선물거래의 평가

선물거래는 선물가격의 변화를 증거금계정을 통해 일일정산하는 절차를 취하고 있으므로 특정선물가격이 상승 또는 하락하였을 경우 포지션별로 증거금계정에 반영되고 이를 통해 시가평가가 이루어지므로 기말 미결제 약정선물에 대하여는 일일정산결과에 의한 증거금계정을 통해 평가손익을 인식하고, 만기 이전에 반대매매를 할 경우에는 최초의 약정가격과 처분시의 최종결제가격을 비교하여 선물처분손익을 인식한다. 이 경우 약정가격의 산정이 곤란할 경우에는 선물의 만기별로 선입선출법, 후입선출법, 이동평균법, 총평균법을 적용할 수 있다.

(3) 스왑의 회계처리

일반적으로 스왑은 약정한 대로 미래의 현금흐름을 교환하는 두 거래자간의 계약이다. 즉, 새로운 자금을 조달하기 위해 사용되는 것이 아니라 이미 존재하는 채권이나 채무의 조건을 변경하기 위하여 사용되기 때문에 스왑에서 주고받는 순현금액을 관련 채권 · 채무의 현금흐름 발생시 동시에 교환하게 된다.

1) 이자율스왑

위험회피대상이 변동금리부차입금의 이자현금흐름인 이자율스왑의 경우 회계연도말에 관련 이자 현금흐름은 현행이자율로 평가하여 이자비용 또는 이자수익으로 인식되는바 별도의 위험회피회계가 필요하지 않다. 이 경우 관련 위험회피수단인 이자율스왑은 시장에서 인용된 가격변동 또는 합리적인 모형에 의해 추정된 공정가치에 의하여 평가하여야 한다. 이자율스왑의 수수료는 스왑기간이 장기가 아닌 경우 당기비용으로 처리한다.

2) 통화스왑

통화스왑은 통화선도거래와 유사하지만 선도거래환율을 이용하지 않고 현재외환을 수취·지급하는데 사용된 현행환율을 다시 당해 외환을 상환·회수하는데 사용되는 환율로 이용하여 약정한다는 것이다.

위험회피대상항목이 환율변동인 통화스왑의 경우 회계 연도말에 현행환율에 따라 외화환산이 이루어지므로 관련 통화스왑은 공정가치에 따라 평가하고, 그 순손익을 당기손익으로 인식한다. 매매목적 스왑거래의 평가는 기본적으로 위험회피목적의 경우와 동일하다.

위험회피대상 채권 및 채무에 대한 이자수익 또는 이자비용은 기업회계기준 제47조에 의거 계상한다. 한편, 당해 스왑의 경우에는 일반적으로 수취 또는 지급하는 이자는 순액으로 결재하므로 상계한 후 순잔액만을 스왑거래손익으로 계상하여 관련 채권 또는 챔의 이자수익 또는 이자비용을 계상하는 시점에 인식한다.

(4) 옵션의 회계처리

조직화된 시장에서 거래되는 옵션의 경우 주가지수 옵션의 경우와 동일하게 프리미엄을 취득원가로 계상하고 시장을 통하여 공표되는 공정가치인 시장가격에 의해 시가를 평가하여 평가손익을 인식한다.

옵션 매입시 지급하는 옵션프리미엄은 매수옵션계정(유동자산)으로, 매수시 취득하는 옵션프리미엄은 매도옵션계정(유동부채)으로 처리한다. 옵션이 행사일에 미행사되어 소멸하는 경우 옵션매입자는 지급한 옵션프리미엄은 옵션거래손실로, 옵션매도자는 수취한 옵션프리미엄을 옵션거래이익으로 계상한다.

장외시장에서 거래되거나 당사자간에 체결된 옵션의 경우에는 유사한 옵션시장의 시장가격을 대용하거나 이를 적용하기가 곤란할 경우에는 경영자의 추정을 통하여 공정가치를 산출한다. 이 경우 객관적으로 인정되는 가격결정모델(Black-Sholes Model, 이항분포모델 등)을 이용하여 추정할 수 있으며, 구체적인 모델의 적용방법과 이유 등에 관하여는 주석사항으로 공시하여야 하며, 채택된 추정모델은 일관성 있게 적용되어야 한다.

(5) 주가지수선물 및 주가지수옵션의 회계처리

1) 주가지수선물거래는 주가지수선물이라는 유가증권을 취득하는 것이 아니라 거래이행을 위한 보증금으로서의 증거금을 통한 거래이지만, 주가지수옵션거래는 실제로 옵션을 매수하는 것이고 성격상 옵션의 매수자입장에서는 매수포지션의 취득원가 범위로 손실가능 범위가 줄어들기 때문에 일일정산 절차가 필요 없다.

그러므로 주가지수옵션의 경우 주가지수선물과는 성격이 다른 이유로 일일정산에 의한 증거금계정의 변화가 없으므로 기말 평가시점에 동일 만기 미결제약정 옵션별로 취득원가와 시가를 비교하여 평가손익을 인식한다. 또한 주가지수 옵션이 행사일에 미행사되어 소멸한 경우 이를 처분손익으로 인식하며 이 경우 주가지수옵션 매입자는 지급한 옵션프리미엄을 주가지수옵션처분손실로 하고, 주가지수옵션 매도자는 수취한 옵션프리미엄을 주가지수옵션처분이익으로 처리한다.

2) 주가지수옵션거래는 최초 매매체결시 매수자는 대금을 지불하고 권리를 취득하며, 매도자는 부여하는 대가로 대금을 수령함으로써 매매가 완료된다. 옵션의 매수・매도시 수수되는 옵션대금(premium)은 증거금이 아니며, 매매대금의 성격이며, 이와 같은 이유로 주가지수옵션거래는 증거금거래가 아니므로 일일정산이 불필요한 것이다. 다만, 옵션매도자의 경우 손실가능성이 무한하기 때문에 주가지수의 수준에 따라 증거금수준을 조정한다. 실제로 선물거래는 거래 상대방 중일방의 증거금이 타방의 거래자에게 실제로 지급되는 반면에 옵션거래는 매도자가 납부한 증거금이 옵션매수자에게 이전되는 것이 아니고 증권회사에 거래이행의 담보로 보관되며, 옵션의 시가가 어떻게 변하든 옵션을 행사하거나 옵션의 거래기한이 종료될 때까지의 옵션매수자의 현금흐름에 아무런 변화가 없다.

3) 주가지수선물과 주가지수옵션을 이용한 포트폴리오의 회계처리

현행 증거금계산방법은 선물과 옵션을 분리하여 각각 증거금이 산출되는 것이 아니고 선물・옵션 포트폴리오 위험기준 증거금을 채택하여 투자자가 보유하고 있는 모든 주가지수선물과 옵션의 포지션별로 순미결제약정을 기준으로 가격의 상승과 하락을 서로 상계한 후의 순잔액을 기준으로 증거금을 산출하므로 주가지수선물과 옵션포트폴리오 투자자의 입장에서는 이를 적용하여 주가지수선물 및 포트포리오의 평가손익을 인식한다.

7. 파생상품 회계처리에 관한 주석사항

「파생상품 회계처리에 관한 주석」에서는 파생상품에 대하여 다음과 같은 매우 구체적인 공시를 요구하고 있다.

① 파생상품의 거래목적과 위험회피를 위한 경우 위험회피전략과 위험회피를 위한 파생상품과 위험회피대상(대차대조표상의 자산, 부채 및 확정거래 등)간의 위험회피가 적용될 수 있는 구체적인 관계의 서술 : 회피하고자하는 위험의 구체적 내용, 파생상품과 위험회피대상의 계약건별 중요 내용, 위험회피 목적인 파생상품의 위험회피성.

② 파생상품의 회계처리방법과 파생상품별 공정가치의 평가방법과 그게 대한 합리성 서술

③ 파생상품별 공정가치에 의한 평가이익(손실) 및 거래이익(손실)의 명세 : 당기 손익 반영분과 이연처리 된 부분의 구분 표시 및 이연 처리된 경우 이에 대한 이유

④ 파생상품거래 내역 명세 : 파생상품의 거래목적별, 종류별 파생상품의 항목, 기중의 증감 및 기말 현재의 금액, 약정 수, 포지션 등 장외 파생상품의 경우 계약상대방과 그에 대한 신용위험정도 등

⑤ 파생상품의 거래와 관련한 현금흐름의 요약보고(취득, 청산, 추가증거금의 납부 등 증감요인별)

⑥ 파생상품별 위험요소와 이를 고려할 때 예상되는 최대 손실액

◆통화선도거래(원화로 약정한 경우) 회계 처리 예

(주)여주는 2009. 11. 1 $10,000 상품을 수출하고 대금은 5개월 후에 받기로 약정하였다. 그리고 수출대금의 달러($)가치 변동위험을 회피하기 위하여 5개월 후에 $10,000을 780/$에 매각하기로 계약하였다.

· 환 율

일 자	현 행 환 율	(5개월 forward rate)	(3개월 forward rate)
2009. 11. 1	800	760	
2009. 12. 31	770		760
2010. 4. 1	750	—	

· 결산일 : 매년 12월 31일(통화선도거래예약실행일 : 2010. 4. 1)

1) 회계처리(단위 : ₩)

일 자	일 반 상 거 래	통 화 선 도 거 래
2009. 11. 1	(차) 매출채권 8,000,000 (대) 매 출 8,000,000	분계없음
2009. 12. 31	(차) 외화환산손실 300,000[1)] (대) 매 출 채 권 300,000 1) $10,000×(@800 – @770) =300,000	(차) 미수통화선도계약 200,000 (대) 통화선도평가이익 200,000[1)] 1) $10,000×(@780 – @760) =200,000
2010. 4. 1	(차) 현 금 7,500,000 외화차손 200,000 (대) 매출채권 7,700,000 1) $10,000×(@770 – @750) =200,000	(차) 현 금 7,800,000 (대) 현 금 7,500,000 미수통화선도계약 200,000 통화선도거래이익 100,000[1)] 1) $10,000×(@760 – @750) =100,000

◆통화선도거래(외화로 약정한 경우) 회계처리 예

(주) 여주 2009. 11. 1 $10,000차입(기간 2년)하고 달러가치 변동위험을 회피하고자 2년 후 $10,000을 ¥120/$에 매입하기로 하는 통화선도계약을 체결하였다. 결산일은 매년 12. 31이며 이자는 무시한다.

· 환 율

	2009. 11. 1	2009. 12. 31	2010. 12. 31	2011. 10. 31
원 / $	800	818	852	900
원 / ¥	6.30	6.65	6.82	7.14
¥ / $	127	123	125	126

1) 회계처리(단위 : ₩)

일 자	차 입 거 래	통 화 선 도 거 래
2009. 11. 1	(차) 현 금 8,000,000 (대) 외화장기차입금 8,000,000	분계없음
2009. 12. 31	(차) 외화환산손실 180,000[1)] (대) 외화장기차입금 180,000 1) $10,000×(@818 – @800) =180,000	(차) 미수통화선도계약 199,500[1)] (대) 통화선도평가이익 199,500 1) (@123 – @120) × $10,000×@6.65 =199,500
2010. 12. 31	(차) 외화환산손실 340,000[1)] (대) 외화장기차입금 340,000 (차) 외화장기차입금 8,520,000 (대) 유동성외화장기차입금 8,520,000 1) $10,000×(@852 – @818) =340,000	(차) 미수통화선도계약 136,400[1)] (대) 통화선도평가이익 136,400 1) (@125 – @123) × $10,000×@6.82 =136,400

2011. 10. 31	(차) 유동성장기차입금 8,520,000[1] 외 환 차 손 480,000 (대) 현 금 9,000,000[1] 1) $10,000×@900=9,000,000	(차) 현 금 9,000,000 (대) 현 금 8,568,000[1] 미수통화선도계약 335,900[2] 통화선도거래이익 96,100 1) $10,000×@120×@7.14=8,568,000 2) 199,500+136,400=335,900

◆스왑거래의 회계처리 예

(주) 여주는 2009. 7. 1 매 6개월마다 4회 균등분할상환조건으로 ¥120,000을 차입하였다. 또한 2009. 7. 1 동시에 매 6개월마다 ¥30,000을 수령하고, $200을 지급하는 스왑계약을 체결하였다. 단, 이자는 무시한다.

· 결산일 : 매년 12. 31

· 환 율

	2009. 7. 1	2009. 12. 31	2010. 6. 30	2010. 12. 31	2011. 6. 30
¥ / $	150	140	130	120	110
₩ / $	750	728	689	660	616
₩ / ¥	5.00	5.20	5.30	5.50	5.60

1) 회계처리(단위 : ₩)

일 자	차 입 거 래	스 왑 거 래
2009. 7. 1	(차) 현 금 600,000[1] (대) 외화장기차입금 600,000 1) ¥120,000×@5.00=600,000	분계없음
2009. 12. 31	(차) 외화장기차입금 150,000 외 환 차 손 6,000 (대) 현 금 156,000[1] (차) 외화 환산 손실 18,000[2] (대) 외화장기차입금 18,000 (차) 외화장기차입금 312,000[3] (대) 유동성외화장기차입금 312,000 1) ¥120,000÷4×@5.2=156,000 2) ¥90,000×(@5.2－@5)=18,000 3) ¥60,000×@5.2=312,000	(차) 현 금 10,400 (대) 스왑거래이익 10,400[1] (차) 미 수 스 왑 31,200 (대) 스왑평가이익 31,200[2] 1) (@150－@130)×$200×5.2=21,200 2) 31,200×200/300=10,400
2010. 6. 30	(차) 유동성외화장기차입금 156,000 외 화 차 손 3,000 (대) 현 금 159,000[1] 1) ¥30,000×@5.3=159,000	(차) 현 금 33,000[1] (대) 미 수 스 왑 10,400[2] 스왑거래이익 10,800 1) (@150－@130)×$200×5.2=21,200 2) 31,200×200/300=10,400

2010. 12. 31	(차) 유동성장기차입금 156,000 외 환 차 손 9,000 (대) 현 금 165,000[1)] (차) 외화환산손실 9,000[2)] (대) 외화장기차입금 9,000 (차) 외화장기차입금 165,000 (대) 유동성외화장기차입금 165,000 1) ¥30,000×@5.5=165,000 2) ¥30,000×(@5.5－@5.2)=9,000	(차) 현 금 33,000[1)] (대) 미 수 스 왑 10,400 스왑거래이익 22,600 (차) 미 수 스 왑 22,000 (대) 스왑평가이익 22,000[2)] 1) (@150－@120)×$200×5.5=33,000 2) (@140－@120)×$200×5.5=22,000
2011. 6. 30	(차) 유동성장기차입금 165,000 외 환 차 손 3,000 (대) 현 금 168,000[1)] 1) ¥30,000×@5.6=168,000	(차) 현 금 44,800[1)] (대) 미 수 스 왑 32,400[2)] 스왑거래이익 12,400 1) (@150－@110)×$200×5.6=44,800 2) 10,400+22,000=32,400

◆금리선도거래의 회계처리 예

(주) 여주는 2009. 11. 1 3개월 후 외화 $100,000를 6개월간 차입하기로 약정하고 금리(LIBOR)상승이 예상되므로 이자율 8%로 신도금리계약을 체결하였다.

· 계약조건

계약일 이후 3개월이 경과한 시점부터 6개월의 이자에 대한 계약으로써 차입시점에서 이자차액을 정산하기로 하다.

· 6MO－LIBOR 금리(LIBOR과 FRA는 같음)

2009. 11. 1 : 8%

2009. 12. 31 : 8.5%

2010. 1. 31 : 9%

－ 2010. 1. 31 이자율 차이(1%)에 대한 정산차액 $477를 현금으로 수취한다.

· $100,000×(9%－8%)×182/365÷{1+(9%×182/365)}=477

회계처리(단위 : $, 편의상 원화로 환산하지 않는다.)

2004. 11. 1(계약시) : 계약내용을 비망 기록한다.

일 자	차 입 거 래	통 화 선 도 거 래
2009. 11. 1	분계없음	분계없음
2009. 12. 31	분계없음	(차) 미수금리선도계약 240 (대) 금리선도평가이익(자본조정) 240 1) 100,000×(8.5%－8%)6/12÷{1+(8.5%×6/12}=240

2010. 1. 31 (계약시행일)	(차) 현 금 100,000 (대) 단기차입금 100,000	(차) 현 금 477 (대) 미수금리선도계약 240 금리선도평가이익(자본조정) 237
2010. 7. 31 (상환일)	(차) 단기차입금 100,000 이 자 비 용 4,023 금리선도평가이익 477 (자본조정) (대) 현 금 104,500[1)] 1) 100,000+100,000×9%×6/12=104,500	분계없음

◆이자율스왑거래의 회계처리 예

(주) 여주는 2009. 9. 1 $10,000을 LIBOR조건으로 차입하였다.(기간 : 1년, 이자는 매 3개월마다 지급). 동시에 이자율을 10%로 고정시키고자 스왑계약을 체결한다(수취 : LIBOR, 지급 : 10%, 결제는 매 3개월마다 행한다).

· LIBOR(스왑가치는 LIBOR에 따른 평가액과 같음)

2009. 9. 1 : 9% 2010. 3. 1 : 10.5%

12. 1 : 9.5% 6. 1 : 11%

12. 31 : 10% 9. 1 : 12%

회계처리(단위 : $, 편의상 원화로 환산하지 않는다)

일 자	차 입 거 래	통 화 선 도 거 래
2009. 9. 1	(차) 현 금 10,000 (대) 단기차입금 10,000	분계없음
2009. 12. 1	분계없음	(차) 이자비용 225 스왑거래손실 25[1)] (대) 현 금 250 1) 10,000×(10%－9%)×3/12=25
2009. 12. 31	분계없음	(차) 이자비용 79[1)] 스왑평가손실 4.16 (대) 미지급이자 79 미지급스왑 4.16[2)] 1) 10,000×9.5%×1/12=79 2) 10,000×(10%－9.5%)×1/12=4.16
2010. 3. 1	분계없음	(차) 이자비용 158.5 미지급이자 79 미지급스왑 416 스왑거래손실 8.34[1)] (대) 현 금 250 1) 10,000×(10%－9.5%)×3/12－4.16=8.34

2010. 6. 1	분계없음	(차) 이자비용 262.5[1)] (대) 현　　금 250 　　스왑거래이익 12.5[2)] 1) 10,000×10.5%×3/12=262.5 2) 10,000×(10.5%－10%)×3/12=12.5
2010. 9. 1	분계없음	(차) 이자비용 275[1)] (대) 현　　금 250 　　스왑거래이익 25[2)] 1) 10,000×11%×3/12=275 2) 10,000×(11%－10%)×3/12=25

제6절 특수회계

1. 회계변경

(1) 회계변경의 의의와 유형

회계변경이란 새로운 사실의 발생 또는 기업이 처한 경제적·사회적 환경의 변화 등에 따라 기존에 적용해 오던 회계처리방법이 기업이 재무상태나 경영성과를 적정하게 표시하지 못할 경우 새로운 회계처리방법으로 변경하는 것을 말한다. 하지만 회계변경은 기간 비교가능성을 저해할 가능성이 있으므로 적절한 회계처리와 공시가 필요하다. 회계변경의 유형은 회계정책의 변경, 회계추정의 변경으로 구분된다.

1) 회계정책의 변경

재무제표의 작성과 보고에 적용하던 회계정책을 다른 회계정책으로 바꾸는 것을 말한다. 회계정책은 기업이 재무보고의 목적으로 선택한 기업회계기준과 그 적용방법을 말한다. 회계정책 변경의 예를 들면, 감가상각방법을 정액법에서 정률법으로 변경하는 경우나, 재고자산 원가흐름의 가정을 선입선출법에서 평균법으로 변경하는 경우 등이 있다.

2) 회계추정의 변경

기업환경의 변화, 새로운 정보의 획득 또는 경험의 축적에 따라 지금까지 사용해오던 회계적 추정치의 근거와 방법 등을 바꾸는 것을 말한다. 회계추정은 기업환경의 불확실성하에서 미래의 재무적 결과를 사전적으로 예측하는 것을 말한다. 회계추정변경의 예를 들면, 유형자산 중 거물의 내용연수를 변경하는 경우, 수취채권의 대손상각률의 변경, 재고자산의 진부화여부에 대한 판단추정치의 변경 등이 있다.

3) 회계변경으로 보지 않는 경우

다음의 경우는 이를 회계변경으로 보지 아니하고 타당한 회계처리로 본다.

① 중요성이 없다고 판단하여 기업회계기준과 다르게 회계처리하던 항목들의 중요성이 커지게 되어 기업회계기준을 적용하는 경우, 예를 들면, 품질보증비용을 지출연도의 비용으로 처리하다가 중요성이 중대됨에 따라 충당금설정법을 적용하는 경우이다.

② 과거에는 발생한 경우가 없는 새로운 사건이나 거래에 대하여 회계정책을 택하거나 회계추정을 하는 경우이다.

4) 회계변경의 정당한 사유

기업회계기준서 제1호에 의하면 정당한 회계변경은 회계정책 또는 회계추정의 변경을 통하여 회계정보의 유용성을 높이는 경우 또는 기업회계기준이 새로 제정되거나 개정됨에 따라 회계정책을 변경하는 경우를 말한다.

정당한 사유에 의한 회계정책 및 회계추정 변경의 예는 다음과 같다. 다만, 이 경우에도 아래 "④"를 제외하고는 회사가 회계변경의 정당성을 입증하여야 한다.

(가) 정당한 회계변경의 예

① 합병, 사업부 신설, 대규모 투자, 사업의 양수도 등 기업환경의 중대한 변화에 의하여 총자산이나 매출액, 제품의 구성 등이 현저히 변동됨으로써 종전의 회계정책을 적용할 경우 재무제표가 왜곡되는 경우

② 동종산업에 속한 대부분의 기업이 채택한 회계정책 또는 추정방법으로 변경함에 있어서 새로운 회계정책 또는 추정방법이 종전보다 더 합리적이라고 판단되는 경우

③ 한국증권거래소나 공신력 있는 외국의 증권거래시장 상장 또는 한국증권업협회중개(코스닥)시장 등록을 통하여 기업을 최초로 공개하기 위하여 공개시점이 속하는 회계기간의 직전회계기간에 회계변경을 하는 경우

④ 기업회계기준의 제정, 개정 또는 기존의 기업회계기준에 대한 새로운 해석에 따라 회계변경을 하는 경우

(나) 정당하지 못한 회계변경의 예

① 단순히 세법의 규정을 따르기 위한 회계변경

② 이익조정을 주된 목적으로 한 회계변경

(2) 회계변경의 처리방법

1) 소급법

소급법이란 새로운 회계처리방법을 적용하여 누적적 효과를 계산하고 이를 전기손익수정항목으로 하여 이익잉여금에 가감한 후 전기의 재무제표를 재작성하는 방법이다. 여기서 회계변경의 누적적 효과란 회계변경연도 이전의 기간에 새로운 회계처리 방법을 처음부터 적용한 경우 변경전과 변경후의 순이익의 차이를 말한다.

회계변경의 누적적 효과(Cumulative effect)
= 변경전 방법에 의한 당해 항목의 대차대조표의 기초장부가액 − 변경후 방법에 의한 당해 항목의 대차대조표의 기초장부가액

예를 들어 기초장부가액이 ₩100,000인 차량운반구의 감가상각방법을 정액법에서 정률법으로 변경하는 경우의 누적적 효과를 생각해 보자. 만일 기계장치의 취득시부터 정률법으로 감가상각을 했을 경우의 기초장부가액이 ₩70,000이라면 변경전 기초장부가액과의 차이인 ₩30,000을 이익잉여금에 반영하게 된다.

이 때 장부가액의 차이가 바로 감가상각누계액의 차이이므로 회계처리하면 다음과 같다.

(차) 이월이익잉여금	30,000	(대) 감가상각누계액	30,000

소급법을 적용하게 되면 전기의 재무제표를 수정하기 때문에 기간별 비교가능서이 제고되지만, 과거에 이미 공표된 재무제표를 수정하게 되므로 재무제표의 신뢰성이 저하되며 재작성하는 데 많은 비용과 시간이 소요된다는 단점이 있다.

2) 당기일괄법

당기일괄법은 기초시점에서 새로운 회계처리방법의 적용으로 인한 누적적 효과를 계산하여 이를 당기의 손익에 반영시키는 방법이다. 과거의 재무제표는 수정하지 않으며 누적적 효과를 특별항목 등으로 당기의 손익계산서에 보고한다.

이 방법을 적용하면 소급법에서와는 반대의 장단점을 갖게 된다. 즉, 전기의 재무제표를 수정하지 않으므로 재무제표에 대한 시뢰성이 높아지는 반면에 각기 다른 회계처리방법이 적용된 재무제표는 비교가능성이 저하된다. 또한, 회계변경에 따른 효과를 당기손익에 반영함에 따라 이익조작가능성도 배제할 수 없다.

3) 전진법

전진법에서는 과거에 보고된 재무제표에 대해서는 어떠한 수정도 하지 않는다. 즉, 회계변경으로 인한 누적적 효과를 전혀 반영하지 않고 당기와 미래기간에만 변경된 회계처리방법을 적용한다. 따라서 전진법에서는 당기초의 잔액에서 출발하여 새로운 회계처리방법을 적용하면 된다.

이 방법을 적용하게 되면 전기의 재무제표를 수정하지 않으므로 재무제표의 신뢰성이 제고되나 비교가능성은 저하된다.

(3) 기업회계기준의 처리방법

1) 회계정책의 변경

기업회계기준서 제1호에서는 변경된 새로운 회계정책은 소급적용하여 그 누적효과를 전기이월이익잉여금에 반영하도록 하고 있으며 전기 또는 그 이전의 재무제표를 비교목적으로 공시할 경우에는 소급적용에 따른 수정사항을 반영하여 재작성한다고 되어 있다. 따라서 비교재무제표상의 최초회계기간 이전의 회계기간에 대한 수정사항은 비교재무제표상 최초회계기간의 전기이월이익잉여금을 수정하는 방법으로 표시한다.

하지만 누적효과를 합리적으로 결정하기 어려운 경우에는 회계변경을 전진적으로 처리하여 그 효과가 당기와 당기 이후의 기간에 반영되도록 할 수 있다. 예를 들면, 재고자산의 평가방법을 선입선출법에서 추입선출법을 변경하는 경우와 같이 그 누적효과를 합리적으로 결정하는 것이 어려운 경우에는 회계변경을 전진적으로 처리할 수 있다.

◆회계처리 예

갑회사는 20×4년 초에 취득한 내용연수 5년, 취득원가 ₩5,000,000 잔존가치 ₩250,000의 기계장치를 정률법을 사용하여 감가상각 해오다, 20×6년 회계연도에 정액법으로 변경하였다. 정률법상각률은 0.451이다.

20×5년도 및 20×6년도의 비교손익계산서는 다음과 같으며 20×6년도의 재무제표는 감가상각비를 계상하기 전의 것이다.

손 익 계 산 서

	20×6년도	20×5년도
수 익	₩8,000,000	₩8,000,000
비용(감가상각비 제외)	(6,000,000)	(6,000,000)
감 가 상 각 비	(950,000)	(950,000)
당 기 순 이 익	₩1,050,000	₩1,050,000

2) 회계추정의 변경

회계추정을 변경한 경우에는 전진법을 적용하여 그 변경효과를 당기와 당기 이후의 기간에 반영하고 기간별 비교가능성을 제고하기 위하여 회계추정변경의 효과는 변경전 사용하였던 손익계산서 계정항목과 동일한 계정항목으로 처리한다. 그리고 회계추정변경의 효과는 당해 회계연도 개시일부터 적용한다.

◆회계처리 예

(주) 여주는 지금까지 대손충당금을 매출채권의 1%로 설정하여 왔으나, 전반적인 경제여건이 약화되어 20×9년에는 매출채권의 2%로 설정하기로 하였다. 매출채권잔액은 기초에 ₩9,500,000 기말에 ₩10,000,000이었고, 대손충당금의 기말잔액은 ₩50,000이었다.

(차) 대손상각비	150,000	(대) 대손충당금	150,000

3) 회계정책과 추정을 동시에 변경한 경우 : 선회계정책의 변경후 회계추정의 변경으로 처리

회계정책의 변경과 회계추정의 변경이 동시에 이루어지는 경우에는 소급법에 규정한 회계정책의 변경에 의한 누적효과를 먼저 계산하여 소급법을 적용한 후, 회계추정의 변경효과는 전진법을 적용하여 계산한다.

(4) 주석사항

1) 회계정책의 변경

회계정책의 변경을 소급법으로 회계처리한 경우에는 회계정책변경의 내용과 그 정당성, 회계정책의 변경이 당기 재무제표에 미치는 영향, 회계정책의 변경으로 인한 비교재무제표상의 수정금액, 비교재무제표가 재작성되었다는 사실, 회계변경연도와 직전 3년간 각 연도별로 재계산된 경상이익, 당기순이익, 주당경상이익, 주당순이익 및 기타 중요변동항목의 내역을 주석으로 기재하여야 한다.

그리고 누적효과를 계산할 수가 없어서 회계정책의 변경을 전진법으로 처리한 경우에 그 사실과 회계정책변경의 내용, 그 정당성 및 변경으로 인하여 당기재무제표에 미치는 영향을 주석으로 기재하여야 한다.

2) 회계추정의 변경

회계추정을 변경한 경우에는 변경내용, 그 정당성 및 그 변경이 당기재무제표에 미치는 영향을 주석으로 기재한다. 만약 그 금액을 산정하기 어려운 경우에는 그 사실을 주석으로 기재한다.

회계변경의 회계처리

회 계 변 경		내 용
용어의 정의	회계변경	회계정책의 변경과 회계추정의 변경
	회계정책의 변경	재무제표의 작성과 보고에 적용하던 회계정책을 다른 회계정책으로 변경 -회계정책 : 기업이 재무보고의 목적으로 선택한 기업회계기준과 그 적용방법
	회계추정의 변경	회계적 추정치의 근거와 방법 등을 바꾸는 것 -회계추정 : 기업환경의 불확실성하에서 미래의 재무적 결과를 사전적으로 예측하는 것
회계처리	회계정책의 변경	-원칙 : 소급법으로 회계처리 -대체적인 방법(누적효과를 합리적으로 결정하기 어려운 경우): 전진법으로 회계처리 → 변경효과는 회계연도 개시일부터 적용
	회계추정의 변경	-전진법으로 회계처리 -회계정책과 회계추정의 동시 변경 : 선회계정책의 변경후 회계추정의 변경으로 보아 회계처리 -변경효과 : 회계연도 개시일부터 적용 -회계정책의 변경효과와 회계추정의 변경효과의 구분이 불가능한 경우 : 회계추정의 변경으로 보아 회계처리

2. 오류수정

(1) 오류의 개념

오류수정이란 전기 또는 그 이전의 재무제표에서 발생한 오류를 당기에 발견하여 수정하는 것을 뜻한다. 기업의 회계처리 과정상 통상적으로 발생할 수 있는 회계오류는 다음과 같은 것이 있다.

1) 회계기준 적용의 오류

기업회계기준에 위배되어 회계처리를 한 경우에 발생하는 오류이다. 기업회계기준에 따라 발생주의로 수익을 인식해야 하나 현금주의로 수익을 인식한 경우가 이에 해당된다.

2) 추정의 오류

추정이 합리적이지 못함으로써 발생하는 오류이다. 여기서 회계추정의 변경과 구별해야 하는데, 회계추정의 변경은 추정을 하는 시점에서 주어진 정보를 이용하여 합리적으로 추정을 하였으나 새로운 추가적 정보에 의해서 추정을 변경하는 경우에 발생하는 것이고, 추정의 오류는 추정시점에서 적절한 주의를 기울이지 않음으로써 발생하는 것이다.

3) 계정분류의 오류

고의나 과실로 대차대조표나 손익계산서의 계정과목을 잘못 분류하는 경우에 발생한다.

4) 계산의 오류

덧셈이나 뺄셈 등 계산의 잘못으로 인하여 발생하는 오류이다.

5) 사실의 누락 및 오용

비용이나 수익의 발생을 기록하거나 다음기로 이연시키는 등의 사실을 간과한 경우에 발생한다.

회계변경과 오류수정을 구분해야 한다. 회계원칙의 변경은 일반적으로 인정된 회계원칙 중에서 다른 원칙으로 변경하는 것이나 회계오류는 일반적으로 인정되지 않은 회계원칙을 적용한 경우에 발생하는 것이므로 이러한 면에서 회계변경과 회계오류가 구별이 된다.

그러나 회계추정의 변경과 회계추정의 오류는 구별하기가 까다롭다. 회계추정의 변경은 추정을 하는 시점에서 주어진 정보를 이용하여 합리적으로 추정을 하였으나 새로운 추가적 정보에 의해서 추정을 변경하는 경우에 발생하는 것이고 회계추정의 오류는 추정시점에서 적절한 주의를 기울이지 않음으로써 발생하는 것이다. 이론적으로는 구별이 가능해 보이나 현실적으로 회계추정 당시에 명백한 부주의 등의 경우가 아니면 구별하기가 어려울 것이다.

(2) 회계오류의 유형

회계처리의 오류를 발견했을 경우에는 적절하게 수정을 해야 하는데 오류유형에 따라 수정하는 방법이 다르므로 그 유형을 분류할 필요가 있다.

1) 대차대조표에만 영향을 미치는 오류

자산, 부채 및 자본계정의 분류상의 오류로 인해 발생한다. 예를 들면 장기채무의 상환일이 1년 이내에 도래하는 데도 유동성대체를 하지 않은 경우 또는 유가증권을 투자유가증권으로 분류한 경우 등이 해당된다. 이런 오류가 발견되었을 때에는 계정재분류를 하면 된다.

2) 손익계산서에만 영향을 미치는 오류

대차대조표에만 영향을 미치는 오류와 같이 손익계산서의 계정분류상의 오류로 인해 발생한다. 매출할인을 영업외비용으로 처리한 경우 또는 무형자산상각비를 감가상각비로 기장한 경우 등이 해당된다.

오류가 발생했던 기간의 장부를 마감하기 전에 오류를 발견했다면 재분류하는 분개를 하여 수정을 하고 장부가 마감된 후에 발견했다면 아무런 분개를 할 필요가 없다. 왜냐하면 손익항목은 장부가 마감되면 이익잉여금으로 대체되어 다음기로 잔액이 이월되지 않기 때문이다.

3) 대차대조표와 손익계산서 모두에 영향을 미치는 오류

이 오류는 순이익에 영향을 미치는 오류로 감가상각비를 과대계상하여 순이익이 과소계상되고 유형자산의 장부가액도 과소계상되는 경우가 이에 해당된다. 대차대조표나 손익계산서 한 쪽에만 영향을 미치는 오류는 순이익에 영향을 미치지 않지만 대차대조표와 손익계산서 모두에 영향을 미치는 오류는 순이익에 영향을 미치며, 이는 자동적으로 조정되는 오류와 자동적으로 조정되지 않는 오류로 구분된다.

자동적으로 조정되는 오류는 두 회계기간을 통하여 오류의 영향이 자동적으로 조정되는 오류이다. 예를 들면 선급보험료를 과소계상한 경우 전기의 보험료는 과대계상된다. 한편, 당기로 넘어오면 전기에 선급보험료가 과소계상된 만큼 당기의 보험료는 과소계상된다. 두 회계연도를 합산하면 보험료와 순이익이 정확히 계상되고, 당기 말 선급보험료의 잔액도 적절하게 나타난다. 즉, 오류가 발생한 다음 회계연도에는 전년도 오류가 자동적으로 수정되는 효과가 생긴다.

자동적으로 조정되지 않는 오류는 두 회계기간의 경과만으로 오류가 조정되지 않고 오류가 재무제표에 미치는 영향이 소멸하는데 세 회계연도 이상이 소요되는 오류이다. 예를 들면, 유형자산의 자본적 지출을 수익적 지출로 간주하여 당기비용으로 처리한 경우 감가상각비는 과소계상된다. 만약, 유형자산의 내용연수가 5년이라고 하면 상각이 완료되는 5년동안 감가상각비는 과소계상되는 것이다.

(3) 회계오류의 사례

1) 자동적으로 조정되는 오류

(가) 선급비용의 오류

(주)여주해운의 회계감사인은 20×9년 회계감사시에 회사가 20×8. 7. 1부터 20×9. 6. 30까지의 1년분 자동차보험료 ₩1,200,000을 전액 20×8년의 비용으로 회계처리했음을 발견했다. (주)여주

해운은 20×9년과 20×8년의 당기순이익을 각각 ₩30,000,000과 ₩20,000,000으로 보고하였다.

위의 오류를 수정하여 반영한 20×9년과 20×8년의 수정후 당기순이익은 얼마인가?

손 익 계 산 서

	2011년도	2010년도
수정전 당기순이익	₩30,000,000	₩20,000,000
보험료 과대계상		600,000
보험료 과소계상	(600,000)	
수정후 당기순이익	₩29,400,000	₩20,600,000

(주)여주해운은 20×8년에 선급비용으로 ₩600,000을 과소계상했으므로 20×8년분 보험료비용을 ₩600,000만큼 과대계상한 것이 되며 20×9년의 보험료가 ₩600,000만큼 과소계상된다.

20×8년 : 선급비용의 과소계상 ⇒ 당기비용의 과대계상 ⇒ 당기순이익의 과소계상

20×9년 : 당기비용의 과소계상 ⇒ 당기순이익의 과대계상

위의 사례에서 20×9년의 장부를 마감하기 전에 감사인이 오류를 발견하였다면 오류수정분개는 다음과 같다.

(차) 보 험 료	600,000	(대) 전기오류수정이익	600,000

한편, 감사인이 위의 오류를 20×9년 장부를 마감한 후 발견했다면 20×9년과 20×8년에 걸쳐 오류의 영향이 자동적으로 조정되므로 수정분개를 할 필요가 없다.

(나) 미지급비용의 오류

(주)여주건설의 회계감사인은 20×9년 회계감사시에 회사가 20×8. 7. 1부터 20×9. 6. 30까지의 1년분 이자비용 ₩1,000,000을 전액 20×9년 이자지급시 비용으로 처리했음을 발견했다. (주)여주건설은 20×9년과 20×8년의 당기순이익을 각각 ₩10,000,000과 ₩9,000,000으로 보고하였다.

위의 오류를 수정하여 반영한 20×9년과 20×8년의 수정후 당기순이익은 얼마인가?

손 익 계 산 서

	2011년도	2010년도
수정전 당기순이익	₩10,000,000	₩9,000,000
이자비용 과대계상	500,000	
이자비용 과소계상		(500,000)
수정후 당기순이익	₩10,500,000	₩8,500,000

(주)여주건설은 20×8년에 미지급비용을 ₩500,000을 과소계상했으므로 20×8년분 이자비용을 ₩500,000만큼 과소계상한 것이 되며 20×9년의 이자비용이 ₩500,000만큼 과대계상된다.

20×8년 : 미지급비용의 과소계상 ⇒ 당기비용의 과소계상 ⇒ 당기순이익의 과대계상
20×9년 : 당기비용의 과대계상 ⇒ 당기순이익의 과소계상

위의 사례에서 20×9년의 장부를 마감하기 전에 감사인이 오류를 발견하였다면 오류수정분개는 다음과 같다.

(차) 전기오류수정손실 500,000 (대) 이 자 비 용 500,000

선급비용의 예와 마찬가지로 20×9년의 장부를 마감한 후 감사인이 오류를 발견하였다면 2년에 걸쳐 자동적으로 오류가 영향이 조정되므로 아무런 수정분개가 필요없다.

(다) 재고자산의 오류

(주)여주는 20×9년과 20×8년의 당기순이익을 각각 ₩1,000,000과 ₩2,000,000으로 보고하였고 매출원가와 관련한 자료를 다음과 같이 감사인에게 제시하였다.

매 출 원 가

	20×9년도	20×8년도
기초상품재고액	₩ 220,000	₩ 400,000
당기매입	2,000,000	1,000,000
판매가능상품재고액	2,220,000	1,400,000
기말상품재고액	(400,000)	(200,000)
매출원가	₩1,800,000	₩1,200,000

(주)여주의 감사인은 20×9년도의 회계감사시에 20×8년도의 기말상품재고액이 ₩80,000만큼 과대계상되었음을 발견하였다. (주)여주의 기말상품재고액의 과대계상오류를 수정한 수정후 매출원가는 얼마인가? 또한 20×9년과 20×8년의 오류수정후 당기순이익은 얼마인가?

① 수정후 매출원가

매 출 원 가

	20×9년도	20×8년도
기초상품재고액	₩ 120,000	₩ 400,000
당기매입	2,000,000	1,000,000
판매가능상품재고액	2,120,000	1,400,000
기말상품재고액	(400,000)	(120,000)
매출원가	₩1,720,000	₩1,280,000

② 수정후 당기순이익

손 익 계 산 서

	20×9년도	20×8년도
수정전 당기순이익	₩1,000,000	₩2,000,000
매출원가 과대계상	80,000	
매출원가 과소계상		(80,000)
수정후 당기순이익	₩1,080,000	₩1,920,000

(주)여주는 20×9년도의 기말상품재고액을 과대계상하였으므로 20×8년도의 매출원가는 동액만큼 과소계상되었으며 20×9년도의 기초상품재고액은 과대계상되었고 동액만큼 매출원가가 과대계상된다.

20×8년 : 기말상품재고 과대계상 ⇒ 매출원가 과소계상 ⇒ 당기순이익의 과대계상
20×9년 : 기초상품재고 과대계상 ⇒ 매출원가 과대계상 ⇒ 당기순이익 과소계상

위의 사례에서 20×9년의 장부를 마감하기 전에 감사인이 오류를 발견하였다면 오류수정분개는 다음과 같다.

(차) 전기오류수정손실 80,000 (대) 매 출 원 가 80,000

2) 자동적으로 조정되지 않는 오류

자동적으로 조정되지 않는 오류는 두 회계기간의 경과만으로 오류가 조정되지 않고 오류가 재무제표에 미치는 영향이 소멸하는데 세 회계연도 이상이 소요되는 오류이다. 다음은 자동적으로 조정되지 않는 오류의 사례이다.

(가) 감가상각비의 오류

(주)여주는 20×8년 초에 건물을 구입하였다. 건물의 취득원가는 ₩95,000,000이며, 내용연수는 10년, 잔존가치는 없고 정액법으로 감가상각을 하였다. (주)여주는 이 기계에 대한 취득세 및 등록세 ₩5,000,000을 취득원가에 가산하지 않고 세금과공과로 하여 당기비용을 처리하였다. (주)여주의 감사인이 20×9년 감사시에 이 오류사실을 적발하였다. 회사가 행한 잘못된 회계처리와 올바른 회계처리를 하고 오류를 수정하는 분개를 하라.

① 회사가 행한 분개

20×8년 :	(차) 세금과공과	5,000,000	(대) 현 금	5,000,000
	감가상각비	9,500,000	감가상각누계액	9,500,000
20×9년 :	(차) 감가상각비	9,500,000	(대) 감가상각누계액	9,500,000

② 올바른 분개

20×8년 :	(차) 건 물	5,000,000	(대) 현 금	5,000,000
	감가상각비	10,000,000	감가상각누계액	10,000,000
20×9년 :	(차) 감가상각비	10,000,000	(대) 감가상각누계액	10,000,000

③ 오류수정분개

	(차) 건 물	5,000,000	(대) 전기오류수정이익	4,500,000*
	감가상각비	500,000	감가상각누계액	1,000,000

* ₩5,000,000(20×8년 세금과공과) − ₩500,000(20×8년 감가상각비) = ₩4,500,000

(주)여주는 건물에 대한 취득세 및 등록세를 건물의 취득원가에 가산하여 20×8년부터 향후 10년간 감가상각비로 회계처리하지 않고 20×8년 전액을 일시에 비용처리함에 따라 두 회계기간의 경과만으로는 자동적으로 조정되지 않는 오류를 유발하였다. 이러한 오류를 발견한 경우 오류수정분개를 하려면 회사가 행한 분개와 올바른 분개를 비교하여 다음의 순서를 밟는 것이 좋다.

㉠ 대차대조표계정의 차이를 수정한다.

대차대조표계정은 다음 회계연도에도 지속적으로 사용할 수 있는 계정이므로 계정과목별로 상계하여 순액으로 표시하면 된다.

㉡ 손익계산서계정의 차이를 수정한다.

정부가 마감된 전년도의 손익계산서계정은 이익잉여금계정으로 마감되므로 계정과목 및 발생연도에 상관없이 전기오류수정손익의 과목으로 처리한다.

장부가 마감되지 않은 손익계산서계정들은 계정과목별로 상계하여 순액으로 표시한다.

(4) 오류수정의 재무제표 표시

당기에 발견한 전기 또는 그 이전기간의 오류는 당기 손익계산서에 영업외손익중 전기오류수정손익으로 보고한다. 다만, 전기 또는 그 이전기간에 발생한 중대한 오류의 수정은 전기이월이익잉여금에 반영하고 관련 계정잔액을 수정한다. 비교재무제표를 작성하는 경우 중대한 오류의 영향을 받는 회계기간의 재무제표항목은 재작성하다.

3. 대차대조표일 후에 발생한 사건

대차대조표일 후 발생한 사건은 대차대조표일과 재무제표가 사실상 확정된 날 사이에 발생한 기업 재무상태에 영향을 미치는 사건을 말한다. 이 때 재무제표가 사실상 확정된 날은 정기주주총회 제출용 재무제표가 이사회에서 최종 승인된 날을 말한다.

재무제표승인절차

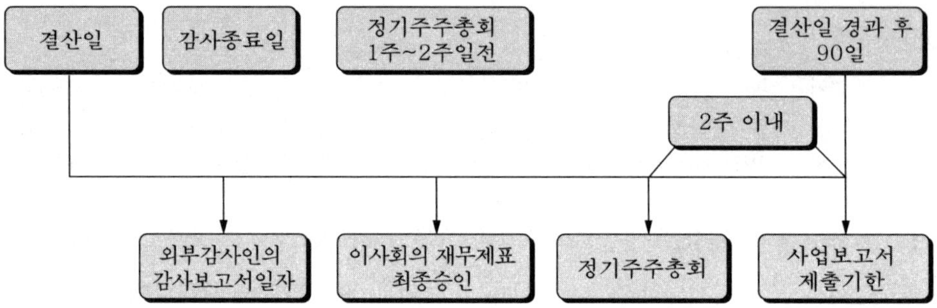

(1) 대차대조표일 후 사건의 구분 및 회계처리

사건의 구분	정 의	회 계 처 리
1) 수정을 요하는 사건	대차대조표일 현재 존재하였던 상황에 대한 추가적 증거를 제공하는 사건으로서 재무제표상의 금액에 영향을 주는 사건	· 금액 : 재무제표에 이미 인식한 추정치는 그 금액을 수정하고, 재무제표에 인식하지 아니한 항목은 이를 새로이 인식 · 공시 : 수정이 필요한 경우에는 공시사항도 수정
2) 수정을 요하지 않는 사건	대차대조표일 현재 존재하지 않았으나 대차대조표일 후에 발생한 상황에 대한 증거를 제공하는 사건	· 금액 : 재무제표상의 금액을 수정하지 아니함 · 의사결정에 중요한 영향을 미치는 경우 사건의 성격과 사건의 재무적 영향에 대한 설명을 주석으로 공시

1) 수정을 요하는 대차대조표일 후 발생한 사건의 예는 다음과 같다.

① 대차대조표일 현재 이미 자산의 가치가 하락되었음을 나타내는 정보를 대차대조표일 후에 입수하는 경우, 또는 이미 감액손실을 인식한 자산에 대하여 계상한 감액손실금액의 수정을 요하는 정보를 대차대조표일 후에 입수하는 경우

② 대차대조표일 이전에 존재하였던 소송사건의 결과가 대차대조표일 후에 확정되어 이미 인식한 손실금액을 수정하여야 하는 경우

③ 대차대조표일 이전에 구입한 자산의 취득원가 또는 매각한 자산의 금액을 대차대조표일 후에 결정하는 경우

④ 대차대조표일 현재 지급하여야 할 의무가 있는 종업원에 대한 이익분배 또는 상여금지급 금액을 대차대조표일 후에 확정하는 경우

⑤ 전기 또는 그 이전기간에 발생한 회계적 오류를 대차대조표일 후에 발견하는 경우

2) 수정을 요하지 않는 대차대조표일 후 발생한 사건의 예는 다음과 같다.

① 유가증권의 시장가격이 대차대조표일과 재무제표가 사실상 확정된 날 사이에 하락한 것은 수정을 요하지 않는 대차대조표일 후 발생한 사건의 예다.

3) 수정을 요하지 않는 사건 중 재무제표를 이용하는 정보이용자의 의사결정에 중요한 영향을 주는 사건으로 주석으로 공시해야 할 사건의 예는 다음과 같다.

① 주요한 기업합병 또는 종속회사나 사업부문의 처분

② 사업중단 계획의 발표, 자산의 처분이나 사업중단에 따른 부채의 상환, 또는 이들 자산의 매각과 부채의 상환에 대한 구속력 있는 계약의 체결

③ 주요 자산의 구입 및 매각 또는 정부에 의한 주요 자산의 몰수

④ 화재 등 재해로 인한 주요 생산 설비의 손실

⑤ 주요한 구조조정계획의 발표 또는 구조조정의 착수

⑥ 주요한 보통주의 거래와 전환증권의 거래

⑦ 자산가격 또는 환율의 비정상적인 변동

⑧ 법인세비용과 이연법인세에 중대한 영향을 미치는 세법 또는 세율의 변경 또는 변경예고

⑨ 중요한 지급보증과 같은 우발채무의 발생 또는 중요한 계약의 체결

⑩ 대차대조표일 후의 사건에만 관련되어 제기된 주요한 소송의 개시

(2) 배당 및 잉여금의 처분

이익잉여금처분계산서에 포함된 배당은 대차대조표에 부채로 인식하지 아니하며, 대차대조표에는 이익잉여금처분 전의 재무상태를 표시한다. 이에 대한 근거는 이익잉여금의 처분은 주주총회의 교유한 권한으로서 대차대조표일 현재는 배당과 관련하여 기업이 부채로 인식해야 할 어떠한 사건도 발생하지 아니하였기 때문이며, 이와 같은 처리는 국제회계기준과도 일관성이 있는 것이다.

대차대조표일 후에 이사회에서 승인한 배당을 포함한 잉여금의 처분은 이익잉여금처분계산서(결손금처리계산서)에 보고하여 주주총회에 제출한다.

(3) 계속기업가정의 변경

대차대조표일 후에 기업의 청산이 확정되거나 청산이외의 다른 현실적인 대안이 없다고 판단되는 경우에는 계속기업의 전제에 기초하여 재무제표를 작성하여서는 아니된다. 또한 대차대조표일 후에 경영성과와 재무상태가 심각하게 악화된 경우에는 계속기업의 전제를 적용하는 것이 적절한가에 대해 판단할 필요가 있다.

다음의 경우에 대해서는 그 내용을 주석으로 기재한다.

① 재무제표가 계속기업의 전제에 기초하여 작성되지 않는 경우

② 계속기업으로서의 존속 가능성에 대해 심각한 의문을 제기할 수 있는 사건 또는 상황이 발생하였거나, 발생할 가능성이 있는 경우

대차대조표일 후 사건의 회계처리 개념도

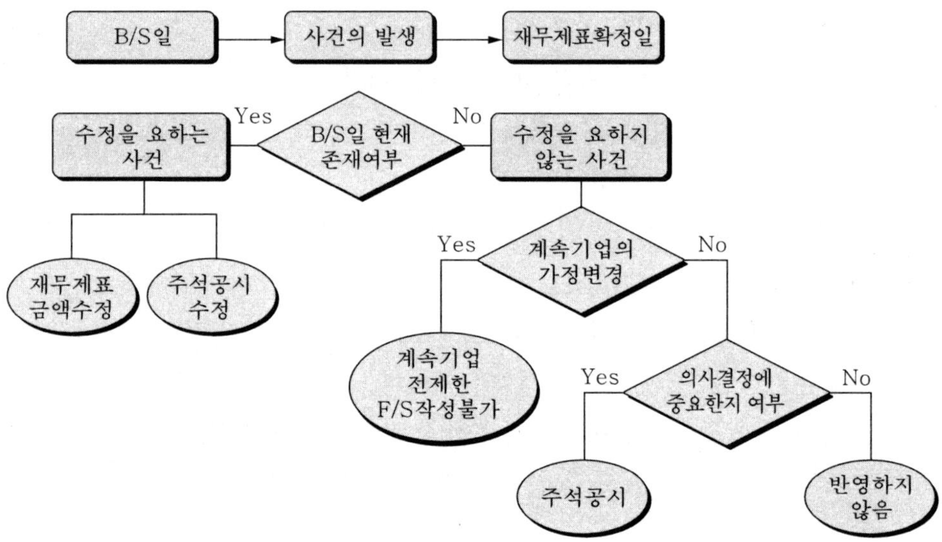

연 습 문 제

1. 무상증자 등으로 취득한 주식의 평가를 설명하라.

2. 외화자산 및 부채의 환산에 대하여 설명하라.

3. 파생상품의 의의와 종류를 약술하라.

4. 파생상품의 회계처리와 일반원칙을 약술하라.

5. 회계변경의 의의와 필요성을 논하라.

6. 우발채무에 대하여 논하라.

7. 회계변경의 의의와 유형에 대하여 설명하라.

8. 회계오류의 유형에 대하여 설명하라.

제6장

자본변동표

제 1 절　자본변동표

1. 자본변동표의 의의

자본변동표는 한 회계기간 동안 발생한 소유주지분의 변동을 표시하는 재무보고서로서, 자본을 구성하고 있는 자본금, 자본잉여금, 자본조정, 누적기타포괄손익, 이익잉여금의 각 항목별로 기초잔액, 변동사항, 기말잔액을 표시한다.

자본변동표에서 전기에 이미 보고된 전기이월 미처분이익잉여금(또는 미처리결손금)의 금액이 당기에 발생한 회계정책의 변경이나 중대한 전기오류수정으로 인하여 변동된 경우에는 전기에 이미 보고된 금액을 별도로 표시하고 회계정책 변경이나 오류수정이 매 회계연도에 미치는 영향을 가감한 수정후 전기미처분이익잉여금을 표시한다.

2. 자본변동표의 필요성과 유용성

(1) 필요성

국제회계기준 또는 미국회계기준 등 국제적인 회계기준에 의하면 자본의 변동내용에 대한 포괄적인 정보를 나타내는 재무제표를 기본 재무제표로 작성할 것을 요구하고 있다. 과거 우리나라의 경우에 이익잉여금처분계산서를 기본 재무제표의 하나로 하고 있는데, 이익잉여금처분계산서는 자본의 이익잉여금 중 이월이익잉여금 항목의 변동내용만을 나타낼 뿐 자본을 구성하는 모든 항목의 변동내용을 포괄적이고 체계적으로 제시하지 못하고 있다. 따라서 회계기준의 국제적 정합성 제고 및 자본의 변동내용의 포괄적인 정보제공을 위하여 자본변동표의 도입이 필요하게 되었다.

(2) 유용성

① 자본변동표는 대차대조표에 표시되어 있는 자본의 변동내용을 설명하는 재무보고서로서, 자본을 구성하고 있는 모든 항목의 변동내용에 대한 정보를 제공하게 된다.
② 자본변동표는 재무제표간의 연계성을 제고시키며 재무제표의 이해가능성을 높인다.
③ 자본변동표는 손익계산서를 거치지 않고 대차대조표의 자본에 직접 가감되는 항목에 대한 정보를 제공한다.

3. 자본변동표의 기본구조

(1) 기본구조

자본변동표에는 자본금, 자본잉여금, 자본조정, 누적기타포괄손익, 이익잉여금(결손금)의 각 항목별로 기초잔액, 변동사항, 기말잔액을 표시한다.

(2) 변동사항

1) 자본금 변동

자본금의 변동은 유·무상증자(또는 감자)와 주식배당에 의하여 발생하며, 자본금은 보통주자본금과 우선주자본금으로 구분하여 표시한다.

2) 자본잉여금 변동

자본잉여금의 변동은 유·무상증자(또는 감자), 결손금처리 등으로 구분하여 표시한다.

3) 자본조정 변동

자본조정의 변동은 다음과 같은 항목으로 구분하여 표시한다.

① 주식할인발행차금
② 배당건설이자

③ 자기주식

④ 주식매수선택권

⑤ 출자전환채무

⑥ 청약기일이 경과된 신주청약증거금 중 신주납입금으로 충당될 금액

⑦ 감자차손

⑧ 자기주식처분차손

⑨ 기타 : ①내지 ⑧외의 원인으로 당기에 발생한 자본조정의 변동으로 하되, 그 금액이 중요한 경우에는 적절히 구분하여 표시한다.

4) 누적기타포괄손익 변동

누적기타포괄손익의 변동은 다음과 같은 항목으로 구분하여 표시한다.

① 매도가능증권평가차손익

② 해외사업환산차손익

③ 현금흐름 위험회피 파생상품평가차손익

④ 기타 : ①내지 ③외의 원인으로 당기에 발생한 누적기타포괄손익의 변동으로 하되, 그 금액이 중요한 경우에는 적절히 구분하여 표시한다.

5) 이익잉여금 변동

이익잉여금의 변동은 다음과 같은 항목으로 구분하여 표시한다.

① 연차배당(당기중에 주주총회에서 승인된 배당금액으로 하되 현금배당과 주식배당으로 구분하여 기재한다)과 기타 전기말 미처분이익잉여금의 처분

② 중대한 전기오류수정이익

③ 회계정책의 변경으로 인한 누적효과

④ 중간배당(당기 중에 이사회에서 승인된 배당금액)

⑤ 당기순손익

⑥ 기타 : ①내지 ⑤외의 원인으로 당기에 발생한 이익잉여금의 변동으로 하되, 그 금액이 중요한 경우에는 적절히 구분하여 표시한다.

4. 자본변동표의 변동사항 회계처리

(1) 주식할인발행차금상각

주식을 할인발행하는 경우에는 액면과의 차액을 주식할인발행차금계정으로 하여 자본조정계정으로 자본에 차감하는 형식으로 분류하였다. 이 주식할인발행차금은 주식발행연도부터 또는 증자연도부터 3년 이내의 기간에 매기균등액을 상각하여 이익의 처분으로 하며 처분할 이익잉여금이 부족하거나 결손이 있는 경우에는 차기이후연도에 이월하여 상각할 수 있다.

◆주식할인발행차금의 상각 회계처리 예

다음의 거래를 분개하시오.

① (주)여주는 보통주 1,000주(₩5,000)를 주당 ₩4,000에 증자발행하다(전액을 납입받아 당좌예금함). 이중 주식발행비로 ₩100,000 지불하다.

② 상기의 할인발행차금 ₩250,000을 상각하다.

①	(차)	당 좌 예 금	4,000,000	(대)	보통주자본금	5,000,000
		주식할인발행차금	1,000,000			
	(차)	창 업 비	100,000	(대)	당 좌 예 금	100,000
②	(차)	주식할인차금상각	250,000	(대)	주식할인발행차금	250,000
		처분전이익잉여금	250,000		주식할인차금상각	250,000

(2) 배당건설이자

전력, 철도사업 등 그 건설이 장기간을 요하는 기업은 그 건설기간중에 영업활동을 할 수 없어 배당을 하지 못하여 주식발행에 어려움이 있는 경우가 있다. 이에 상법에서는 특례를 두어 설립 후 2년 이상 개업할 수 없는 회사는 법원의 인가를 얻어 배당을 할 수 있는 규정을 두고 있는데 이를 배당건설이자(preoperating dividends)라 한다. 기업회계기준서에서는 개업 후 연 6분 이상의 이익을 배당하는 경우에는 그 6분을 초과한 금액과 동액 이상을 상각하여 이익의 처분으로 하고 있다.

◆배당건설이자의 상각 회계처리 예

다음 거래를 분개하시오.

① (주)이천은 법원의 인가를 얻어 정관의 규정에 의해 개업전에 배당하기로 하고 ₩3,000,000을 현금지급하다.

② 제4기에 위 금액 중 ₩1,000,000을 상각하다.

①	(차) 배 당 건 설 이 자	3,000,000	(대) 현 금	3,000,000
②	(차) 배당건설이자상각	1,000,000	(대) 배당건설이자	1,000,000
	미처분이익잉여금	1,000,000	배당건설이자상각	1,000,000

(3) 자기주식처분차손

자기주식을 취득가액 이하로 매각하였을 때에는 자기주식처분손실이 발생되는데 자기주식처분이익이 있을 때에는 우선적으로 상계하고 잔액은 자기주식처분손실계정으로 하여 자본조정으로 분류한다.

◆자기주식처분차손의 회계처리 예

다음 거래를 분개하시오.

① (주)여주는 자기주식 1,000주(₩5,000)를 주당 ₩15,000에 현금취득하다.

② 위의 주식 500주를 주당 ₩16,000에 처분하다.

③ 위의 잔여주식 500주를 주당 ₩12,000에 처분하다.

④ 결산시 자기주식처분차손 잔액을 이익 처분하다.

①	(차) 자 기 주 식	15,000,000	(대) 현 금	15,000,000
②	(차) 현 금	8,000,000	(대) 자 기 주 식	7,500,000
			자기주식처분차익	500,000*
	* 500주×(₩16,000－15,000) ＝ ₩500,000			
③	(차) 현 금	6,000,000	(대) 자 기 주 식	7,500,000
	자기주식처분차익	500,000		
	자기주식처분차손	1,000,000		
④	(차) 미처분이익잉여금	1,000,000	(대) 자기주식처분차손	1,000,000

(4) 배당금

배당(dividends)은 회사가 영업활동에서 획득한 이익을 주주의 자본출자에 대한 보상의 형식으로 주주에게 분배되는 것으로 이익잉여금의 범위내에서 이루어진다. 배당금은 손익계산서상의 비용이 아니고 자본변동표에서 나타나는 이익의 처분이다. 배당의 형태에는 현금으로 지급하는 현금배당과 주식으로 교부하는 주식배당이 있다.

배당금은 이익의 처분이기 때문에 최종적으로는 주주총회의 승인을 받아야 한다.

따라서 결산일, 배당금지급일에 있어서 수행하여야 할 회계처리가 다르다.

① 결산일

이사회가 잠정적으로 미처분이익잉여금의 처분안을 의결한다.

(차) 미처분이익잉여금	×××	(대) 미지급배당금	×××

② 주주총회일

이사회에서 의결된 안을 주주총회에서 최종적으로 승인받으며, 이 때 행해야 할 회계처리는 없다.

③ 배당금지급일

주주총회에서 결정된 바에 따라 배당금을 현금으로 지급하며, 차기에 이루어지는 회계절차이다.

(차) 미지급배당금	×××	(대) 현 금	×××

◆배당금의 회계처리 예

다음 거래를 분개하시오.

① (주)여주는 결산일에 현금배당 ₩500,000과 주식배당 ₩200,000을 배당하기로 하다.

② 주주총회에서 위 이익처분을 결의하다.

③ 현금배당은 수표발행하여 지급하고, 주식배당에 대해서는 신주를 교부하다.

①	(차) 미처분이익잉여금	700,000	(대)	미지급배당금	500,000
				미교부주식배당금	200,000
②	분개없음				
③	(차) 미지급배당금	500,000	(대)	당 좌 예 금	500,000
	미교부주식배당금	200,000		보통주자본금	200,000

연 습 문 제

1. (주)여주의 이익은 ₩1,000,000이다. 이사회의 결정에 따라 다음과 같은 이익처분(안)이 결정되었으며 전기이월 미처분이익잉여금의 기초잔액은 ₩200,000이다. 필요한 분개를 하시오.

이익준비금 ₩180,000 감채적립금 ₩150,000 배당금 ₩500,000

2. (주)여주의 20×9년도의 당기순이익은 ₩600,000이며, 이익처분전의 기말 대차대조표는 다음과 같다.

대 차 대 조 표

현 금 및 현 금 성 자 산	300,000	매 입 채 무	900,000
매 출 채 권	1,000,000	자 본 금	750,000
상 품	900,000	주 식 발 행 초 과 금	200,000
비 품	500,000	이 익 준 비 금	150,000
		미처분 이익잉여금	100,000

(1) 당기순이익의 대체분개를 하시오.
(2) 이사회에서 다음과 같이 처분하기로 결정하였다. 분개를 하시오.

이익준비금 ₩70,000 현금배당 ₩400,000 배당평균적립금 ₩50,000
차기이월 미처분이익잉여금 ₩180,000

[해답]

1. 분개

(차)	손 익	1,000,000	(대)	미처분이익잉여금	1,000,000
(차)	미처분이익잉여금	830,000	(대)	이 익 준 비 금	180,000
				감 채 적 립 금	150,000
				미 지 급 배 당 금	500,000

2. 분개

(1)(차)	손 익	600,000	(대)	미처분이익잉여금	600,000
(2)(차)	미처분이익잉여금	520,000	(대)	이 익 준 비 금	70,000
				배당 평균 적립금	50,000
				미 지 급 배 당 금	400,000

자본변동표의 작성실무

〈작성실무 1〉

1. 각 회계연도 말의 자본은 다음과 같다. 단, 누적포괄손익과 이익잉여금에 대한 법인세 효과는 고려하지 않는다.

	20×7. 12. 31	20×8. 12. 31	20×9. 12. 31
자본금			
보통주자본금	1,00,000	1,500,000[1)]	2,000,000[3)]
자본잉여금			
주식발행초과금		250,000[1)]	600,000[3)]
자본조정			
자기주식		(12,000)[2)]	(30,000)[4)]
누적기타포괄손익			
매도가능증권평가차손익	30,000	15,000	30,000
해외사업환산차손익	20,000	(10,000)	(20,000)
이익잉여금			
법정적립금	100,000	12,000	200,000
임의적립금	20,000	80,000	100,000
미처분익잉여금	130,000	430,000	968,400
합 계	1,300,000	2,373,000	3,848,400

1) 20×7년 1월에 주식 1,000주(주식액면가액 : @500, 주식발행가액 : @750)을 발행
2) 20×7년 4월에 자기주식 20주(취득가액 : @600)를 취득
3) 20×8년 5월에 주식 1,000주(주식액면가액 : @500, 주식발행가액 : @850)를 발행
4) 20×8년 6월에 자기주식 20주(취득가액 : @900)를 취득

2. 각 회계연도의 이익잉여금의 변동은 다음과 같다.

	20×3	20×4	20×5
전기이월이익잉여금	200,000	250,000	630,000
전기분 배당	(40,000)	(10,000)	(50,000)
전기오류수정손익			200,000
회계정책변경 누적효과			18,400
중간배당	(10,000)	(10,000)	(30,000)
당기순이익	100,000	400,000	500,000
차기이월이익잉여금	250,000	630,000	1,268,400

3. 20×7 - 3년에 1월에 취득한 무형자산 A(취득원가 : 500,000, 내용연수 : 5년, 잔존가액 : 0)를 자산으로 회계처리하지 않고 비용으로 처리한 오류를 20×9년에 발견하였다. 이것은 중대한 오류에 해당된다고 판단하였다.

	20×7-1	20×7	20×8	20×9	2010
비용처리	500,000	–	–	–	–
자산처리	100,000	100,000	100,000	100,000	100,000
차 이	400,000	(100,000)	(100,000)	(100,000)	(100,000)
누적효과(비용처리)	500,000	500,000	500,000	500,000	500,000
누적효과(자산처리)	100,000	200,000	300,000	400,000	500,000
차 이	400,000	300,000	200,000	100,000	–

회 계 연 도	이익잉여금에 대한영향		
	자산처리	비용처리	차 이
20×7년 이전	(200,000)	(500,000)	300,000
20×8년	(100,000)	–	(100,000)
20×9년 기초까지의 누적효과	(300,000)	(500,000)	200,000
20×9년	(100,000)	–	(100,000)

4. 20×9년에 20×7 - 3년 1월에 취득한 기계장치 B(취득원가 : 100,000, 내용연수 : 5년, 잔존가액 : 0)의 감가상각방법을 정률법(40%)에서 정액법으로 변경하였다.

	20×7-1	20×7	20×8	20×9	2010
정률법	40,000	24,000	14,400	8,640	12,960
정액법	20,000	20,000	20,000	20,000	20,000
차 이	20,000	4,000	(5,600)	(11,360)	(7,040)
누적효과(정률법)	40,000	64,000	78,400	87,040	100,000
누적효과(정액법)	20,000	40,000	60,000	80,000	100,000
차 이	20,000	24,000	18,400	7,040	–

회 계 연 도	이익잉여금에 대한영향		
	정액법	정률법	차 이
20×7년 이전	(40,000)	(64,000)	24,000
20×8년	(20,000)	(14,400)	(5,600)
20×9년 기초까지의 누적효과	(60,000)	(78,400)	18,400
20×9년	(20,000)	(8,640)	(11,360)

자본변동표

제×기 20×8년 1월 1일부터 20×8년 12월 31일까지
제×기 20×9년 1월 1일부터 20×9년 12월 31일까지

회사명 (단위 : 원)

구 분	자 본 금	자본 잉여금	자본조정	누적기타 포괄손익	이익 잉여금	총계
20×8. 1. 1(보고금액)	1,000,000	–	–	50,000	250,000	1,300,000
전기분 배당					(10,000)	(10,000)
기타 이익잉여금처분액					–	–
처분후 이월이익잉여금					240,000	1,290,000
회계정책변경 누적효과					24,000	24,000
전기오류수정손익					300,000	300,000
수정후 이월이익잉여금					546,000	1,614,000
중간배당					(10,000)	(10,000)
유상증자(감자)	500,000	250,000				750,000
당기순이익(손실)					294,400[1)]	294,400
자기주식 취득			(12,000)			(12,000)
매도가능증권평가차손익				(15,000)		(15,000)
해외사업환산차손익				(30,000)		(30,000)
20×8. 12. 31	1,500,000	250,000	(12,000)	5,000	848,400	2,591,400
20×9. 1. 1(보고금액)	1,500,000	250,000	(12,000)	5,000	630,000	2,373,000
전기분 배당					(50,000)	(50,000)
기타 이익잉여금처분액					–	–
처분후 이월이익잉여금					580,000	2,323,000
회계정책변경 누적효과					18,400	18,400
전기오류수정손익					200,000	200,000
수정후 이월이익잉여금					798,400	2,541,400
중간배당					(30,000)	(30,000)
유상증자(감자)	500,000	350,000				850,000
당기순이익(손실)					500,000	500,000
자기주식취득			(18,000)			(18,000)
매도가능증권평가차손익				15,000		15,000
해외사업환산차손익				(10,000)		(10,000)
20×9. 12. 31	2,000,000	600,000	(30,000)	10,000	1,268,400	3,848,400

1) 400,000(20×8년 보고 당기순이익 – 100,000(전기오류수정손익) – 5,600(회계정책 변경효과) = 294,400

제7장

이익잉여금처분계산서 및 결손금처리계산서

제 1 절 이익잉여금처분계산서

1. 이익잉여금처분계산서의 의의

기업회계기준 제76조에 의하면 ① 이익잉여금처분계산서는 이익잉여금의 처분사항을 명확히 보고하기 위하여 이월이익잉여금의 총변동사항을 표시하여야 한다.

② 결손금처리계산서는 결손금의 처리사항을 명확히 보고하기 위하여 이월결손금의 총변동사항을 표시하여야 한다.

③ 이익잉여금처분계산서의 양식사례는 별지 제7호 서식과 같고, 결손금처리계산서의 양식사례는 별지 제8호 서식과 같다라고 규정하고 있다.

기업은 매회계연도마다 결산을 실시하고 그 결과에 의거 주주총회에서 이익잉여금을 처분하게 된다. 이 경우 이익잉여금의 처분사항을 명확히 보고하기 위하여 작성되는 재무제표가 이익잉여금처분계산서이다. 이익잉여금처분계산서는 처분전이익잉여금과 임의적립금이입액을 합산하여 처분가능이익잉여금을 산출하고 이 금액에서 이익잉여금처분액을 차감한 후 남은 금액을 차기이월이익잉여금으로 표시하게 된다.

이익잉여금처분계산서 양식은 표와 같다.

이익잉여금처분계산서

제 × 기 200×년 ×월 ×일부터 200×년 ×월 ×일까지 처분확정일 200×년 ×월 ×일
제 × 기 200×년 ×월 ×일부터 200×년 ×월 ×일까지 처분확정일 200×년 ×월 ×일

회사명 : (단위 : 원)

과 목	제×(당)기		제×(전)기	
	금 액		금 액	
Ⅰ. 처 분 전 이 익 잉 여 금		×××		×××
1. 전기이월이익잉여금 (또는 전기이월결손금)				
2. 회계변경의 누적효과				
3. 전기오류수정이익 (또는 전기오류수정이익)				
4. 중간배당금				
5. 당기순이익 (또는 당기순손실)				
Ⅱ. 임 의 적 립 금 등 의 이 입 액		×××		×××
1. ××적립금				
2. ××적립금				
합 계				
Ⅲ. 이 익 잉 여 금 처 분 액		×××		×××
1. 이익준비금				
2. 기타법정적립금				
3. 주식할인발행차금상각액				
4. 배당금				
가. 현금배당				
주당배당금(율) 보통주 : 당기××원(%)				
전기××원(%)				
우선주 : 당기××원(%)				
전기××원(%)				
나. 주식배당				
주당배당금(율) 보통주 : 당기××원(%)				
전기××원(%)				
우선주 : 당기××원(%)				
전기××원(%)				
5. 사업확정적립금				
6. 감채적립금				
7. __________				
Ⅳ. 차 기 이 월 이 익 잉 여 금		×××		×××

상기 표에 의하면 이익잉여금처분계산서에서 최종적으로 계산된 차기이월이익잉여금은 대차대조표상의 자본계정 중 이월이익잉여금과 일치하게 된다.

재무제표에는 모두 당기순이익이 표시되지만 대차대조표에만 당기순이익이 표시되지 않는다. 그러므로 대차대조표에도 당기순이익을 주기하도록 기업회계기준에서는 요구하고 있다.

2. 이익잉여금처분계산서의 기능

이익잉여금처분계산서는 대차대조표나 손익계산서에서는 나타낼 수 없는 다음과 같은 사항을 보완하는 기능이 있다.

(1) 이익배당에 관한 정보제공

이익잉여금처분계산서의 여러 기재항목 중 가장 중요한 것은 이익배당금액이다. 배당금의 액수는 거액인 경우가 일반적이며, 주주는 물론 정보이용자에게 가장 큰 관심사가 되고 있기 때문이다. 따라서 이익잉여금처분계산서의 가장 큰 기능 내지 유용성은 이익배당에 관한 정보를 제공하는데 있다.

(2) 강제적립금과 임의적립금에 대한 정보제공

이익잉여금처분계산서에서 강제적립금과 임의적립금에 대한 정보를 제공할 수 있다. 강제적립금에는 상법상의 이익준비금과 기타의 법령에 의한 기업합리화적립금 등이 있고 임의적립금에는 사업확장적립금 · 감채적립금 · 배당평균적립금 등이 있다.

(3) 임의적립금이입액 · 당기순이익 · 차기이월이익잉여금에 관한 정보제공

이익잉여금처분계산서에는 임의적립금의 이입액(처분전이익잉여금의 계산)과 당기순이익처분이 확정된 잔액인 차기이월이익잉여금에 관한 정보도 제공하게 된다.

3. 이익잉여금처분계산서의 과목과 범위

기업회계기준 제77조에 의하면 이익잉여금처분계산서의 과목은 다음과 같다.

(1) 처분전이익잉여금

처분전이익잉여금은 다음과 같이 계산한다.

처분전이익잉여금 = 전기이월이익잉여금(전기이월결손금) ± 회계처리기준의 변경으로 인한 누적효과 ± 전기오류수정손익 − 중간배당액 ± 당기순이익(당기순손실)

처분전이익잉여금은 전기이월이익잉여금(전기이월결손금)에 회계변경의 누적효과, 전기오류수정손익, 당기순손익을 가감하고 중간배당액을 차감하여 산출한다.

(2) 임의적립금 등의 이입액

임의적립금이입액은 사업확장적립금, 감채적립금 등을 이입하여 당기의 이익잉여금처분에 충당하는 경우에는 그 금액을 처분전이익잉여금에 가산하는 형식으로 기재한다.

(3) 이익잉여금처분액

처분전이익잉여금에 임의적립급이입액을 가산한 처분가능이익잉여금을 바탕으로 다음과 같이 이익잉여금의 처분을 한다.

① 이익준비금

이익준비금은 상법의 규정에 의하여 금전에 의한 이익배당의 10분의 1이상의 금액을 적립하는 금액으로 한다. 다만, 이익준비금의 총액이 자본금의 2분지 1에 달한 경우에는 그 이상 적립할 수 없다.

② 기타 법정적립금

이익준비금을 적립한 후 여유가 있을 경우 기업합리화적립금, 기업발전적립급, 재무구조개선적립금 등 법령에 의하여 의무적으로 적립하여야 할 적립금으로 한다.

③ 이익잉여금처분에 의한 상각 등

주식할인발행차금상각, 배당건설이자상각, 자기주식처분손실잔액, 상환주식, 상환액 등의 이익잉여금처분액으로 한다.

④ 배당금

배당금은 당기에 처분할 배당액으로 하되 금전에 의한 배당과 주식에 의한 배당으로 구분하여 기재한다. 주식의 종류별 주당배당금액, 액면배당률은 주기하고 배당수익률, 배당성향 및 배당액의 산정내역은 주석으로 기재한다.

배당가능액=(처분전이익잉여금+임의적립금 등의 이입액)－(이익준비금+기타법정적립금+이익잉여금처분에 의한 상각 등)

배당가능액에서 실제 처분된 배당금을 차감한 후 여유가 있으면 임의적립금이나 기타의 이익잉여금으로 처분할 수 있다.

⑤ 임의적립금

사업확장적립금, 감채적립금, 배당평균적립금, 결손보전적립금 등 법인이 임의로 적립한 금액으로 한다.

⑥ 기타의 이익잉여금처분액

주식할인발행차금상각 및 배당건설이자 상각과 기타 ①내지 ⑤이외의 이익잉여금처분액으로 구분한다.

(4) 차기이월 이익잉여금

처분전이익잉여금과 임의적립금이입액 합계액에서 이익잉여금처분액을 차감한 금액으로 한다. 이 금액은 대차대조표상 자본계정의 차기이월이익잉여금과 일치하게 된다.

이익잉여금처분계산서의 작성 예

다음은 여주(주)의 이익잉여금과 관련한 자료이다.

(1) 자료

① 전기이월이익잉여금 ₩1,488,000 당기순이익 ₩25,710,000

② 임의적립금 이입액

별도적립금 ₩2,160,000 배당평균적립금 ₩3,900,000 결손보전적립금 ₩1,740,000

③ 이익잉여금처분액

이익준비금 ₩2,700,000 배당금 ₩27,000,000 사업확장적립금 ₩2,040,000

감채적립금 ₩1,800,000 잔액은 차기로 이월

이 익 잉 여 금 처 분 계 산 서

Ⅰ. 처분전이익잉여금		₩27,198,000
1. 전기이월이익잉여금	₩1,488,000	
2. 당기순이익	25,710,000	
Ⅱ. 임의적립금이입액		7,800,000
1. 별도적립금	2,160,000	
2. 배당평균적립금	3,900,000	
3. 결손보전적립금	1,740,000	
합 계		34,998,000
Ⅲ. 이익잉여금처분액		33,540,000
1. 이익준비금	2,700,000	
2. 배당금	27,000,000	
3. 사업확장적립금	2,040,000	
4. 감채적립금	1,800,000	
Ⅳ. 차기이월이익잉여금		₩1,458,000

제 2 절 결손금처리계산서

1. 결손금처리계산서의 의의

기업의 당기말 미처리결손금의 처리에 관하여는 결손금처리계산서(statement of deficit)를 작성하여야 한다. 당기순손실이 생겼다 하더라도 수정후 전기이월이익잉여금을 초과하지 아니한 경우와 수정후 전기이월결손금이 있다고 하더라도 당기순이익이 이를 초과하는 경우에는 당기말 미처리결손금이 나타나지 않기 때문에 결손금처리계산서는 작성할 필요가 없다.

또한 기말에 미처리결손금이 생겼다 하더라도 이입할 수 있는 임의적립금이 동미처리결손금을 초과하는 경우에는 먼저 이 결손금을 보전(처리)하고 남는 금액의 범위 내에서 배당금을 지급하는 경우도 있을 수 있다. 이러한 경우에는 비록 기말에 미처리결손금이 생겼다 하더라도 이익잉여금처분계산서를 작성하여야 한다. 결손금처리계산서의 양식을 제시하면 〈표 6-2〉와 같다.

결 손 금 처 리 계 산 서

제×기 200×년 ×월 ×일 제×기 200×년 ×월 ×일부터
200×년 ×월 ×일 200×년 ×월 ×일까지
처리확정일 200×년 ×월 ×일 처리확정일 200×년 ×월 ×일

회사명 : (단위 : 원)

과 목	제×(당)기		제×(전)기	
	금 액		금 액	
Ⅰ. 처 리 전 결 손 금		×××		×××
1. 전기이월이익잉여금 (또는 전기이월결손금)				
2. 회계변경의 누적효과				
3. 전기오류수정이익 (또는 전기오류수정손실)				
4. 중간배당금				
5. 당기순손실 (또는 당기순이익)				
Ⅱ. 결 손 금 처 리 액		×××		×××
1. 임의적립금이입액				
2. 기타 법정적립금				
3. 이익준비금이입액				
4. 자본잉여금이입액				
Ⅲ. 차 기 이 월 결 손 금		×××		×××

2. 결손금처리계산서의 과목과 범위

기업회계기준 제78조에 의하면 결손금처리계산서의 과목은 다음과 같다.

(1) 처리전결손금

처리전결손금=전기이월결손금(전기이월이익잉여금) ± 회계변경의 누적효과 ± 전기오류수정손익 ± 당기순손실(당기순이익)

처리전결손금은 전기이월이익잉여금 또는 전기이월결손금에 회계변경 누적효과와 전기오류수정이익(손실)을 가감하고 중간배당금과 당기순이익(손실)을 가감하여 당기순손실(당기순이익)을 가감 산출한다.

(2) 결손금처리액

처리전결손금이 있을 경우 기존의 이익잉여금이나 자본잉여금으로 보전을 하게 되는바 이를 결손금처리라고 한다. 결손금처리액은 임의적립금, 기타 법정적립금, 이익준비금 등을 이입시켜 처리하여 차기이월결손금을 계산한다. 이후에도 부족한 경우에만 자본잉여금인 재평가적립금 및 자본준비금으로 결손처리를 하게 된다.

(3) 차기이월결손금

결손금처리를 한 후에도 결손금이 남을 경우에는 이 금액을 차기로 이월하게 되며 이를 차기이월결손금이라 한다. 또한 이 금액은 대차대조표의 자본계정에 차기이월결손금으로 표시된다.

◆결손금처리계산서의 작성 예

다음은 여주(주)의 자료를 이용하여 결손금 처리계산서를 작성하라.

(1) 자료

① 전기이월이익잉여금 ₩1,860,000 당기순손실 ₩14,700,000

② 결손금처리액

임의적립금 ₩2,700,000 기타법정적립금 ₩1,040,000 이익준비금 ₩2,800,000

재평가적립금 ₩2,580,000 자본준비금 ₩2,480,000 잔액은 차기로 이월

<u>결 손 금 처 리 계 산 서</u>

Ⅰ. 처분전결손금		₩12,840,000
1. 전기이월이익잉여금	₩1,860,000	
2. 당기순손실	14,700,000	
Ⅱ. 결손금처리액		12,600,000
1. 임의적립금이입액	2,700,000	
2. 기타법정적립금이입액	1,040,000	
3. 이익준비금이입액	2,800,000	
4. 재평가적립금이입액	2,580,000	
5. 자본준비금이입액	2,480,000	
Ⅲ. 차기이월결손금		₩240,000

연 습 문 제

1. 이익잉여금처분계산서의 의의를 설명하라.

2. 결손금처리계산서의 의의를 설명하라.

3. 결손금처리보전의 순서를 설명하라.

4. 이익잉여금처분 순서를 설명하라.

이익잉여금처분계산서 또는 결손금처리계산서의 작성실무

〈작성실무 1〉

다음 (주) 여주상사의 제10기(200×. 1. 1 ~ 200×. 12. 31) 자료를 이용하여 이익잉여금처분계산서를 작성하라.

(1) 자료

① 처분전이익잉여금

전기이월이익잉여금	₩3,360,000	당 기 순 이 익	₩31,200,000

② 임의적립금이입액

배당평균적립금	₩5,120,000	별 도 적 립 금	₩2,400,000

③ 이익잉여금처분액

이 익 준 비 금	₩3,600,000	배 당 금	₩32,000,000
감 채 적 립 금	₩3,120,000	사업확장적립금	₩2,160,000

[해답]

이 익 잉 여 금 처 분 계 산 서

(단위 : 원)

과 목	금 액	
Ⅰ. 처 분 전 이 익 잉 여 금		34,560,000
1. 전기이월이익잉여금	3,360,000	
2. 당기순이익	31,200,000	
Ⅱ. 임 의 적 립 금 이 입 액		7,520,000
1. 배당평균적립금	5,120,000	
2. 별도적립금	2,400,000	
합 계		42,080,000
Ⅲ. 이 익 잉 여 금 처 분 액		40,880,000
1. 이익준비금	3,600,000	
2. 배당금	32,000,000	
3. 사업확장적립금	2,160,000	
4. 감채적립금	3,120,000	
Ⅳ. 차 기 이 월 이 익 잉 여 금		1,200,000

〈작성실무 2〉

(주) 이천상사의 다음 자료에 의하여 이익잉여금처분계산서를 작성하시오.(단, (주)이천상사는 법정자본금이 ₩50,000,000이다)

(1) 자료1 처분전이익잉여금

① 전기이월이익잉여금	₩1,250,000	② 전기오류수정이익	₩90,000
③ 전기오류수정손실	₩115,000	④ 당기순이익	₩3,100,000

(2) 자료2 임의적립금이입액

① 배당평균적립금	₩625,000	② 별도적립금	₩350,000

(3) 자료3 미처분이익잉여금 처분안

① 이익준비금	₩250,000	② 배 당 금	₩2,500,000(금전50%, 주식50%)
③ 배당건설이자상각비	₩250,000	④ 기업합리화적립금	₩150,000
⑤ 감채적립금	₩250,000	⑥ 사업확정적립금	₩350,000

잔액은 차기로 이월한다.

[해답]

이 익 잉 여 금 처 분 계 산 서

당기200×년 1월 1일부터 12월 31일까지(전기분생략)
처분확정일200×년 2월 28일

(주)이천 (단위 : 원)

과 목	당 기		전 기	
	금 액		금 액	
Ⅰ. 처분전 이익 잉여금		4,325,000	생	략
1. 전기이월이익잉여금	1,250,000			
2. 전기오류 수정 이익	90,000			
3. 전기오류 수정 손실	(115,000)			
4. 당기순이익	3,100,000			
Ⅱ. 임의 적립금 이입액		975,000		
1. 배당평균 적립금	625,000			
2. 별도적립금	350,000			
합 계		5,300,000		
Ⅲ. 이익 잉여금 처분액		3,750,000		
1. 이익준비금	250,000			
2. 기업합리화 적립금	150,000			
3. 배당건설이자상각액	250,000			
4. 배당금	2,500,000			
가. 현금배당	(1,250,000)			
나. 주식배당	(1,250,000)			
5. 감채적립금	250,000			
6. 사업확장 적립금	350,000			
Ⅳ. 차기이월이익잉여금		1,550,000		

〈작성실무 3〉

다음 자료에 의하여 (주) 여주상사의 제10기 이익잉여금처분계산서를 작성하라. 단, 회계연도는 2009년 1월 1일부터 2009년 12월 31일이며, 주주총회일(처분확정일)은 2010년 1월 20일이다.

(1) 자료

① 당기말 미처분이익잉여금

전기이월이익잉여금	₩600,000	당 기 순 이 익	₩7,310,000

② 임의적립금이입액

신축적립금이입액	₩100,000	배당평균적립금이입액	₩280,000

③ 이익잉여금처분액

이 익 준 비 금	₩556,500	배 당 금	₩4,750,000
감 채 적 립 금	₩1,250,000	별 도 적 립 금	₩500,000
해외시장개척준비금	₩280,000	수출손실준비금	₩200,000

차기이월이익잉여금은 각자 계산할 것

[해답]

이 익 잉 여 금 처 분 계 산 서

제10기 2009년 1월 1일 ~ 2009년 12월 31일

처분확정일 2010년 1월 20일

(단위 : 원)

과 목	금 액	
Ⅰ. 처 분 전 이 익 잉 여 금		7,910,000
1. 전기이월이익잉여금	600,000	
2. 당기순이익	7,310,000	
Ⅱ. 임 의 적 립 금 이 입 액		380,000
1. 신축적립금	100,000	
2. 배당평균적립금	280,000	
합 계		8,290,000
Ⅲ. 이 익 잉 여 금 처 분 액		7,536,500
1. 이익준비금	556,500	
2. 배당금	4,750,000	
3. 감채적립금	1,250,000	
4. 별도적립금	500,000	
5. 해외시장개척준비금	280,000	
6. 수출손실준비금	200,000	
Ⅳ. 차 기 이 월 이 익 잉 여 금		753,500

〈작성실무 4〉

(주) 여주상사의 다음 제7기(200×. 1. 1 ~ 200×. 12. 31)자료에 의하여 결손금처리계산서를 작성하라.

(1) 자료

① 전기이월이익잉여금 ₩2,580,000

② 당기순손실 ₩15,120,000

③ 결손금처리액

임의적립금이입액	₩2,160,000	기타법정적립금이입액	₩1,440,000
이익준비금이입액	₩5,600,000	재평가적립금이입액	₩3,280,000

[해답]

결 손 금 처 리 계 산 서

(단위 : 원)

과 목	금	액
Ⅰ. 당 기 말 미 처 리 결 손 금		12,540,000
1. 전기이월이익잉여금	2,580,000	
2. 당기순손실	15,120,000	
Ⅱ. 결 손 금 처 리 액		12,480,000
1. 임의적립금이입액	1,080,000	
2. 기타법정적립금이입액	720,000	
3. 이익준비금이입액	2,800,000	
4. 재평가적립금이입액	1,640,000	
Ⅲ. 차 기 이 월 결 손 금		60,000

〈작성실무 5〉

(주) 여주상사의 제4기 결손금처리계산서를 작성하여라. 단, 회계연도는 200×년 1월 1일부터 12월 31까지이며, 결손금처리확정일은 200×년 2월 25일이다.

(1) 자료

① 당기말 미처리 결손금

전기이월이익잉여금 ₩1,800,000
전기오류수정이익 : 전기감가상각 과대수정 ₩600,000
전기오류수정손실 : 전기상품과대 평가수정 ₩1,800,000
법인세추납액 ₩4,212,000
당기순손실 ₩30,516,000

② 결손금처리액

임의적립금이입액	₩9,444,000	기타법정적립금이입액	₩864,000
이익준비금이입액	₩1,488,000	재평가적립금이입액	₩15,888,000
자본준비금이입액	₩3,444,000	차기이월결손금은 각자 계산	

[해답]

결 손 금 처 리 계 산 서

(단위 : 원)

과 목	금 액	
Ⅰ. 처리전 결손금		34,128,000
1. 전기이월이익잉여금	1,800,000	
2. 전기오류수정이익	600,000	
3. 전기오류수정손실	1,800,000	
4. 법인세추납액	(4,212,000)	
5. 당기순손실	(30,516,000)	
Ⅱ. 결 손 금 처 리 액		31,128,000
1. 임의적립금이입액	9,444,000	
2. 기타법정적립금이입액	864,000	
3. 이익준비금이입액	1,488,000	
4. 재평가적립금이입액	15,888,000	
5. 자본준비금이입액	3,444,000	
Ⅲ. 차 기 이 월 결 손 금		3,000,000

〈작성실무 6〉

(주)여주상사의 제7기(2009년 1월 1일~2009년 12월 31일)의 다음 자료에 의하여 결손금처리분개를 하고 결손금처리계산서를 작성하라. 단, 전기분은 생략하고, 처리 확정일은 2010년 2월 21일이다.

(1) 자료 1

① 전기이월이익잉여금	₩1,174,000	② 당기순손실	₩7,000,000

(2) 자료 2

① 별도적립금 이입액	₩700,000	② 결손보전적립금 이입액	₩1,100,000
③ 이익준비금 이입액	₩3,000,00	④ 주식발행초과금 이입액	₩2,000,000
⑤ 잔액은 차기로 이월			

[해답]

결 손 금 처 리 분 개

No.	차변계정과목	금 액	대변계정과목	금 액
(1)	미처리결손금	8,174,000	이월결손금 손 익	1,174,000 7,000,000
(2)	별도적립금 결손보전적립금 이익준비금 주식발행초과금 이월결손금	700,000 1,100,000 3,000,000 2,000,000 1,374,000	미처리결손금	8,174,000

결 손 금 처 리 계 산 서

제7기 2009년 1월 1일부터 12월 31일까지
처분확정일 2010년 2월 21일(전기분 생략)

(주)여주상사 (단위 : 원)

과 목	제 7 기		제 6 기	
	금 액		금 액	
Ⅰ. 처리전 결손금		8,174,000		
1. 전기이월결손금	1,174,000			
2. 당기순손실	7,000,000			
Ⅱ. 결손금 처리액		6,800,000		
1. 별도적립금이입액	700,000			
2. 결손보전적립금이입액	1,100,000			
3. 이익준비금 이입액	3,000,000			
4. 주식발행초과금 이입액	2,000,000			
Ⅲ. 차기이월이익잉여금		1,374,000		

제8장

현금흐름표

제 1 절 현금흐름표의 의의와 유용성

1. 현금흐름표의 의의

현금흐름표(statement of cash flows)는 일정기간 동안의 기업의 현금흐름을 나타내는 표로서 현금변동내용을 명확하게 보고하기 위하여 현금의 유입과 유출내용을 적정하게 표시해 주는 회계보고서이다. 여기서 현금흐름이란 현금의 유입과 유출을 의미하며, 현금변동내용이란 현금의 유입 및 유출의 결과 기초의 현금과 비교하여 기말의 현금에 증감변동이 있었는가를 말한다.

기업회계기준 제13조 제1호에 의하면 통화 및 타인발행수표 등 통화대용증권과 당좌예금, 보통예금 및 현금등가물로 한다. 이 경우 현금등가물이라 함은 큰 거래비용 없이 현금으로 전환이 용이하고 이자율변동에 따른 가치변동의 위험이 중요하지 않은 유가증권 및 단기금융상품으로서 취득당시 만기(또는 상환일)가 3개월 이내에 도래하는 것을 말한다고 규정되어 있다.

현금흐름표에서 현금이라 함은 현금 및 현금등가물을 말한다. 따라서 현금(통화 및 타인발행수표, 당좌예금, 보통예금)과 현금등가물(유가증권, 정기예금, 정기적금, 사용이 제한된 예금 및 기타 정형화된 단기금융상품 등으로 3개월 이내에 만기 도래분)의 합계가 현금흐름표의 현금을 구성하게 된다.

2. 현금흐름표의 유용성

1) 미래 현금흐름에 관한 정보

현금흐름표는 미래의 현금흐름을 평가하는데 유용한 정보를 제공한다. 현금흐름표를 손익계산서와 함께 이용하면 미래의 현금흐름액, 시기 및 불확실성을 예측하는데 도움을 준다.

2) 이익의 질에 관한 정보

현금흐름표를 작성하면 현금흐름을 손익계산서로부터 얻은 순손익과 비교할 수 있으므로 신뢰성있는 이익의 질을 평가할 수 있다.

3) 영업활동 수행능력에 관한 정보

기업이 현재의 영업활동능력을 유지할 수 있고 미래에 성장할 수 있으며, 배당금을 지급할 수 있는지의 여부는 기업의 현금창출능력에 달려 있으므로 현금흐름표는 이에 관한 정보를 제공한다.

4) 지급능력에 관한 정보

지급능력이란 부채의 만기일이 도래했을 때 이 부채를 상환할 수 있는 기업의 재무적 능력을 말한다. 현금흐름표는 영업활동에서 조달된 현금을 포함한 기업의 현금흐름정보를 통하여 기업의 지급능력을 평가할 수 있는 정보를 제공한다.

5) 투자활동과 재무활동의 영향에 관한 정보

투자활동과 재무활동으로 유입된 현금과 유출된 현금에 관한 정보를 제공함으로써 투자활동과 재무활동이 기업의 재무상태에 미치는 영향에 관한 정보를 제공한다.

제 2 절 현금흐름표의 구분표시

기업회계기준 제81조에 의하면 현금흐름표는 영업활동으로 인한 현금흐름, 투자활동으로 인한 현금흐름, 재무활동으로 인한 현금흐름으로 구분하여 표시하고, 이에 기초의 현금을 가산하여 기말의 현금을 산출하는 형식으로 표시한다고 규정되어 있다.

1. 영업활동으로 인한 현금흐름

(1) 영업활동으로 인한 현금흐름의 의의

영업활동은 일반적으로 제품의 생산과 상품 및 용역의 구매, 판매활동을 말하며 투자활동과 재무활동에 속하지 아니하는 거래를 말한다.

영업활동으로 인한 현금흐름은 기업의 영업활동을 통해 외부금융 없이도 차입금을 상환할 수 있고 기업의 영업규모를 유지하며 배당금을 지급할 수 있고 신규투자를 할 수 있을 정도의 현금 창출능력이 있는지를 나타내는 주요한 지표이다.

(2) 영업활동으로 인한 현금의 유입

① 제품 등의 판매에 따른 현금유입(매출채권의 회수 포함)

② 이자수입과 배당금수입

③ 기타 투자활동과 재무활동에 속하지 않는 거래에서 발생된 현금유입

외상으로 판매하여 발생된 매출채권을 현금으로 회수하는 것도 영업활동으로 인한 현금의 유입에 해당된다. 이자수익과 배당금수익 및 투자활동과 재무활동에 속하지 아니하는 거래에서 발생된 현금의 유입도 영업활동으로 인한 현금의 유입에 포함시키고 있다.

(3) 영업활동으로 인한 현금의 유출

영업활동으로 인한 현금의 유출은 기업의 주요 수익창출활동에서 발생되는 현금의 유출을 말한다. 이러한 현금의 유출은 당기순이익을 결정하는 거래나 사건의 결과로 나타난다.

① 원재료 상품 등의 구매에 따른 현금유출(매입채무의 결제 포함)

② 기타 상품과 용역의 공급자와 종업원에 대한 현금인출

③ 미지급법인세(특별부가세는 제외)의 지급

④ 이자비용

⑤ 기타 투자활동과 재무활동에 속하지 않는 거래에서 발생된 현금유출

외상으로 구매하여 발생된 매입채무를 현금으로 지급하는 것도 영업활동으로 인한 현금의 지급에 해당된다. 또한 이자비용의 지급 및 투자활동과 재무활동에 포함되지 아니하는 거래에서 발생된 현금의 유출도 영업활동으로 인한 현금의 유출에 포함시키고 있다.

2. 투자활동으로 인한 현금흐름

(1) 투자활동으로 인한 현금흐름의 의의

투자활동은 일반적으로 유형자산에 관련하여 나타나는데 이는 현금의 대여와 회수활동, 유가증권(현금등가물은 제외), 투자자산 및 무형자산이 취득과 처분활동을 말한다. 이러한 투자활동은 주로 고정자산의 처분과 취득에 관련하여 나타나나 유가증권 단기대여금, 단기차입금 등의 유동자산의 거래와도 관련될 수 있다.

미래의 이익 및 현금흐름을 창출할 자원의 취득과 관련 있는 정보가 투자활동으로 인한 현금흐름이다.

투자활동이란 현금의 대여와 회수활동 외에도 단기금융상품, 유가증권, 투자자산, 유형자산 및 무형자산의 취득과 처분활동 등을 포함한다.

(2) 투자활동으로 인한 현금의 유입

① 대여금의 회수
② 단기금융상품 및 유가증권의 처분
③ 투자자산 · 유형자산 및 무형자산의 처분 등
④ 유가증권의 처분

(3) 투자활동으로 인한 현금의 유출

① 단기금융상품 및 유가증권의 취득
② 현금의 대여
③ 투자자산 · 유형자산 및 무형자산의 취득 등(취득직전 또는 직후에 지급액 포함)

3. 재무활동으로 인한 현금흐름

(1) 재무활동으로 인한 현금흐름의 의의

재무활동은 일반적으로 고정부채와 자본항목에 관련하여 나타나는데 이는 현금차입 및 상환활동, 신주발행이나 배당금의 지급활동 등과 같이 부채 및 자본계정에 영향을 미치는 거래를 말한다. 이러한 재무활동은 주로 고정부채 자본항목의 거래와 관련되나 유동부채의 거래와도 관련이 있을 수 있다.

재무활동이란 주로 부채와 자본계정에 영향을 미치는 거래를 말한다. 재무활동으로 인한 현금흐름을 별도로 구분표시하는 것은 기업에 자본을 제공하는 측이 미래의 현금흐름에 대한 청구권 예측시 중요한 자료가 되기 때문이다.

(2) 재무활동으로 인한 현금의 유입

① 단기(장기)차입금의 차입
② 어음, 사채, 주식의 발행 등

(3) 재무활동으로 인한 현금의 유출

① 배당금의 지급
② 유상감자
③ 자기주식의 취득
④ 차입금의 상환
⑤ 자산의 취득에 따른 부채의 지급 등

4. 특별한 항목에 대한 구분표시

이자수익 및 이자비용, 배당금수익 및 배당금지급, 법인세비용의 지급 등 특별한 항목도 영업활동, 투자활동 및 재무활동으로 구분표시되어야 한다.

금융기관의 경우 이자수익, 이자비용 및 배당금수익은 일반적으로 영업활동이 된다.

재무활동에 포함된 차입금으로부터 발생된 이자비용은 재무활동에 포함시키고 투자활동에 포함된 대여금, 투자유가증권으로부터 발생된 이자수익 및 배당금수익은 투자활동에 포함시키는 것이 보다 논리적이다. 기업회계기준에서는 이자수익, 이자비용 및 배당금수익은 당기순이익의 결정과 관련된 항목이므로 영업활동으로 분류하고 있다.

이익잉여금의 처분에 의거 지급되는 배당금은 당기순이익의 결정과 관련된 항목이 아닐 뿐만 아니라 재무활동인 자본금의 획득과 관련된 지출이므로 재무활동으로 분류하고 있다.

법인세비용지급을 기업회계기준에서는 영업활동으로 분류를 하고 있다. 다만, 투자활동(예 : 부동산의 처분)으로 발생된 특별부가세의 납부액은 투자활동으로 분류한다.

미수금이나 미지급금은 일반적상거래 이외의 거래에서 발생된 채권 또는 채무이다.

대차대조표계정의 분류에 따라 미수금 및 장기미수금의 회수는 일괄적으로 투자활동으로 인한 현금의 유입 중 유동자산 및 투자자산의 감소로 분류되며 미지급금 및 장기미지급금의 지급은 재무활동으로 인한 현금유출 중 유동부채 및 고정부채의 감소로 분류된다.

재고자산의 할부판매 및 할부구입은 장기간에 걸쳐 현금의 흐름을 수반하게 된다. 재고자산의 할부판매 및 할부구입에 따른 현금흐름은 영업활동으로 인한 현금흐름으로 분류한다.

투자자산과 고정자산의 장기할부 및 연불취득의 경우에는 취득 직전 또는 직후의 현금지급액(자본화되는 이자비용 포함)은 투자활동으로 분류하고 미지급금 또는 장기미지급금 등으로 계상되어 있던 금액의 추후지급은 재무활동으로 분류하고 있다.

상각채권추심이익은 이미 대손처리한 채권이 추후에 회수된 경우에 나타내는 영업외수익이다. 외상매출금·받을어음 등 영업활동으로 인한 상각채권을 회수하였을 때에는 영업활동으로 인한 현금유입으로 기재한다.

그러나 대여금, 미수금, 장기대여금 등의 상각채권이 회수된 경우에는 재무활동으로 분류하게 된다.

영업권, 산업재산권, 광업권, 어업권, 차지권(지상권 포함) 등의 무형자산도 투자활동으로 분류된다.

퇴직급여충당금과 판매보증충당금의 현금흐름표상 표시방법은 동일하다. 직접법에 의할 경우는 퇴직금지급액과 판매보증(A/S활동 등)으로 인한 현금지급액을 영업활동으로 인한 현금유출로 표시한다.

그런데 간접법을 사용할 때에는 두 가지 방법이 이용될 수 있다.

① 퇴직급여충당금전입액(퇴직급여계정을 사용함)과 판매보증충당금전입액(일반적으로 판매보증비계정을 이용함)을 현금의 유출이 없는 비용 등의 가산에 기재하고, 당기 퇴직금지급액과 판매보증으로 인한 현금지급액을 현금의 유입이 없는 수익 등의 차감에 기재하는 방법이다.

② 퇴직급여충당금전입액과 퇴직금지급액간의 차액 또는 판매보증충당금전입액과 판매보증으로 인한 현금지급액간의 차액만 순액법으로 기재하는 방법이다.

특정현금과예금은 사용이 제한된 현금과 예금으로서 유동자산으로 분류되지 않는 것을 말한다. 투자자산으로 분류되는 특정현금과예금의 대표적 예는 채무지급 등을 위한 기금(funds)이다. 특정목적을 위하여 예금 등의 형태로 기금을 적립하는 것은 투자활동으로 인한 현금의 유출 중 투자자산의 증가로 분류한다.

5. 대차대조표항목의 활동별 분류

기업의 활동을 영업활동, 투자활동 및 재무활동으로 구분하기 위해서는 다음의 원칙이 적용된다.

① 당기순이익을 구성하는 항목은 영업활동으로 분류한다.

② 현금흐름의 분류는 관련 자산·부채의 대차대조표와 일치하도록 한다.

대차대조표계정의 현금흐름을 활동별로 구분하면 〈표 7-1〉과 같다.

〈표 7-1〉 대차대조표계정의 활동별 분류

계정과목	영업활동	투자활동	재무활동
(자 산)			
단기금융상품		⊙	
유가증권		⊙	
매출채권	⊙		
단기대여금		⊙	
미수금	⊙	⊙	
미수수익·선급비용	⊙		
재고자산	⊙		
선급금	⊙		
투자자산		⊙	
유형자산		⊙	
무형자산		⊙	
(부 채)			
매입채무	⊙		
단기차입금			⊙
미지급법인세	⊙		
미지급배당금			⊙
유동성장기부채			⊙
미지급금			⊙
선수금	⊙		
미지급비용	⊙		
선수수익	⊙		
장기차입금, 사채			⊙
장기성매입채무	⊙		
퇴직급여충당금	⊙		
(자 본)			
자본금			⊙
당기순이익	⊙		
배당금			⊙
자본조정			⊙

* 미수금 중 부가가치세 미수금은 영업활동으로 분류함

제3절 현금흐름표의 표시방법 및 주석사항

1. 현금흐름표의 표시방법

기업회계기준에 의하면 영업활동으로 인한 현금흐름은 직접법 또는 간접법으로 표시한다.

(1) 직접법

손익계산법이라고 하며 이는 영업활동으로 인한 현금흐름을 영업활동으로부터 현금유입액과 현금유출액을 비교하여 그 차액으로 하는 방법이다.

기업회계기준 제83조의 제 2항에서는 직접법을 "현금을 수반하여 발생한 수익 또는 비용항목을 총액으로 표시하되, 현금유입액은 원천별로, 현금유출액은 용도별로 분류하여 표시하는 방법을 말한다."라고 정의하고 있다.

직접법에 의거 현금흐름표를 작성하는 경우에도 영업활동으로 인한 현금흐름액을 구하는 방법에는 두 가지가 있다.

과 목	제 × (당) 기	
	금 액	
Ⅰ. 영업활동으로 인한 현금흐름		×××
가. 매출 등 수익활동으로부터의 유입액	×××	
나. 매입 및 종업원에 대한 유출액	(×××)	
다. 이자수익 유입액	×××	
라. 배당금수익 유입액	×××	
마. 이자비용 유출액	(×××)	
바. 법인세비용 유출액	(×××)	
사. · · · · · · · · ·	×××	

첫째, 그 기업의 회계장부로부터 직접 중요한 수익, 비용, 항목의 현금유입액과 현금유출액을 구하는 방법과, 둘째 손익계산서상의 매출액, 매출원가 및 기타의 손익항목에 현금의 유출과 유입이 없는 항목과 재고자산, 매출채권, 매입채무의 증감 등을 가감하여 계산하는 방법이 있다.

영업활동으로 인한 현금흐름 구분기재의 내용을 표시하면 아래와 같다.

1) 장부로부터 직접 구하는 방법

기업이 장부에서 항목별로 현금의 유입액과 유출액을 직접 구하는 방법으로서 현금거래 등을 재분류하여 계산하는 방법이다.

(가) 매출 등 수익활동으로부터의 유입액

① 현금매출, ② 외상매출회수액, ③ 받을어음회수액, ④ 선수금수령액 등

(나) 매입 및 종업원에 대한 현금유출액

① 현금매입, ② 외상매입금 중 현금지급액, ③ 지급어음중 지급분, ④ 선급금지급액, ⑤ 급료 등, ⑥ 기타 현금지출비용 등 손익계산서상의 매출원가와 판매비와 관리비 계정관련 비용

(다) 이자수익 유입액

① 수입이자와 할인료 현금수령액, ② 유가증권이자 현금수령액, ③ 미수이자 중 현금수령액

(라) 배당금수익 유입액

① 수입배당금 수령액, ② 미수배당금 수령액

(마) 이자비용 지급액

① 지급이자와 할인료 지급액, ② 미지급이자 지급액

(바) 법인세비용 유출액

① 법인세비용 지급액

(사) 기 타

현금유입액 또는 현금 유출액

2) 손익계산서상 금액에서 조정하여 구하는 방법

대차대조표와 손익계산서의 항목을 상호연관시켜 조정하여 구하는 방법으로 실무적인 어려움을 감안하여 매출과 매출원가 등 현금유출입이 없는 항목과 재고자산, 매출채권, 매입채무 등의 증감을 가감하여 계산하는 방법이다.

중요항목을 예시하면 다음과 같다.

(가) 매출 등 수익활동으로부터 유입액

매출액(P/L상) - 외상매출금의 증가(+감소) - 받을어음의 증가(+감소) + 선수금의 증가(-감소) - 매출채권 대손상각액

(나) 매입 및 종업원에 대한 유출액

① 매출원가(P/L상) + 재고자산의 증가(-감소) - 외상매입금의 증가(+감소) - 지급어음의 증가(+감소) - 감가상각비와 퇴직급여충당금 전입액 등 현금지출이 없는 비용

② 판매비와 관리비(P/L상) - 미지급비용의 증가(+감소) - 선급비용의 감소(+증가) - 감가상각비와 대손상각 등 현금지출이 없는 비용

(다) 이자수익 유입액

수입이자와 할인료(P/L) + 유가증권이자 + 미수이자의 감소(-증가) + 선수이자의 증가(-감소)

(라) 배당금수입 유입액

수입배당금(P/L) + 미수배당금의 감소(-증가)

(마) 이자비용 지급액

지급이자와 할인료(P/L) + 사채이자(P/L) - 미지급이자의 증가(+감소) + 선급이자의 증가(-감소) - 사채할인 발행차금 상각분

(바) 법인세비용 유출액

법인세비용(P/L) - 미지급법인세의 증가(+감소) - 특별부가세

(사) 기　타

현금유입액 또는 유출액

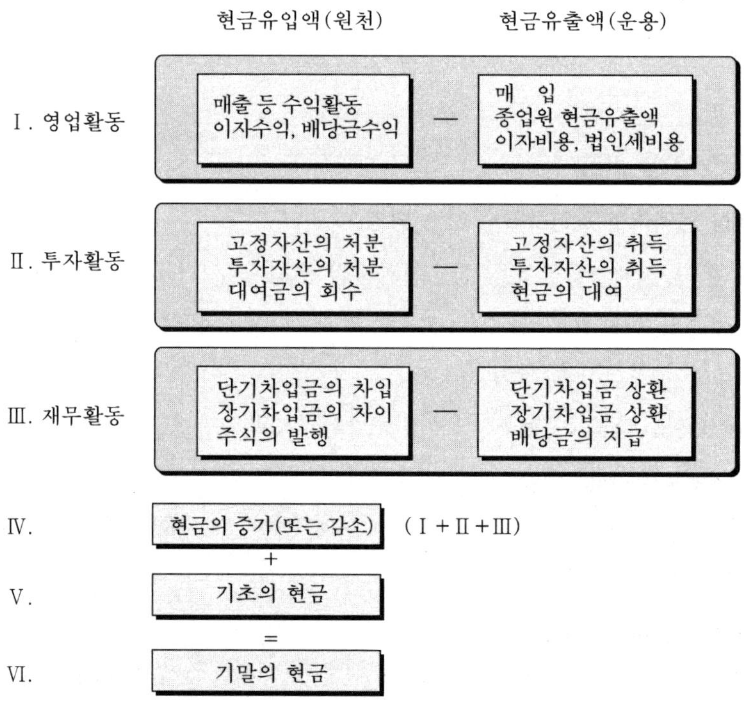

〈그림 7-2〉 현금흐름표(직접법)에 의한 현금흐름표의 내용

현 금 흐 름 표(직접법)

제×기 20××년 ×월 ×일부터 20××년 ×월 ×일까지
제×기 20××년 ×월 ×일부터 20××년 ×월 ×일까지

회사명 : (단위 : 원)

과 목	제×(당)기		제×(전)기	
	금 액		금 액	
Ⅰ. 영 업 활 동 으 로 인 한 현 금 흐 름		×××		×××
가. 매출등 수익활동으로부터의 유입액				
나. 매입 및 종업원에 대한 유출액				
다. 이자수익 유입액				
라. 배당금수익 유입액				
마. 이자비용 유출액				
바. 미지급법인세의 지급				
사. · · · · · · · · · ·				
Ⅱ. 투 자 활 동 으 로 인 한 현 금 흐 름		×××		×××
1. 투자활동으로인한 현금유입액				
가. 단기금융상품의 처분				
나. 유가증권의 처분				
다. 토지의처분				
라. · · · · · · · · · ·				
2. 투자활동으로인한 현금유출액				
가. 현금의 단기대여				
나. 단기금융상품의 취득				
다. 유가증권의 취득				
라. 토지의 취득				
마. 개발비의 지급				
바. · · · · · · · · · ·				
Ⅲ. 재 무 활 동 으 로 인 한 현 금 흐 름		×××		×××
1. 재무활동으로인한 현금유입액				
가. 단기차입금의 차입				
나. 사채의 발행				
다. 보통주의 발행				
라. · · · · · · · · · ·				
2. 재무활동으로인한 현금유출액				
가. 단기차입금의 상환				
나. 사채의 상환				
다. 유상증자				
라. · · · · · · · · · ·				
Ⅳ. 현금의 증가(감소) (Ⅰ+Ⅱ+Ⅲ)		×××		×××
Ⅴ. 기 초 의 현 금		×××		×××
Ⅵ. 기말의 현금		×××		×××

(2) 간접법

간접법에 의한 영업활동으로 인한 현금흐름은 손익계산서상의 당기순이익(손실)에 현금의 유출이 없는 비용을 가산하고, 현금의 유입이 없는 수익 등을 차감하여 계산하는 것으로 이는 당기순이익에서 현금에 영향을 미치지 않는 수익과 비용, 투자와 재무활동으로 인한 손익, 영업활동과 관련된 채권·채무의 증감을 차감하거나 가산하여 계산한다.

간접법에 의한 영업활동으로 인한 현금흐름의 구분기재의 내용은 다음과 같다.

간 접 법

과 목	제 × (당) 기	
	금 액	
Ⅰ. 영업활동으로 인한 현금흐름		×××
1. 당기순이익(손실)	×××	
2. 현금의 유출이 없는 비용 등의 가산	×××	
3. 현금의 유입이 없는 수익 등의 차감	(×××)	
4. 영업활동으로 인한 자산·부채의 변동	×××	

Ⅰ. 영업활동으로 인한 현금흐름

1. 당기순이익(손실)
2. 현금이 유출이 없는 비용의 가산
   ① 현금이 유출이 없는 비용
   ② 현금의 유출이 있으나 투자, 재무활동으로 인한 비용
3. 현금의 유입이 없는 수익 등의 차감
   ① 현금의 유입이 없는 수익
   ② 현금의 유입 있으나 투자, 재무활동으로 인한 수익
4. 영업활동으로 인한 자산·부채의 변동
   ① 영업활동과 관련된 자산의 순감소
   ② 영업활동과 관련된 부채의 순증가
   ③ 영업활동과 관련된 자산의 순증가
   ④ 영업활동과 관련된 부채의 순감소

(가) 당기순이익(순손실)

손익계산서에 나타난 순이익(순손실)

(나) 현금의 유출이 없는 비용 등의 가산(당기순이익에 가산할 항목)

① 현금과 예금의 지출이 없는 비용

감가상각비, 무형자산상각, 이연자산상각, 퇴직급여충당금전입액, 사채할인발행차금의 상각으로 인한 사채이자, 투자자산평가손실, 유가증권평가손실 등

② 현금과 예금의 지출은 있으나 영업활동에서 발생한 것이 아닌 비용

유가증권처분손실, 투자자산처분손실, 유형자산처분손실, 사채상환손실, 장기차입금상환손실 등

(다) 현금의 유입이 없는 수익 등의 차감(당기순이익에 차감 할 항목)

① 현금과 예금이 유입이 없는 이익

투자자산평가이익, 유가증권평가이익 등

② 현금과 예금이 유입은 있으나, 영업활동에서 발생하는 것이 아닌 이익

투자자산처분이익, 고정자산처분이익, 유가증권처분이익 등

(라) 영업활동으로 인한 자산, 부채의 변동

① 영업활동과 관련된 자산계정(현금과 예금계정 제외)의 감소액

매출채권(외상매출금과 받을어음)의 감소액, 재고자산의 감소액, 선급비용의 감소액, 선급금의 감소액, 미수수익의 감소액 등. 다만, 유가증권감소액과 미수금 감소액은 투자와 재무활동에서 조달된 현금과 예금란에 가산항목으로 처리한다.

② 영업활동과 관련된 부채계정의 증가액

매출채무의 증가액, 선수금의 증가액, 선수수익의 증가액 등

③ 영업활동과 관련된 자산계정(현금과 예금계정 제외)의 증가액

매출채권의 증가액, 재고자산의 증가액, 선급비용의 증가액, 선급금의 증가액, 미수수익의 증가액 등

④ 영업활동과 관련된 부채계정의 감소액

매입채무(외상매입금, 지급어음)의 감소액, 선수금의 감소액, 수익금의 감소액 등

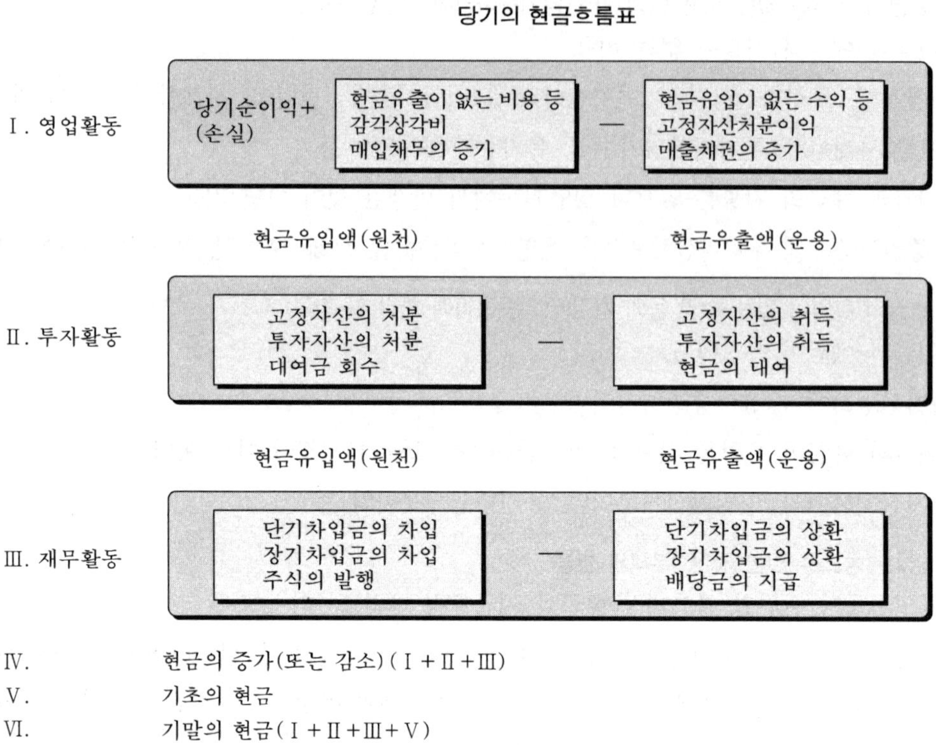

〈그림 7-4〉 현금흐름표(간접법)에 의한 현금흐름의 내용

〈표 7-5〉 현 금 흐 름 표(간접법)

제×기 20××년 ×월 ×일부터 20××년 ×월 ×일까지
제×기 20××년 ×월 ×일부터 20××년 ×월 ×일까지

회사명 : (단위 : 원)

과 목	제 × (당) 기		제 × (전) 기	
	금 액		금 액	
Ⅰ. 영업활동으로 인한 현금흐름				
1. 당기순이익(손실)		×××		×××
2. 현금의 유출이 없는 비용 등의 가산				
가. 감가상각비				
나. 퇴직급여				
다. · · · · · · · · · ·				
3. 현금의 유입이 없는 수익 등의 차감				
가. 사채상환이익				
나. · · · · · · · · · ·				
4. 영업활동으로 인한 자산·부채의 변동				
가. 재고자사의 감소(증가)				
나. 매출채권의 감소(증가)				
다. 이연법인세차의 감소(증가)				
라. 매입채무의 증가(감소)				
마. 미지급법인세의 증가(감소)				
바. 이연법인세대의 증가(감소)				
사. · · · · · · · · · ·				
Ⅱ. 투자활동으로 인한 현금유출액		×××		×××
1. 재무활동으로 인한 현금유입액				
가. 단기금융상품의 처분				
나. 유가증권의 처분				
다. 토지의 처분				
라. · · · · · · · · · ·				
2. 투자활동으로 인한 현금유출액				
가. 현금의 단기대여				
나. 단기금융상품의 취득				
다. 유가증권의 취득				
라. 토지의 취득				
마. 개발비의 지급				
바. · · · · · · · · · ·		×××		×××
Ⅲ. 재무활동으로 인한 현금흐름				
1. 재무활동으로 인한 현금유입액				
가. 단기차입금의 차입				
나. 사채의 발행				
다. 보통주의 발행				
라. · · · · · · · · · ·				
2. 재무활동으로 인한 현금유출액				
가. 단기차입금의 상환				
나. 사채의 상환				
다. 유상감자				
라. · · · · · · · · · ·				
Ⅳ. 현금의 증가(감소)(Ⅰ+Ⅱ+Ⅲ)		×××		×××
Ⅴ. 기초의 현금		×××		×××
Ⅵ. 기말의 현금		×××		×××

2. 기타 작성방법 및 주석사항

1) 기타 작성방법

① 현금흐름표의 작성시 현금의 유입과 유출은 각각 기중의 증가 및 감소를 상계하지 아니하고 총액으로 표시하여야 한다. 그러나 거래가 빈번하고 총금액이 대단히 크며 단기간에 만기가 도래하는 현금의 유입 및 유출은 순증감액으로 기재할 수 있다.

② 사채발행 또는 주식발행으로 인한 현금유입시에는 발행가액으로 기재한다.

③ 고정자산의 처분에 따른 특별부가세의 납부는 투자활동으로 분류한다.

2) 주석사항

① 현금의 유입과 유출이 없는 거래 : 현물출자로 인한 유형자산의 취득, 유형자산의 연불구입, 무상증자 및 무상감자, 주식배당, 전환사채의 자본금 전환 등 현금의 유입과 유출이 없는 거래중 중요한 거래

② 직접법에 따라 영업활동으로 인한 현금의 흐름을 표시한 경우 당기순이익(당기순손실) 및 이 금액에 가감할 항목에 관한 사항에 주석으로 기재하여야 한다.

연 습 문 제

1. 현금흐름표를 작성하는 목적을 약술하라.

2. 현금흐름표의 특징과 유용성에 대하여 약술하라.

3. 현금흐름표의 현금흐름을 분류하고 각각 약술하라.

4. 현금흐름표의 작성방법을 설명하라.

현금흐름표의 작성실무

〈작성실무 1〉

다음은 (주)수원의 비교대차대조표와 손익계산서 및 기타 관련 자료를 이용하여 직접법과 간접법에 의하여 영업활동으로 인한 현금흐름표를 작성하라.

1. 자료

(1) 비교대차대조표

대 차 대 조 표

(단위 : 원)

과목	제 5 기(당기)	제 4 기(전기)
자산		
현금및현금등가물	20,000,000	12,000,000
매출채권	32,000,000	24,000,000
상품	39,200,000	37,600,000
선급비용	800,000	1,600,000
건물	366,400,000	336,000,000
감가상각누계액	(88,000,000)	(108,000,000)
공업소유권	3,200,000	3,600,000
자산총계	373,600,000	306,800,000
부채		
매입채무	9,600,000	17,200,000
미지급법인세	8,000,000	1,600,000
미지급금	84,000,000	48,000,000
자본		
우선주자본금	24,000,000	40,000,000
보통주자본금	14,000,000	120,000,000
이익잉여금	104,000,000	80,000,000
부채와자본총계	373,600,000	306,800,000

(2) 손익계산서(제5기)

손 익 계 산 서

(단위 : 원)

매출		376,000,000
매출원가		(272,000,000)
매출총이익		104,000,000
판매비와관리비		(25,600,000)
판매비	21,200,000	
감가상각비	4,000,000	
공업소유권 상각비	400,000	
영업이익		78,400,000
유형자산 처분이익		1,600,000
법인세비용차감전순이익		80,000,000
법인세비용		24,000,000
당기순이익		56,000,000

2. 추가자료

(1) 건물 ₩80,000,000을 구입하고 대금은 제6기에 지급하기로 한다.

(2) 당기중 건물(취득원가 ₩72,000,000 감가상각누계액 ₩24,000,000)을 ₩49,600,000에 매각하고 대금은 현금으로 받다.

(3) 당기중 우선주에 대해 ₩8,000,000의 현금배당을 실시하였으며 보통주에 대하여는 10%의 주식배당을 실시하였다.

(4) 우선주자본금 중 ₩16,000,000은 감자절차를 거쳐 현금 상환하였다.

[해답]

(1) 직접법

(단위 : 원)

Ⅰ. 영업활동으로 인한 현금흐름 48,800,000
1. 매출 등 수익활동으로부터의 유입액 368,000,000
2. 매입 및 종업원에 대한 유출액 (301,600,000)
3. 법인세비용 유출액 (17,600,000

※ 〈계산근거〉

(1) 매출 등 수익활동으로부터의 유입액 : ₩368,000,000
=당기매출액+기초매출채권-기말매출채권
=₩376,000,000+₩24,000,000-₩32,000,000
=₩368,000,000

(2) 매입 및 종업원에 대한 지급액 : ₩301,600,000
1) 당기매입액 중 현금지급액=당기매입액+기초매입채무-기말매입채무
=(₩272,000,000+₩39,200,000-₩37,600,000)+₩17,200,000-₩9,600,000
=₩281,200,000

※ 당기매입액=매출원가+기말재고-기초재고

2) 종업원에 대한 지급액=판매비 등 지급액+선급비용의 증가
=₩21,200,000+₩800,000-1,600,000
=₩20,400,000

3) 매입 및 종업원에 대한 지급액=1)+2)
=₩281,200,000+₩20,400,000=₩301,600,000

(3) 법인세비용 유출액 : ₩17,600,000
=법인세비용+기초미지급법인세-기말미지급법인세
=₩24,000,000+₩1,600,000-8,000,000=₩17,600,000

〈주석사항〉 당기순이익과 당기순이익에서 가감해야 할 항목

(단위 : 원)

1. 당기순이익		56,000,000
2. 가산항목		11,600,000
가. 감가상각비	4,000,000	
나. 공업소유권상각비	400,000	
다. 선급비용의감소	800,000	
라. 미지급법인세의증가	6,400,000	
3. 차감항목		(18,800,000)
가. 건물처분이익	1,600,000	
나. 매출채권의증가	8,000,000	
다. 재고자산의증가	1,600,000	
라. 매입채무의감소	7,600,000	

(2) 간접법

(단위 : 원)

Ⅰ. 영업활동으로 인한 현금흐름		48,800,000
1. 당기순이익	56,000,000	
2. 현금유출이 없는 비용 등의 가산		4,400,000
가. 감가상각비	4,000,000	
나. 공업소유권상각비	400,000	
3. 현금의 유입이 없는 수익 등의 차감		(1,600,000)
가. 건물처분이익	1,600,000	
4. 영업활동으로 인한 자산, 부채의 변동		(10,000,000)
가. 매출채권의 증가	(8,000,000)	
나. 재고자산의 증가	(1,600,000)	
다. 선급비용의 증가	800,000	
라. 매입채무의 감소	(7,600,000)	
마. 미지급법인세의 증가	6,400,000	

〈작성실무 2〉

다음은 (주)오산의 2008년 및 2009년 12월 31일 대차대조표의 자산 및 이와 관련된 추가자료를 이용하여 2005년의 투자활동으로 인한 현금흐름표를 작성하라.

1. 자료

(1). 대차대조표

(단위 : 원)

구 분	2008. 12. 31	2009. 12. 31
현금 및 현금등가물	600,000	1,380,000
단기매매증권	480,000	1,200,000
매출채권	2,580,000	3,660,000
재고자산	126,000	1,424,500
유형자산	6,000,000	9,600,000
감가상각누계액	(2,700,000)	(2,700,000)
무형자산	600,000	360,000
계	8,820,000	14,925,000

(2) 추가자료

① 2008년(기초) 및 2009년(기말 유가증권 중 현금등가물이 각각 ₩180,000과 ₩300,000이 포함되어 있으며, 당기처분 유가증권은 없다.

② 취득원가 ₩2,400,000 장부가액 ₩900,000인 유형자산을 ₩1,500,000에 처분하였다.

[해답]

Ⅰ. 투자활동으로 인한 현금흐름		
1. 투자활동으로 인한 현금유입액		1,500,000
가. 유형자산의 처분	1,500,000	
2. 투자활동으로 인한 현금유출액		(6,600,000)
가. 단기매매증권의 구입	(600,000)	
나. 유형자산의 구입	(6,000,000)	
Ⅱ. 투자활동으로 인한 현금흐름 감소액		(5,100,000)

※ 계산근거

단기매매증권

증가	720,000	
취득	720,000	

유형자산

증가	3,600,000		
취득	6,000,000	처분	2,400,000

※ 투자활동에 포함되는 단기매매증권 구입액
=단기매매증권 기중 증가액 - 현금등가물 증가액
=₩720,000 - (₩300,000 - ₩180,000) = ₩600,000

유형자산감가상각누계액

		증가	0
처분	1,500,000	상각	1,500,000

※ 유형자산 처분으로 인한 현금유입액 = ₩1,500,000

〈작성실무 3〉

다음은 (주) 수원의 2009년 대차대조표상의 부채 및 자본과 관련된 자료를 이용하여 재무활동으로 인한 현금흐름표를 작성하라.

1. 자료

(1) 부채 및 자본

(단위 : 원)

과 목	기 초	기 말
매 입 채 무	26,400,000	22,400,000
단 기 차 입 금	25,600,000	28,000,000
미 지 급 비 용	3,200,000	2,400,000
미 지 급 법 인 세	-	800,000
장 기 미 지 급 금	14,400,000	15,200,000
퇴 직 급 여 충 당 금	8,000,000	12,400,000
자 본 금	16,000,000	20,000,000
이 익 잉 여 금	12,800,000	16,600,000

(2) 추가자료

① 단기차입금은 2009년도에 ₩2,400,000을 추가 차입하였다.

② 장기미지급금은 2009년도에 ₩2,400,000을 지급하였고, 기계장치 ₩20,000,000을 구입하면서 현금은 ₩16,800,000을 지급하고 나머지는 장기미지급금으로 하였다.

③ 보통주 100주를 주당 ₩40,000에 액면발행 하였다.

④ 기중에 전기이익배당 ₩2,400,000을 지급하였다.

[해답]

Ⅰ. 재무활동으로 인한 현금흐름			1,600,000
1. 재무활동으로 인한 현금유입액		6,400,000	
가. 단기차입금의 차입	2,400,000		
나. 유상증자	4,000,000		
2. 재무활동으로 인한 현금유출액		(4,800,000)	
가. 장기비지급금 상환	2,400,000		
나. 배당금 지급	2,400,000		

※ 계산근거

단 기 차 입 금

	증가	2,400,000
	차입	2,400,000

장 기 미 지 급 금

		증가	800,000
상환	2,400,000	기계취득	3,200,000

제9장

주석 및 부속명세서와 보칙과 부칙

제 1 절　주석 및 부속명세서

1. 주석사항

주석은 재무제표의 일부이며 회계정보이용자들에게 유용한 정보를 제공하는 방법이다.

(1) 필수적 주석사항

1) 대손충당금, 감가상각누계액 등 평가계정을 당해 계정에서 직접차감한 후 순액으로 표시하는 경우에 그 내용(기준 제11조 제3항)
2) 단기금융상품 중 사용이 제한된 예금의 내용(기준 제13조 제2호)
3) 매출채권 등의 양도 또는 할인에 관한 내용(기준 제14조)
4) 장기금융상품 중 사용이 제한되어 있는 예금(기준 제17조 제1호)
5) 투자부동산의 내용(기준 제17조 제5호)
6) 감가상각누계액을 일괄하여 표시하는 경우에 그 내용(기준 제19조 제2항)
7) 대손충당금을 일괄하여 표시하는 경우에는 그 내용(기준 제22조 제2항)
8) 사채의 종류별 내용(기준 제24조 제1호)
9) 장기차입금의 차입처별 차입액, 차입용도, 이자율, 상환방법 등(기준 제24조 제2호)
10) 자기사채의 취득경위(기준 제13조 제2호)(기준 제25조 제1항)

11) 회계연도말 현재 전임직원의 퇴직금소요액과 퇴직급여충당금의 설정잔액 및 기중의 퇴직금지급액과 임원퇴직금의 처리방법(기준 제27조 제2항)

12) 회사가 발행할 주식의 총수, 1주의 금액 및 발행한 주식의 수와 당해 회계연도 중에 증자, 감자, 주식배당 또는 기타의 사유로 자본금이 변동한 경우에는 그 내용(기준 제29조 제2항)

13) 신주청약증거금에 대하여는 신주의 발행주식수, 주금납입기일과 자본준비금으로 적립될 금액(기준 제30조 제2항)

14) 자기주식의 취득경위 및 향후 처리계획(기준 제33조 제3호)

15) 반제품 등의 매출액 및 매출원가

※ 반제품, 부산물, 작업폐물매출액, 수출액, 장기할부매출액 등이 중요한 경우(기준 제38조 제2항)

※ 기준 제38조 제2항의 의거 매출액을 주석 기재시 그 매출원가(기준 제39조 제6항)

16) 이연법인세의 산출근거 및 관련내용(기준 제52조 제3항)

17) 1주당 경상이익 및 당기순이익의 산출근거(기준 제54조)

18) 건설자금이자의 금액과 내용(기준 제55조 제4항)

19) 자산을 회수가능가액으로 감액하거나 증액하는 경우 그 내용과 금액(기준 제55조 제7항)

20) 유가증권 중 주식과 채권의 장부가액(기준 제56조 제4항)

21) 재고자산에 관해 후입선출법을 적용할 경우 대차대조표가액과 순실현가능가액의 차이와 그 내용(기준 제58조 제5항)

22) 투자유가증권

※ 투자유가증권의 평가결과 발생된 평가손익은 차기 이후에 발생되는 평가손익과 상계표시하는 바 그 내용(기준 제59조 제10항)

※ 투자유가증권 중 투자주식(출자금 포함)의 회사명, 주식수, 주식소유비율, 취득원가, 시가 또는 순자산가액 및 장부가액(기준 제59조 제12항)

23) 투자채권

※ 투자채권의 장부가액과 공정가액이 다른 경우 공가가액으로 평가하고 평가결과 발생된 평가손익은 차기 이후에 발생되는 평가손익과 상계표시하는 바 그 내용(기준 제60조 제9항)

※ 투자채권의 액면가액, 유효이자율법을 적용하여 조정된 가액 및 공정가액(기준 제60조 제11항)

24) 채권·채무의 현재가치에 의한 평가시 적용한 이자율, 기간 및 회계처리방법(기준 제66조 제4항)

25) 채권·채무를 재조정할 경우 현재가치 계산시 적용한 이자율, 채권·채무의 재조정으로 인하여 변경된 원금, 이자율 또는 기간 등에 관련된 사항(기준 제67조 제4항)

26) 외화자산 및 부채를 환산할 경우 당해 외화자산·부채의 내용, 환산기준 및 환산손익의

내용(기준 第68조 제3항)

27) 해외지점 등의 외화환산시 기준 第68조를 준용하지 않고 기준 第69조 제1항의 단서규정에 의거 회계처리했을 경우 그 내용(기준 第69조 제2항)

28) 파생상품 거래의 경우 그 거래목적 및 거래내역 그리고 위험회피목적의 경우에는 위험회피대상 항목, 위험회피대상범위, 위험회피활동을 반영하기 위한 회계처리방법, 이연된 손익금액 등(기준 第70조 제3항)

29) 회계변경

※ 회계변경의 경우 새로운 회계처리기준이 과거년도부터 소급적용되었다고 가정할 때 각 연도별로 계산될 경상이익, 당기순이익, 주당경상이익, 주당순이익 및 중요하게 변동한 항목에 관한 과거 3년간의 내역(기준 第73조 제2항)

※ 회계변경의 경우 변경내용, 변경사유 및 변경으로 인하여 당해 회계연도의 재무제표에 미치는 영향(기준 第73조 제4항)

30) 우발상황

※ 대차대조표일 현재 순자산의 감소가 확실하고 동 손실금액을 합리적으로 추정할 수 있는 경우 그 내용(기준 第74조 제1호)

※ 대차대조표일 현재 순자산의 감소가 확실하나 동 손실금액을 합리적으로 추정할 수 없는 경우에는 우발상황의 내용, 우발상황이 확정될 경우의 재무적 영향, 금액 추정이 곤란한 사유 등(기준 第74조 제2호)

※ 우발이득이 발생할 가능성이 확실하고 동 이익의 금액을 합리적으로 추정할 수 있는 경우에는 당해 우발상황의 내용(기준 第74조 제3호)

31) 대차대조표일 후에 발생한 사건

※ 대차대조표일 후에 발생한 사건이 재무제표에는 영향을 미치지 아니하나 재무제표 이용자에게 공시할 필요가 있는 경우(기준 第75조 제2호)

※ 대차대조표일 후에 발생한 사건이 대차대조표일 이후의 자산·부채에 대하여 비경상적인 변동을 가져오는 경우(기준 第75조 제3호)

32) 주식의 종류별 주당배당금액, 액면배당률은 주기하고 배당수익률, 배당성향 및 배당액의 산정내역은 주석기재(기준 第77조 제3호)

33) 전기오류수정손익의 발생원인과 그 내용 및 금액(기준 第79조 제6항)

34) 현금흐름표(기준 第86조 제2항)

※ 현금의 유입과 유출이 없는 거래

※ 직접법으로 작성한 경우에는 당기순이익(당기순손실)과 당기순이익(당기순손실)에 가감할 항목에 관한 사항

35) 중소기업의 회계처리에 대한 특례를 적용하였을 경우 그 내용(기준 第89조 제2항)

(2) 보충적 주석사항

기준의 각 조문에서 필수적주석사항으로 규정되지는 않았지만 회계정보이용자에게 유용한 정보라고 판단되는 사항을 기준 제87조에서 일괄적으로 제시한 것이 보충적 주석사항이다. 1998년 12월 11일 기준개정시에는 ① 사업부문별 정보, ② 중단된 사업부문의 정보, ③ 전환사채 또는 신주인수권 부사채를 발행한 경우 발행가액, 전환조건 등 발행내역 및 ④ 차입약정서상의 중대한 위반사항 등이 보충적 주석사항으로 추가되었다.

2. 부속명세서

(1) 부속명세서의 종류

기업회계기준 제88조에 의하면 ① 다음 각호의 서류는 재무제표의 부속명세서로 작성한다. 다만, 해당사항이 없는 부속명세서는 작성하지 아니한다.

1. 유가증권명세서(별지 제11호 서식과 같다)
2. 투자유가증권명세서(별지 제12호 서식과 같다)
3. 특수관계자간의 채권・채무명세서(별지 제13호 서식과 같다)
4. 재고자산명세서(별지 제14호 서식과 같다)
5. 투자부동산명세서(별지 제15호 서식과 같다)
6. 유형자산명세서(별지 제16호 서식과 같다)
7. 무형자산명세서(별지 제17호 서식과 같다)
8. 단기차입금명세서(별지 제18호 서식과 같다)
9. 장기차입금명세서(별지 제19호 서식과 같다)
10. 사채명세서(별지 제20호 서식과 같다)
11. 채무보증명세서(별지 제21호 서식과 같다)
12. 충당금명세서(별지 제22호 서식과 같다)
13. 제조원가명세서(별지 제23호 서식과 같다)
14. 매출액명세서(별지 제24호 서식과 같다)
15. 매출원가명세서(별지 제25호 서식과 같다)
16. 판매비와 관리비명세서(별지 제26호 서식과 같다)
17. 감가상각비명세서(별지 제27호 서식과 같다)

18. 잉여금명세서(별지 제28호 서식과 같다)

② 다음 각호의 서류는 재무제표의 부속명세서로 작성할 수 있다.

1. 현금 및 현금등가물명세서
2. 매출채권명세서
3. 대여금명세서
4. 기타의 당좌자산명세서
5. 투자자산명세서
6. 투자자산처분명세서
7. 유형자산처분명세서
8. 매입채무명세서
9. 수선비명세서 등으로 규정되어 있다.

부속명세서는 개별계정과목에 관하여 구성항목의 내역, 기중증감변동 및 기타 필요한 정보를 보다 세부적으로 제시해 주는 명세서이다. 따라서 회계정보 이용자들은 기업이 보다 많은 정보를 부속명세서를 제시해 주기를 원할 것이다. 그러한 이런 요구를 수용하기 위해서는 과도한 경영정보의 외부유출이란 피해를 감수해야만 한다.

제2절 보칙과 부칙

1. 보 칙

(1) 중소기업이 회계처리에 대한 특례

회계처리방법을 충분히 소화할 수 없는 중소기업에 대해서는 일부 특례규정을 두고 있다. 중소기업은 이해관계자가 많고 그들의 부담을 경감시킨다는 취지에서 특례규정을 두었다.

중소기업이라 함은 중소기업기본법에 의한 중소기업만이 대상이다. 물론 중소기업에 해당되더라도 상장법인이나 금융감독위원회 등록법인은 특례규정의 적용대상에서 제외된다.

특례규정의 내용을 고찰해 보면 다음과 같다.

1) 단기용역매출액 또는 단기예약매출액의 수익인식기준

단기용역매출액 또는 단기예약매출액은 진행기준에 의하지 않고 완성기준에 따라 실현되는 것으로 인식할 수 있다. 그리고 장기할부매출액은 인도기준에 의하지 않고 할부금 회수기일이 도래한 날에 실현되는 것으로 인식할 수 있다.

2) 이연법인세 제도의 불채택

중소기업 이외의 외감법대상 회사들은 1999년 1월 1일 개시되는 회계연도부터 이연법인세 제도를 채택하여야 한다. 그런데도 중소기업은 법인세법상 납부하여야 할 법인세 등의 금액을 비용으로 계상할 수 있다.

이 때 계정과목은 법인세비용 및 법인세비용차감전순손익 대신 법인세 등 및 법인세 차감전 순손익으로 하여야 한다.

3) 1주당 경상이익 또는 당기순이익

1주당 경상이익 또는 당기순이익에 관하여 주기 또는 주석을 기재하지 않을 수 있다.

4) 현재가치 평가의 제외

장기연불조건의 매매거래 및 장기금전대차 거래 등에서 발생하는 채권·채무는 현재가치로 할인한 가액 대신 명목상의 가액으로 계상할 수 있다.

5) 사업부문별 정보 등의 주석기재 제외

사업부문별 정보 및 중단된 사업부문의 정보를 주석으로 기재하지 않는다.

(2) 업종별 회계처리준칙

본 기준은 금융업, 건설업, 리스업 등 특정업종에는 부적합한 경우가 있다. 따라서 이런 특정업종에 적합한 업종별 회계처리준칙을 증권선물위원회가 따로 정할 수 있도록 하였다. 그 결과 다음과 같은 업종별 회계처리준칙을 제정하여 운영하고 있다.

※ 건설업회계처리준칙

※ 리스회계처리준칙

※ 은행, 증권, 보험, 투자신탁, 종합금융 및 상호신용금고 회계처리준칙

그리고 이 기준의 시행과 관련하여 필요한 경우 세부사항을 증권선물위원회가 따로 정할 수 있도록 하고 있으며 그 결과 다음과 같은 세부사항을 제정하여 운용하고 있다.

※ 연결재무제표준칙

※ 기업집단결합재무제표준칙

※ 기업인수·합병회계처리준칙

(3) 외부감사대상회사 이외의 기업의 회계처리

본 기준은 외감법 제13조의 규정에 의하여 동법의 적용을 받는 회사의 회계처리 및 보고에 관한 기준을 정함을 그 목적으로 하고 있다. 따라서 외감법 대상기업은 본 기준을 적용하게 되지만 기타의 기업은 본 기준의 적용이 강제되지 않는다.

2. 부 칙

(1) 시행일 및 일반적 적용 예

이 기준은 1998년 12월 12일부터 시행되며 시행일 이후 최초로 개시하는 회계연도부터 적용하도록 규정되어 있다. 따라서 실무에서는 1999년 1월 1일 개시하는 회계연도부터 적용이 된다.

(2) 경과조치

이 기준 적용일 이전에 발생한 거래를 재무제표에 표시할 경우에는 이 부칙에서 별도로 규정한 사항을 제외하고는 종전의 기준을 적용하는 것을 원칙으로 하고 있다. 다만 기존거래에 대하여도 이 기준을 소급적용할 수 있으며 소급적용시에는 기준 제73조에 규정된 회계변경에 따라 회계처리하면 된다.

(3) 자산재평가에 관한 특례

국제적으로 인정된 회계기준과 일치시키지 위하여 자산재평가법에 의한 자산재평가를 인정하지 않는 것을 원칙으로 하되 한시적으로 2000년 12월 31일까지만 자산재평가법에 의거 자산재평가를 실시한 경우 이 기준의 다른 규정에 불구하고 그 재평가를 인정하도록 규정되어 있다.

(4) 이연자산 삭제에 따른 경과조치

종전 기준에서는 이연자산의 과목으로 창업비, 개업비, 사채발생비, 신주발행비 및 연구개발비를 포함하였다. 그러나 1998년 12월 11일 기준개정으로 이연자산이 삭제됨에 따라 일부 계정과목은 계정 재분류되어야 한다. 따라서 종전 기준의 이연자산 중 창업비와 개업비는 함께 무형자산 중 창업비로 계정 재분류되어야 하며 이연자산 중 연구개발비는 무형자산 중 개발비로 계정 재분류되어야 한다.

다만 이 기준에 따라 무형자산으로 계상된 자산의 내용연수를 변경하는 경우는 이를 회계추정의 변경으로 본다.

(5) 자산 · 부채의 평가에 관한 경과조치

유가증권의 평가(기준 제56조), 채권의 평가(기준 제57조), 투자주식의 평가(기준 제59조), 투자채권의 평가(기준 제60조), 채권 · 채무의 현재가치에 의한 평가(기준 제66조) 및 채권 · 채무의 재조정(기준 제67조) 등의 규정에 의거 최초로 평가가 이루어진 경우 발생된 평가손익 중 이 기준 적용일 이전 해당 부분은 그 성격에 따라 전기이월이익잉여금 또는 자본조정에서 가감 처리하여야 한다.

(6) 건설자금이자에 관한 경과조치

이 기준에 의하면 재고자산(당해 자산의 제조 등에 장기간이 소요된 경우에 한함), 유형자산은 물론 투자자산 및 무형자산의 제조, 매입 및 건설에 사용된 건설자금이자도 자산의 취득원가에 가산하도록 확대되었다.

따라서 신규로 건설자금이자 계상대상이 된 자산의 경우에도 이 기준 적용일 현재 제조, 매입 또는 건설하고 있는 경우에는 건설자금이자의 취득원가 가산이 적용될 수 있다.

(7) 환율조치 및 환율 조정대에 관한 경과조치

이 기준이 최초로 적용되는 회계연도의 직전회계연도말 대차대조표에 계상되어 있는 환율조정차 또는 환율조정대는 대차대조표일까지 전기이월이익잉여금에 차감 또는 가산하도록 규정되어 있다.

이는 외화환산손익을 당기손익으로 회계처리하게 되어 있는 기준 제68조 제3항과 회계처리를 일치시키기 위한 경과조치이다.

(8) 해외지점 환산에 관한 경과조치

해외지점 환산도 원칙적으로 기준 제68조의 규정을 준용하여 회계처리하도록 되어 있다. 따라서 기준 제69조 제1항 단서 규정에 의거 자본조정인 해외사업환산차 또는 해외사업환산대로 회계처리되는 사항 이외에는 기존 해외사업환산차 또는 해외사업환산대를 이 기준을 최초로 적용하는 회계연도에 상각 또는 환입하여야 한다.

(9) 투자유가증권평가 충당금에 관한 경과조치

종전 기준 부칙 제6조의 규정에 의거 직전회계연도말 대차대조표에 계상되어 있는 시장성 없는 투자주식 및 관계회사가 발행한 주식과 관련된 평가충당금 중 이 기준 적용일 현재 대차대조표에 계상되어 있는 잔액이 있을 경우 이 금액을 이 기준 적용일에 환입하되 전기이월이익잉여금금에 가산해야 한다.

(10) 퇴직급여충당금에 관한 경과조치

1990년 3월 29일부터 시행된 기준에 의거 동 기준의 적용일(시행일 이후 최초로 개시하는 회계연도)

이전에 과소설정된 퇴직급여충당금을 동기준 적용 회계연도부터 10년 이내에 매년 일정비율(100분의 10이상)에 상당하는 비율을 추가 설정하도록 해 왔다. 따라서 금번 개정된 기준 부칙의 규정에 의하면 이 기준 적용일 현재까지 계상하지 못한 퇴직급여충당금이 있을 경우 그 금액을 전액 추가 계상하되 전기이월이익잉여금에서 차감하도록 하였다. 따라서 향후는 퇴직급여충당금 과소계상이 용인되지 않게 되어 회계의 투명성 재고에 큰 공헌을 하게 되었다.

(11) 비교표시에 관한 경과조치

기준 제5조 제2항의 규정에 의거 재무제표는 비교형식으로 제시되어야 한다. 이 기준이 최초로 적용되는 연도에는 당해 회계연도분만 작성할 수 있도록 예외규정을 두고 있다.

(12) 건설업회계처리준칙에 관한 경과조치

건설업회계처리준칙과 이 기준간에 상이하게 규정된 내용을 일치시키기 위한 경과조치이다. 즉, 건설업회계처리준칙 제4조에 의할 경우 공사기간이 장기인 도급공사 및 예약매출은 진행기준을 적용하고 단기인 도급공사 및 예약매출은 완성기준을 적용하도록 규정하고 있다.

따라서 건설업회계처리준칙의 개정 전이라도 혼란을 방지하기 위하여 건설업회계처리준칙의 규정에도 불구하고 건설업자가 시행하는 단기도급공사 또는 예약매출의 경우 진행기준을 적용하도록 하였다.

제10장

연결재무제표

제 1 절　연결재무제표의 본질

1. 연결재무제표의 의의

기업이 타사의 주식을 소유하는 목적은 단순히 일시적인 이식의 목적으로 소유하는 경우와 장기 투자의 목적, 재산분산관리의 목적, 그리고 타사지배목적 등이 있다. 그 소유목적에 따라 지주비율도 다를 수 있으나, 타사지배를 목적으로 소유하는 경우는 일반적으로 발행주식의 50% 이상을 소유할 것을 필요로 하나, 경우에 따라서는 그 이하의 지주비율로서도 가능하다.

어떤 회사가 타사주식을 소유함으로써, 그 회사를 지배하는 경우를 지배회사 또는 '지주회사'라 하며 지배를 받는 경우를 '종속회사'라 한다. 이 때 지배회사 내지 종속회사는 각각 독립적인 법인격을 가지고 있으나 경제적으로는 실질적 단일조직체 내지 유기적 조직단위로 보는 것이다.

연결재무제표는 지배 회사와 그 종속회사로 구성되는 경제적 실체(이하 연결실체라 한다.)의 재무상태와 경영성과 및 현금흐름 등에 관한 재무정보를 회계정보의 이용자에게 제공하기 위하여 지배화사가 작성하는 재무제표를 말한다.

지배라 함은 특정회사가 경제적 효익을 얻기 위하여 다른 회사의 영업, 투자 및 재무정책 등을 결정할 수 있는 능력을 말한다.

지배회사라 함은 하나 이상의 다른 회사를 지배하는 회사를 말한다.

종속회사라 함은 지배회사에 의하여 지배를 받는 회사를 말한다.

지배회사지분이라 함은 종속회사의 경영성과와 순자산 중에서 지배회사가 직접 또는 다른 종속회사를 통하여 간접적으로 소유하는 부분을 말한다.

외부주주지분이라 함은 종속회사의 경영성과와 순자산 중에서 지배회사지분 이외의 지분을 말한다.

2. 연결재무제표의 목적

연결재무제표는 그 이용자가 연결실체와 관련하여 합리적인 의사 결정을 할 수 있도록 지배회사 및 종속회사로 구성되는 단일 보고실체의 재무상태와 경영성과 및 현금흐름 등에 관한 유용하고 적정한 정보를 제공함을 목적으로 한다.

연결재무제표의 목적에 대해 미국의 AICPA의 ARB(회계조사보고) NO.51에서는 연결재무제표의 목적은 주로 지배회사의 주주나 채권자의 효익을 위하여 지배회사 내지 종속회사 재무상태와 경영성과를 보고하는데 있다고 하였다.

연결재무제표의 작성 내지 존재 목적은 개별재무제표가 제공하지 못하는 지배, 종속회사라는 기업집단의 총체적 재무정보를 제공하여 지배회사의 경영관리상태를 알게 하며, 재무제표감사의 개선을 도모함으로써 연결기업의 회계건전화를 기하는데 있다 하겠다.

3. 연결재무제표의 종류 및 형식

연결재무제표는 연결대차대조표, 연결손익계산서, 연결자본변동표, 연결현금흐름표로 구성되어 있으며, 이들을 당해 회계연도분과 직전 회계연도분을 비교하는 형식으로 작성하여 지배회사의 개별 재무제표에 첨부시켜야 한다.

연결대차대조표는 보고식 또는 계정식으로 연결손익계산서는 보고식으로 작성한다.

지배회사가 개별재무제표를 업종별회계처리준칙의 양식사례에 의하여 작성한 경우 연결재무제표도 업종별회계처리준칙의 양식사례에 의하여 작성할 수 있다.

연 결 대 차 대 조 표

200×년 12월 31일

Ⅰ. 유동자산	×××	Ⅰ. 부 채	
Ⅱ. 고정사잔	×××	1. 유동부채	×××
Ⅲ. 기타금융업자산	×××	2. 고정부채	×××
		3. 기타금융업부채	×××
		Ⅱ. 자 본	
		1. 자본금	×××
		2. 연결자본잉여금	×××
		3. 연결이익잉여금	×××
		(연결당기순이익:×××)	
		4. 연결자본조정	×××
		5. 외부주주지분	×××
자산총계	×××	부채와 자본총계	×××

연 결 손 익 계 산 서

200×년 1월 1일부터 12월 31일까지

Ⅰ. 매출액		×××
Ⅱ. 매출원가		×××
Ⅲ. 매출총이익		×××
Ⅳ. 판매비와관리비		×××
Ⅴ. 영업이익		×××
Ⅵ. 영업외수익		×××
1. 지분법평가이익	×××	
2. 부의영업권환입	×××	
3. · · · · · · · ·	×××	
Ⅶ. 영업외비용		×××
1. 지분법평가손실	×××	
2. · · · · · · · ·	×××	
Ⅷ. 경상이익		×××
Ⅸ. 특별이익		×××
Ⅹ. 특별손실		×××
XI. 법인세비용차감전순이익		×××
XII. 법인세비용		×××
XIII. 총당기순이익		×××
. 외부주주지분순이익		×××
. 연결당기순이익		×××

연 결 자 본 변 동 표

200×년 1월 1일부터 12월 31일까지

과 목	자 본 금	연 결 자본잉여금	연 결 이익잉여금	연 결 자본조정	외 부 주주지분	합 계
당기초잔액	×××	×××	×××	×××	×××	×××
유상증자(감자)	×××	×××				×××
연결당기순손익			×××			×××
외부주주지분초과 손실액(환입액)			(×××)			(×××)
배당금			(×××)			(×××)
자기주식취득				(×××)		(×××)
연결자본조정의변동				×××		×××
외부주주지분의변동					×××	×××
· · · · · ·						×××
기타						×××
	×××	×××	×××	×××	×××	×××

〈표 9-1〉 개별재무제표와 연결재무제표의 비교

구 분	내 용
개별재무제표	대차대조표, 손익계산서, 이익잉여금처분계산서, 현금흐름표
연결재무제표	연결대차대조표, 연결손익계산서, 연결자본변동표, 연결현금흐름표

4. 연결재무제표의 유용성과 한계성

(1) 연결재무제표의 유용성

연결재무제표는 지배회사와 종속회사의 재무상태와 영업성적을 나타내는 재무제표이므로 이것을 필요로 하는 이해 관계자들에게 유용한 정보를 제공하여 주는데 이를 요약하면 다음과 같다.

첫째, 지배회사와 종속회사가 있는 경우, 지배회사가 작성한 개별재무제표만으로는 주주, 채권자 및 기타의 이해자 집단에게 당해 지배회사의 경영성과나 재무상태에 관한 충분한 정보를 제공하지 못한다. 그러나 연결재무제표는 기업의 이해관계자들에게 기업집단의 총체적 재무정보를 제공한다.

둘째, 연결재무제표는 지배회사의 경영자에게 그들이 기업전체를 하나의 유기적 조직체로 생각한 경영관리정보를 제공해 준다. 그것은 지배하고 있는 산하 종속회사의 개별재무제표를 연결하여 통합적 내지 거시적으로 관할, 분석함으로써만 총체 내지 종합적으로 충분한 경영관리 정보를 제공할 수 있기 때문이다.

셋째, 연결재무제표의 작성을 제도화함으로써 지배회사가 종속회사를 개입시켜 행해지는 회계분식이나 이익조작을 방지하며, 지배·종속관계에 있는 회사에 대한 재무제표감사의 충실 개선을 가능케 한다. 다시 말하면 지배·종속 관계를 이용하여 강제매출이나 부당 저가매입 등으로 다액의 내부이익을 계상하고 그 이익을 배당이나 세금으로 사회로 유출시키는 이익조작의 사례는 개별재무제표로서는 그 부당성을 척결할 수 없으나, 연결재무제표가 작성되면 이를 상계 제거할 수 있어서 그것이 가능하다.

넷째, 연결납세신고제도(consolidated income tax return)를 채택케 되면 과세의 실질적인 합리화에 기여할 수 있다. 연결납세신고제도는 지배회사가 종속회사의 의결권 있는 주식의 50% 이상을 소유하는 경우, 과세소득계산을 연결 계산케 하여 신고 납세하는 제도이다. 이 제도는 고율의 누진과세하에서 지배·종속회사 그룹 내에서 소득을 적당히 이전시킴으로써 '조세회피'(tax evasion)를 하게 되는 개별소득계산의 단점을 시정하기 위하여 도입되는 것이다.

다섯째, 연결재무제표는 정부의 기업규제나 금융기관의 여신관리 등에도 자료로 제공된다. 즉, 증권감독원 등이 투자자 보호와 기업의 재무구조 개선을 위한 자료로서, 또 은행감독원이나 은행 등이 기업집단에 대한 여신관리용으로도 이용될 수 있을 뿐만 아니라 재정경제원 등의 물가관리의 자료로서도 이용될 수 있다.

(2) 연결재무제표의 한계성

연결재무제표는 실질적으로 한 그룹을 구성하는 지배. 종속관계의 여러 회사를 단일조직체로 보아 그 경영성과나 재무상태를 표시하기 위해 지배회사가 작성하는 것이다. 따라서 이로 인하여 각사 고유의 정보에 대해서는 오히려 불명료하게 될 가능성이 있는 결함이 있는데 이를 구체적으로 열거하면 다음과 같다.

첫째, 연결재무제표의 기초가 되고 있는 각사의 화계수치는 반드시 비교가능성을 갖는 것은 아니며, 각사의 평가기준, 원가계산방법, 감가상각률 등이 상이하면 그 결과의 회계수치를 합계하여도 별로 의미가 없다.

둘째, 비교적 재무상태가 양호한 회사와 불량한 회사가 연결되면 그 양. 부가 상계되거나 혼동되어 이해관계자에게 오판을 줄 가능성이 있다.

셋째, 연결재무제표에서 얻은 재무비율은 그룹 구성회사의 평균이므로 각사의 재무분석비율은 알 수 없으며, 그것을 분석하여도 무의미하다.

넷째, 그룹을 구성하는 각사 상호간의 매출액. 이익. 채권. 채무 등은 상호상계 제거되므로 거래 내용이 불분명하다.

다섯째, 연결재무제표로는 각사의 배당가능이익(potential dividens)을 결정할 수는 없으며, 종속회사의 유보이익은 지배회사의 유보이익의 일부를 형성하고 있는 것은 아니기 때문이다.

제 2 절 연결범위 결정

1. 연결범위에 대한 판정기준

연결재무제표준칙에서는 지배·종속관계에 있는 모든 국내외의 영리·비영리법인을 연결재무제표 작성대상으로 규정하고 있으며 지배·종속과계에 대한 구체적인 판단기준은 외감법시행령의 규정을 따르도록 되어 있다. 외감법시행령에 규정된 연결범위의 판단기준은 종속회사주식의 소유비율에 기초한 지분율기준과 지배회사가 종속회사에 대하여 실질적 지배력을 행사할 수 있는가에 초점을 두 실질지배력기준으로 구성된다.

(1) 지분율기준

① 지배회사가 다른 회사의 의결권 있는 주식 또는 출자지분의 100분의 50을 초과하여 소유하는 경우

② 지배회사와 종속회사(①에 의한 지배회사 및 종속회사에 한하며 종속회사의 종속회사를 포함한)가 합하거나 종속회사와 종속회사가 합하여 다른 회사의 의결권 있는 주식 등의 100분의 50을 초과하여 소유하는 경우

(2) 실질지배력기준

① 주식회사가 다른 회사의 의결권 있는 주식 등의 100분의 30을 초과하여 소유하면서 당해 다른 회사의 최다출자자인 경우

② 주식회사가 계약 또는 전화사채·신주인수권부사채 등의 권리행사에 의하여 의결권 있는 주식 등의 100분의 50을 초과하여 그 의결권을 행사할 수 있는 권한이 있는 경우

③ 주식회사가 계약 등에 의하여 다른 회사의 이사회 또는 이에 준하는 의사결정기구의 구성원의 과반수 이상을 임면할 수 있는 권한이 있는 경우

④ 주식회사가 계약 등에 의하여 다른 회사의 주주총회 또는 이에 준하는 의사결정기구의

의사결정에 있어서 과반수 이상의 의결권을 행사할 수 있는 권한이 있는 경우

⑤ 기타 주식회사가 다른 회사의 재무 또는 영업에 관한 중요한 사항을 결정할 수 있는 권한이 있는 경우로서 금융감독위원회가 정하는 경우

실질지배기준에서는 지배회사가 종속회사에 대하여 실질적인 지배력을 행사할 수 있느냐에 기준을 두고 있다. 소유·경영의 분리와 주식소유의 분산으로 인하여 다른 기업주식의 과반수를 소유하지 않더라도 실질적으로 그 회사를 지배할 수가 있다. 이에 따라 주식소유비율 뿐만 아니라 실질 지배력 유무를 가지고 연결범위를 판단하는 것이 최근 국제적 추세이며 우리나라에서도 실질지배력기준을 대폭 확대하여 수용하고 있다.

지분율기준에 따라 성립되는 지배·종속관계는 그 형태에 따라 직접소유형과 간접소유형이 있으면 간접소유형에는 다시 다단계소유형, 합동소유형 및 확대소유형 등이 있다.

외감법시행령에 규정된 지배 · 종속관계

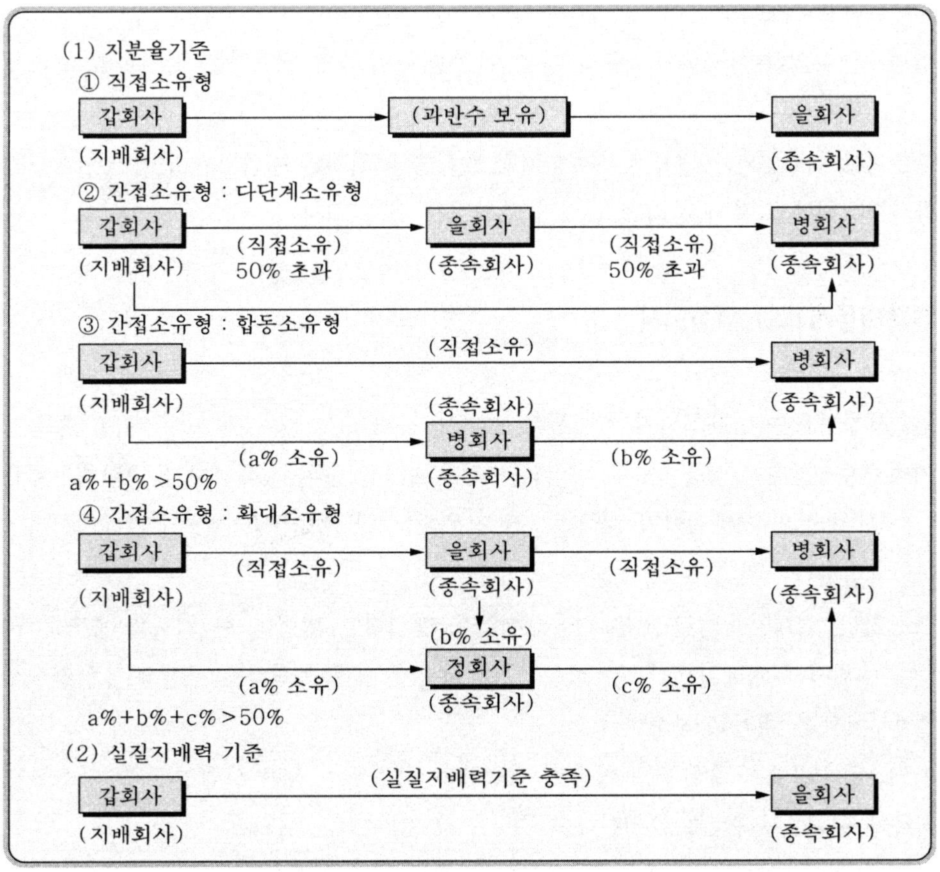

2. 연결대상에서 제외되는 종속회사

연결재무제표 준칙 제5조에 의하면 지배. 종속의 관계에 있는 경우 지배회사는 연결재무제표를 작성하여야 한다. 다만 외감법시행령 제1조의3제2항에 해당하는 회사는 연결재무제표 작성 대상에서 제외한다고 되어 있는데 이는 실질적인 지배가 이루어질 수 없거나 연결로 인한 효과가 별로 없어 무의미한 결과를 가져올 수 있는 상황이기 때문이다.

① 직전사업년도 자산총액이 주식회사의 외부감사에 관한 법률 시행령 제2조 제1항에서 규정하는 자산규모 미만인 경우(70억원 미만)

② 가까운 장래에 처분할 목적으로 종속회사 주식을 신규 취득하여 일시적으로 지배하는 경우

③ 전쟁, 천재지변, 기타 불가항력적인 사유가 발생하여 연결재무제표의 작성에 포함시키기 곤란하다고 판단되는 경우

④ 법령 등에 의하여 지배회사로의 자금 이전을 중요하게 제한하는 장기적인 약정이 있는 경우

⑤ 연결대상에 포함되는 회사가 지배회사가 속하는 기업집단 이외의 기업집단에 속하는 경우

⑥ 회사정리법에 의하여 정리절차 개시의 결정을 받는 회사

3. 연결재무제표의 작성회사

① 연결재무제표는 지배회사가 작성한다.

② 지배·종속관계가 연속적으로 성립되는 경우에는 최상위 지배회사가 연결재무제표를 작성한다. 다만, 최상위 지배회사가 외국법인인 경우에는 내국법인 중 최상위 지배회사가 연결재무제표를 작성한다.

③ 상장법인, 협회등록법인 또는 금융보험업을 영위하는 법인이 한 회사의 종속회사이면서 동시에 다른 회사의 지배회사인 경우에는 당해 회사와 그 종속회사로 구성되는 연결실체에 대한 연결재무제표를 추가로 작성한다.

④ 지배·종속관계가 순환하는 형태로 서립하는 경우에는 직전 사업연도 말 자산규모가 최대인 회사가 연결재무제표를 작성한다.

"②"의 단서의 의하면 내국법인 중 최상위 지배회사가 연결재무제표를 작성하는 경우 작성회사보다 지배·종속관계에 있어 상위에 있는 최상위 지배회사인 외국법인은 연결대상에서 제

외한다.

상장법인이란 증권거래법에 의하여 한국증권거래소에 주식이 상장되어 있는 법인을 말하고, 협회등록법인이랑 증권거래법에 의하여 한국증권업협회에 등록되어 있는 법인을 말하며, 금융보험업을 영위하는 법인이란 통계법 제17조 제1항의 규정에 의하여 통계청장이 고시하는 표준분류상의 금융업 또는 보험업을 영위하는 법인을 말한다.

"④"에서 지배·종속관계가 순환하는 형태의 예는 갑회사의 종속회사인 을회사가 병회사의 지배회사이고 동시에 병회사가 갑회사의 지배회사인 경우를 들 수 있다.

연결재무제표 작성회사 요약

구 분	작 성 회 사
원 칙	최상위지배회사
최상위지배회사가 외국법인인 경우	내국법인중 최상위지배회사
상장법인, 협회등록법인, 금융보험업	종속회사가 있는 경우에는 최상위지배회사가 아닌 경우에도 연결재무제표 작성
지배, 종속관계가 순환하는 경우	직전 회계연도 말 자산규모가 최대인 회사

제3절 연결 절차

1. 연결재무제표 작성기준일

연결재무제표 작성기준일은 지배회사의 회계연도 종료일("결산일"이라 한다. 이하 같다.)로 하고, 연결재무제표 작성에 관한 기간은 1년을 원칙으로 한다.

종속회사의 회계연도종료일이 연결재무제표 작성기준일과 일치하지 아니한 경우에는 연결재무제표 작성을 기준일 현재의 재무제표를 작성한다.

종속회사의 회계연도 종료일과 연결재무제표 작성기준일과의 차이가 3월 이내인 경우에는 연결재무제표 작성을 위하여 종속회사 회계연도 종료일의 재무제표를 이용할 수 있다. 이 경우 종속회사의 회계연도 종료일과 연결재무제표 작성기준일 사이에 발생한 중요한 거래나 사건을 연결재무제표에 작성시 반영하며 그 내용과 이외 조정내용을 주석으로 공시한다.

연결재무제표의 작성기준일은 지배회사의 회계연도 종료일, 즉 지배회사의 당해 회계연도말일이 된다.

연결에 포함된 종속회사의 회계연도 및 결산일이 지배회사와 다른 경우에는 회계연도조정과 결산일조정이라는 문제가 발생하는 바, 다음과 같은 두 가지 경우로 나누어 처리하여야 한다.

① 종속회사의 결산일이 지배회사의 결산일(연결재무제표 작성기준일)보다 3개월 이상 빠른 경우(예로서, 지배회사의 결산일은 매년 12월 31일이고, 종속회사의 결산일은 매년 8월 31일인 경우)에는 당해 종속회사에 대하여는 지ㅏ배회사의 결산일 현재로 연결재무제표 작성을 휘한 가결산재무제표를 작성하여야 한다.

② 종속회사의 결산일이 지배회사의 결산일전 3개월 이내인 경우(예로서, 지배회사의 결산일은 매년 12월 31일이고, 종속회사의 결산일은 9월 30일인 경우)에는 당해 종속회사의 최근 결산일 현재의 재무제표를 그대로 이용하면 된다.

연결손익계산서의 기간이 지배회사의 손익계산서의 기간과 일치되어야 하므로 종속회사의 손익계산서의 기간도 지배회사의 손익계산서의 기간과 마땅히 일치되지 않으면 안 된다. 다만, 당기중에 처음으로 지배권을 취득하는 경우에는, 동 취득일(투자일) 이후 분부터만 연결손익계산서에 포함되는 것으로 하여야 한다.

2. 회계처리 방침

(1) 지배회사와 종속회사의 회계처리 방법

연결재무제표 준칙 제8조에 의하면, 종속회사가 채택한 회계처리 방법은 특별한 사유가 없는 한 지배회사의 회계처리방법에 일치시켜야 한다. 다만, 종속회사가 특별한 사유로 지배회사의 회계처리방법과 다른 회계처리방법을 채택하고 있는 경우에는 그 사유와 내용 등을 주석으로 기재하다고 규정되어 있다.

연결재무제표에 포함된 각 회사들은 독자적인 회계조직을 가지고 거래를 처리하고 있으므로 감가상각방법이나 재고자산평가방법 등이 서로 다를 경우가 있는데 이들 회사들을 전체로 묶어서 하나의 경제단위로 보아 회계처리방법의 통일이 선행되어야 한다.

연결대상기업들간에는 가급적 회계처리방법을 일치시키도록 하는 것이 좋으며, 부득이 일치시킬 수 없는 경우에는 별도로 비망회계기록을 유지하여 연결재무제표 작성시에 이용할 수 있도록 하여야 할 것이다.

(2) 연결재무제표 작성 순서

연결재무제표를 작성하려면 첫 단계로 연결조정분개를 하여야 한다. 이 분개는 연결회사의 개별장부에 기록되는 공식적인 분개가 아니며 연결재무제표 작성 과정에서 편의상 연결정산표에만 실시되는 기록이므로 매년 별도로 다시 작성되며 이월잔액계산을 필요로 하지 않는다.

연결재무제표는 통상적으로 다음의 순서에 따라 작성한다.

1) 개별재무제표를 수집하여 결합시킨다.

2) 연결조정분개를 행한다.

3) 연결정산표를 완성한다.

4) 연결재무제표를 보고식으로 작성한다.

3. 해외종속회사의 재무제표환산

해외 종속회사의 결산일이 지배회사의 결산일과 다른 경우 해외종속회사의 재무제표는 지배회사의 회계연도 평균환율을 적용하여 환산한다. 외국에 소재하는 종속회사 및 지분법 적용회사 등의 외화표시 재무제표는 다음 각호와 같이 원화로 환산한다.

(가) 자산 · 부채는 대차대조표일 현재의 환율로 환산한다.

(나) 주식취득일 현재의 자본은 취득당시의 환율로 환산하고, 주식취득일 후에 발생한 자본은 발생한 당시의 환율로 환산한다. 다만, 지배권 획득일(지분법 적용회사의 경우 "지분법 적용회사 해당일"을 말한다. 본조에서 이하 같다.) 전에 그 주식의 일부를 취득하는 경우에는 일관하여 지배권 획득 당시의 환율로 환산할 수 있다.

(다) 손익계산서 항목은 당해 회계연도의 평균환율로 환산한다.

재무제표를 원화로 환산함에 있어서 자본금액과 자산에서 부채를 차감한 잔액의 차이는 해외사업환산차 또는 해외사업환산대의 과목으로 하여 자본 조정에 기재한다라고 규정되어 있다.

해외종속회사의 재무제표를 국내 모회사의 재무제표에 연결시키고자 하면, 우선 화폐단위를 원화로 환산하는 과정을 거쳐야 한다.

4. 회계정책의 적용

연결재무제표는 각 연결대상회사가 기업회계기준에 준거하여 작성한 개별재무제표를 기초로 작성한다. 따라서 개별재무제표상 기업회계기준을 위배한 사항이 있는 경우에는 이를 수정한 후의 개별재무제표를 기초로 하여 연결재무제표를 작성하고 그 내용을 주석으로 기재하여야 한다.

해외에 소재하는 종속회사의 경우 당해 국가의 회계기준에 의하여 작성된 재무제표가 기업회계기준에 준거하여 작성된 재무제표와 중요한 차이가 나는 경우에는 기업회계기준에 따라 재무제표를 재작성한 후 연결재무제표를 작성하여야 한다. 다만 중요한 차이가 나지 않는 경우에는 이를 재작성하지 아니할 수 있다.

해외에 소재하는 종속회사 및 지분법 적용대상회사의 외화표시 재무제표 환산은 기업회계기준 제69조의 규정을 준용한다.

종속회사가 소유하고 있는 지배회사의 주식은 연결대차대조표상 자기주식의 과목으로 하여 자본조정에 기재하고 이에 대한 회계처리는 기업회계 기준 제31조 및 제33조의 규정을 준용한다.

연결재무제표의 작성시 통상 유사한 거래 및 유사한 상황하에서의 거래에 대해서는 연결대상회사간에 동일한 회계처리방법을 적용하여 한다. 다만, 연결대상회사간 다른 회계처리방법의 적용으로 인하여 발생하는 차이가 중요하지 않은 경우에는 다른 회계처리방법을 적용할 수 있다.

지배 · 종속관계가 연속적으로 성립하는 경우에는 지배관계의 지위가 낮은 회사에서 높은 회사로 순차적으로 연결절차를 수행한다.

주식회사가 아니고 유한회사 · 합명회사 또는 합자회사 등과 같은 회사들 상호간에 지배 · 종속관계가 있거나, 주식회사와 이러한 회사들간에 지배. 종속관계가 있어서 연결재무제표를 작성하는 경우에는 본 연결재무제표 준칙 규정을 준용하도록 한 것이다.

지배회사가 주식회사 이외의 회사를 종속회사로 가지고 있는 경우에도 연결재무제표 준칙을 반드시 준용하여야 하는 것이다.

제 4 절 연결재무제표 작성

1. 연결 재무제표 작성원칙

(1) 투자계정과 자본계정의 상계

연결재무제표는 지배회사 및 종속회사로 구성되는 경제적 실체의 정보를 제공하는 것이므로 기배회사의 투자계정과 종속회사의 자본계정은 상계 제거한다. 투자 계정과 자본계정을 상계 제거함에 있어서 종속회사의 자본 중 외부 주주지분은 별도의 과목으로 구분하여 자본항목에 표시한다. 지배회사의 투자계정과 이에 대응하는 종속회사의 자본계정은 지배 · 종속관계가 성립하는 날(이하 “지배권 획득일”이라 한다)을 기준으로 상계 제거한다. 종속회사상호간의 투자계정과 이에 대응하는 자본계정은 지배권 획득일을 기준으로 상계 제거한다. 다만, 지배권 획득일 이후 종속회사 상호간의 주식 취득시에는 주식취득일을 기준으로 상계제거하며 이때 투자계정과 이에 대응하는 자본계정이 일치하지 않는 경우 그 차액은 연결자본잉여금으로 처리한다. 지배회사의 투자계정과 종속회사의 자본계정을 상계제거함에 있어서 거래의 실적에 따라 매수와 지분통합으로 구분하고, 매수에 대해서는 매수법, 지분통합에 대해서는 지분통합법을 적용하여 회계처리 한다. 매수법 적용시 지배권 획득일 현재 종속회사의 자산・부채의 공정가액에 대한 지배회사의 지분과 지배회사의 투자계정이 일치하지 않는 경우 그 차액(이하 "투자제거차액"이라 한다)은 영업권 또는 부의 영업권으로 인식한다. 매수와 지분 통합의 구분, 매수법과 지분통합법에 관한 회계처리 및 매수법 적용시 영업권, 부의영업권의 회계처리는 기업인수・합병 등에 관한 회계처리 준칙을 준용한다. 매수법 적용시 외부주주 지분은 종속회사의 자산・부채의 장부가액에 대하여 외부주주지분율에 해당하는 금액만큼 인식한다. 지분통합법 적용시 종속회사의 자산・부채는 장부가액으로 인식하고, 외부주주 지분은 종속회사의 자산・부채의 장부가액에 대하여 외부주주지분율에 해당하는 금액만큼 인식한다. 지분통합을 위하여 발행한 주식의 액면총액이 종속회사의 자본금과 차이가 나는 경우 그 차액은 여결실체의 자본잉여금과 이익잉여금에서 순서대로 조정한다. 지배회사가 회계연도 중에 종속회사 주식을 취득한 경우에는 종속회사가 동일자에 가결산을 하여 재무제표를 확정하지 않는 한 순자산 가액을 알 수 없으므로 주식 취득일과 가장 가까운 결산일(분기・반기 재무제표를 작성하는 경우에는 분기・반기결산일을 포함한다)에 취득한 것으로 할 수 있다. "매수"란 한 회사가 다른 회사의 순자산 및 여업활동을 지배하게 되는 경우 그대로 자산의 이전, 채무의 부담 또는 주식을 발행하는 형태의 기업 결합을 말하며, "지분통합"이란 결합에 참여하는 회사 중 어느 일방도 매수회사가 되지 아니하고 각 결합 참여회사의 주주들이 결합 참여회사들의 자산 및 영업활동에 대한 지배력을 결합하여 그 결합된 실체에 내재된 위험과 효익을 지속적으로 상호 분담하는 형태의 기업결합을 말한다. 매수법 적용시 외부주주지분에 대한 영업권 또는 부의 영업권은 인식하지 않는다. 지분통합법 적용시종속회사의 이익잉여금과 종속회사로부터 승계한 자산・부채와 관련된 자본조정계정은 전액 승계한다. 다만, 지분통합을 위하여 발행한 주식의 액면총액이 종속회사의 자본금을 초과하는 경우 그 차액은 연결실체의 자본잉여금, 이익잉여금에서 순서대로 차감한다. 지분통합을 위하여 발행한 주식의 액면 총액이 종속회사의 자본금에 미달하는 경우 그 차액은 연결실체의 자본잉여금에 가산한다. 연결 대상회사가 특정금전신탁을 통하여 다른 연결대상회사의 주식이나 채권을 보유하고 있는 경우에 주식의 경우는 투자계정으로 보아 자본계정과 상계 제거하고 채권의 경우는 내부거래로 보아 채무와 상계 제거한다.

(2) 종속회사의 우선주 발행

종속회사가 우선주를 발행한 경우에는 다음과 같이 회계처리 한다.

1) 종속회사가 자본을 우선주주지분과 보통주주지분으로 배분한 다음에 연결조정 분개를 수행한다.

2) 지배회사가 종속회사의 우선 주식을 취득한 경우에는 이를 상환한 것으로 보고 우선주에 대한 투자계정과 자본계정의 상계 제거시 투자제거차액은 다음과 같이 처리한다.

① 투자제거차액이 대변에 발생하는 경우 연결자본잉여금에 가산한다.

② 투자제거차액이 차변에 발생하는 경우에는 자본잉여금 중 우선주주지분에 해당하는 금액까지는 연결자본잉여금에서 차감하고 그 금액을 초과하는 부분은 연결이익잉여금에서 차감한다.

3) "2"에서 투자와 자본 계정상계제거시 종속회사의 특정 자산·부채의 장부가액과 공정가액과의 차액 중 지배회사 이외의 지분에 해당하는 금액은 외부 주주지분으로 계상한다.

4) 종속회사 자본 및 당기순이익을 보통주주지분 및 우선주주지분으로 구분하는 방법은 우선주의 특성에 따라 다음과 같이 계산하고, 우선주주지분은 종속회사의 자본 및 당기순이익에서 보통주주지분을 차감한 값으로 한다.

① 종속회사가 누적적 참가적 우선주를 발행한 경우 : 종속회사자본중 보통주 주의 지분은 과거에 우선주 배당률에 미달하는 우선주 배당액이 있다면 종속회사의 자본에서 우선주 배당미달액을 차감한 후의 금액에 보통주 비율을 곱하여 계산하되, 우선주 배당 미달액 차감시 배당이 제한되어 있지 않은 이익잉여금을 한도로 차감한다. 과거에 우선주 배당 미달액이 없다면 종속회사의 자본전체에 대하여 보통주 비율을 곱하여 보통주의 지분을 계산한다. 종속회사의 당기순이익중 보통주주의 지분은 우선주에 대한 배당 선언여부에 관계없이 종속회사의 당기순이익에서 보통주 배당금과 우선주 배당금을 차감한 후의 금액에 보통주 비율을 곱한 값과 보통주 배당금을 합하여 계산한다.

② 종속회사가 누적적 비참가적 우선주를 발행한 경우 : 종속회사 자본중 보통주주의 지분은 과거에 우선주 배당미달액이 있다면 ㉮ 종속회사의 자본에서 이익잉여금을 차감한 금액에 보통주 비율을 곱한 금액과 ㉯ 종속회사의 이익잉여금에서 우선주 배당 미달액을 차감한 금액을 합하여 계산하되, 우선주 배당미달액 차감시 배당이 제한되어 있지 않은 이익잉여금을 한도로 차감한다. 과거에 우선주 배당미달액이 없다면 ㉮의 금액과 종속회사의 이익잉여금을 합하여 계산한다. 종속회사의 당기순이익중 보통주주의 지분은 우선주에 대한 배당 선언여부에 관계없이 종속회사의 당기순이익에서 우선주 배당금을 계산한다.

③ 종속회사가 비누적적 참가적 우선주를 발행한 경우 : 종속회사 자본중 보통주주의 지분은 종속회사의 자본전체에 대하여 보통주 비율을 곱하여 계산한다. 종속회사의 당기순이익중 보통주주의 지분은 우선주에 대한 배당선언을 하지 않는 경우에는 종속회사의 당기순이익에 보통주 비율을 곱하여 계산하고, 우선주에 대한 배당 선언을 한 경우에는 종속회사의 당기순이익에서 보통주 배당금과 우선주 배당금을 차감한 후의 금액에 보통주 비율을 곱한 값과 보통주 배당금을 합하여 계산한다.

④ 종속회사가 비누적적 비참가적 우선주를 발행한 경우 : 종속회사 자본중 보통 주주의 지분은 종속회사의 자본에서 이익잉여금을 차감한 금액에 보통주 비율을 곱한 금액과 종속회사의 이익잉여금을 합하여 계산한다. 종속회사의 당기순이익중 보통주주의 지분은 우선주에 대한 배당선언을 하지 않는 경우에는 종속회사 당기 순이익 전체금액으로 하고, 우선주에 대한 배당선언을 한 경우에는 종속회사 당기순이익에서 우선주 배당금을 차감한 금액으로 한다. "종속회사 자본"은 우선주의 잔여재산분배 청구권의 성격에 따라 두 가지로 구분될 수 있으며 각 경우에 따라 다른 방법을 적용하여 산출한다. 우선 주주가 보통주주와 동일하게 잔여 재산분배에 참가할 수 있는 경우 "종속회사자본"은 종속회사의 자산과 부채를 공정가액으로 평가한 후의 순자사가액(종속회사의 장부상자본계정과 종속회사의 자산과 부채의 공정가액과 장부가액과의 차액을 합한 금액)으로 한다. 우선 주주가 보통주주와 동일하게 잔여 재산분배에 참가할 수 없는 경우 "종속회사 자본"은 종속회사의 장부상 자본계정금액으로 하고 종속회사의 자산과 부채의 공정가액과 장부가액과의 차액은 전부 보통주주지분으로 한다.

보통주 비율이란 보통주 자본금을 보통주 자본금과 우선주 자본금의 합계액으로 나눈 비율을 말한다. 종속회사의 당기순이익중 보통 주주지분계산시 우선주 특성이 누적적인 경우 우선주 배당금은 배당 선언여부와 관계없이 차감되는데 그 이유는 누적적 우선주의 경우 특정연도의 우선주 배당금이 정관에서 정한 우선주 배당률에 달하지 못하면 그 부족액을 이후연도의 이익에서 우선적으로 받을 수 있는 권리가 있기 때문이다. 종속회사가 비누적적 우선주를 발행한 경우에는 종속회사 순자산가액중 보통주주 지분계산시 우선주 특성이 비누적적이므로 우선주 배당 미달액을 고려할 필요가 없다. 우선주 배당금이 보통주 배당률과 연계되어 확정됨에 따라 대차대조표일 현재 누적적 우선주 배당률을 알 수 없는 경우에는 직전 사업년도의 우선주 배당률에 상당하는 배당액을 종속회사의 당기순이익에서 차감한다. 종속회사가 지배회사에 판매하거나 종속회사가 다른 종속회사에 판매함으로써 발생한 미실현 손익도 종속회사우선주의 배당 특정에 따라 당기순이익을 보통주주지분과 우선 주주지분에 배분한 방법과 동일한 방법으로 배분한다.

(3) 내부거래 및 미실현손익 등의 상계 제거

지배회사와 종속회사간 또는 종속회사와 종속회사간(이하 "연결대상회사간"이라 한다)의 내부거래로 인한 채권·채무 기말잔액과 수익·비용계상액 및 미실현 손익은 상계 제거한다. 지배회사가 종속회사에 판매함으로써 발생한 미실현손익은 전액 제거하여 지배회사 지분에 부담시키고, 종속회사가 지배회사에 판매하거나 종속회사가 다른 종속회사에 판매함으로써 발생한 미실현손익은 전액 제거하여 지배회사 지분과 외부 주주지분에 비례하여 부담시킨다.

1) 상계제거의 대상이 되는 채권·채무에는 매출채권과 매입채무, 대여금과 차입금, 미수금과 미지급금 등의 확정채권·채무는 물론 발생주의에 의한 기간 손익의 계산과 관련된 미수수익과 미지급비용, 선급비용과 선수수익 등의 모든 채권·채무가 포함된다.

① 연결 대상 회사간의 거래가 연결실체 외부의 회사를 매개로 하여 이루어진 경우에도 그 거래가 실질적으로 연결 대상 기업간의 거래인 경우에는 당해 거래를 연결 대상 회사간의 내부 거래로 간주하여 처리한다.

② 매수법 적용시 지배권 획득일전의 거래에서 발생된 미실현손익은 제거하지 아니한다.

2) 연결 대상회사간의 재고자산 거래로 인한 매출채권·매입채무 및 매출액·매출원가와 그로인한 미실현손익은 상계 제거한다.

① 연결 대상 회사가 발행한 지급 어음을 다른 연결 대상 회사가 금융기관 등 연결실체 외부에서 할인한 경우 등 거래가 매각 거래인 경우에는 동지급 어음은 차입금으로 계상한다. 또한 재고자산거래와 관계없이 발행되고, 외부에서 할인된 경우에도 거래가 매각 거래인 경우 동 어음 발행금액은 차입금으로 계상한다.

② 연결 대상 회사간의 거래에서 발생한 채권에 대한 대손충당금 등과 내부거래와 관련하여 실정한 판매 보증충당금 등은 이를 환입 조정한다.

3) 유가 증권 및 투자 유가증권에 대하여 연결 대상회사간의 거래로 발생한 처분 손익은 미실현손익으로서 제거한다.

4) 연결 대상회사간의 유형자산 매매거래로 인한 채권·채무, 관련 수익·비용 및 미실현손익은 상계 제거한다.

5) 연결 대상회사가 발행한 사채를 다른 연결 대상회사가 취득한 경우에는 이를 상환한 것으로 간주하여 관련 채권·채무 및 수익·비용은 상계 제거하고 당해 내부거래로 인하여 사채추정상환손익이 발생한 경우에는 이를 인식한다. 이때 발행회사가 지배회사인 경우 사채추정상환손익은 지배회사가 전액 인식하고, 발행회사가 종속회사인 경우 사채추정상환손익은 전액 인

식하여 지배회사 지분과 외부주주지분으로 안분한다.

6) 연결 대상회사간 운용리스거래가 있는 경우에는 리스 이용 회사의 미지급 리스료 및 운용리스료 및 운용리스료 수익과 상계제거하며 운용 리스 자산 및 관련 감가상각누계액은 일반 유형자산 및 감가상각누계액으로 계정 분류한다.

7) 연결 대상회사간 금융리스거래가 있는 경우에는 리스 이용회사의 리스 부채 및 리스 이자 비용은 리스회사의 금융리스채권 및 리스 이자수익과 상계 제거하며 금융리스자산 및 관련 감가상각누계액은 일반 유형자산 및 감가상각누계액으로 계정 재분류 한다.

초상위 지배회사가 A사이고, 차상위 지배회사가 B사이고, 종속회사 C사인 경우 C사가 B사를 통하지 않고 A사에 직접 판매함으로써 발생한 미실현손익은 전액 제거하여 지배회사 지분과 외부주주지분에 비례하여 부담시킨다. 이때 지배회사 지분율은 A사가 B사에 대하여 갖고 있는 지분율과 B사가 C사에 대하여 갖고 있는 지분율을 곱하여 계산한다. 상계되는 매출채권과 매입채무는 동일한 금액이어야 하므로 연결재무제표 작성일 현재 연결대상회사간에 동금액이 일치하지 않을 경우에는 이를 적절히 조정하여 일치시킨 후 상계 제거한다. 연결 대상회사간의 내부거래로 취득한 재고자산이 연결재무제표작성일 현재 연결실체 내부에 잔존하는 경우 동재고자산에 포함되어 있는 미실현손익은 제거한다. 상계제거되는 재고자산 관련 미실현손익은 당해거래에 실제 적용된 매출총이익율을 기초로 계산한다. 다만 실제로 적용된 매출 총이익율과 중요한 차이가 없거나 그 실제이익률을 적용하기 어려운 경우에는 판매회사의 업종별 연평균 매출총이익율을 기초로 하여 재고자산 관련 미실현손익을 계산할 수 있다. 감가상각대상 유형자산의 내부거래로 인한 미실현손익을 상계 제거하는 경우 미실현손익은 연결대상회사가 아닌 제3자에게 매각되거나 당해 자산의 감가상각을 통하여 실현된다. 따라서 연결손익계산서상의 감가상각비는 당해 감가상각대상 유형자산에 포함된 내부거래 미실현손익으로 인하여 증가(감소)된 감가상각비 과대(과소)계상분을 차감(가산)하여 산정한다. 연결대상회사간의 사채발행이나 취득으로 인해 발생한 사채소유회사의 투자사채, 이자수익 및 미수수익은 사채발행회사의 사채, 이자비용 및 미지급비용과 상계제거한다. 사채 소유회사의 취득가액과 사채발행회사의 장부가액이 다를 경우 당해 차액은 사채 추정상환손익으로 계상한다. 이 경우 발생하는 연결대상회사간 이자수익과 이자비용의 차액은 당해 사채의 상환기간에 걸쳐 사채 추정상환손익을 조정한다.

(4) 외부주주지분

1) 지배권 획득일 이후의 종속회사 자본계정이 감자, 증자 등에 의하여 변동한 경우에는 변

동후의 자본계정을 기준으로 하여 외부주주지분을 계산한다.

2) 종속회사의 손실 중 당해 종속회사의 외부 주주지분에 속하는 부분이 당해외부 주주지분액을 초과하는 경우에는 그 초과액을 지배회사의 지분에 부담시킨다. 이 경우 지배회사의 지분에 부담된 손실이 회복될 때까지는 차후 발생되는 당해종속회사의 이익 전부를 지배회사의 지분에 가산한다.

3) 2의 규정에 의하여 지배회사의 지분에 부담시키는 외부주주지분초과손실은 "외부주주지분초과손실액"으로 연결이익잉여금에 주기하고, 연결자본변동표에서 이를 기말연결이익잉여금의 산정에 반영하며 그 내역을 주석으로 기재한다.

4) 연결실체의 총당기순이익(또는 총당기순손실)중 외부주주지분에 해당하는 금액은 "외부주주지분순이익"(또는 "외부주주지분순손실")의 과목으로 구분하여 표시하고, 연결당기순이익(또는 연결당기순손실)계산시 외부주주지분순이익은 차감하고, 외부주주지분순손실은 가산한다. 와ㅣ부주주지분계산시 지배회사와 회계처리 방법이 다른 경우 이를 조정한 후의 종속회사 자본계정을 기분으로 하여 외부주주지분을 계산한다.

(5) 종속회사 주식의 추가취득

1) 종속회사가 연결대상이 된 후 지배회사가 외부주주로부터 당해 종속회사의 주식을 추가로 취득하는 경우 투자 제거차액은 연결자본잉여금으로 처리한다.

2) 종속회사가 유상증자, 주식배당, 또는 무상증자(이하 "증자" 등이라 한다.)등을 한때에는 증자 등을 한 후 지배회사의 지분가액에서 증자 등을 하기전 지배회사의 지분가액을 차감한 잔액과 증자 등으로 인하여 취득한 주식의 취득원가(주식배당과 무상증자시에는 "0"으로 한다)와의 차액을 연결자본잉여금으로 처리한다. 이때 차액이 차변에 발생하여 차감할 연결자본잉여금이 부족한 경우에는 연결 자본잉여금으로 처리한다.

3) 지배회사가 지배권 획득일전에 취득한 종속회사 주식에 대하여 공정가액으로 평가하여온 경우 투자제거차액은 지배권획득일직전 투자주식에 대하여 공정가액으로 평가한 장부가액과 추가취득한 주식의 취득원가의 합계액을 투자계정금액으로 하여 계산한다. 이때 지배권획득일까지 보유하고 있던 종속회사주식을 공정가액으로 평가함에 따라 발생한 투자유가증권평가손익(자본조정)은 지배권획득일이 속하는 회계연도에 실현된 것으로 본다.

4) 주식의 추가취득 등에 의하여 지분법 적용대상회사가 종속회사가 된 경우 지분법을 적용한 장부가액과 추가취득한 주식의 취득원가의 합계액을 투자계정금액으로 하여 투자제거 차액을 계산한다.

5) 지배·종속 관계가 성립된 이후에 지배회사가 당해 종속회사의 주식을 연결대상회사로부터 추가취득 한 경우에는 연결대상회사간의 내부거래에 해당하므로 당해 거래로 인한 채권·채무 기말잔액과 수익·비용 계상액 및 미실현손익은 상계 제거한다.

6) 회계연도중에 연결대상회사간에 합병을 한 경우 연결재무제표작성시에 합병이 일어나지 않고 추가로 지분을 취득한 것처럼 회계처리하여 합병기준일까지 발생한 피합병회사의 당기손익을 연결손익계산서에 반영한다.

연결실체를 하나의 경제적실체로 보는 연결재무제표에서는 종속회사의 모든 주주가 연결실체의 주주이다. 따라서 지배권 획득일 이후의 종속회사 주식의 거래는 연결재무제표상 주주간 자본거래이므로 일반적인 자본거래와 같이 손익을 인식하지 않는다.

회계연도중에 연결 대상회사간 합병을 한 경우 연결실체의 입장에서 볼 때, 합병이 일어나지 않는 경우와 비교해서 경제적 실체의 변동은 없으나 합병분개로 인하여 합병기준일까지 발생한 피합병회사의 손익이 합병회사의 이익잉여금에는 반영되지만 합병회사의 손익계산서에서 제외되어 합병이 일어나지 않는 경우에 비해서 합병회계년도의 당기손익이 차이나게 된다. 이를 해결하기 위하여 연결조정 분개시기중 수행하였던 합병분개를 취소하고 추가로 지분을 취득한 것처럼 회계처리하여 합병기준일까지 발생한 피합병회사의 당기손익을 연결손익계산서에 반영한다.

(6) 종속회사의 주식처분

1) 지배회사가 종속회사의 주식의 일부를 외부주주에게 처분한 후에도 종속회사가 계속하여 연결대상에 속하는 경우에는 그 처분손익을 인식하지 아니하고 연결 자본잉여금으로 처리한다.

2) 연결 대상이었던 종속회사의 주식을 일부 매각하거나 종속회사가 연결대상에서 제외됨으로써 지분법을 적용하여야 할 회사가 된 경우 연결대차대조표상의 당해 투자계정금액은 매각 또는 제외시점에서의 연결재무제표상 종속회사의 순자산에 대한 장부가액중 지배회사의 지분액에 미상각된 영업권 또는 부의 영업권 금액을 가감한 금액으로 한다. 이 경우 매각 또는 제외 시점에서의 당해 회사의 순자산에 대한 장부가액을 알 수 없을 경우에는 매각 또는 제외시점이 속하는 회계연도의 순자산에 대한 장부가액으로 할 수 있다.

3) 지배회사가 종속회사 주식의 일부를 처분하여 연결 대상에서 제외되면서 지분법 적용대상이 아닌 경우 잔여 지분(투자계정) 금액은 매각시점에서의 연결재무제표상 종속회사의 순자산에 대한 장부가액중 지배회사의 지분율에 해당하는 금액에 미상각된 영업권 또는 미환입된 부의영업권 금액을 가감한 금액으로 한다. 이때 잔여지분(투자계정)에 대한 평가는 기업회계기

준을 준용하고, 처분한 주식에 대하여는 처분손익을 인식하되, 이익(손실)은 종속회사 주식의 매각대금과 연결 재무제표상 종속회사의 순자산에 대한 장부가액(미상각된 영업권 또는 미환입된 부의 영업권을 가감한 금액)중 처분한 주식의 비율에 해당하는 금액과의 차이로 한다.

4) 지배회사가 종속회사 주식을 전부 처분한 경우 지배회사는 연결재무제표작성시 처분손익을 인식한다. 처분손익은 종속회사 주식의 매각 대금과 연결재무제표상 종속회사의 순자산에 대한 장부가액중 지배회사에 속하는 부부에 미상각된 영업권 또는 미환입된 부의영업권을 가감한 금액과의 차이로 한다.

5) 지배회사가 연결 대상회사에게 종속회사의 주식을 처분한 후 에도 당해 종속회사가 계속하여 연결대상에 속하는 경우에는 연결대상회사간의 내부거래에 해당되므로 당해거래로 인한 채권·채무 기말잔액과 수익·비용계상 및 미실현손익은 상계 제거한다.

지배회사가 회계연도 중에 종속회사주식을 처분한 경우에는 종속회사가 처분일자에 가결산하여 재무제표를 확정하지 않는 한 종속회사의 순자산가액을 알 수 없으므로 주식처분일과 가장 가까운 결산일(분기·반기재무제표를 작성하는 경우에는 분기·반기결산일을 포함한다)에 처분한 것으로 할 수 있다.

(7) 지분법의 적용

연결실체가 연결실체에 속하지 않는 회사에 대하여 중대한 영향력을 행사할 수 있는 경우에는 그 투자주식에 대하여 지분법을 적용한다.

1) 연결실체가 연결실체에 속하지 않는 회사에 대하여 다음의 1이상의 관계를 유지하는 경우에는 중대한 영향력이 있는 경우로 본다.

① 연결실체에 속하지 않는 회사의 이사회 또는 의사결정기관에의 참여

② 연결실체에 속하지 않는 회사의 이익잉여금 분배나 내부유보에 관한 결정과정에의 참여

③ 연결실체에 속하지 않는 회사의 영업정책에 대한 의사결정과정에의 참여

④ 연결실체와 연결실체에 속하지 않는 회사간의 중요한 내부거래

⑤ 경영진의 인사교류

⑥ 필수적인 정보의 교환

⑦ ①내지 ⑥이외의 경우로서 중대한 영향력이 있다고 객관적으로 인정되는 경우

2) 연결실체에 속하는 회사가 아닌 회사에 대하여 연결실체가 합하여 의결권이 있는 지분의 100분의 20(특정 법률에서 피투자 회사의 발행주식의 소유에 대한 제한을 하고 있는 경우에는 당해 지분율을 말한다.) 이상을 보유하고 있는 경우 명백한 반증이 있는 경우를 제외하고는 중

대한 영향력이 있는 것으로 본다.

3) 개별 재무제표에서 지분법적용대상인 회사가 지분법을 적용할 당시 피투자 회사의 순자산 변동이 자본잉여금의 증가 또는 감소로 인하여 발생하여 투자 유가증권평가이익 또는 투자 유가증권평가손실의 과목으로 처리하였던 부분은 연결재무제표에서 지분법을 적용하는 경우에는 연결 자본잉여금의 증가 또는 감소로 조정한다.

(8) 이연법인세

연결재무제표작성시 발생하는 법인세 효과는 기업회계기준 및 이에 대한 해석을 준용하여 연결대차대조표와 연결손익계산서에 인식한다. 이때 연결대상회사 각각의 개별 재무제표에서 발생한 이연법인세차 또는 이연법인세대는 연결재무제표작성시 총액으로 표시한다.

(9) 연결자본변동표

연결자본변동표는 자본금, 연결자본잉여금, 연결이익잉여금, 연결자본조정, 외부주주 지분의 변동사항을 표시한다.

1) 자본금

자본금의 변동사항을 표시한다.

① 유상증자(또는 감자)

유상증자(또는 감자)로 인한 자본금변동을 표시한다.

② 기타

① 이외의 당기자본금의 증감으로 하되, 그 금액이 중요한 경우에는 적절한 과목으로 구분하여 표시한다.

2) 연결자본잉여금

연결 자본잉여금의 변동사항을 표시한다.

① 유상증자(또는 감자)로 인한 연결자본잉여금 변동을 표시한다.

② 기타

① 이외의 당기연결자본잉여금의 증감으로 하되, 그 금액이 중요한 경우에는 적절한 과목으로 구분하여 표시한다.

3) 연결이익잉여금

연결이익잉여금의 변동사항을 표시한다.

① 연결당기순이익(또는 연결당기순손실)

연결 손익계산서상의 연결당기순이익(또는 연결당기순손실)으로 한다.

② 외부 주주지분 초과손실액과 그 환입

연결손익계산서상의 외부주주지분손실액에서 기초 외부주주지분액을 차감 할 금액을 "외부주주지분초과손실액"으로 하여 차감표시하고, 추후 외부 주주지분이익의 한도내에서 기초 외부주주지분 초과 손실잔액에 해당하는 금액을 "외부주주지분초과손실액환입"으로 가산 표시한다.

③ 배당금

지배회사가 당기에 처분한 배당액으로 한다.

④ ① 내지 ③ 이외의 당기연결이익잉여금의 증감으로 하되, 그 금액이 중요한 경우에는 적절한 과목으로 구분하여 표시한다.

4) 연결자본조정

연결자본조정의 변동사항을 표시한다.

① 자기주식취득

지배회사가 자기주식을 취득한 경우 및 종속회사가 지배회사 주식을 취득한 경우 그 금액으로 한다.

② 기타

① 이외의 당기연결자본조정의 증감으로 하되, 그 금액이 중요한 경우에는 적절한 과목으로 구분하여 표시한다.

5) 외부주주지분

외부주주지분의 변동사항을 표시한다.

연결자본변동표작성시 중요한 변동이 없는 항목은 생략할 수 있다.

(10) 연결현금흐름표

연결현금흐름표는 전기와 당기의 연결대차대조표 및 연결손익계산서를 기초로 하여 작성하거나 연결대상회사의 개별현금흐름표를 기초로 하여 연결회사 상호간의 현금흐름을 상계 제거하여 작성한다.

1) 연결현금흐름표는 기업회계기준을 준용하여 작성한다.

2) 연결현금흐름표 작성시 기업회계기준을 준용함에 있어서 다음의 사항을 포함한다.

① 영업권상각비, 외부주주지분순이익, 지분법평가손실, 지분법평가이익을 초과하는 배당금 등은 현금의 유출이 없는 비용 등에 포함한다.

② 부의영업권환입, 외부주주지분순손실, 지분법평가이익(지분법적용회사로부터의 배당금을 제외한다) 등은 현금의 유입이 없는 수익 등에 포함한다.

연결재무제표작성대상에 신규로 포함되거나 제외되는 경우에는 연결재무제표작성 대상범위의 변동으로 인한 현금의 증가 또는 감소로 기재한다. 지배・종속관계가 성립된 이후에 지배회사가 연결대상회사 이외의 주주로부터 당해 종속회사의 주식을 추가로 취득하거나 지배회사가 연결대상회사 이외의 주주에게 종속회사의 주식을 처분한 경우에도 당해 종속회사가 계속하여 연결대상에 속하는 경우에는 연결재무제표상 자본거래에 해당되므로 이를 재무활동으로 인한 현금흐름으로 표시한다.

(11) 기타 필요한 사항

1) 주당순이익 등의 표시

연결손익계산서 작성시 1주당 경상이익 및 1주당 당기순이익에 주기하고 그 산출근거를 주석으로 기재한다.

2) 기업회계기준의 준용

이 준칙에서 정하지 아니한 사항에 대하여는 기업회계기준을 준용한다.

2. 연결재무제표의 주석공시

(1) 일반적 사항

① 지배회사의 개요, 연결재무제표 작성 대상에 속한 종속회사・제외된 종속회사의 상호, 업종, 자본, 투자주식수, 투자비율, 소재지, 결산일, 제외시 그 사유 등
② 지분법 적용대상회사의 상호, 투자주식수 및 투자비율, 지분법 적용사유
③ 처음으로 재무제표의 작성대상에 속한 종속회사와 연결대상에서 제외된 종속회사의 상호와 그 사유
④ 종속회사의 결산일이 연결재무제표의 작성기준일과 다른 경우 그 내용, 종속회사의 결산일과 연결재무제표 작성기준일 사이에 발생한 중요한 사항 및 이의 조정 내용
⑤ 연결대상회사와 지분법 적용 대상회사간에 발생한 중요한 거래내역과 조정내용
⑥ 외화자산・부채의 내용, 환산기준 및 환산 손익의 내용
⑦ 사채 및 장기차입금의 상환일정(향후 5년간의 상환 일정은 구분 표시)

⑧ 우발 채무의 금액과 내용

⑨ 연결대차대조표일 이후 발생한 사항으로서 재무제표에 중대한 영향을 미치는 것에 관여하는 그 내용

⑩ 기타 연결 방침에 관한 중요한 사항

(2) 회계처리기준

① 지배회사 및 종속회사가 적용하고 있는 회계 처리방법

② 연결재무제표 작성을 위하여 그 기준과 절차를 변경한 경우 그 내용과 이유 및 연결재무제표에 미친 영향

③ 지배회사의 투자계정과 종속회사의 자본계정을 상계제거함에 있어서 적용한 방법과 그 내용

④ 영업권·부의영업권의 상각 및 환입내용, 투자제거차액이 특정 자산이나 부채에 반영된 경우에는 그 내용 및 지분법 적용회사 투자제거차액의 처리내용

⑤ 지분법을 적용한 투자계정의 평가 내용

⑥ 연결대상회사의 재무제표가 그 회사의 재무상태와 경영성과를 적정하게 표시하지 아니하였다고 인정되어 이를 수정한 경우에는 그 내용

⑦ 가결산을 함으로써 전 년도의 기준에 의거하여 추계한 것이 있는 경우에는 전년도의 기준과 추계한 절차

(3) 연결대상회사간 주요 거래내역의 공시

① 연결대상회사간(지분법적용 회사 포함)의 지급 보증 및 담보제공내용

② 연결대상회사간(지분법적용 회사 포함)중요한 채권·채무 및 손익거래내용

(4) 연결대상회사의 부문별 정보의 공시

① 업종(비금융·보험업, 금융·보험업)별 연결대차대조표(양식사례는 별지 제10호 서식과 같다.)

② 업종(비금융·보험업, 금융·보험업)별 연결대차대조표(양식사례는 별지 제11호 서식과 같다.)

③ 산업별 영업현황(양식사례는 별지 제12호 서식과 같다.)

④ 산업별 영업현황(양식사례는 별지 제13호 서식과 같다.)

(5) 기업회계기준의 주석사항에 준하는 사항

3. 연결재무제표 작성을 위한 주요 자료의 비치

연결재무제표를 작성함에 있어서 연결대상회사는 다음의 자료를 기초로 하여 작성하고 이를 비치하여야 한다.

(1) 지배회사의 경우

① 종속회사 및 지분법 적용 대상회사투자계정 명세
② 주식취득시의 종속회사 및 지분법적용대상회사 자본계정 명세
③ 연결재무제표 작성기준일 현재의 종속회사와의 채권 · 채무 명세
④ 연결대상연도의 종속회사 및 지분법 적용대상회사와의 손익거래에 관한 명세
⑤ 연결재무제표 작성기준일 현재의 종속회사 및 지분법 적용 대상회사로부터의 구입자산명세
⑥ 종속회사로부터의 주식배당 명세
⑦ 투자계정평가 명세
⑧ 종속회사발행의 할인어음 및 배서양도어음의 명세
⑨ 자본금, 연결자본잉여금, 연결이익잉여금 및 연결자본조정의 명세
⑩ 기타 연결에 필요한 명세

(2) 종속회사의 경우

① 연결재무제표작성기준일 현재의 지배회사 및 다른 종속회사와의 채권 · 채무명세
② 연결대상연도의 지배회사 및 다른 종속회사와의 손익거래에 관한 명세
③ 연결재무제표 작성기준일 현재의 지배회사 및 다른 종속회사로부터의 구입자산명세
④ 연결대상회사 발행의 할인어음 및 배서양도어음의 명세
⑤ 지배회사와 다른 중요한 회계처리내용
⑥ 기타 연결에 필요한 명세

◆연결대차대조표 작성 예 1

2009년 4월 1일에 A회사는 B회사의 주식 70%를 ₩3,750,000에 매입하고 지배권을 취득하였다. 동 지배권취득일 이후 결산일인 2009년 12월 31일까지 기간 동안의 B회사의 당기순이익은

₩900,000이며, A회사의 외상매출금 중 ₩1,500,000은 B회사에 대한 매출채권이며, B회사의 기타 자산 중에는 A회사의 주식이 ₩250,000(액면가액과 동일함)이 포함되어 있다. 다음 A. B 각 회사의 2009년 12월 31일 현재 대차대조표를 기초로 하여 연결대차대조표를 작성하라.

대 차 대 조 표(B/S)

A회사 2009년 12월 31일 현재

자 산	금 액	부채 및 자본	금 액
현 금	3,750,000	매 입 채 무	6,000,000
매 출 채 권	3,250,000	자 본 금	12,000,000
B회사 투자	3,750,000	이월이익잉여금	1,500,000
기 타 자 산	11,750,000	당 기 순 이 익	3,000,000
자 산 총 계	₩ 22,500,000	부채및자본총계	₩ 22,500,000

대 차 대 조 표(B/S)

B회사 2009년 12월 31일 현재

자 산	금 액	부채 및 자본	금 액
현 금	1,400,000	매 입 채 무	1,500,000
매 출 채 권	600,000	자 본 금	4,000,000
기 타 자 산	5,200,000	이월이익잉여금	500,000
		당 기 순 이 익	1,200,000
자 산 총 계	₩ 7,200,000	부채및자본총계	₩ 7,200,000

[해답]

Ⅰ. 연결조정사항처리

1. A회사의 B/S에 계상된 'B회사투자'와 B회사의 2009년 4월 1일(지배권취득일) 현재의 자본계정중 A회사지분을 상계제거한다.

계산근거

B회사투자		₩3,750,000
B회사자본 중 A회사지분(2009. 4. 1 현재)		
자본금(₩4,000,000×70%)	₩2,800,000	
이월이잉잉여금(₩500,000×70%)	350,000	
당기순이익(₩1,200,000－₩900,000)×70%	210,000	₩3,360,000
차액(연결조정차)		₩390,000

연결조정분개

(차)	자본금(B)	2,800,000	(대)	B회사투자	3,750,000
	이월이익잉여금(B)	350,000			
	당기순이익(B)	210,000			
	연결조정차	390,000			

2. B회사자본 중 취득일 당시의 외부주주지분은 외부주주지분계정에 대체한다.

계산근거

자본금 : ₩4,000,000×30%=	₩1,200,000
이월이잉잉여금 : ₩500,000×30%=	150,000
당기순이익(₩1,200,000－₩900,000)×30%=	90,000
계	₩1,440,000

연결조정분개

(차)	자본금(B)	1,200,000	(대)	외부주주지분	1,440,000
	이월이익잉여금(B)	150,000			
	당기순이익(B)	90,000			

3. B회사 당기순이익 중 취득일 후 발생분 ₩900,000을 A회사지분 ₩630,000(900,000×70%)과 외부주주지분 ₩270,000으로 배분한다.

연결조정분개

(차)	당기순이익(B)	900,000	(대)	당기순이익(A)	630,000
				외부주주지분	270,000

4. A회사 B/S상 매출채권 ₩1,500,000과 B회사 B/S상 매입채무 ₩1,500,000을 상계제거한다.

연결조정분개

(차)	매입채무(B)	1,500,000	(대)	매출채권(A)	1,500,000

5. B회사가 소유하고 있는 A회사 주식 ₩250,000을 A회사 자본의 차감항목으로 표시, 제거한다.

연결조정분개

(차)	종속회사소유지배회사주식	250,000	(대)	기타자산(B)	250,000

Ⅱ. 연결정산표(B/S)

연 결 정 산 표(B/S)

2009년 12월 31일

계 정 과 목	대차대조표		제 거		연결대차대조표
	A회사	B회사	차 변	대 변	
현 금	3,750,000	1,400,000			5,150,000
매 출 채 권	3,250,000	600,000		④ 1,500,000	2,350,000
B회사 투자	3,750,000			① 3,750,000	
기 타 자 산	11,750,000	5,200,000		⑤ 250,000	16,700,000
연결 조정차			① 390,000		390,000
계	22,500,000	7,200,000			24,590,000
매 입 채 무	6,000,000	1,500,000			6,000,000
자 본 금(A)	12,000,000		④ 1,500,000		12,000,000
자 본 금(B)		4,000,000	① 2,800,000		
이월이익잉여금(A)	1,500,000		② 1,200,000		1,500,000
이월이익잉여금(B)		500,000	① 350,000 ② 150,000		
당기순이익(A)	3,000,000		① 210,000 ② 90,000	③ 630,000	3,630,000
당기순이익(B)		1,200,000	③ 900,000		
외부주주지분				② 1,440,000 ③ 270,000	1,710,000
종속회사소유지배회사주식			⑤ 250,000		250,000
계	22,500,000	7,200,000	7,840,000	7,840,000	24,590,000

Ⅲ. 상기 연결정산표에 따라 연결대차대조표를 작성

연 결 대 차 대 조 표

A회사 2009년 12월 31일 현재

자 산	금 액	부채 및 자본	금 액
현 금	5,150,000	매 입 채 무	6,000,000
매 출 채 권	2,350,000	외부 주주 지분	1,710,000
기 타 자 산	16,700,000	자 본 금	12,000,000
연결조정차	390,000	이월이익잉여금	1,500,000
		당 기 순 이 익	3,630,000
		종속회사소유지배회사주식	250,000
자 산 총 계	₩ 24,590,000	부채 및 자본총계	₩ 24,590,000

◆**연결대차대조표 작성 예 2**

다음 자료에 의하여 2009년 12월 31일(결산일)에 있어서의 여주회사와 이천회사의 (1) 연결분개를 하고, (2) 연결대차대조표를 작성하라.

(자료 1)

여주회사의 대차대조표

2009. 12. 31

현 금	800,000	외 상 매 출 금	1,200,000
외 상 매 출 금	1,600,000	차 입 금	400,000
대 여 금	68,000	자 본 금	6,000,000
재 고 자 산	1,000,000	이 익 잉 여 금	1,000,000
이천회사투자주식	2,120,000		
기 타 자 산	2,400,000		
	8,600,000		8,600,000

이천회사의 대차대조표

2009. 12. 31

현 금	400,000	외 상 매 출 금	600,000
외 상 매 출 금	1,000,000	차 입 금	200,000
대 여 금	200,000	자 본 금	2,000,000
재 고 자 산	600,000	이 익 잉 여 금	800,000
기 타 자 산	1,400,000		
	3,600,000		3,600,000

(자료 2) 정리사항

1. 2009년 1월 1일에 여주회사는 이천회사의 주식 80%를 ₩2,120,000에 취득하였으며 취득 당시 이천 회사의 자본금은 ₩2,000,000 이익잉여금은 ₩400,000이었다.
2. 여주회사의 외상매출금 중 ₩400,000은 이천회사에 대한 것이다.
3. 이천회사의 재고자산 중 ₩200,000은 여주회사로부터 매입한 것이며 여기에는 매가의 10%만큼 이익이 포함되어 있다.
4. 연결조정계정은 5년 간 균등하여 상각 또는 환입하기로 한다.

[해답]

I. 연결분개

① 지배회사의 투자계정과 종속회사의 자본계정의 상계

(차)	자본금(이천회사)	1,600,000	(대)	이천회사투자주식	2,120,000
	이익잉여금(이천회사)	320,000			
	연결조정차	200,000*			

* ₩2,120,000 − (2,000,000+400,000)×80% = ₩200,000

② 외부주주지분의 계산

(차)	자본금(이천회사)	400,000*	(대)	외부주주지분	480,000**
	이익잉여금(이천회사)	80,000			

* 2,000,000×20% = 400,000
** (₩2,000,000+400,000)×20% = 480,000

③ 연결잉여금의 대체

(차)	이익잉여금(이천회사)	400,000	(대)	이익잉여금(여주회사)	320,000*
				외부주주지분	80,000**

* (₩800,000 − 400,000)×80% = 320,000
** (₩800,000 − 400,000)×20% = 80,000

④ 지배회사와 종속회사 간의 채권, 채무의 상계

(차)	외상매입금(이천회사)	400,000	(대)	외상매출금(여주회사)	400,000

⑤ 이천회사의 재고자산에 포함된 미실현이익의 제거

(차)	이익잉여금(여주회사)	20,000	(대)	재고자산(이천회사)	20,000

(당기순이익) ₩200,000×0.1 = ₩20,000

⑥ 연결조정계정의 상각

(차)	이익잉여금(여주회사)	40,000	(대)	연결조정차	40,000

(당기순이익) ₩200,000×1/5 = ₩40,000

Ⅱ. 연결대차대조표의 작성

연 결 정 산 표(B/S)

2009년 12월 31일

계 정 과 목	대차대조표		제 거		연결대차대조표
	A회사	B회사	차 변	대 변	
현 금	800,000	400,000			1,200,000
외 상 매 출 금	1,600,000	1,000,000		④ 400,000	2,200,000
대 여 금	680,000	200,000			880,000
재 고 자 산	1,000,000	600,000		⑤ 20,000	1,580,000
이천회사투자주식	2,120,000			① 2,120,000	
기 타 자 산	2,400,000	1,400,000			3,800,000
연 결 조 정 차			① 200,000	⑥ 40,000	160,000
	8,600,000	3,600,000			9,820,000
외 상 매 입 금	1,200,000	600,000	④ 400,000		1,400,000
차 입 금	400,000	200,000			600,000
자 본 금	6,000,000	2,000,000	① 1,600,000 ② 400,000		6,000,000
이 익 잉 여 금					
여 주 회 사	1,000,000		⑤ 20,000 ⑥ 40,000	③ 630,000	1,260,000
이 천 회 사		800,000	① 320,000 ② 80,000 ③ 40,000		
외부 주주 지분				② 480,000 ③ 80,000	560,000
계	8,600,000	3,600,000	3,460,000	3,460,000	9,820,000

연 결 대 차 대 조 표

여주 & 이천 2009. 12. 31 (단위 : 원)

현 금	1,200,000	외 상 매 출 금	1,400,000
외 상 매 출 금	2,200,000	차 입 금	600,000
대 여 금	880,000	외부 주주 지분	560,000
재 고 자 산	1,580,000	자 본 금	6,000,000
기 타 자 산	3,800,000	이 익 잉 여 금	1,260,000
연 결 조 정 차	160,000		
	9,820,000		9,820,000

◆연결손익계산서 작성 예 1

A회사는 B회사의 주식을 70% 소유하고 있다. B회사는 생산업체로서 생산량의 60%는 A회사에 판매하고 40%는 외부에 판매하고 있다.

2009년 1월 1일부터 12월 31일까지의 사업연도의 A회사와 B회사의 요약손익계산서는 다음과 같다.

한편, A회사가 B회사로부터 매입한 상품 중 40%는 기말 현재 재고로 남아 있으며, A회사는 B회사에 연간 ₩900,000의 이자를 지급하고 있다.

자료에 의거 연결손익계산서를 작성하라.

손 익 계 산 서

2009년 1월 1일부터
2009년 12월 31일까지

과 목	A 회 사	B 회 사
매 출 액 당 기 순 이 익	₩36,000,000	₩14,400,000 900,000
	₩36,000,000	₩15,300,000
매 출 원 가 영 업 외 비 용 당 기 순 이 익	₩27,000,000 5,400,000 3,600,000	₩9,000,000 3,600,000 2,700,000
계	₩36,000,000	₩15,300,000

[해답]

Ⅰ. 내부거래 및 미실현이익의 제거

① B회사의 매출액 ₩14,400,000 중 60%에 해당하는 ₩8,640,000의 상품은 A회사에 판매한 것이므로 이를 다음과 같은 분개를 통하여 제거한다.

(차) 매 출 액 8,640,000 (대) 매 출 원 가 8,640,000

② B회사로부터 구입하여 외부에 판매되지 않은 A회사의 재고상품에 포함된 이익 ₩1,296,000은 실현이 되지 않은 이익이므로 다음과 같은 분개기입을 함으로써 이를 제거한다.

(차) 매 출 원 가 1,296,000 (대) 당기순이익 1,296,000

계산근거

㉠ A회사의 재고자산 : ₩8,640,000×40%=₩3,456,000(B회사매가)

㉡ B회사의 매출총이익률 : $1-\frac{\text{매출원가}}{\text{매출액}}=1-\frac{9,000,000}{14,400,000}=37.5\%$

㉢ 미실현이익 : ₩3,456,000×37.5%=₩1,296,000

③ A회사가 B회사에 지급한 이자 ₩900,000은 다음과 같은 분개를 통하여 제거한다.

(차) 영업외수익(수입이자) 900,000 (대) 영업외비용(지급이자) 900,000

④ B회사의 당기순이익 ₩2,700,000에서 미실현이익 ₩1,296,000과 A회사로부터 받은 수입이자 ₩900,000을 제거한 당기순이익 ₩504,000 중 30%의 외부주주지분에 해당하는 ₩151,200을 제거하기 위하여 다음과 같은 분개를 한다.

(차) 외부주주지분순이익 151,200 (대) 당기순이익 151,200

연 결 정 산 표(손익계산서)

2009년 1월 1일부터
2009년 12월 31일까지

계 정 과 목	대차대조표		제 거		연결대차대조표
	A회사	B회사	차 변	대 변	
매 출 액	36,000,000	14,400,000	① 8,640,000		41,760,000
영 업 외 수 익		900,000	③ 900,000		
계	8,600,000	3,600,000			41,760,000
매 출 원 가	27,000,000	9,000,000	② 1,296,000	① 8,640,000	28,656,000
영 업 외 비 용	5,400,000	3,600,000		③ 900,000	8,100,000
당 기 순 이 익	3,600,000	2,700,000		② 1,296,000	
				④ 151,200	4,852,800
외부주주지분순이익			④ 151,200		151,200
계	36,000,000	15,300,000	10,987,200	10,987,200	41,760,000

연 결 손 익 계 산 서

A회사 2009년 1월 1일부터 2009년 12월 31일까지 (단위 : 원)

과 목	금 액	
Ⅰ. 매 출 액		41,760,000
Ⅱ. 매 출 원 가		(28,656,000)
Ⅲ. 매 출 총 이 익		13,104,000
Ⅳ. 영 업 외 비 용		(8,100,000)
Ⅴ. 총 당기 순이익		5,004,000
Ⅵ. 외부주주지분순이익		(151,200)
Ⅶ. 연결당기순이익		4,852,800

◆연결손익계산서 작성 예 2

다음 자료에 의하면 2009년도의 여주회사와 이천회사의 연결분개를 하고 연결손익계산서를 작성하라.

(자료1)

손 익 계 산 서

과 목	여 주 회 사		이 천 회 사	
매 출 액		5,800,000		2,000,000
매 출 원 가				
기 초 재 고 액	600,000		200,000	
당 기 매 입 액	4,000,000		1,600,000	
기 말 재 고 액	(1,000,000)	3,600,000	600,000	1,200,000
매 출 총 이익		2,200,000		800,000
판매비와관리비		1,200,000		200,000
영 업 이 익		1,000,000		600,000
영 업 외 수 익		500,000		200,000
영 업 외 비 용		100,000		400,000
당 기 순 이 익		1,400,000		400,000

연결당기순이익은 총당기순이익에서 외부주주지분 순이익을 차감하고, 외부주주지분 순손실은 가산하는 형식으로 표시한다. 한편, 연결조정차상각은 총당기순이익에서 차감하고, 연결조정대 환입은 총당기순이익에 가산한다.

연결당기순이익 = 총당기순이익 ± 외부주주지분 순손익 ± 연결조정차상각(대환입)

(자료 2)

1. 여주회사는 이천회사의 주식 80%를 소유하고 있다.
2. 여주회사의 매출액 중에는 이천회사에 대한 것 ₩1,000,000이 있다.
3. 여주회사는 매출총이익율 20%로 하여 이천회사에 판매하고 있으며 이천회사의 기말재고액 중 ₩400,000은 여주회사로부터 매입한 것이다.
4. 여주회사는 이천회사로부터의 장기차입금에 대한 이자 ₩60,000을 당기에 지급했다.

[해답]

Ⅰ. 연결분개

① 내부상품거래의 제거

(차)	매출(여주회사)	1,000,000	(대)	매입(이천회사)	1,000,000

② 내부이자거래의 제거

(차)	영업외수익(수입이자)	60,000	(대)	영업외비용(지급이자)	60,000

③ 미실현손익의 제거

(차)	매출원가(이천회사)	80,000	(대)	당기순이익(이천회사)	80,000

④ 외부주주지분 순이익의 대체

(차)	외부주주지분 순이익 ₩400,000×20%=₩80,000	80,000	(대)	당기순이익(여주회사)	80,000

Ⅱ. 연결손익계산서의 작성

<u>연 결 정 산 표 - I/S</u>

2009년 1월 1일부터
2009년 12월 31일까지

여주 & 이천 (단위 : 원)

계 정 과 목	여주회사	이천회사	제	거	연결 I/S
매 출 액	5,800,000	2,000,000	① 1,000,000		6,800,000
영 업 외 수 익	500,000	200,000	② 60,000		640,000
계	6,300,000	2,200,000			7,440,000
매 출 원 가	3,600,000	1,200,000			3,880,000
기 초 재 고 액	600,000	200,000			800,000
당 기 매 입 액	4,000,000	1,600,000		① 1,000,000	4,600,000
기 말 재 고 액	1,000,000	600,000	③ 80,000		1,520,000
판매비와일반관리비	1,200,000	200,000			1,400,000
영 업 외 비 용	100,000	400,000		② 60,000	440,000
당 기 순 이 익	1,400,000	400,000		③ 80,000	1,640,000
				④ 80,000	
	6,300,000	2,200,000			
외부주주지분순이익			④ 80,000		80,000
			1,220,000	1,220,000	7,440,000

연 결 손 익 계 산 서

2009년 1월 1일부터
2009년 12월 31일까지

여주 & 이천 (단위 : 원)

Ⅰ. 매 출 액		6,800,000
Ⅱ. 매 출 원 가		3,880,000
	800,000	
	4,600,000	
	1,520,000	
Ⅲ. 매 출 총 이 익		2,920,000
Ⅳ. 판매비와일반관리비		1,400,000
Ⅴ. 영 업 이 익		1,520,000
Ⅵ. 영 업 외 수 익		640,000
Ⅶ. 영 업 외 비 용		440,000
Ⅷ. 총 당기 순이익		1,720,000
Ⅸ. 외부주주지분순이익		80,000
Ⅹ. 당 기 순 이 익		1,640,000

◆연결 대차대조표와 연결 손익계산서 작성 예 1

다음의 자료에 의하여 A, B 양사의 (1) 연결 대차대조표 정산표 및 (2) 연결 손익계산서 정산표를 작성하고, (3) 연결손익계산서와 (4) 연결 대차대조표를 작성하라.

손 익 계 산 서

2009년 1월 1일부터 2009년 12월 31일까지

과 목	A 회 사	B 회 사
기초상품재고액	320,000	126,000
당 기 매 입 액	1,800,000	730,000
판매비와관리비	66,000	64,000
당 기 순 이 익	214,000	360,000
	2,400,000	1,280,000
매 출 액	1,864,000	1,124,000
기말상품재고액	482,000	156,000
이 자 수 익	18,000	
배 당 금 수 익	36,000	
	2,400,000	1,280,000

대 차 대 조 표

2009년 12월 31일

과 목	A 회 사	B 회 사
현 금 과 예 금	180,000	50,000
매 출 채 권	200,000	246,000
상 품	500,000	156,000
B 회 사 주 식	350,000	
B 회사 대여금	20,000	
기 타 의 투 자	640,000	
고 정 자 산	510,000	200,000
	2,400,000	652,000
매 입 채 무	60,000	48,000
장 기 차 입 금		20,000
자 본 금	1,000,000	200,000
이 익 잉 여 금	1,126,000	24,000
당 기 순 이 익 (또는 차기이월이익잉여금)	214,000	360,000
	2,400,000	652,000

(1) A, B회사의 대차대조표 및 손익계산서는 위와 같다.

(2) A회사는 2009년 1월 1일 B회사의 발행주식의 80%를 취득하여 종속회사로서 지배한다. 취득시의 B회사의 자본은 ₩200,000 이익잉여금은 ₩10,000이었다.

(3) B회사는 금기에 ₩500,000의 상품을 A회사로부터 매입하였다. A회사는 매입원가에 일률적으로 10%의 이익을 부가하고 있다.

(4) B회사의 기말상품재고액 중 ₩110,000 및 기초상품재고액 중 ₩55,000은 A회사로부터 매입한 상품이다.

(5) B회사의 매입채무는 모두 A회사에 대한 것이다.

(6) A회사의 이자수익 중 ₩6,000은 B회사에 융자한 장기대여금 ₩20,000에 대한 것이다.

[해답]

다음 순서에 따라 조정분개를 하고 연결대차대조표와 연결손익계산서를 작성한다.

(1) 외부주주지분을 계산하여 B회사주식에서 차감한다(연결조정란 B/S의①).

외부주주지분은 100% - 80% = 20%이다.

₩200,000 × 20% =	₩ 40,000	자 본 금
24,000 × 20% =	4,800	이익잉여금
360,000 × 20% =	72,000	당기순이익
합 계	₩ 116,800	외부주주지분 합계

(차)	(B회사자본금)	40,000	(대)	(외부주주자본금)	40,000
	(B회사이익잉여금)	4,800		(외부주주이익잉여금)	4,800
	(B회사당기순이익)	72,000		(외부주주당기순이익)	72,000

(2) A회사의 B회사주식과 B회사의 이에 대응하는 자본금 및 잉여금을 상계한다(연결조정란 B/S의 ②).

₩200,000 × 80% =	₩ 160,000	자 본 금
10,000 × 80% =	8,000	이익잉여금
합 계	₩ 168,000	A회사의 지분합계(2006. 1. 1. 기준)

이 때 A회사의 B회사주식 ₩350,000과 ₩168,000의 차액 ₩182,000은 연결조정차계정으로 표시한다.

(차)	(B회사자본금)	160,000	(대)	(B회사주식)	350,000
	(B회사이익잉여금)	8,000			
	(연결조정차)	182,000			

(3) B회사의 이월상품(기말상품재고액) 중에 포함되어 있는 미실현내부이익을 차감한다. 손익계산서에서도 조정한다(연결조정란 B/S의 ③, I/S의 ⓑ).

$$₩110,000 \times \frac{0.1}{1+0.1} = ₩10,000$$

(차) (당기순이익)	10,000	(대) (이월상품)	10,000

(4) 또 기초상품재고액 중에 포함되어 있는 미실현 내부이익도 차감한다. 손익계산서에서도 조정한다.(연결조정란 B/S의 ④, I/S의 ⓒ).

$$₩55,000 \times \frac{0.1}{1+0.1} = ₩5,000$$

(차) (이익잉여금)	5,000	(대) (당기순이익)	5,000

(5) A회사와 B회사의 매출액과 매입액을 상계한다.(연결조정란 I/S의 ⓐ).

(차) (매 출)	500,000	(대) (매 입)	500,000

(6) A회사의 매출채권과 B회사의 매입채무를 상계한다.(연결조정란 B/S의 ⑥).

(차) (매입채무)	48,000	(대) (매출채권)	48,000

(7) A회사의 B회사대여금과 B회사의 장기차입금을 상계한다.(연결조정란 B/S의 ⑦).

(차) (장기차입금)	20,000	(대) (B회사대여금)	20,000

(8) A회사와 B회사의 판매비와 관리비를 상계한다.(연결조정란의 ⓓ).

(차) (이자수익)	6,000	(대) (판매비와관리비)	6,000

(9) B회사의 당기순이익중 외부주주 지분을 구한다.(연결조정란 I/S의 ⓔ).

(차) (외부주주당기순이익)	72,000	(대) (당기순이익)	72,000

(10) 위의 연결 조정란을 가감하여 연결대차대조표를 작성한다.

연결대차대조표정산표

과 목	A 회 사	B 회 사	연결조정		연결대차대조표	
			차 변	대 변	차 변	대 변
(차 변)						
현 금 과 예 금	180,000	50,000			230,000	
매 출 채 권	200,000	246,000		⑥ 48,000	398,000	
이 월 상 품	500,000	156,000		③ 10,000	646,000	
B 회 사 주 식	350,000			② 350,000		
B 회사 대여금	20,000			⑦ 20,000		
기 타 의 투 자	640,000				640,000	
고 정 자 산	510,000	200,000			710,000	
합 계	2,400,000					
(대 변)						
매 입 채 무	60,000	48,000	⑥ 48,000			60,000
장 기 차 입 금		20,000	⑦ 20,000			
자 본 금	1,000,000	200,000	① 40,000 ② 160,000			1,000,000
이 익 잉 여 금	1,126,000	24,000	① 4,800 ② 8,000 ④ 5,000			1,132,200
당 기 순 이 익	214,000	360,000	① 72,000 ③ 10,000	④5,000		497,000
합 계	2,400,000	652,000				
연 결 조 정 차			② 182,000		182,000	
외부주주지분자본금				① 40,000		40,000
외부주주지분이익잉여금				① 4,800		4,800
외부주주지분당기순이익				① 72,000		72,000
			549,600	549,600	2,806,00	2,806,000

결손익계산서정산표

과 목	A 회 사	B 회 사	연결조정 차 변	연결조정 대 변	연결대차대조표 차 변	연결대차대조표 대 변
(차 변)						
기초상품재고액	320,000	126,000		ⓒ 5,000	441,000	
당 기 매 입 액	1,800,000	730,000		ⓐ 500,000	2,030,000	
판매비와관리비	66,000	64,000		ⓓ 6,000	124,000	
당 기 순 이 익	214,000	360,000	ⓒ 5,000	ⓑ 10,000 ⓔ 72,000	497,000	
합 계	2,400,000	1,280,000				
외부주주지분당기순이익			ⓔ 72,000		72,000	
(대 변)						
매 출 액	1,864,000	1,124,000	ⓐ 500,000			2,488,000
기말상품재고액	482,000	156,000	ⓑ 10,000			628,000
이 자 수 익	18,000		ⓓ 6,000			12,000
배 당 수 익	36,000					36,000
합 계	2,400,000	1,280,000	593,000	593,000	3,164,000	3,164,000

연결손익계산서

2009년 1월 1일부터 2009년 12월 31일까지

비 용	금 액	수 익	금 액
기초상품재고액	441,000	당 기 매 출 액	2,488,000
당 기 매 입 액	2,030,000	기말상품재고액	628,200
매 출 총 이 익	645,000		
	3,116,000		3,116,000
판매비와관리비	124,000	매 출 총 이 익	645,000
외부 주주 이익	72,000	이 자 수 익	12,000
당 기 순 이 익	497,000	배 당 금 수 익	36,000
	693,000		693,000

연결대차대조표

2009년 12월 1일

자 산	금 액	부 채·자 본	금 액
현 금	230,000	매 입 채 무	60,000
매 출 채 권	398,000	외부주주지분자본금	40,000
상 품	646,000	외부주주지분이익잉여금	4,800
기 타 의 투 자	640,000	외부주주지분당기순이익	72,000
고 정 자 산	710,000	자 본 금	1,000,000
연 결 조 정 차	182,000	이 익 잉 여 금	1,132,200
		당 기 순 이 익 (또는 차기이월이익잉여금)	497,000
	2,806,000		2,806,000

제 5 절 결합재무제표

1. 결합재무제표의 의의 및 목적

(1) 결합재무제표의 의의

"결합재무제표"라 함은 기업집단의 재무상태와 경영성과 및 현금흐름 등의 재무정보를 회계정보의 이용자에게 제공하기 위하여 기업집단이 작성하는 재무제표를 말한다. 즉, 결합재무제표는 기업집단이 경제적 단일실체이고 개인을 중심으로 소유되고 있음을 반영하여, 기업실체이론에 따라 기업집단의 개별재무제표를 모두 합하고 결합제거분개를 하여 기업집단전체의 재무상태 · 경영성과 · 현금흐름을 나타내는 재무제표를 말한다.

개인과 그 특수관계인이 실질적 경영지배력을 갖고 있는 기업집단은 계열회사간의 상호채무보증, 사회통념을 벗어나는 자금대차 및 계열회사간의 상호의존적인 거래 등을 통하여 한 계열회사의 위험이 밀접하게 관련되어 공동운명체를 형성하고 있다. 그러나 기존의 연결재무제표는 회사간 지분율기준에 의하여 연결범위를 결정함으로써 하나의 기업집단내에서 다수의 연결재무제표가 작성되며 금융업과 비금융업을 하나의 연결대상에 포함시키지 않음으로써 기업집단에 속하는 일부 계열회사가 연결대상에서 제외되는 등 경제적 단일체인 기업집단에 대한 유용한 정보를 제공하는데 한계가 있다.

결합재무제표는 기업집단 전체의 재무상태 · 경영성과 · 현금흐름, 계열 회사간 상호채무보증 및 담보제공내역, 상호자금대차 및 상호출자, 각 계열 회사간 내부거래내역 등 계열회사의 개별재무제표 또는 연결재무제표가 제공하지 못하는 유용한 회계정보를 제공할 수 있다. 회계정보이용자는 이를 이용하여 특정 기업집단 소속 계열회사 또는 기업집단 전체에 대한 경제적 · 정책적 의사결정을 더욱 합리적으로 할 수 있게 되는 것이다.

"기업집단"이라 함은 동일인이 사실상 사업내용을 지배하고 있는 회사의 집단을 말한다.

① 동일인이 회사인 경우 그 동일인과 그 동일인이 지배하는 하나 이상의 회사의 집단

② 동일인이 회사가 아닌 경우 그 동일인이 지배하는 둘 이상의 회사의 집단

"계열회사"라 함은 동일한 기업집단에 속하는 회사를 말한다.

"결합대상기업집단"이라 함은 기업집단결합재무제표를 작성하여야 하는 기업집단을 말한다.

"결합대상계열회사"라 함은 결합대상기업집단에 속하는 계열회사 중 결합재무제표에 포함되

는 계열회사를 말한다. 이 경우 지분법적용대상회사는 결합대상계열회사에 포함되지 아니한다.

"투자계열회사"라 함은 결합대상계열회사간에 자본투자거래가 있는 경우 자본을 제공한 회사를 말한다.

"피투자계열회사"라 함은 결합대상계열회사간에 자본토지거래가 있는 경우 자본을 제공받은 회사를 말한다.

(2) 결합재무제표의 목적

기업집단결합재무제표 준칙 제5조에 의하면 결합재무제표는 그 이용자가 기업집단과 관련하여 합리적인 의사결정을 할 수 있도록 기업집단의 재무상태와 경영성과 및 현금흐름 등에 관한 유용하고 적정한 정보를 제공함을 목적으로 한다.

개인과 그 특수관계인이 실질적 경영지배력을 갖고 있는 기업집단은 계열회사간의 상호채무보증, 사회통념을 벗어나는 자금대차 및 계열회사간의 상호의존적인 거래 등을 통하여 한 계열회사의 위험이 기업집단 내 다른 계열회사의 위험과 밀접하게 관련되어 경제적 공동운명체를 형성하고 있다.

그러나 기존의 연결재무제표는 회사간 지분을 기준에 의하여 연결범위를 결정함으로써 하나의 기업집단내에서 다수의 연결재무제표가 작성되며 금융·보험업과 비금융·보험업을 하나의 연결대상에 포함시키지 않음으로써 기업집단에 속하는 일부 계열회사가 연결대상에서 제외되는 등 경제적 단일체인 기업집단에 대한 유용한 정보를 제공하는데 한계가 있다.

이에 비해 결합재무제표는 기업집단을 하나의 경제적 실체로 보고 기업집단 전체의 재무상태·경영성과·현금흐름, 계열회사간의 상호채무보증, 상호담보제공, 상호자금대차, 상호출자 및 내부거래내역 등 각 계열회사의 개별재무제표 또는 연결재무제표가 제공하지 못하는 유용한 회계정보를 제공할 수 있다. 이처럼 기업집단 전체에 대한 회계정보가 제시될 때 기업집단 관련 회계정보이용자는 이를 이용하여 특정 기업집단 소속 계열회사 또는 기업집단 전체에 대한 경제적·정책적 의사결정을 더욱 합리적으로 할 수 있게 될 것이다.

2. 결합재무제표의 보고주체 및 작성회사

결합재무제표의 보고주체는 결합대상기업집단으로 하며 결합재무제표 작성회사는 증권선물위원회가 결합대상계열회사의 감사인·결산월·회사별 자산총액 등을 참작하여 선정하는 회사로 한다. 이 경우 결합대상계열회사는 당해 회사를 결합재무제표작성회사로 선정하여 줄 것을 신청할 수 있다.

3. 결합재무제표의 종류 및 형식

결합재무제표는 결합대차대조표, 결합손익계산서, 결합현금흐름표로 구성되며 당해 회계연도 분과 직전 회계연도 분을 비교하는 형식으로 작성하여야 한다.

결합대차대조표는 보고식 또는 계정식으로 작성하며 그 양식사례는 별지 제1호서식 내지 별지 제2호 서식과 같다.

결합손익계산서는 보고식으로 작성하며 그 양식사례는 별지 제3호 서식과 같다.

결합현금흐름표의 양식사례는 별지 제4호 서식 내지 별지 제5호 서식과 같다.

▸결합대차대조표의 양식

<u>결 합 대 차 대 조 표</u>

200×년 12월 31일

Ⅰ. 유동자산	×××	Ⅰ. 부 채	
Ⅱ. 고정자산	×××	1. 유동부채	×××
Ⅲ. 기타금융업자산	×××	2. 고정부채	×××
		3. 기타금융업부채	×××
		Ⅱ. 자 본	
		1. 자본금	×××
		2. 자본잉여금	×××
		3. 이익잉여금	×××
		(결합당기순이익)	
		4. 자본조정	×××
자산총계	×××	부채와자본총계	×××

▸결합손익계산서의 양식

결 합 손 익 계 산 서

200×년 1월 1일부터 12월 31일까지

Ⅰ. 매 출 액		×××
Ⅱ. 매출원가		×××
Ⅲ. 매출총이익		×××
Ⅳ. 판매비와 관리비		×××
Ⅴ. 영업이익		×××
Ⅵ. 영업외수익		×××
1. 지분법평가이익	×××	
2. · · · · · · · · · ·		
Ⅶ. 영업외비용		×××
1. 지분법평가손실	×××	
2. · · · · · · · · · ·		
Ⅷ. 경상이익		×××
Ⅸ. 특별이익		×××
Ⅹ. 특별손실		×××
XI. 법인세비용차감전순이익		×××
XII. 법인세비용		×××
XIII. 총당기순이익		×××
. 지분변동으로 인한 조정액		×××
. 결합당기순이익		×××

4. 연결재무제표와 결합재무제표의 비교

(1) 연결재무제표는 주식소유를 통해 지배. 종속관계에 있는 회사들을 하나의 회계실체로 가정하고 그 연결실체의 재무정보를 제공하기 위하여 지배회사가 작성하는 재무제표인 반면, 결합재무제표는 동일인이 사실상 사업내용을 지배하고 있는 기업집단을 하나의 경제적 실체로 보고 그 기업집단의 재무정보를 제공하기 위하여 기업집단이 작성하는 재무제표이다.

(2) 연결재무제표의 작성범위는 지배회사가 발행주식총수의 50%를 초과하여 소유하는 회사와 30%를 초과하여 소유하면서 최대주주인 회사를 포함한다. 반면, 결합재무제표는 결합대상기업집단에 속하는 모든 국내계열회사와 모든 형태의 해외계열회사를 포함하여 작성하여야 한다.

(3) 연결재무제표는 법인 소유지분 중심인 반면 결합재무제표는 법인 및 개인 소유지분을 포함한다.

(4) 연결재무제표의 주이용자는 지배회사의 이해관계자이나 결합재무제표의 주이용자는 기업

집단의 이해관계자이다.

연결재무제표와 기업집단결합재무제표의 비교

	연결재무제표	결합재무제표
성 격	지배회사와 종속회사의 연결재무 정보 제공	기업집단을 구성하는 전 계열사의 재무 정보제공
정보이용자	지배회사 이해관계자	기업집단의 모든 이해관계자
주 체 이 론	지배회사이론(외부주주지분 구분표시)	실체이론(외부주주지분 구분표시 않음)
지배적 주주범위	법인소유지분에 한함 (기업간 지배, 종속관계)	법인 및 개인소유지분 포함(단일경영지배력)
연결또는 결합범위	· 50%초과 기준 · 30%초과 및 최대주주기준	실질지배력기준에 의한 모든 계열기업군
작성주체 및 재무제표 숫자	지배회사가 작성하며, 여러 개가 작성될 수 있음	기업집단의 실질적 대표기업(중선위 지정)이 작성하며 단1개가 작성됨
내부거래의 상계 및 상호지급보증의 공시	연결대상지배, 종속회사에 한함	기업집단을 구성하는 모든 계열기업군
투자 및 자본계정 상계시점 및 방법	주식취득일 기준으로 상계하고 단계법 적용 가능	지배권획득일 기준으로 상계하고 일괄법만 가능
상황판매시 내부거래 제거방법	부분제거 가능	전액제거
지부법적용대상	- 70억 이상이고 20~50%이상 소유하고 있는 비종속회사 - 종속회사 중 회사정리절차개시 및 금융. 보험업 및 비 금융. 보험간의 연결제외 회사	- 계열회사가 아닌 회사로서 결합대상 계열회사가 합하여 20% 이상 소유하고 있는 회사 - 결합대상계열회사가 아닌 계열회사
투자제거차액의 제거방법	특정 장부가액과 다른 가액으로 평가함으로써 발생되는 차액 중 지배회사 지분 상당액만 당해 자산이나 부채를 자산, 부채에 가감	자산, 부채를 공정가액으로 계상하고 장부가액과의 차액 중 투자계열회사 이외지분 상당액은 결합자본잉여금으로 계상
연결(결합)조정차(대)의 상각기간	5년 이내	20년 이내

5. 결합재무제표의 유용성과 한계점

결합재무제표는 그 작성범위와 방법면에서 연결재무제표와 달라 그 유용성과 한계에 있어서도 차이가 있다. 특히 결합의 범위는 우리나라 기업집단의 독특한 경영소유구조를 반영하였기 때문에 유용성이나 기대효과가 많은 만큼 그 한계나 문제점도 많다.

(1) 결합재무제표의 유용성과 기대효과

① 기업집단의 재무상태, 경영성과 및 현금흐름에 관한 정보를 제공

② 기업의 부도, 파산에 대한 예고자료로 활용되어 기업집단 계열회사의 연쇄도산을 막을 수 있는 제도적 장치의 역할 수행

③ 기업집단내의 회계조작이나 분식결산의 방지 가능

④ 기업집단내의 계열회사간의 주요 거래내용의 공시 가능

⑤ 자본자유화와 기업의 국제화에 도움이 되고, 특히 기업의 해외자본조달에도 도움

⑥ 기업집단과 계열회사에 대한 재무분석이나 신용평가에 유용한 자료 활용

⑦ 정부의 기업집단에 대한 정책수립이나 구조조정 관련규제에 도움이 된다.

(2) 결합재무제표의 한계와 문제점

결합재무제표는 회계이론적인 측면이나 작성실무의 측면에서 다음과 같은 한계와 문제점을 포함하고 있다.

① 계열회사의 주주나 채권자에게 다른 계열회사의 도산에 따른 부도위험에 대한 정보는 제공할 수 있지만 개별회사의 배당, 주식가치나 채권 회수가능성 등에 대한 직접적인 정보는 제공하지 못하므로 정보지용자를 오도할 가능성이 있다.

② 결합재무제표의 작성 주체인 기업집단의 개념이 객관적, 논리적이지 못하다.

③ 결합재무제표의 작성자에 대한 개념을 정립하기 곤란하다.

④ 기업집단내의 계열회사간의 업종, 결산일, 회계처리방법 등이 다양할 경우 결합재무제표의 유용성과 신뢰성이 하락한다.

⑤ 계열회사간의 주식소유 및 개인 대주주와 계열기업간의 복잡한 소유관계로 기업집단의 지분계산을 하는데 곤란하다.

⑥ 지주회사제도가 도입되면 연결재무제표가 결합재무제표의 역할을 하고, 상호지급보증이 완전히 해소되면 결합재무제표를 작성할 실익이 적기 때문에 결합재무제표는 한시적으로 존재할 수밖에 없다는 근본적인 한계가 있다.

6. 범 위

(1) 기업집단의 범위

기업집단의 범위를 정함에 있어 "사실상 사업내용을 지배하는 회사"라 함은 다음중 하나에 해당하는 회사를 말한다.

가. 동일인이 단독으로 또는 동일인관련자와 합하여 당해 회사의 발행주식(지분을 포함하며, 상법 제370조의 규정에 의한 의결권 없는 주식을 제외한다. 이하 같다.) 총수의 100분의 30 이상을 소유하고 경우로서 최다출자자인 회사

나. 다음 중 하나에 해당하는 회사로서 당해 회사의 경영에 대하여 상당한 영향력을 행사하고 있다고 인정되는 회사

1) 동일인이 다른 주요주주와의 계약 또는 합의에 의하여 대표이사를 임면하거나 임원의 100분의 50 이상을 선임하거나 선임할 수 있는 회사

2) 동일인이 직접 또는 동일인 관련자를 통하여 당해 회사의 조직 변경 또는 신규사업에의 투자 등 주요 의사결정이나 업무집해에 지배적인 영향력을 행사하고 있는 회사

3) 동일인이 지배하는 회사(동일인이 회사인 경우에는 동일인을 포함한다. 이하 같다)와 당해 회사간에 다음 중 하나에 해당하는 인사 교류가 있는 회사

① 동일인이 지배하는 회사와 당해 회사간에 임원의 겸임이 있는 경우

② 동일인이 지배하는 회사의 임직원이 당해 회사의 임원으로 임명되었다가 동일인이 지배하는 회사로 복직하는 경우(동일인이 지배하는 회사 중 당초의 회사가 아닌 회사로 복직하는 경우를 포함한다)

③ 당해 회사의 임원이 동일인이 지배하는 회사의 임・직원으로 임명되었다가 당해 회사 또는 당해 회사의 계열회사로 복직하는 경우

4) 통상적인 범위를 초과하여 동일인 또는 동일인관련자와 자금・자산・상품・용역 등의 거래를 하고 있거나 채무보증을 하거나 채무보증을 받고 있는 회사, 기타 당해 회사가 동일인의 기업집단의 계열회사로 인정될 수 있는 영업상의 표시행위를 하는 등 사회통념상 경제적 동일체로 인정되는 회사

다. 가・나의 규정을 적용함에 있어 "동일인관련자"라 함은 다음에 해당하는 자를 말한다.

1) 배우자, 8촌 이내의 혈족, 4촌 이내의 인척(이하 "친족"이라 한다)

2) 동일인이 단독으로 또는 동일인관련자와 합하여 최다출연자가 되거나 동일인 및 동일인

관련자중 1인이 설립자인 비영리법인 또는 단체(법인격이 없는 사단 또는 재단을 말한다. 이하 같다)

3) 동일인이 직접 또는 동일인관련자를 통하여 임원의 구성이나 사업운용 등에 대하여 지배적인 영향력을 행사하고 있는 비영리법인 또는 단체

4) 동일인이 "가"와 "나"의 규정에 의하여 사실상 사업을 지배하는 회사

5) 동일인 및 동일인과 "2)" 내지 "4)"의 관계에 해당하는 자의 사용인(법인인 경우에는 임원, 개인인 경우에는 상업사용인 및 고용계약에 희한 피용인을 말한다)

(2) 결합대상기업집단의 범위

가. 결합대상기업집단은 독점거래 및 공정거래에 관한 법률 시행령 제21조의 규정에 의하여 공정거래위원회가 지정하는 대규모기업집단을 말한다. 이 경우 대규모기업집단은 직전연도에 지정한 대규모기업집단을 포함한다. 즉, 당해연도에는 대규모기업집단으로 지정되지 아니하였으나 직전연도에 대규모기업집단으로 지정되었으면 동 기업집단은 결합재무제표를 작성하여야 하는 기업집단에 포함한다.

나. "가"의 규정에 불구하고, 다음 중 하나에 해당하는 기업집단을 결합대상기업집단에서 제외한다.

1) 결합대상계열회사 중 하나의 회사가 작성하는 연결재무제표에 포함되는 회사의 회사별 자사총액의 합계액이 당해 결합대상계열회사의 회사별 자산총액의 합계액에서 차지하는 비율이 100분의 80 이상인 대규모기업집단

2) 결합대상계열회사에 포함되지 아니하는 회사의 자산총액에 합계액이 당해 결합대상계열회사의 회사별 자산총액의 합계액의 100분의 50 이상인 대규모기업집단

① "나"의 규정을 적용함에 있어서 금융·보험업을 영위하는 회사는 자산총액 대신 자기자본을 사용하며, 감사의견이 한정의견 또는 부적정의견인 경우에는 그 내용을 반영한 수정대차대조표상의 자산총액 또는 자기자본의 금액을 사용한다.

② 결합대상기업집단은 결합재무제표 작성기준일 현재 결합대상계열회사에 포함되는 회사를 기준일로 판단한다.

(3) 결합대상계열회사의 범위

가. 결합대상계열회사는 결합재무제표의 작성기준일 현재 결합대상기업집단에 속하는 모든 국내 계열회사와 합명회사, 합자회사, 유한회사 및 주식회사 등 모든 형태의 해외계열회사를

포함한다.

나. "가"의 규정에 불구하고 다음 각 호에 해당하는 회사는 결합대상계열회사에 포함하지 아니한다.

1) 전쟁, 천재지변 기타 불가항력적인 사유로 결합재무제표의 작성대상에 포함시키기가 어려운 회사

2) 소규모회사(직전연도말 자산총액 70억원 미만인 회사)

3) 청산 중에 있는 회사 또는 합병절차가 진행 중인 회사로서 공신력 있는 재무제표의 작성이 불가능하여 결합재무제표의 작성대상에 포함되는 경우 결합재무제표의 신뢰성을 현저하게 훼손시킨다고 증권선물위원회가 인정하는 회사

① 주식회사의 외부감사에 관한 법률 시행령 제1조의 5 제2항에 의하여 증권선물위원회가 매사업년도 5월말까지 결합대상계열회사를 지정한 이후 결합대상계열회사의 범위에 변동이 생길 수 있다. 이 경우 결합대상계열회사의 해당여부는 결합재무제표 작성기준일 현재로 판단하여야 한다.

② 소규모 회사란 주식회사의 외부감사에 관한 법률 시행령 제2조 제1항에서 규정하는 자산규모 미만인 회사로서 결합재무제표의 작성에 포함시킬 중요성이 없는 회사이다.

③ 결합대상계열회사에서 금융·보험업을 제외할 경우 금융·보험업영위 계열회사의 자산·부채 등 재무현황이 누락되고 이들 계열회사와의 내부거래도 제거되지 아니한다. 또한 금융·보험업영위 계열회사의 위험이 기업집단 전체의 위험에 중요한 영향을 미칠 수 있음에도 불구하고 반영되지 않아 결합재무제표의 왜곡을 가져오게 되며 금융·보험업영위 기업집단과 비금융·보험업영위 기업집단간의 비교가능성도 저하되므로 결합대상계열회사에는 금융·보험업을 포함하여야 한다. 영업활동 및 계정과목 등이 상이한 금융·보험업과 비금융·보험업을 함께 포함시킴으로써 우려되는 정보의 유용성 문제는 업종별 재무제표의 공시를 통하여 해결될 수 있다.

④ 회사형태의 구분과 그 명칭은 각 나라마다 상이할 수 있다. 예를 들면 우리나라는 대다수의 회사가 주식회사의 형태를 취하고 있는 반면 해외계열회사는 당해 소재국의 관련법 및 관행을 고려하여 가장 유리한 회사 형태를 선택할 것이다. 따라서 결합재무제표에 포함되는 회사를 일정한 형태로 제한한다면 해외계열회사의 상당 부분이 결합대상계열회사에서 제외될 수 있어 기업집단 전체의 재무현황을 제대로 파악할 수 없으며 기업집단간 재무제표의 비교가능성이 저하된다.

7. 결합재무제표의 작성기준일과 작성의 일반원칙

(1) 결합재무제표의 작성기준일

가. 결합재무제표의 작성기준일은 결합재무제표 작성회사의 결산일로 한다.

나. 결합대상계열회사의 결산일이 결합재무제표의 작성기준일과 일치하지 아니하는 경우 결합재무제표 작성을 위한 재무제표를 작성하여야 한다.

다. "나"의 규정에 불구하고 결합대상계열회사의 결산일과 결합재무제표의 작성기준일의 차이가 3월 이내인 경우에는 재무제표를 재작성하지 아니할 수 있다. 이 경우 결합대상계열회사의 결산일과 결합재무제표의 작성기준일 사이에 발생한 중요한 거래나 사건을 결합재무제표 작성시 적절히 반영하며 그 내용과 이의조정내용을 주석으로 공시하여야 한다.

라. 대차대조표일 이후의 중요한 사건이나 거래는 개별재무제표에서 반영한 사항만 결합재무제표에 반영하고 그 이외의 사항은 주석으로 공시한다.

(2) 결합재무제표 작성의 일반원칙

결합재무제표는 기본적으로 기업회계기준의 일반원칙 하에서 작성되는 것이나, 개별재무제표의 작성시와는 달리 계열회사의 다양한 회계정보를 결합해야하기 때문에 결합재무정보의 유용성 확보를 위하여 중요성의 원칙과 충분성의 원칙간에 적절한 균형이 유지되도록 하여야 한다.

가. 중요성의 원칙 : 결합재무제표의 작성에 있어서 회계처리 및 보고는 그 중요성에 따라 이루어져야 한다. 정보의 생략이나 미공시 또는 잘못된 공시가 결합재무제표 이용자들의 의사결정에 영향을 주거나 경영층의 책임여부에 대한 판단을 어렵게 한다면 이는 중요한 정보라 할 수 있다.

나. 충분성의 원칙 : 결합재무제표는 그 정보이용자들의 의사결정에 영향을 줄 수 있는 기업집단의 회계정보를 충분히 표시하여야 한다. 따라서 중요한 회계방침과 회계처리기준, 기업집단의 특수한 재무정보 등은 그 내용을 결합재무제표상에 충분히 표시하여야 한다.

① 결합재무제표 작성시에는 회계처리방법이나 업종이 다른 수많은 회사의 회계정보를 일목요연하게 보고하여야 하므로 완벽한 이론적 근거와 공시를 지향하게 되면 실무적으로 너무 번거로워서 결합재무제표의 작성 자체가 곤란해 질 수도 있다. 따라서 정보이용자의 의사결정에 영향을 미치지 않는 범위내에서 각 과목과 금액을 실용적인 방법에 의하여 결정하여야 할 것이다.

② 기업집단의 특수한 재무정보, 예를 들면 상호채무보증, 상호담보제공, 내부거래, 상호출자

등은 계열회사간의 위험성 전가 판단에 중요하므로 충분성의 원칙에 따라 보고할 필요가 있다.

(3) 회계정책의 적용

가. 결합재무제표는 각 결합대상계열회사가 기업회계기준에 준거하여 작성한 개별재무제표를 기초로 하여 작성한다. 따라서 개별재무제표상 기업회계기준을 위배한 사항이 잇는 경우에는 이를 수정한 후의 개별재무제표를 기초로 하여 결합재무제표를 작성하고 그 내용을 주석으로 기재하여야 한다.

나. 해외에 소재하는 결합대상계열회사의 경우 당해 국가의 회계기준에 의하여 작성된 재무제표가 기업회계기준에 준거하여 작성된 재무제표와 중요한 차이가 나는 경우에는 기업회계기준에 따라 재무제표를 재작성 한 후 결합재무제표를 작성하여야 한다. 다만, 중요한 차이가 나지 않는 경우에는 이를 재작성하지 않아도 된다.

다. 해외에 소재하는 결합대상계열회사 및 지분법적용대상회사의 외화표시 재무제표 환산은 기업회계기준 제69조의 규정을 준용한다.

라. 결합재무제표의 작성시 통상 유사한 거래 및 유사한 상황 하에서의 거래에 대해서는 결합대상계열회사간에 동일한 회계처리방법을 적용하여야 한다. 다만, 결합대상계열회사간 다른 회계처리 방법의 적용으로 인하여 발생하는 차이가 중요하지 않은 경우에는 다른 회계처리방법을 적용할 수 있다.

마. "가"의 규정에 불구하고 결합대상계열회사 중 연결재무제표를 작성하는 회사가 있는 경우 그 연결재무제표를 개별재무제표로 보아 결합재무제표를 작성할 수 있다.

바. "마"의 규정에 의하여 결합재무제표를 작성하는 경우 연결재무제표상의 외부주주지분 및 외부주주지분순손익은 각각 자본 및 손익으로 처리한다.

① 해외계열회사의 결산일이 결합재무제표 작성회사의 결산일과 다른 경우 해외계열회사의 재무제표는 결합재무제표 작성회사의 결산일의 환율 및 결합재무제표 작성회사의 회계연도 평균 환율을 적용하여 환산한다.

8. 결합재무제표의 작성

(1) 투자계정과 자본계정의 상계

결합회계에서는 기업집단을 하나의 경제적 실체로 보고 정보이용자에 대하여 재무보고를 하는 것이므로 결합대상계열회사간의 투자거래에서 발생한 투자계열회사 투자계정과 이에 대응하는 피투자계열회사의 자본계정은 서로 상계 제거하여야 한다.

가. 계열회사간의 투자거래에서 발생한 투자계정과 자본계정을 상계제거함에 있어서 피투자계열회사의 자본 중 외부주주지분은 별도의 과목으로 구분하여 표시하지 아니한다.

나. 투자계열회사의 투자계정의 금액과 이에 대응하는 피투자계열회사의 자본계정은 지배권획득일을 기준으로 상계제거한다.

다. 투자계열회사의 투자계정의 금액과 이에 대응하는 피투자계열회사의 자본계정의 금액이 일치하지 않는 경우에는 그 차액(이하 "투자제거차액"이라 한다)을 다음과 같이 처리한다.

1) 투자제거차액이 피투자계열회사의 특정자산이가 부채를 장부가액과 다른 공정가액으로 평가하여 발생하였음이 객관적으로 입증되는 경우에는 그 특정자산, 부채는 공정가액으로 계상한다. 이 때 그 특정자산, 부채의 장부가액과 공정가액과의 차액 중 투자계열회사 이외의 저분에 해당하는 금액은 결합자본잉여금으로 계상한다.

2) 투자제거차액에서 특정자산, 부채의 장부가액과 공정가액과의 차액 중 투자계열회사지분해당분을 가감한 후의 금액을 결합조정차대로 계상하고 발생년도로부터 20년 이내의 기간에 균등액을 상각 또는 환입한다. 다만, 그 금액이 중요하지 아니한 경우에는 일시에 상각 또는 환입할 수 있다.

3) 특정자산, 부채의 장부가액과 객관적으로 입증되는 공정가액과의 차액 중 결합자본잉여금으로 계상된 투자계열회사 이외의 지분해당액은 특정자산이 사용, 처분되거나 부채가 처분, 상환된 회계연도에 제거한다.

4) 결합조정차는 결합대차대조표의 무형자산 다음에 기재하고 결합조정대는 자본조정 다음에 기재한다.

라. 투자계열회사가 투자계정을 평가한 경우에는 당초의 취득가액으로 환원으로 당기순이익 및 이익잉여금을 조정한 후 결합재무제표를 작성하여야 한다.

① 지배권획득일이란 계열회사가 기업집단에 속하게 된 원인이 발생한 날을 말하며 그 날이 불분명한 경우에는 공정거래위원회에 의하여 계열회사로 편입된 날로 한다. 투자계열회사가 여러 회사인 경우에도 지배권획득일을 기준으로 일괄하여 상계제거한다.

② 지배권획득일이 오래되었거나 불확실한 경우에는 그 날 이후의 적당하다고 인정되는 날을 기준으로, 자산재평가법에 의하여 자산재평가를 한 경우에는 자산재평가일을 기준으로 하여 투자계정과 자본계정을 상계할 수 있다.

③ 회계연도 중에 지배권을 획득한 경우에는 피투자계열회사가 가결산을 하여 자본계정을 확정하지 않는 한 그 자본내역을 알 수 없으므로 가장 가까운 결산일을 지배권획득일로

간주한다.

④ 피투자계열회사의 주주는 투자계열회사, 개인대주주 등(동일인과 동일인관련자 중에서 투자계열회사를 제외한 주주를 말한다)과 외부주주로 나눌 수 있다. 결합재무제표 작성 시 투자계열회사지분은 제거되며, 개인대주주 등의 지분과 외부주주지분은 제거되지 않고 결합재무제표상의 자본을 형성하게 된다. 결합재무제표는 기업집단을 하나의 경제적 실체로 보고 그 실체의 입장에서 작성하는 것이다. 이와 같은 기업실체이론 입장에서는 외부주주도 기업실체의 순자산에 대한 청구권을 갖는 기업실체의 주주의 한 구성원이며, 외부주주지분의 구분표시로부터 얻는 효익보다 이를 산출하기 위한 비용이 과다하게 소요되므로 외부주주지분은 구분 표시하지 아니한다.

⑤ 결합대상계열회사가 보유하고 있는 자기주식은 자본의 차감항목으로 한다.

⑥ 결합대상계열회사가 특정금전신탁을 통하여 다른 결합대상계열회사의 주식이나 채권을 보유하고 있는 경우에 주식의 경우는 투자계정으로 보아 자본계정과 상계제거하고 채권의 경우는 내부거래로 보아 상계제거한다.

(2) 내부거래 및 미실현손익 등의 상계제거

가. 결합대상계열회사간의 내부거래로 인한 채권, 채무 기말잔액과 수익·비용계상액 및 미실현손익은 상계제거 한다. 결합대상계열회사간의 내부거래로 인한 미실현손익이 중요하지 않은 경우에는 이를 제거하지 아니할 수 있다.

1) 결합대상계열회사 상호간의 거래가 기업집단 외부의 회사를 매개로 하여 이루어진 경우에도, 그 거래가 실질적으로 계열회사간의 거래임이 명확한 경우에는, 당해 거래를 계열회사간의 내부거래로 간주하여 처리하여야 한다.

2) 상계제거의 대상이 되는 채권·채무에는 매출채권과 매입채무, 대여금과 차입금, 미수금과 미지급금 등의 확정금전채권·채무는 물론 발생주의에 의한 기간손익의 계산과 관련된 미수수익과 미지급비용, 선급비용과 선수수익 등의 모든 채권·채무가 포함된다.

3) 당기 이전의 내부미실현손익 중 당기에 실현된 부분은 필요한 조정을 하여야 한다.

4) 결합대상계열회사가 되기 이전의 거래에서 발생된 미실현손익은 제거하지 아니한다.

나. 결합대상계열회사간의 재고자산거래로 인한 매출채권·매입채무 및 매출액·매출원가와 그로 인한 미실현손익은 상계제거한다.

1) 결합대상계열회사가 발행한 지급어음을 다른 결합대상계열회사가 금융기관 등 기업집단 외부에서 할인한 경우 동 거래가 매각거래인 경우 동 지급어음은 차입금으로 계상한다.

또한 재고자산거래와 관계없이 발행되고, 외부에서 할인된 경우에도 동 거래가 매각거래인 경우 동 어음방행금액은 이를 차입금으로 계상한다.

2) 결합대상계열회사간의 거래에서 발생한 채권에 대한 대손충당금 등과 내부거래와 관련하여 설정한 판매보증충당금 등은 이를 환입 조정하여야 한다.

다. 결합대상계열회사간 유가증권 및 투자유가증권의 거래로 발생한 처분손익은 미실현손익으로서 제거하여야 한다.

라. 결합대상계열회사간의 유형자산 매매거래로 인한 채권・채무, 관련수익・비용 및 미실현손익은 상계제거한다.

마. 결합대상계열회사가 발행한 사채를 다른 결합대상계열회사가 취득한 경우에는 이를 상환한 것으로 간주하여 관련 채권・채무 및 수익・비용은 상계제거하고 당해 내부거래로 인하여 사채추정상환손익이 발생한 경우에는 이를 인식하여야 한다.

바. 결합대상계열회사간 운용리스거래가 있는 경우에는 리스이용계열회사의 미지급리스료 및 운용리스료비용은 리스회사인 계열회사의 미수리스료 및 운용리스료 수익과 상계제거하여야 하며 운용리스자산 및 관련 감가상각누예액은 일반 유형자산 및 감가상각누계액으로 계정 재분류하여야 한다.

사. 결합대상계열회사간 금융리스거래가 있는 경우에는 리스이용계열회사의 리스부채 및 리스이자비용은 리스회사인 계열회사의 금융리스채권 및 리스이자수익과 상계제거하여야 하며 금융 리스자산 및 관련 감가상각누계액은 일반 유형자산 및 감가상각누계액으로 계정 재분류하여야 한다.

① 상계제거 되는 매출채권과 매입채무는 동일한 금액이어야 하므로 결합재무제표 작성일 현재 계열회사간에 동 금액이 일치하지 않을 경우에는 이를 적절히 조정하여 일치시킨 후 상계제거한다.

② 계열회사간의 내부거래로 당기 중에 취득한 재고자산이 결합재무제표 작성일 현재 기업집단 내부에 잔존하는 경우 동 재고자산에 포함되어 있는 미실현손익은 제거한다.

③ 상계제거 되는 재고자산 관련 미실현손익은 당해 거래에 실제 적용된 매출총이익률을 기초로 계산한다. 다만 실제 적용된 매출총이익률과 중요한 차이가 없고 그 실제 이익률을 적용하기 어려운 경우에는 판매계열회사의 업종별 연평균매출총이익률을 기초로 하여 재고자산 관련 미실현손익을 계산할 수 있다.

④ 감가상각대상 유형자산의 내부거래로 인한 미실현손익을 상계제거하는 경우 미실현손익은 결합대상계열회사가 아닌 제3자에게 매각되거나 당해 자산의 감가상각을 통하여 실현

한다. 따라서 결합손익계산서상의 감가상각비는 당해 감가상각대상 유형자산에 포함된 내부거래 미실현손익으로 인하여 증가(감소)된 감가상각비 과대(과소)계상분을 차감(가산)하여 산정하여야 한다.

⑤ 결합대상계열회사간의 사채 발행이나 취득으로 인해 발생한 사채소유계열회사의 투자사채, 이자수익 및 미수수익은 사채발행계열회사의 사채, 이자비용 및 미지급비용과 상계제거하여야 한다. 사채소유계열회사의 취득가액과 사채발행계열회사의 장부가액이 다를 경우 당해 차액은 사채추정상환손익으로 계상한다. 이 경우 발생하는 계열회사간 이자수익과 이자비용의 차액은 당해 사채의 상환기간에 걸쳐 사채추정상환손익을 조정한다.

(3) 투자계열회사의 지부율의 변동

가. 피투자계열회사가 기업집단에 편입된 후 투자계열회사가 결합대상계열회사 이외의 주주로부터 당해 피투자계열회사의 주식을 추가 취득하여 발생한 투자제거차액은 자본잉여금으로 처리한다.

나. 투자계열회사가 결합대상계열회사 이외의 주주에게 피투자계열회사의 주식을 처분한 후에도 당해 피투자계열회사가 계속하여 기업집단에 속하는 경우에는 그 처분손익을 인식하지 아니하고 자본잉여금으로 처리한다.

다. 피투자계열회사가 유상증자, 주식배당 또는 무상증자 등(본 항에서는 '증자'라 한다)을 한 때에는 증자 후 투자계열회사의 지분가액에서 증자 전 투자계열회사의 지분가액을 차감한 잔액과 증자로 인하여 취득한 주식의 취득원가(주식배당과 무상증자 시에는 "0"으로 한다)와의 차액을 자본잉여금으로 처리한다. 이 때 차액이 차변에 발생하여 차감할 자본잉여금이 부족한 경우에는 이익잉여금의 감소로 처리한다.

라. 투자계열회사가 기업집단 편입일 이전에 취득한 피투자계열회사 주식에 대하여 공정가액으로 평가한 경우 투자제거차액은 기업집단 편입일 직전 투자주식에 대하여 공정가액으로 평가한 장부가액과 추가 취득한 주식의 취득원가의 합계액을 투자계정금액으로 하여 계산한다. 이 때 기업집단 편입일 까지 보유하고 있던 피투자계열회사주식을 공정가액으로 평가함에 따라 발생한 투자유가증권평가손익(자보조정)은 기업집단 편입일이 속하는 회계연도에 실현된 것으로 본다.

마. 주식의 추가취득 등에 의하여 지분법 적용대상회사가 결합대상계열회사가 된 경우 지분법을 적용한 장부가액과 추가 취득한 주식의 취득원가를 합계한 금액을 투자계정금액으로 하여 투자제거차액을 계산한다.

바. 피투자계열회사가 기업집단에 편입된 후 투자계열회사가 결합대상계열회사로부터 당해 피투자계열회사의 주식을 추가취득한 경우와 투자계열회사가 결합대상계열회사에게 피투자계열회사의 주식을 처분한 후에도 당해 피투자계열회사가 계속하여 기업집단에 속하는 경우에는 결합대상계열회사간의 내부거래에 해당되므로 당해 거래로 인한 채권·채무 기말잔액과 수익·비용계상액 및 미실현손익은 상계제거한다.

사. 회계연도 중에 결합대상계열회사간에 합병을 한 경우 결합재무제표 작성시에 합병이 일어나지 않고 추가로 지분을 취득한 것처럼 회계처리하여 합병기준일까지 발생한 피합병회사의 당기손익을 결합손익계산서에 반영한다.

아. 투자계열회사가 피투자계열회사의 지분을 결합대상계열회사 이외의 주주로부터 회계연도 중에 추가로 취득한 경우 취득시점까지 피투자계열회사가 인식한 당기순손익에서 결합대상계열회사 이외의 주주로부터 추가로 취득한 지분율에 해당하는 금액만큼은 "지분변동으로 인한 조정액"으로 결합손익계산서에 반영한다.

① 기업집단을 경제적 단일체로 보는 결합재무제표에서는 계열회사의 모든 주주가 기업집단의 주주이다. 따라서 지배권획득일 이후의 계열회사 주식의 거래는 결합재무제표상 자본거래로서 일반적인 자본거래와 같이 손익을 인식하지 않는다.

② 회계연도 중에 결합대상계열회사간 합병을 한 경우 기업집단 전체의 입장에서 볼 때, 합병이 일어나지 않은 경우와 비교해서 경제적 실체의 변동은 없으나 합병분개로 인하여 합병기준일까지 발생한 피합병회사의 손익이 합병회사의 이익잉여금에는 반영되지만 합병회사의 손익계산서에서 제외되어 합병이 일어나지 않은 경우에 비해서 합병회계연도의 당기손익이 차이나게 된다. 이를 해결하기 위하여 결합조정 분개시기중 수행하였던 합병분개를 취소하고 추가로 지분을 취득한 것처럼 회계 처리하여 합병기준일까지 발생한 피합병회사의 당기손익을 결합손익계산서에 반영한다.

③ "아"에서 "지분변동으로 인한 조정액"으로 결합손익계산서에 반영하는 이유는 투자계열회사가 회계연도 중에 추가로 취득한 피투자계열회사의 지분에 대하여 투자와 자본계정 상계제거시 취득시점까지 피투자계열회사가 인식한 당기순손익도 함께 상계하기 때문에 이로 인하여 결합손익계산서상 결합당기순손익과 결합대차대조표상 결합이익잉여금의 변동액이 일치되지 않으므로 이를 일치시키기 위함이다.

투자계열회사 지분변동시의 처리

구 분		내 용
주식의 취 득	결합대상회사가 된 이후	추가취득분에 대한 투자제거차액을 자본잉여금으로 처리
	처음으로 결합대상이 된 경우	지배권획득일 이전에 취득한 주식의 장부가액과 추가로 취득한 주식의 취득가액의 합계액을 기준으로 투자제거차액을 계산함
주식의 처 분	결합대상유지시	투자주식처분손익을 자본잉여금으로 처리
	결합대상제외시	지배권획득일 이후 변동한 피투자계열회사의 잉여금 등을 투자주식처분손익과 잔존 투자주식에 반영
유상증자 등		지분변동액을 자본잉여금으로 처리

유상증자 등의 경우 지분 변동액의 계산

지분변동액 = 자본거래후 투자계열회사지분가액(A)
− (자본거래전 구주식의 지분가액(B) + 신주식 취득가액(C)
A. 피투자계열회사의 자본거래후 순자산장부가액 × 자본거래후 투자계열회사지분율
B. 피투자계열회사의 자본거래전 순자산장부가액 × 자본거래전 투자계열회사지분율
C. 신주식의 취득가액(유상증자의 경우에만 존재함)

(4) 결합대상계열회사에서의 제외

피투자계열회사가 결합대상계열회사에서 제외되는 경우 지배권획득일부터 제외시점까지 변동한 피투자계열회사의 잉여금 또는 결손금은 제외시점에서 처분손익 및 잔존하는 투자주식가액에 반영되어야 한다.

① 투자계열회사가 피투자계열회사의 주식을 결합대상계열회사가 아닌 제3자에게 처분한 후 피투자계열회사가 결합대상에서 제외되는 경우 그 거래에서 발생한 처분손익은 지배권획득일 이후 변동한 피투자계열회사의 이익잉여금 또는 결손금 중 투자계열회사의 매각비율에 해당하는 금액만큼 조정한다.

② 피투자계열회사의 주식을 전액 처분하지 않은 경우 또는 주식의 처분 없이 결합대상에서 제외되는 경우 지배권획득일 이후 변동한 피투자계열회사의 이익잉여금 또는 결손금 중 투자계열회사가 계속 소유하고 있는 지분비율만큼 잔존하는 투자주식가액을 증감시킨다.

(5) 지분법적용과 이연법인세

1) 지분법적용

결합대상기업집단이 결합대상계열회사가 아닌 회사에 대하여 중대한 영향력을 행사할 수 있는 경우에는 그 투자주식에 대하여 지분법을 적용한다.

가. 결합대상기업집단이 결합대상계열회사가 아닌 회사에 대하여 다음의 1에 해당하는 경우에는 중대한 영향력이 있는 경우로 본다.

1) 결합대상계열회사가 아닌 회사의 이사회 또는 의사결정기관에의 참여
2) 결합대상계열회사가 아닌 회사의 이익잉여금 분배나 내부유보에 관한 의사결정과정에의 참여
3) 결합대상계열회사가 아닌 회사의 영업정책에 대한 의사결정과정에의 참여
4) 결합대상계열회사와 결합대상계열회사가 아닌 회사간의 중요한 내부거래
5) 경영진의 인사교류
6) 필수적인 정보의 교환
7) 1) 내지 6) 이외의 경우로서 중대한 영향력이 있다고 객관적으로 인정되는 경우

나. 결합대상계열회사가 아닌 회사에 대하여 결합대상기업집단의 계열회사가 합하여 의결권 있는 주식의 100분의 20(특정 법률에서 피투자회사의 발행주식의 소유에 대한 제한을 하고 있는 경우에는 당해 지분율을 말한다) 이상을 보유하고 있는 경우 명백한 반증이 있는 경우를 제외하고는 중대한 영향력이 있는 것으로 본다.

다. 개별재무제표에서 지분법 적용대상인 회사가 지분법을 적용할 당시 피투자회사의 순자산가액변동이 자본잉여금의 증가 또는 감소로 인하여 발생하여 투자유가증권평가이익 또는 투자유가증권평가손실의 과목으로 처리하였던 부분은 결합재무제표에서 지분법을 적용하는 경우에는 결합자본잉여금의 증가 또는 감소로 조정한다.

지분법적용회사투자손익의 처리는 다음과 같다.

구 분	기업회계기준	결하재무제표준칙
피투자회사의 당기순손익으로 인한 부분	지분법평가손익으로 하여 영업외손익으로 처리	지분법적용회사투자손익으로 하여 영업외손익으로 처리
피투자회사의 자본잉여금 증감으로 인한 부분	투자유가증권평가손익의 과목으로 하여 자본조정으로 처리	결합자본잉여금의 증감으로 처리
피투자회사의 자본조정 증감으로 인한 부분	투자유가증권평가손익의 과목으로 하여 자본조정으로 처리	결합자본조정의 증감으로 처리

2) 이연법인세

결합재무제표 작성시 발생하는 법인세 효과는 기업회계기준 및 이에 대한 해석을 준용하여 결합대차대조표와 결합손익계산서에 인식한다. 이 때 결합대상계열회사 각각의 개별재무제표에서 발생한 이연법인세차 또는 이연법인세대는 결합재무제표 작성시 총액으로 표시한다.

9. 결합현금흐름표

결합현금흐름표는 전기와 당기의 결합대차대조표와 결합손익계산서를 기초로 하여 작성하거나 결합대상계열회사의 개별현금흐름표를 기초로 하여 결합대상계열회사 상호간의 현금흐름을 상계제거하여 작성한다.

가. 결합현금흐름표는 기업회계기준을 준용하여 작성한다.

나. 결합현금흐름표는 작성시 기업회계기준을 준용함에 있어서 다음의 사항을 고려한다.

1) 영업권상각, 지분법평가손실, 지분법평가이익을 초과하는 배당금 등은 현금의 유출이 없는 비용 등에 포함한다.

2) 부의영업권환입, 지분법평가이익(지분법적용회사로부터의 배당금을 제외한다)등은 현금의 유입이 없는 수익 등에 포함한다.

① 결합대상계열회사에 신규로 포함되거나 제외되는 경우에는 결합대상계열회사의 변동으로 인한 현금의 증가 또는 감소로 기재한다.

② 피투자계열회사가 기업집단에 편입된 후 투자계열회사가 결합대상계열회사 이외의 주주로부터 당해 피투자계열회사의 주식을 추가로 취득하거나 투자계열회사가 결합대상계열회사 이외의 주주에게 피투자계열회사의 주식을 처분한 후에도 당해 피투자계열회사가 계속하여 기업집단에 속하는 경우에는 결합재무제표상 자본거래에 해당되므로 이를 재무활동으로 인한 현금흐름으로 표시한다.

10. 결합재무제표의 주석사항

(가) 일반적 사항

1) 결합재무제표의 작성대상에 속한 계열회사, 제외된 계열회사의 상호, 업종, 자본, 내부지분율, 소재지, 결산일 등(별지 제6호 서식과 같다)

2) 지분법 적용회사의 상호, 개인대주주 및 계열회사의 투자비율 및 지분법 적용대상회사가 된 이유

3) 처음으로 결합대상에 속한 계열회사와 결합대상에서 제외된 계열회사의 상호와 그 내용

4) 계열회사의 결산일이 결합재무제표의 작성기준일과 다른 경우 계열회사의 결산일과 결합재무제표의 작성기준일 사이에 발생한 중요한 사항 및 이의 조정내용

5) 결합대상계열회사와 지분법적용회사간에 발생한 중요한 거래내역

6) 외화자산·부채의 내용, 환산기준 및 환산손익의 내용
7) 사채 및 장기차입금의 상환일정(향후 5년간의 상환일정은 구분표시)
8) 우발채무의 금액과 내용
9) 결합대차대조표일 이후 발생한 사항으로서 재무제표에 중대한 영향을 미치는 것에 관여하는 그 내용
10) 결합자본변동표(양식사례는 별지 제7호 서식과 같다)
11) 기타 결합 방침에 관한 중요사항

(나) 회계처리기준

1) 결합대상계열회사가 적용하고 있는 회계처리방법, 결합재무제표의 작성을 위하여 채택한 기준 및 절차를 변경한 경우에는 그 내용과 이유 및 결합재무제표에 미친 영향
2) 영업권·부의영업권의 상각 및 환입내용, 투자제거차액이 특정자산이나 부채에 반영된 경우에는 그 내용 및 지분법 적용회사 투자차액의 처리내용
3) 지분법 적용투자계정의 평가내용
4) 결합대상계열회사의 재무제표가 그 회사의 재무상태와 경영성과를 적정하게 표시하지 아니하였다고 인정되어 이를 수정한 경우에는 그 내용
5) 가결산을 함으로써 전년도의 기준에 의거하여 추계한 것이 있는 경우 전년도의 기준과 추계한 절차

(다) 계열회사간 주요거래 내역의 공시

1) 국내 내부지분율 현황(양식사례는 별지 제8호 서식과 같다)
2) 독점규제 및 공정거래에 관한 법률 제10조의 2에 의하여 제한되는 계열회사간 상호채무보증 현황(양식사례는 별지 제9호 서식과 같다)
3) 계열회사간 기타 상호채무보증 현황(양식사례는 별지 제10호 서식과 같다)
4) 계열회사간 상호담보제공 현황(양식사례는 별지 제11호 서식과 같다)
5) 결합대상계열회사간 상호자금대차관계 현황(양식사례는 별지 제12호 서식과 같다)
6) 결합대상계열회사간 매출·매입거래 현황(양식사례는 별지 제13호 서식과 같다)

(라) 결합대상계열회사의 부문별 정보의 공시

1) 업종별(비금융·보험업, 금융·보험업) 결합대차대조표(별지 제14호 서식과 같다)
2) 업종별(비금융·보험업, 금융·보험업) 결합손익계산서(별지 제15호 서식과 같다)
3) 산업별 영업현화(별지 제16호 서식과 같다)
4) 지역별 영업현황(별지 제17호 서식과 같다)

연 습 문 제

1. 연결 재무제표의 작성목적을 설명하라.

2. 종속회사로서 연결대상에서 제외되는 경우를 열거하시오.

3. 연결 대차대조표의 작성 기본원칙을 약술하라.

4. 연결 손익계산서의 작성 기본원칙을 약술하라.

5. 내부 미실현 손익의 제거처리에 대하여 약술하라.

제11장

재무재표 작성실무

제 1 절 대차대조표와 손익계산서 작성실무

〈작성실무 1〉

다음은 (주) 수원상상의 제2기말 잔액시산표와 결산정리사항 및 손익처분안이다. 결산정리분개 및 손익처분분개후 손익계산서(2구분계정식)와 대차대조표(계정식)를 작성하라(전기분생략).

잔 액 시 산 표

현 금	1,255,000	외 상 매 입 금	1,860,000
외 상 매 출 금	1,850,000	대 손 충 당 금	15,000
이 월 상 품	650,000	건물감가상각누계액	200,000
건 물	1,000,000	자 본 금	2,000,000
매 입	1,600,000	이월이익잉여금	325,000
급 여	110,000	매 출	2,150,000
임 차 료	40,000	수 수 료 수 익	40,000
유형자산처분손실	85,000		
	6,590,000		6,590,000

[결산정리사항]

(1) 기말상품재고액 : 장부 재고액 ₩900,000, 실제 재고액 ₩840,000(비경상적 발생)

(2) 매출채권 잔액의 2%를 대손충당금을 설정하다.

(3) 건물에 대하여 정률법(10%)으로 감가상각하다.

(4) 현금 실제재고액은 ₩1,285,000이며 원인 불명이다.

(5) 임차료 선급분 ₩8,000을 계상하다.

[손익 처분안]

① 이익준비금 ₩100,000　　② 금전 배당금 ₩200,000

③ 결손보전적립금 ₩160,000　　④ 잔액은 차기로 이월하다.

[해답]

결산 정리 분개

No.	차변계정과목	금 액	대변계정과목	금 액
(1)	매 입 이 월 상 품 상품감모손실	650,000 900,000 60,000	이 월 상 품 매 입 이 월 상 품	650,000 900,000 60,000
(2)	대 손 상 각 비	22,000	대 손 충 당 금	22,000
(3)	감 가 상 각 비	80,000	건물감가상각누계액	80,000
(4)	현 금	30,000	잡 이 익	30,000
(5)	선 급 임 차 료	8,000	임 차 료	8,000

손익 처분 분개

No.	차변계정과목	금 액	대변계정과목	금 액
(1)	이월이익잉여금 손익(당기순이익)	325,000 481,000	처분전이익잉여금	806,000
(2)	처분전이익잉여금	806,000	이 익 준 비 금 미지급 배당금 결손보전적립금 차기이월이익잉여금	100,000 200,000 160,000 346,000

손 익 계 산 서

(주)수원상사 제2기 2009년 1월 1일부터 2009년 12월 31일까지 (단위 : 원)

과 목	금 액	과 목	금 액
기초상품재고액	650,000	매 출 액	2,150,000
당기상품매입액	1,600,000		
계	2,250,000		
기말상품재고액	900,000		
매 출 원 가	1,350,000		
매 출 총 이 익	800,000		
	2,150,000		2,150,000
급 여	110,000	매 출 총 이 익	800,000
임 차 료	32,000	수 수 료 수 익	40,000
대 손 상 각 비	22,000	잡 이 익	30,000
감 가 상 각 비	80,000		
유형자산처분손실	85,000		
재고자산평가손실	60,000		
당 기 순 이 익	481,000		
	870,000		870,000

대 차 대 조 표

(주)수원상사 제2기 2009년 12월 31일 현재 (단위 : 원)

과 목	금 액		과 목	금 액	
현금 및 현금등가물		1,285,000	매 입 채 무		1,860,000
매 출 채 권	1,850,000		미 지 급 배 당 금		200,000
대 손 충 당 금	37,000	1,813,000	자 본 금		2,000,000
선 급 임 차 료		8,000	이 익 준 비 금		100,000
상 품		840,000	결손보전 적립금		160,000
건 물	1,000,000		차기이월이익잉여금		346,000
감가상각 누계액	280,000	720,000	(당기순이익₩481,000)		
		4,666,000			4,666,000

〈작성실무 2〉

여주상회의 다음 자료에 의하여 결산정리분개를 표시하고, 손익계산서(2구분)와 대차대조표를 작성하라.

Ⅰ. 기말정리사항

(1) 기말상품재고액 ₩200,000

(2) 매출채권 잔액의 2% 대손충당금설정

(3) 비품 취득원가의 10% 감가상각

(4) 수수료 미수분 ₩8,000

(5) 보험료 미경과분 ₩8,000

(6) 임차료 미지급분 ₩4,000

Ⅱ. 잔액시산표

잔 액 시 산 표

현 금	100,000	외 상 매 입 금	140,000
당 좌 예 금	200,000	지 급 어 음	120,000
단 기 금 융 상 품	82,000	단 기 차 입 금	136,000
단 기 매 매 증 권	240,000	대 손 충 당 금	3,000
외 상 매 출 금	320,000	비품감가상각누계액	82,000
이 월 상 품	160,000	자 본 금	800,000
비 품	160,000	매 출	483,000
매 입	330,000	수 수 료 수 익	28,000
급 여	166,000	잡 이 익	8,000
임 차 료	16,000		
보 험 료	20,000		
이 자 비 용	6,000		
	1,800,000		1,800,000

[해답]

결산 정리 사항

NO.	차 변 과 목	금 액	대 변 과 목	금 액
(1)	매 입	160,000	이 월 상 품	160,000
	이 월 상 품	200,000	매 입	200,000
(2)	대 손 상 각 비	3,400	대 손 충 당 금	3,400
(3)	감 가 상 각 비	16,000	비품감가상각누계액	16,000
(4)	미 수 수 수 료	8,000	수 수 료 수 익	8,000
(5)	선 급 보 험 료	8,000	보 험 료	8,000
(6)	임 차 료	4,000	미지급임차료	4,000

<u>대 차 대 조 표</u>

여주상회 200×년 12월 31일 현재 (단위 : 원)

과 목	금 액	과 목	금 액
현금 및 현금등가물	300,000	매 입 채 무	260,000
단 기 금 융 상 품	82,000	단 기 차 입 금	136,000
단 기 매 매 증 권	240,000	미 지 급 비 용	4,000
매 출 채 권	320,000	대 손 충 당 금	6,400
미 수 수 익	8,000	비품감가상각누계액	98,000
상 품	200,000	자 본 금	813,600
선 급 비 용	8,000	(당기순이익 ₩13,600)	
비 품	160,000		
	1,318,000		1,318,000

<u>손 익 계 산 서</u>

여주상회 200×년 1월 1일부터 200×년 12월 31일까지 (단위 : 원)

과 목	금 액	과 목	금 액
기초상품재고액	160,000	매 출 액	483,000
당 기 매 입 액	330,000		
계	490,000		
기말상품재고액	200,000		
매 출 원 가	290,000		
매 출 총 이 익	193,000		
	483,000		483,000
급 여	166,000	매 출 총 이 익	193,000
임 차 료	20,000	수 수 료 수 익	36,000
감 가 상 각 비	16,000	잡 이 익	8,000
보 험 료	12,000		
대 손 상 각 비	3,400		
이 자 비 용	6,000		
당 기 순 이 익	13,600		
	237,000		237,000

〈작성실무 3〉

용인상회의 다음 자료에 의하여 결산정리분개를 하고, 손익계산서(2구분)와 대차대조표를 작성하시오.

Ⅰ. 기말정리사항

(1) 기말상품재고액 ₩180,000

(2) 현금과부족계정은 상공회의소회비지급액 기입누락으로 판명된다.

(3) 유가증권 시가 평가액 ₩400,000

(4) 가수금은 전액 외상매출금 회수분으로 판명되다.

(5) 매출채권 잔액의 2% 대손예상하다

(6) 감가상각비을 계상하다

건물 ₩20,000(간접법)

비품 ₩16,000(직접법)

(7) 임대료 미수분 ₩10,000을 계상하다

(8) 잡이익 중 ₩4,000은 유형자산처분이익이다.

(9) 잡비로 처리한 소모품 미사용분 ₩4,000을 계상하다

(10) 인출금을 정리하다.

Ⅱ. 잔액시산표

잔 액 시 산 표

차변 과목	금액	대변 과목	금액
현금	88,000	외상매입금	248,000
당좌예금	200,000	지급어음	160,000
단기금융상품	140,000	단기차입금	320,000
단기매매증권	340,000	가수금	80,000
외상매출금	280,000	대손충당금	2,800
이월상품	132,000	건물감가상각누계액	80,000
건물	400,000	자본금	880,000
비품	160,000	매출	1,284,000
인출금	80,000	임대료	20,000
매입	1,140,000	잡이익	4,000
급여	48,000		
여비교통비	24,000		
잡비	20,000		
이자비용	14,800		
현금과부족	12,000		
	3,078,800		3,078,800

[해답]

결산정리사항

NO.	차 변 과 목	금 액	대 변 과 목	금 액
(1)	매 입	132,000	이 월 상 품	132,000
	이 월 상 품	180,000	매 입	180,000
(2)	세 금 과 공 과	12,000	현 금 과 부 족	12,000
(3)	단기매매증권	60,000	유가증권평가이익	60,000
(4)	가 수 금	80,000	외 상 매 출 금	80,000
(5)	대 손 상 각 비	1,200	대 손 충 당 금	1,200
(6)	감 가 상 각 비	36,000	건물감가상각누계액	20,000
			비 품	16,000
(7)	미 수 임 대 료	10,000	임 대 료	10,000
(8)	잡 이 익	4,000	유형자산처분이익	4,000
(9)	소 모 품	4,000	잡 비	4,000
(10)	자 본 금	80,000	인 출 금	80,000

대 차 대 조 표

용인상회 200×년 12월 31일 현재 (단위 : 원)

과 목	금 액	과 목	금 액
현금 및 현금등가물	288,000	매 입 채 무	408,000
단 기 금 융 상 품	140,000	단 기 차 입 금	320,000
단 기 매 매 증 권	400,000	대 손 충 당 금	4,000
매 출 채 권	200,000	건물감가상각누계액	100,000
상 품	180,000	자 본 금	934,000
건 물	400,000	(당기순이익 ₩134,000)	
비 품	144,000		
미 수 수 익	10,000		
소 모 품	4,000		
	1,766,000		1,766,000

손 익 계 산 서

용인상회 200×년 1월 1일부터 200×년 12월 31일까지 (단위 : 원)

과 목	금 액	과 목	금 액
기초상품재고액	132,000	매 출 액	1,284,000
당 기 매 입 액	1,140,000		
계	1,272,000		
기말상품재고액	180,000		
매 출 원 가	1,092,000		
매 출 총 이 익	192,000		
	1,284,000		1,284,000
급 여	48,000	매 출 총 이 익	192,000
여 비 교 통 비	24,000	임 대 료	30,000
잡 비	16,000	유가증권평가이익	60,000
이 자 비 용	14,800	유형자산처분이익	4,000
세 금 과 공 과	12,000		
대 손 상 각 비	1,200		
감 가 상 각 비	36,000		
당 기 순 이 익	134,000		
	286,000		286,000

〈작성실무 4〉

이천상회의 다음 자료에 의하여 결산정리사항을 분개하고, 손익계산서(단일구분)와 대차대조표를 작성하라.

Ⅰ. 총계정원장 잔액

현 금	12,000	당 좌 예 금	300,000
단기금융상품	80,000	단기매매증권	2,000,000
외 상 매 출 금	2,400,000	받 을 어 음	1,400,000
단 기 대 여 금	600,000	이 월 상 품	500,000
소 모 품	160,000	비 품	780,000
매 입	3,600,000	급 여	220,000
보 험 료	140,000	잡 비	60,000
외 상 매 입 금	1,400,000	지 급 어 음	1,600,000
단 기 차 입 금	120,000	비품감가상각누계액	140,000
대 손 충 당 금	20,000	자 본 금	3,720,000
매 출	5,000,000	이 자 수 익	260,000
수 수 료 이 익	100,000		

Ⅱ. 기말정리사항

(1) 매출원가는 ₩3,160,000

(2) 단기매매증권 시가 평가액 ₩2,400,000

(3) 비품감가상각은 취득원가의 10%

(4) 매출채권 잔액의 2% 대손 예상

(5) 보험료 미경과액 ₩40,000

(6) 소모품 사용액 ₩160,000

(7) 이자 미수액 ₩80,000

(8) 수수료 선수액 ₩100,000

[해답]

결산정리사항

NO.	차변과목	금 액	대변과목	금 액
(1)	매 입	500,000	이 월 상 품	500,000
	이 월 상 품	940,000	매 입	940,000
(2)	단기매매증권	400,000	단기매매증권평가이익	400,000
(3)	감가상각비	78,000	비품감가상각누계액	78,000
(4)	대손상각비	56,000	대손충당금	56,000
(5)	선급보험료	40,000	보 험 료	40,000
(6)	소 모 품 비	160,000	소 모 품	160,000
(7)	미 수 이 자	80,000	이 자 수 익	80,000
(8)	수수료이익	100,000	선수수수료	100,000

대차대조표

이천상회 200×년 12월 31일 현재 (단위 : 원)

과 목	금 액	과 목	금 액
현금 및 현금등가물	420,000	매 입 채 무	3,000,000
단기금융상품	80,000	단 기 차 입 금	120,000
단기매매증권	2,400,000	비품감가상각누계액	218,000
매 출 채 권	3,800,000	대 손 충 당 금	76,000
단 기 대 여 금	600,000	선 수 수 익	100,000
상 품	940,000	자 본 금	5,626,000
비 품	780,000	(당기순이익 ₩1,906,000)	
선 급 비 용	40,000		
미 수 수 익	80,000		
	9,140,000		9,140,000

손익계산서

이천상회 200×년 1월 1일부터 200×년 12월 31일까지 (단위 : 원)

과 목	금 액	과 목	금 액
매 출 원 가	3,160,000	매 출 액	5,000,000
급 여	220,000	이 자 수 익	340,000
보 험 료	100,000	유가증권평가이익	400,000
잡 비	60,000		
감가상각비	78,000		
대손상각비	56,000		
소 모 품 비	160,000		
당기순이익	1,906,000		
	5,740,000		5,740,000

〈작성실무 5〉

수원상회의 다음 자료에 의하여 결산정리분개를 하고, 손익계산서(2구분)와 대차대조표를 작성하시오

[기말정리사항]

(1) 기말상품재고액 ₩140,000

(2) 매출채권 잔액의 2% 대손충당금설정

(3) 비품 취득원가의 10% 감가상각

(4) 수수료 미수분 ₩60,000

(5) 세금과공과 미지급분 ₩40,000

(6) 보험료 미경과분 ₩8,000

잔 액 시 산 표

잔 액 시 산 표

계정과목	금액	계정과목	금액
현금	60,000	외상매입금	100,000
당좌예금	100,000	지급어음	90,000
단기금융상품	40,000	단기차입금	150,000
단기매매증권	140,000	대손충당금	1,200
외상매출금	160,000	비품감가상각누계액	58,800
이월상품	100,000	자본금	300,000
비품	50,000	매출	260,000
매입	180,000	수수료수익	40,000
급여	80,000		
세금과공과	60,000		
보험료	20,000		
이자비용	10,000		
	1,000,000		1,000,000

[해답]

[결산정리사항]

NO.	차변과목	금 액	대변과목	금 액
(1)	매입	100,000	이월상품	100,000
	이월상품	140,000	매입	140,000
(2)	대손상각비	2,000	대손충당금	2,000
(3)	감가상각비	5,000	비품감가상각누계액	5,000
(4)	미수수수료	60,000	수수료수익	60,000
(5)	세금과공과	40,000	미지급세금과공과	40,000
(6)	선급보험료	8,000	보험료	8,000

<u>대 차 대 조 표</u>

200×년 12월 31일 현재

수원상회 (단위 : 원)

과 목	금 액	과 목	금 액
현금 및 현금등가물	160,000	매입채무	190,000
단기금융상품	40,000	단기차입금	150,000
단기매매증권	140,000	대손충당금	3,200
매출채권	160,000	비품감가상각누계액	63,800
상품	140,000	미지급비용	40,000
비품	50,000	자본금	311,000
미수수익	60,000	(당기순이익 ₩11,000)	
선급비용	8,000		
	758,000		758,000

손 익 계 산 서

200×년 1월 1일부터 200×년 12월 31일까지

수원상회 (단위 : 원)

과 목	금 액	과 목	금 액
기초상품재고액	100,000	매출액	260,000
당기매입액	180,000		
계	280,000		
기말상품재고액	140,000		
매출원가	140,000		
매출총이익	120,000		
	2,600,000		260,000
급여	80,000	매출총이익	120,000
보험료	12,000	수수료수익	100,000
세금과공과	100,000		
이자비용	10,000		
대손상각비	2,000		
감가상각비	5,000		
당기순이익	11,000		
	220,000		220,000

제 2 절 손익계산서, 이익잉여금처분계산서, 대차대조표 작성실무

〈작성실무 6〉

(주) 이천상사의 제8기(2009년 1월 1일~2009년 12월 31일) 말의 잔액시산표와 결산정리사항 및 이익잉여금처분사항에 의하여 결산수정분개를 표시하고, 보고식 손익계산서, 이익잉여금처분계산서 및 계정식 대차대조표를 작성하라.

〈자료〉

1. 잔액시산표

잔 액 시 산 표

(단위 : 원)

계 정 과 목	금 액	계 정 과 목	금 액
현 금 과 예 금	4,312,000	매 입 채 무	6,560,000
단 기 매 매 증 권	1,840,000	장 기 차 입 금	2,480,000
매 출 채 권	6,000,000	퇴 지 급 여 충 당 금	880,000
상 품	1,920,000	대 손 충 당 금	56,000
투 자 유 가 증 권	2,000,000	건 물 감 가 상 각 누 계 액	720,000
건 물	8,000,000	차량운반구감가상각누계액	480,000
차 량 운 반 구	2,640,000	자 본 금	12,000,000
창 업 비	560,000	이 익 준 비 금	1,040,000
매 입	16,480,000	이 월 이 익 잉 여 금	576,000
급 여	1,520,000	매 출	21,200,000
보 험 료	528,000	이 자 수 익	240,000
이 자 비 용	344,000	배 당 금 수 익	192,000
법 인 세 비 용	280,000		
합 계	46,424,000	합 계	46,424,000

2. 결산정리사항

(1) 기말상품재고액 ₩4,000,000

(2) 유가증권의 내역과 시가는 다음과 같다.

(단위 : 원)

종 류	취득원가	대차대조일 현재의 증가
A사 주식	720,000	800,000
T사 주식	1,120,000	480,000
계	1,840,000	1,280,000

(3) 매출채권에 대한 대손추정은 연령분석법에 의한다.

연령구분	금액(원)	평균대손율(%)
60일 이내	3,200,000	0.8
61일~90일	1,600,000	4.0
91일~120일	800,000	10.0
120일 이상	400,000	20.0
계	6,000,000	

(4) 건물과 차량운반구의 감가상각은 정률법에 의하며 상각률은 10%이다(단, 건물 중 ₩2,400,000은 9월 1일에 취득하였으며, 감가상각은 월할 계산한다).

(5) 당기분 퇴직급여충당금 설정액은 ₩240,000이다.

(6) 창업비는 5년간 균등상각하며 당기분을 상각하다.

(7) 보험료 선급분 ₩176,000을 계상하다.

(8) 당기분 법인세비용 추산액은 ₩560,000이다.

3. 이익잉여분처분사항

(1) 이익준비금 ₩160,000

(2) 배당금 ₩700,000

(3) 기업합리화적립금 ₩300,000

(4) 재무구조개선적립금 ₩200,000

(5) 사업확장적립금 ₩200,000

(6) 결손보전적립금 ₩300,000

[해답]

1. 결산정리분개

(1) (차)	매 출 원 가	1,920,000	(대) 상 품	1,920,000
	매 출 원 가	16,480,000	매 입	16,480,000
	상 품	4,000,000	매 출 원 가	4,000,000
(2) (차)	유가증권평가손실	560,000	(대) 유 가 증 권	560,000

※ 유가증권평가손실 = ₩1,840,000 - ₩1,280,000 = ₩560,000

(3) (차)	대 손 상 각 비	193,600	(대) 대 손 충 당 금	193,600

연령구분	금 액(원)	평균대손율(%)	대손액(원)
60일 이내	3,200,000	0.8	25,600
61일~90일	1,600,000	4.0	64,000
91일~120일	800,000	10.0	80,000
120일 이상	400,000	20.0	80,000
계	6,000,000		249,600

1) 대손액 = 금액 × 평균대손일
대손상각비 = ₩249,600 - ₩56,000 = ₩193,600

(4) (차)	감 가 상 각 비	568,000	(대) 건물감가상각누계액	568,000

※ ₩2,400,000 × 0.1 × 4/12 = ₩80,000
(₩5,600,000 - ₩720,000) × 0.1 = ₩488,000
₩80,000 + ₩488,000 = ₩568,000

(차)	감 가 상 각 비	108,000	(대) 차량운반구감가상각누계액	216,000

※ (₩2,640,000 - ₩480,000) × 0.1 = ₩216,000

	차변	금액	대변	금액
(5)	(차) 퇴 직 급 여	240,000	(대) 퇴직급여충당금	240,000
(6)	(차) 무형자산상각비	280,000	(대) 창 업 비	280,000
(7)	(차) 선 급 보 험 료	176,000	(대) 보 험 료	176,000
(8)	(차) 법 인 세 비 용	280,000	(대) 미지급법인세	280,000

2. 잉여금처분사항 분개

	차변	금액	대변	금액
(1)	(차) 손 익	2,398,400	(대) 이월이익잉여금	2,398,400
(2)	(차) 이월이익잉여금	1,860,000	(대) 이 익 준 비 금	160,000
			미지급배당금	700,000
			기업합리화적립금	300,000
			재무구조개선적립금	200,000
			사업확장적립금	200,000
			결손보전적립금	300,000

3. 보고식 손익계산서작성

손 익 계 산 서

(주)이천상사 제8기 2009년 1월 1일 ~ 2009년 12월 31일 (단위 : 원)

과 목	금 액	
Ⅰ. 매 출 액		21,200,000
Ⅱ. 매 출 원 가		14,400,000
1. 기초상품재고액	1,920,000	
2. 당기매입액	16,480,000	
3. 기말상품재고액	4,000,000	
Ⅲ. 매 출 총 이 익		6,800,000
Ⅳ. 판 매 비 와 관 리 비		3,369,600
1. 급여	1,520,000	
2. 보험료	352,000	
3. 대손상각비	193,600	
4. 감가상각비	78,400	
5. 무형자산상각비	280,000	
6. 퇴직급여	240,000	
Ⅴ. 영 업 이 익(손실)		3,430,400
Ⅵ. 영 업 외 수 익		432,000
1. 이자수익	240,000	
2. 배당금수익	192,000	
Ⅶ. 영 업 외 비 용		904,000
1. 이자비용	344,000	
2. 유가증권평가손실	560,000	
Ⅷ. 법인세비용차감순이익		2,958,400
Ⅸ. 법 인 세 비 용		560,000
Ⅹ. 당 기 순 이 익		2,398,400

4. 이익잉여금처분계산서 작성

이익잉여금처분계산서

(주)이천상사 (단위 : 원)

과 목	제8(당)기 금 액	
Ⅰ. 처 분 전 이 익 잉 여 금		2,974,400
1. 전기이월이익잉여금	576,000	
2. 당기순이익	2,398,400	
Ⅱ. 임 의 적 립 금 이 입 액	0	0
합 계		2,974,400
Ⅲ. 이 익 잉 여 금 처 분 액		1,860,000
1. 이익준비금	160,000	
2. 기업합리화적립금	300,000	
3. 재무구조개선적립금	200,000	
4. 배당금	700,000	
5. 사업확장적립금	200,000	
6. 결손보전적립금	300,000	
Ⅳ. 차 기 이 월 이 익 잉 여 금		1,114,400

5. 계정식 대차대조표 작성

대 차 대 조 표

(주)이천상사 제8기 2009년 12월 31일 현재 (단위 : 원)

과 목	금 액		과 목	금 액	
자 산			부 채		
Ⅰ. 유 동 자 산		(15,518,400)	Ⅰ. 유 동 부 채		(7,540,000)
(1) 당좌자산		11,518,400	1. 매입부채		6,560,000
1. 현금과 예금		4,312,000	2. 미지급배당금		700,000
2. 유가증권		1,280,000	3. 미지급법인세		280,000
3. 매출채권	6,000,000		Ⅱ. 고 정 부 채		(3,600,000)
대손충당금	249,600	5,750,400	1. 장기차입금		2,480,000
4. 선급보험료		176,000	2. 퇴직급여충당금		1,120,000
(2) 재고자산		(4,000,000)	부 채 총 계		11,140,000
1. 상품		(10,936,000)	자 본		
Ⅱ. 고 정 자 산		(2,000,000)	Ⅰ. 자 본 금		(12,000,000)
(1) 투자자산		2,000,000	1. 보통주자본금		12,000,000
1. 투자유가자산		(8,656,000)	Ⅱ. 이 익 잉 여 금		(3,314,400)
(2) 유형자산			1. 이익준비금		1,200,000
1. 건물	8,000,000		2. 기업합리화적립금		300,000
감가상각누계액	1,288,000	6,712,000	3.재무구조개선적립금		200,000
2. 차량운반구	2,640,000		4. 사업확장적립금		200,000
감가상각누계액	696,000	1,9444,000	5. 결손보전적립금		300,000
(3) 무형자산		(280,000)	6.차기이월이익잉여금		1,114,400
1. 창업비		280,000	(당기순이익₩2,398,400)		
			자 본 총 계		15,314,400
자 산 총 계		26,454,400	부채와 자본총계		26,454,400

〈작성실무 7〉

다음 (주) 여주상사(결산일 2009년 6월 30일)의 총계정원장 잔액과 결산정리사항 및 이익잉여금처분사항에 의해 보고식 손익계산서, 이익잉여금처분계산서 및 보고식 대차대조표를 작성하라.

1. 총계정원장잔액

계정과목	금액	계정과목	금액
현금과예금	₩1,939,000	매출채권	₩1,800,000
대손충당금	30,000	단기매매증권	300,000
상품	950,000	토지	1,000,000
건물감가상각누계액	1,072,000	건물	1,510,000
차입금	350,000	매입채무	1,585,000
매출	9,481,000	자본금	2,700,000
이자수익	42,000	이월이익잉여금	800,000
급여	1,050,000	수수료수익	140,000
보험료	40,000	매입	7,170,000
이자비용	37,000	임차료	220,000
잡비	164,000		

2. 기말정리사항

(1) 기말상품재고액 : 장부재고 ₩840,000
실사재고(원가) 820,000
추정판매가액 1,000,000
추정판매비 200,000

단, 재고감모손실은 원가성이 없는 것으로 판명되었다.

(2) 대손충당금은 매출채권의 5%로 정정

(3) 단기매매증권평가액 ₩310,000

(4) 건물감가상각비 ₩36,000

(5) 이자선급액 ₩15,000

(6) 보험료 선급분 ₩18,000

(7) 이자선수분 ₩12,000

(8) 임차료 미지급액 ₩20,000

(9) 수수료 미수액 ₩40,000

3. 이익잉여금처분사항

(1) 이익준비금 ₩80,000

(2) 배당금 ₩120,000

(3) 사업확장적립금 ₩120,000

(4) 감채적립금 ₩80,000

[해답]

1. 결산정리분개

		차변	금액		대변	금액
(1)	(차)	매출원가	950,000	(대)	상품	950,000
		상품	840,000		매출원가	840,000
		매출원가	7,170,000		매입	7,170,000
		재고자산평가손실	40,000		상품	40,000

※ 재고자산평가손실 = 재고자산감모손실 + 재고자산평가손실
= (₩840,000-₩820,000) + {₩820,000-(₩1,000,000-₩200,000)}
= ₩40,000

		차변	금액		대변	금액
(2)	(차)	대손상각비	60,000	(대)	대손충당금	60,000

(₩1,800,000 × 0.05) - ₩30,000 = ₩60,000

		차변	금액		대변	금액
(3)	(차)	단기매매증권	10,000	(대)	단기매매증권평가이익	10,000
(4)	(차)	감가상각비	360,000	(대)	건물감가상각누계액	36,000
(5)	(차)	선급이자	15,000	(대)	이자비용	15,000
(6)	(차)	선급보험료	18,000	(대)	보험료	18,000
(7)	(차)	이자수익	12,000	(대)	선수이자	12,000
(8)	(차)	임차료	20,000	(대)	미지급임차료	20,000
(9)	(차)	미수수수료	40,000	(대)	수수료수익	40,000

2. 이익잉여금처분사항 분개

		차변	금액		대변	금액
(1)	(차)	수익 (당기순이익)	787,000	(대)	이월이익잉여금	787,000
(2)	(차)	이월이익잉여금	400,000	(대)	이익준비금	80,000
					미지급배당금	120,000
					사업확장적립금	120,000
					감채적립금	80,000

3. 보고식 손익계산서 작성

손 익 계 산 서

(주)이천상사　　제9기 2009년 1월 1일 ~ 2009년 6월 30일　　(단위 : 원)

과 목	금 액	
Ⅰ. 매 출 액		9,481,000
Ⅱ. 매 출 원 가		7,280,000
1. 기초상품재고액	950,000	
2. 당기매입액	7,170,000	
3. 기말상품재고액	840,000	
Ⅲ. 매 출 총 이 익		2,201,000
Ⅳ. 판 매 비 와 관 리 비		1,572,000
1. 급여	1,050,000	
2. 보험료	22,000	
3. 대손상각비	60,000	
4. 감가상각비	36,000	
5. 임차료	240,000	
6. 잡비	164,000	
Ⅴ. 영 업 이 익		629,000
Ⅵ. 영 업 외 수 익		220,000
1. 이자수익	30,000	
2. 수수료수익	180,000	
3. 단기매매증권평가이익	10,000	
Ⅶ. 영 업 외 비 용		62,000
1. 이자비용	22,000	
2. 재고자산평가손실	40,000	
Ⅷ. 당 기 순 이 익		787,000

4. 이익잉여금처분계산서

이익잉여금처분계산서

(주)여주상사　　(단위 : 원)

과 목	금 액	
Ⅰ. 처 분 전 이 익 잉 여 금		1,587,000
1. 전기이월이익잉여금	800,000	
2. 당기순이익	787,000	
Ⅱ. 이 익 잉 여 금 처 분 액		
1. 이익준비금	80,000	400,000
2. 배당금	120,000	
3. 사업확장적립금	120,000	
4. 감채기금적립금	80,000	
Ⅲ. 차 기 이 월 이 익 잉 여 금		1,187,000

5. 보고식 대차대조표 작성

대차대조표(보고식)

(주)여주상사 2009년 6월 30일 현재 (단위 : 원)

과 목	금 액	
자 산		
Ⅰ. 유 동 자 산		(4,832,000)
(1) 당좌자산		(4,032,000)
1. 현금과 예금		1,939,000
2. 단기매매증권		310,000
3. 매출채권	1,800,000	
대손충당금	90,000	1,710,000
4. 선급보험료		18,000
5. 선급이자		15,000
6. 미수수수료		40,000
(2) 재고자산		(800,000)
1. 상품		800,000
Ⅱ. 고 정 자 산		(1,422,000)
(1) 유형자산		(1,422,000)
1. 건물	1,530,000	
감가상각누계액	1,108,000	422,000
2. 토지		1,000,000
자 산 총 계		6,254,000
부 채		
Ⅰ. 유 동 부 채		(2,087,000)
1. 매입채무		1,585,000
2. 차입금		350,000
3. 미지급배당금		120,000
4. 선수이자		12,000
5. 미지급임차료		20,000
부 채 총 계		2,087,000
자 본		
Ⅰ. 자 본 금		(2,700,000)
1. 보통주자본금		2,700,000
Ⅱ. 이 익 잉 여 금		1,467,000
1. 이익준비금		80,000
2. 사업확장적립금		120,000
3. 감채적립금		80,000
4. 차기이월이익잉여금		1,187,000
(당기순이익 ₩787,000)		
자 본 총 계		4,167,000
부 채 와 자 본 총 계		6,254,000

〈작성실무 8〉

다음 (주) 수원상사의 2009년 결산(2009년 12월 31일) 전 잔액시산표와 결산정리사항 및 이익잉여금처분사항을 자료로 하여 손익계산서, 이익잉여금처분계산서 및 계정식 대차대조표를 작성하라.

〈자료〉

1. 잔액시산표

잔 액 시 산 표

(단위 : 원)

차 변	계 정 과 목	대 변
5,744,000	현금과예금	
6,400,000	매출채권	
2,080,000	단기매매증권	
1,600,000	상품	
2,400,000	장기대여금	
8,000,000	토지	
10,880,000	건물	
	매입채무	2,720,000
	대손충당금	224,000
6,400,000	건설중인자산	
	장기차입금	6,400,000
	건물감가상각누계액	6,624,000
	자본금	24,000,000
	이익준비금	700,000
	이월이익잉여금	68,000
	매출	15,616,000
	수수료수익	160,000
	이자수익	80,000
10,880,000	매입	
1,360,000	급여	
240,000	광고선전비	
384,000	보험료	
144,000	임차료	
80,000	이자비용	
56,592,000	합계	56,592,000

2. 결산정리사항

(1) 기말상품재고액 ₩1,920,000

(2) 단기매매증권평가액 ₩2,000,000

(3) 건설중인자산은 2009년 7월 1일에 완공되어 현재 사용중에 있으며 아직 지급하지 않은 공사대금 ₩1,400,000은 2010년 3월 1일에 지급할 예정인데, 이에 대한 회계처리가 아직 이루어지지 않고 있다. 한편 2008년중 지급된 건설자금이자 ₩200,000을 기간비용으로 처리한 사실이 2009년중에 발견되었으나 아직 이에 대한 회계처리도 이루어지지 않았다.

(4) 건물은 정률법에 의하여 감가상각하며 상각률은 10%이다.

(5) 대손충당금은 매출채권 잔액에 대해 5%와 장기대여금의 2%를 설정하다.

(6) 보험료 선급액 ₩64,000

(7) 광고선전비선급액 ₩80,000

(8) 수수료선수액 ₩32,000

(9) 임차료 미지급액 ₩48,000

(10) 이자미수액 ₩16,000

3. 이익잉여금처분사항

(1) 이익준비금 ₩200,000

(2) 배당금 ₩800,000

(3) 사업확장적립금 ₩1,000,000

[해답]

1. 결산정리분개

(1)	(차)	매 출 원 가	1,600,000	(대)	상 품	1,600,000
		매 출 원 가	10,880,000		매 입	10,880,000
		상 품	1,920,000		매 출 원 가	1,920,000
(2)	(차)	단기매매증권평가손실	80,000	(대)	유 가 증 권	80,000
(3)	(차)	건설중인자산	1,600,000	(대)	전기오류수정이익	200,000
					미 지 급 금	1,400,000
	(차)	건 물	8,000,000	(대)	건설중인자산	8,000,000
(4)	(차)	감 가 상 각 비	825,600	(대)	건물감가상각누계액	825,600

※ (₩10,880,000 - ₩6,624,000) × 0.1 = ₩425,600

₩8,000,000 × 0.1 × 6/12 = ₩400,000

₩825,600

(5)	(차)	대 손 상 각 비	96,000	(대)	대 손 충 당 금	96,000

※ (매 출 채 권)

(₩6,400,000 × 0.05) - ₩224,000 = ₩96,000

	(차)	기타의대손상각비	48,000	(대)	대 손 충 당 금	48,000

※ ₩2,400,000 × 0.02 = ₩48,000

(6) (차) 선급비용(보험료) 64,000 (대) 보 험 료 64,000
(7) (차)선급비용(광고선전비) 80,000 (대) 광 고 선 전 비 80,000
(8) (차) 수 수 료 수 익 32,000 (대) 선 수 수 수 료 32,000
(9) (차) 임 차 료 48,000 (대) 미지급임차료 48,000
(10) (차) 미 수 이 자 16,000 (대) 이 자 수 익 16,000

2. 이익잉여금처분사항 분개

(1) (차) 손익(당기순이익) 2,318,400 (대) 이월이익잉여금 2,318,400
(2) (차) 이월이익잉여금 2,000,000 (대) 이 익 준 비 금 200,000
미지급배당금 800,000
사업확장적립금 1,000,000

3. 손익계산서 작성

손 익 계 산 서

2009년 1월 1일 ~ 2009년 12월 31일 (단위 : 원)

과 목	금 액	
Ⅰ. 매 출 액		15,616,000
Ⅱ. 매 출 원 가		10,560,000
1. 기초상품재고액	1,600,000	
2. 당기매입액	10,880,000	
3. 기말상품재고액	,1920,000	
Ⅲ. 매 출 총 이 익		5,056,000
Ⅳ. 판 매 비 와 관 리 비		2,953,600
1. 급여	1,360,000	
2. 광고선전비	160,000	
3. 보험료	320,000	
4. 임차료	192,000	
5. 감가상각비	825,600	
6. 대손상각비	96,000	
Ⅴ. 영 업 이 익		2,102,400
Ⅵ. 영 업 외 수 익		224,000
1. 이자수익	96,000	
2. 수수료수익	128,000	
Ⅶ. 영 업 외 비 용		208,000
1. 이자비용	80,000	
2. 단기매매증권평가손익	80,000	
3. 기타의대손상각비	48,000	
Ⅷ. 경 상 이 익		2,118,400
Ⅸ. 특 별 이 익		200,000
1. 전기오류수정이익	200,000	
Ⅹ. 당 기 순 이 익		2,318,400

4. 이익잉여금처분계산서 작성

이익잉여금처분계산서

(단위 : 원)

과 목	금 액	
Ⅰ. 처 분 전 이 익 잉 여 금		2,386,400
1. 전기이월이익잉여금	64,000	
2. 당기순이익	2,318,400	
Ⅱ. 이 익 잉 여 금 처 분 액		2,000,000
1. 이익준비금	200,000	
2. 배당금	800,000	
3. 사업확장적립금	1,000,000	
Ⅲ. 차 기 이 월 이 익 잉 여 금		386,400

5. 대차대조표 작성

대차대조표

2009년 12월 31일 현재 (단위 : 원)

과 목	금 액		과 목	금 액	
자 산			부 채		
Ⅰ. 유 동 자 산		(15,904,000)	Ⅰ. 유 동 부 채		(5,000,000)
(1) 당좌자산		(13,984,000)	1. 매입채무		2,720,000
1. 현금과예금		5,744,000	2. 선수수익		32,000
2. 단기매매증권		2,000,000	3. 미지급비용		48,000
3. 매출채권	6,400,000		4. 미지급배당금		800,000
대손충당금	320,000	6,080,000	5. 미지급금		1,400,000
4. 선급비용		144,000	Ⅱ. 고 정 부 채		(6,400,000)
5. 미수이자		16,000	1. 장기차입금		6,400,000
(2) 재고자산		(1,920,000)	부 채 총 계		11,400,000
1. 상품		1,920,000	자 본		
Ⅱ. 고 정 자 산		(21,782,400)	Ⅰ. 자 본 금		(24,000,000)
(1) 투자자산		(2,352,000)	1. 보통주자본금		24,000,000
1. 장기대여금	2,400,000		Ⅱ. 이익잉여금		(2,286,400)
대손충당금	48,000	2,352,000	1. 이익준비금		900,000
(2) 유형자산		(19,430,400)	2. 사업확장적립금		1,000,000
1. 토지		8,000,000)	3. 차기이월이익잉여금		386,400
2. 건물	18,880,000		(당기순이익:2,318,400)		
감가상각누계액	7,449,600	11,430,400	자 본 총 계		26,286,400
자 산 총 계		37,686,400	부채와 자본총계		37,686,400

〈작성실무 9〉

(주)여주상사의 제5기말(2009년 12월 31일) 잔액시산표와 결산정리사항 및 미처분이익잉여금 처분안이다. 결산정리분개와 손익계산서(보고식 5구분)를 작성하고 미처분이익잉여금처분분개와 이익잉여금처분계산서, 대차대조표(계정식)를 작성하라.(단, 보통주 발행 총수 200주, 액면가액 @₩5,000이다.)

잔액시산표

차변 계정	금액	대변 계정	금액
현금	210,000	외상매입금	420,000
당좌예금	840,000	단기차입금	240,000
단기금융상품	600,000	부가가치세예수금	252,000
단기매매증권	600,000	사채	1,000,000
외상매출금	800,000	퇴직급여충당금	300,000
받을어음	700,000	대손충당금	42,000
이월상품	480,000	비품감가상각누계액	210,000
부가가치세대급금	192,000	자본금	2,000,000
비품	840,000	이익준비금	200,000
창업비	100,000	별도적립금	200,000
매입	3,400,000	이월이익잉여금	100,000
급여	1,200,000	매출	5,180,000
임차료	480,000	이자수익	400,000
보험료	92,000	보험차익	300,000
잡비	120,000		
이자비용	140,000		
유형자산처분손실	30,000		
재해손실	20,000		
	10,844,000		10,844,000

[결산정리사항]

(1) 기말상품재고액 ₩1,180,000이다.

(2) 단기매매증권 신평가액은 ₩560,000이다.

(3) 매출채권 잔액의 2%를 대손추산하다.

(4) 비품에 대하여 연 20%를 정률법에 의하여 감가상각하다.

(5) 창업비를 정규로 상각하다.

(6) 5기말 임직원 일시 퇴직급여 추산액은 ₩360,000이다.

(7) 사채이자 미지급액 ₩40,000을 계상하다.

(8) 부가가치세를 정리하다.

(9) 보험료 미경과분 ₩32,000을 계상하다.

(10) 법인세 비용 추산액이 ₩160,000이다.

(11) 이자 미수분 ₩80,000을 계상하다.

[미처분이익잉여금 처분안]

(1) 임의적립금 이입액

① 별도적립금 ₩100,000

(2) 이익잉여금 처분 내용

① 이익준비금 ₩100,000

② 재무구조개선적립금 ₩160,000

③ 금전배당금 ₩300,000

④ 결손보전금적립금 ₩140,000

⑤ 잔액은 차기로 이월하다.

※ ① 대손충당금 추산액이 ₩30,000(= (800,000+700,000) × 0.02)이고 대손충당금 잔액이 ₩42,000이므로, ₩12,000을 환입처리한다.

② 비품감가상각비는 미상각 잔액(₩630,000)에 정률(20%)을 곱하여 계산한다.

③ 5기말 창업비 상각은 전액(∵ 5년내 균등액 상각) 상각하여 무형자산상각비계정으로 처리하며 직접 상각법에 의한다.

④ 당기 퇴직급여충당금 설정액(₩60,000)은 일시 퇴직 가정 추산액에서 잔액시산표상 잔액을 차감하여 계산한다.

[해답]

[결산 정리 분개]

NO.	차 변	금 액	대 변	금 액
(1)	매 입 이 월 상 품	480,000 1,180,000	이 월 상 품 매 입	480,000 1,180,000
(2)	단기매매증권평가손실	40,000	단 기 매 매 증 권	40,000
(3)	대 손 충 당 금	12,000	대 손 충 당 금 환 입	12,000
(4)	감 가 상 각 비	126,000	비품감가상각누계액	126,000
(5)	유 형 자 산 상 각 비	100,000	창 업 비	100,000
(6)	퇴 직 급 여	60,000	퇴 직 급 여 충 당 금	60,000
(7)	이 자 비 용	40,000	미 지 급 이 자	40,000
(8)	부 가 가 치 세 예 수 금	192,000	부 가 가 치 세 대 급 금	192,000
(9)	선 급 보 험 료	32,000	보 험 료	32,000
(10)	법 인 세 비 용	160,000	미 지 급 법 인 세	160,000
(11)	미 수 이 자	80,000	이 자 수 익	80,000

손 익 계 산 서

(주)여주상사 제5기 2009년 1월 1일부터 12월 31일까지(전기분 생략) (단위 : 원)

과 목	제 5 기		제 4 기	
	금 액		금 액	
Ⅰ. 매 출 액		5,180,000	생	략
Ⅱ. 매 출 원 가		2,700,000		
1. 기초상품재고액	480,000			
2. 당기상품재고액	3,400,000			
계	3,880,000			
3. 기말상품재고액	1,180,000			
Ⅲ. 매 출 총 이 익		2,480,000		
Ⅳ. 판 매 비 와 관 리 비		2,146,000		
1. 급여	1,200,000			
2. 퇴직급여	60,000			
3. 임차료	480,000			
4. 보험료	60,000			
5. 감가상각비	126,000			
6. 무형자산상각비	100,000			
7. 잡비	120,000			
Ⅴ. 영 업 이 익		334,000		
Ⅵ. 영 업 외 수 익		2,146,000		
1. 이자수익	480,000			
2. 대손충당금 환입	12,000			
Ⅶ. 영 업 외 비 용		250,000		
1. 이자비용	180,000			
2. 단기매매증권평가손실	40,000			
3. 유형자산처분손실	30,000			
Ⅷ. 경 상 이 익		576,000		
Ⅸ. 특 별 이 익		300,000		
1. 보험차익	300,000			
Ⅹ. 특 별 손 실		20,000		
1. 재해손실	20,000			
XⅠ. 법인세비용차감전순이익		856,000		
XⅡ. 법 인 세 비 용		160,000		
XⅢ. 당기순이익		696,000		

[미처분 이익잉여금 처분 분개]

NO.	차 변	금 액	대 변	금 액
(1)	이월이익잉여금 손익 별도적립금	100,000 796,000 100,000	처분전이익잉여금	896,000
(2)	처분전이익잉여금	896,000	이익준비금 재무구조개선적립금 미지급배당금 결손보전적립금 이월이익잉여금	100,000 160,000 300,000 140,000 196,000

4. 이익잉여금 처분 계산서

<u>이익잉여금 처분 계산서</u>

제5기 2009년 1월 1일부터 12월 31일까지 처분확정일 2010년 2월 ××일(전기분 생략)

(주)여주상사 (단위 : 원)

과 목	제 5 기		제 4 기	
	금 액		금 액	
Ⅰ. 처분전 이익 잉여금		796,000	생	략
1. 전기이월이익잉여금	100,000			
2. 당기순이익	696,000			
Ⅱ. 임의 적립금 이입액		100,000		
1. 별도적립금	100,000			
합 계		896,000		
Ⅲ. 이익 잉여금 처분액		700,000		
1. 이익준비금	100,000			
2. 재무구조개선적립금	160,000			
3. 배당금	300,000			
가. 현금배당	300,000			
4. 결손보전적립금	140,000			
Ⅳ. 차기이월이익잉여금		196,000		

대 차 대 조 표

(주)여주상사 제5기 2009년 12월 31일 현재 (단위 : 원)

과 목	금 액		과 목	금 액
현금 및 현금등가물		1,050,000	매 입 채 무	420,000
단 기 금 융 상 품		600,000	단 기 차 입 금	240,000
단 기 매 매 증 권		560,000	부 가 가 치 세 예 수 금	60,000
매 출 채 권	750,000		미 지 급 비 용	40,000
대 손 충 당 금	30,000	1,470,000	미 지 급 법 인 세	160,000
선 급 비 용		32,000	미 지 급 배 당 금	300,000
미 수 수 익		80,000	사 채	1,000,000
상 품		1,180,000	퇴 직 급 여 충 당 금	360,000
비 품	840,000		자 본 금	2,000,000
비품감가상각누계액	336,000	504,000	이 익 준 비 금	300,000
			재무구조개선적립금	160,000
			결 손 보 전 적 립 금	140,000
			별 도 적 립 금	100,000
			차기이월이익잉여금 (당 기 순 이 익 ₩696,000)	196,000
		5,476,000		5,476,000

〈작성실무 10〉

다음은 (주)용인상사의 2009년 총계정원장과 결산정리사항 및 이익잉여금처분사항이다. 이 자료에 의해 계정식대차대조표와 보고식손익계산서 및 이익잉여금처분계산서를 작성하라(단, 결산일은 12월 31일).

〈자료〉

1. 원장잔액

현 금 과 예 금	₩1,466,000	단기매매증권	₩1,000,000
매 출 채 권	₩4,040,000	상 품	900,000
건 물	4,000,000	기 계 장 치	800,000
차 량 운 반 구	700,000	매 입 채 무	960,000
차 입 금	460,000	대 손 충 당 금	18,000
건물감가상각누계액	1,200,000	기계장치감가상각누계액	160,000
차량운반구감가상각누계액	105,000	자 본 금	9,200,000
매 출	4,595,000	광 고 선 전 비	62,000
매 입	3,500,000	급 여	440,000
보 험 료	90,000	이 자 수 익	40,000
이월이익잉여금	260,000		

2. 결산정리사항

(1) 기말상품재고액 : 장부재고 ₩1,150,000
실사재고(원가) ₩1,100,000
실사재고(순실현가능액) ₩1,000,000

단, 재고감모손실은 정상적인 것이다.

(2) 단기매매증권평가액 ₩1,120,000

(3) 대손충당금은 매출채권에 대하여 2%를 설정하다.

(4) 유형자산의 감가상각 내역은 다음과 같다.

1) 건물은 정률법에 의하며 상각률은 8%이다.

2) 기계장치는 작업시간 비례법에 의한다(총작업예정시간 4,000시간, 당년도 작업시간 600시간)

3) 정액법에 의한 차량운반구감가상각 내역은 다음과 같다(월할계산에 의함).

종류	취득일	취득원가	내용년수
트럭	2007. 7. 1	₩700,000	10년

단, 잔존가액은 없다.

(5) 보험료 미경과액 ₩15,000을 계상하다.

(6) 차입금에 대한 이자 미지급액 ₩20,000을 계상하다.

3. 이익잉여금처분사항

(1) 이익준비금 ₩40,000　　(2) 배당금 ₩80,000

(3) 재무구조개선적립금 ₩40,000　　(4) 사업확장적립금 ₩20,000

(5) 감채적립금 ₩40,000

[해답]

1. 결산정리 분개

		차변	금액		대변	금액
(1)	(차)	매 출 원 가	900,000	(대)	상 품	900,000
		매 출 원 가	3,500,000		매 입	3,500,000
		상 품	1,100,000		매 출 원 가	1,100,000
		재고자산평가손실	100,000	(대)	상 품	100,000

※ 정상적인 재고자산감모손실 ₩50,000(₩1,150,000 - ₩1,100,000)은 매출원가에 포함시키게 되고, 재고자산평가손실 ₩100,000(₩1,100,000 - ₩1,000,000)만 영업외비용으로 처리한다.

		차변	금액		대변	금액
(2)	(차)	단기매매증권	120,000	(대)	단기매매증권평가이익	120,000
(3)	(차)	대 손 상 각 비	62,800	(대)	대 손 충 당 금	62,800

(₩4,040,000 × 2%) - ₩18,000 = ₩62,800

		차변	금액		대변	금액
(4)	(차)	감 가 상 각 비	414,000	(대)	건물감가상각누계액	224,000
					기계장치감가상각누계액	120,000
					차량운반구감가상각누계액	70,000

1) (₩4,000,000 - ₩1,200,000) × 8% = ₩224,000
2) ₩800,000 × (600/4,000) = ₩120,000
3) ₩700,000/10년 = ₩70,000
계 ₩414,000

		차변	금액		대변	금액
(5)	(차)	선 급 보 험 료	15,000	(대)	보 험 료	15,000
(6)	(차)	이 자 비 용	20,000	(대)	미 지 급 이 자	20,000

2. 이익잉여금처분사항 분개

		차변	금액		대변	금액
(1)	(차)	손익(당기순이익)	281,200	(대)	이월이익잉여금	281,200
(2)	(차)	이월이익잉여금	220,000	(대)	이 익 준 비 금	20,000
					미지급배당금	80,000
					재무구조개선적립금	40,000
					사업확장적립금	20,000
					감채기금적립금	40,000

3. 손익계산서 작성

손 익 계 산 서

2009년 1월 1일 ~ 2009년 12월 31일 (단위 : 원)

과 목	금 액	
Ⅰ. 매 출 액		4,595,000
Ⅱ. 매 출 원 가		3,300,000
1. 기초상품재고액	900,000	
2. 당기매입액	3,500,000	
3. 기말상품재고액	1,100,000	
Ⅲ. 매 출 총 이 익		1,295,000
Ⅳ. 판 매 비 와 관 리 비		1,053,800
1. 급여	440,000	
2. 보험료	75,000	
3. 대손상각비	62,800	
4. 감가상각비	414,000	
5. 광고선전비	62,000	
Ⅴ. 영 업 이 익		241,200
Ⅵ. 영 업 외 수 익		160,000
1. 이자수익	40,000	
2. 단기매매증권평가이익	120,000	
Ⅶ. 영 업 외 비 용		120,000
1. 이자비용	20,000	
2. 재고자산평가손실	100,000	
Ⅷ. 당 기 순 이 익		281,200

4. 이익잉여금처분계산서 작성

이익잉여금처분계산서

(단위 : 원)

과 목	제×(당)기	
	금 액	
Ⅰ. 처 분 전 이 익 잉 여 금		541,200
1. 전기이월이익잉여금	260,000	
2. 당기순이익	281,200	
Ⅱ. 이 익 잉 여 금 처 분 액		200,000
1. 이익준비금	20,000	
2. 현금배당금	80,000	
3. 재무구조개선적립금	40,000	
4. 사업확장적립금	20,000	
5. 감채적립금	40,000	
Ⅲ. 차기이월이익잉여금		341,200

5. 대차대조표 작성

대 차 대 조 표

2009년 12월 31일 현재 (단위 : 원)

과 목	금 액		과 목	금 액	
자 산			부 채		
Ⅰ. 유 동 자 산		(7,560,200)	Ⅰ. 유 동 부 채		(1,520,000)
(1) 당좌자산		(6,560,200)	1. 매입채무		960,000
1. 현금과 예금		1,466,000	2. 차입금		460,000
2. 단기매매증권		1,120,000	3. 미지급배당금		80,000
3. 매출채권	4,040,000		4. 미지급이자		20,000
대손충당금	80,000	3,959,200	부 채 총 계		1,520,000
4. 선급보험료		15,000	자 본		
(2) 재고자산		(1,000,000)	Ⅰ. 자 본 금		(9,200,000)
1. 상품		1,000,000	1. 보통주자본금		9,200,000
Ⅱ. 고정자산		(3,621,000)	Ⅱ. 이익잉여금		(461,200)
(1) 유형자산		(3,621,000)	1. 이익준비금		20,000
1. 건물	4,000,000		2.재무구조개선적립금		40,000
감가상각누계액	1,424,000	2,576,000	3. 사업확장적립금		20,000
2. 기계장치	800,000		4. 감채적립금		40,000
감가상각누계액	280,000	520,000	5. 차기이월이익잉여금		341,200
3. 차량운반구	700,000		(당기순이익:281,200)		
감가상각누계액	175,000	525,000	자 본 총 계		9,661,200
자 산 총 계		11,181,200	부채와 자본총계		11,181,200

〈작성실무 11〉

다음은 (주)여주상사의 2009년 총계정원장잔액과 기말정리사항이다. 이에 의해 기말수정분개를 하고 대차대조표와 요약식손익계산서 및 이익잉여금처분계산서를 작성하라.

〈자료〉

1. 총계정원장

현 금	₩4,660,000	매 출 채 권	₩4,600,000
건 물	4,000,000	기 계 장 치	9,000,000
대 손 충 당 금	42,000	매 입	21,000,000
급 여	1,200,000	보 험 료	2,400,000
광 고 선 전 비	940,000	매 출	28,758,000
단 기 차 입 금	1,000,000	매 입 채 무	4,200,000
세 금 과 공 과	100,000	자 본 금	15,000,000
이 익 준 비 금	200,000	임 의 적 립 금	800,000
선 급 금	1,140,000	선 수 금	1,940,000
이월이익잉여금	100,000	상 품	3,000,000

2. 기말정리사항
   (1) 기말상품재고액 ₩5,000,000
   (2) 건물의 감가상각은 정률법에 의하고, 상각률은 5%로 한다.
   (3) 기계장치는 금년 1월 1일에 취득하였으며 정액법으로 감가상각한다(내용년수 5년, 잔존가액 0).
   (4) 이자비용미지급액 ₩30,000　　(5) 보험료미경과액 ₩100,000
   (6) 기계장치는 세무목적상 특별감각상각비가 인정되고 있으며 2년간 취득원가의 20%를 인정한다.
   (7) 법인세율은 40%이다.
3. 이익잉여금처분사항
   (1) 이익준비금 ₩391,280　　(2) 배당금 ₩340,000
   (3) 기업합리화적립금 ₩260,000

[해답]

1. 결산정리분개

(1) (차) 매 출 원 가 3,000,000 (대) 상 품 3,000,000
상 품 5,000,000 매 출 원 가 5,000,000
(차) 매 출 원 가 21,000,000 (대) 매 입 21,000,000

(2) (차) 감 가 상 각 비 200,000 (대) 건물감가상각누계액 200,000
※ (₩4,000,000×0.05)=₩200,000

(3) (차) 감 가 상 각 비 1,800,000 (대)기계장치감가상각누계액 1,800,000
※ (₩9,000,000÷5)=₩1,800,000

(4) (차) 이 자 비 용 30,000 (대) 미 지 급 이 자 30,000

(5) (차) 선 급 보 험 료 100,000 (대) 보 험 료 100,000

(6) (차) 법 인 세 비 용 1,275,200 (대) 미지급법인세 555,200
이연법인세대 720,000

※ 이연법인세대 = 세무목적상 특별감가상각비 × 세율
= (₩9,000,000 × 20%) × 40%
= ₩1,800,000 × 40% = ₩720,000

(7) (차) 손 익 1,912,800 (대) 이월이익잉여금 1,912,800
(당기순이익)
(차) 이월이익잉여금 991,280 (대) 이 익 준 비 금 391,280
미지급배당금 340,000
기업합리화적립금 260,000

3. 요약식 손익계산서 작성

손익계산서(요약식)

2009년 1월 1일 ~ 2009년 12월 31일 (단위 : 원)

과 목	금 액	
Ⅰ. 매 출 액		28,758,000
Ⅱ. 매 출 원 가		19,000,000
Ⅲ. 매 출 총 이 익		9,758,000
Ⅳ. 판 매 비 와 관 리 비		6,540,000
1. 급여	1,200,000	
2. 보험료	2,300,000	
3. 감가상각비	2,000,000	
4. 광고선전비	940,000	
5. 세금과공과	100,000	
Ⅴ. 영 업 이 익		3,218,000
Ⅵ. 영 업 외 비 용		30,000
1. 이자비용	30,000	
Ⅶ. 법인세차감전순이익		3,188,000
Ⅷ. 법 인 세 비 용		1,275,200
Ⅸ. 당 기 순 이 익		1,912,800

4. 이익잉여금처분계산서 작성

이익잉여금처분계산서

(단위 : 원)

과 목	금 액	
Ⅰ. 처 분 전 이 익 잉 여 금		2,012,800
1. 전기이월이익잉여금	100,000	
2. 당기순이익	1,912,800	
Ⅱ. 이 익 잉 여 금 처 분 액		991,280
1. 이익준비금	391,280	
2. 배당금	340,000	
3. 기업합리화적립금	260,000	
Ⅲ. 차 기 이 월 잉 여 금		1021,520

5. 대차대조표 작성

대 차 대 조 표

2009년 12월 31일 (단위 : 원)

과 목	금 액	과 목	금 액
자 산		부 채	
Ⅰ. 유 동 자 산		Ⅰ. 유 동 부 채	
(1) 당좌자산		1. 매입채무	4,200,000
1. 현금과예금	4,660,000	2. 단기차입금	1,000,000
2. 매출채권	4,600,000	3. 선수금	1,940,000
대손충당금	(24,000)	4. 미지급이자	30,000
3. 선급금	1,140,000	5. 미지급법인세	555,200
4. 선급보험료	100,000	6. 미지급배당금	340,000
(2) 재고자산		7. 이연법인세대	720,000
1. 상품	5,000,000	부 채 총 계	8,785,200
Ⅱ. 고 정 자 산		자 본	
(1) 유형자산		Ⅰ. 자 본 금	15,000,000
1. 건물	4,000,000	Ⅱ. 이 익 잉 여 금	
감가상각누계액	(200,000)	1. 이익준비금	591,280
2. 기계장치	9,000,000	2. 기업합리화적립금	260,000
감가상각누계액	(1,800,000)	3. 임의적립금	800,000
		4. 차기이월이익잉여금	1,021,520
		(당기순이익:1,912,800)	
		자 본 총 계	17,672,800
자 산 총 계	26,458,000	부채와 자본총계	26,258,000

〈작성실무 12〉

(주)이천상사의 제9기(2009. 1. 1 ~ 12. 31)의 기말잔액시산표와 결산정리사항은 다음과 같다. 이 자료에 의해 결산정리분개를 하고, 보고식 대차대조표와 손익계산서 및 이익잉여금처분계산서를 작성하라.

1. 잔액시산표

잔 액 시 산 표

(단위 : 원)

계정과목	금 액	계정과목	금 액
현 금 과 예 금	595,000	매 입 채 무	2,150,000
단 기 매 매 증 권	500,000	차 입 금	1,500,000
매 출 채 권	4,500,000	대 손 충 당 금	25,000
상 품	1,200,000	건 물 감 가 상 각 누 계 액	3,800,000
적 송 품	1,150,000	기계장치감가상각누계액	450,000
건 물	10,000,000	자 본 금	5,000,000
기 계 장 치	1,500,000	이 익 준 비 금	12,500
매 입	23,300,000	임 의 적 립 금	155,000
급 여	950,000	이 월 이 익 잉 여 금	50,000
여 비 교 통 비	230,000	매 출	33,100,000
세 금 과 공 과	850,000	이 자 수 익	50,000
광 고 선 전 비	270,000	잡 이 익	95,000
이 자 비 용	50,000		
잡 손 실	235,000		
재 해 손 실	170,000		
합 계	46,500,000	합 계	46,500,000

2. 기말정리사항

(1) 기말상품재고액 ₩550,000

(2) 적송품은 전액 ₩2,250,000에 판매되어 판매수수료 ₩100,000을 차감한 금액을 현금으로 회수하였으나 미정리된 것이다.

(3) 매출채권의 1%를 대손으로 추산하다.

(4) 단기매매증권 기말평가액은 ₩350,000이다.

(5) 건물에 대하여 정액법(잔존가액은 취득원가의 10%, 내용연수 20년)으로 감가상각하다.

(6) 기계장치에 대하여 정액법(잔존가액은 취득원가의 10%, 내용년수 10년)으로 감가상각

하다.

(7) 잡이익 중에는 전기에 대손으로 처리한 외상매출금 회수액이 ₩50,000포함되어 있다.

(8) 당기 법인세 추산액은 ₩1,300,000이다.

3. 이익잉여금처분사항

(1) 이익준비금 ₩540,000 (2) 임의적립금 ₩600,000

(3) 배당금 ₩1,000,000

[해답]

1. 결산정리분개

(1)	(차) 매 출 원 가	1,200,000	(대) 상 품	1,200,000
	매 출 원 가	23,100,000	매 입	23,100,000
	상 품	450,000	매 출 원 가	450,000
(2)	(차) 매 출 원 가	1,150,000	(대) 적 송 품	1,150,000
	현 금	2,150,000	매 출	2,150,000
	판 매 수 수 료	100,000		
(3)	(차) 대 손 상 각 비	30,000	(대) 대 손 충 당 금	30,000
	(₩4,500,000×0.01)-₩25,000=₩30,000			
(4)	(차) 단기매매증권평가손실	150,000	(대) 단기매매증권	150,000
	₩500,000-₩350,000=₩150,000			
(5)	(차) 감 가 상 각 비	450,000	(대)건물감가상가구계액	450,000
	(₩10,000,000-₩1,000,000)/20=₩450,000			
(6)	(차) 감 가 상 각 비	135,000	(대)기계장치감가상각누계액	135,000
	(₩1,500,000-₩150,000)/10=135,000			
(7)	(차) 잡 이 익	50,000	(대) 상각채권추심이익	50,000
(8)	(차) 법 인 세 비 용	1,300,000	(대) 미지급법인세	1,300,000

2. 이익잉여금처분사항분개

(1)	(차) 손 익 (당기순이익)	5,475,000	(대) 이월이익잉여금	5,475,000
(2)	(차) 이월이익잉여금	2,140,000	(대) 이 익 준 비 금	540,000
			임 의 적 립 금	600,000
			미지급배당금	1,000,000

3. 손익계산서 작성

손 익 계 산 서

제9기 2009년 1월 1일 ~ 2009년 12월 31일 (단위 : 원)

과 목	금 액	
Ⅰ. 매 출 액		35,350,000
Ⅱ. 매 출 원 가		25,100,000
1. 기초상품재고액	1,200,000	
2. 당기매입액	23,100,000	
3. 적송품	1,150,000	
4. 기말상품재고액	550,000	
Ⅲ. 매 출 총 이 익		10,250,000
Ⅳ. 판 매 비 와 관 리 비		30,150,000
1. 급여	950,000	
2. 여비교통비	230,000	
3. 세금과 공과	850,000	
4. 광고선전비	270,000	
5. 판매수수료	100,000	
6. 감가상각비	585,000	
7. 대손상각비	30,000	
Ⅴ. 영 업 이 익		7,235,000
Ⅵ. 영 업 외 수 익		145,000
1. 이자수익	50,000	
2. 상각채권추심이익	50,000	
3. 잡이익	45,000	
Ⅶ. 영 업 외 비 용		435,000
1. 이자비용	50,000	
2. 단기매매증권평가손실	150,000	
3. 잡손실	235,000	
Ⅷ. 경 상 이 익		6,945,000
Ⅸ. 특 별 손 실		170,000
1. 재해손실	170,000	
Ⅹ. 법인세비용차감전순이익		6,775,000
ⅩⅠ. 법 인 세 비 용		1,300,000
ⅩⅡ. 당 기 순 이 익		5,475,000

※ 매출액=일반매출+적송매출
=₩33,100,000+2,250,000=35,350,000

4. 이익잉여금처분계산서 작성

이익잉여금처분계산서

(단위 : 원)

과 목	금 액	
Ⅰ. 처 분 전 이 익 잉 여 금		1,525,000
1. 전기이월이익잉여금	50,000	
2. 당기순이익	5,475,000	
Ⅱ. 이 익 잉 여 금 처 분 액		2,140,000
1. 이익준비금	540,000	
2. 배당금	1,000,000	
3. 임의적립금	600,000	
Ⅲ. 차 기 이 월 이 익 잉 여 금		3,385,000

5. 보고식 대차대조표 작성

대차대조표(보고식)

제 9 기 2009년 12월 31일 현재 (단위 : 원)

과 목	금 액	
자 산		
Ⅰ. 유 동 자 산		(9,090,000)
(1) 당좌자산		(8,540,000)
1. 현금과예금		2,745,000
2. 단기매매증권		350,000
3.매출채권	4,500,000	
대손충당금	55,000	5,445,000
(2) 재고자산		(550,000)
1. 상품		550,000
Ⅱ. 고 정 자 산		(6,665,000)
(1) 유형자산		(6,665,000)
1. 건물	10,000,000	
감가상각누계액	4,250,000	5,750,000
2. 기계장치	1,500,000	
감가상각누계액	585,000	915,000
자 산 총 계		15,755,000
부 채		
Ⅰ. 유 동 부 채		(5,950,000)
1. 매입채무		2,150,000
2. 차입금		1,500,000
3. 미지급법인세		1,300,000
4. 미지급배당금		1,000,000
부 채 총 계		5,950,000
자 본		
Ⅰ. 자 본 금		(5,000,000)
1.보통주자본금		5,000,000
Ⅱ. 이 익 잉 여 금		(4,805,000)
1. 이익준비금		665,000
2. 임의적립금		755,000
3. 이월이익잉여금		3,385,000
(당기순이익 ₩5,475,000)		
자 본 총 계		9,805,000
부채와 자본총계		15,755,000

〈작성실무 13〉

다음은 (주)여주상사의 2009년 12월 31일 현재 총계정원장잔액과 결산정리사항 및 이익잉여금처분사항이다. 이에 의해 계정식 대차대조표, 손익계산서 및 이익잉여금처분계산서를 작성하라.

〈자료〉

1. 총계정원장잔액

현금과예금	₩489,600	단기매매증권	₩740,000
상품	900,000	매출채권	1,340,000
단기대여금	500,000	매입채무	772,000
건물	800,000	건물감가상각누계액	280,000
이자수익	114,000	자본금	3,600,000
매출	4,707,600	급여	280,000
유가증권처분이익	60,000	매입	4,300,000
보험료	64,000	광고선전비	80,000
임차료	120,000	이월이익잉여금	80,000

2. 결산정리사항

(1) 기말상품재고액	₩1,080,000	(2) 단기매매증권평가액	₩640,000
(3) 보험료선급액	16,000	(4) 건물감가상각액	70,000
(5) 이자미수액	20,000	(6) 광고료미지급액	40,000

(7) 대손충당금은 매출채권잔액의 2%와 단기대여금의 1%를 설정

3. 이익잉여금처분사항

(1) 이익준비금	₩4,000	(2) 재무구조개선적립금	₩6,000
(3) 사업확장적립금	10,000	(4) 감채적립금	4,000
(5) 배당금	16,000		

[해답]

1. 결산정리분개

		매출원가	900,000		상품	900,000
(1)	(차)	매출원가	4,300,000	(대)	매입	4,300,000
		상품	1,080,000		매출원가	1,080,000
(2)	(차)	단기매매증권평가손실	100,000	(대)	단기매매증권	100,000
		※ ₩740,000-₩640,000=₩100,000				
(3)	(차)	선급보험료	16,000	(대)	보험료	16,000
(4)	(차)	감가상각비	70,000	(대)	건물감가상각누계액	70,000
(5)	(차)	미수이자	20,000	(대)	이자수익	20,000
(6)	(차)	광고선전비	40,000	(대)	미지급광고선전비	40,000
(7)	(차)	대손상각비	26,800	(대)	대손충당금	31,800
		기타의대손상각비	5,000			

※ 1) ₩1,240,000 × 0.02 = ₩26,800

2) ₩500,000 × 0.01 = ₩5,000

2. 이익잉여금처분분개

(1)	(차)	손익 (당기순이익)	11,800	(대)	이월이익잉여금	11,800
(2)	(차)	이월이익잉여금	40,000	(대)	이익준비금	4,000
					재무구조개선적립금	6,000
					사업확장적립금	10,000
					감채기금적립금	4,000
					미지급배당금	16,000

3. 보고식 손익계산서 작성

손 익 계 산 서

2009년 1월 1일 ~ 2009년 12월 31일 (단위 : 원)

과 목	금 액	
Ⅰ. 매 출 액		4,707,600
Ⅱ. 매 출 원 가		4,120,000
1. 기초상품재고액	900,000	
2. 당기매입액	4,300,000	
3. 기말상품재고액	1,080,000	
Ⅲ. 매 출 총 이 익		587,600
Ⅳ. 판 매 비 와 관 리 비		664,800
1. 급여	280,000	
2. 보험료	48,000	
3. 광고선전비	120,000	
4. 임차료	120,000	
5. 대손상각비	26,800	
6. 감가상각비	70,000	
Ⅴ. 영 업 이 익(손실)		(77,200)
Ⅵ. 영 업 외 수 익		194,000
1. 단기매매증권처분이익	60,000	
2. 이자수익	134,000	
Ⅶ. 영 업 외 비 용		105,000
1. 유가증권평가손실	100,000	
2. 기타의 대손상각비	5,000	
Ⅷ. 당 기 순 이 익		11,800

4. 이익잉여금처분계산서 작성

이익잉여금처분계산서

(단위 : 원)

과 목	금 액	
Ⅰ. 처 분 전 이 익 잉 여 금		91,800
1. 전기이월이익잉여금	80,000	
2. 당기순이익	11,800	
Ⅱ. 이 익 잉 여 금 처 분 액		40,000
1. 이익준비금	4,000	
2. 재무구조개선적립금	6,000	
3. 사업확장적립금	10,000	
4. 감채기금적립금	4,000	
5. 현금배당	16,000	
Ⅲ. 차 기 이 월 이 익 잉 여 금		51,800

5. 계정식 대차대조표 작성

<u>대 차 대 조 표</u>

2009년 12월 31일 현재 (단위 : 원)

과 목	금 액		과 목	금 액	
자 산			부 채		
Ⅰ. 유 동 자 산		(4,053,800)	Ⅰ. 유 동 부 채		(828,000)
(1) 당좌자산		(2,973,800)	1. 매입채무		772,000
1. 현금과예금		489,600	2. 미지급광고선전비		40,000
2. 단기매매증권		640,000	3. 미지급배당금		16,000
3. 매출채권	1,340,000		부 채 총 계		828,000
대손충당금	26,800	1,313,200	자 본		
4. 단기대여금	500,000		Ⅰ. 자 본 금		(3,600,.000)
대손충당금	5,000	495,000	1. 보통주자본금		3,600,000
5. 선급보험료		16,000	Ⅱ. 이 익 잉 여 금		(75,800)
6. 미수이자		20,000	1. 이익준비금		4,000
(2) 재고자산		(1,080,000)	2. 재무구조개선적립금		6,000
1. 상품		1,080,000	3. 사업확장적립금		10,000
Ⅱ. 고 정 자 산		(450,000)	4. 감채기금적립금		4,000
(1) 유형자산		(450,000)	5. 차기이월이익잉여금		51,800
1. 건물	800,000		(당기순이익 ₩11,800)		
감가상각누계액	350,000	450,000	자 본 총 계		3,675,800
자 산 총 계		4,503,800	부채와 자본총계		4,503,800

〈작성실무 14〉

다음은 (주)수원상사의 제8기(2009. 1. 1~2006. 12. 31)의 잔액시산표와 기말정리사항이다. 이를 이용하여 수정분개를 하고, 계정식 대차대조표와 요약식 손익계산서 및 이익잉여금처분계산서를 작성하라.

〈자료〉

1. 잔액시산표

잔 액 시 산 표

(단위 : 원)

과 목	금 액	과 목	금 액
현금과예금	6,000,000	매입채무	9,500,000
매출채권	3,000,000	대손충당금	50,000
상품	2,800,000	감가상각누계액	1,500,000
투자유가증권	10,000,000	자본금	26,000,000
토지	3,900,000	이익준비금	2,000,000
건물	9,000,000	임의적립금	1,800,000
건설중인 자산	2,500,000	이월이익잉여금	500,000
영업권	350,000	매출	21,170,000
매입	14,500,000	이자수익	80,000
급여	1,100,000		
여비	300,000		
보험료	150,000		
합계	62,600,000	합계	62,600,000

2. 기말정리사항

(1) 기말상품재고액 : 원가 ₩3,200,000, 시가 ₩2,900,000

(2) 투자유가증권은 2009년 1월 1일에 순자산장부가액이 ₩30,000,000인 갑사 주식의 30%를 ₩10,000,000에 취득하였으며 갑사는 2006년도 당기순이익으로 ₩3,000,000을 보고하였다. 투자주식의 평가방법으로는 지분법을 사용하고 있다. 순자산장부가액에 대한 투자회사 지분과 투자주식 취득원가의 차이는 영업권이 존재한다고 판단되었기 때문이다.

(3) 건설중인 자산으로 있던 건물이 10월 31일 완공되어 인수하고, 잔금 ₩1,500,000은 3개월 후 지급하기로 구두약속하다.

(4) 감가상각은 정률법에 의하고, 상각률은 연 10%이다.

(5) 영업권은 2007년 5월 20일 병사와 합병하는 과정에서 발생하였으며 상각기간은 5년이다.

(6) 매출채권잔액의 2%를 대손으로 추정하다.

(7) 보험료 중 당기부담분은 ₩70,000이고, 이자수익 중 ₩30,000은 선수분이다.

(8) 급료의 미지급액은 ₩350,000이고, 수수료 미수액은 ₩50,000이다.

(9) 법인세율은 40%이다.

3. 이익잉여금 처분사항

(1) 이익준비금 ₩60,000	(2) 배당금 ₩320,000
(3) 기업합리화적립금 ₩200,000	(4) 재무구조개선적립금 ₩200,000
(5) 사업확장적립금 ₩160,000	(6) 배당평균적립금 ₩120,000

[해답]

1. 결산정리분개

	차변	금액	대변	금액
(1)	(차) 매 출 원 가	2,800,000	(대) 상 품	2,800,000
	매 출 원 가	14,500,000	매 입	14,500,000
	상 품	3,200,000	매 출 원 가	3,200,000
	(차) 재고자산평가손실	300,000	(대) 상 품	300,000
(2)	(차) 투자유가증권	900,000	(대) 투자주식평가이익	900,000

※ ₩3,000,000×0.3=₩900,000

	차변	금액	대변	금액
	(차)투자주식평가이익	200,000	(대) 투자유가증권	200,000

※ (₩30,000,000×0.3-₩10,000,000)÷5=₩200,000

	차변	금액	대변	금액
(3)	(차) 건 물	4,000,000	(대) 건설중인자산	2,500,000
			미 지 급 금	1,500,000
(4)	(차) 감 가 상 각 비	816,666	(대) 구건물감가상각누계액	750,000
			신건물감가상각누계액	66,666

※ 1) (₩9,000,000-₩1,500,000)×0.1=₩750,000

2) ₩4,000,000×0.1×2/12=₩66,666

	차변	금액	대변	금액
(5)	(차) 무형자산상각비	116,666	(대) 영 업 권	116,666

※ ₩350,000 / (5-2) = ₩116,666

	차변	금액	대변	금액
(6)	(차) 대 손 상 각 비	90,000	(대) 대 손 충 당 금	90,000

※ (₩7,000,000×0.02)-₩50,000=₩90,000

	차변	금액	대변	금액
(7)	(차) 선 급 보 험 료	80,000	(대) 보 험 료	80,000
	(차) 이 자 수 익	30,000	(대) 선 수 이 자	30,000
(8)	(차) 급 여	350,000	(대) 미 지 급 급 여	350,000
	(차) 미 수 수 수 료	50,000	(대) 수 수 료 수 익	50,000
(9)	(차) 법 인 세 비 용	1,610,668	(대) 미지급법인세	1,610,668

2. 잉여금처분사항 분개

	차변	금액	대변	금액
(1)	(차) 손 익 (당기순이익)	2,416,000	(대) 이월이익잉여금	2,416,000

(2) (차) 이월이익잉여금 1,060,000 (대) 이 익 준 비 금 60,000
미지급배당금 320,000
기업합리화적립금 200,000
재무구조개선적립금 200,000
사업확장적립금 160,000
배당평균적립금 120,000

3. 요약식 손익계산서 작성

손익계산서(요약식)

2009년 1월 1일 ~ 2009년 12월 31일

(단위 : 원)

과 목	금 액	
Ⅰ. 매 출 액		21,170,000
Ⅱ. 매 출 원 가		14,100,000
Ⅲ. 매 출 총 이 익		7,070,000
Ⅳ. 판 매 비 와 관 리 비		2,843,332
1. 급여	1,450,000	
2. 여비교통비	300,000	
3. 보험료	70,000	
4. 감가상각비	816,666	
5. 무형자산상각비	116,666	
6. 대손상각비	90,000	
Ⅴ. 영 업 이 익		4,226,668
Ⅵ. 영 업 외 수 익		100,000
1. 이자수익	50,000	
2. 수수료수익	50,000	
Ⅶ. 영 업 외 비 용		300,000
1. 재고자산평가손실	300,000	
Ⅷ. 경 상 이 익		4,026,668
Ⅸ. 특 별 이 익		0
Ⅹ. 특 별 손 실		0
XⅠ. 법인세차감전순이익		4,026,668
XⅡ. 법 인 세 비 용		1,610,668
XⅢ. 당 기 순 이 익		2,416,000

4. 이익잉여금처분계산서 작성

이익잉여금처분계산서

(단위 : 원)

과 목	금 액	
Ⅰ. 처 분 전 이 익 잉 여 금		2,916,000
1. 전기이월이익잉여금	500,000	
2. 당기순이익	2,416,000	
Ⅱ. 이 익 잉 여 금 처 분 액		1,060,000
1. 이익준비금	60,000	
2. 배당금	320,000	
3. 기업합리화적립금	200,000	
4. 재무구조개선적립금	200,000	
5. 사업확장적립금	160,000	
6. 배당평균적립금	120,000	
Ⅲ. 차 기 이 월 이 익 잉 여 금		1,856,000

5. 계정식 대차대조표 작성

대차대조표(계정식)

2009년 12월 31일 (단위 : 원)

과 목	금 액		과 목	금 액	
자 산			부 채		
Ⅰ. 유 동 자 산		(15,890,000)	Ⅰ. 유 동 부 채		(13,310,668)
(1) 당좌자산		(12,990,000)	1. 매입채무		9,500,000
1. 현금과예금		6,000,000	2. 미지급금		1,500,000
2. 매출채권	7,000,000		3. 선수이자		30,000
대손충당금	140,000	6,860,000	4. 미지급급여		350,000
3. 선급보험료		80,000	5. 미지급법인세		1,610,668
4. 미수수수료		50,000	6. 미지급배당금		320,000
(2) 재고자산		(2,900,000)	부 채 총 계		13,310,668
1. 상품		2,900,000	자 본		
Ⅱ. 고 정 자 산		(30,516,668)	Ⅰ. 자 본 금		(26,000,000)
(1) 투자자산		(10,700,000)	Ⅱ. 이 익 잉 여 금		(6,396,000)
1. 투자유가증권		10,700,000	1. 이익준비금		2,060,000
(2) 유형자산		(19,583,334)	2. 임의적립금		1,800,000
1. 토지		8,900,000	3. 기업합리화적립금		200,000
2. 건물	13,000,000		4. 재무구조개선적립금		200,000
감가상각누계액	2,316,666	10,683,334	5. 사업확장적립금		160,000
(3) 무형자산		(223,334)	6. 배당평균적립금		120,000
1. 영업권		223,334	7. 차기이월이익잉여금		1,856,000
			(당기순이익:2,416,000)		
			Ⅲ. 자 본 조 정		(700,000)
			1. 투자주식평가이익		700,000
			자 본 총 계		33,096,000
자 산 총 계		46,406,668	부채와 자본총계		46,406,668

〈작성실무 15〉

다음 (주)수원상상의 2009년 12월 31일의 시산표와 기말정리사항을 자료로 하여 계정식 대차대조표, 요약식 손익계산서, 결손금처리계산서를 작성하라.

〈자료〉

1. 잔액시산표

잔 액 시 산 표

(단위 : 원)

계 정 과 목	차 변	대 변
현금과예금	1,500,000	
매출채권	2,480,000	
대손충당금		24,000
상품	1,740,000	
단기매매증권	860,000	
건물	3,080,000	
건물감가상각누계액		1,560,000
매입채무		1,620,000
차입금		1,200,000
자본금		5,400,000
사업확장적립금		40,000
자본준비금		200,000
재평가적립금		70,000
이익준비금		20,000
기타법정적립금		30,000
이월결손금	40,000	
매출		7,416,000
매입	6,000,000	
판매비	1,200,000	
이자비용	100,000	
관리비	580,000	
합계	17,580,000	17,580,000

2. 기말정리사항

(1) 기말상품 : 장부가액(원가) ₩2,400,000, 실제재고액(원가) ₩2,280,000, 시가 ₩2,200,000, 단 재고감모손실은 원가성이 없다.

(2) 매출채권 기말잔액의 3%를 대손충당금으로 설정하다.

(3) 건물은 정률법으로 10% 감가상각하다.

(4) 단기매매증권 기말평가액은 ₩900,000이다.

(5) 관리비에 포함되어 있는 보험료 중 ₩30,000은 미경과액이다.

(6) 이자미지급액 ₩10,000을 누락하였다.

(7) 당기말 미처리결손금을 전액 보전하기로 하였다(결손금처리 예정일 : 2007년 2월 28일).

[해답]

1. 결산정리분개

		차변	금액		대변	금액
(1)	(차)	매 출 원 가	1,740,000	(대)	상 품	1,740,000
		상 품	2,400,000		매 출 원 가	2,400,000
		재고자산평가손실	200,000		상 품	200,000
	(차)	매 출 원 가	6,000,000	(대)	매 입	6,000,000
(2)	(차)	대 손 상 각 비	50,400	(대)	대 손 충 당 금	50,400

※ (₩2,480,000×0.03)-₩24,000=₩50,400

		차변	금액		대변	금액
(3)	(차)	감 가 상 각 비	152,000	(대)	건물감가상각누계액	152,000

※ (₩3,080,000-₩1,560,000)×10%=₩152,000

		차변	금액		대변	금액
(4)	(차)	단기매매증권	40,000	(대)	단기매매증권평가이익	40,000
(5)	(차)	선 급 보 험 료	30,000	(대)	미 지 급 이 자	10,000

2. 결손금처리사항분개

		차변	금액		대변	금액
(1)	(차)	이 월 결 손 금	146,400	(대)	손 익(당기순손실)	146,400
(2)	(차)	사업확장적립금	40,000	(대)	이 월 결 손 금	186,400
		기타법정적립금	30,000			
		이 익 준 비 금	20,000			
		재평가적립금	70,000			
		자 본 준 비 금	26,400			

3. 손익계산서 작성

손 익 계 산 서

2009년 1월 1일 ~ 2009년 12월 31일 (단위 : 원)

과 목	금 액	
Ⅰ. 매 출 액		7,416,000
Ⅱ. 매 출 원 가		5,340,000
Ⅲ. 매 출 총 이 익		2,076,000
Ⅳ. 판 매 비 와 관 리 비		1,952,400
1. 판매비	1,200,000	
2. 관리비	550,000	
3. 대손상각비	50,400	
4. 감가상각비	152,000	
Ⅴ. 영 업 이 익		123,600
Ⅵ. 영 업 외 수 익		40,000
1. 단기매매증권평가이익	40,000	
Ⅶ. 영 업 외 비 용		310,000
1. 이자비용	110,000	
2. 재고자산평가손실	200,000	
Ⅷ. 당 기 순 손 실		146,400

4. 결손금처리계산서 작성

결손금처리계산서

2009년 1월 1일 ~ 2009년 12월 31일

처리확정일 2010년 2월 28일 (단위 :원)

과 목	금 액	
Ⅰ. 처 리 전 결 손 금		186,400
1. 전기이월결손금	40,000	
2. 당기순손실	146,400	
Ⅱ. 결 손 금 처 리 액		186,400
1. 사업확장적립금이입액	40,000	
2. 기타법정적립금이입액	30,000	
3. 이익준비금이입액	20,000	
4. 재평가적립금이입액	70,000	
5. 자본준비금이입액	26,400	
Ⅲ. 차 기 이 월 결 손 금		0

5. 대차대조표 작성

대 차 대 조 표

2009년 12월 31일　　(단위 : 원)

과　　목	금　　액	과　　목	금　　액
자　　산		부　　채	
Ⅰ. 유 동 자 산		Ⅰ. 유 동 부 채	
1. 현금과예금	1,500,000	1. 매입채무	1,620,000
2. 유가증권	900,000	2. 단기차입금	1,200,000
3. 매출채권	2,480,000	3. 미지급이자	10,000
대손충당금	(74,400)	부 채 총 계	2,830,000
4. 선급보험료	30,000	자　　본	
5. 상품	2,200,000	Ⅰ. 자 본 금	5,400,000
Ⅱ. 고 정 자 산		Ⅱ. 자 본 잉 여 금	
1. 건물	3,080,000	1. 자본준비금	173,600
감가상각누계액	(1,712,000)	Ⅲ. 이 익 잉 여 금	
		1. 이월결손금	0
		(당기순손실:146,400)	
		자 본 총 계	5,573,600
자 산 총 계	8,403,600	부 채 와 자 본 총 계	8,403,600

〈작성실무 16〉

다음은 (주)수원상사의 2009년도 총계정원장과 관련되는 자료이다. 필요한 수정분개를 하고 계정식 대차대조표와 보고식 손익계산서 및 이익잉여금처분계산서를 작성하라.

〈자료〉

1. 총계정원장

현금과예금	₩364,000	매출채권	₩1,160,000
상품	850,000	단기매매증권	96,000
건물	1,340,000	매입채무	964,000
대손충당금	27,000	감가상각누계액	134,000
자본금	2,000,000	이월이익잉여금	150,000
매출	2,418,000	수수료수익	31,400
매입	1,578,000	보험료	25,400
이자비용	43,600	판매비	269,000

2. 기말정리사항

(1) 상품기말재고액 ₩545,000

(2) 단기매매증권을 ₩106,000으로 평가한다.

(3) 건물에 대해서 취득원가의 5%를 감가상각하다.

(4) 대손충당금을 매출채권 잔액의 3%로 하다.

(5) 법인세율은 40%이다.

3. 오류발견사항

(1) 재고자산의 오류 : 2004년 ₩19,400 과대계상
2005년 ₩15,000 과대계상
2006년 ₩11,800 과소계상

(2) 유동자산으로 처리하여야 할 선급보험료를 당기비용으로 처리 :
2007년 ₩3,900
2008년 ₩4,200
2009년 ₩4,600

(3) 미실현수수료를 수익으로 처리 : 2008년 ₩3,600
2009년 ₩4,500

(4) 미지급이자를 누락 : 2007년 ₩4,800

2008년 ₩4,400
2009년 ₩3,800

(5) 미수임대료를 누락 : 2008년 ₩2,800
2009년 ₩3,400

4. 이익잉여금처분사항
   (1) 이익준비금 ₩10,000
   (2) 배당금 ₩40,000
   (3) 재무구조개선적립금 ₩26,000
   (4) 사업확장적립금 ₩18,000
   (5) 결손보전적립금 ₩16,000

[해답]

1. 기말수정분개

	차변	금액	대변	금액
(1)	(차) 매출원가	850,000	(대) 상품	850,000
	매출원가	1,578,000	매입	1,578,000
	상품	545,000	매출원가	545,000
(2)	(차) 단기매매증권	10,000	단기매매증권평가이익	10,000
(3)	(차) 감가상각비(건물)	67,000	(대) 감가상각누계액	67,000
(4)	(차) 대손상각비	7,800	(대) 대손충당금	7,800

※ (₩1,160,000×0.03)-₩27,000=₩7,800

2. 오류수정 분개

	차변	금액	대변	금액
(1)	(차) 전기오류수정손실	15,000	(대) 매출원가	15,000
	매출원가	11,800	상품	11,800
(2)	(차) 보험료	4,200	전기오류수정이익	4,200
	선급보험료	4,600	보험료	4,600
(3)	(차) 전기오류수정손실	3,600	(대) 수수료수익	3,600
	수수료수익	4,500	선수수수료	4,500
(4)	(차) 전기오류수정손실	4,400	(대) 이자비용	4,400
	이자비용	3,800	(대) 미지급이자	3,800
(5)	(차) 임대료	2,800	(대) 전기오류수정이익	2,800
	미수임대료	3,400	임대료	3,400
(6)	(차) 법인세비용	60,600	(대) 미지급법인세	60,600

3. 이익잉여금처분사항 분개

	차변	금액	대변	금액
(1)	(차) 손익(당기순이익)	90,900	(대) 이월이익잉여금	90,900
(2)	(차) 이월이익잉여금	110,000	(대) 이익준비금	10,000

미지급배당금	40,000
재무구조개선적립금	26,000
사업확장적립금	18,000
결손보전적립금	16,000

4. 손익계산서 작성

손 익 계 산 서

2009년 1월 1일 ~ 2009년 12월 31일 (단위 : 원)

과 목	금 액	
Ⅰ. 매 출 액		2,418,000
Ⅱ. 매 출 원 가		1,879,800
Ⅲ. 매 출 총 이 익		538,200
Ⅳ. 판 매 비 와 관 리 비		368,800
1. 판매비	269,000	
2. 보험료	25,000	
3. 감가상각비	67,000	
4. 대손상각비	7,800	
Ⅴ. 영 업 이 익		169,400
Ⅵ. 영 업 외 수 익		41,100
1. 임대료	600	
2. 단기매매증권평가이익	10,000	
3. 수수료수익	30,500	
Ⅶ. 영 업 비 용		43,000
1. 이자비용	43,000	
Ⅷ. 경 상 이 익		167,500
Ⅸ. 특 별 이 익		7,000
1. 전기손익수정이익	7,000	
Ⅹ. 특 별 이 익		23,000
1. 전기손익수정손실	23,000	
XⅠ. 법인세차감전순이익		151,500
XⅡ. 법 인 세 비 용		60,600
XⅢ. 당 기 순 이 익		90,900

5. 이익잉여금처분계산서 작성

이익잉여금처분계산서

(단위 : 원)

과　　목	금　　액	
Ⅰ. 처 분 전 이 익 잉 여 금		240,900
1. 전기이월이익잉여금	150,000	
2. 당기순이익	90,900	
Ⅱ. 임 의 적 립 금 이 입 액		0
합　　계		240,980
Ⅲ. 이 익 잉 여 금 처 분 액		110,000
1. 이익준비금	10,000	
2. 현금배당	40,000	
3. 재무구조개선적립금	26,000	
4. 사업확장적립금	18,000	
5. 결손보전적립금	16,000	
Ⅳ. 차 기 이 월 이 익 잉 여 금		130,900

6. 대차대조표 작성

대 차 대 조 표

2009년 12월 31일　　(단위 : 원)

과　　목	금　　액	과　　목	금　　액
자　　산		부　　채	
1. 현 금 과 예 금	364,400	1. 매 입 채 무	966,000
2. 유 가 증 권	106,000	2. 선 수 수 수 료	4,500
3. 매 출 채 권	1,160,000	3. 미 지 급 이 자	3,800
대 손 충 당 금	(34,800)	4. 미 지 급 법 인 세	60,600
4. 상　　품	533,200	5. 미 지 급 배 당 금	40,000
5. 선 급 보 험 료	4,600	부 채 총 계	1,074,900
6. 미 수 임 대 료	3,400	자　　본	
7. 건　　물	1,340,000	1. 자　본　금	2,000,000
감 가 상 각 누 계 액	(201,000)	2. 이 익 준 비 금	10,000
		3. 재무구조개선적립금	26,000
		4. 사업확장적립금	18,000
		5. 결손보전적립금	16,000
		6. 이월이익잉여금	130,900
		(당기순이익 ₩90,900)	
		자 본 총 계	2,200,900
자 산 총 계	3,275,800	부 채 와 자 본 총 계	3,275,800

제 3 절 현금흐름표 작성실무

〈작성실무 17〉

다음은 (주) 수원상사의 2008년과 2009년의 요약 재무제표이다. 간접법과 직접법으로 현금흐름표를 작성하라.

〈자료〉

1. 비교대차대조표

계정과목	2008년	2009년
현금	12,400,000	18,400,000
매출채권	10,400,000	14,400,000
재고자산	15,200,000	12,800,000
건물	13,600,000	14,400,000
감가상각누계액	(9,200,000)	(9,600,000)
투자자산	11,200,000	10,400,000
계	53,600,000	61,200,000
매입채무	7,200,000	9,600,000
미지급비용	2,400,000	1,600,000
미지급배당금	3,200,000	4,000,000
사채	12,000,000	11,200,000
자본금	13,600,000	15,200,000
이익잉여금	15,200,000	19,600,000
계	53,600,000	61,200,000

2. 손익계산서

Ⅰ. 매출		55,200,000
Ⅱ. 매출원가		37,600,000
Ⅲ. 매출총이익		17,600,000
Ⅳ. 판매비와관리비		
1. 판매비	3,600,000	
2. 관리비	5,200,000	
3. 감가상각비	400,000	9,200,000
Ⅴ. 당기순이익		8,400,000

3. 추가정보

(1) 2008년 동안 비유동거래에서는 손익이 발생하지 않았다.

(2) 2009년 현금배당으로 ₩4,000,000을 의결하였다.

[해답]

1. 간접법에 의한 현금흐름표

현 금 흐 름 표

(단위 : 원)

Ⅰ. 영업활동으로 인한 현금흐름			8,800,000
1. 당기순이익		8,400,000	
2. 현금의 유출이 없는 비용등의 가산		400,000	
감가상각비	400,000		
3. 영업활동으로 인한 자산, 부채의 변동		0	
가. 매출채권의 증가	(4,000,000)		
나. 재고자산의 감소	2,400,000		
다. 매입채무의 증가	2,400,000		
라. 미지급비용의 감소	(800,000)		
Ⅱ. 투자활동으로 인한 현금흐름			(400,000)
1. 투자활동으로 인한 현금흐름		800,000	
투자자산처분	800,000		
2. 투자활동으로 인한 현금유출		(1,200,000)	
건물구입	1,200,000		
Ⅲ. 재무활동으로 인한 현금유입			(2,400,000)
1. 재무활동으로 인한 현금유입		1,600,000	
주식발행	1,600,000		
2. 재무활동으로 인한 현금유출		(4,000,000)	
가. 배당금지급	3,200,000		
나. 사채상환	800,000		
Ⅳ. 현 금 의 증 가(Ⅰ+Ⅱ+Ⅲ)			6,000,000
Ⅴ. 기 초 현 금			12,400,000
Ⅵ. 기 말 현 금			18,400,000

2. 직접법에 의한 현금흐름표

현 금 흐 름 표

(단위 : 원)

Ⅰ. 영업활동으로 인한 현금흐름			8,800,000
1. 매출등 수익활동으로부터의 유입액		51,200,000	
2. 매입 및 종업원에 대한 지급액		(32,800,000)	
3. 판매비, 관리비 및 미지급비용감소		(9,600,000)	
Ⅱ. 투자활동으로 인한 현금유입			(400,000)
1. 투자활동으로 인한 현금유입		800,000	
투자자산처분	800,000		
2. 투자활동으로 인한 현금유입		(1,200,000)	
건물구입	1,200,000		
Ⅲ. 재무활동으로 인한 현금흐름			(2,400,000)
1. 재무활동으로 인한 현금유입		1,600,000	
주식발행	1,600,000		
2. 재무활동으로 인한 현금유출		(4,000,000)	
가. 배당금지급	3,200,000		
나. 사채상환	800,000		
Ⅳ. 현 금 의 증 가			6,000,000
Ⅴ. 기 초 현 금			12,400,000
Ⅵ. 기 말 현 금			18,400,000

〈계산근거〉

1) 매출 등 수익활동으로부터의 현금유입액

₩55,200,000(매출)+₩10,400,000(기초매출채권)-₩14,400,000(기말매출채권)

=₩51,200,000

2) 매입 및 종업원에 대한 지급액

₩37,600,000(매출원가)₩12,800,000(기말재고)-₩15,200,000(기초재고)₩7,200,000(기초매입채무)-₩9,600,000(기말매입채무)

=₩32,800,000

〈작성실무 18〉

(주)수원상사의 비교대차대조표, 손익계산서 및 기타 회계정보에 의하여 당기의 현금흐름표를 간접법과 직접법으로 작성하라.

〈자료〉

1. 비교대차대조표

비교대차대조표

제5기 2008년 12월 31일
제4기 2009년 12월 31일 (단위 : 원)

자산	제5(당)기	제4(전)기	부채/자본	제5(당)기	제4(전)기
현금	720,000	1,200,000	매입채무	1,020,000	900,000
매출채권	1,680,000	1,500,000	단기차입금	480,000	720,000
단기대여금	660,000	480,000	미지급임차료	180,000	300,000
상품	1,380,000	1,020,000	장기차입금	1,920,000	1,680,000
선급보험료	420,000	300,000	대손충당금	72,000	60,000
건물	4,200,000	3,000,000	감가상각누계액	780,000	600,000
			자본금	3,600,000	2,400,000
			이월이익잉여금	270,000	180,000
			당기순이익	738,000	660,000
합계	9,060,000	7,500,000	합계	9,060,000	7,500,000

2. 손익계산서

손 익 계 산 서

제5기 2009년 1월 1일 ~ 2009년 12월 31일 (단위 : 원)

비용	금액	수익	금액
매출원가	8,400,000	매출액	15,000,000
매출총이익	6,600,000		
	1,500,000		15,000,000
급여	4,200,000	매출총이익	6,600,000
임차료	720,000		
보험료	300,000		
감가상각비	180,000		
대손상각비	42,000		
이자비용	420,000		
당기순이익	738,000		
합계	6,600,000	합계	6,600,000

3. 기타회계정보
   (1) 외상매출금에 대하여 ₩72,000 대손예상(대손충당금 잔액은 ₩30,000임)하다.
   (2) 건물 ₩1,200,000을 새로 취득하다.
   (3) 보통주 발행에 의한 유상증자 ₩1,200,000이다.
   (4) 당기에 처분전 이익잉여금 중 ₩570,000을 배당금으로 처분하다.

[해답]

1. 현금흐름표(간접법)

Ⅰ. 영업활동으로 인한 현금흐름			270,000
1. 당기순이익		738,000	
2. 현금유출 없는 비용가산		222,000	
가. 감가상각비	180,000		
나. 대손상각비	42,000		
3. 영업활동으로 인한 자산, 부채의 변동		(690,000)	
가. 매출채권의 증가	(210,000)		
나. 상품의 증가	(360,000)		
다. 선급보험료의 증가	(120,000)		
라. 매입채무의 증가	120,000		
마. 미지급임차료의 감소	(120,000)		
Ⅱ. 투자활동으로 인한 현금흐름			(1,380,000)
1. 투자활동으로 인한 현금유출액		(1,380,000)	
가. 단기대여금의 증가	(180,000)		
나. 건물취득	(1,200,000)		
Ⅲ. 재무활동으로 인한 현금흐름			630,000
1. 재무활동으로 인한 현금유입액		1,440,000	
가. 장기차입금의 증가	240,000		
나. 자본금의 증가	1,200,000		
2. 재무활동으로 인한 현금유출액		(810,000)	
가. 단기차입금의 감소	(240,000)		
나. 배당금의 지급	(570,000)		
Ⅳ. 현금의 감소(Ⅰ+Ⅱ+Ⅲ)			(480,000)
Ⅴ. 기초현금			1,200,000
Ⅵ. 기말현금			700,000

2. 현금흐름(직접법)

Ⅰ. 영업활동으로 인한 현금흐름		270,000
1. 매출 등 수익활동으로 인한 현금유입	14,790,000	
2. 매입 등 종업원에 대한 급여유출액	(14,100,000)	
3. 지급이자 유출액	(420,000)	

Ⅱ. 투자활동으로 인한 현금흐름
Ⅲ. 재무활동으로 인한 현금흐름
Ⅳ. 현금의 감소　　　　　　　　간접법과 동일
Ⅴ. 기초현금
Ⅵ. 기말현금

※ 〈계산근거〉

1. 매출 등 수익활동으로 이한 현금유입
   ₩1,500,000+₩15,000,000-₩1,710,000=₩14,790,000
   (기초) + (당기매출)-(기말잔액+기중대손액)
2. 매입 등 종업원에 대한 급여유출
   ₩900,000+₩8,400,000-₩1,020,000+₩1,380,000-₩1,020,000+₩4,200,000(급여)+840,000(임차료)+₩420,000(보험료)=₩14,100,00
3. 지급이자 유출액 : ₩420,000

〈주석사항〉

(단위 : 원)

1. 당기순이익		738,000
2. 가산항목		342,000
감가상각비	180,000	
대손충당금	42,000	
매입채무의 증가	120,000	
3. 차감항목		(810,000)
매출채권의 증가	210,000	
상품의 증가	360,000	
선급보험료의 증가	120,000	
미지급임차료의 감소	120,000	

〈작성실무 19〉

(주) 이천상사는 2008년의 손익계산서에 나타난 당기순이익은 ₩276,000이었고, 2008년의 현금배당으로 ₩96,000을 의결하였다. 건물은 현금으로 구입하였으며, 2009년초에 사채를 발행하였다. 아래 비교대차대조표를 자료로 하여 현금흐름을 간접법으로 계산하고, T계정법을 이용하여 현금흐름표를 작성하라.

1. 비교대차대조표

(단위 : 원)

	2008. 12. 31	2009. 12. 31
자산 :		
현금	120,000	192,000
매출채권(순액)	144,000	192,000
재고자산	264,000	372,000
선급비용	36,000	24,000
건물	840,000	1,080,000
감가상각누계액	(240,000)	(312,000)
자산총계	1,164,000	1,548,000
부채와 자본		
매입채무	168,000	120,000
미지급배당금	60,000	96,000
사채	-	216,000
자본금	600,000	600,000
이익잉여금	336,000	516,000
부채와 자본총계	1,164,000	1,548,000

[해답]

1. 현금흐름표 작성

현 금 흐 름 표

2009년 1월 1일 ~ 2009년 12월 31일 (단위 : 원)

Ⅰ. 영업활동으로인한현금흐름			156,000
1. 당기순이익		276,000	
2. 현금의 유출이 없는 비용 등의 가산		72,000	
감가상각비	72,000		
3. 영업활동으로 인한 자산, 부채의 변동		(192,000)	
가. 매출채권의 증가	(48,000)		
나. 선급비용의 감소	12,000		
다. 재고자산의 증가	(108,000)		
라. 매입채무의 감소	(48,000)		
Ⅱ. 투자활동으로인한현금흐름			(240,000)
1. 투자활동으로 이한 현금유출액		(240,000)	
건물의 구입	(240,000)		
Ⅲ. 재무활동으로인한현금흐름			156,000
1. 재무활동으로 인한 현금유입액		216,000	
사채의 발행	216,000		
2. 재무활동으로 인한 현금유출액		(60,000)	
배당금의 지급	(60,000)		
Ⅳ. 현금의증가(Ⅰ+Ⅱ+Ⅲ)			72,000
Ⅴ. 기초의현금			120,000
Ⅵ. 기말의현금			192,000

※배당금지급액=기초 미지급배당금+당기배당금 지급결정액-기말 미지급배당금=60,000+96,000-96,000=60,000

2. T계정법에 의한 접근방법

현 금

(단위 : 원)

증가	72,000		
Ⅰ. 영업활동으로 인한 현금흐름	156,000		
당기순이익	276,000	매출채권 증가	48,000
감가상각비	72,000	재고자산 증가	108,000
선급비용 감소	12,000	매입채무 감소	48,000
Ⅱ. 투자활동으로 인한 현금흐름	(240,000)		
		① 건물구입	240,000
Ⅲ. 재무활동으로 인한 현금흐름	156,000		
② 사채의 발생	216,000	③ 배당금의 지급	60,000

매출채권

증가	48,000		
기초	144,000	기말	192,000

재고자산

증가	108,000		
기초	264,000	기말	372,000

선급비용

		감소	12,000
기초	36,000	기말	24,000

감가상각누계액

증가	72,000		
기말	312,000	기초	240,000

매입채무

감소	48,000		
기말	120,000	기초	168,000

이익잉여금

		증가	180,000
배당결의	96,000	당기순이익	276,000

건 물

증가	240,000		
① 취득	240,000		

사 채

		증가	216,000
		② 발행	216,000

미지급배당금

증가	36,000		
③ 지급	60,000	배당결의	96,000

〈작성실무 20〉

다음은 (주)용인상사의 비교대차대조표이다. 현금흐름표를 작성하기 위한 정산표를 작성하여라. 단, 이익잉여금의 처분사항은 배당 ₩80,000 이외에는 없는 것으로 한다.

비교대차대조표

(단위 : 원)

계정과목	2008. 12. 31	2009. 12. 31
현금	216,000	212,000
유가증권	160,000	200,000
매출채권	360,000	344,000
대손충당금	(16,000)	(14,400)
선급비용	20,000	33,600
재고자산	520,000	652,000
건물	1,676,000	2,136,000
감가상각누계액	(480,000)	(568,000)
특허권	-	120,000
계	2,456,000	3,115,200
매입채무	196,000	240,000
미지급 배당금	56,000	80,000
미지급금	40,000	24,000
사채	924,000	984,000
자본금	816,000	1,120,000
자본잉여금	32,000	80,000
이익잉여금	412,000	587,200
계	2,456,000	3,115,200

[해답]

현금흐름표 작성을 위한 정산표

2009년 1월 1일 ~ 2009년 12월 31일 (단위 : 원)

적 요	2009. 1. 1 잔액	조정항목		2009. 12. 31 잔액
		차변	대변	
현 금	216,000		4,000	212,000
유 가 증 권	160,000	① 40,000		200,000
매 출 채 권	360,000		② 16,000	344,000
대 손 충 당 금	(16,000)	② 1,600		14,400
선 급 비 용	20,000	③ 13,600		33,600
재 고 자 산	520,000	④ 132,000		652,000
건 물	1,676,000	⑤ 460,000		2,136,000
감가상각누계액	(480,000)		⑥ 88,000	(568,000)
특 허 권	-	⑦ 120,000		120,000
차변합계	2,456,000			3,115,200
매 입 채 무	176,000		ⓐ 64,000	240,000
미지급배당금	56,000		ⓑ 24,000	80,000
미 지 급 금	40,000	ⓒ 16,000		24,000
사 채	924,000		ⓓ 60,000	984,000
자 본 금	816,000		ⓔ 304,000	1,120,000
자 본 잉 여 금	32,000		ⓔ 48,000	80,000
이 익 잉 여 금	412,000	ⓑ 80,000	ⓕ 255,200	587,200
대변합계	2,456,000	863,200	863,200	3,115,200
Ⅰ. 영업활동으로인한현금흐름		(현금유입)	(현금유출)	
1. 당기순이익				
2. 현금의유출이없는비용등의가산		ⓕ 255,200		
감가상각비 - 건물		⑥ 88,000		
3. 영업활동으로인한자산, 부채의변동				
가. 매출채권(순액)감소		② 14,400		
나. 선급비용증가			③ 13,600	
다. 매입채무증가			④ 132,000	
라. 매입채무증가		ⓐ 64,000		
마. 미지급금감소			ⓒ 16,000	
Ⅱ. 투자활동으로인한현금흐름				
1. 투자활동으로인한현금유출				
가. 유가증권취득			① 40,000	
나. 건물취득			⑤ 460,000	
다. 특허권취득			⑦ 120,000	
Ⅲ. 재무활동으로인한현금흐름				
1. 재무활동으로인한현금유입				
가. 신주발행		ⓔ 352,000		
나. 사채발행		ⓓ 60,000		
2. 재무활동으로인한현금유출				
배당금지급			ⓑ 56,000	
소 개		833,600	833,6000	
현 금 감 소		4,000		
합 계		837,600	837,600	

부 록

<부표-1> 복리이자요소($CVIF$)

$CVIF = (1+i)^n$ (n = 기간, i = 기간당 이자율)

n/i	1.0	1.5	2.0	2.5	3.0	3.5	4.0	4.5	5.0	5.5
1	1.01000	1.01500	1.02000	1.02500	1.03000	1.03500	1.04000	1.04500	1.05000	1.05500
2	1.02010	1.03022	1.04040	1.05062	1.06090	1.07122	1.08160	1.09202	1.10250	1.11302
3	1.03030	1.04568	1.06121	1.07689	1.09273	1.10872	1.12486	1.14117	1.15762	1.17424
4	1.04060	1.06136	1.08243	1.10381	1.12551	1.14752	1.16986	1.19252	1.21551	1.23882
5	1.05101	1.07728	1.10408	1.13141	1.15927	1.18769	1.21665	1.24618	1.27628	1.30696
6	1.06152	1.09344	1.12616	1.15969	1.19405	1.22926	1.26532	1.30226	1.34010	1.37884
7	1.07214	1.10984	1.14869	1.18869	1.22987	1.27228	1.31593	1.36086	1.40710	1.45468
8	1.08286	1.12649	1.17166	1.21840	1.26677	1.31681	1.36857	1.42210	1.47746	1.53469
9	1.09369	1.14339	1.19509	1.24886	1.30477	1.36290	1.42331	1.48609	1.55133	1.61909
10	1.10462	1.16054	1.21899	1.28008	1.34392	1.41060	1.48024	1.55297	1.62889	1.70814
11	1.11567	1.17795	1.24337	1.31209	1.38423	1.45997	1.53945	1.62285	1.71034	1.80209
12	1.12682	1.19562	1.26824	1.34489	1.42576	1.51107	1.60103	1.69588	1.79586	1.90121
13	1.13809	1.21355	1.29361	1.37851	1.46853	1.56396	1.66507	1.77220	1.88565	2.00577
14	1.14947	1.23176	1.31948	1.41297	1.51259	1.61869	1.73168	1.85194	1.97993	2.11609
15	1.16097	1.25023	1.34587	1.44830	1.55797	1.67535	1.80094	1.93528	2.07893	2.23248
16	1.17258	1.26899	1.37279	1.48451	1.60471	1.73399	1.87298	2.02237	2.18287	2.35526
17	1.18430	1.28802	1.40024	1.52162	1.65285	1.79468	1.94790	2.11338	2.29202	2.48480
18	1.19615	1.30734	1.42825	1.55966	1.70243	1.85749	2.02582	2.20848	2.40662	2.62147
19	1.20811	1.32695	1.45681	1.59865	1.75351	1.92250	2.10685	2.30786	2.52695	2.76565
20	1.22019	1.34685	1.48595	1.63862	1.80611	1.98979	2.19112	2.41171	2.65330	2.91776

n/i	6.0	6.5	7.0	7.5	8.0	8.5	9.0	9.5	10.0	10.5
1	1.06000	1.06500	1.07000	1.07500	1.08000	1.08500	1.09000	1.09500	1.10000	1.10500
2	1.12360	1.13422	1.14490	1.15562	1.16640	1.17722	1.18810	1.19902	1.21000	1.22102
3	1.19102	1.20795	1.22504	1.24230	1.25971	1.27729	1.29503	1.31293	1.33100	1.34923
4	1.26248	1.28647	1.31080	1.33547	1.36049	1.38586	1.41158	1.43766	1.46410	1.49090
5	1.33823	1.37009	1.40255	1.43563	1.46933	1.50366	1.53862	1.57424	1.61051	1.64745
6	1.41852	1.45914	1.50073	1.54330	1.58687	1.63147	1.67710	1.72379	1.77156	1.82043
7	1.50363	1.55399	1.60578	1.65905	1.71382	1.77014	1.82804	1.88755	1.94872	2.01157
8	1.59385	1.65500	1.71819	1.78348	1.85093	1.92060	1.99256	2.06687	2.14359	2.22279
9	1.68948	1.76257	1.83846	1.91724	1.99900	2.08386	2.17189	2.26322	2.35795	2.45618
10	1.79085	1.87714	1.96715	2.06103	2.15892	2.26098	2.36736	2.47823	2.59374	2.71408
11	1.89830	1.99915	2.10485	2.21561	2.33164	2.45317	2.58043	2.71366	2.85312	2.99906
12	2.01220	2.12910	2.25219	2.38178	2.51817	2.66169	2.81266	2.97146	3.13843	3.31369
13	2.13293	2.26749	2.40984	2.56041	2.71962	2.88793	3.06580	3.25374	3.45227	3.66193
14	2.26090	2.41487	2.57853	2.75244	2.93719	3.13340	3.34173	3.56285	3.79750	4.04643
15	2.39656	2.57184	2.75903	2.95888	3.17217	3.39974	3.64248	3.90132	4.17725	4.47130
16	2.54053	2.73901	2.95216	3.18079	3.42594	3.68872	3.97030	4.27195	4.59497	4.94079
17	2.69277	2.91705	3.15881	3.41935	3.70002	4.00226	4.32763	4.67778	5.05447	5.45957
18	2.85434	3.10665	3.37993	3.67580	3.99602	4.34245	4.71712	5.12217	5.55992	6.03283
19	3.02560	3.30859	3.61653	3.95149	4.31570	4.71156	5.14166	5.60878	6.11591	6.66627
20	3.20713	3.52364	3.86968	4.24785	4.66096	5.11204	5.60441	6.14161	6.72750	7.36623

복리이자요소($CVIF$)

n/i	11.0	11.5	12.0	12.5	13.0	13.5	14.0	14.5	15.0	15.5
1	1.11000	1.11500	1.12000	1.12500	1.13000	1.13500	1.14000	1.14500	1.15000	1.15500
2	1.23210	1.24322	1.25440	1.26562	1.27690	1.28822	1.29960	1.31102	1.32250	1.33402
3	1.36763	1.38620	1.40493	1.42383	1.44290	1.46214	1.48154	1.50112	1.52087	1.54080
4	1.51807	1.54561	1.57352	1.60181	1.63047	1.65952	1.68896	1.71879	1.74901	1.77962
5	1.68506	1.72335	1.76234	1.80203	1.84244	1.88356	1.92541	1.96801	2.01136	2.05546
6	1.87041	1.92154	1.97382	2.02729	2.08195	2.13784	2.19497	2.25337	2.31306	2.37406
7	2.07616	2.14252	2.21068	2.28070	2.35261	2.42645	2.50227	2.58011	2.66002	2.74204
8	2.30454	2.38891	2.47596	2.56578	2.65844	2.75402	2.85259	2.95423	3.05902	3.16706
9	2.55804	2.66363	2.77308	2.88651	3.00404	3.12581	3.25195	3.38259	3.51788	3.65795
10	2.83942	2.96995	3.10585	3.24732	3.39457	3.54780	3.70722	3.87306	4.04556	4.22493
11	3.15176	3.31149	3.47855	3.65324	3.83586	4.02675	4.22623	4.43466	4.65239	4.87980
12	3.49845	3.69231	3.89598	4.10989	4.33452	4.57036	4.81790	5.07768	5.35025	5.63617
13	3.88328	4.11693	4.36349	4.62363	4.89801	5.18736	5.49241	5.81395	6.15279	6.50977
14	4.31044	4.59037	4.88711	5.20158	5.53475	5.88765	6.26135	6.65697	7.07570	7.51879
15	4.78459	5.11827	5.47356	5.85178	6.25427	6.68248	7.13794	7.62223	8.13706	8.68420
16	5.31089	5.70687	6.13039	6.58325	7.06732	7.58462	8.13725	8.72746	9.35762	10.03025
17	5.89509	6.36316	6.86604	7.40615	7.98608	8.60854	9.27646	9.99294	10.76126	11.58494
18	6.54355	7.09492	7.68996	8.33192	9.02427	9.77069	10.57517	11.44191	12.37545	13.38060
19	7.26334	7.91084	8.61276	9.37341	10.19742	11.08974	12.05569	13.10099	14.23177	15.45459
20	8.06231	8.82058	9.64629	10.54509	11.52309	12.58685	13.74348	15.00063	16.36653	17.85005

n/i	16.0	16.5	17.0	17.5	18.0	18.5	19.0	19.5	20.0	20.5
1	1.16000	1.16500	1.17000	1.17500	1.18000	1.18500	1.19000	1.19500	1.20000	1.20500
2	1.34560	1.35722	1.36890	1.38062	1.39240	1.40422	1.41610	1.42802	1.44000	1.45202
3	1.56090	1.58117	1.60161	1.62223	1.64303	1.66401	1.68516	1.70649	1.72800	1.74969
4	1.81064	1.84206	1.87389	1.90613	1.93878	1.97185	2.00534	2.03926	2.07360	2.10838
5	2.10034	2.14600	2.19245	2.23970	2.28776	2.33664	2.38635	2.43691	2.48832	2.54059
6	2.43640	2.50009	2.56516	2.63164	2.69955	2.76892	2.83976	2.91211	2.98598	3.06141
7	2.82622	2.91260	3.00124	3.09218	3.18547	3.28117	3.37931	3.47997	3.58318	3.68900
8	3.27841	3.39318	3.51145	3.63331	3.75886	3.88818	4.02138	4.15856	4.29982	4.44525
9	3.80296	3.95306	4.10840	4.26914	4.43545	4.60750	4.78545	4.96948	5.15978	5.35653
10	4.41143	4.60531	4.80683	5.01624	5.23383	5.45988	5.69468	5.93853	6.19173	6.45461
11	5.11726	5.36519	5.62399	5.89409	6.17592	6.46996	6.77667	7.09654	7.43008	7.77781
12	5.93603	6.25045	6.58007	6.92555	7.28759	7.66690	8.06424	8.48037	8.91610	9.37226
13	6.88579	7.28177	7.69868	8.13752	8.59936	9.08528	9.59645	10.13404	10.69932	11.29357
14	7.98752	8.48326	9.00745	9.56159	10.14724	10.76606	11.41977	12.11018	12.83918	13.60876
15	9.26552	9.88300	10.53872	11.23487	11.97374	12.75778	13.58953	14.47166	15.40701	16.39855
16	10.74800	11.51369	12.33030	13.20097	14.12902	15.11797	16.17154	17.29364	18.48842	19.76025
17	12.46768	13.41345	14.42645	15.51114	16.67224	17.91479	19.24413	20.66589	22.18610	23.81111
18	14.46251	15.62667	16.87895	18.22558	19.67324	21.22903	22.90051	24.69574	26.62332	28.69238
19	16.77651	18.20507	19.74837	21.41506	23.21443	25.15640	27.25161	29.51141	31.94798	34.57432
20	19.46075	21.20891	23.10559	25.16270	27.39302	29.81033	32.42941	35.26614	38.33758	41.66205

복리이자요소($CVIF$)

n/i	21.0	21.5	22.0	22.5	23.0	23.5	24.0	24.5	25.0	25.5
1	1.21000	1.21500	1.22000	1.22500	1.23000	1.23500	1.24000	1.24500	1.25000	1.25500
2	1.46410	1.47622	1.48840	1.50062	1.51290	1.52522	1.53760	1.55002	1.56250	1.57502
3	1.77156	1.79361	1.81585	1.83827	1.86087	1.88365	1.90662	1.92978	1.95312	1.97666
4	2.14359	2.17924	2.21533	2.25188	2.28887	2.32631	2.36421	2.40258	2.44141	2.48070
5	2.59374	2.64778	2.70271	2.75855	2.81531	2.87299	2.93162	2.99121	3.05176	3.11328
6	3.13843	3.21705	3.29730	3.37922	3.46283	3.54815	3.63521	3.72405	3.81470	3.90717
7	3.79750	3.90871	4.02271	4.13954	4.25928	4.38196	4.50767	4.63645	4.76837	4.90350
8	4.59497	4.74909	4.90771	5.07094	5.23891	5.41172	5.58951	5.77238	5.96046	6.15389
9	5.55992	5.77014	5.98740	6.21190	6.44386	6.68348	6.93099	7.18661	7.45058	7.72313
10	6.72750	7.01072	7.30463	7.60958	7.92594	8.25409	8.59442	8.94733	9.31322	9.69253
11	8.14027	8.51803	8.91165	9.32174	9.74891	10.19381	10.65708	11.13942	11.64153	12.16412
12	9.84973	10.34940	10.87221	11.41913	11.99116	12.58935	13.21478	13.86858	14.55191	15.26597
13	11.91817	12.57452	13.26410	13.98843	14.74913	15.54785	16.38633	17.26638	18.18989	19.15880
14	14.42099	15.27804	16.18220	17.13583	18.14143	19.20159	20.31905	21.49665	22.73736	24.04429
15	17.44940	18.56282	19.74228	20.99139	22.31395	23.71397	25.19562	26.76332	28.42170	30.17558
16	21.11377	22.55383	24.08558	25.71445	27.44616	29.28675	31.24257	33.32034	35.52712	37.87036
17	25.54766	27.40290	29.38441	31.50020	33.75878	36.16913	38.74078	41.48382	44.40890	47.52730
18	30.91267	33.29452	35.84897	38.58774	41.52330	44.66888	48.03857	51.64735	55.51113	59.64675
19	37.40433	40.45284	43.73575	47.26998	51.07365	55.16606	59.56783	64.30095	69.38891	74.85667
20	45.25924	49.15020	53.35761	57.90572	62.82059	68.13008	73.86410	80.05468	86.73613	93.94512

n/i	26.0	26.5	27.0	27.5	28.0	28.5	29.0	29.5	30.0	30.5
1	1.26000	1.26500	1.27000	1.27500	1.28000	1.28500	1.29000	1.29500	1.30000	1.30500
2	1.58760	1.60022	1.61290	1.62562	1.63840	1.65122	1.66410	1.67702	1.69000	1.70302
3	2.00038	2.02428	2.04838	2.07267	2.09715	2.12182	2.14669	2.17175	2.19700	2.22245
4	2.52047	2.56072	2.60145	2.64266	2.68435	2.72654	2.76923	2.81241	2.85610	2.90029
5	3.17580	3.23931	3.30384	3.36939	3.43597	3.50361	3.57230	3.64207	3.71293	3.78488
6	4.00150	4.09773	4.19587	4.29597	4.39805	4.50214	4.60827	4.71649	4.82681	4.93927
7	5.04189	5.18362	5.32876	5.47736	5.62950	5.78525	5.94467	6.10785	6.27485	6.44575
8	6.35279	6.55729	6.76752	6.98363	7.20576	7.43404	7.66863	7.90966	8.15730	8.41170
9	8.00451	8.29497	8.59475	8.90413	9.22337	9.55274	9.89253	10.24301	10.60450	10.97727
10	10.08568	10.49313	10.91533	11.35277	11.80591	12.27527	12.76136	13.26470	13.78584	14.32534
11	12.70796	13.27381	13.86247	14.47478	15.11157	15.77372	16.46215	17.17779	17.92160	18.69457
12	16.01203	16.79137	17.60534	18.45534	19.34280	20.26923	21.23618	22.24524	23.29807	24.39641
13	20.17515	21.24108	22.35878	23.53056	24.75879	26.04596	27.39467	28.80758	30.28749	31.83731
14	25.42069	26.86997	28.39565	30.00146	31.69125	33.46906	35.33912	37.30582	39.37374	41.54769
15	32.03007	33.99051	36.06248	38.25186	40.56480	43.00774	45.58746	48.31103	51.18586	54.21973
16	40.35789	42.99799	45.79935	48.77112	51.92294	55.26495	58.80783	62.56278	66.54161	70.75675
17	50.85094	54.39245	58.16517	62.18318	66.46136	71.01545	75.86209	81.01880	86.50410	92.33755
18	64.07218	68.80645	73.86976	79.28355	85.07053	91.25485	97.86210	104.91934	112.45532	120.50050
19	80.73095	87.04016	93.81460	101.08652	108.89028	117.26248	126.24210	135.87054	146.19191	157.25314
20	101.72099	110.10579	119.14453	128.88531	139.37955	150.68228	162.85230	175.95234	190.04947	205.21534

<부표-2> 연금의 복리이자요소($CVIF_a$)

$$CVIF_a = \frac{(1+i)^n - 1}{i}$$

n/i	1.0	1.5	2.0	2.5	3.0	3.5	4.0	4.5	5.0	5.5
1	1.00000	1.00000	1.00000	1.00000	1.00000	1.00000	1.00000	1.00000	1.00000	1.00000
2	2.01000	2.01500	2.02000	2.02500	2.03000	2.03500	2.04000	2.04500	2.05000	2.05500
3	3.03010	3.04522	3.06040	3.07562	3.09090	3.10622	3.12160	3.13702	3.15250	3.16802
4	4.06040	4.09090	4.12161	4.15252	4.18363	4.21494	4.24646	4.27819	4.31012	4.34227
5	5.10100	5.15227	5.20404	5.25633	5.30914	5.36247	5.41632	5.47071	5.52563	5.58109
6	6.15210	6.22955	6.30812	6.38774	6.46841	6.55015	6.63298	6.71689	6.80191	6.88805
7	7.21353	7.32299	7.43428	7.54743	7.66246	7.77941	7.89829	8.01915	8.14201	8.26689
8	8.28567	8.43284	8.58297	8.73612	8.89234	9.05169	9.21423	9.38001	9.54911	9.72157
9	9.36853	9.55933	9.75463	9.95452	10.15911	10.36850	10.58279	10.80211	11.02656	11.25626
10	10.46221	10.70272	10.94972	11.20338	11.46388	11.73139	12.00611	12.28821	12.57789	12.87535
11	11.56683	11.86326	12.16871	12.48347	12.80779	13.14199	13.48635	13.84118	14.20679	14.58350
12	12.68250	13.04121	13.41209	13.79555	14.19203	14.60196	15.02580	15.46403	15.91713	16.38559
13	13.80933	14.23683	14.68033	15.14044	15.61779	16.11303	16.62684	17.15991	17.71298	18.28680
14	14.94742	15.45038	15.97394	16.51895	17.08632	17.67699	18.29191	18.93211	19.59863	20.29257
15	16.09689	16.68214	17.29342	17.93192	18.59891	19.29568	20.02359	20.78405	21.57856	22.40866
16	17.25786	17.93237	18.63928	19.38022	20.15688	20.97103	21.82453	22.71933	23.65749	24.64114
17	18.43044	19.20135	20.01207	20.86473	21.76158	22.70501	23.69751	24.74170	25.84036	26.99640
18	19.61474	20.48937	21.41231	22.38635	23.41443	24.49969	25.64541	26.85508	28.13238	29.48120
19	20.81089	21.79671	22.84056	23.94600	25.11686	26.35718	27.67123	29.06356	30.53900	32.10267
20	22.01900	23.12366	24.29737	25.54465	26.87037	28.27968	29.77807	31.37142	33.06595	34.86831

n/i	6.0	6.5	7.0	7.5	8.0	8.5	9.0	9.5	10.0	10.5
1	1.00000	1.00000	1.00000	1.00000	1.00000	1.00000	1.00000	1.00000	1.00000	1.00000
2	2.06000	2.06500	2.07000	2.07500	2.08000	2.08500	2.09000	2.09500	2.10000	2.10500
3	3.18360	3.19922	3.21490	3.23062	3.24640	3.26222	3.27810	3.29402	3.31000	3.32602
4	4.37462	4.40717	4.43994	4.47292	4.50611	4.53951	4.57313	4.60696	4.64100	4.67526
5	5.63709	5.69364	5.75074	5.80839	5.86660	5.92537	5.98471	6.04462	6.10510	6.16616
6	6.97532	7.06373	7.15329	7.24402	7.33593	7.42903	7.52333	7.61886	7.71561	7.81361
7	8.39384	8.52287	8.65402	8.78732	8.92280	9.06050	9.20043	9.34265	9.48717	9.63403
8	9.89747	10.07686	10.25980	10.44637	10.63663	10.83064	11.02847	11.23020	11.43589	11.64561
9	11.49132	11.73185	11.97799	12.22985	12.48756	12.75124	13.02104	13.29707	13.57948	13.86840
10	13.18079	13.49442	13.81645	14.14709	14.48656	14.83510	15.19293	15.56029	15.93742	16.32458
11	14.97164	15.37156	15.78360	16.20812	16.64549	17.09608	17.56029	18.03852	18.53117	19.03866
12	16.86994	17.37071	17.88845	18.42373	18.97713	19.54925	20.14072	20.75217	21.38428	22.03772
13	18.88214	19.49981	20.14064	20.80551	21.49530	22.21093	22.95338	23.72363	24.52271	25.35168
14	21.01506	21.76729	22.55049	23.36592	24.21492	25.09886	26.01919	26.97738	27.97498	29.01360
15	23.27597	24.18217	25.12902	26.11836	27.15211	28.23227	29.36091	30.54023	31.77248	33.06003
16	25.67252	26.75401	27.88805	29.07724	30.32428	31.63201	33.00339	34.44155	35.94973	37.53133
17	28.21287	29.49302	30.84021	32.25803	33.75022	35.32073	36.97370	38.71349	40.54470	42.47212
18	30.90565	32.41006	33.99903	35.67738	37.45024	39.32299	41.30133	43.39127	45.59917	47.93169
19	33.75998	35.51672	37.37896	39.35318	41.44626	43.66544	46.01845	48.51344	51.15908	53.96452
20	36.78558	38.82530	40.99549	43.30467	45.76196	48.37701	51.16011	53.12222	57.27499	60.63080

연금의 복리이자요소($CVIF_a$)

n/i	11.0	11.5	12.0	12.5	13.0	13.5	14.0	14.5	15.0	15.5
1	1.00000	1.00000	1.00000	1.00000	1.00000	1.00000	1.00000	1.00000	1.00000	1.00000
2	2.11000	2.11500	2.12000	2.12500	2.13000	2.13500	2.14000	2.14500	2.15000	2.15500
3	3.34210	3.35822	3.37440	3.39062	3.40690	3.42322	3.43960	3.45602	3.47250	3.48902
4	4.70973	4.74442	4.77933	4.81445	4.84980	4.88536	4.92114	4.95715	4.99337	5.02982
5	6.22780	6.29003	6.35285	6.41626	6.48027	6.54488	6.61010	6.67593	6.74238	6.80945
6	7.91286	8.01338	8.11519	8.21829	8.32271	8.42844	8.53552	8.64395	8.75374	8.86491
7	9.78327	9.93492	10.08901	10.24558	10.40466	10.56628	10.73049	10.89732	11.06680	11.23897
8	11.85943	12.07744	12.29969	12.52628	12.75726	12.99273	13.23276	13.47743	13.72682	13.98101
9	14.16397	14.46634	14.77566	15.09206	15.41571	15.74675	16.08535	16.43165	16.78584	17.14807
10	16.72201	17.12997	17.54873	17.97857	18.41975	18.87256	19.33729	19.81424	20.30372	20.80602
11	19.56143	20.09992	20.65458	21.22589	21.81432	22.42036	23.04451	23.68731	24.34927	25.03095
12	22.71318	23.41141	24.13313	24.87912	25.65018	26.44710	27.27074	28.12197	29.00166	29.91075
13	26.21163	27.10372	28.02911	28.98901	29.98470	31.01746	32.08865	33.19965	34.35191	35.54691
14	30.09491	31.22065	32.39260	33.61264	34.88271	36.20482	37.58106	39.01360	40.50470	42.05668
15	34.40535	35.81102	37.27971	38.81422	40.41746	42.09247	43.84241	45.67057	47.58041	49.57547
16	39.18994	40.92929	42.75327	44.66599	46.67173	48.77495	50.98034	53.29280	55.71747	58.25967
17	44.50083	46.63616	48.88367	51.24924	53.73906	56.35957	59.11759	62.02026	65.07508	68.28991
18	50.39592	52.99931	55.74971	58.65540	61.72513	64.96811	68.39405	72.01320	75.83635	79.87485
19	56.93947	60.09423	63.43967	66.98732	70.74940	74.73880	78.96922	83.45511	88.21180	93.25545
20	64.20282	68.00507	72.05243	76.36073	80.94682	85.82854	91.02491	96.55610	102.44357	108.71004

n/i	16.0	16.5	17.0	17.5	18.0	18.5	19.0	19.5	20.0	20.5
1	1.00000	1.00000	1.00000	1.00000	1.00000	1.00000	1.00000	1.00000	1.00000	1.00000
2	2.16000	2.16500	2.17000	2.17500	2.18000	2.18500	2.19000	2.19500	2.20000	2.20500
3	3.50560	3.52222	3.53890	3.55562	3.57240	3.58922	3.60610	3.62302	3.64000	3.65702
4	5.06650	5.10339	5.14051	5.17786	5.21543	5.25323	5.29126	5.32951	5.36800	5.40671
5	6.87714	6.94545	7.01440	7.08398	7.15421	7.22508	7.29660	7.36877	7.44160	7.51509
6	8.97748	9.09145	9.20685	9.32368	9.44197	9.56172	9.68295	9.80568	9.92992	10.05568
7	11.41387	11.59154	11.77201	11.95533	12.14152	12.33064	12.52271	12.71779	12.91590	13.11710
8	14.24009	14.50414	14.77325	15.04751	15.32699	15.61180	15.90203	16.19775	16.49908	16.80610
9	17.51851	17.89733	18.28471	18.68082	19.08585	19.49999	19.92341	20.35632	20.79890	21.25135
10	21.32147	21.85039	22.39311	22.94996	23.52131	24.10748	24.70886	25.32580	25.95868	26.60788
11	25.73290	26.45570	27.19993	27.96621	28.75514	29.56737	30.40354	31.26433	32.15041	33.06250
12	30.85016	31.82089	32.82392	33.86029	34.93106	36.03733	37.18021	38.36087	39.58049	40.84031
13	36.78619	38.07133	39.40399	40.78584	42.21865	43.70423	45.24445	46.84124	48.49659	50.21257
14	43.67198	45.35310	47.10266	48.92336	50.81801	52.78952	54.84090	56.97528	59.19591	61.50614
15	51.65949	53.83636	56.11012	58.48495	60.96525	63.55557	66.26067	69.08546	72.03509	75.11490
16	60.92501	63.71936	66.64883	69.71982	72.93899	76.31335	79.85019	83.55712	87.44210	91.51345
17	71.67301	75.23305	78.97913	82.92078	87.06801	91.43132	96.02173	100.85076	105.93052	111.27371
18	84.14069	88.64650	93.40559	98.43192	103.74025	109.34611	115.26585	121.51665	128.11662	135.08481
19	98.60320	104.27318	110.28453	116.65750	123.41349	130.57514	138.16636	146.21239	154.73994	163.77719
20	115.37971	122.47825	130.03290	138.07256	146.62792	155.73153	165.41797	175.72381	186.68792	198.35151

연금의 복리이자요소$(CVIF_a)$

n/i	21.0	21.5	22.0	22.5	23.0	23.5	24.0	24.5	25.0	25.5
1	1.00000	1.00000	1.00000	1.00000	1.00000	1.00000	1.00000	1.00000	1.00000	1.00000
2	2.21000	2.21500	2.22000	2.22500	2.23000	2.23500	2.24000	2.24500	2.25000	2.25500
3	3.67410	3.69122	3.70840	3.72562	3.74290	3.76022	3.77760	3.79502	3.81250	3.83002
4	5.44566	5.48484	5.52425	5.56389	5.60377	5.64388	5.68422	5.72481	5.76562	5.80668
5	7.58925	7.66408	7.73958	7.81577	7.89263	7.97019	8.04844	8.12738	8.20703	8.28738
6	10.18299	10.31185	10.44229	10.57431	10.70794	10.84318	10.98006	11.11859	11.25879	11.40067
7	13.32142	13.52890	13.73959	13.95353	14.17076	14.39133	14.61528	14.84265	15.07348	15.30784
8	17.11892	17.43762	17.76230	18.09308	18.43004	18.77329	19.12294	19.47909	19.84186	20.21133
9	21.71389	22.18670	22.67001	23.16402	23.66895	24.18502	24.71245	25.25147	25.80232	26.36522
10	27.27381	27.95684	28.65741	29.37592	30.11280	30.86849	31.64343	32.43808	33.25290	34.08835
11	34.00130	34.96757	35.96204	36.98550	38.03875	39.12259	40.23786	41.38541	42.56612	43.78088
12	42.14158	43.48559	44.87369	46.30724	47.78766	49.31639	50.89494	52.52483	54.20765	55.94501
13	51.99131	53.83499	55.74590	57.72636	59.77882	61.90575	64.10972	66.39341	68.75956	71.21098
14	63.90948	66.40951	69.00999	71.71479	74.52795	77.45359	80.49605	83.65979	86.94945	90.36978
15	78.33047	81.68756	85.19219	88.85062	92.66937	96.65518	100.81510	105.15644	109.68680	114.41407
16	95.77987	100.25038	104.93447	109.84200	114.98332	120.36915	126.01072	131.91976	138.10850	144.58965
17	116.89364	122.80402	129.02004	135.55645	142.42948	149.65589	157.25329	165.24010	173.63562	182.46001
18	142.44130	150.20711	158.40445	167.05664	176.18826	185.82502	195.99407	206.72391	218.04452	229.98730
19	173.35396	183.50163	194.25342	205.64438	217.71155	230.49390	244.03264	258.37126	273.55564	289.63405
20	210.75829	223.95447	237.98917	252.91436	268.78520	285.65995	303.60047	322.67220	342.94455	364.49072

n/i	26.0	26.5	27.0	27.5	28.0	28.5	29.0	29.5	30.0	30.5
1	1.00000	1.00000	1.00000	1.00000	1.00000	1.00000	1.00000	1.00000	1.00000	1.00000
2	2.26000	2.26500	2.27000	2.27500	2.28000	2.28500	2.29000	2.29500	2.30000	2.30500
3	3.84760	3.86522	3.88290	3.90062	3.91840	3.93622	3.95410	3.97202	3.99000	4.00802
4	5.84798	5.88951	5.93128	5.97330	6.01555	6.05805	6.10079	6.14377	6.18700	6.23047
5	8.36845	8.45023	8.53273	8.61595	8.69991	8.78459	8.87002	8.95618	9.04310	9.13077
6	11.54425	11.68954	11.83657	11.98534	12.13588	12.28820	12.44232	12.59826	12.75603	12.91565
7	15.54575	15.78727	16.03244	16.28131	16.53392	16.79034	17.05059	17.31474	17.58284	17.85492
8	20.58764	20.97089	21.36119	21.75867	22.16342	22.57558	22.99527	23.42259	23.85769	24.30067
9	26.94043	27.52818	28.12872	28.74230	29.36918	30.00962	30.66389	31.33226	32.01499	32.71237
10	34.94494	35.82314	36.72347	37.64643	38.59255	39.56236	40.55642	41.57527	42.61949	43.68965
11	45.03062	46.31627	47.63880	48.99919	50.39846	51.83763	53.31778	54.83997	56.40533	58.01499
12	57.73858	59.59008	61.50128	63.47397	65.51003	67.61136	69.77993	72.01776	74.32693	76.70955
13	73.75061	76.38145	79.10662	81.92931	84.85283	87.88059	91.01611	94.26300	97.62500	101.10596
14	93.92576	97.62253	101.46541	105.45987	109.61162	113.92655	118.41078	123.07058	127.91249	132.94327
15	119.34646	124.49250	129.86106	135.46132	141.30286	147.39561	153.74990	160.37639	167.28623	174.49096
16	151.37653	158.48300	165.92354	173.71318	181.86766	190.40335	199.33736	208.68742	218.47210	228.71070
17	191.73442	201.48099	211.72289	222.48430	233.79059	245.66830	258.14518	271.25020	285.01371	299.46745
18	242.58536	255.87344	269.88806	284.66747	300.25195	316.68375	334.00727	352.26899	371.51781	391.80500
19	306.65755	324.67989	343.75783	363.95101	385.32248	407.93861	431.86937	457.18833	483.97313	512.30550
20	387.38850	411.72004	437.57243	465.03753	494.21275	525.20109	558.11147	593.05886	630.16504	669.55865

<부표-3> 현가이자요소($PVIF$)

$$PVIF = \frac{1}{(1+i)^n} \quad (n = \text{기간},\ i = \text{기간당 이자율})$$

n/i	1.0	1.5	2.0	2.5	3.0	3.5	4.0	4.5	5.0	5.5
1	0.99010	0.98522	0.98039	0.97561	0.97087	0.96618	0.96154	0.95694	0.95238	0.94787
2	0.98030	0.97066	0.96117	0.95181	0.94260	0.93351	0.92456	0.91573	0.90703	0.89845
3	0.97059	0.95632	0.94232	0.92860	0.91514	0.90194	0.88900	0.87630	0.86384	0.85161
4	0.96098	0.94218	0.92385	0.90595	0.88849	0.87114	0.85480	0.83856	0.82270	0.80722
5	0.95147	0.92826	0.90573	0.88385	0.86261	0.84197	0.82193	0.80245	0.78353	0.76513
6	0.94205	0.91454	0.88797	0.86230	0.83748	0.81350	0.79031	0.76790	0.74622	0.72525
7	0.93272	0.90103	0.87056	0.84127	0.81309	0.78599	0.75992	0.73483	0.71068	0.68744
8	0.92348	0.88771	0.85349	0.82075	0.78941	0.75941	0.73069	0.70319	0.67684	0.65160
9	0.91434	0.87459	0.83676	0.80073	0.76642	0.73373	0.70259	0.67290	0.64461	0.61763
10	0.90529	0.86167	0.82035	0.78120	0.74409	0.70892	0.67556	0.64393	0.61391	0.58543
11	0.89632	0.84893	0.80426	0.76214	0.72242	0.68495	0.64958	0.61620	0.58468	0.55491
12	0.88745	0.83639	0.78849	0.74356	0.70138	0.66178	0.62460	0.58966	0.55684	0.52598
13	0.87866	0.82403	0.77303	0.72542	0.68095	0.63940	0.60057	0.56427	0.53032	0.49856
14	0.86996	0.81185	0.75788	0.70773	0.66112	0.61778	0.57748	0.53997	0.50507	0.47257
15	0.86135	0.79985	0.74301	0.69047	0.64186	0.59689	0.55526	0.51672	0.48102	0.44793
16	0.85282	0.78803	0.72845	0.67362	0.62317	0.57671	0.53391	0.49447	0.45811	0.42458
17	0.84438	0.77639	0.71416	0.65720	0.60502	0.55720	0.51337	0.47318	0.43630	0.40245
18	0.83602	0.76491	0.70016	0.64117	0.58739	0.53836	0.49363	0.45280	0.41552	0.38147
19	0.82774	0.75361	0.68643	0.62553	0.57029	0.52016	0.47464	0.43330	0.39573	0.36158
20	0.81954	0.74247	0.67297	0.61027	0.55368	0.50257	0.45639	0.41464	0.37689	0.34273

n/i	6.0	6.5	7.0	7.5	8.0	8.5	9.0	9.5	10.0	10.5
1	0.94340	0.93897	0.93458	0.93023	0.92593	0.92166	0.91743	0.91324	0.90909	0.90498
2	0.89000	0.88166	0.87344	0.86533	0.85734	0.84946	0.84168	0.83401	0.82645	0.81898
3	0.83962	0.82785	0.81630	0.80496	0.79383	0.78291	0.77218	0.76165	0.75131	0.74116
4	0.79209	0.77732	0.76290	0.74880	0.73503	0.72157	0.70843	0.69557	0.68301	0.67073
5	0.74726	0.72988	0.71299	0.69656	0.68058	0.66505	0.64993	0.63523	0.62092	0.60700
6	0.70496	0.68533	0.66634	0.64796	0.63017	0.61295	0.59627	0.58012	0.56447	0.54932
7	0.66506	0.64351	0.62275	0.60275	0.58349	0.56493	0.54703	0.52979	0.51316	0.49712
8	0.62741	0.60423	0.58201	0.56070	0.54027	0.52067	0.50187	0.48382	0.46651	0.44989
9	0.59190	0.56735	0.54393	0.52158	0.50025	0.47988	0.46043	0.44185	0.42410	0.40714
10	0.55839	0.53273	0.50835	0.48519	0.46319	0.44229	0.42241	0.40351	0.38554	0.36845
11	0.52679	0.50021	0.47509	0.45134	0.42888	0.40764	0.38753	0.36851	0.35049	0.33344
12	0.49697	0.46968	0.44401	0.41985	0.39711	0.37570	0.35553	0.33654	0.31863	0.30175
13	0.46884	0.44102	0.41496	0.39056	0.36770	0.34627	0.32618	0.30734	0.28966	0.27308
14	0.44230	0.41410	0.38782	0.36331	0.34046	0.31914	0.29925	0.28067	0.26333	0.24713
15	0.41727	0.38883	0.36245	0.33797	0.31524	0.29414	0.27454	0.25632	0.23939	0.22365
16	0.39365	0.36510	0.33873	0.31439	0.29189	0.27110	0.25187	0.23409	0.21763	0.20240
17	0.37136	0.34281	0.31657	0.29245	0.27027	0.24986	0.23107	0.21378	0.19784	0.18316
18	0.35034	0.32189	0.29586	0.27205	0.25052	0.23028	0.21199	0.19523	0.17986	0.16576
19	0.33051	0.30224	0.27651	0.25307	0.23171	0.21224	0.19449	0.17829	0.16351	0.15001
20	0.31180	0.28380	0.25842	0.23541	0.21455	0.19562	0.17843	0.16282	0.14864	0.13575

현가이자요소$(PVIF)$

n/i	11.0	11.5	12.0	12.5	13.0	13.5	14.0	14.5	15.0	15.5
1	0.90090	0.89686	0.89286	0.88889	0.88496	0.88106	0.87719	0.87336	0.86957	0.86580
2	0.81162	0.80436	0.79719	0.79012	0.78315	0.77626	0.76947	0.76276	0.75614	0.74961
3	0.73119	0.72140	0.71178	0.70233	0.69305	0.68393	0.67497	0.66617	0.65752	0.64901
4	0.65873	0.64699	0.63552	0.62430	0.61332	0.60258	0.59208	0.58181	0.57175	0.56192
5	0.59345	0.58026	0.56743	0.55493	0.54276	0.53091	0.51937	0.50813	0.49718	0.48651
6	0.53464	0.52042	0.50663	0.49327	0.48032	0.46776	0.45559	0.44378	0.43233	0.42122
7	0.48166	0.46674	0.45235	0.43846	0.42506	0.41213	0.39964	0.38758	0.37594	0.36469
8	0.43393	0.41860	0.40388	0.38974	0.37616	0.36311	0.35056	0.33850	0.32690	0.31575
9	0.39092	0.37543	0.36061	0.34644	0.33288	0.31992	0.30751	0.29563	0.28426	0.27338
10	0.35218	0.33671	0.32197	0.30795	0.29459	0.28187	0.26974	0.25819	0.24718	0.23669
11	0.31728	0.30198	0.28748	0.27373	0.26070	0.24834	0.23662	0.22550	0.21494	0.20493
12	0.28584	0.27083	0.25668	0.24332	0.23071	0.21880	0.20756	0.19694	0.18691	0.17743
13	0.25751	0.24290	0.22917	0.21628	0.20416	0.19278	0.18207	0.17200	0.16253	0.15362
14	0.23199	0.21785	0.20462	0.19225	0.18068	0.16985	0.15971	0.15022	0.14133	0.13300
15	0.20900	0.19538	0.18270	0.17089	0.15989	0.14964	0.14010	0.13120	0.12289	0.11515
16	0.18829	0.17523	0.16312	0.15190	0.14150	0.13185	0.12289	0.11458	0.10686	0.09970
17	0.16963	0.15715	0.14564	0.13502	0.12522	0.11616	0.10780	0.10007	0.09293	0.08632
18	0.15282	0.14095	0.13004	0.12002	0.11081	0.10235	0.09456	0.08740	0.08081	0.07474
19	0.13768	0.12641	0.11611	0.10668	0.09806	0.09017	0.08295	0.07633	0.07027	0.06471
20	0.12403	0.11337	0.10367	0.09483	0.08678	0.07945	0.07276	0.06666	0.06110	0.05602

n/i	16.0	16.5	17.0	17.5	18.0	18.5	19.0	19.5	20.0	20.5
1	0.86207	0.85837	0.85470	0.85106	0.84746	0.84388	0.84034	0.83682	0.83333	0.82988
2	0.74316	0.73680	0.73051	0.72431	0.71818	0.71214	0.70616	0.70027	0.69444	0.68869
3	0.64066	0.63244	0.62437	0.61643	0.60863	0.60096	0.59342	0.58600	0.57870	0.57153
4	0.55229	0.54287	0.53365	0.52462	0.51579	0.50714	0.49867	0.49038	0.48225	0.47430
5	0.47611	0.46598	0.45611	0.44649	0.43711	0.42797	0.41905	0.41036	0.40188	0.39361
6	0.41044	0.39999	0.38984	0.37999	0.37043	0.36115	0.35214	0.34339	0.33490	0.32665
7	0.35383	0.34334	0.33320	0.32340	0.31393	0.30477	0.29592	0.28736	0.27908	0.27108
8	0.30503	0.29471	0.28478	0.27523	0.26604	0.25719	0.24867	0.24047	0.23257	0.22496
9	0.26295	0.25297	0.24340	0.23424	0.22546	0.21704	0.20897	0.20123	0.19381	0.18669
10	0.22668	0.21714	0.20804	0.19935	0.19106	0.18315	0.17560	0.16839	0.16151	0.15493
11	0.19542	0.18639	0.17781	0.16966	0.16192	0.15456	0.14757	0.14091	0.13459	0.12857
12	0.16846	0.15999	0.15197	0.14439	0.13722	0.13043	0.12400	0.11792	0.11216	0.10670
13	0.14523	0.13733	0.12989	0.12289	0.11629	0.11007	0.10421	0.09868	0.09346	0.08855
14	0.12520	0.11788	0.11102	0.10459	0.09855	0.09288	0.08757	0.08258	0.07789	0.07348
15	0.10793	0.10118	0.09489	0.08901	0.08352	0.07838	0.07359	0.06910	0.06491	0.06098
16	0.09304	0.08685	0.08110	0.07575	0.07078	0.06615	0.06184	0.05782	0.05409	0.05061
17	0.08021	0.07455	0.06932	0.06447	0.05998	0.05582	0.05196	0.04839	0.04507	0.04200
18	0.06914	0.06399	0.05925	0.05487	0.05083	0.04711	0.04367	0.04049	0.03756	0.03485
19	0.05961	0.05493	0.05064	0.04670	0.04308	0.03975	0.03670	0.03389	0.03130	0.02892
20	0.05139	0.04715	0.04328	0.03974	0.03651	0.03355	0.03084	0.02836	0.02608	0.02400

현가이자요소(*PVIF*)

n/i	21.0	21.5	22.0	22.5	23.0	23.5	24.0	24.5	25.0	25.5
1	0.82645	0.82305	0.81967	0.81633	0.81301	0.80972	0.80645	0.80321	0.80000	0.79681
2	0.68301	0.67740	0.67186	0.66639	0.66098	0.65564	0.65036	0.64515	0.64000	0.63491
3	0.56447	0.55753	0.55071	0.54399	0.53738	0.53088	0.52449	0.51819	0.51200	0.50590
4	0.46651	0.45888	0.45140	0.44407	0.43690	0.42987	0.42297	0.41622	0.40960	0.40311
5	0.38554	0.37768	0.37000	0.36251	0.35520	0.34807	0.34111	0.33431	0.32768	0.32120
6	0.31863	0.31084	0.30328	0.29593	0.28878	0.28184	0.27509	0.26852	0.26214	0.25594
7	0.26333	0.25584	0.24859	0.24157	0.23478	0.22821	0.22184	0.21568	0.20972	0.20394
8	0.21763	0.21057	0.20376	0.19720	0.19088	0.18478	0.17891	0.17324	0.16777	0.16250
9	0.17986	0.17331	0.16702	0.16098	0.15519	0.14962	0.14428	0.13915	0.13422	0.12948
10	0.14864	0.14264	0.13690	0.13141	0.12617	0.12115	0.11635	0.11177	0.10737	0.10317
11	0.12285	0.11740	0.11221	0.10728	0.10258	0.09810	0.09383	0.08977	0.08590	0.08221
12	0.10153	0.09662	0.09198	0.08757	0.08339	0.07943	0.07567	0.07211	0.06872	0.06551
13	0.08391	0.07953	0.07539	0.07149	0.06780	0.06432	0.06103	0.05792	0.05498	0.05220
14	0.06934	0.06545	0.06180	0.05836	0.05512	0.05208	0.04921	0.04652	0.04398	0.04159
15	0.05731	0.05387	0.05065	0.04764	0.04482	0.04217	0.03969	0.03736	0.03518	0.03314
16	0.04736	0.04434	0.04152	0.03889	0.03643	0.03415	0.03201	0.03001	0.02815	0.02641
17	0.03914	0.03649	0.03403	0.03175	0.02962	0.02765	0.02581	0.02411	0.02252	0.02104
18	0.03235	0.03003	0.02789	0.02591	0.02408	0.02239	0.02082	0.01936	0.01801	0.01677
19	0.02673	0.02472	0.02286	0.02116	0.01958	0.01813	0.01679	0.01555	0.01441	0.01336
20	0.02209	0.02035	0.01874	0.01727	0.01592	0.01468	0.01354	0.01249	0.01153	0.01064

n/i	26.0	26.5	27.0	27.5	28.0	28.5	29.0	29.5	30.0	30.5
1	0.79365	0.79051	0.78740	0.78431	0.78125	0.77821	0.77519	0.77220	0.76923	0.76628
2	0.62988	0.62491	0.62000	0.61515	0.61035	0.60561	0.60093	0.59629	0.59172	0.58719
3	0.49991	0.49400	0.48819	0.48247	0.47684	0.47129	0.46583	0.46046	0.45517	0.44995
4	0.39675	0.39052	0.38440	0.37841	0.37253	0.36676	0.36111	0.35557	0.35013	0.34479
5	0.31488	0.30871	0.30268	0.29679	0.29104	0.28542	0.27993	0.27457	0.26933	0.26421
6	0.24991	0.24404	0.23833	0.23278	0.22737	0.22212	0.21700	0.21202	0.20718	0.20246
7	0.19834	0.19292	0.18766	0.18257	0.17764	0.17285	0.16822	0.16372	0.15937	0.15514
8	0.15741	0.15250	0.14776	0.14319	0.13878	0.13452	0.13040	0.12643	0.12259	0.11888
9	0.12493	0.12056	0.11635	0.11231	0.10842	0.10468	0.10109	0.09763	0.09430	0.09110
10	0.09915	0.09530	0.09161	0.08808	0.08470	0.08146	0.07836	0.07539	0.07254	0.06981
11	0.07869	0.07534	0.07214	0.06909	0.06617	0.06340	0.06075	0.05821	0.05580	0.05349
12	0.06245	0.05955	0.05680	0.05418	0.05170	0.04934	0.04709	0.04495	0.04292	0.04099
13	0.04957	0.04708	0.04473	0.04250	0.04039	0.03839	0.03650	0.03471	0.03302	0.03141
14	0.03934	0.03722	0.03522	0.03333	0.03155	0.02988	0.02830	0.02681	0.02540	0.02407
15	0.03122	0.02942	0.02773	0.02614	0.02465	0.02325	0.02194	0.02070	0.01954	0.01844
16	0.02478	0.02326	0.02183	0.02050	0.01926	0.01809	0.01700	0.01598	0.01503	0.01413
17	0.01967	0.01838	0.01719	0.01608	0.01505	0.01408	0.01318	0.01234	0.01156	0.01083
18	0.01561	0.01453	0.01354	0.01261	0.01175	0.01096	0.01022	0.00953	0.00889	0.00830
19	0.01239	0.01149	0.01066	0.00989	0.00918	0.00853	0.00792	0.00736	0.00684	0.00636
20	0.00983	0.00908	0.00839	0.00776	0.00717	0.00664	0.00614	0.00568	0.00526	0.00487

<부표-4> 연금의 현가이자요소($PVIF_a$)

$$PVIF_a = \frac{(1+i)^n - 1}{i(1+i)^n}$$

n/i	1.0	1.5	2.0	2.5	3.0	3.5	4.0	4.5	5.0	5.5
1	0.99010	0.98522	0.98039	0.97561	0.97087	0.96618	0.96154	0.95694	0.95238	0.94787
2	1.97039	1.95588	1.94156	1.92742	1.91347	1.89969	1.88609	1.87267	1.85941	1.84632
3	2.94098	2.91220	2.88388	2.85602	2.82861	2.80164	2.77509	2.74896	2.72325	2.69793
4	3.90197	3.85438	3.80773	3.76197	3.71710	3.67308	3.62990	3.58753	3.54595	3.50515
5	4.85343	4.78264	4.71346	4.64583	4.57971	4.51505	4.45182	4.38998	4.32948	4.27028
6	5.79548	5.69719	5.60143	5.50812	5.41719	5.32855	5.24214	5.15787	5.07569	4.99553
7	6.72819	6.59821	6.47199	6.34939	6.23028	6.11455	6.00206	5.89270	5.78637	5.68297
8	7.65168	9.48592	7.32548	7.17014	7.01969	6.87396	6.73275	6.59589	6.46321	6.33457
9	8.56602	8.36051	8.16224	7.97086	7.78611	7.60769	7.43533	7.26879	7.10782	6.95220
10	9.47130	9.22218	8.98259	8.75206	8.53020	8.31661	8.11090	7.91272	7.72174	7.53763
11	10.36763	10.07112	9.78685	9.51421	9.25262	9.00155	8.76048	8.52892	8.30642	8.09254
12	11.25508	10.90750	10.57534	10.25776	9.95400	9.66334	9.38507	9.11858	8.86325	8.61852
13	12.13374	11.73153	11.34837	10.98318	10.63495	10.30274	9.98565	9.68285	9.39357	9.11708
14	13.00370	12.54338	12.10625	11.69091	11.29607	10.92052	10.56312	10.22282	9.89864	9.58965
15	13.86505	13.34323	12.84926	12.38138	11.93793	11.51741	11.11839	10.73955	10.37966	10.03758
16	14.71787	14.13126	13.57771	13.05500	12.56110	12.09412	11.65230	11.23401	10.83777	10.46216
17	15.56225	14.90765	14.29187	13.71220	13.16612	12.65132	12.16567	11.70719	11.27407	10.86461
18	16.39827	15.67256	14.99203	14.35336	13.75351	13.18968	12.65930	12.15999	11.68959	11.24607
19	17.22601	16.42616	15.67846	14.97889	14.32380	13.70984	13.13394	12.59329	12.08532	11.60765
20	18.04555	17.16863	16.35143	15.58916	14.87747	14.21241	13.59033	13.00794	12.46221	11.95038

n/i	6.0	6.5	7.0	7.5	8.0	8.5	9.0	9.5	10.0	10.5
1	0.94340	0.93897	0.93458	0.93023	0.92593	0.92166	0.91743	0.91324	0.90909	0.90498
2	1.83339	1.82063	1.80802	1.79557	1.78326	1.77111	1.75911	1.74725	1.73554	1.72396
3	2.67301	2.64848	2.62432	2.60053	2.57710	2.55402	2.53129	2.50891	2.48685	2.46512
4	3.46511	3.42580	3.38721	3.34933	3.31213	3.27560	3.23972	3.20448	3.16987	3.13586
5	4.21236	4.15568	4.10020	4.04588	3.99271	3.94064	3.88965	3.83971	3.79079	3.74286
6	4.91732	4.84101	4.76654	4.69385	4.62288	4.55359	4.48592	4.41983	4.35526	4.29218
7	5.58238	5.48452	5.38929	5.29660	5.20637	5.11851	5.03295	4.94961	4.86842	4.78930
8	6.20979	6.08875	5.97130	5.85730	5.74664	5.63918	5.53482	5.43344	5.33493	5.23919
9	6.80169	6.65611	6.51523	6.37889	6.24689	6.11906	5.99525	5.87528	5.75902	5.64632
10	7.36009	7.18883	7.02358	6.86408	6.71008	6.56135	6.41766	6.27880	6.14457	6.01477
11	7.88687	7.68904	7.49867	7.31542	7.13896	6.96898	6.80519	6.64730	6.49506	6.34821
12	8.38384	8.15873	7.94269	7.73528	7.53608	7.34469	7.16073	6.98384	6.81369	6.64996
13	8.85268	8.59974	8.35765	8.12584	7.90378	7.69096	7.48690	7.29118	7.10336	6.92304
14	9.29498	9.01384	8.74547	8.48915	8.24424	8.01010	7.78615	7.57185	7.36669	7.17018
15	9.71225	9.40267	9.10791	8.82712	8.55948	8.30424	8.06069	7.82817	7.60608	7.39382
16	10.10590	9.76777	9.44665	9.14151	8.85137	8.57533	8.31256	8.06226	7.82371	7.59622
17	10.47726	10.11058	9.76322	9.43396	9.12164	8.82519	8.54363	8.27604	8.02155	7.77939
18	10.82760	10.43247	10.05909	9.70601	9.37189	9.05548	8.75563	8.47127	8.20141	8.94515
19	11.15812	10.73471	10.33560	9.95908	9.60360	9.26772	8.95011	8.64956	8.36492	8.09515
20	11.46992	11.01851	10.59401	10.19449	9.81815	9.46334	9.12855	8.81238	8.51356	8.23091

연금의 현가이자요소($PVIF_a$)

n/i	11.0	11.5	12.0	12.5	13.0	13.5	14.0	14.5	15.0	15.5
1	0.90090	0.89686	0.89286	0.88889	0.88496	0.88106	0.87719	0.87336	0.86957	0.86580
2	1.71252	1.70122	1.69005	1.67901	1.66810	1.65732	1.64666	1.63612	1.62571	1.61541
3	2.44371	2.42262	2.40183	2.38134	2.36115	2.34125	2.32163	2.30229	2.28323	2.26443
4	3.10245	3.06961	3.03735	3.00564	2.97447	2.94383	2.91371	2.88410	2.85498	2.82634
5	3.69590	3.64988	3.60478	3.56057	3.51723	3.47474	3.43308	3.39223	3.35216	3.31285
6	4.23054	4.17029	4.11141	4.05384	3.99755	3.94250	3.88867	3.83600	3.78448	3.73407
7	4.71220	4.63704	4.56376	4.49230	4.42261	4.35463	4.28830	4.22358	4.16042	4.09876
8	5.14612	5.05564	4.96764	4.88205	4.79877	4.71774	4.63886	4.56208	4.48732	4.41451
9	5.53705	5.43106	5.32825	5.22848	5.13166	5.03765	4.94637	4.85771	4.77158	4.68789
10	5.88923	5.76777	5.65022	5.53643	5.42624	5.31952	5.21612	5.11591	5.01877	4.92458
11	6.20652	6.06975	5.93770	5.81016	5.68694	5.56786	5.45273	5.34140	5.23371	5.12951
12	6.49236	6.34058	6.19437	6.05348	5.91765	5.78666	5.66029	5.53834	5.42062	5.30693
13	6.74987	6.58348	6.42355	6.26976	6.12181	5.97943	5.84236	5.71034	5.58315	5.46055
14	6.98187	6.80133	6.62817	6.46201	6.30249	6.14928	6.00207	5.86056	5.72448	5.59355
15	7.19087	6.99671	6.81086	6.63289	6.46238	6.29893	6.14217	5.99176	5.84737	5.70870
16	7.37916	7.17194	6.97399	6.78479	6.60388	6.43077	6.26506	6.10634	5.95424	5.80840
17	7.54879	7.32909	7.11963	6.91982	6.72909	6.54694	6.37286	6.20641	6.04716	5.89472
18	7.70162	7.47004	7.24967	7.03984	6.83991	6.64928	6.46742	6.29381	6.12797	5.96945
19	7.83929	7.59644	7.36578	7.14652	6.93797	6.73946	6.55037	6.37014	6.19823	6.03416
20	7.96333	7.70982	7.46944	7.24135	7.02475	6.81890	6.62313	6.43680	6.25933	6.09018

n/i	16.0	16.5	17.0	17.5	18.0	18.5	19.0	19.5	20.0	20.5
1	0.86207	0.85837	0.85470	0.85106	0.84746	0.84388	0.84034	0.83682	0.83333	0.82988
2	1.60523	1.59517	1.58521	1.57537	1.56564	1.55602	1.54650	1.53709	1.52778	1.51857
3	2.24589	2.22761	2.20959	2.19181	2.17427	2.15698	2.13992	2.12309	2.10648	2.09010
4	2.79818	2.77048	2.74324	2.71643	2.69006	2.66412	2.63859	2.61346	2.58873	2.56440
5	3.27429	3.23646	3.19935	3.16292	3.12717	3.09208	3.05764	3.02382	2.99061	2.95801
6	3.68474	3.63645	3.58918	3.54291	3.49760	3.45323	3.40978	3.36721	3.32551	3.28465
7	4.03857	3.97979	3.92238	3.86631	3.81153	3.75800	3.70570	3.65457	3.60459	3.55573
8	4.34359	4.27449	4.20716	4.14154	4.07757	4.01519	3.95437	3.89504	3.83716	3.78069
9	4.60654	4.52746	4.45057	4.37578	4.30302	4.23223	4.16333	4.09627	4.03097	3.96738
10	4.83323	4.74460	4.65860	4.57513	4.49409	4.41538	4.33894	4.26466	4.19247	4.12230
11	5.02864	4.93099	4.83641	4.74479	4.65601	4.56994	4.48650	4.40557	4.32706	4.25087
12	5.19711	5.09098	4.98839	4.88918	4.79323	4.70037	4.61050	4.52349	4.43922	4.35757
13	5.34233	5.22831	5.11828	5.01207	4.90951	4.81044	4.71471	4.62217	4.53268	4.44612
14	5.46753	5.34619	5.22930	5.11666	5.00806	4.90333	4.80228	4.70474	4.61057	4.51960
15	5.57546	5.44737	5.32419	5.20567	5.09158	4.98171	4.87586	4.77384	4.67547	4.58058
16	5.66850	5.53422	5.40529	5.28142	5.16235	5.04786	4.93770	4.83167	4.72956	4.63119
17	5.74870	5.60878	5.47461	5.34589	5.22233	5.10368	4.98966	4.88006	4.77463	4.67318
18	5.81785	5.67277	5.53385	5.40076	5.27316	5.15078	5.03333	4.92055	4.81220	4.70804
19	5.87746	5.72770	5.58449	5.44745	5.31624	5.19053	5.07003	4.95444	4.84350	4.73696
20	5.92884	5.77485	5.62777	5.48719	5.35275	5.22408	5.10086	4.98279	4.86958	4.76096

연금의 현가이자요소($PVIF_a$)

n/i	21.0	21.5	22.0	22.5	23.0	23.5	24.0	24.5	25.0	25.5
1	0.82645	0.82305	0.81967	0.81633	0.81301	0.80972	0.80645	0.80321	0.80000	0.79681
2	1.50946	1.50045	1.49153	1.48272	1.47399	1.46536	1.45682	1.144836	1.44000	1.43172
3	2.07393	2.05798	2.04224	2.02671	2.01137	1.99624	1.98130	1.96656	1.95200	1.93763
4	2.54044	2.51686	2.49364	2.47078	2.44827	2.42611	2.40428	2.38278	2.36160	2.34074
5	2.92598	2.89453	2.86364	2.83329	2.80347	2.77418	2.74538	2.71709	2.68928	2.66194
6	3.24462	3.20538	3.16692	3.12922	3.09225	3.05601	3.02047	2.98561	2.95142	2.91788
7	3.50795	3.46122	3.41551	3.37079	3.32704	3.28422	3.24232	3.20130	3.16114	3.12182
8	3.72558	3.67178	3.61927	3.56799	3.51792	3.46900	3.42122	3.37454	3.32891	3.28432
9	3.90543	3.84509	3.78629	3.72897	3.67310	3.61863	3.56550	3.51368	3.46313	3.41380
10	4.05408	3.98773	3.92318	3.86039	3.79927	3.73978	3.68186	3.62545	3.57050	3.51697
11	4.17692	4.10513	4.03540	3.96766	3.90185	3.83788	3.77569	3.71522	3.65640	3.59918
12	4.27845	4.20175	4.12737	4.05523	3.98524	3.91731	3.85136	3.78733	3.72512	3.66469
13	4.36236	4.28128	4.20277	4.12672	4.05304	3.98163	3.91239	3.84524	3.78010	3.71688
14	4.43170	4.34673	4.26456	4.18508	4.10816	4.03371	3.96160	3.89176	3.82408	3.75847
15	4.48901	4.40060	4.31522	4.23272	4.15298	4.07588	4.00129	3.92912	3.85926	3.79161
16	4.53637	4.44494	4.35673	4.27161	4.18941	4.11002	4.03330	3.95914	3.88741	3.81802
17	4.57551	4.48143	4.39077	4.30335	4.21904	4.13767	4.05911	3.98324	3.90993	3.83906
18	4.60786	4.51147	4.41866	4.32927	4.24312	4.16006	4.07993	4.00260	3.92794	3.85582
19	4.63460	4.53619	4.44152	4.35042	4.26270	4.17818	4.09672	4.01816	3.94235	3.86918
20	4.65669	4.55653	4.46027	4.36769	4.27862	4.19286	4.11026	4.03065	3.95388	3.87983

n/i	26.0	26.5	27.0	27.5	28.0	28.5	29.0	29.5	30.0	30.5
1	0.79365	0.75051	0.78740	0.78431	0.78125	0.77821	0.77519	0.77220	0.76923	0.76628
2	1.42353	1.41543	1.40740	1.39946	1.39160	1.38382	1.37612	1.36849	1.36095	1.35347
3	1.92344	1.90943	1.89559	1.88193	1.86844	1.85511	1.84195	1.82895	1.81611	1.80343
4	2.32019	2.29994	2.27999	2.26034	2.24097	2.22188	2.20306	2.18452	2.16624	2.14822
5	2.63507	2.60865	2.58267	2.55713	2.53201	2.50730	2.48300	2.45909	2.43557	2.41243
6	2.88498	2.85269	2.82100	2.78990	2.75938	2.72942	2.70000	2.67111	2.64275	2.61489
7	3.08332	3.04560	3.00866	2.97247	2.93702	2.90227	2.86821	2.83484	2.80211	2.77003
8	3.24073	3.19811	3.15643	3.11567	3.07579	3.03679	2.99862	2.96126	2.92470	2.88891
9	3.36566	3.31866	3.27278	3.22797	3.18421	3.14147	3.09970	3.05889	3.01900	2.98001
10	3.46481	3.41396	3.36439	3.31606	3.26892	3.22293	3.17806	3.13428	3.09154	3.04982
11	3.54350	3.48930	3.43653	3.38514	3.33509	3.28633	3.23881	3.19249	3.14734	3.10331
12	3.60595	3.54885	3.49333	3.43933	3.38679	3.33566	3.28590	3.23745	3.19026	3.14430
13	3.65552	3.59593	3.53806	3.48183	3.42718	3.37406	3.32240	3.27216	3.22328	3.17571
14	3.69485	3.63315	3.57327	3.51516	3.45873	3.40394	3.35070	3.29896	3.24867	3.19978
15	3.72607	3.66257	3.60100	3.54130	3.48339	3.42719	3.37264	3.31966	3.26821	3.21822
16	3.75085	3.68582	3.62284	3.56180	3.50265	3.44528	3.38964	3.33565	3.28324	3.23235
17	3.77052	3.70421	3.64003	3.57789	3.51769	3.45936	3.40282	3.34799	3.29480	3.24318
18	3.78613	3.71874	3.65357	3.59050	3.52945	3.47032	3.41304	3.35752	3.30369	3.25148
19	3.79851	3.73023	3.66423	3.60039	3.53863	3.47885	3.42096	3.36488	3.31053	3.25784
20	3.80834	3.73931	3.67262	3.60815	3.54581	3.48549	3.42710	3.37057	3.31579	3.26271

찾아보기

[저자 소개]

• 이주송

수원대학교 대학원 수료(경영학 석・박사)
여주대학 재단사무국장 역임
여주군 과세전적부 심사위원회 위원 역임
현 여주군 지방세심의위원회위원
현 여주대학 세무회계정보과 교수

〈주요 저서 및 논문〉
『기업재무회계 실무』
『재무제표이론과 실무』
『재무회계원리실무』
『회계이론』, 『재무제표 실무』
『재무회계원리이해』
『신회계이론』,
「자산재평가와 기업의 이해득실에 관한 연구」
「감가상각제도에 관한 연구」
「한국의 자산유동화증권에 관한 연구」
「자산유동화 증권 발행이 재무비율과 기업가치에 미치는 영향에 관한 연구」
「ABS발행에 관한 이론적 고찰」
「주택저당증권 유동화제도의 도입효과」
「여주대학 주문식교육 발전방안연구」 등 다수

재무제표론

2006년 8월 16일 초판발행
2007년 8월 20일 중판발행

저 자 이 주 송
발행인 유 성 렬

발행처 **청 목 출 판 사**

150-845
서울특별시 영등포구 신길4동 233-96
전화 (02) 849-6157(代) · 2820
FAX (02) 849-0817
·등록 제318-1994-000090호/1994.2.2

·파본은 바꾸어 드립니다.
값 25,000원

http : //www.chongmok.co.kr

ISBN 89-5565-161-9